# 에듀윌
# KBS
# 한국어능력시험
## 1년 6회분을 다 담은
## 통기출 600제 ②

제76, 75, 74, 73, 72, 71회

기출북

KBS한국어진흥원 지음

2023 대한민국 브랜드만족도
KBS한국어능력시험 교육 1위
(한경비즈니스)

**KBS한국어진흥원 X 에듀윌**
**가장 많은 기출과 함께 목표 등급 달성!** 산출근거 후면표기

## 에듀윌과 함께 시작하면,
## 당신도 합격할 수 있습니다!

목표한 대학에 진학하기 위해
대학 입시를 준비하는 고등학생

졸업을 앞두고 취업을 하기 위해 시간을 쪼개어
KBS한국어능력시험 공부를 하는 취준생

원하는 일과 삶을 찾기 위해
회사 생활과 병행하며 이직을 준비하는 직장인

누구나 합격할 수 있습니다.
해내겠다는 '열정' 하나면 충분합니다.

마지막 페이지를 덮으면,

**에듀윌과 함께
KBS한국어능력시험 합격이 시작됩니다.**

KBS한국어능력시험 1위

# 한국어 교재 45만 부 판매 돌파
# 111개월 베스트셀러 1위

에듀윌이 만든 한국어 BEST 교재로
합격의 차이를 직접 경험해 보세요

KBS한국어능력시험

한국실용글쓰기

ToKL국어능력인증시험

TOPIK 한국어능력시험

* 에듀윌 KBS한국어능력시험 한권끝장/2주끝장/더 풀어볼 문제집, ToKL국어능력인증시험 한권끝장/2주끝장, 한국실용글쓰기 2주끝장, TOPIK한국어능력시험 TOPIK I/II/II 쓰기(이하 '에듀윌 한국어 교재') 누적 판매량 합산 기준 (2014년 7월~2024년 7월)
* 에듀윌 한국어 교재 YES24 베스트셀러 1위 (2015년 2월, 4월~2024년 7월 월별 베스트, 매월 1위 아이템은 다를 수 있으며, 해당 분야별 월별 베스트셀러 1위 기록을 합산하였음) * YES24 국내도서 해당 분야별 월별, 주별 베스트 기준

에듀윌 한국어

# KBS한국어능력시험
# 무료 강의팩 제공

무료 강의팩으로 목표 등급 빠르게 달성!

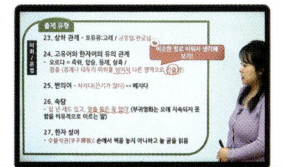

### 최신 기출문제 해설 특강(76~71회)
교수님이 시험 응시 후 바로 제공하는 기출 분석

**혜택받기** 에듀윌 도서몰(book.eduwill.net) > 동영상강의실 > 검색창에 'KBS' 검색

### 어휘·어법 기초특강(5강)
어휘·어법 기초 완성(수강신청일로부터 7일)

**혜택받기** 에듀윌(eduwill.net) > 자격증 > KBS한국어/실용글쓰기 > 상단의 학습자료 탭

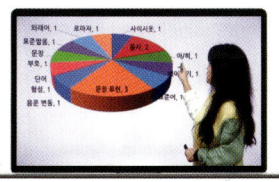

### 어휘·어법 BEST 기출특강(5강)
최빈출 어휘·어법 모음(수강신청일로부터 7일)

**혜택받기** 에듀윌(eduwill.net) > 자격증 > KBS한국어/실용글쓰기 > 상단의 학습자료 탭

\* 위 내용은 서비스 개선을 위해 예고 없이 변경될 수 있습니다.

eduwill

# 에듀윌 KBS한국어능력시험 합격 스토리

한O희 합격생

### 최고난도 시험에서 전보다 향상된 등급을 받았어요!

제61회 KBS한국어능력시험을 준비하면서 기출문제에서 자주 출제된 어휘를 반복적으로 살펴보았습니다. 낯선 어휘 문제와 생소한 현대 소설 문제가 출제되어 난도가 높은 시험이었는데, 저는 2-급을 취득했습니다. 아쉽다면 아쉬운 등급이지만 처음 시험을 쳤을 때보다 에듀윌 강의를 들은 후 향상된 등급을 받아 이렇게 합격후기를 남깁니다. 앞으로 KBS한국어능력시험의 문제 유형이 더 다양해지리라고 예상합니다. 점점 더 어려워지는 KBS한국어능력시험에 대비하기 위해 에듀윌 오선희 교수님의 강의 커리큘럼을 따라가시는 것을 추천드립니다!

김O원 합격생

### 에듀윌 '2주 플랜' 따라 1급 취득했어요!

시험을 제대로 준비하기 위해 앞서 시험을 본 친구가 추천해 준 <에듀윌 KBS한국어능력시험 한권끝장>을 구매하였습니다. 교재 구성이 좋았는데, 특히 교재에 수록된 플래너가 한 달 플랜과 2주 플랜으로 나뉘어져 있다는 점이 좋았습니다. 공부 계획을 세우기 어렵다면 상황에 따라 교재에서 제시하는 대로 따라도 좋을 것 같다는 생각이 들었습니다. 저는 기본적으로는 '2주 플랜'을 따르되, 빈출이론편과 기출변형 문제편을 모두 꼼꼼히 봤습니다. 제 버킷리스트 중 하나가 'KBS한국어능력시험 2급 이상 취득하기'였는데요. 결과는, '1급'으로 기분 좋게 초과달성했습니다!

김O은 합격생

### 비전공자도 고등급 취득 가능해요!

저는 국어 관련 전공자가 아니고, 다른 일들과 병행하여 준비하느라 KBS한국어능력시험에 올인할 수 없었습니다. 그래서 독학보다는 인강을 듣는 게 더 효율적이라고 보았습니다. 저는 에듀윌 오선희 교수님의 KBS한국어능력시험 초단기 1급 완성반 커리큘럼을 따라 시험을 준비했습니다. 가장 도움이 되었던 부분은 고득점 특강이었는데, 소름 돋을 정도로 적중률이 좋았어요. 실제 시험에서 어휘·어법 영역을 문제당 약 10초 만에 풀어내어 다른 영역에서 풀이 시간을 활용할 수 있었습니다. 그 결과, 저는 2+급을 취득했습니다. 여러분도 모두 목표하는 등급에 도달할 수 있기를 바랍니다.

## 다음 합격의 주인공은 당신입니다!

# 에듀윌
# KBS한국어능력시험
# 1년 6회분을 다 담은
# 통기출 600제 ❷
## 기출북

## 시험 소개

# 국가공인자격의
# KBS한국어능력시험

KBS한국방송공사에서 실시하는 KBS한국어능력시험은 문화체육관광부로부터 공인민간자격을 공인 받음으로써 명실공히 우리나라를 대표하는 한국어능력 자격검정임.

- **"문화체육관광부, 국립국어원이 공공성을 인정하고 지원하는 시험"**

☑ 시행 기관: KBS한국방송 주최, KBS한국어진흥원 주관

☑ 자격증 및 성적의 유효 기간: 성적 조회 개시일로부터 만 2년

☑ 검정 기준

[자격증 예시]

| 등급 | 검정 기준 |
|---|---|
| 1급 | 전문가 수준의 뛰어난 한국어 사용능력을 가지고 있음.<br>창조적인 언어 사용능력의 소유자로서 언론인, 방송인, 저술가, 작가, 국어 관련 교육자, 기획 및 홍보 업무 책임자로서 갖추어야 할 언어능력을 충분히 갖추고 있음. |
| 2+급 | 일반인으로서 매우 뛰어난 수준의 한국어 사용능력을 가지고 있음.<br>언론인, 방송인, 저술가, 작가, 국어 관련 교육자, 기획 및 홍보 업무를 수행할 언어 사용능력을 갖추고 있음. |
| 2-급 | 일반인으로서 뛰어난 수준의 한국어 사용능력을 가지고 있음.<br>언론인, 방송인, 저술가, 작가, 국어 관련 교육자, 기획 및 홍보 업무를 수행할 기본적인 언어 사용능력을 갖추고 있음. |
| 3+급 | 일반인으로서 보통 수준 이상의 한국어 사용능력을 가지고 있음.<br>일반 업무를 수행할 수 있는 언어 사용능력을 갖추고 있음. |
| 3-급 | 국어교육을 정상적으로 이수한 일정 수준 이상의 한국어 사용능력을 가지고 있음.<br>일정 범위 내에서 일반 업무를 수행할 수 있는 언어 사용능력을 갖추고 있음. |
| 4+급 | 국어교육을 정상적으로 이수한 수준의 한국어 사용능력을 가지고 있음.<br>일정 범위 내에서 일반 업무를 수행할 수 있는 기초적인 언어 사용능력을 갖추고 있음. |
| 4-급 | 고교 교육을 이수한 수준의 한국어 사용능력을 가지고 있음.<br>일정 범위 내에서 기본 업무를 수행할 수 있는 기초적인 언어 사용능력을 갖추고 있음. |
| 무급 | 한국어 사용능력을 위해 노력해야 함. |

국가공인 자격증 발급 (1급 ~ 4-급)

## 국가공인의 검정시험

- 「자격기본법」 제19조 (민간자격의 공인) 제1항에 근거한 민간자격 국가공인 취득

    제19조【민간자격의 공인】① 주무부장관은 민간자격에 대한 신뢰를 확보하고 사회적 통용성을 높이기 위하여 심의회의 심의를 거쳐 법인이 관리하는 민간자격을 공인할 수 있다.

- 「국어기본법」 시행에 근거한 시험

    제4장 국어능력의 향상 제23조【국어능력의 검정】① 문화체육관광부장관은 국민의 국어능력의 향상과 창조적인 언어생활의 정착을 위하여 국어능력을 검정할 수 있다.

☑ 응시 자격: 제한 없음.

☑ 출제 수준: 한국의 고교 수준의 국어교육을 정상적으로 받은 사람이 풀 수 있는 수준

☑ 출제 방식: 객관식 5지 선다형, 100문항

☑ 출제 배점: 문항당 균일 배점이 원칙이나 필요시 차등 배점

☑ 시험 시간: 총 120분(쉬는 시간 없음.)

   시험 당일 10:00~12:00(**반드시 09:30까지 입실 완료**)
   ① 듣기·말하기 평가 25분(10:00~10:25)
   ② 어휘·어법, 쓰기, 창안, 읽기, 국어 문화 평가 95분(10:25~12:00)

☑ 2025년 시험 일정(연 6회)

| 회차 | 시험일 | 접수 기간 | 성적 발표일 |
| --- | --- | --- | --- |
| 83회 | 2월경 | 1월~2월경 | 시험일 기준 열흘 뒤 |
| 84회 | 4월경 | 3월~4월경 | |
| 85회 | 6월경 | 5월~6월경 | |
| 86회 | 8월경 | 7월~8월경 | |
| 87회 | 10월경 | 9월~10월경 | |
| 88회 | 12월경 | 11월~12월경 | |

☑ 수험생 유의사항
- **준비물:** 수험표, 신분증, 연필, 지우개, 시계
- 문제지와 답안지 모두 성명, 수험 번호 기입/시험지 불출 엄금

## KBS한국어능력시험 응시생만 아는 은밀한 수험장    Q&A

● KBS한국어능력시험은 답안을 컴퓨터용 사인펜이 아닌 연필로 기입합니다. 연필을 미리 둥글게 깎아 두면 마킹하는 시간을 줄일 수 있습니다. 잘 지워지는 지우개도 함께 준비하면 시간을 절약할 수 있습니다!

●● 시험 중에 휴대 전화가 울리거나 기타 통신 장비를 소지하다가 발각되면 부정행위로 간주됩니다. 휴대 전화는 전원을 완전히 꺼두세요!

●●● 답안지 마킹에 은근히 시간이 오래 걸립니다. 시간배분을 적절히 하세요!

# 시험 활용처 & 시험 영역

| ① 공무 영역 | 공사 지원자 및 종사자 | 자기점검, 임용, 승진 |
| --- | --- | --- |
| ② 군인·경찰 영역 | 경찰공무원, 군간부 지원자 및 종사자 | 자기점검, 임용, 승진 |
| ③ 교사·강사 영역 | 자기점검, 교원 및 강사 채용 | 자기점검, 교원 및 강사 채용 |
| ④ 청소년 영역 | 중·고등학교 학생 | 자기점검, 특목고 진학 및 대입 면접, 학교생활기록부 등재 |
| ⑤ 언론 영역 | 언론사 지원자 및 종사자 | 자기점검, 채용 및 승진 |
| ⑥ 직무 영역 | 일반회사 지원자 및 종사자 | 자기점검, 채용 및 승진 |
| ⑦ 외국어 영역 | 국내 거주 외국인 | 자기점검, 외국인 근로자 채용 |

**공사/공기업/정부 기관**
KBS, 경찰청, 국민건강보험공단, 국민체육진흥공단, 근로복지공단, 도로교통공단, 동작구청, 마포구청, 한국고전번역원, 한국교육방송공사, 한국농촌경제연구원, 한국농어촌공사, 한국생산성본부, 한국석유관리원, 한국수자원공사, 한국자산공사, 한국전력, 한국지도자육성장학

**언론사/기업**
GS홈쇼핑, 경향신문, 국악방송, 농수산홈쇼핑, 농심기획, 머니투데이, 서울신문사, 세계일보, 스포츠서울, 우리은행, 전주방송JTV, 파워킹시스템, 한겨레신문, 한국남동발전, 한국일보, 해외한국어방송인턴십

**군간부**
간부사관, 민간부사관, 여군부사관, 헌병부사관, 법무부사관, 군종부사관, 군악부사관, 현역부사관, 학사사관, 여군사관, 육군부사관

**대학교**
경기대, 경인교대, 경희대, 공주영상대, 군산대, 대구가톨릭대, 대구대, 대진대, 덕성여대 법학과, 동신대, 동아대, 서울대, 성균관대, 순천향대, 신라대, 아주대대학원, 안양대, 위덕대, 전주대, 청주대, 춘천교육대, 한국외대, 한양대

※ 활용처는 변경될 수 있으니, 반드시 해당 활용처의 홈페이지를 확인하세요!

## 시험 영역 꼼꼼히 보기

**1 문법 능력 (어휘·어법)**

모든 국어 능력의 기초는 어휘 능력과 어법 능력이다. 이 능력은 언어의 4대 기능이라고 하는 말하기, 듣기, 읽기, 쓰기 능력의 기초가 된다. 풍부한 어휘를 정확하게 사용하고 어법을 정확하게 구사하는 문법 능력이 뛰어나면 바르고 교양 있게 말하고 듣고 읽고 쓸 수 있다.

어휘는 고유어, 한자어, 외래어에 대한 이해 및 표현 능력을 측정하며, 어법은 4대 어문 규정, 즉 ① 한글 맞춤법, ② 표준어 규정, ③ 외래어 표기법, ④ 로마자 표기법에 대한 이해 능력을 측정한다. 또한 외국어가 범람하고 어려운 전문 용어가 그대로 사용되는 오늘날의 언어 현실을 반영하여 순화어 관련 문항을 포함하고 있다. 이와 더불어 한자에 대한 이해 및 사용 능력도 측정하고 있다.

**2 이해 능력 (듣기·읽기)**

듣기 능력은 인간의 의사소통에 가장 기본이 되는 영역이다. 교양인은 자기 말을 앞세우기보다 상대방의 말을 주의 깊게 잘 경청하는 사람이다. 이 영역은 강의, 강연, 뉴스, 토론, 대화, 인터뷰 자료 등 다양한 구어 담화를 듣고 문제를 해결하는 방식으로 구성되어 있다. 읽기 능력은 다양한 텍스트를 제시하고 글에 대한 사실적 이해, 추론적 이해, 비판적 이해 능력을 측정한다. 텍스트는 문예 텍스트, 학술 텍스트, 실용 텍스트로 구성되어 있다.

**3 표현 능력 (쓰기·말하기)**

쓰기 능력은 논술 방식처럼 글쓰기를 통해 주관식으로 평가하여야 하고, 말하기 능력도 직접 말하는 것을 평가하여야 한다. 그러나 현재는 대규모 인원이 응시하여 시험 운영과 관리의 제약 때문에 객관식으로 쓰기와 말하기 능력을 측정하고 있다. 쓰기 능력은 다양한 글을 쓸 때 거치는 '주제 선정 → 자료 수집 → 개요(outline) 작성 → 집필 → 퇴고'의 일련의 과정을 잘 이해하고 실습해 본 사람이면 누구나 풀 수 있도록 쓰기 과정별로 문항이 구성되어 있다.

말하기 능력은 발표, 토론, 협상, 설득, 논증, 표준 화법(언어 예절, 호칭어와 지칭어 사용 등) 등의 다양한 말하기 상황과 관련된 능력이다. 정확한 발음과 관련하여 표준 발음법 관련 문항도 포함되어 있다. 이는 국민의 발표 능력, 토론 능력, 설득 및 협상 능력이 매우 부족하다는 지적을 반영한 것이다.

**4 창안 능력 (창의적 언어 능력)**

창안 능력은 넓게 보면 쓰기나 말하기 능력에서 창의적, 독창적 아이디어를 만들어 내는 능력을 말한다. 즉, 언어를 창의적으로 사용하는 능력을 측정하는 것이다. 창의적인 표어를 제작하거나, 글을 읽고 감동적이거나 인상적인 제목을 만들거나 추출할 수 있는 능력, 기타 창의적 사고력을 기반으로 각종 언어 사용에서 아이디어를 창안하는 능력, 비유법과 관련한 창의적 수사법, 고사성어와 속담 등을 활용한 표현 능력 등이 해당된다.

**5 문화 능력 (국어 관련 교양 지식)**

국어 문화 능력은 기존 국어 시험들에서 배제되어 온 국어와 관련된 교양 상식에 대한 이해 능력이다. 기존 국어 시험들은 듣기, 읽기 기능 중심의 평가로 이해력, 사고력 평가에 치우치고 국어 교과상의 지식들은 배제해 왔다. 그러나 본 시험에서는 국어학이나 국문학에 대한 지식들도 국어 능력의 고급 문화 능력으로 함양되어야 할 것으로 보아 이를 측정하고 있다.

## 시험 영역 한눈에 보기

**1 문법 능력 (어휘·어법)**
- 1. 어휘
  - ① 고유어　② 한자어　③ 순화어　④ 외래어
- 2. 어법
  - ① 한글 맞춤법　② 표준어 규정　③ 외래어 표기법　④ 로마자 표기법

**2 이해 능력 (듣기·읽기)**
- 1. 듣기
  - 강의, 강연, 뉴스, 토론, 대화, 인터뷰 자료 등 다양한 구어 담화
- 2. 읽기
  - ① 사실적(분석적) 이해: 실용 텍스트(기사문, 보고서, 설명서, 편지글, 다매체 텍스트)
  - ② 추론적(상상적) 이해: 문예 텍스트(문학, 정서 표현의 글)
  - ③ 비판적(논리적) 이해: 학술 텍스트(인문, 사회, 과학, 예술 등)

**3 표현 능력 (쓰기·말하기)**
- 1. 쓰기
  - ① 주제 선정　② 자료 수집　③ 개요 작성　④ 집필　⑤ 퇴고
- 2. 말하기
  - ① 다양한 말하기 상황과 관련된 능력(발표, 토론, 협상, 설득, 논증, 표준 화법 – 언어 예절, 호칭어와 지칭어 등)
  - ② 표준 발음법

**4 창안 능력 (창의적 언어 능력)**
- ① 창의적인 표어 제작
- ② 글을 읽고 감동적이거나 인상적인 제목을 만들거나 추출
- ③ 각종 언어 사용에서 아이디어 창안
- ④ 비유법과 관련한 창의적 수사법을 활용한 표현 능력
- ⑤ 고사성어와 속담을 활용한 표현 능력

**5 문화 능력 (국어 관련 교양 지식)**
- ① 국어학
- ② 국문학

# 문항배분 한눈에 보기

| 문항 번호 | 영역(출제 비중) | | 유형 | 문항 수 |
|---|---|---|---|---|
| 1~15 | 듣기·말하기 15% | | 듣기 | 5 |
| | | | 듣기+말하기(통합 문제) | 10 |
| 16~45 | 어휘·어법 30% | 16~30 어휘 | 고유어의 사전적 의미 | 1 |
| | | | 한자어의 사전적 의미 | 1~2 |
| | | | 한자어의 문맥적 의미 | 2~4 |
| | | | 고유어의 문맥적 의미 | 2 |
| | | | 어휘 간의 의미 관계 | 3~4 |
| | | | 한자어 표기(독음) | 1 |
| | | | 속담, 한자성어, 관용구 | 2 |
| | | | 순화어 | 1 |
| | | 31~45 어법 | 표준어 | 1~4 |
| | | | 띄어쓰기 | 1 |
| | | | 문장 표현 | 3 |
| | | | 음운 | 1 |
| | | | 문법 요소 | 1~2 |
| | | | 문장 부호 | 1 |
| | | | 표준 발음법 | 1 |
| | | | 표준 발음법(사이시옷) | 0~1 |
| | | | 외래어 표기법 | 1 |
| | | | 로마자 표기법 | 1 |
| 46~50 | 쓰기 5% | | 글쓰기 계획 | 1 |
| | | | 자료 활용 방안 | 1 |
| | | | 개요 수정 및 상세화 방안 | 1 |
| | | | 논지 전개 | 1 |
| | | | 퇴고 | 1 |
| 51~60 | 창안 10% | | 시각 자료를 통한 내용 생성 | 3~4 |
| | | | 조건에 따른 내용 생성 | 7 |
| 61~90 | 읽기 30% | 61~62 현대 시 | 작품의 이해와 감상 | 2 |
| | | | 시어의 의미와 기능 | |
| | | | 화자의 정서 및 태도 | |
| | | 63~65 현대 소설 | 서술상의 특징 및 효과 | 3 |
| | | | 인물의 심리 및 태도 | |
| | | | 작품의 이해와 감상 | |
| | | 66~75 학술문 | 추론적 이해 – 생략된 내용 추리 | |
| | | | 사실적 이해 – 정보 확인 | 4~5 |
| | | | 사실적 이해 – 핵심 정보 | |
| | | | 사실적 이해 – 전개 방식 | |
| | | | 추론적 이해 – 생략된 내용 추리 | 3~5 |
| | | | 추론적 이해 – 전제 및 근거 추리 | |
| | | | 추론적 이해 – 구체적(다른) 사례에 적용 | |
| | | | 비판적 이해 – 반응 및 수용 | 0~1 |
| | | 76~90 실용문 | 사실적 이해 – 정보 확인 | 8~12 |
| | | | 사실적 이해 – 핵심 정보 | 0~2 |
| | | | 사실적 이해 – 글쓴이의 심리 및 태도 | 1 (교술에서만 출제) |
| | | | 추론적 이해 – 구체적(다른) 사례에 적용 | 2~4 |
| | | | 추론적 이해 – 숨겨진 내용 추리 | |
| | | | 비판적 이해 – 반응 및 수용 | 0~1 |
| | | | 어휘의 문맥적 의미 | 0~1 |
| 91~100 | 국어 문화 10% | | 국어 생활 – 매체언어 | 1 |
| | | | 국어학 – 문법 | 3 |
| | | | 국어학 – 북한어 | 1 |
| | | | 국어학 – 중세 국어 | 1 |
| | | | 국어학 – 순화어/외래어/신조어 | 1 |
| | | | 국어학 – 수어, 점자 | 0~2 |
| | | | 국문학 – 작가 | 1 |
| | | | 국문학 – 작품 | 1 |

# 이 책의 구성

## 기출북

### 최다 문항으로 반복 학습 공략!

- 1년 동안 출제된 기출 6회분을 통째로 수록하여 최다 모의고사를 통한 문제 풀이 연습으로 확실하게 익힐 수 있다.
- 실제 구성의 시험지 형태로 구현하여 실제 시험 환경을 간접적으로 경험할 수 있다.

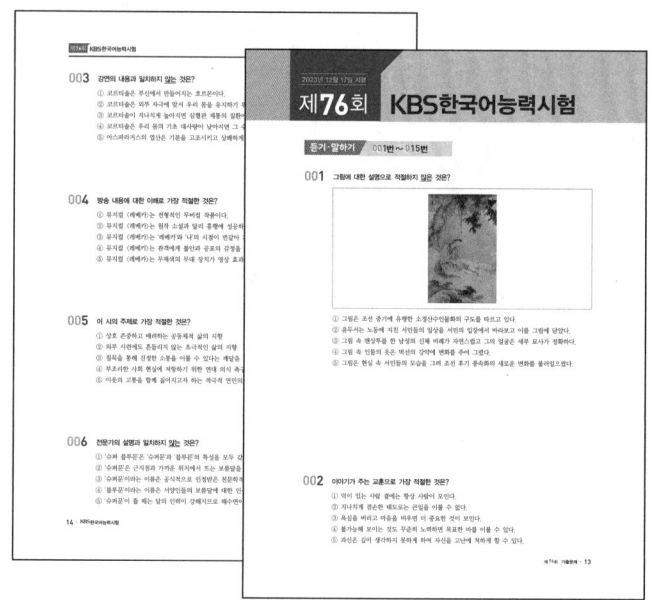

## 해설북

### 상세한 해설로 실수 제로 공략!

- 모든 문항의 시험 유형 및 출처 등을 정리하여 제시함으로써 한눈에 파악할 수 있다.
- 상세한 정답해설로 문항별 이해도를 높여 고난도 문제까지 대비할 수 있다.

## OMR 답안지 & 오답노트

### 완벽한 연습으로 실전 대비 공략!

- OMR 답안지를 직접 작성하면서 실전 대비 연습을 할 수 있다.
- 문제 풀이 후 본인만의 오답 노트를 통해 정답률이 낮은 문제까지 확실하게 공략하여 고득점을 얻을 수 있다.

## 무료 강의PACK

☑ 제76~71회 기출문제 해설 특강(6강)
　혜택받기 에듀윌 도서몰(book.eduwill.net) → 동영상강의실 → KBS 검색

☑ 한국어 어휘·어법 기초특강(5강)
　혜택받기 에듀윌(eduwill.net) → KBS한국어/실용글쓰기 → 상단의 학습자료 탭

☑ 한국어 어휘·어법 BEST 기출특강(5강)
　혜택받기 에듀윌(eduwill.net) → KBS한국어/실용글쓰기 → 상단의 학습자료 탭

※ 내부 사정에 따라 예고 없이 서비스 종료될 수 있음

# 이 책의 차례

## 기출북

| | | |
|---|---|---|
| 제 **76** 회 | KBS한국어능력시험 기출문제 | 13 |
| 제 **75** 회 | KBS한국어능력시험 기출문제 | 59 |
| 제 **74** 회 | KBS한국어능력시험 기출문제 | 105 |
| 제 **73** 회 | KBS한국어능력시험 기출문제 | 149 |
| 제 **72** 회 | KBS한국어능력시험 기출문제 | 193 |
| 제 **71** 회 | KBS한국어능력시험 기출문제 | 237 |

## 해설북

| | | |
|---|---|---|
| 제 **76** 회 | 정답과 해설 | 10 |
| 제 **75** 회 | 정답과 해설 | 37 |
| 제 **74** 회 | 정답과 해설 | 64 |
| 제 **73** 회 | 정답과 해설 | 92 |
| 제 **72** 회 | 정답과 해설 | 119 |
| 제 **71** 회 | 정답과 해설 | 147 |

2023. 12. 17.

| 성 명 | |
|---|---|
| 수험번호 | |
| 감독관 확인 | |

# 제76회
# KBS한국어능력시험

**KBS 한국방송**

- 문제지와 답안지에 모두 성명, 수험 번호를 정확히 기입하십시오.
- 답안지와 함께 문제지를 반드시 제출하십시오.
- 본 시험지를 절취하는 것은 부정행위로 간주합니다.
- 본 시험의 내용을 무단으로 전재·복사·복제·출판·강의하는 행위와 인터넷 등을 통해 복원하는 행위는 저작권법에 저촉됩니다.

## 한국어능력시험 문항 100문항

| 영역 | 문항 |
|---|---|
| 듣기 · 말하기 | 001번~015번 |
| 어휘 · 어법 | 016번~045번 |
| 쓰기 | 046번~050번 |
| 창안 | 051번~060번 |
| 읽기 | 061번~090번 |
| 국어 문화 | 091번~100번 |

# 제76회 KBS한국어능력시험

2023년 12월 17일 시행

## 듣기·말하기  001번~015번

**001** 그림에 대한 설명으로 적절하지 <u>않은</u> 것은?

① 그림은 조선 중기에 유행한 소경산수인물화의 구도를 따르고 있다.
② 윤두서는 노동에 지친 서민들의 일상을 서민의 입장에서 바라보고 이를 그림에 담았다.
③ 그림 속 맨상투를 한 남성의 신체 비례가 자연스럽고 그의 얼굴은 세부 묘사가 정확하다.
④ 그림 속 인물의 옷은 먹선의 강약에 변화를 주어 그렸다.
⑤ 그림은 현실 속 서민들의 모습을 그려 조선 후기 풍속화의 새로운 변화를 불러일으켰다.

**002** 이야기가 주는 교훈으로 가장 적절한 것은?

① 덕이 있는 사람 곁에는 항상 사람이 모인다.
② 지나치게 겸손한 태도로는 큰일을 이룰 수 없다.
③ 욕심을 버리고 마음을 비우면 더 중요한 것이 보인다.
④ 불가능해 보이는 것도 꾸준히 노력하면 목표한 바를 이룰 수 있다.
⑤ 과신은 깊이 생각하지 못하게 하여 자신을 고난에 처하게 할 수 있다.

## 003 강연의 내용과 일치하지 않는 것은?

① 코르티솔은 부신에서 만들어지는 호르몬이다.
② 코르티솔은 외부 자극에 맞서 우리 몸을 유지하기 위해 혈당을 생성하기도 한다.
③ 코르티솔이 지나치게 높아지면 심혈관 계통의 질환에 걸릴 수 있다.
④ 코르티솔은 우리 몸의 기초 대사량이 낮아지면 그 수치도 낮아진다.
⑤ 아스파라거스의 엽산은 기분을 고조시키고 상쾌하게 만들어 주는 효과가 있다.

## 004 방송 내용에 대한 이해로 가장 적절한 것은?

① 뮤지컬 〈레베카〉는 전형적인 무비컬 작품이다.
② 뮤지컬 〈레베카〉는 원작 소설과 달리 흥행에 성공하였다.
③ 뮤지컬 〈레베카〉는 '레베카'와 '나'의 시점이 번갈아 가며 이야기가 전개된다.
④ 뮤지컬 〈레베카〉는 관객에게 불안과 공포의 감정을 느끼게 하는 요소를 가지고 있다.
⑤ 뮤지컬 〈레베카〉는 무채색의 무대 장치가 영상 효과와 맞물려 관객에게 볼거리를 선사한다.

## 005 이 시의 주제로 가장 적절한 것은?

① 상호 존중하고 배려하는 공동체적 삶의 지향
② 외부 시련에도 흔들리지 않는 초극적인 삶의 지향
③ 침묵을 통해 진정한 소통을 이룰 수 있다는 깨달음
④ 부조리한 사회 현실에 저항하기 위한 연대 의식 촉구
⑤ 이웃의 고통을 함께 짊어지고자 하는 적극적 연민의 자세

## 006 전문가의 설명과 일치하지 않는 것은?

① '슈퍼 블루문'은 '슈퍼문'과 '블루문'의 특성을 모두 갖고 있다.
② '슈퍼문'은 근지점과 가까운 위치에서 뜨는 보름달을 의미한다.
③ '슈퍼문'이라는 이름은 공식적으로 인정받은 천문학적 용어가 아니다.
④ '블루문'이라는 이름은 서양인들의 보름달에 대한 인식과 관련이 있다.
⑤ '슈퍼문'이 뜰 때는 달의 인력이 강해지므로 해수면이 낮아지고 조석의 격차가 커진다.

**007** 진행자의 말하기 방식으로 가장 적절한 것은?

① 전문가의 설명에 대해 궁금한 점을 질문하고 있다.
② 자신의 경험에 비추어 전문가의 설명을 반박하고 있다.
③ 전문가의 설명과 관련된 출처를 추가적으로 언급하고 있다.
④ 전문가가 말한 내용을 반복하여 말하며 내용을 강조하고 있다.
⑤ 전문가의 설명을 전체적으로 요약하며 이야기를 마무리하고 있다.

**008** 대화를 통해 알 수 있는 등장인물의 생각으로 적절하지 <u>않은</u> 것은?

① 딸: 학교 선생님들은 자신의 복장을 통제하려고 한다.
② 딸: 자신의 손톱 길이는 미용 실습에 지장을 주지 않는다.
③ 딸: 자신의 선호에 따라 개성을 살려 옷을 입는 것이 좋다.
④ 엄마: 딸의 짧은 반바지 차림은 고등학생에게 어울리지 않는다.
⑤ 엄마: 미용실 손님의 머리를 감겨 주려면 손톱이 길면 안 된다.

**009** 두 사람의 갈등이 촉발된 근본적인 원인으로 가장 적절한 것은?

① 진로에 대한 시각 차이
② 용모에 대한 시각 차이
③ 서비스업에 대한 시각 차이
④ 학생의 학업에 대한 시각 차이
⑤ 모녀간의 역할에 대한 시각 차이

**010** 강연의 내용과 일치하지 <u>않는</u> 것은?

① 귀인은 환경을 예측하고 통제하기 위해 필요하다.
② 귀인 과정에서 원인을 찾을 때 편향이 발생할 수 있다.
③ 우리는 우리 자신의 성공이 운 덕분이라고 생각하는 경향이 있다.
④ 주체가 누구이냐에 따라 결과의 원인을 다르게 귀인하는 경향이 있다.
⑤ 외부 요인으로 인해 벌어진 일에 대해 상대방의 책임을 묻는 것은 귀인의 편향이다.

## 011 강연에 대한 설명으로 가장 적절한 것은?

① 심리학에 대한 특정 인물의 견해를 설명하고 있다.
② 구체적 통계 수치를 인용하며 신뢰성을 높이고 있다.
③ 일상의 경험을 활용하여 개념에 대한 이해를 돕고 있다.
④ 속담을 인용하여 다른 심리학적 개념과의 차이를 부각하고 있다.
⑤ 화제와 관련된 특정한 행위를 청중에게 요청하며 강연을 시작하고 있다.

## 012 발표의 내용에 대한 이해로 적절하지 않은 것은?

① 한국은 노인 빈곤율이 OECD 국가 중 1위이다.
② 한국인은 자신보다 자녀의 삶을 우선시하는 경향이 있다.
③ 한국의 노후 빈곤은 한국 사회의 문화적 맥락과 관련된다.
④ 40대 한국인 월 지출의 절반 이상이 자녀 교육비에 해당한다.
⑤ 한국인에게는 장수하는 것이 반드시 복이 아니라는 인식이 있다.

## 013 발표의 내용 구성 전략으로 가장 적절한 것은?

① 객관적인 지표를 제시하여 논의하는 내용을 뒷받침하고 있다.
② 노인 문제 전문가의 의견을 근거로 해결 방안을 제시하고 있다.
③ 다른 연령 집단과 비교하여 노후 빈곤의 요인을 분석하고 있다.
④ 노후 빈곤에 처한 이를 인터뷰하여 문제의 심각성을 전달하고 있다.
⑤ 노후 빈곤 문제를 해결할 수 있는 여러 가지 제도적 장치를 제안하고 있다.

## 014 두 사람의 입장에 대한 이해로 적절하지 않은 것은?

① 두 사람은 모두 지역 축제가 중복 운영되는 상황에 문제가 있다고 생각한다.
② 두 사람은 모두 자신의 지역 주민의 지역 축제에 대한 자부심이 강하다고 주장한다.
③ 박 국장은 자신의 지역이 축제의 대표 행사 중 수익성이 좋은 행사 두 가지를 개최해야 한다고 주장한다.
④ 최 국장은 지역 주민의 정서를 고려해 자신의 지역 이름이 먼저 표기되어야 한다고 요구한다.
⑤ 최 국장은 공동 개최의 취지를 살리기 위해서라도 행사는 두 지역이 공평하게 나누어야 한다고 주장한다.

## 015 두 사람의 갈등 해결 방식으로 가장 적절한 것은?

① 양측은 상대방이 제시한 요구안을 별다른 반대 없이 받아들였다.
② 양측은 문제 해결을 위해 상급 기관에 조정 신청을 하기로 합의하였다.
③ 양측은 협상 결렬 시 다른 대안을 선택할 수 있다고 상대방을 압박하였다.
④ 양측은 협상 결렬 시 입을 피해를 추정하여 언급하며 상대방을 설득하였다.
⑤ 양측은 각자의 지역 주민을 설득할 수 있도록 상대방의 이득을 보장해 주었다.

**어휘·어법  016번~045번**

## 016 "모자람이 없이 넉넉하다"를 나타내는 고유어는?

① 습습하다
② 푼푼하다
③ 협협하다
④ 실팍지다
⑤ 무람없다

## 017 한자어의 사전적 뜻풀이로 옳지 <u>않은</u> 것은?

① 통섭(通涉): 사물에 널리 통함.
② 참담(慘憺): 끔찍하고 절망적임.
③ 잠언(箴言): 아무런 말도 하지 않음.
④ 전횡(專橫): 권세를 혼자 쥐고 제 마음대로 함.
⑤ 상쇄(相殺): 상반되는 것이 서로 영향을 주어 효과가 없어지는 일.

## 018 밑줄 친 고유어의 의미로 적절하지 <u>않은</u> 것은?

① 업무를 마치고 나니 마음이 <u>가든했다</u>. → 마음이 가볍고 상쾌하다.
② 동생은 우는 어린아이를 <u>까부르며</u> 달랬다. → 키질하듯이 위아래로 흔들다.
③ 고슴도치도 자기 새끼는 <u>함함하다고</u> 한다. → 몸이나 기력이 실하고 튼튼하다.
④ 강바람을 맞은 돛이 퍼덕여 소리치며 <u>수수러졌다</u>. → 돛 따위가 바람에 부풀어 둥글게 되다.
⑤ 친구는 겉보기와 달리 <u>의뭉한</u> 데가 있다. → 겉으로는 어리석어 보이지만 속으로는 엉큼하다.

019  밑줄 친 한자어의 쓰임이 적절하지 않은 것은?

① 작가가 자신의 관점을 작품에 현현(顯現)하는 방식은 다양하다.
② 단풍나무 사진을 보정(補正)했더니 단풍의 빛깔이 더욱 선명하다.
③ 재물에 연연(戀戀)하지 말고 소박하게 살아가는 게 행복의 지름길이다.
④ 예전에는 이 고을도 수천 호 대읍으로 사람들 사는 집이 총총(叢叢)했었다.
⑤ 선생의 높은 학문은 공부가 짧고 학식이 도저(到底)한 내가 미칠 바가 아니다.

020  〈보기〉의 밑줄 친 ㉠~㉢에 해당하는 한자로 올바르게 묶인 것은?

보기
- 전통이라도 올바르지 않다면 과감한 ㉠개선이 필요하다.
- 금메달을 획득한 선수단의 ㉡개선에 모두가 박수를 보냈다.
- 현재의 대표가 사퇴함에 따라 임원진의 ㉢개선이 불가피하다.

|   | ㉠ | ㉡ | ㉢ |
|---|---|---|---|
| ① | 改善 | 凱旋 | 改選 |
| ② | 改善 | 改選 | 凱旋 |
| ③ | 改選 | 改善 | 凱旋 |
| ④ | 改選 | 凱旋 | 改善 |
| ⑤ | 凱旋 | 改善 | 改選 |

021  밑줄 친 고유어의 쓰임이 적절하지 않은 것은?

① 나는 내 철없는 행동이 열없어서 얼굴이 붉어졌다.
② 사람들은 이방인을 경계하는 듯 뜨악한 표정이었다.
③ 요즘 친구들과 사이가 조금 버름한 것 같아서 걱정이다.
④ 사람들과 괜한 소리 조잔거리지 말고 조용히 기다려 보자.
⑤ 따뜻한 봄날, 나비 한 마리가 꽃밭에서 이리저리 나부댄다.

022  밑줄 친 단어가 나머지 단어와 다의어 관계에 있지 않은 것은?

① 그는 사기꾼의 손에 놀아나고 말았다.
② 요즘 농촌에서는 손이 달려 농사를 짓기 어렵다.
③ 제삿날 손을 치르고 나면 온몸이 쑤시고 아프다.
④ 범인은 경찰의 손이 미치지 않는 곳으로 도망갔다.
⑤ 나는 부모님이 돌아가셔서 할머니의 손에서 자랐다.

## 023 두 단어의 의미 관계가 〈보기〉와 동일한 것은?

> **보기**
> 양서류 – 개구리

① 광물 – 석탄
② 적분 – 미분
③ 통화 – 국채
④ 헌법 – 민법
⑤ 국경일 – 공휴일

## 024 고유어 '잡다'를 한자어로 바꾸었을 때, 적절하지 않은 것은?

① 평행봉에서는 균형을 잡기 어렵다. → 유지(維持)하다
② 한밑천 잡으면 일을 그만둘 생각이다. → 획득(獲得)하다
③ 이 사진은 아기의 웃는 모습을 잘 잡았다. → 포착(捕捉)하다
④ 이번 일은 길게 잡아도 한 달이면 충분하다. → 산정(算定)하다
⑤ 귀한 손님에게 닭을 잡아 삼계탕을 대접했다. → 포박(捕縛)하다

## 025 밑줄 친 단어의 반의어로 가장 적절한 것은?

> **보기**
> 오늘은 안개가 짙어서 운전을 조심해야 한다.

① 맑아서
② 옅어서
③ 적어서
④ 진해서
⑤ 두터워서

## 026 속담의 사용이 문맥상 적절하지 않은 것은?

① 우리 회사는 최근 경영난이 심각해져 '바람받이에 선 촛불' 신세나 마찬가지다.
② '높은 가지가 부러지기 쉽다'고 하는데 그는 승진한 지 얼마 되지 않아 회사를 그만두게 되었다.
③ '구름 없는 하늘에 비 올까'라는 말이 있듯이 공부를 하지 않았는데 시험 성적이 좋게 나오겠어?
④ '눈은 풍년이나 입은 흉년이다'라더니 산해진미가 가득해도 입맛이 없어 음식을 먹지 못하는구나.
⑤ '적은 물이 새어 큰 배 가라앉는다'라는 말이 있듯이 일을 할 때 실수를 하지 않도록 주의해야 한다.

## 027 밑줄 친 사자성어의 쓰임이 문맥상 적절하지 않은 것은?

① 두 사람은 서로를 의지하며 지기지우(知己之友)의 관계로 성장했다.
② 곯아떨어진 동생은 깨워도 전전불매(輾轉不寐)하며 일어나지 않았다.
③ 노력하지 않으면서 성공하기를 바라는 것은 연목구어(緣木求魚)나 마찬가지다.
④ 그 사람, 지금은 볼품없지만 대기만성(大器晚成)이라고 앞으로 크게 될 것이다.
⑤ 제 아무리 가까운 사람이라도 법을 어겼으면 읍참마속(泣斬馬謖)의 심정으로 내쳐야 한다.

## 028 밑줄 친 관용 표현의 쓰임이 적절하지 않은 것은?

① 귀에 익은 소리가 옆방에서 들려왔다.
② 제발 귀를 열고 다른 사람의 말을 들어라.
③ 사람이 그렇게 귀가 얇아서 무슨 일을 하겠는가?
④ 비밀이 남의 귀에 들어가지 않게 조심해야 한다.
⑤ 워낙 귀가 질긴 친구라 눈치껏 잘 처신할 것이다.

## 029 밑줄 친 한자어를 순화한 표현으로 적절하지 않은 것은?

① 콘크리트 양생(養生)을 하는 중이니 다른 길로 돌아가시오. → 포장
② 비리 기업인은 불법 자금을 외국의 비밀 계좌에 은닉(隱匿)하였다. → 감추었다
③ 요즘은 불경기여서 옷을 하루 종일 팔아도 매상고(賣上高)가 올라가지 않는다. → 판매액
④ 마지막으로 사무실을 나가는 직원은 문의 시건장치(施鍵裝置)를 확인하십시오. → 잠금장치
⑤ 뚜렷한 이유 없이 등기 신청을 해태(懈怠)한 사람은 나중에 과태료를 물게 된다. → 제때 하지 않은

## 030 밑줄 친 표현을 다듬은 말로 적절하지 않은 것은?

① 우리 회사는 올해부터 격월로 뉴스레터(→ 소식지)를 간행할 예정이다.
② 나는 영화가 다 끝난 뒤에도 쿠키 영상(→ 부록 영상)을 보기 위해 기다렸다.
③ 요즘은 밀키트(→ 바로 요리 세트)를 사용하면 누구나 간편하게 음식을 만들 수 있다.
④ 킬러 아이템(→ 핵심 상품) 하나를 잘 만들면 다른 상품의 매출도 같이 올라가는 효과가 있다.
⑤ 주식 시장이 오늘을 기점으로 피크 아웃(→ 상승 전환) 국면으로 접어들 것으로 예상되고 있다.

## 031 밑줄 친 부분의 표기가 옳지 않은 것은?

① 품삯을 소금으로 엇셈을 했다.
② 얼핏 불안한 생각이 뇌리를 스친다.
③ 지난여름에는 농사일이 사뭇 바빴다.
④ 반짓고리에서 바늘과 실을 꺼내 오너라.
⑤ 예전에는 겨울에 솜을 넣은 핫옷을 입었다.

## 032 밑줄 친 부분의 표기가 옳지 않은 것은?

① 그와는 예전부터 알음이 있는 사이다.
② 차가 오는 것을 보고 줄달음을 놓았다.
③ 신세진 것은 반드시 갚음을 하겠습니다.
④ 모두 초면이라서 낯설음으로 어색해했다.
⑤ 낡은 것은 새것으로 갈음을 하는 게 좋겠다.

## 033 밑줄 친 줄어든 말의 표기가 옳지 않은 것은?

① 비가 그치고 날이 갰다(← 개었다).
② 풀린 신발 끈을 고쳐 맸다(← 매었다).
③ 금액이 정확한지 잘 세(← 세어) 보아라.
④ 발의 치수를 정확하게 재(← 재어) 두어라.
⑤ 산길을 걸을 때마다 돌이 발에 챘다(← 채었다).

## 034 밑줄 친 부분의 띄어쓰기가 옳은 것은?

① 광복절에 집∨집마다 태극기를 걸었다.
② 봄이 오자 마을∨마을에 봄꽃이 피어났다.
③ 모임에는 낯익은 얼굴이 여기∨저기 눈에 띄었다.
④ 일을 미루지 말고 그때∨그때 서둘러서 마무리해라.
⑤ 잔칫상에는 그릇∨그릇마다 온갖 산해진미가 가득했다.

## 035 밑줄 친 부분의 표기가 옳지 않은 것은?

① 이따가 단둘이 있을 때 얘기하자.
② 잇단 안전사고에 대책이 시급하다.
③ 의자에 앉은 채 다리를 앞쪽으로 뻗쳤다.
④ 함께 노래를 부름으로서 선수들을 응원했다.
⑤ 예전에는 가마솥에 쌀을 안쳐서 밥을 지었다.

## 036 마침표의 쓰임에 대한 설명으로 올바르지 않은 것은?

| | 설명 | 예 |
|---|---|---|
| ① | 용언의 명사형으로 끝난 문장에 쓸 수 있다. | 어제 오전에 보고서를 제출함. |
| ② | 한 문장으로 된 표어에 쓴다. | 꺼진 불도 다시 보자. |
| ③ | 직접 인용한 문장의 끝에 쓴다. | 아버지는 "늘 정직해야 한다."라고 말씀하셨다. |
| ④ | 명사로 끝난 문장에 쓸 수 있다. | 주택 정책 공청회 개최. |
| ⑤ | 장을 표시하는 숫자 다음에 쓴다. | 1. 연구 목적 |

## 037 밑줄 친 표현이 표준어인 것은?

① 구렁이가 길 한가운데 또아리를 틀고 있다.
② 이 글구 속에는 조상들의 지혜가 담겨 있다.
③ 늦은 시간에 돌아다니다가 해꼬지를 당할까 봐 두렵다.
④ 우리 아버지는 여늬 사람보다도 참으로 열심히 사셨다.
⑤ 추수를 할 때에는 벼의 밑동까지 깔끔하게 잘라야 한다.

## 038 다음은 문학 작품에 나타나는 방언이다. 대응하는 표준어가 적절하지 않은 것은?

① 동이는 물속에서 어른을 해깝게(→ 가볍게) 업을 수 있었다.
② 자네들두 나이 4십이 니열 모리(→ 모레)면 죽은 나이가 아녀.
③ 즘생덜도 즈그 죽을 날을 다 안다든디 영물인 사람이야 비문허겠어(→ 어련하겠어).
④ 그 서슬에 놀란 등잔불이 허리를 질려 깝북(→ 잠시) 숨을 죽인 채 까무러들더니 이윽고 길게 솟구쳐오르며 너훌거린다.
⑤ 방금 황해를 건너왔다는 바람이 솔찬히(→ 상당히) 머언 길에 지친 다리를 멈추고 나의 작은 침실의 문을 조심히 흔들고 잇습니다.

**039** 밑줄 친 발음이 표준 발음이 아닌 것은?

① 봄의 초원은 넓고[널꼬] 푸르렀다.
② 넷에 넷을 더하면 여덟이다[여덜비다].
③ 손가락으로 눈가를 갉작갉작[갈짝깔짝] 긁는다.
④ 그는 담배꽁초를 구둣발로 짓밟고[짇빱꼬] 걸어갔다.
⑤ 나무를 심기 위해 마당의 흙을[흘글] 삽으로 퍼내었다.

**040** 밑줄 친 외래어의 표기가 올바르지 않은 것은?

① 올여름에는 짧은 커트(cut) 머리가 유행할 것이다.
② 친구의 생일이라 선물과 케이크(cake)를 준비하였다.
③ 발이 부러져 깁스(Gips)를 대고 목다리를 짚고 다닌다.
④ 개를 좋아하는 동생은 불독(bulldog) 두 마리를 키우고 있다.
⑤ 직장 동료와 어울리면서 플루트(flute) 동아리에 가입하게 되었다.

**041** 음식명의 로마자 표기가 올바르지 않은 것은?

① 식혜(sikhye)
② 통닭(tongdak)
③ 삼겹살(samgyeopssal)
④ 감자탕(gamjatang)
⑤ 양념게장(yangnyeomgejang)

**042** 〈보기〉의 ㉠~㉤ 가운데 어법에 맞지 않는 문장은?

> 보기
> ㉠동물 학교에서 모든 동물들에게 달리기, 오르기, 날기, 수영 등으로 짜인 교과목을 수강하도록 했다. 오리는 선생보다 수영을 잘하고 날기도 그런대로 했지만 달리기 성적은 낙제였다. ㉡오리는 학교가 끝난 뒤에 달리기 과외를 받아야 했는데 달리기 연습에 열중하다가 물갈퀴는 닳아서 약해졌고, 수영 점수도 평균으로 떨어졌다. 토끼는 달리기를 가장 잘했지만, 수영 때문에 스트레스를 받았다. ㉢다람쥐에게 오르기는 문제가 아니었지만 날기가 문제여서 땅에서 위로 날아올라야 하는 날기 수업에서 좌절감에 빠졌다. ㉣날기에 타의 추종을 불허하는 솜씨를 보였지만 다른 수업은 아예 참석도 하지 않은 독수리는 문제의 학생으로 전락했다. ㉤결국 수영을 잘하고 달리기와 오르기, 날기는 약간 할 줄 알았던 뱀장어가 가장 높은 평균 점수를 받아 우등생이 되었다.

① ㉠  ② ㉡  ③ ㉢  ④ ㉣  ⑤ ㉤

**043** 〈보기〉의 밑줄 친 부분과 상대 높임법의 등급이 동일한 것은?

> **보기**
> 
> 모두 이제 자리에 앉읍시다.

① 세월이 잘도 가는구려.
② 자리에 모두 앉으십시오.
③ 자네들 오늘 어디 가는가?
④ 오늘은 날씨가 무척 좋구나.
⑤ 은행나무가 정말 오래되었구먼.

**044** 중의성을 해소한 문장으로 적절하지 않은 것은?

① 철수는 파란 운동화를 신고 있다. → 철수는 파란 운동화를 신는 중이다.
② 동생은 나보다 영희를 더 좋아한다. → 동생은 나에 비해 영희를 더 좋아한다.
③ 극장에 관객들이 다 입장하지 않았다. → 극장에 관객들이 다는 입장하지 않았다.
④ 철수는 영수와 영희에 대해 이야기했다. → 철수는 영희에 대해 영수와 이야기했다.
⑤ 철수가 울면서 뛰어오는 영희를 바라보았다. → 철수가 뛰어오는 영희를 울면서 바라보았다.

**045** 밑줄 친 번역 투 표현을 고친 것으로 적절하지 않은 것은?

① 문제 해결을 위해서는 충분한 시간이 주어져야(→ 시간이 요구돼야) 한다.
② 가뭄으로 인해(→ 가뭄 때문에) 포도 생산량이 지난해 대비 12% 감소했다.
③ 회원들의 화합과 소통을 위해 지난 주말에 모임을 가졌다(→ 모임을 열었다).
④ 그 회사는 지난해 디지털 자산 거래소 협의체의 결정에 의해(→ 결정으로) 상장 폐지되었다.
⑤ 이 지역에 위치한(→ 이 지역에 있는) 해변은 아름답다고 소문이 나면서 많은 관광객이 찾고 있다.

## 쓰기  046번~050번

**[046~050] 다음은 '동물 실험'을 주제로 작성한 초고이다. 제시된 물음에 답하시오.**

　동물 실험이란 교육·시험·연구 및 생물학적 제제(製劑)의 생산 등 과학적 목적을 위하여 실험동물을 대상으로 실시하는 실험 또는 그 과학적 절차를 말한다. 이러한 동물 실험으로 인해 고통받는 실험동물의 수는 점점 증가하고 있다. 지난 2022년에는 약 499만 마리로 파악되었는데 이는 전년 대비 11만 마리 정도가 늘어난 것이다. 실험동물에게 큰 고통을 주는 실험이 차지하는 비율도 커지고 있어, 가장 높은 등급인 E등급 실험이 차지하는 비중은 지난해 49%를 기록했다. 이렇듯 동물들에게 큰 고통을 주는 동물 실험은 지속되어야 하는가?

　우선 윤리적 측면에서 볼 때, 동물 실험은 지속되어서는 안 된다. ㉠<u>동물 역시 인간과 같은 생명체이므로 생명체로서 누려야 할 권리인 동물권을 지니기 때문이다.</u> 동물도 생명권을 지닌 대상으로 고통받지 않을 권리를 지닌다는 이 동물권은, 더 이상 동물이 실험의 도구로 취급받아서는 안 된다는 것을 보여 준다. 또한 피터 싱어의 저서 『동물 해방』은 동물권에 대한 새로운 인식의 계기를 마련하였다. 피터 싱어는 이 책을 통해 동물에게 고통을 주는 모든 행위를 ㉡<u>중지시키고</u> 동물을 해방해야 한다고 주장했는데, 이 책이 세계적으로 큰 호응을 이끌어 내면서 동물 해방론을 주장하는 목소리가 높아졌다. 책에서 언급한 많은 동물의 비참한 상황이 독자들에게 지금까지와는 다른 동물관을 갖게 한 것이다.

　동물의 권리를 인정해야 한다는 이러한 인식은 점차 확산되고 있다. 2022년에 실시한 한 설문조사에서 동물에게도 동물권이 있다는 주장에 대해 어떻게 생각하는지를 질문하자 79%가 동의한다고 답변하였다. 이는 동물의 권리를 인정하는 방향으로 우리 사회의 시선이 많이 바뀌었음을 보여 준다. 또한 보도 자료에 따르면, 한 화장품 제조 회사가 동물 실험에 대한 윤리적 심각성을 알리기 위해 전 세계 매장에서 동시에 동물 실험 반대 캠페인을 진행한 결과, 세계 각국의 소비자들은 이에 동참하며 긍정적인 반응을 보이기도 하였다. 이는 동물권을 인정함과 동시에 비윤리적인 동물 실험이 중단되어야 한다는 인식이 ㉢<u>확산되고 있다.</u>

　다음으로 효용론적 측면에서 볼 때, 동물 실험의 효용성은 높지 않으므로 동물 실험은 중단되어야 한다. 먼저 동물과 사람이 공유하는 질병이 극히 드물기 때문이다. 한 연구에 따르면, 인간이 앓는 질병 중에서 동물과 공유하는 것은 약 1% 정도에 불과하다고 발표하였다. 다음으로 동물과 인간에게 미치는 영향이 ㉣<u>틀리기</u> 때문이다. 동물 실험을 통해 인간에게 나타나는 모든 부작용을 정확하게 예측할 수는 없다. 예를 들어 독일의 입덧 방지약에 들어 있던 탈리도마이드라는 물질은 동물 실험에서는 아무런 부작용이 나타나지 않았지만 정작 인간에게는 기형아를 출산하는 부작용을 일으켰다.

　하지만 19세기 이후 동물 실험은 의학과 생물학 발전에 큰 역할을 했음을 강조하며, 여전히 동물 실험은 인간에게 필요하다고 주장하는 이들도 있다. ㉤<u>따라서</u> 이제는 동물 실험만이 유일한 방법이 아니며, 이를 대체할 수 있는 방법을 찾을 수 있다. 과학 기술의 발전으로 인해 살아있는 동물 대신 인간 줄기세포나 인공 피부를 사용하는 방법, 컴퓨터를 활용한 시뮬레이션 등 다양한 동물 대체 시험이 개발되고 있는 것이다.

　동물은 하나의 소중한 생명체로, 인간을 위한 도구가 아니다. 그러나 아직까지도 수많은 동물이 실험동물로 생명을 잃어 가고 있다. 앞으로 　　　　㉮　　　　. 동물 실험을 금지하는 법안 마련, 동물 실험을 대체하는 최적의 방안 모색, 동물 복지에 대한 인식 개선 등이 그 예가 될 수 있다. 동물과 인간의 아름다운 공생이 머지않아 이루어지길 기대한다.

## 046 다음은 윗글을 쓰기 전에 떠올린 글쓰기 계획이다. 윗글에 반영된 것만을 있는 대로 고른 것은?

> **글쓰기 계획**
> ㄱ. 실태에 대한 내용의 신뢰성을 높이기 위해 통계 자료의 수치를 제시해야겠어.
> ㄴ. 문제 해결의 시급성을 강조하기 위해 주제와 관련된 독자의 경험을 환기해야겠어.
> ㄷ. 주장의 설득력을 높이기 위해 전문가의 인터뷰 내용을 직접 인용하여 근거로 활용해야겠어.
> ㄹ. 주장의 타당성을 높이기 위해 예상되는 반론을 제시한 후 반론에 대한 반박을 제시해야겠어.
> ㅁ. 근거의 다양성을 확보하기 위해 보도 자료, 설문 조사 결과, 책과 같은 여러 자료를 활용해야겠어.

① ㄱ, ㄷ  ② ㄱ, ㄹ  ③ ㄴ, ㅁ
④ ㄱ, ㄹ, ㅁ  ⑤ ㄴ, ㄷ, ㄹ

## 047 다음은 윗글을 수정·보완하기 위해 추가로 수집한 자료이다. 자료의 활용 방안으로 적절하지 <u>않은</u> 것은?

| | 자료 내용 | 유형 |
|---|---|---|
| (가) | 최근 6년간 실험동물 사용량 및 고통등급 비율<br>2017년: 3,082,259 (33%) / 2018년: 3,727,163 / 2019년: 3,712,380 (40%) / 2020년: 4,141,433 (42%) / 2021년: 4,880,252 / 2022년: 4,995,680 (49%)<br>(자료: 농림축산검역본부) | 그래프 |
| (나) | 슈바이처는 생명이란 그 자체가 신성한 것이라고 주장하였습니다. 그리고 동양의 철학자인 장자 역시 다른 생물에게도 인간과 똑같은 권리를 부여해야 한다고 말하였지요. | 전문가 인터뷰 |
| (다) | 동물 실험에 관한 레이 그릭, 진 스윙글 그릭의 저서는 동물 실험을 거쳐 만들어진 의약품들이 인간에게 부작용을 일으킨 다양한 사례를 제시하고 있다. 이는 동물 실험을 통한 의학 발달의 문제점을 보여 준다. | 저서 |
| (라) | 백혈병 치료제였던 글리벡은 쥐에게는 독성을 보였지만 인간에게는 효과가 있는 것으로 나타났다. | 연구 보고서 |
| (마) | 무분별한 동물 실험을 억제하기 위해 동물 실험 윤리 제도를 시행하고 있으며 동물 실험을 할 때 지켜야 하는 '3R 원칙'을 제정하였다. 3R 원칙이란 가능한 한 다른 실험으로 대체(Replacement), 실험동물 수 감소(Reduction), 실험동물의 고통과 스트레스 경감, 위생적 환경 등의 개선(Refinement)을 의미한다. | 신문 기사 |

① (가)를 활용하여 실험동물의 사용량 및 고통 등급 비율의 상승 추이 등 동물 실험의 실태를 시각적으로 보여 준다.
② (나)를 활용하여 동물은 생명체로서 누려야 할 권리인 동물권을 지닌다는 내용을 뒷받침한다.
③ (다)를 활용하여 동물과 인간이 보이는 부작용이 달라 동물 실험의 효용성이 높지 않다는 내용을 뒷받침한다.
④ (라)를 활용하여 의약품이 동물과 인간에게 미치는 영향이 다름을 보여 주는 사례로 추가한다.
⑤ (마)를 활용하여 동물 실험으로 수많은 동물이 생명을 잃어 가고 있는 현실을 부각한다.

## 048 다음은 윗글을 쓰기 전에 세웠던 글쓰기 개요이다. 윗글을 쓰는 과정에서 필자가 점검하여 반영한 내용으로 적절하지 않은 것은?

**글쓰기 개요**

Ⅰ. 동물 실험의 정의와 실태
  1. 동물 실험의 실태
  2. 동물 실험의 정의

Ⅱ. 윤리적 측면에서의 동물 실험
  1. 동물과 사람이 질병을 공유하는 정도
  2. 동물권의 정의
  3. 동물권에 대한 인식의 계기 마련
  4. 동물 실험의 역사

Ⅲ. 효용적 측면에서의 동물 실험
  1. 동물과 사람이 보이는 부작용의 불일치성
  2. 동물 실험을 대체하는 방안
  3. 동물권을 인정하는 인식의 확산

Ⅳ. 동물 실험 중단을 위한 노력 촉구

① Ⅰ-1과 Ⅰ-2의 순서를 바꾸어 '동물 실험의 정의'를 먼저 제시한다.
② Ⅱ-1은 Ⅲ의 구체적인 내용이므로 Ⅲ의 하위 항목으로 이동한다.
③ Ⅱ-4는 글의 내용과 어울리지 않는 내용이므로 삭제한다.
④ Ⅲ-3은 상위 항목을 고려하여 Ⅱ의 하위 항목으로 이동한다.
⑤ Ⅳ는 글의 주제를 고려하여 '동물 실험의 효용성 증대를 위한 노력 촉구'로 수정한다.

**049** 윗글의 ㉠~㉤을 고쳐 쓰기 위한 방안으로 적절하지 않은 것은?

① ㉠은 통일성을 해치는 문장이므로 삭제한다.
② ㉡은 불필요한 사동 표현이므로 '중지하고'로 수정한다.
③ ㉢은 문장의 호응이 적절하지 않으므로 '확산되고 있음을 보여 준다'로 수정한다.
④ ㉣은 문맥에 맞지 않는 단어이므로 '다르기'로 수정한다.
⑤ ㉤은 앞뒤 맥락을 고려할 때 적절하지 않으므로 '그러나'로 수정한다.

**050** 글의 내용으로 미루어 볼 때, ㉮ 에 들어갈 내용으로 가장 적절한 것은?

① 동물 실험 중단을 위해서는 인식의 변화를 촉구해야 한다
② 동물 실험을 중단하기 위한 다양한 노력과 실천이 요구된다
③ 동물 실험 중단을 위해서는 개인의 행동 변화가 선행되어야 한다
④ 동물 실험에 대한 긍정적 측면과 부정적 측면을 모두 고려해야 한다
⑤ 동물 실험으로 인한 문제는 사회에 여러 부정적 영향을 미칠 것으로 보인다

## 창안　051번~060번

**[051~053] 커피 잔의 특징을 인간의 삶에 유비(類比)하고자 한다. 다음 글을 읽고 물음에 답하시오.**

　　커피는 그 종류와 특성에 따라 사용하는 잔이 다르다. 먼저 에스프레소 잔은 잔의 크기가 작고 내부가 완벽한 달걀 곡선 형태이다. 그 이유는 에스프레소의 특징에 있다. 먼저 에스프레소는 진한 커피 추출액으로 그 양이 아주 적다. 그리고 추출 시 '크레마'라고 불리는 황금색 거품이 생기는데, 잔 내부의 모양이 달걀 곡선이어야 에스프레소의 본래 농도와 크레마의 상태가 유지될 수 있다. ㉠내부가 달걀처럼 생긴 둥근 잔에 에스프레소를 추출하면 둥근 바닥 중심으로 원액이 모여 섞이면서 서서히 커피액이 차오르게 되는데, 이때 크레마가 잔의 중심에서부터 천천히 퍼지면서 표면 위로 올라오고 일정한 두께를 형성한다. 에스프레소 잔의 두께는 두꺼운 편인데, 이는 커피의 온기를 잃지 않고 손님에게 전달하기 위해서이다. 에스프레소 잔의 또 다른 특징은 잔의 재질이 보통의 도자기가 아니라는 점이다. 항상 뜨거운 음료를 담아야 하고 몇 번씩이나 씻으며 반복해서 사용해야 하므로, 고령토와 석영이 들어있어 내열에 강하고 특수 장석이 들어있어 아주 단단하다. [A]

　　에스프레소 잔 외에도 커피를 담는 잔으로는 모닝컵과 머그잔이 있다. 모닝컵의 용량은 일반적으로 180ml이며 드립커피나 카푸치노를 담을 때 주로 사용한다. 머그잔은 통상 용량이 300ml를 넘으며 따뜻한 아메리카노를 담을 때 사용된다. ⓐ모닝컵은 윗면의 지름이 넓은 것도 있고 좁은 것도 있는데, 잔의 모양에 따라 느껴지는 맛이 달라진다. 윗면의 지름이 넓은 잔은 신맛이 두드러진 커피에 좋다. 커피를 한 모금 들이킬 때 음료가 입 안 가득 전체로 퍼져나가 혀 좌우까지 신맛을 한 번에 느끼게 해 주기에 좋기 때문이다. 반대로 윗면의 지름이 좁고 높이가 높은 잔은 쓴맛이 나는 커피에 좋다. 커피를 마실 때 음료가 입안에 일직선으로 들어가게 되므로 혀 안쪽에서 잘 느껴지는 쓴맛을 느끼기에 좋다.

**051** [A]를 자료의 가공 과정에 비유할 때, 이끌어 낼 수 있는 내용으로 적절하지 <u>않은</u> 것은?

|   | [A] | [자료의 가공 과정] |
|---|---|---|
| ① | 에스프레소 | 자료를 가공한 생산물 |
| ② | 잔의 크기 | 생산물의 특성에 적합한 프로그램 |
| ③ | 잔 내부의 모양 | 생산물의 특성을 잘 드러내는 설정값 |
| ④ | 잔의 두께 | 생산물 보관 시간에 따른 저장 장치 |
| ⑤ | 잔의 재질 | 생산물 유출 방지를 위한 방화벽 |

**052** 윗글의 ㉠에서 '에스프레소'를 '인재'로, '크레마'를 '성과'로 비유할 때, 이끌어 낼 수 있는 교훈으로 가장 적절한 것은?

① 구성원 간의 결속력이 강화되어야 외부 변화에 신속하게 대처할 수 있다.
② 인재가 서로 융합할 수 있는 경영 전략을 수립해야 더 큰 성과를 낼 수 있다.
③ 엄격한 상하 관계 대신 수평적인 관계를 형성해야 조직이 오래 지속될 수 있다.
④ 단기간의 성과보다는 장기간의 프로젝트를 유지해야 공동의 목표를 이룰 수 있다.
⑤ 소통 과정에서의 비효율적인 면을 찾고 개선해야 의사 결정을 용이하게 할 수 있다.

## 053 ⓐ를 참고하여 〈조건〉에 맞게 작성한 문구로 가장 적절한 것은?

**조건**
- '커피'를 '개인이 가진 특성', '커피 잔'을 '학업 계획'으로 비유할 것

① 처음부터 무리하지 않도록 학습 시간을 점차 늘리는 계획을 세워야 합니다.
② 과거의 학습 경험을 되돌아보고 이를 개선할 수 있는 계획을 세워야 합니다.
③ 목표를 위해서는 경험하지 않은 새로운 학습 방법으로 계획을 세워야 합니다.
④ 자신의 공부 성향을 파악하고 학습 효과를 높일 수 있는 계획을 세워야 합니다.
⑤ 장기적인 목표에 도달할 수 있도록 그날 해야 할 일을 정해 계획을 세워야 합니다.

[054~056] 다음 그림을 보고 물음에 답하시오.

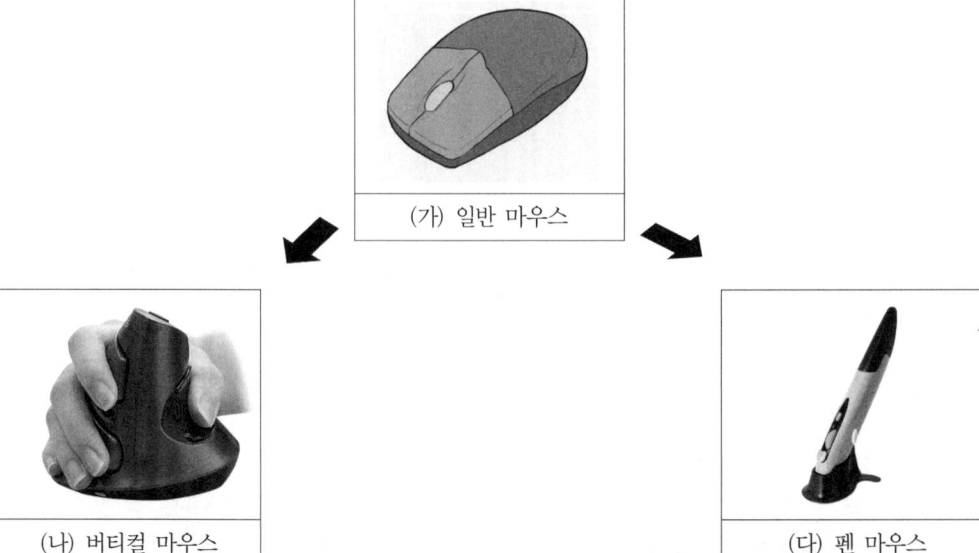

## 054 (나)와 (다)의 변형 방식을 다음과 같이 분석할 때 적절하지 않은 것은?

|  | (나) | (다) |
|---|---|---|
| 표현 | ㉠ 신체 구조에 적합한 방식으로 변형된 마우스 | ㉡ 펜의 형태를 빌려 필기 작업에 적합한 방식으로 고안된 마우스 |
| 핵심 | ㉢ 사용자의 특성을 살려 편리성을 높이는 아이디어 | ㉣ 단순한 형태를 도입하여 제품의 내구성을 높이는 아이디어 |
| 유형 | ㉤ 사용자 중심의 변형 | 과업 중심의 변형 |

① ㉠   ② ㉡   ③ ㉢   ④ ㉣   ⑤ ㉤

## 055 (나)의 변형 방식을 리더십에 유추한 내용으로 가장 적절한 것은?

① 리더의 카리스마나 지적 자극이 효과적인 리더십의 토대이다.
② 리더는 구성원의 동의와 지지를 얻기 위해 솔선수범해야 한다.
③ 구성원의 성숙도가 낮은 경우 리더의 통제와 지시가 필요하다.
④ 의사 결정의 상황에 따라 구성원의 참여 권한을 제한해야 한다.
⑤ 창조적 리더십을 위해서는 구성원 개인에 대한 관심이 필요하다.

## 056 (다)의 변형 방식에 해당하는 사례로 적절하지 않은 것은?

① 환경 보호를 위한 다회용 컵
② 땀 배출이 잘되는 신소재 등산복
③ 보조 바퀴가 달린 초보자용 자전거
④ 음식을 만들어 팔 수 있는 푸드 트럭
⑤ 세 개의 볼펜을 하나로 합친 삼색 볼펜

[057~058] 다음을 보고 물음에 답하시오.

지난해 우리나라의 합계 출산율이 0.78%. 처음으로 0.7명대로 떨어지면서 저출산 문제 해결의 중요성이 더욱 커지고 있다. 이에 정부에서는 출산 장려를 위해 다양한 공익 광고 제작을 독려하고 있다. 출산 장려 관련 공익 광고의 주된 표현 전략은 아래와 같다.
(가) 자녀를 통해 완성되는 이상적인 가족의 모습을 제시한다.
(나) 저출산 현상은 국가적 손실로 이어짐을 비유적으로 제시한다.
(다) 저출산 현상의 결과 마주하게 될 미래 사회의 모습을 제시한다.
(라) 출산이 인생의 행복이 될 수 있음을 비교 표현으로 제시한다.
(마) 역사적으로 가치 있는 대상과 출산을 엮어 인상적으로 제시한다.

**057** 윗글의 (가)~(마)에 해당하는 광고 사례가 적절하게 짝 지어지지 <u>않은</u> 것은?

① 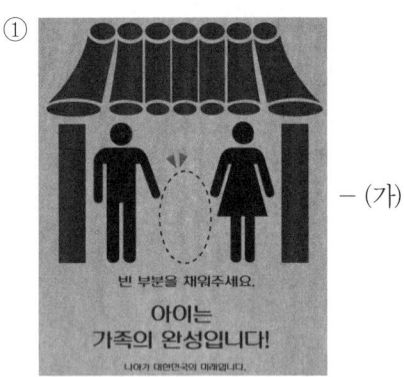 – (가)

②  – (나)

③  – (다)

④  – (라)

⑤ 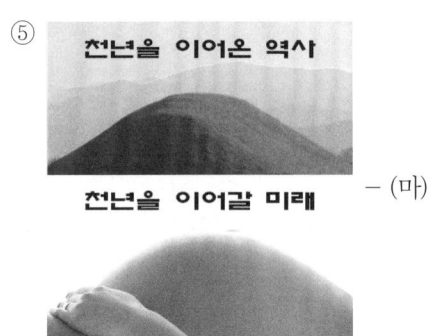 – (마)

**058** 〈조건〉을 반영하여 (다) 유형의 공익 광고 문구를 창안할 때 가장 적절한 것은?

> **조건**
> • 사회상의 변화를 체감할 수 있는 상징적 표현을 활용할 것.
> • 청유형 문장을 사용할 것.

① 사라질 위기에 처한 어린이날을 지키자.
② 국가의 미래를 위해 아이를 더 많이 낳읍시다.
③ 대안이 없는 대한민국, 우리 모두가 노력합시다.
④ 신생아가 줄어드는 것은 희망이 줄어드는 것입니다.
⑤ 인구는 곧 재산, 국가의 공든 탑이 무너지고 있습니다.

### [059~060] 다음 글을 읽고 물음에 답하시오.

ⓐ<u>혼합물(混合物)</u>은 두 종류 이상의 물질이 화학적 반응을 일으키지 않고 ㉠<u>물리적으로 단순히 섞여 있는 물질</u>을 말한다. 예를 들어, 철가루와 황가루를 단순히 섞어 놓으면, 자석을 갖다 대었을 때 철가루가 자석에 달라붙게 된다. 또 황가루에서 코를 찌르는 냄새도 난다. 즉 ㉡<u>두 물질은 섞여 있지만 철가루와 황가루는 자기 자신의 성질을 그대로 가지고 있다.</u>

반면, ㉢<u>2종 이상의 원소의 원자가 서로 화학 결합력에 의해 결합하여 각 성분의 성질이 그대로 나타나지 않는 물질</u>을 ⓑ<u>화합물(化合物)</u>이라고 한다. 화합물은 원칙적으로 비례의 법칙에 따른다. 즉 ㉣<u>각 원소의 결합 비율은 하나의 화합물에 대해서는 항상 일정하고</u>, 이러한 점이 혼합물과 구별된다. 철가루와 황가루를 섞은 후 가열하면 두 물질은 화학적 결합을 통해 황화철이라는 새로운 물질이 생기게 된다. 이 물질은 철가루처럼 자석에 붙지 않고, 황가루와 같은 냄새가 나지도 않는다. ㉤<u>화학적 결합을 통해 전혀 새로운 물질을 만들어 낸 것</u>이다.

**059** ㉠~㉤에 나타난 화합물과 혼합물의 특성을 '인간의 집단 형성 과정'에 비유할 때, 이끌어 낼 수 있는 내용으로 적절하지 <u>않은</u> 것은?

① ㉠: 새로운 팀을 구성하기 위해 무작위로 희망자를 모집한다.
② ㉡: 각자의 장점과 단점을 살려 팀을 구성하고 원하는 업무를 맡겨 자기 고유의 능력을 발휘하도록 한다.
③ ㉢: 특정 프로젝트를 수행하기 위한 팀의 목적과 역할에 맞게 융화될 수 있는 사람을 선발한다.
④ ㉣: 팀 업무의 효율성을 강화하기 위해 정원 외의 임시 보조 인력을 선발한다.
⑤ ㉤: 기존에 했던 일이나 역할에 구애받지 않고 새로운 팀의 목표에 맞게 각자의 역할을 배분하고 일을 수행한다.

## 060 ⓐ, ⓑ의 관계를 음식에 비유할 때, 가장 적절한 것은?

① 육회 – 생선회
② 비빔밥 – 볶음밥
③ 갈비구이 – 갈비찜
④ 김치찌개 – 된장찌개
⑤ 배추김치 – 깍두기

## 읽기    061번~090번

### [061~062] 다음 글을 읽고 물음에 답하시오.

삼양동 시절 내내 삼계탕집 인부로 지낸 어머니

㉠ 아궁이 불길처럼 뜨겁던 어느 여름
대학병원 중환자실에 누워 까무룩 꺼져가는 숨을 가누며 남긴
마지막 말
㉡ 애야 뚝배기가, 뚝배기가 너무 무겁구나

그후로 종종 아무 삼계탕집에 앉아 끼니를 맞을 때
펄펄한 뚝배기 안을 들여다볼 때면
오오 어머니
거기서 무얼 하세요 도대체

자그마한 몸에 웬 얄궂은 것들을 그리도 가득 싣고서
눈빛도 표정도 없이 아무런 소식도 없이
㉢ 늦도록 돌아오지 않는 어머니

느른히 익은 살점은 마냥 먹음직스러워
㉣ 대책 없이 나는 살이 오를 듯한데
어찌 된 일인가요
㉤ 삼키고 또 삼켜도 질긴 허기는 가시질 않는데

– 박소란, 「배가 고파요」

## 061 윗글에 대한 설명으로 가장 적절한 것은?

① 반어적 표현을 활용하여 굳은 의지를 드러낸다.
② 동일한 의문형 표현의 반복을 통해 리듬감을 부여한다.
③ 사물에 청자의 이미지를 투영하며 일정한 정서를 환기한다.
④ 시간의 역행을 지속하는 시행의 배치로 정서의 변화를 유도한다.
⑤ 여러 감각이 파편처럼 열거되어 경험의 혼미한 성격을 부각한다.

## 062 ㉠~㉤에 대한 이해로 적절하지 않은 것은?

① ㉠: 근무 환경의 혹독함과 계절상 기후를 나란히 제시한다.
② ㉡: 고단함이 중압으로 표현되며 삶의 중단을 암시한다.
③ ㉢: 기억의 재생과 대비되는 청자의 부재를 나타낸다.
④ ㉣: 슬픔으로 충만해진 화자의 내면을 표현한다.
⑤ ㉤: 그리움이 여전히 해소되지 않음을 드러낸다.

## [063~065] 다음 글을 읽고 물음에 답하시오.

해경은 ⓐ숙부를 늘 자랑스러워했지만 어려서부터 ⓑ나는 숙부에 대해 일종의 의혹을 가지고 있었다. 어떻게 보면 해경이 그러는 이유와 ㉠같은 맥락이었는데, 다른 숙부들과 달랐기 때문이다. 숙부는 세련되었고 외국어를 잘했으며 책을 읽었다. 평생 독신으로 살면서 호텔에 근속했고 친척들끼리의 일상적인 저녁 식사에서도 재킷을 입었으며 취하지 않았다. 음식물을 먹다 흘리거나 누군가를 붙들고 신세 한탄을 하거나 침을 뱉지도 않았다. 지퍼를 다 올리지 않은 채 성급하게 화장실에서 나오며 하던 말을 잇지 않았고 이 새끼야, 라고 조카들을 부르지 않았다. 친척들 사이에서는 숙부의 그런 성향이 모두 '호텔식'이라는 말로 정리되었다.

호텔에서 일했으니 어떻게 보면 일리가 있었는데, 문제는 그 호텔식이라는 말이 일종의 야유처럼 쓰인다는 데 있었다. 형님, 아무리 취했어도 양말은 신으세요, 라고 숙부가 말하면 식당 의자에 비스듬히 기대앉아 소주 두 병을 비워낸 큰숙부가 불쾌해진 얼굴로 야, 그게 호텔식이냐, 하며 코웃음 쳤다. 숙부들은 정말 술고래를 지나쳐 왕년에 술로 사고들을 두루 쳐본 환자들이라 끝도 없이 마셔댔다. 노란 맥주 한 잔을 앞에 두고 그 주정들을 지켜보며 자리를 지켜내는 건 늘 막내숙부 혼자였다.

내가 미대에 진학하느라 돈이 필요했을 때나 해경이 몸이 아파 급전을 당겨야 했을 때마다 숙부가 도와주었어도 나는 언제나 그 선의에 어딘가 찜찜함을 느끼는 쪽이었다. 그건 아마도 숙부의 삶이 다른 숙부들의 인생처럼 머릿속에 명확히 ㉡요약되지 않기 때문인지 몰랐다. 다른 숙부들은, 당사자들은 인정하지 않겠지만, 서로 비슷비슷한 방식으로 인생을 망쳐가며 나이가 들었다. 번갈아가며 사업을 벌였지만 아무리 싱싱한 의욕으로 시작한 일이라도 곧 절임 배추처럼 시들해졌고 노래방 십팔번처럼 친근한 실패 속에서도 경쟁하듯 자식들을 낳아 종국에는 자기 자신들을 증오하게 했다. 정치와 사회적 이슈에 대해서도 한 고견씩을 가지고 있었는데 알코올중독 치료를 받는 와중에도 그런 시민으로서의 자기 존재화는 중요해서 가족 모임 때마다 공회전하는 분노와 함께 늘 싸움의 원인이 되었다. 하지만 숙부는 그렇지 않았다. 매사에 딱히 자기 의견이랄 게 없었다. 호텔 지배인이라는 게 결국에는 서비스직이니까 감정노동을 하느라 그렇게 되었나보다, 아니면 해경의 말대로 워낙 고급직종에서 일해서 그런가 생각했지만 아니었다. 감추고 있을 뿐이었다.

언젠가 숙부가 해고된 직원에게서 항의 전화를 받는 장면을 본 적이 있었다. ㉢보름달이 휘영청 떠 있어서 그 아래의 모든 풍경이 환하게, 어딘가 적나라하고 뻔뻔하다 싶게 환하던 밤이었다. 통화 내내 숙부가 한 말은 흡연을 했지, 그건 분명하잖나, 내가 다 봤어 같은 것이었다. 작업장 내 흡연은 해고 사유야. 나는 봤어. 자네가 식재료 창고에서 그 가늘고 긴 담배를 두 개비나 피웠잖나. 나는 봤다고, 나는 봤다니까. 숙부의 말투는 차분했지만 그래서 상대에게는 더 위협적으로 들릴 것 같았다. 숙부는 시선을 느꼈는지 힐끔 내 쪽을 봤고 화장실을 다녀왔을 땐 어느새 다른 숙부들 사이에 앉아 있었다. 그때 나는 숙부를 보는 내 시선이 미세하게 달라졌다고 느꼈다. 그전엔 숙부가 친척들 사이에 어색하게 놓인 목각인형 같았다면 그 후론 뭐랄까, 내 편에서 마침 바라다보이던 중국집 어항 속의 ㉣비단잉어 같달까. 내 팔뚝만한 크기의 비단잉어는 녹조 낀 물에서 조용히 헤엄치고 있었는데, 동작은 무심해 보여도 뒤룩뒤룩한 눈은 쉴 새 없이 움직이고 있었다. 하지만 그렇게 끊임없이 살펴도 어항의 투명한 벽에는 계속 부딪히니까 긴 수염이 난 주둥이에는 붉은 흠집이 나 있었고, 비늘들이 떨어져 나간 자리에는 흰 살이 드러난 채 혈관이 비쳤다. 그날 나갈 때쯤 어린 조카 하나가 카운터의 화상(華商)에게 잉어는 몇 살이에요? 하고 물었는데, 화상이 장난으로 백 살! 하자 어른, 아이 할 것 없이 와하— 하고 웃었다. 하지만 나는 하나도 웃기지 않고 ⓜ소름이 오소소하게 돋았다. 왠지 숙부는 정말 백 살까지 장수할 것 같았다. 그러면 내가 일흔이 되는데 그때 다른 숙부들은 간경화 따위로 다 죽고 없을 테니까 이번에는 숙부의 고요한 시선을 받아야 할 사람은 나일 것 같았다. 그리고 그때쯤에는 나도 다른 숙부들처럼 어떤 적개와 분노 그리고 충분히 실패한 사람이 가지는 묘한 체념과 안정을 터득한 늙은이가 되어 있을 것이고.

— 김금희, 「모리와 무라」

**063** 윗글의 서술상 특징으로 가장 적절한 것은?

① 인물 간의 극명한 의견 대립을 제시하여 갈등을 심화한다.
② 서술자의 시선에 포착된 일화들을 통해 인물을 입체화한다.
③ 이야기의 구성 과정을 노출하여 그 허구성을 직접 드러낸다.
④ 위기에 식면한 후 불안한 심리가 고조되어 긴박감을 유발한다.
⑤ 인과를 연속되게 엮는 진술로 사건에 대한 선명한 이해를 유도한다.

**064** ⓐ, ⓑ에 대한 이해로 가장 적절한 것은?

① ⓐ는 자신의 실속을 따지면서 ⓑ를 지원했다.
② ⓐ는 무던함이 지나쳐서 뚜렷한 주관이 없었다.
③ ⓐ는 의욕이 넘치는 생기로 자기 존재를 늘 부각했다.
④ ⓑ는 자신도 ⓐ처럼 남다르게 노년을 보내리라 예감한다.
⑤ ⓑ는 ⓐ가 그의 친척들에게 받은 은근한 조소에 관심을 가졌다.

**065** ㉠~㉤의 내용에 관한 진술로 적절하지 않은 것은?

① ㉠은 등장인물이 반듯한 성격이나 신상 면에서 유별나다는 사실을 가리키는군.
② ㉡은 유형화된 줄거리를 가진 대부분의 인생은 파악하기가 쉽다는 사실과 관계있군.
③ ㉢은 전까지 미처 드러나지 않았던 사실을 알게 되는 순간의 분위기를 조성하는군.
④ ㉣은 등장인물이 격정과 상념을 가지면서도 속내를 드러내지 않는다는 점을 암시하는군.
⑤ ㉤은 친밀하게 지내던 친척들이 죽음을 맞이한 훗날을 상상하자 슬퍼져서 나타난 신체적 반응이군.

[066~068] 다음 글을 읽고 물음에 답하시오.

　17세기 유럽을 뒤흔든 사건인 '삼십 년 전쟁'은 절멸의 공포를 불러오기에 충분했다. 삼십 년 전쟁을 직접 겪지 않았던 잉글랜드도 청교도 혁명과 내전을 거치며 위기를 맞았다. 이에 지식인들 사이에서는 정치적, 종교적 분파가 초래한 불화를 극복해야 한다는 의식이 널리 퍼져갔다. 그들은 의혹과 오해 없는 지식을 구할 수만 있다면 갈등과 분쟁을 피할 수 있으리라 기대했다.
　토머스 홉스는 이 위기를 타파할 지적 체계를 고심한 잉글랜드의 철학자다. 그는 자명한 공리와 정의에서 출발하여 필연적 결론을 도출하는 기하학을 그 모델로 삼았다. 즉 권력의 출처가 되는 지식을 기하학의 연역과 논증처럼 구축하기만 한다면, 논쟁은 모두 사라질 것이고 참혹한 내전과 혼란도 자연히 피할 수 있다는 것이 그의 생각이었다. 이견이 있으면 싸우는 대신 함께 논리를 따지고 계산해보면 될 일이었다.
　로버트 보일을 위시한 잉글랜드 왕립학회 역시 사회적 갈등과 지식의 관계에 대해 민감했다. 모든 지식을 일관되게 통합하여 연역 체계를 세우려 한 홉스와 달리, 이론(異論)을 불러오는 영역 자체를 논의에서 제외하는 게 이들의 전략이었다. 즉 자명한 '사실'과 '사실에 대한 해석'을 구별하고 오직 '사실'에만 집중하여 소통의 공통된 기반을 만들려 한 것이다.
　홉스와 보일은 ㉠동일한 목적을 공유하고 있었지만, 그들의 해법은 서로 달랐다. 보일과 같은 과학자들은 정해진 규칙을 준수하는 공동체를 건립하여 그 안에서 안전한 토론을 벌이는 쪽을 선호했다. 이 규칙은 크게 두 가지 질문과 관련된다. 무엇이 적합한 토론의 대상인가? 그리고 그러한 토론을 벌이는 이들은 어떤 규범을 갖춰야 하는가? 이해관계의 상충으로 인해 자명한 '사실'을 확립할 수 없는 인간사, 즉 교회와 국가의 문제에 대해서라면 과학자들은 논의 자체를 우선 삼가려 했다. 그들의 토론은 오직 자연에 관한 것에 국한되어야 했다. 그것도 오직 신뢰할 만한 목격자들의 증언을 바탕으로 한 지식만이 수용의 대상이었다.
　예컨대 공기 펌프에서 공기를 빼낼 때 그 안에 놓인 촛불이 꺼진다는 보고가 신뢰할 만한 것으로 밝혀진다면, '진공'이라 일컬을 그 현상은 '사실'로서 수용돼야 했다. 물론 왜 그러한 현상이 벌어지는가를 두고 가설을 세울 수도 있다. 그러나 원인에 대한 지식을 추구한다는 점이 빌미가 되어 형이상학이나 신학적 이론(理論)을 제시하며 격론을 벌이는 일은 실험 공동체의 규범을 벗어나므로 용납될 수 없었다. 정치와 종교는 '사실'의 영역을 벗어나 있다는 점에서 불확실했고 언제든 인간사의 이해관계가 끼어들 만한 것이었다. 이 경계를 넘어서는 이는 학자로서 신뢰하기가 어려워지므로 실험 공동체에서 배제되었다. 이렇게 다양한 기구와 장치를 통해 자명한 '사실'에 기댄 지식이 생산되는 실험실이 탄생하였다.
　실험실은 그야말로 '비정치적 공간'의 표상이었다. 또한 실험실은 실험 공동체의 규범을 준수하는 이들에 의해 그러한 '사실'의 산출 과정이 자유롭게 목격될 수 있는 공적 공간의 모범이었다. 하지만 실험실 바깥의 정치체는 애초에 실험 공동체와 달리 정치를 배제할 수는 없지 않은가? 이들의 답변은 간단했다. 여타의 정치체는 실험 공동체가 제공하는 '사실'을 신뢰할만한 지식으로 수용하면 안전한 대화의 기반을 마련할 수 있다는 것이다. 이렇듯 실험 공동체는 그들이 제공한 '사실'이 실험 공동체 외부의 정치 담론에서 '중립적' 토대로 기능하기를 꿈꿨다.

**066** 윗글의 내용을 이해한 것으로 가장 적절한 것은?

① 보일은 지식이 실험 공동체 내에서만 유통된다고 보았다.
② 보일은 현상의 원인에 관한 모든 해석이 허용된다고 생각했다.
③ 보일은 이해관계를 고려해야 사실에 근접할 수 있다고 믿었다.
④ 보일은 사실의 확인보다는 공동체의 규칙을 우선할 것을 주장했다.
⑤ 보일은 자신의 규범을 내세워 신학이나 정치를 실험실에서 몰아냈다.

## 067 윗글을 바탕으로 추론했을 때 ㉠의 내용으로 가장 적절한 것은?

① '진공'의 가능성을 확인하고 관련 현상들의 원인을 규명하는 것
② 사실에 대한 해석의 영역에서 기하학적인 방법론을 적용하는 것
③ 통합적인 정치 질서를 재건하도록 돕는 지적 토대를 제공하는 것
④ 사회과학, 자연과학의 경계를 긋고 각 분야의 전문성을 강화하는 것
⑤ 억압적인 전제주의를 타파하고 모든 주장에 같은 권위를 부여하는 것

## 068 윗글과 〈보기〉의 내용을 고려할 때, ⓐ와 ⓑ에 들어갈 표현으로 가장 적절한 것은?

**보기**

홉스에게 지식은 절대적이어야 했다. 그의 시각에서 보면 보일의 실험실은 개별적 현상에 대한 관찰자의 목격담을 집적하기 때문에 보편적인 지식 혹은, 사실의 원인에 관한 지식의 원천일 수 없었다. 실험실은 현상에서부터 그 원인을 추정해야 하는 공간인 만큼 자연의 실제 작용에 관해 그저 ⓐ 이해만을 제공할 수 있을 뿐이었다. 그래서 홉스에게 보일의 실험실은 ⓑ 을 가져올 것이라 여겨졌으며 그만큼 그는 위협을 느낄 수밖에 없었다.

|  | ⓐ | ⓑ |  | ⓐ | ⓑ |
|---|---|---|---|---|---|
| ① | 개연적 | 지식 | ② | 개연적 | 논쟁 |
| ③ | 인과적 | 논쟁 | ④ | 인과적 | 지식 |
| ⑤ | 필연적 | 분란 |  |  |  |

## [069~072] 다음 글을 읽고 물음에 답하시오.

임대차 계약은 어떤 물건의 소유권을 취득하지 않은 채 사용하기 위해 사용된다. 임대차 계약의 당사자를 임차인과 임대인이라고 한다. 임차인은 임대차 기간 동안 임대인의 물건을 빌려 쓰고 그 대가로 사용료를 지급하며, 임대차 기간이 종료되면 빌린 물건인 임차물을 임대인에게 반환해야 한다. 임대차의 목적물인 임차물은 자전거에서부터 주택에 이르기까지 매우 다양하다.

임대차 계약상의 권리에는 계약 기간 동안 임차물을 사용할 수 있는 권리인 임차권과 보증금 반환 청구권이 포함된다. 임차인은 이러한 권리들을 임대차 계약의 당사자인 임대인에게만 행사할 수 있는 것이 원칙이다. 임차인의 권리는 채권의 일종이기 때문이다. 임대차 계약은 민법이 적용되는 법률관계인데, 민법상의 권리는 크게 물권과 채권으로 나누어진다. 물권은 특정한 물건을 직접 사용할 수 있는 권리로서 세상 모든 사람에게 주장할 수 있는 반면, 채권이란 특정한 사람에게만 특정한 행위를 요구할 수 있다는 점이 다르다. 따라서 임대인이 임차물 소유권을 다른 사람에게 양도하면 임차인은 임차물 소유권을 취득한 양수인에게는 임차권을 행사할 수 없다. 양수인은 자신의 소유물임을 이유로 임차인에게 임차물 반환을 요구할 수 있고, 자신이 계약 당사자가 아님을 이유로 보증금 반환을 거절할 수도 있다.

그러나 임차물이 주택인 경우에는 채권의 일종인 임차인의 권리를 임대인 아닌 자에게도 행사할 수 있다. ㉠주택임대차보호법에는 임차인이 임차 주택에 주민 등록을 하고 그 주택을 점유하여 생활하고 있으면 임차인의 권리를 임차 주택

양수인에게도 주장할 수 있다고 규정하고 있다. 이 법의 입법 취지는 주택은 생존의 기반이고 주택 임대차 보증금은 임차인의 중요한 재산이므로 임차 주택의 소유자가 바뀌더라도 임차인의 권리 행사가 가능하도록 해 주는 것과 함께, 임차 주택 양수인이 뜻밖의 피해를 입는 것을 방지하기 위해 임차인의 존재 여부를 파악하게 해 주려는 것이다.

한편 임차 주택이 경매에 넘어가서 배당 절차가 진행되는 경우, 임차인이 있다는 사실뿐 아니라 임대차 보증금의 액수가 얼마인지도 문제된다. 임차인이 보증금을 많이 받아 가면 임차인보다 후순위인 권리자들에게 배당될 돈이 줄어들기 때문이다. 따라서 임차인이 배당 절차에서 보증금을 배당받으려면 임차 주택에 대한 주민 등록과 임차 주택 점유뿐 아니라 보증금 금액이 기재된 임대차 계약서에 확정 일자 날인을 받아 두어야 한다.

주택임대차보호법은 이처럼 임차 주택 소유자가 바뀌는 경우 임차인이 새 소유자인 임차 주택 양수인에게 자신의 권리를 행사하기 위한 요건에 대해 규정하고 있을 뿐이고, 임대차 기간 동안에 발생할 수 있는 문제들에 대한 규정은 없다. 따라서 이러한 문제들에 대해서는 일반적인 임대차와 마찬가지로 민법이 적용된다. 민법에 의하면 임대차 기간 중에 임차물이 고장 난 경우 당사자들이 별도의 약정을 하지 않았다면 임차물을 수리해야 할 의무는 임대인이 부담한다.

ⓛ

## 069 윗글에 대한 이해로 가장 적절한 것은?

① 임대인은 임차인에게 물건의 소유권을 넘겨준다.
② 임대인은 임대차 기간 중에 임차물의 소유권을 양도할 수 있다.
③ 임대차 기간이 종료하면 임차인은 임대인에게 사용료를 지급한다.
④ 임차인에 대해 임대차 계약상의 의무를 부담하는 자는 임차물의 소유자이다.
⑤ 임대차는 임차물에 대한 권리이므로 임차인이 가지는 권리는 물권의 일종이다.

## 070 윗글을 통해 알 수 없는 것은?

① 임차인의 권리의 법적 성질
② 민법상의 권리의 두 가지 유형
③ 임차 주택 경매의 절차
④ 주택임대차보호법에 규정되어 있는 내용
⑤ 임차물 수리 의무자의 결정 방법

## 071 ㉠에 대한 설명으로 적절하지 않은 것은?

① 주택 임차인 보호뿐 아니라 임차 주택 양수인의 피해 방지도 추구한다.
② 주택 임대차 기간 동안 발생할 수 있는 모든 사안들에 대해 규정하고 있다.
③ 임차 주택이 매매 계약으로 팔린 경우뿐 아니라 경매로 팔린 경우에도 적용된다.
④ 주택 임차인이 자신의 권리를 임대인 이외의 사람에게 주장하기 위해 필요한 내용을 포함하고 있다.
⑤ 임차인이 보증금을 배당받으려면 임차 주택의 점유와 주민 등록뿐 아니라 보증금 가액이 기재되고 확정 일자가 찍힌 계약서가 필요하다.

**072** 문맥을 고려할 때 ⓒ에 들어갈 말로 가장 적절한 것은?

① 임차물이 주택인 경우에도 마찬가지이다.
② 임차 주택 소유자가 양수인으로 변경되었기 때문이다.
③ 민법이 적용되면 임차인이 보호되기 어렵다는 점이 반영된다.
④ 주택 임대차의 경우에는 주택임대차보호법이 적용된 결과이다.
⑤ 주택 임차인은 경매 절차에서도 보증금 반환 청구권을 행사할 수 있다.

## [073~075] 다음 글을 읽고 물음에 답하시오.

CT는 X선을 이용하여 여러 각도에서 몸의 단면을 촬영하고, 이를 결합하여 몸의 3차원 영상을 구현한다. CT는 뼈뿐만 아니라 혈관 그리고 장기 등을 자세히 관찰할 수 있게 해준다. X선은 파장이 10~0.01나노미터이며, 주파수는 3×1016에서 3×1019헤르츠 사이인 전자기파이며 자외선보다 짧은 파장의 영역이다. 독일의 물리학자 뢴트겐이 처음 발견하여 이름을 붙였다. 전자기파는 파장이 짧으면 물체에 대해 투과성이 커지는데 X선은 투과성이 강하여 물체의 내부를 볼 수 있으므로, 의료 분야 및 비파괴 검사 등에 널리 쓰인다.

물체를 투과하여 나오는 X선의 세기를 관찰하면 입사한 X선의 세기보다 줄어드는데 이는 X선이 물체 내에서 흡수되어 감쇄되기 때문이다. CT는 X선의 이러한 성질을 이용하여 인체의 목적 부위를 여러 방향에서 조사하여 투과한 X-선을 검출기로 수집하여 그 부위에 대한 X-선의 감쇄되는 정도를 구하고 이렇게 얻어진 값을 수학적 기법을 이용하여 영상을 구현한다. X선이 물체에서 얼마나 감쇄되는가를 나타내는 지표가 흡수 계수인데 흡수 계수가 클수록 어떤 물체에서 X선이 흡수되어 투과하지 못하는 정도가 크다. X선이 인체에서 투과하는 정도는 지방이 근육 조직보다 크고 근육 조직은 뼈보다 크다. X선이 물체에서 흡수되는 정도는 물체의 투과율이 낮을수록, 두께가 두꺼울수록 커진다. CT는 물체 내부의 X선의 흡수 계수를 각각의 픽셀에 나타내고 이를 수학적으로 처리하여 CT 영상을 얻는다.

〈그림〉과 같은 간단한 예를 통해서 네 개의 셀의 흡수 계수에 대한 정보를 어떻게 얻는지 알아보자. 왼쪽은 X선을 회전하면서 네 번의 측정을 통해 얻은 실험값을 보여 주고 있다. 즉 X선이 좌측에서 우측으로 투사될 때 실험치 4와 11을 얻는다. 그리고 아래에서 투사될 때 실험치 7과 8을 얻는다. 따라서 픽셀 A와 B의 흡수 계수의 합은 4, 픽셀 C와 D의 흡수 계수의 합은 11이며 픽셀 A와 C의 흡수 계수의 합은 7, 픽셀 B와 D의 흡수 계수의 합은 8이다. 명암을 표시하기 위해서는 상대적인 흡수 계수만 알면 되므로 픽셀 A의 흡수 계수를 임의의 값인 1로 두면 픽셀 B, C, D의 흡수 계수는 각각 3, 6, 5가 되고 이렇게 결정된 흡수 계수를 이용하여 〈그림〉의 오른쪽과 같이 각 픽셀을 명암으로 나타낼 수 있다.

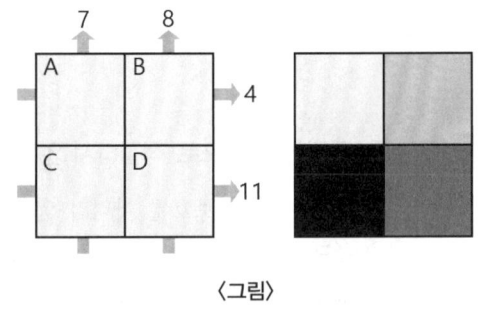

〈그림〉

CT를 이용하여 실제로 인체의 영상을 얻을 때에는 신체를 0~180도로 돌려가며 얻은 막대한 양의 데이터를 위와 같은 원리에 따라 X선 흡수 계수와 관련한 픽셀의 영상을 얻고 이를 수학적으로 처리하여 신체의 단면 영상을 구현한다.

**073** 윗글에 대한 설명으로 가장 적절한 것은?

① 특정 전자기파의 속성을 설명하고 이에 기반한 기기의 원리를 밝히고 있다.
② 특정 기기가 동작하는 원리를 설명하고 이에 대한 한계점을 제시하고 있다.
③ 특정 기기를 사용하는 방법을 분류하고 이에 따른 주의점을 살펴보고 있다.
④ 특정 기기의 성능 지표를 설명하고 성능 지표의 중요성에 대해서 강조하고 있다.
⑤ 특정 전자기파의 발견 과정을 소개하고 이로부터 파생된 기기들을 소개하고 있다.

**074** 윗글에 대한 이해로 적절하지 않은 것은?

① 자외선은 X선보다 파장이 길다.
② X선은 비파괴 검사에 쓰일 수 있다.
③ X선을 발견한 과학자는 뢴트겐이다.
④ 전자기파의 물체에 대한 투과성은 파장이 길수록 작다.
⑤ 근육은 지방과 같은 두께일 때 지방보다 X선을 덜 감쇄시킨다.

**075** 윗글을 바탕으로 〈보기〉의 (A)에 들어갈 그래프로 가장 적절한 것은?

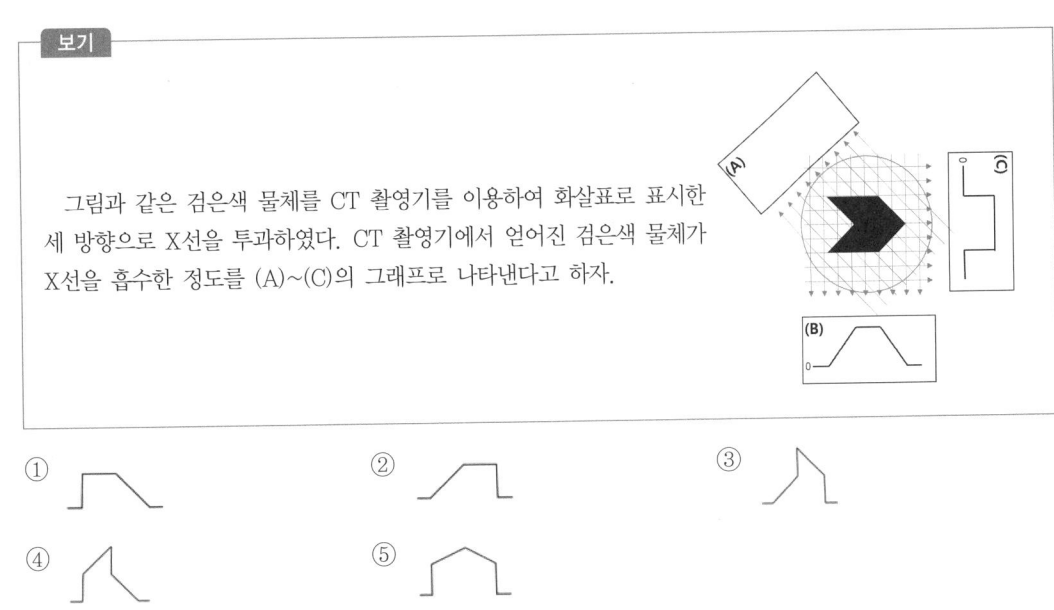

## [076~078] 다음 글을 읽고 물음에 답하시오.

    빛의 속도인 광속은 약 30만km/초라고 알려져 있다. 광속은 정확하게는 29만 9792.458km/초이며 이 속도는 1초에 지구를 7바퀴 반을 돌 수 있는 속도이다. 옛날에는 빛이 너무나 빨라 그 속도가 무한이라고 생각했으나 고대 그리스의 과학자였던 엠페도클레스는 빛은 사물처럼 움직이며 모든 사물이 움직일 때와 마찬가지로 이동하는 데 걸리는 시간이 필요하다고 주장했다.

    광속을 유한하다고 ㉠보고 이를 측정하려는 인류의 처음 시도인 17세기의 갈릴레이의 실험은 빛의 너무 빠른 속력 때문에 성공하지 못하였다. 갈릴레이는 약 10km 떨어진 탑에 덮개가 달린 등불을 든 두 관측자를 세워 놓았다. 먼저 한 관측자가 등불의 덮개를 열면, 다른 탑의 관측자는 처음 관측자의 등불에서 오는 불빛을 보는 순간 자신의 등불의 덮개를 열도록 하였다. 원리적으로 두 등불 사이에 빛이 진행하는 시간을 측정하여 광속을 측정할 수 있으나 관측자의 빛에 대한 반응 시간보다 빛의 전달 시간이 훨씬 짧아서 이러한 방법으로는 광속 측정이 불가능했다.

    갈릴레이의 실험 이후 천문학적 현상을 이용하여 광속을 측정하여 광속이 유한함을 보인 사람은 뢰메르였다. 목성의 여러 위성들 중 하나인 이오는 약 42.5시간 주기로 목성의 뒤에 숨게 되나 광속은 유한하므로 지구가 목성에 가까울 때는 이 현상이 일찍 관측되고 지구가 목성에서 멀어졌을 때는 늦게 관측됨을 알았고 일정한 주기로 이오의 식은 일어나는데 지구가 목성에 가까워질 때와 멀어질 때 약 22분의 시간 차이가 있다는 것을 관측하였다. 이오의 궤도도 같고 그림자도 같다면 이오의 식은 늘 같아야 하는데 지연 현상이 일어났다. 뢰메르는 이러한 지연 현상이 빛의 속도 때문이라는 것을 알아내었다. 이 현상으로 그가 알아낸 광속은 약 21만km/초였다.

    천문학적인 현상에 근거하지 않은 지구상에서의 광속 측정은 19세기 중반 피조에 의해서 성공적으로 이루어졌다. 〈그림〉은 단순화하여 나타낸 피조의 실험 장치이다. 그는 연속적인 빛을 일련의 펄스로 만들어주는 회전 톱니바퀴를 이용하였다. 톱니의 홈 A를 지난 빛이 거울에 반사되어 돌아올 때, 톱니 B가 회전하여 빛의 경로에 위치하게 되면 빛은 관측자에게 되돌아오지 못한다. 톱니의 홈 C가 빛의 경로에 오도록 톱니바퀴의 각속도를 증가시키면 톱니의 홈 A를 통과하여 거울에 반사하여 온 빛은 관측자에게 도달하게 된다. 여기서 각속도는 단위시간당 회전한 수이다. 톱니바퀴와 거울 사이의 거리 d, 톱니의 수 및 톱니바퀴의 각속도를 알고 있으므로 빛이 왕복한 거리 2d를 왕복에 걸린 시간으로 나누어 광속을 구할 수 있었으며 그 값은 31만km/초였다. 이후 과학자들은 정교하게 개선된 측정을 통해 현재 광속의 값을 얻을 수 있었다.

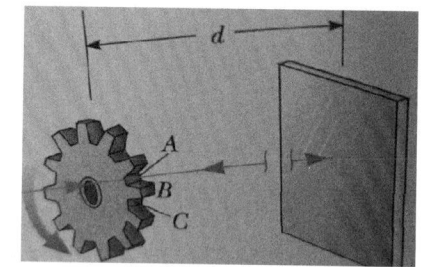

〈그림〉

## 076 윗글에서 알 수 있는 내용으로 가장 적절한 것은?

① 목성의 위성은 한 개이고 위성의 이름은 이오이다.
② 뢰메르가 측정한 광속은 현재 인정되는 광속보다 크다.
③ 갈릴레이는 천문학적 현상을 통해서 광속을 측정하려고 했다.
④ 그리스 과학자 엠페도클레스는 광속이 무한하다고 주장하였다.
⑤ 갈릴레이와 피조는 모두 빛이 이동한 거리를 시간으로 나누어 광속을 구하려고 했다.

## 077 밑줄 친 부분의 문맥상 의미가 ⊙과 가장 가까운 것은?

① 그는 입사하여 회계에 관련한 업무를 <u>보고</u> 있다.
② 굳이 손해를 <u>보면서</u> 물건을 팔 사람은 많지 않다.
③ 기회를 <u>봐서</u> 그 아이에게 말하는 게 좋을 것 같다.
④ 경제력을 <u>보고</u> 그 사람을 선택하는 것은 옳지 않다.
⑤ 나는 그가 반복하고 있는 행동을 실수로 <u>볼</u> 수 없다.

## 078 윗글을 바탕으로 〈보기〉의 학생의 반응 중에서 적절한 것만을 있는 대로 고른 것은?

**보기**

◎ 실험 내용
광속을 구하기 위해 피조가 사용했던 실험을 수행했다. 360개의 동일한 간격의 톱니를 가진 톱니바퀴가 27.5회/s로 회전하고 있다. 톱니바퀴와 거울의 거리는 7,500m이며, 톱니의 한 홈을 통과한 빛이 반사되어 돌아올 때, 홈의 바로 옆 톱니에 의하여 막힌다.

◎ 학생의 반응
(가) 톱니바퀴의 중심에 가까운 부분은 톱니 부분보다 더 작은 각속도로 회전하고 있군.
(나) 빛이 거울까지 왕복하는 동안 톱니바퀴는 1/720회 회전하는군.
(다) 톱니바퀴와 거울까지의 거리를 두 배로 늘린다면 빛이 처음에 통과한 홈의 옆에 있는 홈을 통해 관측자에게 되돌아오겠군.

① (다)  ② (가), (나)  ③ (가), (다)
④ (나), (다)  ⑤ (가), (나), (다)

[079~082] 다음 글을 읽고 물음에 답하시오.

　우리도 종종 이타적인 행동을 한다. 작게는 버스나 지하철에서 노약자에게 자리를 양보하기도 하고, 헌혈을 하기도 하며, 불우한 이웃을 돕기 위해 기부를 하기도 한다. 그러나 이 사람들도 결국은 이기적인 동기로 그런 행동을 한 것은 아닐까? 이기주의에 따르면 사람들은 언제나 자기 이익을 위해서 행동한다. 겉으로는 아무리 남을 위해서 이타적인 삶을 사는 것 같은 사람도, 사실은 자기만족을 위해 그런 행동을 했다고 본다. 물론 그들이 어떤 물질적인 보상이나 사람들의 칭송을 노리고 그런 일을 했다고 주장하는 것은 아니다. 다른 사람을 돕는 것 그 자체가 자기 위안을 줄 수 있다. 사람들은 누구나 존경이든 명성이든 보상이든 단순한 뿌듯함이든 어쨌든 자기만족을 위해 행동한다.

　동물에게도 그런 이타적인 행동을 발견할 수 있다. 새들은 매처럼 자신들을 잡아먹는 적이 나타나면 선두에 있는 새는 경계음을 낸다. 그러면 근처에 있는 동료 새들은 그 소리를 듣고 도망가겠지만, 소리를 낸 새는 매에게 자기 위치가 노출되어 잡아먹힐 가능성이 커진다. 생물학자 도킨스는 동물의 이타적인 행동도 결국 이기적인 행동이라고 [A] 설명한다. 비록 그 자신은 죽지만 많은 동료들이 살아남아 자신과 같은 유전자를 널리 퍼뜨릴 수 있기 때문이다. 겉보기에는 이타적인 행동처럼 보이지만, 결국 모든 행동은 생존을 위한 이기적인 마음의 또 다른 표현일 뿐이다.

　모든 행동이 자기만족을 위한 것이므로 결국 이기적이라는 주장에 반대하는 사람들이 있을 것이다. 이들은 어떤 행동에 이기적인 만족이 따를 수는 있지만 분명히 다른 사람을 위한 행동을 했으므로 자기만족을 위한 행동이 꼭 이기적이지는 않다고 반박한다. 만족은 행동에 부수적으로 따라오는 것일 뿐이라는 것이다. 그러나 만족이든 행동이든 사람들이 자기가 하고 싶은 것을 한다면 그것은 이타적이라고 볼 수 없다. 사람들은 하고 싶어 하는 것이 다 다르다. 어떤 사람은 돈에 관심이 있고, 어떤 사람은 권력에 집착한다. 또 어떤 사람은 남을 돕는 일에 신경을 쓴다. 그럼에도 자기가 가장 원하는 일을 한다는 점에서는 같다. 자신이 하고 싶어 하는 일을 하는데 그 사람들을 이타적이라고 말할 수 있을까? '이타적'이라는 것은 다른 사람이 바라는 대로 하는 것을 말하는데, 언제나 자기가 간절히 원하는 것을 한다는 것, 그것은 곧 언제나 이기적인 행동을 한다는 것이고 이것은 이기주의가 옳다는 증거이다.

　이기주의를 부정하는 사람들은 우리가 언제나 하고 싶어 하는 일만 하는 것은 아니라고 반박한다. 정말 하기 싫은 공부를 억지로 한 경험이 다들 있을 것이다. 죽기보다 더 싫은데 어쩔 수 없이 누군가를 만난 적도 있을 것이다. 하지만 사실은 그것도 하고 싶은 일을 한 것이다. 나의 욕구와 의무가 충돌할 때 '의무에 따라 행동하려는' 욕구에 따라 행동한 것이니 역시 내가 하고 싶은 행동을 한 것이다. 결국 자기만족을 위해 행동하고 자신이 하고 싶어 하는 일만을 하는 인간은 누구나 이기적이다.

## 079 윗글의 주제와 관련된 질문으로 가장 적절한 것은?

① 이타적인 행동에서 동물과 인간의 차이는 무엇인가?
② 이타적 삶보다는 이기적인 삶을 살아야 하는 것 아닌가?
③ 이타적인 행동을 하는 사람은 왜 보상을 위해 행동하는가?
④ 이타적이라고 생각되는 행동도 결국 이기적인 행동 아닌가?
⑤ 이타적이라고 생각되는 행동에 이기적 이유가 숨어 있는 이유는 무엇인가?

**080** 윗글에 대한 이해로 적절한 것만을 있는 대로 고른 것은?

> **보기**
> ㄱ. 사람들은 남을 돕는 행동을 하지 않는다.
> ㄴ. 사람들은 욕구와 의무 사이에서 갈등이 있다.
> ㄷ. 사람들은 자신의 이익을 추구하지 않을 때는 없다.
> ㄹ. 사람들은 하기 싫은 일을 억지로 하는 경우는 없다.

① ㄱ, ㄴ  ② ㄱ, ㄹ  ③ ㄴ, ㄷ
④ ㄱ, ㄷ, ㄹ  ⑤ ㄴ, ㄷ, ㄹ

**081** 윗글의 필자가 [A]를 거론한 이유로 가장 적절한 것은?

① 인간의 유전자를 널리 퍼뜨리기 위해서는 동물과 같은 이타적 행동을 적극 권장해야 하기 때문에
② 인간의 자기만족감을 위한 이타적 행동은 동물의 이타적 자기희생과는 다르다는 점을 보여 주기 위해서
③ 인간이 하기 싫은 일을 하는 것은 자기만족이라는 인간만의 특성을 지키려는 행동임을 보여 주기 위해서
④ 인간도 동물의 하나이므로 인간의 이타적 행동을 이기적으로 해석하는 것은 자연스러움을 보여 주기 위해서
⑤ 인간의 이타적으로 보이는 행동이 결국에는 물질적인 보상이나 칭송을 노린 것이 아님을 보여 주기 위해서

**082** '갑'은 윗글을 비판하는 사람이고 '을'은 윗글을 옹호하는 사람이라고 할 때, '갑'의 비판에 대한 '을'의 답변으로 적절하지 않은 것은?

① 갑: 주사 맞는 것이나 고행처럼 자기만족을 위하지 않는 행동도 있다.
　을: 당장의 고통이나 불쾌함이 있지만 결국은 자기만족을 위한 행동이다.
② 갑: 실패한 결혼처럼 자기만족이라고 생각한 행동이 나중에는 만족이 아닐 수 있다.
　을: 우리는 자기만족을 주는 행동을 하는 것이지 자기만족을 줄 것이라고 생각하는 행동을 하는 것은 아니다.
③ 갑: 불우 이웃 돕기를 통해 얻고자 한 것은 만족이 아니라 행동이다. 만족이 목표라면 그 돈을 자신에게 썼을 것이다.
　을: 세상 사람들이 하고자 하는 행동은 다 다르므로 우리는 결국 그 행동이 자기만족인가를 보고 판단해야 한다.
④ 갑: 설날 하기 싫은 공부를 억지로 할 때 '하기 싫은 욕구'가 '하기 싫어하는 일을 억지로 하고 싶은 욕구'보다 더 크다.
　을: 그래도 결국은 하기 싫은 공부를 했으니 '하기 싫어하는 일을 억지로 하고 싶은 욕구'가 더 큰 것이다.
⑤ 갑: '이기적'이라는 말은 비난할 때 쓰는 말인데, 설령 자기가 하고 싶어서 하는 일을 했다고 해서 이기적이라고 비난할 수 없다.
　을: 자기만족을 위해 자리 양보를 했다고 하더라도 결국은 다른 사람에게 도움을 주는 행동이므로 비난하는 것은 아니다.

[083~084] 다음 글을 읽고 물음에 답하시오.

---

### ○○시 가사 서비스 신청 안내

❏ ○○시 가사 서비스 사업 지원 안내
- ㉠<u>지원 대상</u>: ○○시 거주 임산부·맞벌이·다자녀 가정
  - (임산부 가구) 임신~출산 후 1년 이내 가구
  - (맞벌이 가구) 부부가 각자 주 20시간 이상 근로하고 있는 가구
  - (다자녀 가구) 공고일 기준 미성년 자녀(만 18세 이하)가 2명 이상인 가구
    ※ 우선 지원: 가족 돌봄 공백 발생 가구
  - 본인 또는 가족의 장애, 질병 등의 사유로 가족 돌봄 공백이 발생한 경우
- 지원 규모: 총 2,500가구
- 지원 내용: 가정 방문을 통한 가사 서비스 지원
  - 거주하는 장소(방, 거실) 및 주방, 화장실 청소, 설거지, 쓰레기 배출, 세탁
    ※ 제외: 정리 정돈, 취사, 아이 돌봄, 반려동물 관련, 입주 청소, 전문 자격을 요하는 서비스
- 지원 횟수: 1가구당 총 6회 (1회당 4시간, 30분 휴게 시간 포함)
- 이용 요금: 무료 (본인 부담금 없음)

❏ 신청 안내
- 신청 기간: 2023. 6. 1.(목) ~ 2023. 9. 30.(토)
- 신청 방법: ○○시 홈페이지 온라인 신청 후 추첨을 통해 선발
- 신청 결과: 개별 문자 통보 예정

---

**083** 윗글에 대한 이해로 적절하지 <u>않은</u> 것은?

① 본인 부담금은 없으며 무료로 이용할 수 있다.
② 1회 방문 시 실제 서비스 시간은 3시간 30분이다.
③ 신청 기간에 신청하더라도 지원받지 못할 수 있다.
④ 자녀 돌봄 공백이 발생할 경우 돌봄 서비스도 추가 지원한다.
⑤ 거실 청소는 가능하지만 반려동물 관련 청소는 지원되지 않는다.

**084** ㉠에 해당하지 <u>않는</u> 경우는?

① 출산한 지 8개월 된 저소득층 가구
② 출산 예정일을 한 달 앞둔 임산부 가구
③ 초등학생, 중학생 자녀를 키우는 한부모 가구
④ 부부가 합쳐 주 35시간 근로하는 맞벌이 가구
⑤ 배우자의 장애로 인해 자녀 돌봄이 어려운 임산부 가구

[085~087] 다음 글을 읽고 물음에 답하시오.

| | | 달콤 살벌한 '리볼빙'의 함정…잘못 돌려막다간 '신용 불량자' |
|---|---|---|
| 장면 1 |  | 허리는 열심히 돌려도 되지만, 열심히 돌렸다가는 큰일 나는 게 있습니다. 신용 카드 돌려막기입니다. 카드값 갚느라 여러 개의 카드를 돌리고, 돌리고 하는 사이, 나도 모르게 빚의 굴레에 갇혀 버립니다. |
| 장면 2 | 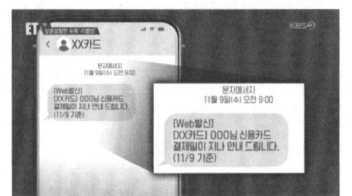 | 보통 신용 카드 대금이 연체되면 카드사로부터 이런 문자가 옵니다. ㉠'○○○님 신용 카드 결제일이 지나 안내 드립니다.' 처음에 이 문자만 보면 상황이 그리 심각하게 느껴지진 않습니다. 그런데 연체 5일째부터는 문제가 생깁니다. 연체 이력이 카드사 공동 전산망에 입력돼 다른 카드사와 공유되고, 신용 점수가 하락하고, 급기야 카드 이용이 정지됩니다. 전화 독촉도 시작됩니다. |
| 장면 3 |  | 이때 찾아오는 달콤한 유혹, 바로 카드 '리볼빙' 서비스입니다. ㉡정식 명칭은 일부 결제 금액 이월 약정. 즉, 이달 청구된 카드 결제 대금 가운데 일부만 갚고 나머지 돈은 다음 달로 넘긴다는 뜻입니다. 예를 들어, 카드 청구 금액이 100만 원인데 당장 낼 여력이 없다고 한다면, 리볼빙 서비스를 신청합니다. 결제 비율을 10%로 정했다면 그 달은 100만 원의 10% 즉, 10만 원만 내고 나머지 90만 원은 다음 달 대금으로 넘기는 식입니다. |
| 장면 4 | 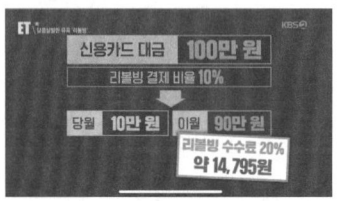 | 문제는 미뤄진 이 90%에 대해 붙는 수수료입니다. ㉢여신금융협회에 따르면, 17개 은행과 카드사의 리볼빙 수수료율은 평균 16.05%, 최대 20%에 육박합니다. 앞의 사례에서 리볼빙 수수료가 연 20%라고 가정할 경우, 다음 달 발생하는 이자는 14,795원으로, 갚지 못한 90만 원에 대해 한 달 사이 만 원이 넘는 이자가 붙는 겁니다. ㉣일반 대출은 상환 일정이라도 있지만, 리볼빙은 최장 5년까지 갚지 않은 대금과 이자가, 그것도 복리로 계속 쌓입니다. |
| 장면 5 |  | 이런데도 쓰는 사람들은 많습니다. ㉤올해 9월 말을 기준으로 카드사 7곳의 리볼빙 이월 잔액은 7조 원에 육박했는데요, 지난해 말보다 14%나 늘어난 규모입니다. 리볼빙은 총부채원리금상환비율(DSR) 규제에 포함되지 않다 보니, 돈줄이 막혀 버린 경우 사실상 최후의 대출 수단으로 활용되고 있습니다. |
| 장면 6 | 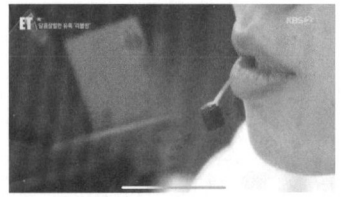 | 특히 주의하셔야 할 점도 있는데요, 나도 모르게 리볼빙에 가입되는 경우입니다. 카드사 상담원으로부터 걸려 온 전화, 우수 고객에게만 연락드리는 거라며, 우대 금리라는 점을 홍보해 리볼빙 서비스 가입을 권유합니다. 이렇게 리볼빙 서비스 이용을 계약하면 카드사는 통장에 잔고가 충분히 남아 있어도, 이용 대금을 다 출금하지 않는다는 게 함정입니다.<br>달콤한 듯하지만 실상은 살벌한 리볼빙의 함정에 빠지지 않으려면 빚은 빨리 갚고, 당장 갚기 어렵다면 결제 비율이라도 꾸준히 높여가는 게 좋습니다. 지금까지 KBS뉴스였습니다. |

**085** ㉠~㉤에 대한 설명으로 적절하지 <u>않은</u> 것은?

① ㉠: 시각 자료에 표시된 문구를 동일하게 읽으며 반복 강조하고 있다.
② ㉡: 명사로 문장을 종결하여 주요 용어에 대한 집중을 유도하고 있다.
③ ㉢: 시각 자료의 출처를 밝혀 뉴스 보도의 신뢰성을 높이고 있다.
④ ㉣: 역접의 연결 어미를 사용해 두 제도의 차이점을 부각하고 있다.
⑤ ㉤: 시각 자료에 표시된 수치를 반올림하여 간결하게 제시하고 있다.

**086** 〈보기〉는 뉴스 보도에 대한 시청자의 반응이다. 〈보기〉에 대한 이해로 적절하지 <u>않은</u> 것은?

> **보기**
>
> 리볼빙 이용 경험자: 차라리 대출을 받을 걸 그랬어요. 이미 대출이 많은 상황이라, 아주 큰 금액이 필요하진 않으니 리볼빙 서비스를 이용해 봐야겠다 한 것인데. 가랑비에 옷 젖는 줄 모른다고 대금 상환을 못하니 신용 점수가 100점 이상 떨어져 버렸어요.
>
> 금융 전문가: 최근 여러 카드사에서 '다 내지 않아도 돼요.' 등 소비자의 마음을 움직이는 광고 문구를 활용하거나, '선진금융서비스', '자유결제서비스', '페이플랜' 등 긍정적 어감을 주는 용어로 리볼빙 서비스를 포장하여 제시하는 경우가 있습니다. 리볼빙의 개념과 그 위험성을 잘 인지하지 못하는 소비자들이 혹하기 쉬운데, 유의할 필요가 있겠습니다.
>
> 신용카드 소비자: 꾸준히 장기 이용하고 있는 카드사에서 최근 우수 고객을 위한 혜택 안내 목적이라며 전화가 와서 비슷한 건가 보다 생각했어요. 그런데 잘 들어 보니 리볼빙 안내였던 거죠. 위험성이 있는데도 혜택이라는 명목으로 권유하는 건 부당해요.
>
> 금융감독원 관계자: 최근 감사원이 리볼빙의 문제점을 지적함에 따라 저희 기관에서도 리볼빙 제도 개선에 착수하였습니다. 카드사의 무분별한 영업을 금지하고 리볼빙 금리를 낮추는 안을 마련할 예정이며, 리볼빙 이용 시 결제하는 최소 비율도 높일 계획입니다.
>
> 소비자 단체 대표: 지난해 저희가 시민 1,000명을 대상으로 조사한 결과, 리볼빙 서비스 이용자 중 72.5%가 '가입사실을 몰랐다'고 응답하였습니다. 일부 카드사들이 카드를 발급할 때 서비스를 기본 적용하도록 설정해 놓은 것입니다. 카드 이용자들은 본인도 모르는 사이 리볼빙에 가입된 경우가 있으니, 한번 확인해 보는 것이 좋겠습니다.

① 리볼빙 이용 경험자: 자신의 경험을 속담으로 요약하며 문제의 심각성을 강조하고 있다.
② 금융 전문가: 소비자의 입장에서 유의해야 할 용어를 구체적인 사례를 들어 설명하고 있다.
③ 신용카드 소비자: 자신의 경험을 근거로 보도에 언급되지 않은 문제를 제시하며 비판하고 있다.
④ 금융감독원 관계자: 문제가 대두됨에 따라 제도적 개선 노력이 진행되고 있음을 전달하고 있다.
⑤ 소비자 단체 대표: 설문 조사를 통해 확인한 정보를 전달하며 소비자에게 경각심을 일깨우고 있다.

**087** '장면 1'의 구성 전략에 대한 설명으로 가장 적절한 것은?

① 문제가 발생한 실제 현장을 보여 주어 보도의 현장감을 높인다.
② 유사한 문제 상황을 제시하여 시청자의 보도 내용 유추를 돕는다.
③ 현실이 반영된 장면을 통해 앞으로 전개될 내용을 요약 제시한다.
④ 언어유희를 활용하여 중심 소재에 대한 시청자의 주의를 환기한다.
⑤ 시각 자료와 앵커의 보도 내용을 일치시켜 사건의 심각성을 강조한다.

[088~090] 다음 글을 읽고 물음에 답하시오.

### 2023년도 청년사회서비스사업단 선정 계획 공고

청년들의 일자리 확대 및 역량 강화 기회를 제공하고 지역사회 서비스 확충을 통해 국민 복지 증진을 도모하기 위한 『2023년도 청년사회서비스사업단』 선정 계획을 다음과 같이 공고합니다.

❑ 공모 개요
  ○ 공모 규모: 1~3개 사업단
  ○ 공모액: 사업단별 72백만 원
    - 인건비: 각 사업단별 행정 인력, 슈퍼바이저 각 1인
      * 행정 인력: 2,500천 원(주 40시간, 월단가)×10개월
        슈퍼바이저: 3,800천 원(주 40시간, 월단가)×10개월
    - 설치비: 제공 인력 교육, 홍보 등 사업단 초기 설치 비용 지원(1회 한정, 9백만 원)
  ○ 사업 기간: 2023년 3~12월(10개월)

❑ 사업 내용
  ○ ㉠청년마음건강지원사업, 청년신체건강증진서비스, 초등돌봄서비스 중 택1

❑ ㉡청년 사업단 구성
  ○ 기관 자격: 대학, 사회복지법인, 사회적 협동조합 또는 사회적 기업
  ○ 구성 인력: 단장 1인, 행정 인력 1인, 슈퍼바이저 1인, 제공 인력 최소 4인
    - 단장: 대학 교수(전임 교원), 법인 등 기관은 기관장 또는 간부
    - 제공 인력: 만 19~34세 청년을 70% 이상 채용
    - 슈퍼바이저: 만 55세 미만, 제공 인력 경력 요건 2배 이상 충족
    - 근로 조건: 행정 인력 및 슈퍼바이저는 주 40시간 또는 주 20시간 근무
      * 주 40시간 1명 채용이 어려운 경우 주 20시간 2명 채용 가능

❑ 제출 서류
  ○ 사업 신청서 1부
  ○ 사업 계획서(제공 인력 모집 및 교육·훈련 계획, 설치비 산출 내역) 1부
  ○ 참여 기관 주요 사업 실적 (3년간) 1부
  ○ 사업자등록증 또는 법인등기부 1부

**088** 윗글을 이해한 내용으로 적절하지 <u>않은</u> 것은?

① 지역 청년의 일자리 확대를 위해 시행하는 사업이다.
② 최대 3개의 사업단까지 지원할 예정이다.
③ 사업단의 초기 설치 비용은 1회만 제공된다.
④ 노년 인구를 위한 서비스 제공이 사업의 내용이다.
⑤ 대학의 전임 교원도 사업단에 참여할 수 있다.

**089** 〈보기〉를 바탕으로 할 때 ㉠에 대한 반응으로 적절하지 <u>않은</u> 것은?

> **보기**
>
> **청년마음건강지원사업 개요**
>
> ○ 서비스 대상: 만 19세 이상 34세 이하(자립 준비 청년 및 보호 종료 아동 우선 지원)
> ○ 서비스 내용: 3개월(10회)간 전문심리상담 서비스 지원(최대 1년까지 연장 가능)
>  – 정신건강 고위험군의 경우 정신건강복지센터 또는 의료기관 연계
> ○ 서비스 가격: 월 28만 원(본인 부담금 10%, 우선 지원 대상은 전액 지원)
> ○ 상담 인력 조건: 실무 경력(석사 학위자 3년, 박사 학위자 1년)이 있는 자

① 서비스는 최대 1년 동안 받을 수 있군.
② 정신건강 고위험군인 경우 의료기관에 연계될 수 있군.
③ 만 20세의 자립 준비 청년은 서비스를 우선 지원 받을 수 있군.
④ 서비스를 신청할 때 실제 부담하는 금액은 월 2만 8천 원이군.
⑤ 학력에 관계없이 실무 경력은 최소 3년 이상이어야 상담 인력이 될 수 있군.

**090** ㉡에서 고려해야 할 사항으로 적절하지 <u>않은</u> 것은?

① 사업단의 구성 인력은 최소 7명 이상이어야 한다.
② 만 40세인 사람도 사업단의 구성 인력이 될 수 있다.
③ 행정 인력은 주 10시간씩 4명을 채용할 수 있다.
④ 제공 인력이 총 10명일 경우 만 19~34세 청년은 7명 이상이어야 한다.
⑤ 제공 인력의 경력이 2년이라면 슈퍼바이저의 경력은 4년 이상이어야 한다.

## 국어 문화    091번~100번

**091** ⟨보기⟩에서 설명하는 문학 작품은?

> **보기**
> 이 작품은 작가가 벼슬에서 물러나 고향인 전남 담양에 머물던 시기에 창작하였다. 주변의 아름다운 자연에서 얻은 흥취를 사계절의 변화에 따라 서술하였는데 비유, 대구, 반복, 점층, 생략 등의 다양한 표현 방법과 우리말의 아름다움을 잘 살려 경치와 그에 따른 흥취를 역동적으로 형상화한 것으로 높이 평가된다. 작가는 강호에서의 풍류 생활을 표현하면서도 결사 마지막에 "역군은(亦君恩)이샷다."라고 하여 임금의 은혜에 대한 감사를 표시하여 당시 사대부의 자세도 함께 드러내었다.

① 상춘곡  ② 규원가  ③ 만분가
④ 면앙정가  ⑤ 사미인곡

**092** ⟨보기⟩에서 설명하는 문학 작품은?

> **보기**
> 소록도의 역사를 소재로 실제 인물을 모델로 창작된 이청준의 작품이다. 1부는 조백헌 원장이 소록도에 부임하여 매립공사를 시작하며 원생들과 갈등을 빚는 과정을, 2부는 오마도 간척사업 공사기간 동안 조 원장이 겪는 갈등과 고뇌가, 3부는 조 원장이 소록도를 떠난 후 7년 뒤에 민간인 신분으로 다시 돌아와 원생과 함께 하는 모습을 그리고 있다.

① 눈길  ② 서편제  ③ 당신들의 천국
④ 병신과 머저리  ⑤ 선학동 나그네

**093** ⟨보기⟩에서 설명하는 작가는?

> **보기**
> 이 작가는 시를 예술의 경지로 끌어올리는 데 중요한 역할을 하였다. 우리말을 잘 다듬어 그것의 아름다움을 발견하고 시어의 음악성을 살렸다. 잘 다듬어진 시어와 섬세한 운율을 바탕으로 내면 세계의 슬픔과 고독을 작품에 담아냈다. 섬세한 언어적 감각과 그것을 시적 율조로 살려내는 리듬 의식이 작품의 특징이다. 대표작으로는 「돌담에 속삭이는 햇발」, 「모란이 피기까지는」 등이 있다.

① 백석  ② 김기림  ③ 김소월
④ 김영랑  ⑤ 박목월

**094** 〈보기〉는 일제 강점기 신문에 게재된 창극 광고이다. 이에 대한 설명으로 적절하지 <u>않은</u> 것은?

> **보기**
> 
> **창극(唱劇) 장화홍련전(薔花紅蓮傳) - 제일극장(第一劇場)에서 첫 공연(公演)**
> 
> 기보(旣報)한 바와 가치 조선창극단(朝鮮唱劇團)에서는 금번에 새로운 계획으로 박진(朴珍) 씨(氏) 각색(脚色)의 장화홍련전(薔花紅蓮傳)을 십일월(十一月) 일일(一日)부터 제일극장(第一劇場)에서 상연(上演)키로 되엿다 한다 이번 이 극은 창극으로 종래에 업든 면을 보혀 주고 취재의 핵심을 권선징악(勸善懲惡) 충효(忠孝)에 치중하야 이제까지 침체하엿든 창극계에 획기적 기록을 지엇다 한다 각색자(脚色者) 박진(朴珍) 씨(氏)는 연극(演劇) 연출가(演出家)로 다년 반도 연극 운동에 힘써 왓스며 각본 작가로도 뚜렷한 존재이니만큼 창극(唱劇) 장화홍련전(薔花紅蓮傳)은 기대(企待)되는 바가 만타 더욱이 출연자(出演者)들은 명창(名唱)들이나 특(特)히 홍련(紅蓮)으로 분한 김옥연(金玉蓮) 양은 노래뿐 아니라 신극(新劇) 배우(俳優) 중(中)에서도 드문 연기(演技)를 가져 한 이채(異彩)이다.
> 
> - 『매일신보』, 1943년 10월 31일

① 조선창극단에 대한 내용은 이전에도 보도된 적이 있다.
② 조선창극단은 11월부터 제일극장에서 장화홍련전 공연을 시작한다.
③ 이번 공연은 그동안 인기를 누리던 창극계에 새로운 변화를 추구한 작품이다.
④ 각색자는 연극 연출가이면서도 각본 작가로도 이름 있는 인물이다.
⑤ 홍련 역을 맡은 출연자는 노래와 연기가 모두 출중한 편이다.

**095** 〈보기〉에 쓰인 ㉠~㉤의 의미로 적절하지 <u>않은</u> 것은?

> **보기**
> 
> 한님이 ᄆᆞ음의 크게 놀나 스스로 싱각ᄒᆞ되 '부인이 투긔(妬忌) 아니키로 정심(精心)ᄒᆞᄂᆞ니 ㉠<u>엇지</u> 이 말이 이시며 ᄯᅩ 교시(喬氏)를 디졉ᄒᆞ기를 녜(禮)로써 ᄒᆞ고 일즉 ㉡<u>그른</u> 곳을 닐을 젹이 업고 비복(婢僕)이라도 그 죄악(罪惡)을 ㉢<u>닐ᄏᆞ지</u> 아니ᄒᆞ나니 교시(喬氏) 부인(夫人)긔 견과(見過)ᄒᆞ미 잇는가?' 그 곡졀(曲切)을 아지 못ᄒᆞ여 오ᄅᆡ 침음(沈吟)ᄒᆞ다가 교시(喬氏)를 블너 니ᄅᆞ되 "닉 너를 취(取)ᄒᆞ미 부인(夫人)의 권(勸)ᄒᆞ미라. 부인이 너를 향ᄒᆞ여 일즉 ㉣<u>ᄉᆞ오나온</u> 말이 업ᄂᆞ니 일정(一定) 비복 간(婢僕間)의 참소(讒訴)흔 말이 이셔 일시 분(憤)ᄒᆞ여 ㉤<u>니ᄅᆞ미나</u> 본셩(本性)이 온화(溫和)ᄒᆞ니 반ᄃᆞ시 너를 희(害)치 아닐지라. 비록 희코져 ᄒᆞ나 닉 이시니 엇지 능히 희ᄒᆞ리오?"
> 
> - 「사씨남정기」

① ㉠ 엇지: 어찌
② ㉡ 그른: 그러한
③ ㉢ 닐ᄏᆞ지: 일컫지
④ ㉣ ᄉᆞ오나온: 나쁜
⑤ ㉤ 니ᄅᆞ미나: 말한 것이나

## 096 『훈민정음』 창제 당시의 문자 사용과 관련된 설명으로 적절하지 <u>않은</u> 것은?

① 용언 어간에 어미가 결합될 때, 모음조화 규칙에 따라 표기하였다.
② '말쏘미', '사ᄅ미라' 등과 같은, '연철(連綴)' 표기 방식이 사용되었다.
③ 'ㆆ', 'ㅿ', 'ㅸ' 등과 같은, 현대국어에서 쓰이지 않는 문자가 존재했다.
④ '쁘는'의 'ㅄ', '쁘디라'의 'ㅳ'에서처럼, '어두 자음군 표기'가 존재했다.
⑤ '훈민정음'이 창제된 직후부터 국가의 모든 공문서가 한글로 표기되었다.

## 097 〈보기〉는 남북 국어사전을 비교한 자료이다. 표기가 남과 북 모두 올바른 것은?

**보기**

(남) 웃- 「접사」 ((아래위의 대립이 없는 몇몇 명사 앞에 붙어)) '위'의 뜻을 더하는 접두사. '아래'와 '위'의 대립이 있는 명사 앞에는 사잇소리 현상의 유무에 따라 '위'나 '윗'을 쓴다. ¶ 웃어른
(북) 웃- [앞] (일정한 명사의 말뿌리에 붙어서) 《우》의 뜻. ¶ 웃마을

|   | ㉠ | ㉡ |   | ㉠ | ㉡ |
|---|---|---|---|---|---|
| ① | 웃목 | 웃목 | ② | 웃집 | 윗집 |
| ③ | 웃턱 | 웃턱 | ④ | 웃풍 | 웃풍 |
| ⑤ | 웃사람 | 웃사람 |   |   |   |

098 다음은 국립국어원의 '한국 수어 사전'에 실린 자료이다. 다음의 수어가 나타내는 의미는?

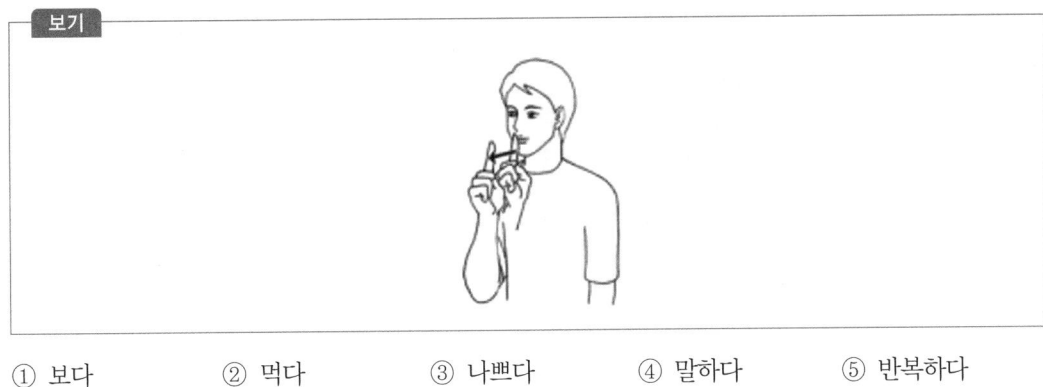

① 보다  ② 먹다  ③ 나쁘다  ④ 말하다  ⑤ 반복하다

099 밑줄 친 법률 용어에 대한 해석으로 적절하지 <u>않은</u> 것은?

① 판결에 불만이 있다면 판결문을 <u>송달받은</u>(→ 받은) 후 2주 이내에 항소할 수 있다.
② 노조에서 대표자 회의를 열고 잠정 합의안을 <u>추인했다</u>(→ 사후에 소급하여 인정했다).
③ 사실상 <u>멸실되어</u>(→ 존재하지 않아) 실제로 운행하지 않는 차량을 조사해 자동차세 체납액을 정리할 예정이다.
④ 실정에 맞지 않는 일반법을 각 지자체에서 <u>준용하고</u>(→ 기준으로 삼아 적용하고) 있다는 점이 큰 문제로 지적되고 있다.
⑤ <u>선의의</u>(→ 해당 사실을 알지 못하는) 제3자가 보호될 수 있는 법률상 이해관계는 새로운 전세권 설정 계약을 하여 법률상 이해관계를 가지게 되는 경우도 포함된다.

## 100. 〈보기〉의 방송 프로그램에 대한 이해로 적절하지 <u>않은</u> 것은?

> **보기**
>
>
> 영상: 전문가 1
> ↓
>
> 영상: 남자 진행자와 여자 진행자
> ↓
>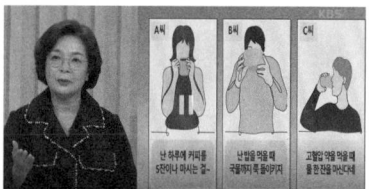
> 영상: 전문가 2와 퀴즈의 보기 이미지
>
> 전문가 1:
> 우리 몸의 60~70%는 수분으로 이루어져 있어서 수분을 적당히 유지해야 신진대사가 원활해집니다. 예를 들어 물을 오랫동안 마시지 않은 상태면 입이 바싹 마르는데요. 입안을 보호해 주는 침과 기관지의 표면을 보호해 주는 점액질이 말라 버리면 그 말라붙은 곳을 통해서 세균이나 바이러스가 침투하기 더 좋은 상태가 됩니다. 물을 조금 덜 마셨을 뿐인데 면역력이 떨어지게 되는 것이지요.
>
> 남자 진행자:
> 자, 그렇다면 여기서 깜짝 퀴즈 드립니다. 다음 중 수분 보충을 가장 잘하고 있는 사람은 누구일까요? 1번, 하루에 커피를 다섯 잔이나 마시는 사람. 2번, 밥을 먹을 때 국물까지 쭉 들이키는 사람. 3번, 고혈압 약을 먹을 때 물 한 잔을 다 마시는 사람.
>
> 전문가 2:
> 1번처럼 커피를 다섯 잔 이상 마시면 그 안의 카페인 성분이 이뇨 작용을 해서 수분을 더 배출시키게 됩니다. 2번처럼 국물을 많이 마시면 나트륨 섭취량이 많아지는데, 나트륨도 수분을 배출시키는 작용을 합니다. 따라서 3번처럼 약을 먹을 때 물을 많이 마시는 경우가 이 중에서 가장 수분 보충을 잘하고 있는 경우라고 할 수 있겠습니다.

① 주로 진행자가 전문가 등의 출연자를 인터뷰하는 형식으로 구성된다.
② 정보의 신뢰성을 높이기 위해 관련 분야의 전문가를 출연자로 선정한다.
③ 건강과 관련된 교양 프로그램으로, 주된 의사소통 목적은 정보 전달이다.
④ 진행자는 전문가의 발언과 관련하여 시청자의 흥미 유발을 위한 퀴즈를 제시한다.
⑤ 전문가 간의 대담을 통해 화제와 관련된 학술적 견해 차이를 구체적으로 드러낸다.

---

**[ 확인 사항 ]**

● 문제지와 답안지에 필요한 내용을 정확히 적었는지 확인하십시오.

수고하셨습니다.

2023. 10. 15.

| 성 명 | |
|---|---|
| 수험번호 | |
| 감독관 확인 | |

# 제75회
# KBS한국어능력시험

**KBS 한국방송**

- 문제지와 답안지에 모두 성명, 수험 번호를 정확히 기입하십시오.
- 답안지와 함께 문제지를 반드시 제출하십시오.
- 본 시험지를 절취하는 것은 부정행위로 간주합니다.
- 본 시험의 내용을 무단으로 전재·복사·복제·출판·강의하는 행위와 인터넷 등을 통해 복원하는 행위는 저작권법에 저촉됩니다.

## 한국어능력시험 문항 100문항

| 영역 | 문항 |
|---|---|
| 듣기·말하기 | 001번~015번 |
| 어휘·어법 | 016번~045번 |
| 쓰기 | 046번~050번 |
| 창안 | 051번~060번 |
| 읽기 | 061번~090번 |
| 국어 문화 | 091번~100번 |

# 제75회 KBS한국어능력시험

2023년 10월 15일 시행

**듣기·말하기** 001번 ~ 015번

**001** 그림에 대한 설명으로 적절하지 <u>않은</u> 것은?

① 〈모르트퐁텐의 추억〉은 고전적 풍경화 화풍에 종교적 주제를 담은 작품이다.
② 〈모르트퐁텐의 추억〉에는 작가의 개인적인 감정과 추억이 반영되어 있다.
③ 〈모르트퐁텐의 추억〉은 작가의 지속적인 관찰과 노력이 만들어 낸 결과물이다.
④ 〈모르트퐁텐의 추억〉에는 자연 그대로의 아름다움에 작가 특유의 분위기가 가미되어 있다.
⑤ 〈모르트퐁텐의 추억〉은 작가가 공간을 구성하기 위해 회화적으로 설정한 특징이 돋보이는 작품이다.

**002** 이야기가 주는 교훈을 가장 적절하게 표현한 것은?

① 사회의 보편적 가치를 추구하는 태도가 필요하다.
② 언제나 쓸모 있게 살 수 있도록 최선을 다해야 한다.
③ 사물을 겸손한 태도로 바라보는 자세를 갖추어야 한다.
④ 지속적인 발전을 위해서는 시련과 고난을 감수해야 한다.
⑤ 세평에 흔들리지 않고 자기 자신으로 살아가는 것이 중요하다.

**003** 강연의 내용과 일치하지 <u>않는</u> 것은?

① 뼈는 장기를 보호하고 지탱하는 역할을 한다.
② 뼈는 주로 칼슘과 콜라겐으로 이루어져 있다.
③ 뼈는 살아있는 세포로서 재생되지만 이전보다 약해진다.
④ 대퇴골 근위부 골절의 가장 큰 원인은 골다공증이다.
⑤ 적절한 운동과 영양 섭취로 뼈를 튼튼하게 만들 수 있다.

**004** 방송 내용에 대한 이해로 가장 적절한 것은?

① 영화 〈그것만이 내 세상〉에서 '조하'는 자신의 음악적 재능을 찾으려 노력한다.
② 영화 〈그것만이 내 세상〉에서 '진태'와 '가율'은 쇼팽의 〈피아노 협주곡 1번〉을 함께 연주한다.
③ 브람스의 〈헝가리 무곡〉은 총 4집에 전체 21곡으로 편성되어 있으며 원래는 독주용으로 만든 작품이다.
④ 〈헝가리〉라는 이름이 들어간 작품 제목들은 하이든이 헝가리 전통 음악 양식을 도입하면서부터 나타났다.
⑤ 〈헝가리 무곡 5번〉은 격렬함을 감추다가 정열을 드러내며, 각종 장식을 더한 선율이 특징인 작품이다.

**005** 이 시의 주제로 가장 적절한 것은?

① 의존적 삶에 대한 반성
② 생명력 회복에 대한 염원
③ 이타적인 삶의 아름다움과 가치
④ 현대 사회의 소외된 관계에 대한 성찰
⑤ 힘든 현실을 스스로 극복하려는 의지적인 자세

**006** 전문가의 설명과 일치하지 않는 것은?

① 이틀 이상 일 최고 기온이 35도 이상으로 예상되면 폭염 경보가 발령된다.
② 폭염의 근본적인 원인인 엘니뇨 현상은 인간의 노력으로 해결 가능하다.
③ 폭염이 유발하는 현상에는 가뭄과 산불이 있다.
④ 기온이 상승하면 공기가 포함할 수 있는 수증기량이 증가한다.
⑤ 게릴라성 호우와 집중 호우는 지구 온난화와 관련이 있다.

**007** 진행자의 말하기 방식으로 가장 적절한 것은?

① 전문가에게 객관적인 통계 자료를 요구하고 있다.
② 전문가의 의견을 요약하며 대화를 정리하고 있다.
③ 전문가의 의견을 반박할 수 있는 사례를 제시하고 있다.
④ 전문가의 설명을 듣고 궁금한 점을 추가로 질문하고 있다.
⑤ 전문가의 설명 중 중요한 내용을 반복하며 강조하고 있다.

**008** 대화를 통해 알 수 있는 내용으로 적절하지 <u>않은</u> 것은?
① 여자는 퇴사 이후의 계획을 명확하게 세우지 않은 상태이다.
② 여자는 일을 지속하기 위해서 무엇보다 적성이 중요하다고 생각한다.
③ 남자는 여자가 충동적으로 내린 결정을 후회할 것이라고 생각한다.
④ 남자는 어떤 일에 최선을 다하면 결국 보상을 받을 수 있다고 생각한다.
⑤ 남자는 여자가 직장의 사회적 인식이 좋지 않아서 퇴사를 결정했다고 생각한다.

**009** 인물들의 말하기 방식에 대한 설명으로 적절하지 <u>않은</u> 것은?
① 여자: 의문형 문장을 통해 자신의 생각을 우회적으로 표현하고 있다.
② 여자: 상대의 말을 부분적으로 수용하며 자신의 의견을 밝히고 있다.
③ 남자: 자신의 경험을 사례로 들어 상대를 설득하고 있다.
④ 남자: 상대가 언급한 단어를 반복하며 대화를 이어 가고 있다.
⑤ 남자: 여자의 결정에 대한 자신의 감정을 직접적으로 표현하고 있다.

**010** 강연의 내용에 대한 이해로 적절하지 <u>않은</u> 것은?
① 그린 워싱은 소비자를 기만하는 행위로 환경에 부정적 영향을 준다.
② 텀블러는 재질에 따라 약 50회 이상은 사용해야 환경 보호 효과가 있다.
③ 그린 워싱은 친환경적이지 않은 제품을 친환경적인 것처럼 홍보하는 행위를 말한다.
④ 소비자들은 기업에서 자체적으로 만든 마크를 확인하여 그린 워싱을 감시할 수 있다.
⑤ 상품의 일부만 친환경 인증을 받았음에도 제품 전체에 대해 인증을 받은 것처럼 광고하는 경우 완전성 원칙에 위배된다.

**011** 이 강연의 특징에 대한 설명으로 가장 적절한 것은?
① 강연의 중심 내용을 요약하며 강연을 마무리하고 있다.
② 강연 내용과 관련된 전문가의 말을 인용하여 신뢰도를 높이고 있다.
③ 강연 내용을 유사한 해외의 사례와 비교하여 설득력을 높이고 있다.
④ 강연의 중심 개념과 관련된 배경을 설명하여 청중의 이해를 돕고 있다.
⑤ 강연 내용의 순서를 도입부에 제시하여 청중이 내용을 예측하며 듣도록 하고 있다.

## 012 발표의 내용에 대한 이해로 적절하지 않은 것은?

① 게이미피케이션은 게임이 아닌 분야에서 게임적 요소를 활용하는 것이다.
② 보상 제공과 경쟁은 게이미피케이션에 사용되는 게임적 요소에 해당한다.
③ 분리수거를 하면 점수판의 점수가 올라가는 것은 기능성 게임에 해당한다.
④ 게이미피케이션은 일상생활에서 활용되어 사용자의 적극적 참여를 유도한다.
⑤ 소리 나는 계단은 게이미피케이션을 활용해 에스컬레이터 사용을 줄인 사례이다.

## 013 발표의 내용 구성 전략으로 가장 적절한 것은?

① 비유적 표현을 통해 중심 내용을 강조하고 있다.
② 구체적인 사례를 제시하여 청중의 이해를 돕고 있다.
③ 청중의 질문에 답하는 방식을 활용하여 내용을 전달하고 있다.
④ 청중의 태도 및 행동 변화를 권유하며 발표를 마무리하고 있다.
⑤ 발표에 활용한 자료의 출처를 밝혀 내용의 신뢰성을 높이고 있다.

## 014 두 사람의 입장에 대한 이해로 가장 적절한 것은?

① 김 대리는 박 대리의 휴가 사유가 정당하지 않다고 생각한다.
② 김 대리는 박 대리가 휴가를 사용할 때 다른 대직자를 구해야 한다고 생각한다.
③ 김 대리는 박 대리가 휴가를 내기 전에 자신의 승인을 받아야 한다고 생각한다.
④ 박 대리는 절차대로 결재를 받았기 때문에 연차를 쓴 일에 문제가 없다고 생각한다.
⑤ 박 대리는 자신이 선임이었다고 해도 김 대리가 동일한 말을 했을 것이라고 생각한다.

## 015 두 사람의 대화를 듣고 마지막에 말한 사람이 이어서 조언할 내용으로 가장 적절한 것은?

① 박 대리에게 휴가 일정을 변경할 것을 조언한다.
② 김 대리에게 박 대리의 업무를 대직하지 말라고 조언한다.
③ 김 대리에게 직장 내 관계의 중요성을 강조하며 후임에게 양보할 것을 조언한다.
④ 김 대리와 박 대리에게 개인적인 휴가 사용보다 회사 일이 먼저임을 조언한다.
⑤ 김 대리와 박 대리에게 직장에서 동료 간의 협조가 업무 처리에 중요함을 조언한다.

## 어휘·어법  016번~045번

**016** "없어서는 안 될 정도로 매우 긴요하다."를 뜻하는 고유어는?

① 수고롭다  ② 수나롭다  ③ 잔조롭다
④ 종요롭다  ⑤ 허수롭다

**017** 한자어의 사전적 뜻풀이로 적절하지 않은 것은?

① 유휴(遊休): 쓰지 아니하고 놀림.
② 경색(梗塞): 놀라고 두려워 허둥지둥함.
③ 상정(上程): 토의할 안건을 회의 석상에 내어놓음.
④ 경감(輕減): 부담이나 고통 따위를 덜어서 가볍게 함.
⑤ 경구(警句): 삶에 대한 느낌이나 사상을 간결하고 날카롭게 표현한 말.

**018** 밑줄 친 고유어의 의미로 적절하지 않은 것은?

① 어머니는 모처럼 찾아온 딸에게 살갑게 대했다.
→ 마음씨가 부드럽고 상냥하다.
② 그는 나이에 비해 어딘지 옹숭깊은 데가 있다.
→ 생각이나 뜻이 크고 넓다.
③ 그렇게 하루 종일 나부대면 피곤할 수밖에 없지.
→ 입을 가볍게 함부로 자꾸 놀리다.
④ 매몰찬 임대인은 불황에도 월세를 몰강스럽게 받아 갔다.
→ 인정이 없이 억세며 성질이 악착같고 모질다.
⑤ 그는 행동이 몹시 산망스러워 남에게 믿음을 주기 어렵다.
→ 말이나 행동이 경망하고 좀스러운 데가 있다.

**019** 밑줄 친 한자어의 쓰임이 적절하지 않은 것은?

① 도시의 밤거리에는 수많은 네온사인이 명멸(明滅)하고 있었다.
② 요즘 드라마에는 세태를 신랄(辛辣)하게 풍자하는 내용이 많다.
③ 온갖 고생을 했던 지난날에 대한 기억이 이제는 역력(歷歷)하게 흐려졌다.
④ 부두 노동자를 위시(爲始)하여 어업과 해운에 종사하는 노동자들의 소요가 일어났다.
⑤ 선생은 일제 치하에서 민족정신을 고취(鼓吹)하기 위해 출판물 보급과 교육에 힘썼다.

## 020 <보기>의 밑줄 친 ㉠~㉢에 해당하는 한자로 올바르게 묶인 것은?

> **보기**
> - 현충일에는 순국선열을 기리기 위해 ㉠조기를 게양한다.
> - 지나간 일에 ㉡연연하기보다는 앞일을 준비하는 것이 현명하다.
> - 낯선 이국의 풍경이 나에게 ㉢생경한 인상을 주었다.

|   | ㉠ | ㉡ | ㉢ |
|---|---|---|---|
| ① | 弔旗 | 戀戀 | 生硬 |
| ② | 弔旗 | 戀戀 | 生梗 |
| ③ | 弔旗 | 連延 | 生梗 |
| ④ | 早起 | 連延 | 生梗 |
| ⑤ | 早起 | 連延 | 生硬 |

## 021 밑줄 친 고유어의 쓰임이 적절하지 않은 것은?

① 아버지의 <u>득달같은</u> 불호령에 어쩔 줄을 모르겠다.
② 채솟값 오르는 게 <u>다락같아서</u> 음식값도 모두 올랐다.
③ 우리 가족들은 모두 <u>하나같이</u> 밀가루 음식을 좋아한다.
④ 동생은 성격이 <u>무쪽같아서</u> 살림을 무척 야무지게 꾸린다.
⑤ 하루 종일 끼니를 챙겨 먹지 못했더니 밥 생각이 <u>굴뚝같다</u>.

## 022 밑줄 친 단어가 나머지 단어와 다의어 관계에 있지 않은 것은?

① <u>바람</u>이 센 친구의 말이라 쉽게 믿어지지 않는다.
② 우리의 간절한 <u>바람</u>은 그가 무사히 돌아오는 것이다.
③ 경기가 급속히 나빠지자 회사에 감원 <u>바람</u>이 불었다.
④ 출발 신호음이 떨어지자 선수들은 <u>바람같이</u> 내달았다.
⑤ 동생은 공부하는 형에게 나가서 놀자며 <u>바람</u>을 넣었다.

**023** 두 단어의 의미 관계가 〈보기〉와 동일한 것은?

> **보기**
> 얼굴 – 눈

① 손 – 손가락  ② 꽃 – 장미  ③ 선생 – 학생
④ 사람 – 인간  ⑤ 민물 – 바닷물

**024** 고유어 '떨어지다'를 한자어로 바꾸었을 때, 적절하지 않은 것은?

① 우리 부서에 중요한 임무가 떨어졌다. → 부여(附與)되었다.
② 주가가 한 번 떨어지더니 오를 줄을 모른다. → 하락(下落)하더니
③ 며칠째 감기가 떨어지지 않아 고생하고 있다. → 치유(治癒)되지
④ 투명한 기업 운영을 위해 소유와 경영이 떨어져야 한다. → 분리(分離)되어야
⑤ 우리의 수도가 적의 수중에 떨어진다면 전세는 불리해질 것이다. → 추락(墜落)한다면

**025** 밑줄 친 단어의 반의어로 가장 적절한 것은?

> **보기**
> 나는 이런저런 생각을 하며 버드나무가 성기게 서 있는 냇가를 따라 천천히 거닐었다.

① 뜨게  ② 배게  ③ 설피게
④ 너르게  ⑤ 버성기게

**026** 남의 덕택으로 거저 이익을 보게 되는 경우에 사용할 수 있는 속담으로 적절하지 않은 것은?

① 남의 떡에 설 쇤다  ② 남 지은 글로 과거한다
③ 남의 바지 입고 춤추기  ④ 남의 떡으로 조상 제 지낸다
⑤ 남의 두루마기에 밤 주워 담는다

**027** 밑줄 친 사자성어의 쓰임이 문맥상 적절하지 않은 것은?

① 그는 <u>와신상담(臥薪嘗膽)</u>의 마음으로 어려운 시기를 견뎌냈다.
② 한때 그는 <u>간담상조(肝膽相照)</u>하는 친구 하나 없는 외톨이였다.
③ 그는 <u>절차탁마(切磋琢磨)</u>의 자세로 공부하여 원하는 대학에 합격했다.
④ 사업의 성공으로 큰 부자가 된 그는 <u>적수공권(赤手空拳)</u>의 목표를 이루었다.
⑤ <u>풍수지탄(風樹之歎)</u>이라는 말처럼 부모님이 살아 계실 때 섬기기를 다해야 한다.

**028** 밑줄 친 관용 표현의 사용이 적절하지 않은 것은?

① <u>눈을 씻고</u> 보아도 개미 한 마리 없다.
② 이렇게 <u>눈이 많은</u> 곳에서 무슨 짓이에요?
③ 10년 전에 떠나온 고향 마을이 아직도 <u>눈에 어린다</u>.
④ 그녀는 생각보다 비싼 가격을 확인하고 <u>눈이 나왔다</u>.
⑤ 그 모델은 여러 사람의 <u>눈을 거치며</u> 우아한 걸음걸이를 뽐냈다.

**029** 밑줄 친 한자어를 순화한 표현으로 적절하지 않은 것은?

① 식당에서 나오는 <u>잔반(殘飯)</u>을 돼지 사료로 이용했다. → 음식 찌꺼기
② 시청에서 내려온 공문을 부서원들이 <u>회람(回覽)</u>하였다. → 돌려 보았다
③ 일이 너무 많아서 여섯 시부터 <u>잔업(殘業)</u>을 하게 되었다. → 남은 일
④ <u>납기일(納期日)</u>까지 요금을 내지 않으면 가산금이 붙는다. → 내는 날
⑤ 그는 새 부서로 이동하여 김 과장의 업무를 <u>인수(引受)</u>하였다. → 넘겨받았다

**030** 밑줄 친 표현을 다듬은 말로 적절하지 않은 것은?

① 그는 세상을 보는 태도가 <u>시니컬하다</u>(→ 냉소적이다).
② 주말에는 오래간만에 아이들을 데리고 <u>키즈 카페</u>(→ 어린이 놀이방)에 갔다.
③ 정치권에서는 선거를 앞두고 <u>언론 플레이</u>(→ 여론 몰이)를 하여 지지를 호소하였다.
④ 우리 회사는 하자가 있는 제품에 대하여 <u>리콜</u>(→ 결함 보상)을 실시하기로 결정했다.
⑤ 요즘 들어 은퇴 후 전원생활을 꿈꾸며 도시와 시골을 오가는 <u>듀얼 라이프</u>(→ 이중생활)를 즐기는 사람이 많다.

**031** 밑줄 친 부분의 표기가 옳은 것은?

① 무조건 밀어부친다고 되는 게 아니다.
② 버스는 만원이라서 발부칠 곳이 없었다.
③ 잘 알지도 못하면서 괜히 몰아부치지 마.
④ 아이들은 옷을 벗어부치고 강물로 뛰어들었다.
⑤ 자꾸 억지를 쓰는 친구에게 한 마디 쏘아부쳤다.

**032** 밑줄 친 명사형의 표기가 올바르지 않은 것은?

① 너무 졸려서 꾸벅꾸벅 졸음.
② 학생에게 가는 길을 물음.
③ 영화가 슬퍼서 펑펑 욺.
④ 아이가 버릇없이 굶.
⑤ 문을 세게 밂.

**033** 밑줄 친 부분의 표기가 올바르지 않은 것은?

① 일이 끝나면 집으로 바로 오거라.
② 눈이 내리면 세상이 온통 하얍니다.
③ 시험 준비에 힘들어하는 동생이 가엽다.
④ 눈이 부시게 푸르른 날에는 누군가가 그립다.
⑤ 나이가 들면서 눈가에 잔다란 주름이 많아졌다.

**034** 밑줄 친 부분의 띄어쓰기가 옳은 것은?

① 나는 물건을 사러 시장에 갔을∨뿐이다.
② 처음 맡은 일이라 어떻게 할∨지 모르겠다.
③ 나는 방학을 맞아 한 달∨간 여행을 떠났다.
④ 어제 약속∨대로 친구에게 책을 빌려주었다.
⑤ 그는 다음 주에 사업∨차 외국에 나갈 예정이다.

**035** 밑줄 친 부사의 표기가 올바르지 않은 것은?

① 그는 음악을 들으며 눈을 고요이 감았다.
② 날이 추우니 옷을 두둑이 입고 나가라.
③ 전쟁 통에 가족들이 뿔뿔이 흩어졌다.
④ 그는 시간을 내어 틈틈이 공부했다.
⑤ 이곳은 산이 겹겹이 둘러싼 곳이다.

**036** 밑줄 친 부분의 문장 부호 사용이 올바르지 않은 것은?

| | 문장 부호 | 용례 |
|---|---|---|
| ① | 가운뎃점 | 빨강·초록·파랑이 빛의 삼원색이다. |
| ② | 작은따옴표 | 사회자가 '자기소개를 합시다.'라고 말했다. |
| ③ | 쉼표 | 하천 수질의 조사, 분석 |
| ④ | 쌍점 | 문방사우: 종이, 붓, 먹, 벼루 |
| ⑤ | 빗금 | ( )이/가 우리나라의 보물 제1호이다. |

**037** 밑줄 친 부분이 표준어가 아닌 것은?

① 아이가 돌뿌리에 걸려 넘어졌다.
② 친구의 꼬임에 빠져 종일 놀기만 했다.
③ 손바닥만 한 밭뙈기에는 고구마를 심었다.
④ 처마 밑 등불 아래로 버러지들이 모여들었다.
⑤ 살림은 아이들 소꿉질처럼 서툴고 어설퍼 보였다.

**038** 다음은 문학 작품에 나타나는 방언이다. 대응하는 표준어가 적절하지 않은 것은?

① 어린 늠이 미구(→ 여우) 같은 말만 골라하네.
② 나보고 그런 것도 모르냐고 머퉁이를(→ 핀잔을) 줍디다.
③ 초봄 굴풋했던(→ 심심했던) 판이라 양껏 고기를 우기고 술을 마셨다.
④ 이마직은(→ 이즈음은) 뉘 집에서 혼인을 지내고 누구네의 환갑 잔치가 있다든가…
⑤ 동냥아치 주제치곤 묻는 말이 괴딴지라(→ 뚱딴지라) … 누굴 찾느냐고 고쳐 물었다.

**039** 다음 중 표준발음이 올바르지 않은 것은?

① 눈곱[눈꼽]  ② 옷감[옫깜]  ③ 엊그제[얻끄제]
④ 금가루[금까루]  ⑤ 내복약[내:보갹]

**040** 밑줄 친 외래어의 표기가 올바르지 않은 것은?

① 고장 난 자동차를 수리 센터(center)에 맡겼다.
② 피곤할 때면 달콤한 카라멜(caramel)이 당긴다.
③ 팀의 주장에게는 강한 리더십(leadership)이 필요하다.
④ 우리는 예전과 다른 디지털(digital) 시대에 살고 있다.
⑤ 동생은 취미로 자동차 미니어처(miniature)를 수집한다.

**041** 음식명의 로마자 표기가 올바르지 않은 것은?

① 제육덮밥 jeyukdeobbap  ② 나박김치 nabakkimchi
③ 생선구이 saengseongui  ④ 꼬리곰탕 kkorigomtang
⑤ 콩나물국 kongnamulguk

**042** ㉠~㉤ 가운데 어법에 적절하지 않은 문장은?

> **보기**
> ㉠우리는 곤충을 보고 소스라치게 놀라 주저앉으며 소리를 지르고 아우성을 친다. ㉡너무 징그럽고 이상하다고 여기면서 어떻게 저런 것들이 집에 있냐고 불결한 환경이라고 분노한다. 그런데 이런 행동은 과연 정당한 것일까? ㉢서식지가 파괴되고 생명의 위협을 느끼는 것은 인간이 아니라 곤충들이기 때문이다. ㉣이처럼 인간의 일방적인 관점에서 생물 세계를 재단하고 판정해 버리는 부당함은 이루 말할 수가 없다. ㉤생물 세계에서 가장 외모가 이상한 것도, 함께 살아갈 줄 모르는 것도, 그리고 생물 세계에 돌이킬 수 없는 해악을 끼치는 것도 오로지 인간뿐이다.

① ㉠  ② ㉡  ③ ㉢  ④ ㉣  ⑤ ㉤

## 043 밑줄 친 부분과 상대 높임법의 등급이 동일한 것은?

> **보기**
> 여보게, 산에 꽃이 피었는가?

① 얼마나 심려가 크시오?
② 이렇게 하루가 가는구려.
③ 자네를 만나 무척 반갑네.
④ 오늘은 날씨가 무척 맑아요.
⑤ 지금쯤 고향에도 꽃이 피겠지.

## 044 중의적으로 해석되지 않는 문장은?

① 학생들은 숙제를 다 하지 않았다.
② 부모님은 아들과 딸의 향후 진로를 고민하였다.
③ 사진반 친구는 나에게 자기의 사진을 보여 주었다.
④ 엄마는 차에 타는 아들을 웃으면서 바라보고 있었다.
⑤ 어려움을 겪는 학생에게는 섬세한 선생님의 상담이 필요하다.

## 045 번역 투를 고친 것으로 적절하지 않은 것은?

① 오늘 오후에 회의를 갖도록 합시다(→ 회의를 가집시다).
② 이번 월드컵의 목표는 4강 진출에 있다(→ 4강 진출이다).
③ 고려는 개성 출신인 왕건에 의해 건국되었다(→ 왕건이 건국하였다).
④ 삶에서 성실한 태도는 아무리 강조해도 지나치지 않다(→ 매우 중요하다).
⑤ 영국 남부에 위치한(→ 남부에 있는) 런던은 역사가 2,000년이나 되는 고도이다.

## 쓰기  046번~050번

**[046~050] 다음은 '사이버 폭력'을 주제로 작성한 초고이다. 다음 글을 읽고 물음에 답하시오.**

사이버 폭력은 인터넷, 무선 통신 등을 이용한 사이버 공간에서 비대면성과 익명성을 악용하여 행해지는 각종 폭력 행위를 일컫는 말이다. 사이버 폭력에는 명예 훼손, 모욕, 협박, 강요, 따돌림, 스토킹, 성희롱, 신상 정보 유출 등 다양한 유형이 있다. 최근에는 온라인상에서 과시 또는 우월감을 목적으로 타인에게 위해가 될 수 있는 글을 아무런 제재 없이 생산하고 이를 하나의 놀이처럼 인식하는 경우도 늘고 있다. 따라서 익명성 뒤에 숨어 타인을 직·간접적으로 해치는 행위에 대해 더욱 경각심을 가질 필요가 있다.

먼저 사이버 공간에서의 익명성과 사이버 폭력의 관계에 대한 다양한 논의를 살펴보자. 첫째, '몰개성화 이론'은 사람이 흥분한 군중 속에 매몰되는 사태에 직면하면, 자신이 드러나지 않게 되어 평소보다 쉽게 과격한 행동을 할 수 있다고 본다. 자아의식이 감소하고 자기 규제가 어렵게 ㉠<u>됨으로서</u> 공격적인 언행을 하게 된다는 것이다. 둘째, '억제·합리적 선택 이론'은 익명의 상황인 사이버 공간에서는 신분이 노출되지 않아 발각될 위험이 낮으므로 자신이 처벌받는다는 걱정을 하지 않게 되어 큰 두려움 없이 반규범적 행동을 ㉡<u>밖으로</u> 표출할 수 있다고 본다. ㉢<u>게다가</u> '사회 정체성 이론'은 전자의 이론들과는 달리 익명의 상황에 놓인 사람들은 자신이 속한 집단의 사회 정체성을 활성화해 집단의 규범에 동조하여 행동한다고 보고 있다. 이러한 논의를 종합할 때 사이버 폭력에 대한 사회적 규범과 처벌에 관한 법 제도를 먼저 잘 갖추고 교육 등을 통해 사이버 폭력을 방지해야 한다는 사고가 널리 퍼져야 집단 규범으로 인식되어 자기 통제가 이루어질 수 있다고 볼 수 있다.

그렇다면 다양한 유형의 사이버 폭력에 대해 어떤 법 조항이 마련되어 있는지 몇 가지 살펴보자. 상대방에 대한 명예 훼손과 모욕의 경우 정보 통신망법 제70조 및 형법 제311조에 의해 형사 처벌을 받을 수 있고, 디지털 성폭력의 경우 성폭력 범죄의 처벌 등에 관한 특례법, 사람에게 공포를 일으킬 수 있는 정도의 해악을 알리는 자는 형법 제283조에 따라 처벌할 수 있다. 이외에도 사이버 공간에서의 스토킹, 따돌림 등의 행위 역시 법률에 따른 처벌 규정이 마련되어 있다.

그렇다면 이로써 범죄에 대한 처벌과 예방이 충분히 잘 이루어질 것이라고 볼 수 있을까? 사이버 공간에서 발생하는 새로운 형태의 범죄 행위와 피해 사실에 대해 현행 법규가 완전히 포섭하고 있는지 살펴보고 법적 공백을 메꿔 나가야 할 것이다. 또한 다수의 시민을 대상으로 온라인상에 허위 사실을 확산하여 공포나 혐오를 조장시키는 등 사회적 손실을 가져오는 범죄에 대해 실효성 있는 조치 방안도 마련해야 한다. ㉣<u>나아가서</u> 성인이나 학생들을 대상으로 사회적 규범에 대한 지속적인 교육을 통해 사이버 폭력에 대한 문제의식을 ㉤<u>제기하여</u> 이를 억제하는 사회 풍토가 정착되도록 노력해야 할 것이다.

사이버 폭력은 이전보다 더 다양한 양상을 띠며 나타나고 있고, 피해의 범위가 확대되었으며 정도도 날로 심각해지고 있다. 예방보다 처벌을 통해 문제를 해결하는 방식에 개선이 필요하고, 우리 모두 올바른 사회적 규범을 내면화하여 사이버 공간에서의 폭력을 최소화하기 위해 노력해야 한다. 이러한 노력을 통해 우리는 범죄 없는 세상에서 살아갈 수 있을 것이다.

**046** 다음은 윗글을 쓰기 전에 떠올린 글쓰기 계획이다. 윗글에 반영된 것만을 있는 대로 고른 것은?

> **글쓰기 계획**
> ㄱ. 핵심어에 대한 개념 정의를 통해 독자의 이해를 도와야겠다.
> ㄴ. 문제 현상의 심각성을 드러내기 위해 객관적 수치를 언급해야겠다.
> ㄷ. 글의 주제와 관련된 다양한 이론을 병렬적으로 제시해야겠다.
> ㄹ. 문제 해결 사례에 대한 구체적 나열을 통해 주제를 부각해야겠다.
> ㅁ. 질의·응답의 방식을 사용하여 주제에 관한 독자의 경험을 환기해야겠다.

① ㄱ, ㄷ　② ㄷ, ㄹ　③ ㄴ, ㄹ, ㅁ　④ ㄱ, ㄷ, ㄹ　⑤ ㄴ, ㄷ, ㅁ

**047** 다음은 윗글을 수정·보완하기 위해 추가로 수집한 자료이다. 자료의 활용 방안으로 적절하지 않은 것은?

| | 자료 내용 | 유형 |
|---|---|---|
| (가) | 〈사이버 폭력 가해·피해 경험률〉<br>청소년: 피해경험자 가해경험 43.9% / 가해경험자 피해경험 79.9%<br>성인: 피해경험자 가해경험 31.6% / 가해경험자 피해경험 71.5% | 통계 자료 |
| (나) | 온라인상에 악의적으로 허위 사실을 유포한 범죄로 인한 피해를 사회·경제적 비용으로 환산한 금액이 연 35조에 달한다. 이는 서울시 한 해 예산과 맞먹을 정도로 막대한 사회적 손실이라 할 수 있다. 이에 예방적 조치로 '징벌적 손해배상제' 도입이 필요하다는 목소리가 높아지고 있다. | 신문 기사 |
| (다) | 메타버스에서 사용자와 동일시되는 아바타를 통해 행해지는 언어폭력, 성폭력 등의 사이버 폭력은 VR 기술과 햅틱 기술의 발달로 그 피해가 심각함에도 아바타에 대한 범죄를 처벌하는 법규는 미비한 실정이다. | 연구 논문 |
| (라) | "커뮤니티 등 플랫폼의 역할을 묻는 것에 공론화가 필요한 시점입니다. 온라인 공간에서 범죄 관련 모방 글 등을 무분별하게 생산하는 문제에 대해 '표현의 자유'나 '즉시적 제재가 어렵다'는 변명만으로는 문제를 해결할 수 없습니다." | 전문가 인터뷰 |
| (마) | 사이버 폭력 실태 조사 결과 사이버 폭력에 대한 법적 처벌 수위 및 내용에 대해 사이버 폭력 예방 교육 경험이 많은 청소년(43.8%)에 비해 그렇지 못한 성인(52.8%)은 잘 알지 못한다는 비율이 다소 높았다. | 보고서 |

① (가)를 활용하여 사이버 폭력에 대한 처벌뿐 아니라 사회적 규범 교육이 필요하다는 근거로, 피해자가 가해자가 되고 가해자가 피해자가 되는 악순환 문제를 제기한다.
② (나)를 활용하여 사회적 손실을 가져오는 범죄에 대한 실효성 있는 조치로, 재발 방지를 위한 제도적 방안을 제시한다.
③ (다)를 활용하여 아바타에 대한 범죄 처벌의 필요성을 제시하며, 새로운 형태의 사이버 폭력에 대한 법적 공백이 없어야 한다는 주장을 뒷받침한다.
④ (라)를 활용하여 온라인 플랫폼의 자체 규제 활성화 및 책임 강화 등의 내용을 문제 해결을 위한 방안으로 추가한다.
⑤ (마)를 활용하여 사이버 폭력 발생의 원인에 대해, 사이버 폭력에 대한 성인들의 왜곡된 인식을 제시한다.

**048** 다음은 윗글을 쓰기 전에 세운 글쓰기 개요이다. 윗글을 쓰는 과정에서 필자가 점검하여 반영한 내용으로 적절하지 않은 것은?

> **글쓰기 개요**
>
> Ⅰ. 서론
>   1. 사이버 폭력의 개념과 유형
>   2. 사이버 공간에서의 정보 수집과 활용
>
> Ⅱ. 사이버 공간의 익명성이 지닌 순기능과 역기능
>   1. 몰개성화 이론에 따른 관점
>   2. 억제·합리적 선택 이론에 따른 관점
>   3. 사회 정체성 이론에 따른 관점
>
> Ⅲ. 사이버 폭력에 관한 법률
>   1. 사이버 폭력의 유형에 따른 처벌 규정
>   2. 현행 법규가 가진 법적 공백 해결
>
> Ⅳ. 사이버 폭력 문제 해결을 위한 노력 방안
>   1. 허위 사실 유포로 인한 사회적 손실 야기
>   2. 안전한 사이버 공간 조성을 위한 노력 촉구
>
> Ⅴ. 결론
>   1. 사회적 규범에 대한 지속적인 교육 실시

① Ⅰ-2는 글의 통일성을 해치므로 '사이버 폭력의 최근 실태'로 수정한다.
② Ⅱ는 하위 항목을 아우르지 못하므로 '익명성과 사이버 폭력의 관계에 대한 논의'로 수정한다.
③ Ⅲ-2는 상위 항목에 포함되지 않으므로 Ⅳ의 하위 항목으로 이동한다.
④ Ⅳ-1은 상위 항목에 포함되지 않으므로 '사회적 손실 해결을 위한 예산 마련'으로 수정한다.
⑤ Ⅳ-2는 글의 체계적 구성을 고려하여 Ⅴ-1과 순서를 바꾼다.

**049** 윗글의 ㉠~㉤을 고쳐 쓰기 위한 방안으로 적절하지 않은 것은?

① ㉠은 조사의 사용이 적절하지 않으므로 '됨으로써'로 수정한다.
② ㉡은 유사한 의미가 중복된 표현이므로 '표출할'로 수정한다.
③ ㉢은 앞과 뒤의 내용을 고려하여 '한편'으로 수정한다.
④ ㉣은 의미가 동일하지만 표현이 간결한 '나가서'로 수정한다.
⑤ ㉤은 글의 문맥상 내용에 더 부합하는 표현인 '제고하여'로 수정한다.

## 050 윗글의 마지막 문단을 〈보기〉와 같이 수정한다고 할 때, 고쳐 쓰기 전에 고려했을 사항으로 가장 적절한 것은?

> **보기**
>
> 사이버 폭력은 이전보다 더 다양한 양상을 띠며 나타나고 있고, 피해의 범위가 확대되었으며 정도도 날로 심각해지고 있다. 소 잃고 외양간 고치는 식의 문제 해결을 지양하고 법적 공백이 없는 사회적 규범 마련과 올바른 인식 확산을 통해 사이버 폭력을 예방해야 한다. 이러한 노력을 통해 안전하고 신뢰할 수 있는 온라인 사용 환경을 마련할 수 있고, 불필요한 사회적·경제적 손실을 줄일 수 있을 것이다.

① 우리가 가져야 할 올바른 태도를 관용 표현으로 드러내고, 문제 해결의 주체를 구체화해야겠다.
② 주장하고자 하는 바를 구체적으로 드러내지 않고 함축적인 수사를 사용하여 간접적으로 제시해야겠다.
③ 일상의 구체적 사례를 추가하여 독자의 관심을 촉구하고, 문제 해결이 가져 올 사회적 이점을 나열해야겠다.
④ 관용 표현을 활용하여 주제를 강조하고, 문제 현상이 가져 올 사회적 손실에 대해 구체적으로 언급해야겠다.
⑤ 관용 표현을 사용하여 문제의식을 드러내고, 문제 해결을 통해 얻을 수 있는 이점을 구체적으로 언급해야겠다.

## 창안  051번~060번

**[051~053] 와인의 제조 과정을 인간의 삶에 유비(類比)하고자 한다. 다음 글을 읽고 물음에 답하시오.**

와인 제조에서 포도 품종의 결정은 제조의 시작이 된다. 품종에 따라 와인의 맛, 향, 색감 등이 달라지기 때문이다. 포도 재배 이후 선별 작업도 중요하다. 줄기, 썩거나 덜 자란 포도알 등을 제거하여 제조 품질을 높인다. 포도알을 으깬 후 발효에 들어가며, 이후 대개 제일 중요한 것은 숙성 과정이다. 일정 기간의 숙성을 통해 고유의 맛과 향, 산도, 질감 등이 절정을 이룬 와인이 만들어질 수 있다. 이때 와인의 적절한 숙성 온도 역시 필수적이다. 고온에 [A] 서는 와인이 산화되어 시고 부패한 액체가 되며, 너무 낮은 온도에서는 숙성 반응이 일어나지 않을 수 있다. 마지막으로 와인의 상표 제작도 중요하다. 생산 지역, 품종, 양조자, 기법 등의 많은 정보 중 와인 고유의 특징을 대표할 정보에 초점을 맞춰 상표를 디자인해야 한다.

이렇게 제조된 와인은 독특한 향을 가진다. 와인의 향을 표현하는 용어에는 아로마와 부케가 있다. 아로마는 포도 품종 자체가 가진 고유의 향을 의미한다. 각기 다른 품종에서 빚어진 와인은 1차적으로 과일, 꽃, 풀과 같이 본연에 존재하는 고유한 향이 난다. ⓐ부케는 숙성 과정을 통해 조성된 개성적 향기를 의미한다. 1차 향을 넘어선 산뜻한 열대 과일향, 그윽한 바닐라향 등의 복잡한 향으로 표현된다.

제조된 와인의 보관 방향도 중요하다. ㉠와인병을 세워 놓으면 코르크 마개가 말라 딱딱해져 버리고, 건조된 코르크는 많은 공기를 유입하여 와인의 산화와 부패가 일어나게 한다. 한편 ㉡와인병을 눕혀 놓으면 와인이 코르크 마개를 적시게 되고, 촉촉한 코르크는 미량의 공기를 유입하여 와인의 은은한 숙성을 돕는다. [B] 병 안에서도 숙성을 이어가는 와인을 위해 눕힌 방향으로 보관하는 것이 바람직하다.

**051** [A]를 창업 준비 과정에 비유할 때, 이끌어 낼 수 있는 내용으로 적절하지 않은 것은?

|   | 와인 제조에서의 고려 요소 | 창업 준비 과정 |
|---|---|---|
| ① | 포도 품종 | 창업을 위한 소재 |
| ② | 선별 작업 | 적절한 창업 소재의 선택 |
| ③ | 숙성 과정 | 성공을 위한 준비와 노력 |
| ④ | 숙성 온도 | 성공을 위한 시장 조건 |
| ⑤ | 상표 제작 | 창업을 위한 외부 투자처 물색 |

**052** ⓐ의 사례로 적절하지 않은 것은?

① 같은 원두라도 커피를 내리는 방식에 따라 맛이 달라질 수 있다.
② 같은 훈련을 받더라도 타고난 운동 능력에 따라 성과가 달라질 수 있다.
③ 같은 실을 쓰더라도 어떻게 짜느냐에 따라 다른 질감의 천이 될 수 있다.
④ 같은 흙으로 도자기를 굽더라도 가마의 온도에 따라 품질이 달라질 수 있다.
⑤ 같은 모습의 일란성 쌍둥이라도 성장 과정에 따라 키와 체중이 달라질 수 있다.

**053** 〈조건〉에 맞는 문구로 가장 적절한 것은?

> **조건**
> ㉠을 '수직적 구조'를 가진 조직 상황으로 ㉡을 '수평적 구조'를 가진 조직 상황으로 가정할 때, '조직 운영 개선'과 관련하여 발휘할 수 있는 지혜를 [B]를 고려하여 표현할 것.

① 의사 결정이 분산될수록 책임 의식이 모호해질 수 있습니다.
② 초기의 빠른 성장을 위해 피라미드식 운영이 필요할 때입니다.
③ 권한의 공유는 구성원의 업무 수행 능력 계발의 밑바탕이 됩니다.
④ 때론 명확한 상하 계층 구조가 업무의 전문성과 효율성을 드높입니다.
⑤ 리더의 주체적 결정이 중시될 때 더 큰 업무 성과를 창출할 수 있습니다.

[054~056] 다음 그림을 보고 물음에 답하시오.

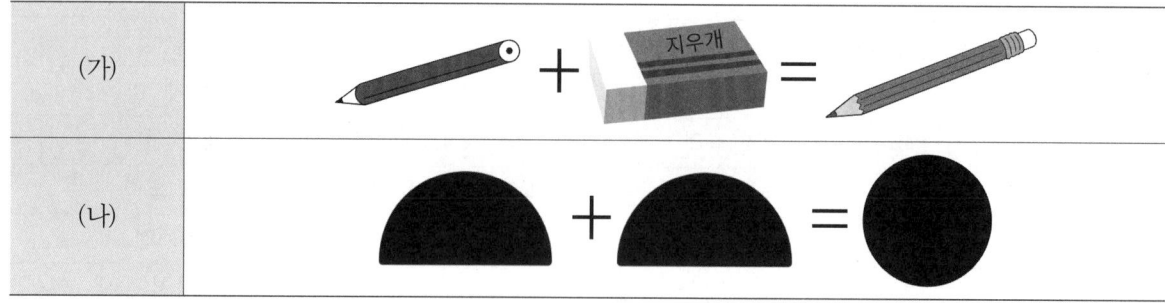

**054** (가)와 (나)를 바람직한 협력 관계에 적용한 내용으로 적절하지 <u>않은</u> 것은?

① (가): 연필과 지우개는 개개인의 서로 다른 능력을 나타낸다.
② (가): 각자의 능력을 잘 발휘하면 효율적으로 업무를 수행할 수 있다.
③ (나): 두 반원은 서로 다른 개성을 지닌 존재를 상징한다.
④ (나): 반원을 합쳐 원이 되듯이 합심하는 자세가 필요하다.
⑤ (나): 원이 되어 굴러가는 것은 관계가 원만하다는 의미이다.

**055** (가)와 (나)를 활용해 조화로운 교우 관계를 장려하는 광고를 만들 때 효과를 높이기 위해 보완할 내용으로 가장 적절한 것은?

① 상호 보완 관계를 드러내기 위해 (가)에 필통을 추가한다.
② 원만한 갈등 해결을 드러내기 위해 (가)에 볼펜과 자를 추가한다.
③ 다수의 어울림을 상징하기 위해 (나)의 반원을 5개의 부채꼴로 바꾼다.
④ 화합과 배려를 드러내기 위해 (나)의 반원 두 개를 작은 원 두 개로 바꾼다.
⑤ 개개인의 독자성을 드러낼 수 있도록 (나)의 도형을 모두 빨간색으로 바꾼다.

056 위의 그림을 활용한 포스터를 제작하려고 한다. 이때 〈조건〉에 맞는 문구로 가장 적절한 것은?

**조건**
바람직한 기업 문화를 정착시키려는 의도를 드러낼 것.

|   | (가) | (나) |
|---|---|---|
| ① | 상대방을 배려하는 언어 사용 | 둘이 아니라 하나, 혼자보다 함께 |
| ② | 우리의 능력을 발휘할 수 있는 협업 | 힘을 합쳐 하나가 되는 우리 회사 |
| ③ | 체계적인 업무 분담, 올라가는 효율 | 주어진 일에 최선을 다하자 |
| ④ | 개인 사정을 배려하는 태도 | 상호 존중을 바탕으로 한 발전 |
| ⑤ | 여가생활을 인정하는 문화 | 나날이 발전하는 우리 회사 |

## [057~058] 다음을 보고 물음에 답하시오.

(가) 스마트폰은 오늘날 생활을 편리하게 해 주는 전자기기 가운데 사람들의 일상에 가장 스며들어 있는 물건이다. 스마트폰은 다양한 역할을 하고 있는 만큼 사람들이 크게 의지하고 있으며, 이는 스마트폰 중독 문제로 나타나고 있다. 정부에서는 스마트폰 중독으로 인해 발생하는 문제점을 제시하고 예방하기 위해 다양한 공익 광고를 제작하고 있다. 공익 광고에서 다루는 주된 문제는 아래와 같다.
ㄱ. 스마트폰을 오래 사용할 때 수반될 수 있는 건강 문제를 제시한다.
ㄴ. 스마트폰 사용 중독으로 인한 인간관계 소외나 단절 문제를 제시한다.
ㄷ. 보행 시 스마트폰에 집중하다가 발생할 수 있는 안전사고 문제를 제시한다.
ㄹ. 스마트폰이 없으면 해야 할 일을 하지 못하는 집중력 저하 문제를 제시한다.
ㅁ. 스마트폰을 육아에 사용하며 발생할 수 있는 영유아 스마트폰 중독 문제를 제시한다.

(나)
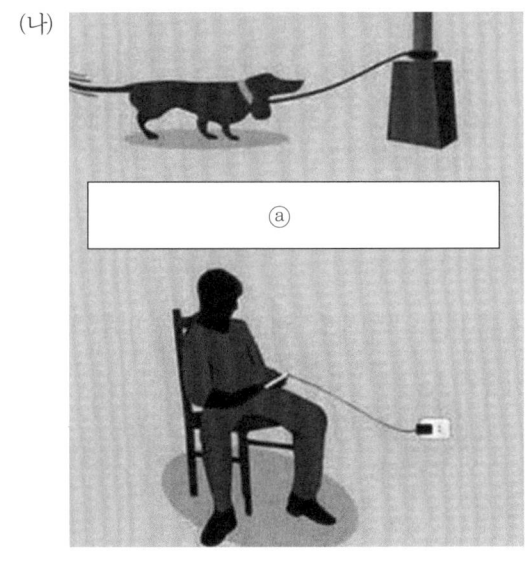

**057** 윗글의 ㄱ~ㅁ에 해당하는 광고 사례가 적절하게 짝 지어지지 <u>않은</u> 것은?

 —ㄱ

 —ㄴ

 —ㄷ

 —ㄹ

 —ㅁ

**058** (나)의 그림이 보여 주는 상황을 고려할 때, ⓐ에 들어갈 공익 광고 문구로 가장 적절한 것은?

① 스마트폰의 작은 화면에 광활한 우주가 담겨 있습니다.
② 당신의 소중한 시간! 스마트폰이 먹어 버리고 있지는 않나요?
③ 손으로 보지 말고 눈으로 보세요. 깊이 하지 말고 기피하세요.
④ 내 손 안의 작은 세상! 작은 세상에서는 진짜 세상을 볼 수 없습니다.
⑤ 자유롭다고 생각한 당신, 당신도 스마트폰에 묶여 있는 똑같은 처지입니다.

[059~060] 다음 글을 읽고 물음에 답하시오.

> 한쪽 눈이 보이지 않는 사슴이 있었다. 예전에는 아주 잘생기고 시력도 좋은 멋쟁이 사슴이었으나, 어느 날 사냥꾼이 쏜 화살에 맞는 바람에 한쪽 눈을 잃어버린 것이다.
> 하루는 사슴이 바닷가에 가서 풀을 뜯어 먹었다. 풀이 잔뜩 자라 있었지만, 아무도 없어 실컷 먹을 수 있었다. 그러나 언제 어디서 무서운 짐승이나 사냥꾼이 나타날지 몰라 철저히 경계해야 했다. 외눈박이 사슴은 어떻게 주변을 살피는 게 가장 좋을지 궁리했다.
> "그래, 못쓰게 된 눈을 바다 쪽에 두고 잘 보이는 눈으로 숲을 경계하는 게 좋겠어."
> 늑대나 사자 혹은 사냥꾼이 온다면 분명히 육지에서 올 테니 숲을 경계하는 게 최선이라고 생각한 것이다. 망망대해 위에는 아무것도 보이지 않아 어떠한 위험도 없는 것 같았다. 그래서 사슴은 성한 눈으로 숲을 바라보며 맛있는 풀을 신나게 뜯어 먹었다.
> 하지만 사슴이 넋을 놓고 풀을 뜯는 사이 바다 위에 배 한 척이 나타났다. 배에서는 낚시꾼들이 물고기를 잡고 있었다. 그중 한 낚시꾼이 바닷가에서 풀을 먹고 있는 사슴을 발견했고, 물고기보다 훨씬 크고 맛있는 사슴을 잡아먹는 게 낫겠다고 마음먹었다. 그는 곧바로 활을 들어 사슴에게 화살을 쏘았다. 아무런 위험도 없다고 믿으며 정신없이 풀을 뜯고 있던 사슴은 화살을 맞고 죽어갔다.

**059** 윗글을 통해 유추할 수 있는 내용으로 가장 적절한 것은?

① 할 수 있다고 믿으면 이미 절반은 성취한 것이다.
② 위험을 감수하지 않는다면 평범한 삶에 안주해야 한다.
③ 남들의 비난과 비평에 자신을 흔들리게 두어서는 안 된다.
④ 자신의 경험이나 직관에만 의존한 판단은 일을 그르치기 쉽다.
⑤ 성공은 실패에서 실패로 걸어가면서도 열정을 잃지 않는 것이다.

**060** 윗글의 '사슴'과 유사한 사례로 적절하지 <u>않은</u> 것은?

① 목격자가 다수인 상황에서 쓰러진 사람을 도와주지 않는 시민
② 용의자 가운데 유독 의심이 가는 사람의 정보에만 주목하는 경찰관
③ 연예인의 학력에 의심을 품고 객관적 증거를 인정하지 않는 누리꾼
④ 선호도 기반 알고리즘이 추천한 영상만을 계속 소비하는 영상 수용자
⑤ 투자로 큰돈을 번 사례를 믿고 투자 실패 사례는 참고하지 않는 투자자

## 읽기  061번~090번

[061~062] 다음 글을 읽고 물음에 답하시오.

> 흥부 부부가 박 덩이를 사이하고
> 가르기 전에 건넨 웃음살을 헤아려 보라.
> 금이 문제리,
> 황금 벼 이삭이 문제리,
> 웃음의 물살이 반짝이며 정갈하던
> 그것이 확실히 문제다.
>
> 없는 떡방아 소리도
> 있는 듯이 들어내고
> 손발 닳은 처지끼리
> 같이 웃어 비추던 거울 면(面)들아.
>
> 웃다가 서로 불쌍해
> 서로 구슬을 나누었으리.
> 그러다 금시
> 절로 면(面)에 온 구슬까지를 서로 부끄리며
> 먼 물살이 가다가 소스라쳐 반짝이듯
> 서로 소스라쳐
> 본(本)웃음 물살을 지었다고 헤아려 보라.
> 그것은 확실히 문제다.
>
> — 박재삼, 「흥부 부부상」

**061** 윗글에 대한 설명으로 가장 적절한 것은?

① 비유적 표현을 통해 대상의 부정적 속성을 드러내고 있다.
② 명사형으로 시행을 종결하여 시적 여운을 느끼게 하고 있다.
③ 역설적 표현을 통해 시적 상황을 풍자적으로 비판하고 있다.
④ 단정적 어조를 반복적으로 사용하여 시의 주제를 강조하고 있다.
⑤ 시간의 흐름에 따라 화자의 심리가 변화하는 과정을 제시하고 있다.

## 062 〈보기〉의 관점으로 윗글을 감상한 내용으로 적절하지 않은 것은?

> **보기**
> 이 시는 고전 소설 '흥부전'을 모티프로 삼아 흥부 부부가 박 타는 장면을 시적으로 재구성하여 소박한 행복의 가치를 드러낸다. 소설 '흥부전'에서 흥부와 그의 아내는 선량하고 순박한 인물로, 가난하고 소외된 서민층을 대표하는 인물이다. 반면 흥부의 형인 놀부는 부도덕하고 몰인정하며 탐욕스러운 인물로, 경제력이 향상되어 부를 쌓은 신흥 부유층을 대표하는 인물이다.

① '박 덩이를 사이하고'는 '흥부전'의 박 타는 장면이 시의 모티프임을 드러내는군.
② '황금 벼 이삭'은 소설의 '놀부'가 대표하는 재물이나 탐욕 등 물질적 가치를 의미하는군.
③ '없는 떡방아 소리'를 '있는 듯이 들어내'는 것은 신흥 부유층을 비판하는 태도를 드러내는군.
④ '구슬'은 가난한 흥부 부부가 서로에 대한 연민과 애정을 지니고 있음을 드러내는 소재이군.
⑤ '본웃음 물살'은 흥부 부부가 가난한 상황에도 불구하고 서로 사랑하고 있음을 드러내는군.

## [063~065] 다음 글을 읽고 물음에 답하시오.

[앞부분의 줄거리] 6. 25 전쟁에 참전한 한 부대의 소대원들은 상부의 후퇴 명령을 받고 후퇴하던 중 모두 사망하고, 유일하게 생존한 소대장은 인민군에게 포로로 잡혀 전향을 권유받게 되나 '그'(소대장)는 전향을 거부하고 기꺼이 총살형을 택한다.

어디선가 두런두런 말소리가 들린다. 담배 연기가 자욱하다. 먼지와 거미줄이 뽀얗게 늘어 붙은 찢어진 천장 구멍으로 사라져 간다. 방 안이다. 방 안에 뉘여져 있는 것이다. 이따금 흰 눈을 밟고 지나가는 발자국 소리가 희미한 의식 속에 떠오른다. 점점 멀어져 가는 발자국 소리를 따라서 그의 의식도 희미해진다.
그 후 몇 번이고 심문이 지나갔다. 모든 것은 결정되었다. 인제 모든 것은 끝나는 것이다. 얼음장처럼 밑이 차다. 아무 생각도 없다. 전신의 근육이 감각을 잃은 채 이따금 경련을 일으킨다. 발자국 소리가 난다. 말소리도. 시간이 되었나 보다. 문이 삐그덕거리며 열리고 급기야 어둠을 헤치고 흘러 들어오는 광선을 타고 사다리가 내려올 것이다. 숨죽인 채 기다린다. 일순간이 지났다. 조용하다. 아무런 동정도 없다. 어쩐 일일까……? 몽롱한 의식의 착오 탓인가. 확실히 구둣발 소리다. 점점 가까워오는…… 정확한…… 그는 몸을 일으키려 애썼다. 고개를 들었다. 맑은 광선이 눈부시게 흘러 들어온다. 사다리다.
"뭐 하고 있어! 빨리 나와!"
착각이 아니었다. 그들은 벌써부터 빨리 나오라고 고함을 지르며 독촉하고 있었다. 한 단 한 단 정신을 가다듬고 감각을 잃은 무릎을 힘껏 괴어 짚으며 기어올랐다. 입구에 다다르자 억센 손아귀가 뒷덜미를 움켜쥐고 끌어당겼다. 몸이 밖으로 나가는 순간 눈 속에 그대로 머리를 박고 쓰러졌다. 찬 눈이 얼굴 위에 스치자 정신이 돌아왔다. 일어서야만 한다. 그리고 정확히 걸음을 옮겨야 한다. 모든 것은 인제 끝나는 것이다. 끝나는 그 순간까지 정확히 나를 끝맺어야 한다.
그는 눈을 다섯 손가락으로 꽉 움켜 짚고 떨리는 다리를 바로잡아 가며 일어섰다. 그리고 한 걸음 한 걸음 정확히 걸음을 옮겼다. 눈은 의지적인 신념으로 차가이 빛나고 있었다.
본부에서 몇 마디 주고받은 다음, 준비 완료 보고와 집행명령이 뒤이어 떨어졌다.
눈에 함빡 싸인 흰 둑길이다. 오오 이 둑길…… 몇 사람이나 이 둑길을 걸었을 거냐. 흰칠히 트인 벌판 너머로 마주 선 언덕, 흰 눈이다. 가슴이 탁 트이는 것 같다. 똑바로 걸어가시오. 남쪽으로 내닫은 길이오. 그처럼 가고 싶어 하던 길이니 유감없을 거요. 걸음마다 흰 눈 위에 발자국이 따른다. 한 걸음 두 걸음 정확히 걸어야 한다. 사수(射手) 준비! 총탄 재는 소리가 바람처럼 차갑다. 눈앞엔 흰 눈뿐, 아무것도 없다. 인제 모든 것은 끝난다. 끝나는 그 순간까지 정확히 끝을 맺어야 한다. 끝나는 일 초, 일각까지 나를, 자기를 잊어서는 안 된다.

> 걸음걸이는 그의 의지처럼 또한 정확했다. 아무리 한 걸음 한 걸음 다가가는 걸음걸이가 죽음에 접근하여 가는 마지막 길일지라도 결코 허튼, 불안한, 절망적인 것일 수는 없었다. 흰 눈, 그 속을 걷고 있다. 훤칠히 트인 벌판 너머로, 마주 선 언덕, 흰 눈이다. 연발하는 총성, 마치 외부 세계의 잡음만 같다. 아니 아무것도 아닌 것이다. 그는 흰 속을 그대로 한 걸음 한 걸음 정확히 걸어가고 있었다. 눈 속에 부서지는 발자국 소리가 어렴풋이 들려온다. 두런두런 이야기 소리가 난다. 누가 뒤통수서 잡아 일으키는 것 같다. 뒤 허리에 충격을 느꼈다. 아니 아무것도 아니다. 아무것도 아닌 것이다. 흰 눈이 회색빛으로 흩어지다가 점점 어두워 간다. 모든 것은 끝난 것이다.
>
> — 오상원, 「유예」

## 063 윗글의 서술상 특징으로 가장 적절한 것은?

① 장면에 따라 서술자를 달리하여 사건의 입체성을 강화하고 있다.
② 인물에 대한 환상적 묘사를 통해 인물의 영웅성을 드러내고 있다.
③ 이질적인 사건들의 나열을 통해 삶의 다양한 면모를 보여 주고 있다.
④ 인물 간의 대립을 통해 중심인물의 성격 변화의 양상을 부각하고 있다.
⑤ 인물의 의식 세계를 자유로운 연상 작용에 따라 자유롭게 그려내고 있다.

## 064 '그'에 대한 독자의 이해로 적절하지 않은 것은?

① '몇 번이고 심문'을 받은 것으로 보아 전향과 관련하여 고초를 겪어야만 했던 인물의 현실을 엿볼 수 있어.
② '의지적인 신념'을 차갑게 빛나고 있는 '눈'에 투영하고 있는 데서 자신의 신념을 쉽게 버리지 않는 인물의 풍모를 엿볼 수 있어.
③ '정확히 끝을 맺어야 함'을 다짐하는 데서 죽음에 대한 단호한 인식을 보여 주고 있는 인물의 태도를 엿볼 수 있어.
④ 총살 집행을 '아무것도 아닌 것'으로 여기는 데서 인물의 굳건한 면모를 엿볼 수 있어.
⑤ '모든 것은 끝난 것'이라고 되뇌는 마지막 부분에서 죽음을 앞두고 절망에 빠진 인물의 심리를 엿볼 수 있어.

**065** 〈보기〉를 참조하여 윗글을 이해한 내용으로 적절하지 않은 것은?

> **보기**
> 「유예」는 서술자의 말과 인물의 말을 서로 구분시키지 않는 기법을 통해 이데올로기의 허구성을 고발하기도 하고, 극한 상황에서도 자신의 주체성을 잃지 않으려는 인물의 의지, 허무와 절망의 현실을 견디어 내려는 인물의 실존적 내면을 극적으로 형상화한다. 결국 「유예」는 전쟁과 전후의 비정한 현실 속에도 어떻게든 인간을 구원할 휴머니즘을 이끌어 내려는 작품인 셈이었다.

① 서술자의 말과 '똑바로 걸어가시오.'와 같은 작중 인물의 말을 구분하지 않는 서술 기법을 통해 선택의 상황에 처한 주인공의 내면을 엿볼 수 있다.
② 그가 '일각까지 나를, 자기를 잊어서는 안 된다.'고 다짐하는 데서 자신의 주체성을 잃지 않으려는 인물의 의지를 엿볼 수 있다.
③ 그가 남쪽을 선택하여 총살을 당하게 된 상황에 대해 '결코 허튼' 짓일 수는 없다고 하는 데서, 극한 상황에서도 자신의 결단에 실존적 의미를 부여하고자 하는 인물의 내면을 엿볼 수 있다.
④ 북쪽의 사람이 그에게 '남쪽으로 내닫은 길'이라며 그에게 길을 터준 데서 전쟁의 비정한 현실 속에서도 이데올로기를 초월하여 휴머니즘을 실현하려는 인물의 모습을 엿볼 수 있다.
⑤ 그가 '죽음에 접근해 가는 마지막 길'에 대해 '절망적인 것일 수는 없'는 것이라며 다짐하는 데서 절망의 현실을 견디어 내려는 인물의 실존적 내면을 엿볼 수 있다.

## [066~068] 다음 글을 읽고 물음에 답하시오.

혁명기 프랑스에서는 국회의원, 지방자치단체장, 치안판사 등 일부 고위 공무원과 하급 공무원을 투표로 뽑았다. 당시 선거는 간접선거였다. 총재 정부 시기 모든 유권자는 지역별 1차 선거회에 참가해 선거인단을 구성할 선거인들을 선출한다. 이 선거인단은 조금 더 큰 지역 단위의 2차 선거회를 구성하고, 그곳에서 국회의원을 비롯하여 중요한 각종 선출직을 투표로 임명한다. 1차 선거회의 유권자에 대한 ㉠ 제한 규정은 느슨하지만, 선거인으로 뽑혀서 2차 선거회에 들어갈 자격을 갖기 위해서는 상당한 ㉡ 을 보유해야만 한다. 그러므로 최종적으로는 전국적으로 3만 명 정도에 불과한 선거인단이 국회의원 등 공무원을 뽑는 것이다. 이 제도는 ㉢ 을 가진 사람만으로 통치 집단을 구성하기 위해서 고안된 것이었다.

이에 맞서 ⓐ민주파는 1차 선거회와 2차 선거회에 참여하는 데 요구되는 재산 제한을 모두 철폐하고 가난한 사람도 명망을 얻거나 능력을 인정받으면 선거인이 되고 여러 선출직에 뽑힐 수 있도록 허용해야 한다고 주장했다. 이 주장에 대해 주류 정치인들의 반응은 냉담했다. 가난한 사람들에게까지 투표권을 주면 그들이 모든 재산을 몰수·재분배하는 법률을 만들 것이라는 공포가 고대 그리스부터 19세기 유럽에까지 횡행했기 때문이다. 그럼에도 민주파는 남성 보통 선거권을 줄기차게 지지했다. 그 근거로 첫째, 모든 시민은 주권자로서 투표권과 피선거권을 갖는다는 점과 둘째, 빈부와 관계없이 누구나 투표에 참여하도록 허용해야만 그들이 공공의 일에 관심을 갖게 되고 정치적인 훈련을 거칠 수 있게 된다는 점을 들었다.

그런데 왜 여성은 배제되는가? 공화주의 세계관에서 덕성은 남성성과 밀접하게 결부되었기 때문이다. 공화주의자들은 여성은 태생적으로 이러한 덕성이 없으므로 정치에 직접 개입하지 말아야 한다고 생각했다. 여성이 공적인 일에 관여하면 통치 집단의 덕성이 떨어진다고 봤다. 이 세계관에서 여성은 가정에 속하며, 여성의 주된 책무는 가족에게 도덕적 모범을 보이고 자녀를 훌륭한 시민으로 키우는 것이다.

민주파는 새로운 선거 제도 또한 제안했다. 그것이 바로 민주적 점진 승급제이다. 제도의 핵심은 1차 선거회의 투표인이 각급 선출직의 선택과 임명을 도맡되, 직전 등급 근무 경력이 있는 사람들만 상위 등급에 임명될 수 있도록 제한하는 것이다. 민주파는 민주적 점진 승급제를 시행하면 가장 낮은 행정직을 뽑는 선거, 다시 말해 각 지역의 유권자들이 빈부에 상관없이 모여서 실시하는 투표가 예전보다 더 중요한 것으로 인식되리라고 기대했다. 말단 공직을 거치지 않고서는 고위 공직으로 올라갈 수 없으므로, 말단 공직의 임명권을 갖는 민중 선거의 가치가 격상된다는 것이다.

여기에 더해 민주파는 대표의 수가 적어서는 안 된다고 주장했다. 그들은 큰 의회, 공개된 의회를 요구했다. 공개성이 없다면 권력은 시간이 지날수록 부패로 귀결될 가능성이 크다고 보았다. 이런 맥락에서 민주파는 공개성을 확고한 헌법적 원칙으로 삼아 그것이 침해당하지 않게 보장해야 한다고 주장했다. 그렇지 않으면 프랑스에 세워진 공화정이 언제든 군주정으로 되돌아갈 위험이 있다는 것이다. 비공개성은 군주정의 원칙이기 때문이다.

**066** 윗글을 이해한 내용으로 적절하지 <u>않은</u> 것은?

① 주권자로서 여성의 권한은 제한적이었다.
② 민주파의 주장에 기성 정치 세력은 동조하지 않았다.
③ 고대 그리스 사회에서는 민중의 정치 참여에 비판적이었다.
④ 민주파는 공개성이 강할수록 권력의 부패는 줄어든다고 여겼다.
⑤ 프랑스 혁명기 총재 정부하에서 가난한 자에게 투표권이 제공되었다.

**067** ㉠~㉢에 공통으로 들어갈 말로 가장 적절한 것은?

① 경력　　② 능력　　③ 덕성
④ 명망　　⑤ 재산

**068** ⓐ에 대한 평가로 적절하지 <u>않은</u> 것은?

① 후천적 능력을 중요시하였다.
② 하급 행정직을 영원한 하급직으로 인식하게 했다.
③ 여성은 공화주의적 덕성이 부재하다고 인식하였다.
④ 빈부격차에 대한 당대 주류 정치인들의 생각에 비판적이었다.
⑤ 각 직급에 있는 사람의 직책은 상위 직급에서 임명할 수 없다고 보았다.

[069~072] 다음 글을 읽고 물음에 답하시오.

글로벌 경제가 된 오늘날 기업의 경제 활동은 전국 규모를 넘어 세계 시장을 무대로 하며, 그에 수반하는 문제 또한 광범위한 파급력을 보인다. 그 가운데 소비자 피해도 중요한 문제이다. 수많은 피해자를 발생시켜 전체적으로 엄청난 액수의 손해를 일으키지만 각각의 개별 피해로 보면 그리 크지 않은 경우를 자주 보게 된다. 이럴 경우에 개인이 소를 제기하려 한다면, 비용과 시간으로 볼 때 ㉠            . 사회적으로 끼친 손해가 지대한데도 이의를 제기하기 어렵다면, 기업으로서는 개선할 유인을 느끼지 않는다. 이에 대해 다양한 입법 논의가 벌어지고, 일정 부분 반영이 되었다.

소비자기본법, 약관의 규제에 관한 법률, 독점규제 및 공정거래에 관한 법률, 할부거래에 관한 법률, 방문판매에 관한 법률, 제조물책임법 등의 입법이 이루어져 소비자 보호의 구실을 하고 있다. 이들이 실효성을 갖도록 하기 위해서는 구제를 도와주는 절차법의 뒷받침이 있어야 한다. 민사소송법, 민사조정법상의 구제 절차가 있고, 그밖에 각종 상거래 분쟁에 관한 조정 제도가 마련되어 있다. 하지만 이들은 소액의 손해를 입은 피해자들이 엄청나게 많이 발생한 피해를 한꺼번에 구제하는 것을 직접 겨냥하고 있지는 않다.

위의 소액 다수 피해를 구제하는 방안으로 논의되는 대표적인 것이 이른바 ㉡단체소송과 집단소송이다. 이들은 서로 이질적인 법 전통을 배경으로 하고 있는 제도이다. 우리나라에는 '증권관련 집단소송법'이 제정되었고, 소비자보호법이 '소비자기본법'으로 거듭 날 때 소비자 단체소송이 도입되었다. 이후 '개인정보보호법'에도 단체소송이 들어갔다. 하지만 기대와는 달리 그리 이용되고 있지 않은 실정이다.

용어와 관련하여 짚어둘 점이 있다. 매스컴에서는 소를 제기한 당사자의 수가 매우 많으면 집단소송 또는 단체소송이 제기되었다고 보도한다. 하지만 이들 대부분은 통상의 공동소송이다. 여러 당사자 사이에 일정한 공통점이 있을 때 개별적으로 소송을 진행할 수도 있지만, 하나의 절차에 묶어 심리할 수 있도록 함으로써 효율적으로 모순 없이 권리를 구제할 수 있도록 마련된 제도이다. 이러한 민사소송법상의 소송 형태는 원고의 수가 엄청나게 많은 공동소송일 뿐이고, 집단소송이나 단체소송은 아니다.

집단소송은 다수 당사자들의 집단적 이익을 공정하고 적절하게 보호할 수 있는 일부가 대표당사자가 되어, 구성원 전체를 대신하여 소를 제기한다. 중요한 특징은 관련 피해자들이 적극적으로 제외신고를 하지 않는 한 자동으로 대표당사자에게 소송수행권을 넘기게 되어 판결의 효력을 받는다는 것이다. 그리하여 소송에 참여하지 않거나 그런 사실을 몰랐던 이들도 소송의 결과를 누리게 된다. 하지만 대표당사자는 초기에 높은 소송 비용 등의 어려움을 겪을 수 있다. 단체소송은 경험과 지식을 갖추어 법률상 지정된 단체가 하는 것으로, 특정 단체가 자신에 대한 권리 침해를 다투는 것이 아니라 제3자 일반대중의 이익을 위해 소를 제기한다. 따라서 그 청구는 사업자의 위법행위에 대하여 법원에 금지, 중지를 청구하여 방지하는 데 그칠 뿐, 피해를 배상하라는 청구까지는 하지 못한다.

**069** 윗글의 서술상의 특징으로 가장 적절한 것은?

① 소비자 피해에 관한 구체적인 사례를 통해 이론과 현실의 차이를 이해시킨다.
② 소비자 피해를 구제할 수 있는 여러 방안을 검토하면서 효과적인 절충안을 도출한다.
③ 소비자 피해의 처리에 대한 상반되는 관점을 들어 서로 비교하면서 장단점을 해설한다.
④ 소비자 피해를 일으키는 특정 유형에 대한 해결책들을 설명하며 저마다의 한계를 지적한다.
⑤ 소비자 피해를 일으키는 내면적 원인을 분석하고 그것을 방지할 수 있는 사회적 조건을 제시한다.

## 070 윗글의 내용에 대한 이해로 가장 적절한 것은?

① 다수의 피해자가 발생한 사건에서 피해자들은 함께 소송을 하지 않고 저마다 따로 소를 제기할 수 있다.
② 소액 다수의 피해에서 일부 피해자들이 다른 제3자들의 이익까지 고려하여 공동소송을 수행하면 집단소송이 된다.
③ 집단소송에서는 소송이 있었던 사실을 알지 못했던 피해자를 제외한 모든 피해 당사자에게 판결의 효력이 미친다.
④ 기업이 일으키는 피해로부터 소비자를 보호하기 위하여 소송 제도는 마련되어 있으나 조정 제도는 마련되어 있지 않다.
⑤ 기업이 일으키는 피해를 중지시키기 위해 하는 집단소송은 여러 소송을 하나의 절차로 묶어 실효성을 갖도록 하는 것이다.

## 071 문맥을 고려할 때 ㉠에 들어갈 말로 적절하지 않은 것은?

① 주객이 뒤바뀌는 것으로 보인다
② 배보다 배꼽이 더 크다고 생각한다
③ 얼굴보다는 코가 더 커지겠다고 판단한다
④ 본말이 전도되는 것이 아닌가 하고 여길 것이다
⑤ 도둑이 오히려 막대기를 드는 것처럼 느껴질 것이다

## 072 밑줄 친 ㉡에 관한 설명으로 가장 적절한 것은?

① 원고의 수가 매우 많아 절차상 한꺼번에 처리하기 곤란한 경우에 단체소송은 효율적인 방안이 된다.
② 기업이 일으키는 피해에 관하여 피해자들이 개별적으로 대응하는 어려움을 돕는 것도 단체소송의 목적이다.
③ 증권과 관련된 사건에서 피해자들은 중립적인 단체를 대표 당사자로 내세워 방지를 구하는 소송을 할 수 있다.
④ 개인의 가입 정보를 부적절하게 관리하여 유출시킨 기업에 대하여 피해당사자들이 소를 제기하여 단체소송을 할 수 있다.
⑤ 소비자들이 기업에 손해 배상 청구의 소를 제기하였을 때 많은 경험을 축적한 소비자 관련 단체가 대신하여 소송을 할 수 있다.

**[073~075]** 다음 글을 읽고 물음에 답하시오.

수학에서 함수는 변수들 사이의 관계를 기술한다. 함수 f: y=f(x)는 변수 x에 대해 y의 값으로 변환되는 관계를 정의한다. 예를 들어 ㉠함수 f가 y=f(x)=ax라면, x에 a를 곱한 값이 y의 값이 됨을 의미한다. 함수 f는 a에 의해 그 특성이 결정되므로 a를 함수 f의 특성 인자라고 한다.

2개의 변수 $x_1$와 $x_2$를 가지는 ㉡함수 g: $y=g(x_1, x_2)=a_1x_1+a_2x_2$를 생각해 보자. 각 변수 값의 범위가 0~1이라고 하고, $a_1$과 $a_2$의 값이 각각 100과 1이라고 가정해 보자. 이때 y의 값은 $x_1$과 $x_2$가 모두 0일 때 최솟값 0이 되고 $x_1$과 $x_2$가 모두 1일 때 최댓값 101이 된다. y는 $x_1$과 $x_2$의 값에 따라 0~101 사이의 하나의 값으로 정해진다. 여기에서 y의 값과 $x_1$과 $x_2$의 관계를 생각해 보자. y는 $x_1$에 의해서는 0~100 사이의 값 중 하나가 결정되며 $x_2$에 의해서는 0~1 사이의 값 중 하나가 결정됨을 알 수 있다. 즉 y의 값을 결정하는 데 대한 $x_1$과 $x_2$의 영향력은 약 99:1의 비율이 됨을 알 수 있다.

허용 오차는 어떤 값의 이론적인 값과 실젯값의 차이인 오차가 허용값의 범위라면 정상 작동으로 여기는 허용 범위이다. 함수 g의 결괏값 y에 대해 허용 오차가 1인 어떤 시스템을 설계한다고 가정해 보자. 허용 오차가 1이므로 함수 g를 $a_2x_2$를 무시하고 y의 값을 $x_1$만에 의한 함수인 $y=g(x_1)=a_1x_1$로 바꾸더라도 시스템의 작동에는 문제가 발생하지 않는다. 이제 n개의 변수를 가지는 함수를 생각해 보자. 어떠한 상황에서 n개 변수 중에서 n보다 작은 수인 m개 변숫값만을 조절할 수 있다고 하자. 만일 m개 변수에 의해 결정되는 함수 결괏값의 오차가 허용 오차 범위 내에 항상 존재한다면, 이 함수는 m개의 변수만을 가지는 근사 함수로 바꾸어 적용할 수 있다.

과학의 이론은 이상적 상황에서 어떤 현상에 관여하는 모든 변수와 그 결과의 관계를 함수로 정의한다. 하지만 이론을 실제 상황에 적용하려면 수없이 많은 외적 요인을 함께 고려해야 한다. 곡사포를 예로 들어 보자. 이론적으로는 정확한 포탄의 경로를 계산할 수 있지만, 실제 상황에서는 바람의 세기와 방향, 온도, 마찰 등 많은 실제 환경 요인들이 관여하기 때문에 정확한 경로를 미리 알기 어렵다. 그래서 공학에서는 이론을 현실에 적용할 때 실질적인 상황에 개입하는 다양한 요인들을 분석하여 허용 오차보다 작은 영향을 주는 요소를 제거하고 핵심 변수를 추려낸다. 그런 다음 ⓐ핵심 변수에 의한 결과가 허용 오차 범위 안에 유지되도록 근사한다.

## 073 윗글의 내용과 일치하지 <u>않는</u> 것은?

① 함수는 변수들 사이의 대응 관계를 기술한다.
② 특성 인자는 함수가 가지는 특성을 결정한다.
③ 허용 오차는 이론값과 측정값의 차이를 의미한다.
④ 과학 이론은 이상적 상황에서 변수들의 관계를 나타낸다.
⑤ 실제 상황에는 외적 요인들이 이론과 함께 작용한다.

## 074 ㉠, ㉡에 대한 이해로 적절하지 <u>않은</u> 것은?

① ㉠에서 a의 값을 정하면 두 변수 x와 y의 관계는 확정된다.
② ㉠과 ㉡ 모두 특성 인자의 값이 바뀌면 y값의 범위가 변한다.
③ ㉠은 ㉡에 비해 y값을 확정하는 데 필요한 요소의 개수가 적다.
④ ㉡은 ㉠에 비해 y값의 최댓값을 결정하는 특성 인자의 개수가 적다.
⑤ ㉡에서 특성 인자의 비율이 변하면 y값에 대한 변수의 영향력이 변한다.

**075** ⓐ의 방법으로 적절하지 않은 것은?

① 중요한 변수들만을 사용할 때 발생하는 오차의 값을 측정한다.
② 실제 적용에서 허용할 수 있는 결괏값의 오차 범위를 산출한다.
③ 이론에 포함된 변수들과 그 결과의 관계를 실험을 통해 확인한다.
④ 함수로 표현된 관계식에서 특성 인자와 변수의 영향력을 측정한다.
⑤ 이론을 실제 적용할 때 개입하는 외적 요인들의 영향력을 분석한다.

[076~078] 다음 글을 읽고 물음에 답하시오.

감자는 땅속으로 뻗은 줄기의 끝에 양분이 저장되어 변형된 것이다. 땅속의 줄기를 복지라고 하는데, 복지는 발생학적으로 지상부의 곁가지에 해당하는 것으로, 엽록소가 없어 흰색을 띠며, 마디 신장을 한다. 지상부 곁가지는 중력의 방향과 반대로 생장하는 특성이 있지만, 복지는 중력 방향에 대해 옆으로 생장한다. 감자의 줄기는 꼭대기에 있는 끝눈이 곁눈의 생성을 억제하고 계속해 위쪽으로 자라는 특성이 있는데, 복지도 지상부 줄기와 마찬가지로 길게 자라고 정상적으로 생육할 때는 곁가지가 발생하지 않는 특성을 보인다.

감자의 복지는 ㉠지베레린이라는 호르몬에 의해 성장이 조절된다. 지베레린은 일반적으로 낮의 길이, 온도 및 일조량 등 환경 요인이 변하면 잎 속 함량이 바뀐다. 하루 16시간 이상 해가 뜨는 장일 조건과 야간의 25℃ 이상의 고온기 조건이 되거나, 또는 일조 부족 조건에서는 잎 속의 지베레린 함량이 증가한다. 이것이 식물체의 지하부로 이동하면서 복지 신장이 촉진되며 감자 덩이의 형성은 억제된다. 인위적으로 잎의 표면에 지베레린을 뿌려주더라도 같은 효과를 얻을 수 있다. 하루 8시간 이하 해가 뜨는 단일 조건에서는 잎 속의 지베레린 함량이 수일 내에 급격히 감소하고, 이것이 복지 신장을 정지시켜 감자 형성을 촉진한다. 하루 8시간 이하 해가 뜨는 단일 조건이 되면, 야간에 온도가 높더라도 복지의 끝에 감자가 형성된다.

보통 감자가 온전히 만들어지려면 일정 횟수 이상의 단일 주기가 꼭 있어야 하며, 일정 수준 이상의 감자 형성 물질이 만들어져야 한다. 감자 형성 물질은 줄기의 끝에서 갓 피어나는 잎에서 만들어지며 광합성이 왕성한 성숙한 잎에서는 만들어지지 않는다. 줄기 끝에서 만들어진 감자 형성 물질은 지상부에서 지하부의 복지 끝으로 이동되어 감자 형성을 촉진한다. 그러나 감자 형성 물질의 화학적 구조에 대해서는 아직 밝혀지지 않고 있다.

감자는 복지의 끝이 굵어지면서 형성되는 데 10~14일 정도 걸린다. 형성된 감자가 본격적으로 커지기 시작할 때 꽃이 피고 잎과 줄기가 노랗게 변하기 시작한다. 감자는 일정 시기가 도래하면 더 이상 커지지 않고 성숙 단계에 접어든다. 성숙기에 이르면 감자의 표피층이 단단해지고, 줄기와 뿌리의 탄수화물이 감자로 이동되어 축적된다.

## 076 감자에 대한 설명으로 적절하지 않은 것은?

① 감자는 탄수화물이 저장된 변형된 줄기이다.
② 감자는 복지의 끝이 굵어지면서 만들어진다.
③ 감자 줄기의 끝눈은 곁눈에 비해 빨리 자란다.
④ 감자가 형성되기 바로 전에 지상부에서 꽃이 핀다.
⑤ 감자의 지상부 곁가지와 복지가 크는 방향은 다르다.

## 077 ㉠에 대한 설명으로 가장 적절한 것은?

① 잎 속의 함량이 증가하면 감자의 부피가 커진다.
② 인위적으로 잎에 살포하면 감자의 형성이 촉진된다.
③ 낮에 일조량이 부족해지면 잎에서의 함량이 줄어든다.
④ 지하부에서의 함량이 줄어들면 복지의 성장이 촉진된다.
⑤ 하루 8시간 이하 해가 뜨는 조건에서는 지하부의 함량이 감소한다.

## 078 감자 형성 물질에 대한 설명으로 적절하지 않은 것은?

① 새로 생성되는 잎에서 만들어진다.
② 줄기의 중심부에 위치한 잎에서 만들어진다.
③ 화학적 구조에 대해서는 아직 밝혀지지 않았다.
④ 지상부에서 지하부로 이동하여 감자 형성을 촉진한다.
⑤ 광합성이 왕성한 성숙한 잎에서는 만들어지지 않는다.

[079~082] 다음 글을 읽고 물음에 답하시오.

> 병원, 정신병자 수용소, 감옥, 병영, 공장으로 이루어진 규율 사회는 더 이상 오늘의 사회가 아니다. 규율 사회는 이미 오래 전에 사라졌고 그 자리에 완전히 다른 사회가 들어선 것이다. 그것은 피트니스 클럽, 오피스 빌딩, 은행, 공항, 쇼핑몰, 유전자 실험실로 이루어진 사회이다. 21세기의 사회는 규율 사회에서 성과 사회로 변모했다. 이 사회의 주민도 더 이상 '복종적 주체'가 아니라 '성과 주체'라고 불린다. 그들은 자기 자신을 경영하는 기업가이다.
> 　규율 사회는 부정성의 사회이다. 이러한 사회를 규정하는 것은 금지의 부정성이다. '~해서는 안 된다'가 여기서는 지배적인 표현이 된다. '~해야 한다'에도 어떤 부정성, 강제의 부정성이 깃들어 있다. 성과 사회는 점점 더 부정성에서 벗어난다. 점증하는 탈규제의 경향이 부정성을 폐기하고 있다. 무한한 '할 수 있음'이 성과 사회의 긍정적 표현이다. "예스 위 캔(yes we can)"이라는 복수형 긍정은 이러한 사회의 긍정적 성격을 정확하게 드러내 준다. 이제 금지, 명령, 법률의 자리를 프로젝트(project), 이니시에이티브(initiative), 모티베이션(motivation)이 대신한다. 규율 사회에서는 여전히 '노(No)'가 지배적이었다. 규율 사회의 부정성은 광인과 범죄자를 낳는다. 반면 성과 사회는 우울증 환자와 낙오자를 만들어낸다.
> 　규율 사회에서 성과 사회로의 패러다임 전환은 하나의 층위에서만큼은 연속성을 유지한다. 사회적 무의식 속에는 분명 생산을 최대화하고자 하는 열망이 숨어 있다. 생산성이 일정한 지점에 이르면 규율의 기술이나 금지라는 부정적 도식은 곧 그 한계를 드러낸다. 생산성의 향상을 위해서 규율의 패러다임은 '성과의 패러다임' 내지 '할 수 있음'이라는 긍정의 도식으로 대체된다. 생산성이 일정한 수준에 도달하면 금지의 부정성은 그 이상의 생산성 향상을 가로막는 걸림돌로 작용하기 때문이다. 능력의 긍정성은 당위의 부정성보다 훨씬 더 효율적이다. 따라서 사회적 무의식은 당위에서 능력으로 방향을 전환하게 된다. 성과 주체는 복종적 주체보다 더 빠르고 더 생산적이다.
> 　규율 주체와 달리 성과 주체는 노동을 강요하거나 심지어 착취하는 외적인 지배 기구에서 자유롭다. 그는 자기 자신의 주인이자 주권자이다. 그는 자기 외에 그 누구에게도 예속되어 있지 않은 것이다. 그러나 지배 기구의 소멸은 자유로 이어지지 않는다. 소멸의 결과는 ㉠자유와 강제가 일치하는 상태이다. 그리하여 성과 주체는 성과의 극대화를 위해 '강제하는 자유' 또는 '자유로운 경쟁'에 몸을 맡긴다. 과다한 노동과 성과는 자기 착취로까지 치닫는다. 자기 착취는 자유롭다는 느낌을 동반하기 때문에 타자의 착취보다 더 효율적이다. 착취자는 동시에 피착취자이다. 가해자와 피해자는 더 이상 분리되지 않는다. 이러한 자기 관계적 상태는 어떤 역설적 자유, 자체 내에 존재하는 강제 구조로 인해 폭력으로 돌변하는 자유를 낳는다. 성과 사회의 심리적 질병은 이러한 역설적 자유의 병리적 표출인 것이다.

## 079  윗글에 대한 이해로 적절하지 않은 것은?

① 규율 사회는 강제와 금지가 일상적으로 이루어진다.
② 성과 주체는 자기 자신을 경영하는 기업가 정신에 부합한다.
③ 규율 주체는 노동을 강요하는 외적 지배 기구에 종속되어 있다.
④ 성과 사회는 자기 착취로 인해 우울증이나 불안이 증가할 수 있다.
⑤ 규율 사회에서 성과 사회로의 전환은 생산을 최대화하고 자유를 신장시켰다.

**080** ㉠에 대한 문맥적 이해로 가장 적절한 것은?

① 강제와 규율의 시스템이 더욱 강화되었다.
② 자유로운 경쟁을 통한 성과는 이전의 시스템과 별반 차이가 없다.
③ 자기 관계적 상태에 놓인 성과 주체는 자유롭다는 느낌을 갖기 어렵다.
④ 외부로부터의 강제와 규율은 사라졌으나 자발적 자기 강제가 새롭게 생겨났다.
⑤ 강제와 규율의 패러다임은 긍정과 가능의 패러다임으로 바뀌어야만 진정한 자유에 도달할 수 있다.

**081** 윗글을 읽고 추론할 수 있는 '규율 사회'와 '성과 사회'의 양상으로 적절하지 않은 것은?

|   | 규율 사회 | 성과 사회 |
| --- | --- | --- |
| ① | 감옥 | 쇼핑몰 |
| ② | 모티베이션 | 법률 |
| ③ | NO. | Yes, We Can! |
| ④ | 범죄자 | 우울증 환자 |
| ⑤ | 광인 | 낙오자 |

## 082 윗글을 바탕으로 〈보기〉를 이해한 내용으로 적절하지 않은 것은?

**보기**

우리 시대에 마음의 치유가 간절하다고 말하는 것은 그만큼 상처받은 사람이 많다는 것이고, 상처받은 사람이 많다는 것은 그만큼 세상 살기가 힘들어졌다는 것을 의미한다.

힐링(Healing)은 이런 사람들의 마음을 달래 주는 대표적인 문화 트렌드로 부상했다. 힐링 관련 책들은 저마다의 관점에서 현실의 아픔을 달래며 이겨내라고 격려한다. 힐링 관련 토크쇼는 유명 연예인과 인사들의 마음을 치유하려 든다. 힐링 영화, 힐링 콘서트, 힐링 뮤지컬은 힐링을 상품 형식으로 판매하는 전형적인 문화 마케팅의 산물이다. 역설적이게도 힐링의 문화 트렌드는 고통받는 사람이 많아지길 원한다. 힐링은 그런 점에서 고통마저 상품으로 판매하는 자본의 기제인 셈이다.

① 우리 시대의 힐링 문화에 정작 '힐링'은 없는 셈이군.
② 성과 주체의 심리적 질병은 힐링이 상품으로 소비될 정도로 심각해졌다는 뜻이로군.
③ 성과 주체의 심리적 질병은 힐링 문화산업 전반의 경쟁력을 약화시켰다고 볼 수 있군.
④ 성과 주체의 심리적 치유에 힐링마저 문화 상품으로 유혹하는 자본의 시스템이 놀랍군.
⑤ 성과 주체의 자기 착취와 소진은 구조적 원인을 제거하지 않는 한 힐링 상품의 대상으로 소비될 뿐이야.

## [083~084] 다음 글을 읽고 물음에 답하시오.

### 개인 컵 사용 추가 할인제 시행

○○시에서는 1회용 컵 사용을 줄이기 위한 '개인 컵 사용 문화 조성 사업'을 본격 추진하기에 앞서 ㉠시범 사업을 시행합니다. 개인 컵을 가지고 음료를 주문하면 카페 자체 할인에 300원을 추가로 할인해 드립니다. 시는 지난 7월 매장에서 개인 컵 사용 고객에게 할인 혜택을 이미 제공하고 있거나 ○○시 사업 참여를 위해 새롭게 할인할 계획이 있는 카페 100개 매장을 모집했으며 총 129개의 카페가 할인제 참여를 신청했습니다. 참여 카페 중 개인 컵 사용 자체 할인액이 가장 높은 곳은 2,000원, 최저 할인액은 100원입니다.

▶ 시범 사업 기간: 9. 1. ~ 11. 30.
▶ 적용 대상: 개인 컵으로 음료를 구매하는 시민 누구나
▶ 할인 금액: ( ㉡ ) 이상(카페 자체 할인+○○시 할인 300원)
▶ 참여 카페: 서울 시내 총 129개의 카페

○○시에서는 시범 사업과 함께 9월 7일(목) 오전 10시 30분부터 오후 1시 30분까지 ○○ 광장에서 하반기 첫 '개인 컵 사용의 날'을 진행하고, 광장 일부를 카페처럼 꾸며 개인 컵을 가지고 온 시민이 이용할 수 있도록 할 예정입니다. 오는 23일(토) 12시부터 3시까지는 △△구 △△ 공원 일대에서 ◇◇동 마을 축제와 연계해 운영할 계획입니다.

'개인 컵 사용의 날'은 개인 컵 사용 문화 조성을 위한 ○○시 캠페인으로 '개인 컵 사용의 날' 운영 장소에 개인 컵을 가지고 방문하면 아메리카노 등의 음료를 무료로 제공받을 수 있습니다. 시민들의 많은 참여를 바랍니다.

* 개인 컵을 구매하고 사용하지 않는 것은 탄소 배출 등 환경에 더 나쁜 영향을 끼치므로 자신이 애용하는 '반려 컵'을 지속적으로 사용하는 것이 중요합니다.

083 ㉠에 대한 설명으로 적절하지 않은 것은?

① 3개월 동안 시행된다.
② '개인 컵 사용의 날'과 연계해서 진행한다.
③ 1회용 컵 사용을 줄이기 위해 실시하는 것이다.
④ 개인 컵을 사용해 음료를 주문하는 사람에게 추가로 할인을 해 준다.
⑤ 개인 컵 사용자에게 할인 혜택을 주고 있는 카페는 대상이 되지 않는다.

084 ㉡에 들어갈 금액으로 적절한 것은?

① 100원　　　　　② 400원　　　　　③ 2,100원
④ 2,300원　　　　⑤ 2,400원

[085~087] 다음 글을 읽고 물음에 답하시오.

### 고슴도치 같은 '탕후루' 쓰레기, 거리는 '몸살'

| | | |
|---|---|---|
| 장면 1 |  | 앵커:<br>　요즘 젊은 층 사이에서 큰 인기를 끄는 음식이죠. 각종 과일을 꼬치에 꿴 뒤에 녹인 설탕을 입혀 만든 간식인 '탕후루'입니다. 이를 판매하는 매장 수도 빠르게 늘고 있고, SNS에 탕후루 게시글만 12만 개가 넘을 정도로 인기입니다. ㉠<u>하지만 탕후루로 거리가 몸살을 앓고 있습니다.</u> 뉴스 더하기 K의 김○○ 기자가 보도합니다. |
| 장면 2 | 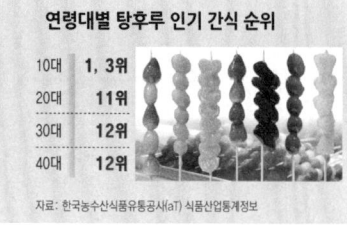 | 김 기자:<br>　㉡<u>탕후루, 송나라 때부터 먹었다고도 알려진 중국 간식인데요. 중국어 발음 그대로를 우리나라 말로 옮겨 왔고, 원래는 신맛이 강한 산사나무 열매를 꼬치에 꽂아 설탕물을 입혀 먹는 음식이었습니다.</u> 특히 우리나라에 들어오면서 꽂아 먹는 과일 종류가 더욱 다양해졌습니다. 최근에는 탕후루를 먹기 위해 가게마다 줄을 서는 진풍경이 펼쳐지기도 합니다. 이런 가운데 상점가는 탕후루 쓰레기로 골머리를 앓고 있습니다. |
| 장면 3 | 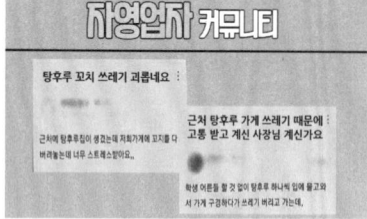 | 김 기자:<br>　한 자영업자 커뮤니티에는 "탕후루 꼬치 쓰레기 괴롭네요.", "근처 탕후루 가게 쓰레기 때문에 고통 받고 계신 사장님 계신가요." ㉢<u>이런 제목의 글들이 줄이어 올라오고 있는데요.</u> 탕후루 가게를 운영하는 자영업자도 힘든 상황이긴 마찬가지입니다. |
| 장면 4 |  | 탕후루 가게 운영자:<br>　가게 앞에 큰 박스 2개를 놓았는데도 쓰레기 감당이 안 되죠. 구매자에게 꼬치를 부러뜨린 뒤 처리해 달라고 매번 안내도 하고요. 그런데 제 가게에서 사간 후 길에서 드시다가 버리는 것은 제가 어떻게 할 방법이 없어요. |
| 장면 5 |  | 김 기자:<br>　현재 제가 서 있는 이 거리에도 뾰족한 꼬치가 여기저기 꽂혀 있고, 설탕 시럽이 묻은 종이컵이 길바닥에 나뒹굴고 있습니다. 특히 날카로운 꼬치로 인해 안전상의 문제까지 초래되고 있는 상황입니다. ㉣<u>위생 문제와 안전 문제를 함께 몰고 온 탕후루 열풍.</u> ㉤<u>무심코 버린 쓰레기가 다른 사람에게 피해를 주고 안전까지 위협할 수 있다는 사실을 기억해야겠습니다.</u> 관련 업계에서도 발 빠른 대응이 필요해 보입니다. KBS뉴스 김○○입니다. |

**085** 뉴스 보도에 사용된 정보 제시 전략으로 적절하지 <u>않은</u> 것은?

① [장면1]: 앵커 뒷배경에 보도 제목과 관련된 시각 자료를 배치하여 시청자의 주의를 집중시키고 있다.
② [장면2]: 기자의 발화 내용을 요약한 통계 자료를 제시하여 뉴스 보도 내용의 신뢰성을 높이고 있다.
③ [장면3]: 커뮤니티 화면을 함께 제시함으로써 기자가 음성으로 전달하는 정보의 실재감을 높이고 있다.
④ [장면4]: 인터뷰 대상자를 화면의 중앙에 배치하여 인터뷰 대상자가 부각되도록 화면을 구성하고 있다.
⑤ [장면5]: 문제가 발생한 실제 거리에서 보도하는 기자의 모습을 통해 뉴스 보도의 현장성을 높이고 있다.

**086** 〈보기〉는 뉴스 보도를 본 관계자들의 반응이다. 〈보기〉에 대한 이해로 적절하지 <u>않은</u> 것은?

> **보기**
>
> 청소 관계자: 사람들이 쓰레기봉투에 꼬치를 아무렇게나 꽂아 놓고 가니까 장갑을 끼고 일해도 찔리는 경우가 많죠. 꼬치를 일일이 뽑아서 부러뜨리는 게 더 힘드니까, 차라리 봉투 근처 한 군데에 꼬치를 모아 주시면 치우기 더 편하겠습니다.
> 의료 관계자: 탕후루 꼬치 하나당 적어도 당류 함량이 16g은 넘습니다. 세계보건기구의 하루 권장 당 기준은 하루 섭취량 총 칼로리의 5% 미만입니다. 하루 2,000kcal 섭취 시 25g인 셈인데, 디저트로 탕후루 두 개만 먹어도 당 섭취량이 과도하게 많아질 수 있죠.
> 시청 관계자: 다음 주 수요일 탕후루 가게 인근 길가 주변으로 분리수거 공간을 확대 설치할 예정입니다. 탕후루를 드시는 시민들 역시 상인들의 안내에 따라 무단 투기를 지양해 주시고 분리수거 수칙을 잘 지켜 주셨으면 좋겠습니다.
> 지구대 관계자: 탕후루 판매자와 주변 상인들 간에 쓰레기 문제로 벌어진 싸움 때문에 여러 번 출동했었죠. 누구 한쪽의 잘못이 아니잖아요? 각자의 불편하고 곤란한 입장이 이해됩니다. 서로 탓할 게 아니라 해결책을 함께 찾아 나갔으면 좋겠어요.
> 프랜차이즈 관계자: 탕후루 꼬치도 먹을 수 있는 재료로 만들도록 개발하고 있습니다. 또한 꼬치 없이 탕후루를 담아내는 방안에 대해서도 지속적으로 논의하고 있습니다.

① 청소 관계자는 개인의 경험에 근거하여 현장 상황을 전달하고 요구 사항을 전달하고 있다.
② 의료 관계자는 구체적 수치를 사용하여 현재의 열풍이 초래할 수 있는 문제점을 제시하고 있다.
③ 시청 관계자는 문제 상황에 대한 즉각적인 조치 사항을 안내하며 시민 의식을 강조하고 있다.
④ 지구대 관계자는 갈등 상황의 원인을 제공한 판매자가 주도적으로 해결책을 찾기를 제안하고 있다.
⑤ 프랜차이즈 관계자는 문제 상황을 근본적으로 개선할 수 있는 실질적인 방안에 대해 고민하고 있다.

## 087 ㉠~㉤에 대한 설명으로 적절하지 않은 것은?

① ㉠: 의인법을 사용하여 현재 상황의 심각성을 비유적으로 전달하고 있다.
② ㉡: 보도의 핵심이 되는 단어의 유래를 설명하며 시청자의 이해를 돕고 있다.
③ ㉢: 해요체를 사용하여 보도에서 시청자에 대한 격식적 태도를 갖추고 있다.
④ ㉣: 명사로 문장을 종결하여 시청자가 해당 단어에 집중하도록 유도하고 있다.
⑤ ㉤: 당부 표현을 사용하여 시청자가 자신의 행동에 책임감을 갖도록 촉구하고 있다.

[088~090] 다음 글을 읽고 물음에 답하시오.

---

### ○○구 미취업 청년 독서실 이용권 지원 안내

○○구 청년의 취업 준비 비용 부담을 완화하고 구직 활동을 지원하기 위해 「○○구 미취업 청년 독서실 이용권 지원 사업」을 아래와 같이 시행하오니 관심 있는 청년들의 많은 신청 바랍니다.

1. 신청 기간: 2023. 8. 31. ~ 2023. 10. 31. 18:00
   ※ 예산 소진 시 조기 마감

2. 지원 대상: 아래 조건을 모두 충족하는 자
   ① 나이: 만 19세~39세 청년
   ② 거주지: 공고일 현재 ○○구 거주자
   ③ 미취업자: 고용보험 미가입한 미취업자
      ※ 근무 형태와 상관없이 공고일 기준 근로 중인 경우 신청 불가
   ④ 졸업자: 고등학교·대학교(원) 등 졸업자

3. 신청 방법 및 제출 서류
   ○ 신청 방법: 본인이 원하는 ○○구 내 독서실을 선택하여 원하는 이용권을 구매한 후 구청 홈페이지(소통참여-온라인접수)에서 환급 신청
   ○ 증빙 자료
      ① 주민 등록 초본 1부
      ② 고용 보험 자격 이력 내역서 1부
      ③ (최종 학력) 졸업 증명서 1부
         ※ 졸업 예정자는 졸업 학점 이수 완료를 증빙할 성적 증명서를 대체 서류로 제출
      ④ 독서실 결제 영수증 1매
         - 카드 결제 시 카드 매출 전표, 현금 결제 시 현금 영수증 제출
         - 지역 화폐 앱으로 결제 시 '결제 내역 상세' 화면 캡처본 제출
   ○ 지원 금액: 독서실 이용권 구매 비용(1인 최대 16만 원)
      ※ 1인당 1회, 영수증 1매만 신청 가능
      ※ 이용권 환불 시 지급 불가
   ○ 독서실 이용권 구매 비용은 지역 화폐로 환급되므로, 반드시 본인 명의 휴대폰에 지역 화폐 앱을 설치하고 회원 가입을 해야 함.

**088** 윗글을 이해한 내용으로 가장 적절한 것은?

① 독서실이 어느 구에 속해 있든 지원금을 받을 수 있다.
② 온라인과 오프라인의 두 가지 방법으로 지원금을 신청할 수 있다.
③ 다음 달에 퇴사 예정인 사람도 미리 신청하면 지원금을 받을 수 있다.
④ 이용권을 일부 환불했다면 독서실을 이용했더라도 지원금을 받을 수 없다.
⑤ 이용권을 여러 장으로 나누어 구매한 경우에도 전체 금액을 지원받을 수 있다.

**089** 윗글에 대한 반응으로 적절하지 않은 것은?

① 지원금을 신청하기 전에 독서실 이용권을 구매해야겠군.
② 독서실 이용권을 지역 화폐로 결제하지 않아도 지원금을 받을 수 있군.
③ 고용 보험에 가입한 적 없는 사람은 자격 이력 내역서를 제출할 필요가 없군.
④ 독서실 이용권을 13만 원에 구매했다면 전액을 지원받을 수 있군.
⑤ 주민등록 초본상 거주지가 ○○구로 되어있지 않다면 지원금을 받을 수 없군.

**090** 윗글에 추가로 제시되어야 할 정보로 가장 적절한 것은?

① 졸업 예정자의 학력 증빙 방법
② 지원 여부 확정 및 통보 방식
③ 지역 화폐 결제 시 필요 제출 서류
④ 지원금 신청 마감 일시
⑤ 대학원 졸업 예정자의 지원 가능성 여부

## 국어 문화    091번~100번

**091** 〈보기〉에서 설명하는 문학 작품은?

> **보기**
> 
> 신라 문무왕 때 광덕(廣德)이 지었다는 10구체 향가로, 『삼국유사』 권5 「광덕엄장조(廣德嚴莊條)」에 노래의 유래에 관한 배경 설화와 향찰로 표기된 원문이 함께 수록되어 있다. 작자에 대해서는 광덕으로 보는 견해가 정설이나 광덕의 처, 원효, 민간 전승 등 여러 가지 설이 있다. 달을 서방 정토의 사자(使者)에 비유하여 그곳에 귀의하고자 하는 불심(佛心)을 노래했다.

① 서동요    ② 안민가    ③ 원왕생가
④ 모죽지랑가    ⑤ 찬기파랑가

**092** 〈보기〉에서 설명하는 문학 작품은?

> **보기**
> 
> 1921년에 현진건이 발표한 단편 소설로, 작가를 지망하는 젊은 지식인 K와 그를 둘러싼 속물적 사회 사이의 갈등을, 이해와 순종 속에서도 잠시 속물적 유혹에 끌리는 아내를 축으로 하여 실감나게 그린 작품이다. 특히, "그것이 어째 없을까?" 하고 중얼거리는 K의 아내의 독백으로 시작되는 갑작스러운 서두가 당시의 소설적 전통으로 볼 때 매우 혁신적인 것으로 평가받고 있다.

① 빈처    ② 무영탑    ③ 운수 좋은 날
④ 술 권하는 사회    ⑤ B사감과 러브레터

**093** 〈보기〉에서 설명하는 작가는?

> **보기**
> 
> 이 작가는 식민지 현실의 비판적 인식이라는 하나의 커다란 주제로 시작 활동을 하였다. 그의 시는 식민지하의 민족적 비운을 소재로 삼아 강렬한 저항 의지를 나타내고, 꺼지지 않는 민족정신을 장엄하게 노래한 것이 특징이다. 대표작으로는 「광야」, 「절정」 등이 있다.

① 김소월    ② 윤동주    ③ 이육사    ④ 정지용    ⑤ 유치환

**094** ⟨보기⟩는 일제 강점기 신문에 게재된 연극 광고이다. 이에 대한 설명으로 적절하지 <u>않은</u> 것은?

> **보기**
>
> 함흥 영생 학교 학생 기독 청년회에서는 거금(距今) 칠 년 전에 동회 경영의 제일착(第一着)으로 도서부를 설치하고 각종 서적 사백여 부(部)와 기타 신문 잡지의 설비(設備)가 유(有)하야 회원으로 하여곰 과여(課餘)의 시간에 수시(隨時) 열독(閱讀)케 하야 지식을 보충(補充)하며 따라서 사회적 상식을 증진케 하야 지적 향상과 덕성(德性) 계발(啓發)에 다대(多大)한 효과를 흥(興)하든 바 불행히 동교(同校)의 화재와 공(共)히 도서 사백여 종은 그만 잔회(殘灰)로 화(化)하야 버렷슴으로 수백 명의 청년 학생들은 수년 래(來)로 도서부의 부흥에 여간(如干)치 안이한 부심(腐心)을 하여 왓스나 재학생으로 된 회원만의 성력(誠力)으로는 도저(到底)히 계획상 원만(圓滿)을 기(期)키 불능함으로 일반 사회단체와 유지제신(有志諸紳)의 정신상으로나 물질상으로나 지도와 찬조와를 엇고져 금(今)에 하기 휴가를 이용하야 각 지방을 순회하면서 소인극(素人劇)을 행연(行演)코저 한다는대
>
> ― 『매일신보』, 1923년 7월 20일자

① 영생 학교 학생 기독 청년회는 도서부를 설치한 바 있다.
② 영생 학교에 화재가 일어났으나 도서는 다행히 남게 되었다.
③ 청년 학생들은 도서부를 다시 살리기 위해 근심, 걱정이 많았다.
④ 재학생들만의 힘으로는 도서부를 화재 이전으로 회복시키기 어려웠다.
⑤ 순회 연극으로 일반 사회단체와 많은 사람들의 도움을 받고자 한다.

**095** ⟨보기⟩에 쓰인 ㉠~㉤의 의미로 적절하지 <u>않은</u> 것은?

> **보기**
>
> "스부 졍도로 ᄀᆞᄅᆞ치지 아니ᄒᆞ고 환슐로 희롱ᄒᆞᄂᆞᆫ잇가?" 말을 ㉠ᄆᆞ지 못ᄒᆞ여 구룸이 ㉡것드며 노승과 냥 부인 뉵 낭자 간 ᄃᆡ 업ᄂᆞᆫ지라. 승샹이 크게 놀나 ᄌᆞ샹이 보니 누뎌 궁궐은 간 ᄃᆡ 업고, 몸이 호올노 져근 암ᄌᆞ 가온ᄃᆡ 안자ᄂᆞᆫ지라. 손으로 머리을 ᄆᆞ치니 새로 싹근 흔젹 송송ᄒᆞ고 빅팔 념쥬 목의 걸어시니 다시 대승샹 위의ᄂᆞᆫ 업고 불과 연화 도쟝의 셩진 쇼화샹이라. 다시 싱각ᄒᆞᄃᆡ, '당초 일념의 그릇치믈 스부 경계ᄒᆞ려 ᄒᆞ여 곳 인간의 나가 부귀영화와 남녀 졍욕을 ᄒᆞᆫ 꿈 소긔 알게 ᄒᆞ미라.' ᄒᆞ고, 즉시 싀암의 가 셰슈ᄒᆞ고, 쟝삼을 졍히 입고 굇갈을 ㉢두렷시 쓰고 방쟝의 드러가니 모든 졔ᄌᆞ 다 뫼와ᄂᆞᆫ지라. 뎌사 고셩ᄒᆞ야 왈, "셩진아, 인간 ᄌᆞ미 엇더ᄒᆞ든요?" 셩진이 머리을 ᄯᅡ흐 쑤다리며 눈물을 흘여 왈, "이제야 ᄭᅢ달ᄂᆞ난이ᄃᆞ. 셩진이 무샹ᄒᆞ와 도심이 뎡답지 못ᄒᆞ오니 맛당이 괴로온 셰계의 잇셔 기리 앙화를 바들 거슬 스부 한 ᄭᅮᆷ을 환긔ᄒᆞ야 셩진으 마암을 ᄭᅢ닷게 ᄒᆞ오니, 스부 은덕은 쳔만 연이라도 ㉣갑지 못하리로소이다." 뎌사 왈, "네 흥으 ᄭᅴ여 갓다가 흥이 진ᄒᆞ믹 왓스니 닉 무삼 간셥ᄒᆞ리료? 쏘 네 셰상과 ᄭᅮᆷ을 ㉤달이 아니, 네 ᄭᅮᆷ이 오히려 ᄭᅢ지 못ᄒᆞ여ᄯᅩ다." 셩진이 지비 ᄉᆞ죄ᄒᆞ고, 셜법ᄒᆞ야 ᄭᅮᆷ ᄭᅢ옴을 쳥ᄒᆞ니라.
>
> ― 「구운몽」

① ㉠ ᄆᆞ지: 마치지
② ㉡ 것드며: 걷히며
③ ㉢ 두렷시: 뚜렷이
④ ㉣ 갑지: 갚지
⑤ ㉤ 달이: 달게

## 096 〈보기〉의 『훈민정음』 서문에 쓰인 ㉠~㉤의 의미로 적절하지 않은 것은?

> **보기**
> 
> 나랏 말쏘미 中國에 달아 文字와로 ㉠서르 ᄉᆞᄆᆞᆺ디 아니홀ᄊᆡ 이런 젼ᄎᆞ로 ㉡어린 百姓이 니르고져 홇 배 이셔도 ㉢ᄆᆞᄎᆞᆷ내 제 ᄠᅳ들 시러 펴디 몯홇 노미 하니라. 내 이ᄅᆞᆯ 爲ᄒᆞ야 ㉣어엿비 너겨 새로 스믈여듧 字ᄅᆞᆯ ᄆᆡᇰᄀᆞ노니 사ᄅᆞᆷ마다 ᄒᆡᅇᅧ ㉤수ᄫᅵ 니겨 날로 ᄡᅮ메 便安킈 ᄒᆞ고져 홇 ᄯᆞᄅᆞ미니라.

① ㉠ 서르: '관계를 이루는 둘 이상의 대상 사이에서, 각각 그 상대에 대하여. 또는 쌍방이 번갈아서'의 의미를 나타내는 말.
② ㉡ 어리다: '슬기롭지 못하고 둔하다'의 의미를 나타내는 말.
③ ㉢ 마ᄎᆞᆷ내: '드디어 마지막에는'의 의미를 나타내는 말.
④ ㉣ 어엿비: '사랑스럽고 귀엽게'의 의미를 나타내는 말.
⑤ ㉤ 수ᄫᅵ: '어렵거나 힘들지 아니하게'의 의미를 나타내는 말.

## 097 〈보기〉는 북한 사전에서의 자모 배열 순서에 대한 설명이다. 북한 사전의 단어 배열 순서가 올바른 것은?

> **보기**
> 
> • 'ㄱ ㄴ ㄷ ㄹ ㅁ ㅂ ㅅ ㅈ ㅊ ㅋ ㅌ ㅍ ㅎ ㄲ ㄸ ㅃ ㅆ ㅉ ㅏ ㅑ ㅓ ㅕ ㅗ ㅛ ㅜ ㅠ ㅡ ㅣ ㅐ ㅒ ㅔ ㅖ ㅚ ㅟ ㅢ ㅘ ㅝ ㅙ ㅞ' 순으로 표제어를 배열한다.
> • 'ㄲ, ㄸ, ㅃ, ㅆ, ㅉ'의 경우 기본 자모의 배열이 끝난 다음에 배열한다.
> • 초성 'ㅇ'의 경우 음가가 없는 자음자이므로 따로 두지 않고 그 대신 이에 해당하는 올림말에 대하여 모음항을 따로 잡아 'ㅉ' 다음에 배열한다.
> • 기본 자모 (ㅏ, ㅑ, ㅓ, … ㅡ, ㅣ)를 먼저 배열한 다음에 기본 자모 두 개가 결합한 모음(ㅐ, ㅒ, ㅔ, ㅖ, ㅚ, ㅟ, ㅢ, ㅘ, ㅝ), 세 개가 결합한 모음 (ㅙ, ㅞ) 순으로 배열한다.

① 가구 → 가계 → 가학 → 가끔 → 가운데 → 하늘 → 아이
② 가구 → 가계 → 가끔 → 가학 → 가운데 → 하늘 → 아이
③ 가구 → 가계 → 가운데 → 가끔 → 가학 → 하늘 → 아이
④ 가계 → 가구 → 가끔 → 가운데 → 가학 → 아이 → 하늘
⑤ 가계 → 가구 → 가운데 → 가끔 → 가학 → 아이 → 하늘

**098** 〈보기〉를 바탕으로 할 때 점자 표기가 올바르지 <u>않은</u> 것은?

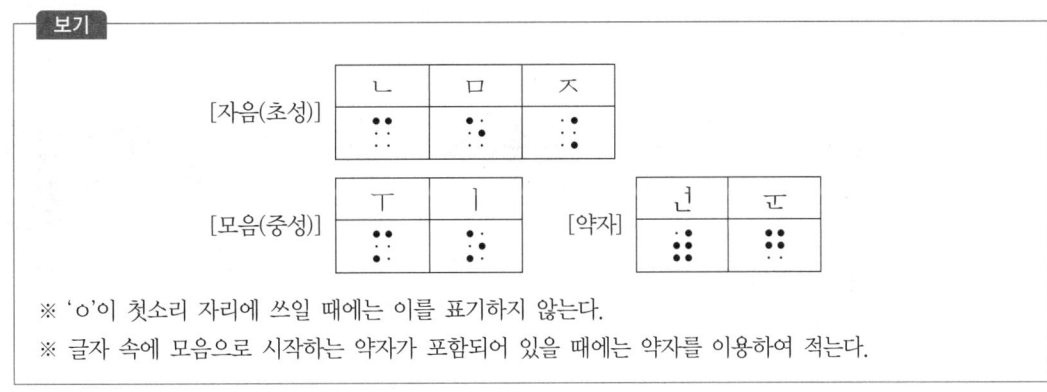

※ 'ㅇ'이 첫소리 자리에 쓰일 때에는 이를 표기하지 않는다.
※ 글자 속에 모음으로 시작하는 약자가 포함되어 있을 때에는 약자를 이용하여 적는다.

① 눈   ② 언니   ③ 운전

④ 먼지   ⑤ 주문

**099** 밑줄 친 법률 용어에 대한 해석으로 적절하지 <u>않은</u> 것은?

① 여러 사례를 <u>준용하여</u>(→ 기준 삼아 적용하여) 검토하기로 했다.
② 그는 여러 가지 짐들을 새로 이사 갈 집으로 <u>송달하였다</u>(→ 보냈다).
③ 법원 판결로 인해 그의 <u>급부</u>(→ 신속하게 부인함) 의무가 소멸되었다.
④ 태풍으로 인해 많은 주택이 <u>멸실되었다</u>(→ 가치를 잃을 정도로 심하게 파손되었다).
⑤ 사람들이 자발적으로 모이자 집회를 <u>추인할</u>(→ 소급해서 나중에 인정할) 수밖에 없었다.

**100** 〈보기〉의 방송 프로그램에 대한 이해로 적절하지 않은 것은?

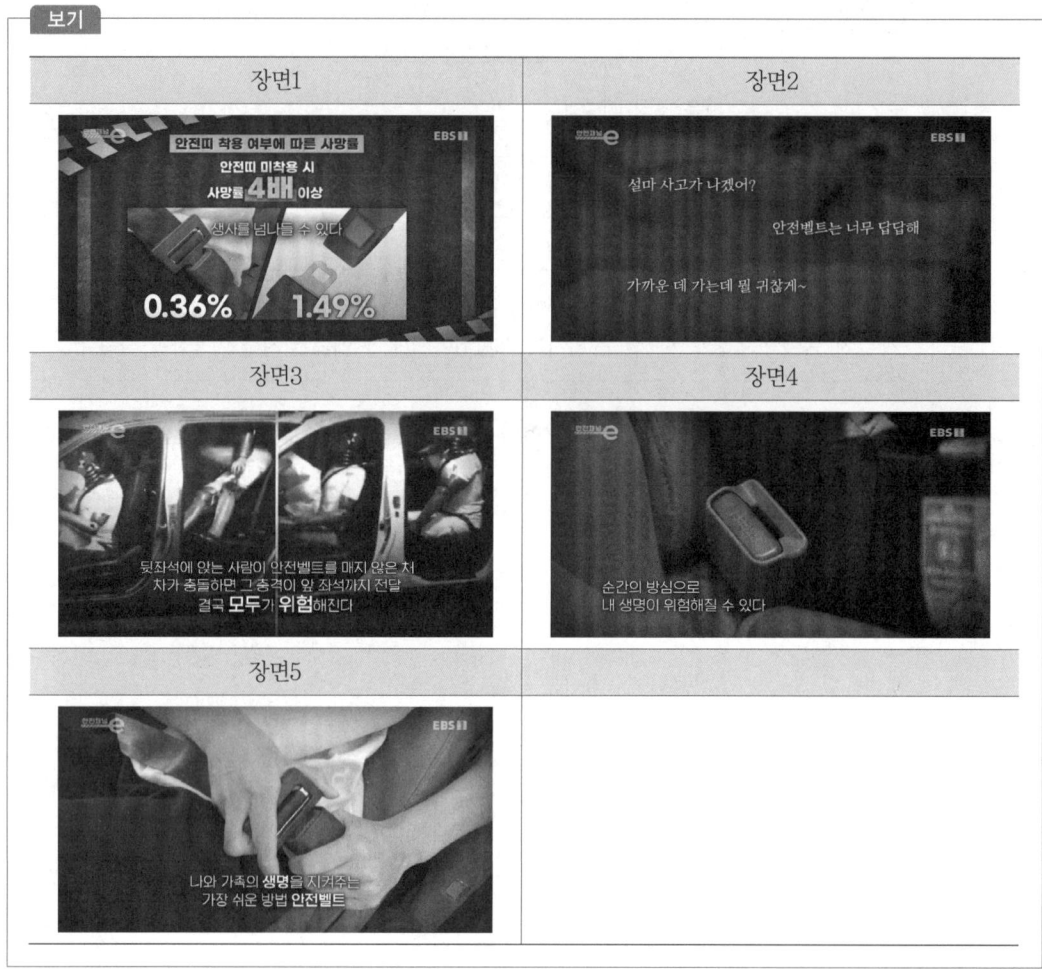

① [장면1]: 구체적 수치를 활용하여 시청자들의 경각심을 불러일으키고 있다.
② [장면2]: 자막을 통해 시청자들의 상반된 의견을 균형 있게 제시하고 있다.
③ [장면3]: 일부 단어의 크기와 굵기에 차이를 두어 의미를 강조하고 있다.
④ [장면4]: 중심 소재를 클로즈업하여 시청자들의 관심을 집중시키고 있다.
⑤ [장면5]: 안전띠를 착용하는 모습을 통해 시청자들의 행동 변화를 유도하고 있다.

[ 확인 사항 ]
● 문제지와 답안지에 필요한 내용을 정확히 적었는지 확인하십시오.

수고하셨습니다.

2023. 8. 20.

| 성 명 | |
|---|---|
| 수험번호 | |
| 감독관 확인 | |

# 제74회
# KBS한국어능력시험

**KBS 한국방송**

- 문제지와 답안지에 모두 성명, 수험 번호를 정확히 기입하십시오.
- 답안지와 함께 문제지를 반드시 제출하십시오.
- 본 시험지를 절취하는 것은 부정행위로 간주합니다.
- 본 시험의 내용을 무단으로 전재·복사·복제·출판·강의하는 행위와 인터넷 등을 통해 복원하는 행위는 저작권법에 저촉됩니다.

## 한국어능력시험 문항 100문항

| 영역 | 문항 |
|---|---|
| 듣기・말하기 | 001번~015번 |
| 어휘・어법 | 016번~045번 |
| 쓰기 | 046번~050번 |
| 창안 | 051번~060번 |
| 읽기 | 061번~090번 |
| 국어 문화 | 091번~100번 |

2023년 8월 20일 시행

# 제74회 KBS한국어능력시험

**듣기·말하기** 001번~015번

**001** 그림에 대한 설명으로 적절한 것은?

① 이암은 조선 후기 서민 출신의 동물 화가로 알려져 있었다.
② 〈화조구자도〉는 나비와 벌의 모습을 중심으로 그린 그림이다.
③ 〈화조구자도〉에 등장하는 흰 강아지는 혼자서 놀이를 즐기는 중이다.
④ 〈화조구자도〉는 농촌의 바쁜 일상을 생동감 있게 나타낸 그림이다.
⑤ '잡화'는 당대 세간에서 높은 평가를 받고 있던 그림의 종류이다.

**002** 이야기의 내용에 대한 이해로 가장 적절한 것은?

① 이방은 마을에 새로 온 사또를 걱정해 도와주고 있군.
② 이방은 사또가 자신에게 호통을 쳐서 많이 억울했겠군.
③ 사또는 자신이 이방에게 속은 것을 알고 깜짝 놀랐겠군.
④ 사또는 이방을 벌하기 위해 어리석은 사람인 척을 했군.
⑤ 사또가 이방을 칭찬한 것을 보니 사또는 이방을 신뢰하고 있군.

## 003 강연의 내용과 일치하지 <u>않는</u> 것은?

① 효모는 세포의 구조가 사람이나 동물과 유사하다.
② 효모는 음식을 만드는 과정에서 자주 활용되어 왔다.
③ 효모를 활용한 연구는 연구자에게 죄책감을 주지 않는다.
④ 효모는 특성을 고려할 때, 과학 실험용으로 최적의 대상이다.
⑤ 효모는 세균보다 몸의 구조가 작고 단순하며 생장력이 우수하다.

## 004 방송 내용에 대한 이해로 가장 적절한 것은?

① 〈마님이 된 하녀〉는 기교 중심의 길고 장중한 막간극이다.
② 〈마님이 된 하녀〉는 작자의 실제 삶을 희화화한 결과물이다.
③ 〈마님이 된 하녀〉는 초연에서 관객들의 냉담한 평가를 받았다.
④ 〈마님이 된 하녀〉는 권력층에게 신분 상승의 대리 만족을 안겨 준 작품이다.
⑤ 〈마님이 된 하녀〉는 다소 경박한 선율의 한계를 세련된 대사로 극복한 작품이다.

## 005 이 시가 나타내는 교훈으로 가장 적절한 것은?

① 정체된 삶은 퇴보에 가깝다.
② 어떤 일이든 운명에 순응해야 한다.
③ 외면의 아름다움이 내면의 가치를 증명한다.
④ 철저한 계획은 고난을 극복하는 지름길이다.
⑤ 신념을 실천하기 위해서는 외부와의 단절이 필요하다.

## 006 전문가의 설명과 일치하지 <u>않는</u> 것은?

① 제임스 웹 망원경은 미국, 유럽, 캐나다가 함께 만든 우주 망원경이다.
② 제임스 웹 망원경은 적외선을 탐지하여 먼 거리의 천체를 관측할 수 있다.
③ 제임스 웹 망원경에 달린 거울이 허블 망원경에 달린 거울보다 크기가 크다.
④ 제임스 웹 망원경은 허블 망원경과 서로 보완적인 역할을 위해 사용할 수 있다.
⑤ 제임스 웹 망원경은 허블 망원경보다 더 다양한 종류의 광선을 관측하는 데 초점이 있다.

**007** 진행자의 말하기 방식으로 가장 적절한 것은?

① 전문가의 주장에 드러난 논리적 문제점을 지적하고 있다.
② 전문가와 자신의 관계를 중심으로 전문가를 소개하고 있다.
③ 자신이 이해한 내용이 맞는지 확인하며 인터뷰를 진행하고 있다.
④ 전문가에게 청취자가 질문한 내용에 대한 대답을 요구하고 있다.
⑤ 전문가의 설명에 새로운 정보를 추가하며 인터뷰를 마무리하고 있다.

**008** 대화를 통해 알 수 있는 내용으로 적절하지 않은 것은?

① 여자는 남자가 과거에 훌륭한 스승이었다고 생각한다.
② 여자는 남자의 격려 덕분에 학창 시절의 꿈을 이룰 수 있었다.
③ 여자는 타인의 기준에 맞춰서 살아온 삶을 만족스럽게 생각하지 않는다.
④ 남자는 여자가 꿈을 이루기에 늦었다고 생각하지 않는다.
⑤ 남자는 삶의 의미를 찾기 위해 새로운 도전을 시작하려고 한다.

**009** 인물들의 말하기 방식에 대한 설명으로 적절하지 않은 것은?

① 남자: 잘 알려진 문구를 인용하면서 상대를 격려하고 있다.
② 남자: 자신의 경험을 덧붙이며 상대의 고민에 대해 공감하고 있다.
③ 남자: 상대의 말을 반복하면서 이야기를 이어가도록 유도하고 있다.
④ 여자: 자신이 한 말에 대해 부연 설명하면서 상대의 이해를 돕고 있다.
⑤ 여자: 상대가 표현하지 않은 감정을 추측하면서 상대를 위로하고 있다.

**010** 강연의 내용에 대한 이해로 적절하지 않은 것은?

① 동형암호라는 명칭은 암호화 전후의 연산 결과가 동일하다는 데 기인한다.
② 동형암호는 데이터가 암호화된 상태에서 연산 작업을 수행할 수 있다.
③ 제한동형암호는 덧셈과 곱셈 중 한 가지 유형의 연산만 제한적으로 허용한다.
④ 동형암호는 기존 암호화 기술에 비해 데이터 처리 속도가 느리다.
⑤ 동형암호는 의료, 금융, 블록체인 등의 분야에서 각광받을 것으로 예상된다.

## 011 이 강연의 특징에 대한 설명으로 가장 적절한 것은?

① 동형암호 기술이 실제로 활용된 사례를 나열하고 있다.
② 동형암호 기술의 유형별 특징을 대조하며 설명하고 있다.
③ 동형암호 기술의 등장 배경을 시간 순서에 따라 설명하고 있다.
④ 동형암호 기술의 연산 과정을 전문가의 발언을 인용하여 설명하고 있다.
⑤ 동형암호 기술의 적용 전후 청중의 삶이 변화하는 모습을 비교하고 있다.

## 012 발표의 내용에 대한 이해로 적절하지 않은 것은?

① 인류세는 파울 크뤼천에 의해 국제적인 유행어가 되었다.
② 인류세는 환경 문제에 대한 인간의 책무를 강조하는 용어이다.
③ 과학자들은 합의를 통해 인류세를 공식적 지질시대로 인정했다.
④ 1950년대에 핵 실험으로 새로운 방사성 물질이 지구에 나타났다.
⑤ 현재의 지질시대는 마지막 빙하기 이후 약 1만 년이 지난 시점이다.

## 013 발표의 내용 구성 전략으로 가장 적절한 것은?

① 중심 이론의 역사적 변천 과정을 제시하고 있다.
② 통계 수치를 활용하여 내용의 객관성을 강화하고 있다.
③ 중심 개념을 청중이 이해하기 쉽게 풀어서 설명하고 있다.
④ 전문가의 발언을 인용하여 예상되는 반론을 반박하고 있다.
⑤ 특정 개념을 주창한 과학자의 생애를 중심으로 설명하고 있다.

## 014 두 사람의 입장을 이해한 것으로 적절하지 않은 것은?

① 주민 대표는 자신이 속한 지역 주민의 피해 최소화와 더불어 지역 주민의 이익 증진을 목표로 하고 있다.
② 주민 대표는 문제 상황으로 인해 우려되는 피해 사항에 대해 언급하면서 자신의 의견을 주장하고 있다.
③ 조정 담당자는 주민 대표의 질문에 대해 구체적인 수치를 비교하여 자신의 주장을 논리적으로 부각하고 있다.
④ 조정 담당자는 전문가의 의견을 근거로 들며 주민 대표의 주장에 반박하고 있다.
⑤ 조정 담당자는 처음에 밝힌 목표 달성을 조건으로 주민 대표의 제안을 수용하고 있다.

## 015 두 사람의 갈등 처리 방식에 대한 설명으로 가장 적절한 것은?

① 주민 대표는 문제 상황에서 자신의 권리나 욕구를 솔직하게 표현하지 못하는 회피의 태도를 보인다.
② 주민 대표는 갈등 상황에서 자신의 목표 달성을 위해 상대의 감정에 호소하는 전략을 사용한다.
③ 조정 담당자는 원하는 것을 얻기 위해 상대의 취약점을 찾아 지적하는 공격적인 자세를 보인다.
④ 조정 담당자는 감정적 측면보다 논리와 이성으로 의견을 절충하려는 타협적인 방식을 취한다.
⑤ 조정 담당자는 공동으로 문제를 해결하는 것에 취지를 두고 서로의 관계를 우선시하는 태도를 보인다.

## 어휘·어법  016번~045번

## 016 "두려워하거나 삼가는 태도가 없이 꽤 버릇없다."를 의미하는 말로, ㉠에 들어가기에 적절한 것은?

> 보기
> 조금 머리가 컸다고 어머니에게도 바락바락 들이덤비는 게 그 행실이 꽤 ㉠   .

① 게걸스럽다  ② 곰팡스럽다  ③ 매욱스럽다
④ 발만스럽다  ⑤ 새퉁스럽다

## 017 한자어의 사전적 뜻풀이로 적절하지 않은 것은?

① 기탄(忌憚): 어렵게 여겨 꺼림.
② 과문(寡聞): 보고 들은 것이 적음.
③ 통변(通辯): 능숙하여 막힘이 없는 말.
④ 소고(小考): 체계를 세우지 아니한 단편적 고찰.
⑤ 불식(拂拭): 의심이나 부조리한 점 따위를 말끔히 떨어 없앰.

018 밑줄 친 고유어의 의미로 적절하지 않은 것은?

① 성글게 짜인 돗자리 위에서 잠을 청했다.
→ 물건의 사이가 뜨다.
② 어둠 속에서 조약돌 잠방이는 소리가 들려왔다.
→ 작은 물체가 물에 부딪치거나 잠기는 소리가 나다.
③ 술만 마시면 흰소리하는 그 사람 이야기는 꺼내지도 마라.
→ 상대편의 말을 슬쩍 받아 엉뚱한 말로 넘기는 말을 하다.
④ 할머니는 손주가 어린아이지만 웅숭깊은 데가 있다고 생각했다.
→ 생각이나 뜻이 크고 넓다.
⑤ 시험 합격한 게 뭐 대단한 거라고 하루 종일 가드락대는 꼴은 못 봐 주겠네요.
→ 조금 거만스럽게 잘난 체하며 자꾸 버릇없이 굴다.

019 밑줄 친 한자어의 쓰임이 적절하지 않은 것은?

① 화적 떼가 발호(跋扈)하여 고을이 기습을 당했다.
② 여기저기 널어놓은 옷가지들로 방안은 무척 난삽(難澁)하다.
③ 임금은 매년 가난으로 배를 곯는 백성들을 구휼(救恤)하였다.
④ 관광 시설을 유치(誘致)하는 것은 지역 경제를 살리는 데 도움이 된다.
⑤ 수출 경쟁력을 제고(提高)하기 위해서는 국가와 기업이 함께 노력해야 한다.

020 〈보기〉의 밑줄 친 ㉠~㉢에 해당하는 한자로 올바르게 묶인 것은?

보기
• 해외 영화제에서 우리나라 영화가 큰 상을 받아 ㉠화제가 되고 있다.
• 백제 금동 대향로는 백제 문화의 ㉡정수로 손꼽힌다.
• 선생님께서 불의의 사고로 ㉢유명을 달리하셨다는 소식을 들었다.

|   | ㉠ | ㉡ | ㉢ |
|---|---|---|---|
| ① | 畫題 | 精秀 | 遺命 |
| ② | 畫題 | 精秀 | 幽明 |
| ③ | 話題 | 精秀 | 幽明 |
| ④ | 話題 | 精髓 | 遺命 |
| ⑤ | 話題 | 精髓 | 幽明 |

**021** 밑줄 친 고유어의 쓰임이 적절하지 않은 것은?

① 며칠 쉬었더니 생기가 돌고 눈이 떼꾼하다.
② 나는 겉과 속이 다른 친구가 마뜩하지 않았다.
③ 동생은 면박을 받고는 머쓱해서 머리를 긁적였다.
④ 물을 밍근하게 데워 놓았으니 다들 깨끗하게 씻어라.
⑤ 살림살이가 낙낙하지 않다고 행복하지 말라는 법은 없다.

**022** 밑줄 친 두 단어가 동음이의어 관계에 있는 것은?

① 어제는 땅거미가 내릴 무렵 함박눈이 내렸다.
② 마라톤 세계 기록을 깨는 꿈을 꾸다가 잠에서 깼다.
③ 보따리를 풀며 마음에 담아 둔 이야기를 풀기 시작했다.
④ 그녀는 우리나라가 낳은 세계적인 성악가를 낳은 분이다.
⑤ 힘들게 벼슬길에 올랐으니 구설에 오르지 않게 조심해야 한다.

**023** 두 단어의 의미 관계가 〈보기〉와 동일한 것은?

> **보기**
> 농기구 - 쟁기

① 기쁨 - 슬픔    ② 나물 - 냉이    ③ 태양 - 해
④ 선풍기 - 부채    ⑤ 자전거 - 바퀴

**024** 밑줄 친 고유어 '풀다'와 한자어의 대응으로 적절하지 않은 것은?

① 도망간 죄인을 잡아들이기 위해 사람을 풀었다. → 동원(動員)했다
② 수학 문제가 어려워서 푸는 데 시간이 많이 걸렸다. → 해제(解題)하는
③ 인질범들은 갇힌 포로를 풀어 달라고 정부에 요구했다. → 석방(釋放)해
④ 내 소유의 집을 가지고 싶다는 소원을 드디어 풀게 되었다. → 성취(成就)하게
⑤ 정부는 출입국과 관련된 방역 규제를 풀 방침이라고 발표했다. → 해결(解決)할

## 025 밑줄 친 단어의 반의어로 가장 적절한 것은?

> **보기**
> 걸음을 <u>싸게</u> 걸어 제시간에 도착했다.

① 뜨게  ② 가볍게  ③ 급하게
④ 빠르게  ⑤ 호기롭게

## 026 속담을 사용한 표현이 적절하지 <u>않은</u> 것은?

① '먹던 술도 떨어진다'라는 말이 있듯이 매사에 조심해야 한다.
② '술에 술 탄 듯 물에 물 탄 듯'하지 말고 확실한 태도를 밝혀라.
③ '달도 차면 기운다'고 하는데 언제까지 너희 팀이 이길 것 같으냐?
④ 노력하지 않고 성공을 바라는 것은 '산에서 물고기 잡기'나 마찬가지다.
⑤ '산 까마귀 염불한다'더니 까마귀를 쫓은 후 불길한 징조가 자꾸 생긴다.

## 027 밑줄 친 사자성어의 쓰임이 문맥상 적절하지 <u>않은</u> 것은?

① 그는 부모를 여의고 <u>사고무친(四顧無親)</u>으로 불우한 청소년기를 보냈다.
② 책이 겹겹이 쌓인 방을 보면 <u>한우충동(汗牛充棟)</u>이라는 말이 절로 나온다.
③ 설악산은 안으로 깊이 들어갈수록 그 풍경과 멋이 <u>점입가경(漸入佳境)</u>이다.
④ <u>당랑거철(螳螂拒轍)</u>도 유분수라더니 분수도 모르고 초보자가 고수에게 덤벼든다.
⑤ 내 고향 남쪽은 <u>상전벽해(桑田碧海)</u>라는 말이 어울릴 만큼 변함없이 아름다웠다.

## 028 밑줄 친 관용 표현의 쓰임이 적절하지 <u>않은</u> 것은?

① 요즘에는 <u>발에 채는</u> 것이 커피숍이다.
② 그는 사범대를 졸업하고 교육계에 <u>발을 달았다</u>.
③ 우리 집 강아지들이 이제서야 <u>발을 타기</u> 시작했다.
④ 그는 출근길에 <u>발이 익어서</u> 눈을 감고도 갈 수 있다.
⑤ 노름판에서 <u>발을 빼고</u> 이제는 착실히 일을 하기로 했네.

**029** 밑줄 친 한자어를 문맥에 맞게 순화한 표현으로 적절하지 <u>않은</u> 것은?

① 이 약은 하루 3회 공복(空腹)에 드십시오. → 빈속
② 약이 정제(錠劑)로 되어 있어 먹기 편해요. → 알약
③ 도라지의 성분은 객담(喀痰)의 배출을 돕는다. → 가래
④ 암 치료는 빠르고 신속할수록 예후(豫後)가 좋다. → 후유증
⑤ 수진자(受診者)가 의료 기관을 직접 선택할 수 있다. → 진료받는 사람

**030** 밑줄 친 표현을 다듬은 말로 적절하지 <u>않은</u> 것은?

① 그에게서는 교양 있는 <u>아우라</u>(→ 기품)가 넘친다.
② <u>러시아워</u>(→ 혼잡 시간)에 일대 도로가 심하게 정체되고 있다.
③ 이 식당에서는 <u>발레파킹</u>(→ 원격 주차)을 무료로 제공하고 있다.
④ 인근 도로에서 <u>싱크홀</u>(→ 땅 꺼짐)이 발생하여 차량을 통제했다.
⑤ <u>로드킬</u>(→ 동물 찻길 사고) 예방을 위해 산길에서는 저속으로 운행해야 한다.

**031** ㉠~㉢에 들어갈 말이 어문 규범에 맞게 쓰인 것은?

> **보기**
> • 답은 반드시 ㉠(답란/답난)에만 기입해야 합니다.
> • 과장님의 ㉡(승락/승낙)을 받고 일을 진행하겠습니다.
> • 그 지역은 ㉢(고랭지/고냉지) 농업이 발달하였다.

|  | ㉠ | ㉡ | ㉢ |
|---|---|---|---|
| ① | 답란 | 승락 | 고냉지 |
| ② | 답란 | 승낙 | 고랭지 |
| ③ | 답란 | 승낙 | 고냉지 |
| ④ | 답난 | 승락 | 고랭지 |
| ⑤ | 답난 | 승락 | 고냉지 |

**032** 〈보기〉의 밑줄 친 말이 어문 규범에 맞게 쓰인 것만을 있는 대로 고른 것은?

> **보기**
> ㄱ. 사방에 떨어진 낙엽의 색깔이 정말 <u>누러네</u>.
> ㄴ. 산이 너무 <u>가파라서</u> 쉽게 오를 수가 없었다.
> ㄷ. 그 사람이 밥을 한 주걱 <u>퍼서</u> 나에게 주었다.
> ㄹ. 라면이 <u>붇기</u> 전에 어서 여기 와서 먹어라.

① ㄱ, ㄴ   ② ㄴ, ㄷ   ③ ㄷ, ㄹ
④ ㄱ, ㄴ, ㄹ   ⑤ ㄱ, ㄷ, ㄹ

**033** 밑줄 친 표기를 수정한 것으로 옳지 않은 것은?

① 목이 타는지 물을 <u>들입다</u>(→ 드립다) 마셨다.
② <u>어따</u>(→ 얻다) 대고 반말인지 참으로 기가 막혔다.
③ 작년에는 이웃과 함께 김치를 <u>담궈</u>(→ 담가) 먹었다.
④ 듣자 하니 별 <u>시답찮은</u>(→ 시답잖은) 소리를 다 하고 있네.
⑤ 그는 쉽게 토라지는 <u>삐주기</u>(→ 삐죽이)라서 사귀기 힘들다.

**034** 밑줄 친 부분의 띄어쓰기가 옳은 것은?

① 과제를 <u>하는∨데</u> 이틀이 걸렸다.
② 오늘은 <u>제∨3과</u>를 공부할 거예요.
③ 이 일을 어떻게 <u>해결할∨지</u> 모르겠다.
④ 라일락은 꽃이 <u>예쁠∨뿐더러</u> 향기도 좋다.
⑤ <u>집채∨만한</u> 호랑이가 지나가서 너무 무서웠다.

**035** 밑줄 친 부분의 표기가 옳은 것은?

① 이야기를 <u>하노라고</u> 밤을 새웠다.
② <u>벌려</u> 놓은 일부터 먼저 수습하자.
③ 한글날에 <u>붙이는</u> 글을 읽고 감동했다.
④ 씻은 채소는 물이 빠지게 채에 <u>밭쳐라</u>.
⑤ 회사는 점심시간을 30분 <u>늘이기</u>로 했다.

**036** 문장 부호의 쓰임에 대한 설명으로 올바르지 않은 것은?

| | 설명 | 원칙 | 허용 |
|---|---|---|---|
| ① | 물결표 대신에 붙임표 사용 가능. | 8월 15일~8월 30일 | 8월 15일-8월 30일 |
| ② | 드러냄표 대신에 따옴표 사용 가능. | 다음 중 과일이 아닌 것은? | 다음 중 과일이 '아닌' 것은? |
| ③ | 줄임표 대신에 물결표 사용 가능. | 과일: 사과, 배, 감 … | 과일: 사과, 배, 감 ~ |
| ④ | 붙임표 대신에 가운뎃점 사용 가능. | 남한-북한-일본 삼자 관계 | 남한·북한·일본 삼자 관계 |
| ⑤ | 가운뎃점 대신에 쉼표 사용 가능. | 자료를 수정·보완해서 제출해라. | 자료를 수정, 보완해서 제출해라. |

**037** 밑줄 친 부분이 표준어인 것은?

① 혼자 사는 살림이 <u>단출하다</u>.
② 잔치는 밤이 <u>이슥해서야</u> 끝이 났다.
③ 시원한 물 한 잔 <u>들이키고</u> 좀 쉬어라.
④ 돈 받으러 갔다가 <u>되려</u> 빌려주고 왔다.
⑤ <u>두루뭉실</u> 넘어가지 말고 자세히 말을 해라.

**038** 다음은 문학 작품에 나타나는 방언이다. 대응하는 표준어가 적절하지 않은 것은?

① 성님은 이 <u>새북에</u>(→ 새벽에) 어디 가실라꼬요.
② 이거 <u>누부</u>(→ 누이) 아니요? 들어서는 선이를 본 두만이 깜짝 놀라며 일어섰다.
③ 그래도 밥술이나 묵은께 그렇지, <u>기찮은</u>(→ 가난한) 농사지기들 울타리 있이믄 머하노.
④ 부부란 인물이 <u>가이방해야지</u>(→ 잘생겨야지). 나같이 못생긴 놈이 될 법이나 한 일이오?
⑤ <u>게기를</u>(→ 고기를) 씹어 뱉고, 소주로 얼굴 세수하던 내 몸이 이렇게 거렁뱅이가 되었네라.

**039** 표준 발음이 올바르지 않은 것은?

① 김밥[김ː밥/김ː빱]
② 햇살[해쌀/핻쌀]
③ 지혜(智慧)[지혜/지혜]
④ 젖먹이[전머기/점머기]
⑤ 이죽이죽[이중니죽/이주기죽]

**040** 밑줄 친 말이 외래어표기법에 올바른 것은?

① 이 카달로그(catalog)를 보고 물건을 주문하자.
② 체조 선수는 놀라운 덤블링(tumbling)을 보여 주었다.
③ 관광객들은 로비의 쇼파(sofa)에 앉아 일행을 기다렸다.
④ 현장으로 가는 길은 바리케이트(barricade)로 막혀 있다.
⑤ 쓰레기 가운데 스티로폼(styrofoam)은 별도로 배출해야 한다.

**041** 음식명의 로마자 표기가 올바르지 않은 것은?

① 미역국(miyeokguk)
② 볶음밥(bokkeumbap)
③ 삼계탕(samgyetang)
④ 김치전골(kimchijeongol)
⑤ 된장찌개(doinjangjjigae)

**042** 〈보기〉의 밑줄 친 문장 중 어법에 맞지 않는 것은?

> **보기**
>
> ㉠ 지구상에 존재하는 모든 사물은 시간과 공간 속에 놓여 있다. 바위가 그러하고 나무가 그러하다. ㉡ 지구상에서 움직이는 생명체는 시공 속에 존재하면서 운동을 통해 3차원의 궤적을 그린다. 나비와 새는 허공에서, 사람은 지상에서 흔적을 남긴다. ㉢ 언어는 존재 그 자체로서는 사물도 아닌 것이요, 생명체도 아니다. ㉣ 그렇지만 언어에는 수많은 소리와 문자로 가득 찬 공간이 있고, 숱한 이야기, 전설, 역사와 예술이 저장되고 전해지는 바탕이 된다. ㉤ 사람과 사람이 귀속된 사회 속에서 언어는, 비로소 살아 있는 존재로서 그 의미를 드러낸다.

① ㉠  ② ㉡  ③ ㉢  ④ ㉣  ⑤ ㉤

**043** 다음 문장의 높임법에 대한 설명으로 적절하지 않은 것은?

① 할아버지는 귀가 어두우시다.
　→ '어두우시다'의 '-시-'는 '할아버지'를 간접적으로 높이고 있다.
② 아버지께서 집에 일찍 가셨다.
　→ '가셨다'의 '-시-'는 주체인 '아버지'를 높이고 있다.
③ 형님이 할머니를 모시고 왔다.
　→ '모시고'는 목적어인 '할머니'를 높이고 있다.
④ 선생님, 그럼 내일 찾아뵙겠습니다.
　→ '찾아뵙겠습니다'의 '-습니다'는 청자인 '선생님'을 높이고 있다.
⑤ 길이 매우 복잡하니 나를 잘 따라오시오.
　→ '따라오시오'의 '-오'는 청자를 보통으로 낮추고 있다.

**044** 〈보기〉의 문장과 중의성의 원인이 같은 것은?

> **보기**
> 나는 어제 나와 이름이 같은 친구의 형을 또 만났다.

① 어제는 배가 좋지 않았다.
② 학생 세 명이 책상 두 개를 옮겼다.
③ 귀여운 아이들의 웃음소리가 들려온다.
④ 영희와 민수의 친구는 같은 학원에 다닌다.
⑤ 아버지께서는 어제처럼 넥타이를 매고 계신다.

**045** 밑줄 친 번역 투를 고친 것으로 적절하지 않은 것은?

① 이는 국민에게 전면전을 선포한 것에 다름 아니다(→ 것과 다름없다).
② 예기치 못한 오류로 인해(→ 오류로) 파일을 삭제할 수 없습니다.
③ 인간에게 있어서(→ 인간에게) 가장 중요한 것은 서로 간의 사랑이다.
④ 국민들의 요구에 의해(→ 요구로) 많은 제도 개선이 이루어졌다.
⑤ 공동의 업무에 성실하게 참여하는 자세가 요구된다(→ 자세를 필요로 한다).

## 쓰기  046번~050번

**[046~050] 다음은 '중고 의류 재활용'을 주제로 작성한 초고이다. 다음 글을 읽고 물음에 답하시오.**

최근 미국 위성 영상 업체에서 위성 사진 한 장을 공개했다. 칠레 북부 이키케 인근에 있는 아타카마 사막을 촬영한 사진이었다. 세계에서 가장 건조한 지역인 아타카마 사막은 황토색 모래와 암석으로 이루어져 있다. 그런데 사진 한편에 거대한 회색 형체가 땅을 뒤덮고 있었다. 업체는 해당 지역에 동그라미를 표시한 뒤 '거대한 헌 옷 더미'라고 적었다. 버려진 옷가지가 쌓이고 쌓여 우주에서도 보이는 쓰레기 산을 만들어 낸 것이다.

칠레는 남미 최대의 중고 의류 수입국이다. 이키케 항구를 통해 유럽, 아시아, 미국 등에서 팔리지 않은 중고 의류들이 쏟아져 들어온다. ㉠우리가 쉽게 사 입고 쉽게 버리는 옷들이 저렴한 이유는 버리는 값이 포함돼 있지 않아서다. 칠레의 수도 산티아고에서 온 상인들이 일부를 구입하고, 일부는 라틴 아메리카 전역으로 보내져 판매된다.

상품의 ㉡의의가 없다고 판단된 남은 의류들이 사막에 ㉢버리는데, 이런 옷이 수입되는 물량의 절반을 넘는다. 수치로 따지면 매년 최소 3만 9000톤의 옷이 사막에 쌓인다고 한다. 여름 티셔츠부터 겨울 점퍼까지 종류도 색깔도 다양하지만, 그보다 중요한 것은 가격표가 그대로 남아 있는 제품도 상당수라는 점이다. 의류나 신발 같은 패션 아이템은 재활용이 어려운 대표적인 품목들이다. 단추나 지퍼 같은 부자재가 복잡한 형태로 붙어 있고, 원단에도 다양한 섬유가 혼재돼 있어 재질별로 분류하는 작업이 불가능에 가깝다.

우리나라는 매년 30만 톤 이상의 중고 의류를 수출하는 전 세계 5위 수출 대국이다. 지난해 기준 인도와 말레이시아에 각각 약 7만 톤을 수출했고, 그 외 필리핀, 태국, 파키스탄 등 아시아 국가에 주로 ㉣수출하고 있다. 아프리카 대륙 나이지리아로 보내는 양도 2만 톤가량 된다. 외화 획득에 기여한다는 긍정적인 시각도 있지만 이렇게 버린 의류 대부분은 아시아, 아프리카의 저소득 국가로 덤핑 수출된다. 해당 국가의 의류 산업 성장의 싹을 잘라 버리고 쓰레기 처리도 엉망이 된다.

버려진 옷들은 저소득 국가에서 재사용되기도 하지만 곧바로 쓰레기로 나오는 양이 많아 결국 전 세계적으로 의류 소비량과 쓰레기 발생량은 계속 증가하고 있다. 세계 섬유 생산량은 1975년 3,200만 톤에서 2020년 약 1억 1,000만 톤으로 증가했고, 2030년엔 1억 5,000만 톤으로 증가할 것으로 예상된다.

섬유 생산량의 70%는 합성 섬유이고, 나머지 30%는 천연 섬유이다. 합성 섬유는 석탄이나 석유를 원료로 한 화학 제품으로 폴리에스테르, 나일론, 아크릴 같은 것들이다. 작은 조각으로 떨어져 나온 섬유 조각은 미세 플라스틱이 되어 우리 호흡으로 들어오고 하수로 배출되어 바다로 들어간다. 합성 섬유 쓰레기는 재활용도 어려워 대부분 태우거나 땅에 묻어야 하며 자연 분해되는 데 수백 년이 걸린다. 천연 섬유도 재배 과정에서 다량의 물과 농약 사용으로 인한 문제가 심각하다. 합성 섬유든 천연 섬유든 민폐인 것은 마찬가지다.

우리는 의류 쓰레기를 의류 수거함에 버린다는 이유로 죄책감을 덜 느끼는 것 같다. ㉤그리고 재사용된다고 해서 모든 소비가 좋은 것은 아니다. 오히려 우리가 봐야 할 숫자는 소비 총량이다. 재사용이 물질 소비와 쓰레기 발생량의 총량을 줄이지 못한다면 재사용과 재활용의 의미는 매우 제한적이다.

지난해 3월 유엔환경총회 결의로 2024년까지 플라스틱 오염 종식을 위한 국제 협약이 추진되고 있다. 플라스틱 사용량을 어떤 방식으로 어느 정도 줄일 것인가에 대한 논의가 진행되고 있는데, 합성 섬유 사용을 줄이기 위한 논의도 추가돼야 한다. 섬유 및 패션 업체를 대상으로 한 재고 의류 발생 감소 및 소각 금지, 재활용 및 재생 원료 사용 의무 등 생산자 책임 강화가 필요하다. 충동적인 의류 소비를 줄이고, 중고 의류 소비 확대를 위한 소비자 교육과 리폼, 업사이클링 생태계 구축도 필요하다. ⓐ

046 다음은 윗글을 작성하기 전에 떠올린 계획이다. 윗글에 반영되지 않은 것은?

┌─ 글쓰기 계획 ─────────────────────────────────┐
• 주제: 헌 옷 재활용의 현황과 문제 해결을 위한 개선 요구
• 목적: 헌 옷 재활용과 관련한 정보 전달 및 설득
• 예상 독자: 일반인
• 글의 내용:
  ㄱ. 중고 의류 재활용의 정의와 재활용 여부의 판단 기준을 제시한다.
  ㄴ. 중고 의류 재활용과 관련된 현황을 사례를 통해 제시한다.
  ㄷ. 우리나라의 중고 의류 수출 현황을 수치를 들어 제시한다.
  ㄹ. 의류의 주원료가 환경에 미치는 영향을 제시한다.
  ㅁ. 중고 의류 발생 감소를 위해 제도와 인식 차원의 방안을 함께 제시한다.
└──────────────────────────────────────────────┘

① ㄱ    ② ㄴ    ③ ㄷ    ④ ㄹ    ⑤ ㅁ


047 다음은 초고를 보완하기 위해 추가로 수집한 자료이다. 자료의 활용 방안으로 적절하지 않은 것은?

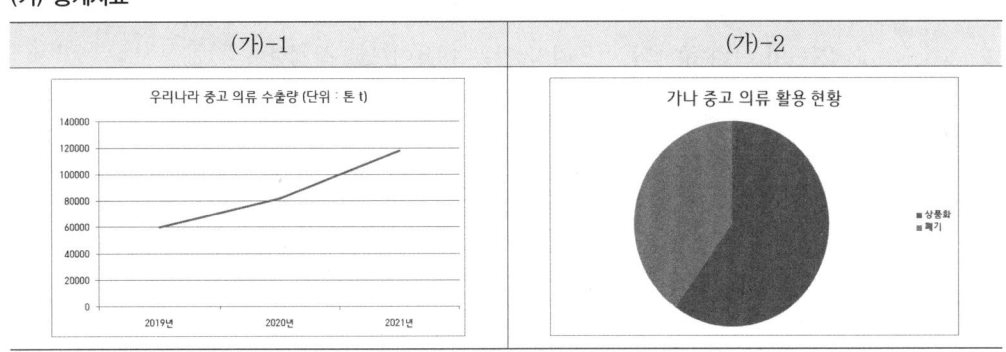

(나) 인터뷰
  화성시 진안동의 한 주민인 윤○○ 씨는 "저는 입지 않는 헌 옷을 계절별로 모아서 의류 수거함에 넣고 있어요. 제가 넣은 옷이 재사용되어 누군가에게 도움이 되었으면 좋겠어요."라고 이야기했다.

(다) 신문기사
  전 세계 옷들은 왜 하필 칠레로 모이는 걸까. 칠레 북부 일부 도시들에 관세가 없어서다. 원래 무관세는 지역 경제를 부양하기 위해 도입된 것이다. 국가의 지역 경제를 부양하기 위한 선택이 오히려 거대한 쓰레기 더미를 만들어 내게 된 셈이다. ······.

① 우리나라 중고 의류 수출 현황을 구체적으로 알려 주는 자료로 (가)-1을 제시한다.
② 칠레 이외에 다른 나라의 의류 재활용 현황을 보여 주는 사례로 (가)-2를 제시한다.
③ 중고 의류가 수집되는 과정을 보여 주는 예시 자료로 (나)를 제시한다.
④ 의류 쓰레기 발생 총량을 감축하기 위한 방안을 보여 주는 자료로 (나)를 제시한다.
⑤ 칠레로 중고 의류가 수입되는 이유를 뒷받침하는 자료로 (다)를 제시한다.

**048** 다음은 윗글을 쓰기 전에 세웠던 글쓰기 개요이다. 윗글을 쓰는 과정에서 필자가 점검하여 반영한 내용으로 적절하지 <u>않은</u> 것은?

> **글쓰기 개요**
> 
> I. 의류 재활용과 관련한 세계 현황
>   1. 의류 재활용 현황
>   2. 의류 쓰레기의 실태
>   3. 각국의 의류 재활용 방법
> 
> II. 우리나라의 중고 의류 현황
>   1. 우리나라 중고 의류 수출 현황
>   2. 우리나라 중고 의류 수출의 장단점
> 
> III. 전 세계적 의류 소비량 및 문제점
>   1. 섬유 생산량의 변화 추이
> 
> IV. 중고 의류 쓰레기의 해결을 위한 노력 촉구
>   1. 제도적 노력
>   2. 인식의 노력
>   3. 섬유 생산으로 인한 환경 오염

① I-1과 I-2의 순서를 바꾸어 '의류 쓰레기의 실태'를 먼저 제시한다.
② I-3은 상위 항목을 고려하여 '의류 재활용 실패 원인'으로 수정한다.
③ II-1은 상위 항목과 제목이 같으므로 '중고 의류 수출 대국 대한민국'으로 수정한다.
④ II-2는 이 글의 주제와 어울리지 않는 내용이므로 삭제한다.
⑤ IV-3은 상위 항목을 고려하여 III의 하위 항목으로 이동한다.

**049** 윗글의 ㉠~㉤을 고쳐 쓰기 위한 방안으로 적절하지 <u>않은</u> 것은?

① ㉠: 통일성에 어긋나는 문장이므로 삭제한다.
② ㉡: 문맥에 어울리지 않는 단어이므로 '가치'로 수정한다.
③ ㉢: 주어와 서술어가 호응하지 않으므로 '버려지는데'로 수정한다.
④ ㉣: 문장의 호응이 적절하지 않으므로 '수출되고'로 수정한다.
⑤ ㉤: 앞뒤 맥락을 고려할 때 적절하지 않으므로 '그러나'로 수정한다.

## 050 윗글을 마무리하는 관점에서 ⓐ에 들어갈 마지막 문장으로 가장 적절한 것은?

① 환경 오염을 줄이기 위해 의로운 소비에 대한 고민이 필요하다.
② 지구 환경을 위해 의류 생산지를 분산하여 다양성을 확보해야 한다.
③ 의류 소비 총량을 줄이는 것이 세계 경제의 불평등 해소에 도움이 된다.
④ 세계 각지의 소비자를 만족시키는 맞춤형 생산에 대한 고민이 필요하다.
⑤ 전 세계 의류 쓰레기를 줄이기 위해 의류 가격을 국제적으로 협의해야 한다.

## 창안  051번~060번

### [051~053] '이끼'와 '인간의 삶'을 유비(類比)하고자 한다. 다음 글을 읽고 물음에 답하시오.

이끼는 변수성 식물로 수분 함유량이 주변 습도에 따라 변하며, 수분 함유량이 많을 때 성장이 촉진된다. 따라서 이끼는 갖가지 방법으로 수분을 조금이라도 오랫동안 곁에 두려고 한다. ㉠먼저 이끼는 물안개가 이는 폭포 주변의 바위나 샘물 주변 나무의 겉면처럼 주변에 물이 있고 습도가 높은 곳에 뿌리를 내린다. 다만 이끼의 뿌리는 헛뿌리로 물을 흡수하는 기능이 없기에, ㉡물의 흡수가 뿌리를 통해 흙에서만 일어나는 다른 식물과 달리 잎, 줄기 등 여러 곳을 통해 주변의 수분을 흡수한다. ㉢또 이끼의 표면은 물이 쉽게 미끄러지지도 그렇다고 쉽게 증발하지도 않는 구조이다. ㉣이끼는 홀로 자라기보다 빽빽하게 군생하여 함께 더 많은 물을 가두고 스펀지처럼 물을 간직한다. ㉤그럼에도 오랫동안 비가 오지 않거나 햇빛이 강해 물이 다 증발해 버리면 이파리를 떨구고 최소한의 생명 활동만 이어간다.

대부분의 이끼는 크게 자라지 않는다. 하지만 작기에 보도블록 틈, 바위 위, 나무껍질 등과 같이 몸집이 크면 불리할 장소에도 뿌리를 내릴 수 있다. ⓐ이끼는 커다란 식물 사이에 난 빈 공간을 찾는 생존 전략을 택한다. 또한 이끼가 흡수하는 물의 양은 1헥타르당 5만 리터에 달한다고 한다. 이와 같은 특성은 척박한 땅을 복원할 때도 중요한 역할을 한다. 맨땅이 드러난 곳에 이끼를 먼저 배양해 두면 이끼의 수분이 씨앗 생존율을 높여 준다. 하지만 이끼의 수분은 주변 식물에 악영향을 미치기도 한다. 이끼가 가득 낀 나무는 습기로 인해 곰팡이와 해충에 쉽게 병들 수 있고, 과실 상품성이 떨어질 수 있다. ⓑ이끼의 수분 흡수력이 양날의 검으로 작용할 수 있는 것이다.

## 051 ㉠~㉤에 나타난 이끼의 특성을 '기업의 운영 전략'에 비유할 때, 이끌어 낼 수 있는 내용으로 적절하지 않은 것은?

① ㉠: 판매 성공을 높이기 위해 소비 동향을 분석하여 잠재력이 높은 상품 시장에 진입한다.
② ㉡: 안정적인 수입 창출을 위해 판매하는 상품 계열을 단일화하여 한 가지 상품에 주력한다.
③ ㉢: 자산 활용을 최적화하고 낭비를 최소화하기 위한 효율적인 자산 관리 구조를 마련한다.
④ ㉣: 판매 수입의 달성 효율을 높이기 위해 협업을 촉진하여 공동의 목표를 추구한다.
⑤ ㉤: 적자 장기화라는 위기가 발생하면 상황을 벗어나기 위해 필요한 조정과 혁신을 감행한다.

**052** ⓐ를 '신제품 개발'과 관련지어 이해할 때, 이끌어 낼 수 있는 사례로 가장 적절한 것은?

① 시장에서 수요가 검증된 타사 제품을 모방하여 제품을 개발한다.
② 기존 제품의 이미지 개선을 위해 포장 디자인을 바꾼 제품을 출시한다.
③ 소비 시장 분석을 통해 인기 있는 제품만 남기고 비인기 제품은 폐기한다.
④ 경쟁 제품과 자사 제품을 비교하는 체험단을 통해 부족한 지점을 보완한다.
⑤ 기존 시장 안에서 특정 소비자의 요구를 새롭게 공략한 틈새 제품을 개발한다.

**053** 〈조건〉에 맞는 공익 광고 문구로 가장 적절한 것은?

> **조건**
> ⓑ를 참고하여 '과학 기술 발전'과 관련하여 발휘할 수 있는 지혜를 나타낼 것.

① 생활 속 10분간의 작은 상상은 10년 동안의 밝은 미래를 만듭니다.
② 물질 자원은 고갈되지만, 기술 자원은 고갈되지 않는 무한한 자원입니다.
③ 편리함과 풍요로움이라는 밝음 뒤, 환경 파괴라는 그늘을 경계해야 합니다.
④ 윤리적 책임보다 가치 중립성이 존중될 때, 더 큰 발전을 이룩할 수 있습니다.
⑤ 낯선 기술의 파도 속에서 단단한 돛이 되는 핵심 기술에 선택과 집중해야 합니다.

[054~056] 다음 그림을 보고 물음에 답하시오.

| 맨몸 턱걸이를 위한 훈련 과정 | | |
|---|---|---|
| (가) | (나) | (다) |
| 1. 매달리기 훈련 | 2. 고무 밴드 도움 훈련 | 3. 부상 주의 |

**054** 그림 (가)와 (나)를 바탕으로 다음과 같이 분석할 때 적절하지 <u>않은</u> 것은?

|   | (가) | (나) |
|---|---|---|
| 목표 | 맨몸으로 턱걸이 동작을 성공하는 것 ||
| 훈련 | ㉠ 철봉을 붙잡고 몸을 늘어뜨려 버티는 동작의 훈련 | 고무 밴드의 보조를 받아 철봉을 손으로 잡고 몸을 올리는 동작의 훈련 |
| 핵심 | 턱걸이 수행에 기본이 되는 악력을 길러줌. | ㉡ 고무 밴드의 탄성이 턱걸이 수행을 도와줌. |
| 결과 | ㉢ 초급자 시기엔 매달리는 시간이 짧지만, 연습할수록 매달리는 시간이 점진적으로 증가함. | 초급자 시기엔 고무 밴드에 도움을 받지만, 연습할수록 고무 밴드 없이 턱걸이 수행이 가능함. |
| 주제 | ㉣ 교사는 학생의 기초 학습 수준이 낮더라도 단기간의 비약적 성장을 위해 심화 학습을 바로 적용할 필요가 있다. | ㉤ 교사는 학생의 학습 초기에 적절한 도움을 주되, 최종적으로는 학생 스스로 해낼 수 있도록 도움을 줄여나가야 한다. |

① ㉠  ② ㉡  ③ ㉢  ④ ㉣  ⑤ ㉤

**055** 다음은 (나)의 고무 밴드 종류를 구체화한 것이다. ⓐ가 낮을수록 '소득 수준이 낮고' ⓑ가 두꺼울수록 '복지 혜택 정도가 커야 한다'고 가정할 때, 이끌어 낼 수 있는 주장으로 가장 적절한 것은?

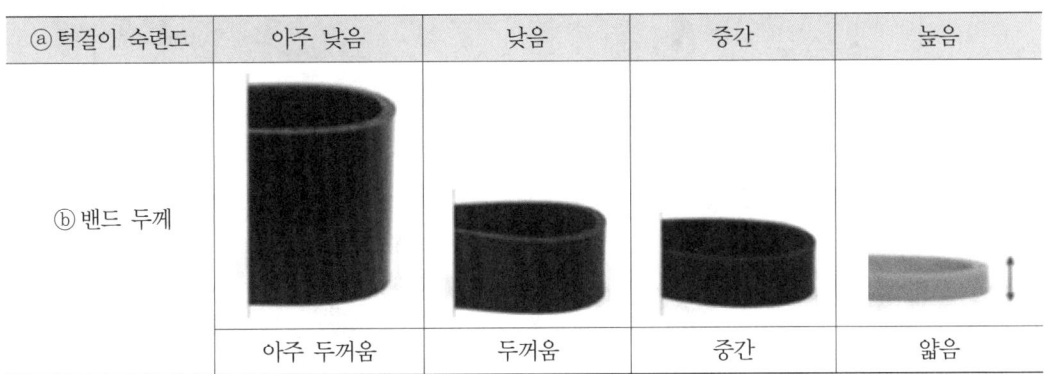

① 모든 사회 구성원은 동일한 복지 혜택을 받아야 한다.
② 사회적 계층과 상관없이 능력 개발은 개인의 역량에 맡겨야 한다.
③ 사회적 약자일수록 자립도가 낮으므로 더 큰 복지 혜택을 제공해야 한다.
④ 소득 수준에 따른 복지 혜택의 정도 차이가 사회적 역차별을 낳을 수 있다.
⑤ 사회적으로 더 많은 보상을 받는 직업군에게 더 큰 복지 혜택을 제공해야 한다.

056 (다)를 활용하여 '목표 설정과 실천 요령'에 대해 조언할 수 있는 내용으로 가장 적절한 것은?

① 성취동기를 자극할 수 있는 도전적인 목표를 세워야 합니다.
② 목표 설정에 안주하지 않고 즉시 실행하는 습관이 중요합니다.
③ 목표를 향한 과한 욕심이 때론 목표 도달을 지연시킬 수 있습니다.
④ 주변 상황에 흔들리지 않고 한 번 정한 목표를 끝까지 달성해야 합니다.
⑤ 절실하면 절실할수록 목표를 향해 진격하는 속도가 빨라질 수 있습니다.

[057~058] 다음을 보고 물음에 답하시오.

공동 주택에서 발생할 수 있는 층간 소음은 이웃 간의 심각한 갈등을 초래하기도 한다. 정부에서는 층간 소음의 심각성을 환기하고 배려하며 살아갈 수 있는 문화를 조성하기 위해 다양한 공익 광고를 제작하고 있다. 공익 광고의 주된 전략은 아래와 같다.
(가) 층간 소음을 유발할 수 있는 행동들을 제시한다.
(나) 층간 소음이 이웃 간의 심각한 갈등을 유발할 수 있음을 제시한다.
(다) 역지사지로 아래층의 입장에서 생각하게 한다.
(라) 층간 소음을 예방할 수 있는 방안들을 소개한다.
(마) 나의 일상이 이웃에게 고통을 유발할 수 있음을 알린다.

057 윗글의 (가)~(마)에 해당하는 광고 사례가 적절하게 짝 지어지지 않은 것은?

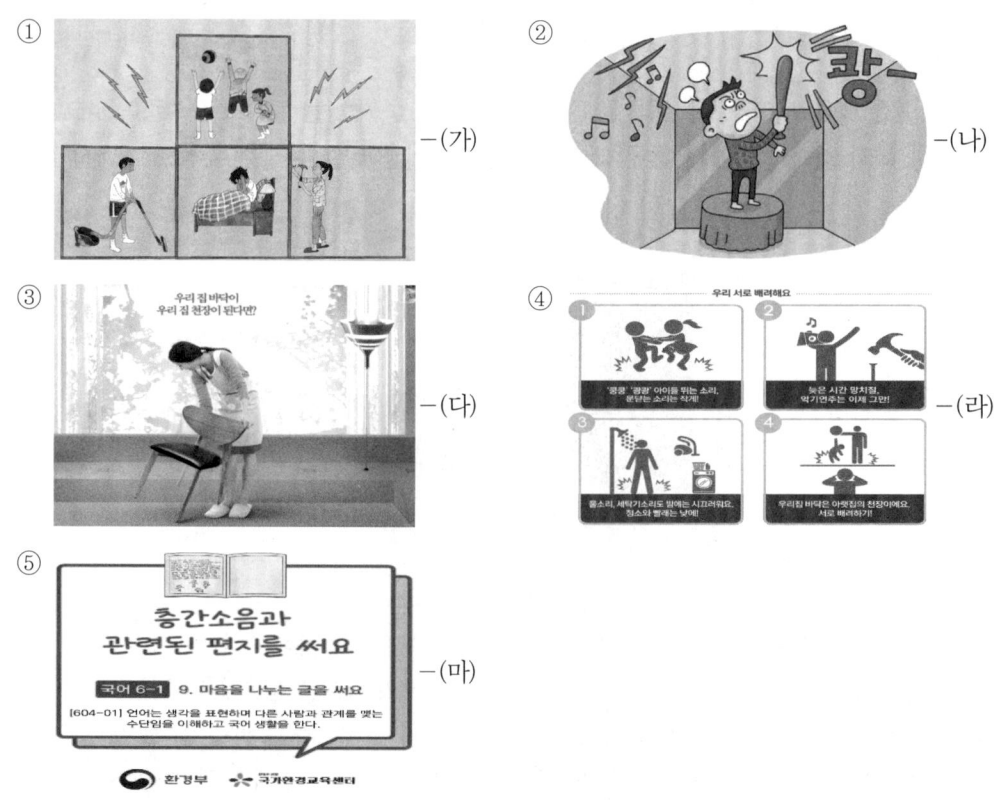

## 058 (가)와 (마)의 내용을 모두 반영한 공익 광고 문구로 가장 적절한 것은?

① 층간 내리사랑, 이웃 간의 새로운 사랑입니다!
② 공동 주택은 벽과 바닥을 이웃과 공유하는 것!
③ 층간 소음, 아래층 주민만의 고충은 아닙니다!
④ 위층이 무심코 콩콩 뛰면 아래층 심장이 쿵쿵 뛰어요!
⑤ 공동 주택 층간 소음, 조금씩 양보하면 줄일 수 있어요!

## [059~060] 다음 글을 읽고 물음에 답하시오.

까마귀 한 마리가 날아다니다 커다란 고기 한 점을 발견했다. 쏜살같이 고기를 낚아채 나뭇가지에 내려앉은 까마귀는 신선한 고기의 향을 맡으며 오늘이 정말 운이 좋은 날이라고 생각했다. 까마귀가 고기를 입에 물고 먹으려던 찰나 지나가던 여우가 이 광경을 목격했다. 고기가 먹고 싶어진 여우는 고개를 쳐들고서 까마귀를 향해 소리쳤다.
"거기 까마귀로군. 자네의 풍모는 언제 봐도 멋있어. 특히 그 까만 깃털은 정말 우아해."
까마귀는 나무 아래를 내려다봤다. 여우의 갑작스런 칭찬이 듣기 싫지 않았다.
"겉모습만 봐서는 위풍당당한 자네가 새들의 왕이 되어도 전혀 손색이 없다고 생각해."
여우는 숲속의 다른 동물들이 다 들을 수 있게끔 큰소리로 까마귀를 칭찬했다. 우쭐해진 까마귀는 속으로 생각했다.
'이제야 내 진가를 제대로 알아봐 주는군. 새들이 나를 왕으로 추대해도 이상할 게 없지.'
여우는 잔뜩 기분이 좋아진 까마귀를 향해 말했다.
"그런데 말이야, 자네가 목소리까지 좋다면 금상첨화일 것 같아. 아름다운 풍채에 고운 목소리까지 갖추었다면 새들의 왕으로 충분하니까. 어디 노래 한번 들려주지 않겠나?"
여우의 말을 들은 까마귀는 한껏 목청을 가다듬은 다음 노래를 부르기 시작했다.
"깍, 까아악. 까악……."
순간 입에 물고 있던 커다란 고기 한 점이 나무 아래로 떨어져 버렸다. 여우는 얼른 고기를 낚아챈 후 자리를 뜨며 까마귀에게 말했다.
"아깝다. 네가 조금만 더 현명했더라면 새들의 왕이 될 수도 있었을 텐데."

## 059 윗글의 여우와 유사한 사례로 가장 적절한 것은?

① 형의 외모를 추켜세워 비싼 밥을 얻어먹는 동생
② 학생이 자신의 장점을 살릴 수 있는 역할을 부여하는 교사
③ 자녀가 열의를 느끼는 활동을 매일 할 수 있도록 조력하는 부모
④ 높은 업무 성과를 기록한 직원에게 성과급을 추가 지급하는 회사
⑤ 경연에서 장려상을 받은 선수에게 금상 수상에 대한 기대를 표현하는 코치

**060** 윗글의 까마귀를 통해 유추할 수 있는 내용으로 가장 적절한 것은?

① 칭찬을 들으면 심리적 만족감보다 압박감을 더 느낀다.
② 칭찬은 개인이 자신의 능력을 더 잘 발휘하도록 이끈다.
③ 칭찬을 듣고 자만에 빠지지 않도록 처신을 신중히 해야 한다.
④ 칭찬은 개인의 성과가 좋지 않으면 언제든 비난으로 바뀔 수 있다.
⑤ 칭찬을 계기로 타인의 평가를 의식할수록 개인의 불안감이 증대된다.

## 읽기   061번 ~ 090번

**[061~062] 다음 글을 읽고 물음에 답하시오.**

> 나무는 자기 몸으로
> 나무이다
> 자기 온몸으로 나무는 나무가 된다
> 자기 온몸으로 헐벗고 영하 13도
> 영하 20도 지상에
> 온몸을 뿌리 박고 대가리 쳐들고
> 무방비의 나목(裸木)으로 서서
> ㉠두 손 올리고 벌받는 자세로 서서
> 아 벌받은 몸으로, 벌받는 목숨으로 기립하여, 그러나
> 이게 아닌데 이게 아닌데
> 온 혼(魂)으로 애타면서 속으로 몸속으로 불타면서
> 버티면서 거부하면서 영하에서
> 영상으로 영상 5도 영상 13도 지상으로
> ㉡밀고 간다, 막 밀고 올라간다
> ㉢온몸이 으스러지도록
> 으스러지도록 부르터지면서
> 터지면서 ㉣자기의 뜨거운 혀로 싹을 내밀고
> 천천히, 서서히, 문득, 푸른 잎이 되고
> 푸르른 사월 하늘 들이받으면서
> ㉤나무는 자기의 온몸으로 나무가 된다
> 아아, 마침내, 끝끝내
> 꽃 피는 나무는 자기 몸으로
> 꽃 피는 나무이다
>
> — 황지우, 「겨울-나무로부터 봄-나무에로」

## 061 윗글에 대한 설명으로 가장 적절한 것은?

① 반복을 통해 대상의 속성을 드러내고 있다.
② 명령형의 문장을 활용하여 주제 의식을 부각하고 있다.
③ 가정의 진술을 활용하여 현실과 이상의 거리감을 강조하고 있다.
④ 말을 건네는 방식을 활용하여 대상에 대한 친밀감을 나타내고 있다.
⑤ 근경에서 원경으로의 시선 이동을 통해 화자의 정서 변화를 나타내고 있다.

## 062 ㉠~㉤에 대한 이해로 적절하지 않은 것은?

① ㉠: 봄-나무의 외양을 드러내고 있다.
② ㉡: 나무의 의지적인 모습을 나타내고 있다.
③ ㉢: 끝까지 최선을 다하는 나무의 노력을 드러내고 있다.
④ ㉣: 나무의 열정으로 인한 변화를 나타내고 있다.
⑤ ㉤: 나무 스스로의 내적인 힘을 드러내고 있다.

## [063~065] 다음 글을 읽고 물음에 답하시오.

그날 술자리는 언제나처럼 이 차까지 연장되었다. 이 차까지 가서도 내가 이른바 '술이 술을 먹는' 상태로 고주망태가 되지 않았던 것은 드문 일이었다. 열두 시가 가까워서 집에 돌아와서도 나는 거의 말짱한 편이었다.
  4월 12일자 학교 신문의 특집 기사는 하단의 전 5단짜리 광고를 빼고 나머지 지면을 반나마 차지하는 거창한 것이었다. '역사를 증언하는 자들이여, 사일구의 힘을 보아라.' 하고 제목에서부터 목소리를 높인 ㉠내 시가 눈에 들어왔다. 나는 얼굴이 뜨거웠다. 물론 윤재걸의 〈사일구를 맞이하여〉와 강은교의 〈사월에 던진 돌〉이라는 시도 있었지만 무슨 청천의 벽력같이 외치고 있는 내 꼬락서니가 가소롭기 짝이 없었다. 빈 깡통이 소리가 더 요란하다더니 무슨 얼빠진 정신으로 외쳐 댔던 것일까. 자책이 앞섰다. 더군다나 나는 사일구에 대해서 아는 것이라곤 거의 없지 않은가. 나는 그때 겨우 중학교 2학년 학생에 지나지 않았다. 그런데도 아는 척하며 '역사'니 '힘'이니 하면서 주절대고 있는 것은 역겹기까지 한 일이었다. 그것은 작품으로서도 치졸한 지경의 것이었다. '거리에 불붙은 사월의 혼을 보라. / 내가 그날 보았던 / 짙붉은 피의 뜨거운 여울 / 두 주먹에 정의를 불끈 쥔 / 거대한 항거를 보라. / 헛되이 만용을 부리지 않고 / 그들은 역사와 힘으로 싸웠다. / 핍박을 향하여 내던진 / 장엄한 희생을 보라. / 그 쾌적한 울분이여. / 핍박을 향하여 온몸을 바친 / 아, 우리들의 큰 희생이여, / 사월 하늘을 갈라낸 / 그들의 함성을 들어 보라. / 뜨거운 피의 여울을. / 역사를 증언하는 자들이여, / 그 힘을 보라.' 시인지 뭔지도 모를 피상적인 구절이 나열된 끝에는 '우리 신문 1967년 4월 17일자에 실렸던 글임'이라는 설명이 붙어 있었다. 15년 전의 글이어서가 아니라 내적 필연성이라든가 경험의 추상 따위는 눈을 씻고 볼래야 볼 수 없는 날림 글이었다. 사일구에 대해 아무것도 모르면서 무슨 주체라도 되는 양 읊조렸다는 게 도무지 믿어지지가 않았다. 더군다나 지면의 전체 제목이 '사일구 혁명과 문학'이라는 어마어마한 것이어서 그야말로 진땀까지 났다. 그러나 지면의 여기저기를 살펴보니 편집자로서도 그 나름의 고충이 있었으리라고 짐작되지 않는 바는 아니었다. 본디 '사일구 혁명과 문학'이라는 특집은 '분단 시대와 한국 문학'이라는 기획 연재물의 다섯 번째 연재에 해당하는 것이었다. '글 싣는 차례'는 그 전까지 네 번에 걸쳐서 '문학과 현실' '분단 상황과 이데올로기' '농촌 문화와 도시 문화의 갈등' '전통 문화와 외래 문화의 갈등'이라는 글들이 연재되었음을 알려 주었고, 다섯 번째 '사일구 혁명과 문학'의 뒤로는 '산업화와 소외의 문제' '대중 사회와 작가' '민족 문학 정립의 과제와 전망' 등으로 이어져 나갈 예정임을 보여 주고 있었다. 그런데 '사일구 혁명과 문학'은 본디 기획 의도가 어떠했는지는 자세히 알 길이 없지만 갑작스럽게 바뀐 것만은 손쉽게 알 수 있었다. 편집자는 그것이 '사정에 의해 옛날 우리 신문에 실렸던 동문들의 시로 엮였음'을 밝히고 '사일구 혁명과 문학에 대한 구체적인 분석을 하지 못하게 된 것을 대단히 죄송스럽게 생각하며, 이 연재물에 관심을 가져 주신 많은 독자 여러분께 사과'를 드리고도 있었다. 그렇다면 얼토당토않은 글이 얼토당토않은 자리를 메우게 된 셈이었다. 어이없는 일이 아닐 수 없었다.

내 경우에는 세대를 따지더라도 사일구에 대해 이러쿵저러쿵 이야기할 수 있는 세대가 아니다. 쉽게 말하면 ⓒ신동문 선생의 시에서처럼 '아, 신화 같은 다비데군(群)'을 외칠 입장은 채 되지 못한다는 말이다. 그때 중학교 2학년의 어린 학생으로서 내가 독재에 대해서 무슨 생각을 가졌다면 거짓말일 것이다. 그리고 나중에 이르러서도 사일구의 역사적 · 사상적 의의에 대해서는 거의 무지를 벗어나지 못할 수밖에 없었다. 하나의 사상(事象)이 요모조모로 완벽하게 살펴지고 통찰되고 평가되자면 온갖 측면에서의 방법론이 모두 동원된 뒤라야 가능하다고 할 것이며 나는 그에 대해서 엄두조차 낼 수 없다고 느껴 왔었다. 이를테면 나는 이른바 이데올로기 비판 교육을 내세운 이규호 문교부 장관이 대학 교수 시절에 선생의 강의를 받으면서 대학을 다녔는데, 그때만 해도 마르크스니 레닌이니 하는 이름은 입에 올리는 것조차 꺼려하던 시절이었다. 극복하기 위해서는 알아야 한다는 평범한 진리가 통하지 않던 시절이었다.

— 윤후명, 「모든 별들은 음악 소리를 낸다」

## 063 윗글에 대한 설명으로 가장 적절한 것은?

① 서술자의 자전적 경험을 회상의 방식을 통해 제시하고 있다.
② 인물들이 겪은 다양한 체험을 삽화의 형식을 통해 드러내고 있다.
③ 사건의 함의를 여러 인물의 이질적인 시각을 통해 부각하고 있다.
④ 인물 간의 갈등 관계를 부각하는 방식을 통해 서사를 전개하고 있다.
⑤ 인물의 시선에 포착된 환상적 배경을 묘사하는 방식을 통해 시대적 현실을 드러내고 있다.

## 064 윗글의 나 에 대한 이해로 가장 적절한 것은?

① 자신의 시에 긍정적 의미를 부여하고 있다.
② 대학 수업에서 이데올로기 논의에 대한 제약이 없었다.
③ 이념적 억압이 엄혹하던 시대적 상황을 인지하고 있었다.
④ 특정 이론을 극복하기 위해 투쟁한 경험을 가지고 있었다.
⑤ 자신의 시와 다른 사람의 시 간의 공통점에 주목하고 있다.

## 065 ⊙과 ⓒ에 대해 이해한 내용으로 적절하지 않은 것은?

① '나'는 ⊙을 '내적 필연성'과 '경험의 추상'이 결여된 작품으로 인식하고 있다.
② '나'는 ⊙에 비해 ⓒ이 '사일구'의 역사적 의미를 통찰한 작품이라고 이해하고 있다.
③ '나'는 ⊙이 근본적 한계를 가지고 있다는 점을 '세대'의 문제와 결부시켜 이해하고 있다.
④ '나'는 ⊙이 시로서의 가치와 의미를 따질 수 없는 부끄러운 작품이라고 인식하고 있다.
⑤ '나'는 ⊙의 한계를 '독재'에 대한 인식의 부재보다는 획일적인 방법론에 의존한 폐쇄적인 연구 관점에서 기인한 것으로 인식하고 있다.

[066~068] 다음 글을 읽고 물음에 답하시오.

루소는 합의로 만들어진 권한에서만 진정한 권리가 나올 수 있다고 천명했다. 합의 주체들이 권한을 부여하고 권리를 보증하는 주체, 즉 정치 사회의 주권자이다. 주권자로서 결합한 인민은 단순히 여러 사람이 모인 단체가 아니라 정치적 인격을 갖춘 인민체가 된다. 이것은 사회적 집합체이자 공적 인격이며 공화국 또는 정치체로 불린다.

이들이 하나의 정치체로서 집합적으로 갖는 의지를 일반 의지라고 한다. 각 개인이 사적으로 갖는 개별 의지를 단순히 합쳐 놓은 전체 의지와 다르다. 일반 의지는 전체 의지와 달리 일정 수준의 공적 합리성을 갖는다. 루소는 법은 반드시 일반 의지에 따라 제정해야 한다고 주장했다. 개인이 자신의 이해관계를 초월하여 시민으로서 국가 공동체 전체의 입장에 놓고 이성적으로 고민한 결과로 형성되는 일반 의지에 따라 법의 원칙을 확립해야 한다는 뜻이다. 사회는 오직 "공동 이익을 기준으로 통치되어야" 하며, 공동 이익을 추구하는 의지가 바로 일반 의지이다. 여기서 루소의 의도는 만일 자유 국가가 존재할 수 있다면 그런 국가는 이성적인 공적 사유의 집합체에 따라 운영되어야 하며, 다양한 사적 이해관계의 충돌과 타협에 따라 운영되어서는 안 된다는 것이다.

루소는 여기서 중요한 결론을 도출하는데, 주권의 불가 양도성이 그것이다. 오늘날까지 지배적 정치 제도인 대의제의 기본 사상은, 개별 시민을 대신해 줄 대표를 투표로 뽑아서 국회를 비롯한 국가 기구를 구성하면 그것이 바로 모든 시민의 뜻을 반영하는 국가 제도를 만드는 셈이라고 보는 것이다. 루소보다 100년 앞서 홉스는 대의제를 통해 절대 권력을 갖는 군주를 세우는 사회 계약 이론을 제시했다. 봉건 사회와 근대 초기 서유럽에서 대의제는 사제, 귀족, 평민으로 구성된 3층짜리 신분 사회에서 각 신분의 균형을 확보하거나 서로 충돌하는 사람들의 이익 사이에서 합의점을 찾는 방편으로 이해되었다.

　　ⓘ　　천명했다. 주권이 개인에게 있지 않고 전체 집합인 인민에게만 존재하기 때문이라면서, 이 제도는 국가의 정당성을 근본적으로 훼손하는 장치라고 말했다. 이런 관점에서 볼 때 이 제도는 민주주의는 말할 것도 없고 어떤 정부 형태와 결합하더라도 자유 국가를 창설할 수 없는 방편이었다.

주권을 가장 높은 곳에 있는 힘으로 간주하는 이 접근법은 근대 초기에 절대 왕정의 국왕 주권을 설명하는 데 자주 활용되었다. 루소는 홉스나 보댕과 달리 주권의 소재지를 군주가 아닌 인민에게서 발견했으며, 이에 따라 "인민 단체에게는 어떤 종류의 기본법도 의무가 되지 않으며 의무가 될 수도 없다."라고 주장했다. 인민의 의지가 법을 만든다면, 논리적으로 따져볼 때 법은 인민의 의지 아래에 있다. 논리에 따르면 주권자가 인민이면 인민의 의지가 법 위에 있고, 주권자가 왕이면 왕의 의지가 법 위에 있다. 루소는 이런 주권론을 매우 명확한 논리로 다듬어 차용했다. 즉 자유 국가에서는 인민의 뜻이 법 위에 있다는 것이다.

**066** 윗글을 이해한 내용으로 적절하지 않은 것은?

① 홉스는 군주제를 옹호했다.
② 루소는 합의의 가치를 강조했다.
③ 전체 의지는 공공의 합리성을 의식하지 않는다.
④ 서유럽 중세 사회에서 대의제의 개념이 부재하였다.
⑤ 루소는 공동체 전체의 입장에 따라 법이 만들어져야 한다고 주장했다.

**067** ⓘ에 들어갈 말로 가장 적절한 것은?

① 루소는 군주제를 부정한다고
② 홉스는 대의제를 지지한다고
③ 보댕은 대의제를 부정한다고
④ 홉스는 주권을 양도할 수 없다고
⑤ 루소는 주권을 양도할 수 없다고

## 068 주권에 대한 평가로 적절하지 않은 것은?

① 보댕은 주권이 군주에게 있다고 보았다.
② 루소에게 주권은 정치적 집합체에게 있다.
③ 루소에게 주권은 인민이 법 위에 존재하는 근거이다.
④ 집합체인 인민에게 주권이 있다면 대의제는 옹호되어야 한다.
⑤ 주권은 절대 군주의 권력을 정당화하는 데 사용되기도 하였다.

## [069~072] 다음 글을 읽고 물음에 답하시오.

일반적으로 법을 공법(公法)과 사법(私法)이라는 두 가지 갈래로 나누어 이해한다. 이는 매우 오래된 방식이다. 고대 로마시대에서부터 국가의 공공 이익을 위한 법은 공법, 시민 각자의 개별 이익을 위하여 존재하는 법은 사법이라 분류했었다. 요즘은 대개 국가 공권력의 고권적 상하 작용을 바탕으로 하는 것을 공법으로 보고, 국가의 행위라 하더라도 일반 개인과 수평적인 관계에서 이루어질 때에는 사법이라 하여 로마법에서와는 달리 성질에 기반한 해설을 한다. 사법을 인정하는 로마법의 태도는 당시로서 매우 획기적인 것이다. 그 의의는 동아시아 법제에 지대한 영향을 끼쳤던 당률(唐律)의 전통과 비교해 보면 뚜렷해진다.

중국에서 율(律)·령(令)은 전국시대부터 등장하였지만, 대체로 737년 당(唐)의 개원율령으로써 율령격식(律令格式)의 체제를 완비하였다고 본다. 오늘날에 견주어 보면 율은 형법, 령은 행정법에 해당한다. 격은 율령을 보충하거나 개정하는 법규이고, 식은 그 시행세칙이라 할 수 있다. 따라서 당률은 바로 훌륭히 체계적으로 정비된 성문(成文) 형법전인 것이다. 이 당의 율령 체계는 내용은 한국, 일본, 베트남 등지로 퍼져 동아시아 법계의 근간을 이루는 토대가 되었다. 일찍이 완비되어 동양 법 전통의 모범이 된 법체계가 철저하게 형법과 행정법이라는 공법 중심으로 짜였다는 점이 바로 서구의 법 전통과 대비되는 것이다.

인민의 정치적 주체성이 기반이 된 그리스 민주정치를 잘 알고 있었고, 적극적인 저항으로써 왕정으로부터 공화정을 실현시킨 로마의 토양에서는 시민 생활의 규율인 사법이 법의 대상이 된다는 인식은 당연했을지 모른다. 반면에 중앙집권적 왕정 체제가 근대 직전까지 이어온 동아시아의 전통 사회는 사법의 발달에 우호적인 환경이 아니었고, 그리하여 형법과 같은 공법 위주의 법제 중심으로 전개되어 왔다. 사법이 없었다고 말할 수는 없겠지만, 그것은 많은 부분 성문법이 아닌 관습법의 영역에 맡겨져 있었다고 할 것이다.

우리가 사법의 분야를 국가 법체계의 당연한 영역으로 여기게 된 것은 사실상 근대 이후 서구 법제를 받아들인 결과이다. 로마시대에 사법과 공법의 구별 기준은 그 이익의 관점에서 따져 정한 것이라 살필 수 있고, 이런 태도는 오래된 ㉠전통적 기준이기도 했었다. 하지만 이를 좀 더 철학적으로 들여다보면, 공법은 공화국이라는 추상적 실체로서의 공적 조직에 관한, 그리고 그것과 그에 속한 시민들과의 관계를 설정하는 법이라 할 수 있고, 반면에 사법은 구체적인 세상살이를 대상으로 한다고 이해할 수도 있다.

현대 사회에 들어서면서는 다소 모호한 법 영역이 등장한다. 급속히 자리 잡은 자본주의 체제는 근대 사법이 원리로 삼는 평등한 개인 간의 자유로운 합의가 실제로는 이루어지지 못하는 실정을 낳았다. 예를 들면, 거대한 독점 기업과 맺어지는 고용 계약이나 소비 계약에서 근로자나 소비자는 계약의 상대나 내용에 대해 선택의 자유를 누리지 못하는 일은 흔하다. 이에 [ ㉡ ] 노동법, 경제법, 사회보장법과 같은 법률 분야가 생겨나게 되었다. 따라서 이들 법 영역에는 공·사법 양쪽의 성격이 나타난다. 그리하여 이제는 공법과 사법의 구별이 필요 없다는 주장도 있지만, 양자의 성질상 차이를 바탕으로 소송 제도도 별개로 규정되는 등 이 둘의 구분은 여전히 우리 법제의 근간에서 작용한다.

**069** 윗글에 대한 이해로 가장 적절한 것은?

① 중국의 전국시대에 완비된 율령격식의 체제는 우리나라에까지 영향을 끼쳤다.
② 동아시아 전통에서 공법의 영역은 성문법으로 규정할 분야로 보지 않는 분위기였다.
③ 동양의 중앙 집권적 토양은 인민의 정치적 주체성에 대한 인식이 성장하는 데 유리했다.
④ 당나라에서는 율령을 보충적인 격식보다 우위에 놓음으로써 사법보다 공법이 우선하는 전통을 낳았다.
⑤ 자본의 발달에 따른 폐해로 말미암아 근대 사법의 원칙을 실현하는 데 공법적 역할이 필요하다는 인식이 생겼다.

**070** '공법'과 '사법'에 관한 설명으로 적절하지 않은 것은?

① 근대 사법은 대등한 주체 사이에서 계약 내용이 자유롭게 결정되는 것을 전제로 한다.
② 오늘날 공법은 로마시대와 달리 국가와 시민의 관계가 서로 대등하게 설정되도록 규율하려 한다.
③ 노동법, 사회보장법은 공법이나 사법의 어느 한쪽으로만 보기에는 애매한 법 영역이라 할 수 있다.
④ 동아시아의 전통에서 사법 분야는 법률을 제정하여 일관되게 규율해야 할 영역이라는 인식이 약했다.
⑤ 형사소송법과 민사소송법이 별개로 제정된 까닭에는 공법과 사법의 구별이 근간에서 작용하는 것도 있다.

**071** 윗글의 ⊙에 대한 설명으로 적절하지 않은 것은?

① 공공의 이익을 다루는 영역을 규율하는 법 분야를 공법으로 본다.
② 로마법에서부터 내려오는 분류 개념에 기반하고 있다는 점에서도 전통적이라 할 수 있다.
③ 공법의 원칙적 기준으로는 공권력이 상위에서 작용한다는 성질을 바탕으로 하는 법이라고 해설한다.
④ 법이 다루는 내용이 저마다의 국민이 갖는 개별적 이익에 관한 것이라면 그 법은 사법으로 분류된다.
⑤ 구체적인 시민 생활에 해당하는지, 국가라는 추상적 조직과 국민의 관계에 해당하는지에 따른 분류 기준이다.

**072** 문맥을 고려할 때 ⓒ에 들어갈 말로 가장 적절한 것은?

① 법은 공평과 선을 실현하는 정의에서 유래한다는 사상을 바탕으로
② 공법과 사법으로 구별하는 방식과는 다른 별개의 기준으로 법률을 분류하는
③ 일정한 법 영역을 하나의 완결된 체계로 규율하기 위하여 폭넓게 망라된 내용을 갖는
④ 개별 주체들의 자율에 맡기면서도 적절히 국가의 공권이 개입하여 균형을 잃지 않도록 하는
⑤ 현실 생활의 전반을 규율하는 것이 아니라 국가라는 추상적 인격체와의 공적 관계를 규율할 수 있도록

[073~075] 다음 글을 읽고 물음에 답하시오.

고체 입자의 크기는 물리적·화학적 성질에 큰 영향을 준다. 고체 입자의 크기를 조절하는 데 사용되는 기술의 하나가 재결정화 기술이다. 재결정화는 최초 고체화된 결정화 재료를 다시 용해 후 결정 입자로 석출하여 입자의 크기를 조절하는 기술로 입자의 크기 조절뿐 아니라 부가적으로 입자의 순도를 높일 수 있고, 입자의 결정 모양을 조절할 수 있다. 재결정화 기술로는 반용매법이 많이 쓰이는데 반용매를 이용한 결정화 기술은 비교적 적은 에너지가 필요하고 상온에서 적용할 수 있으며, 공정이 비교적 단순하고 결정을 빠르게 얻을 수 있다. 이러한 장점 때문에 반용매를 이용한 결정화 기술은 냉각, 증발을 이용한 결정화 기술보다 널리 사용되고 있다. 특히 제약 물질은 온도에 민감하므로 상온에서 결정화를 진행할 수 있는 점은 매우 큰 장점이다.

반용매 결정화는 반용매를 용액에 첨가하여 결정을 얻는 방법이다. 이때 반용매는 용질을 녹이지 않으면서 동시에 용액과는 잘 혼합되는 물질로 반용매가 용액에 첨가되면 용질의 용해도를 감소시켜 용질의 석출이 일어난다. 예를 들어 용질 A는 용매 B에 잘 녹으나 반용매 C에는 거의 녹지 않는다. 그러나 용매 B와 반용매 C는 잘 혼합되어 A+B 용액에 반용매 C를 첨가하면 용질 A의 용해도가 감소한다. 용해도의 감소는 용질 A의 석출을 유발하고 결과적으로 고체상의 용질 A 결정이 형성된다. 반용매 결정화를 이해하기 위해서는 과포화도에 대한 이해가 필요하다. 특정 온도에서 용매 100g에 평행 상태에서 최대로 녹아있는 용질의 양을 용해도라 하는데, 과포화는 정상적인 포화 상태에서 녹을 수 있는 용질보다 더 많은 용질이 용매에 녹아있는 상태로, 과포화도는 이러한 과포화 상태의 정도를 말한다. 과포화 상태가 유발되면 평형으로 이동하려는 경향이 생기며 평형으로 도달하면서 용질이 석출된다. 즉, 반용매를 용액에 첨가하면 과포화도가 증가하고 이를 구동력으로 용질이 석출된다.

반용매 공정에 의해 얻어지는 입자의 크기는 결정의 핵 생성 속도와 결정 성장이 어떻게 이루어지느냐에 의존한다. 석출에 따른 결정의 형성은 핵 생성과 결정 성장의 두 단계로 이루어지기 때문에, 결정화 속도 또한 핵 생성 속도와 결정 성장 속도의 두 가지로 구분된다. 핵 생성 단계에서는 결정의 근원인 핵이 생성되며, 결정 성장 단계에서는 용질 분자 또는 이온이 결정의 성장 면에 도달하여 결정의 크기가 증가한다. 핵 생성 속도와 결정 성장 속도는 과포화도($\sigma$)에 대한 거듭제곱으로 표현할 수 있다. 즉, 핵 생성 속도와 결정 성장 속도는 각각 $k_b\sigma^b$, $k_g\sigma^g$으로 나타낼 수 있으며, $k_b$와 $k_g$는 비례상수이고 과포화도란 과포화 상태에서의 용질 농도를 용해도로 나눈 값이다. 특정 과포화 상태에서 생성될 수 있는 고체상 결정의 총량은 일정하므로 생성되는 핵의 수가 많아지면 결정의 평균 크기는 ⓐ 한다. 통상 핵 생성 속도 차수 b가 결정 성장 속도 차수 g보다 크다. 따라서 과포화도가 증가함에 따라 결정 성장 속도보다 핵 생성 속도가 더 빠르게 ⓑ 하여 입자의 크기는 ⓒ 한다.

결정의 크기는 용질의 농도, 교반 속도, 반용매 주입 속도, 온도에 따라 달라지는데, 각각의 조작 변수는 과포화도, 속도론과 연관된다. 용질의 농도가 증가할수록, 반용매 주입 속도가 증가할수록, 온도가 감소할수록, 교반 속도가 증가할수록 과포화도가 증가해 결정의 크기는 감소한다.

## 073 윗글의 내용과 일치하지 않는 것은?

① 재결정화 기술은 입자의 순도를 높이는 공정이다.
② 반용매 재결정화 기술은 상온에서 적용이 가능하다.
③ 과포화가 생기면 더욱 과포화되려는 경향이 생긴다.
④ 반용매를 주입하는 속도는 결정의 크기에 영향을 준다.
⑤ 과포화는 용해도 이상으로 용질이 녹아 있는 상태이다.

**074** 윗글을 바탕으로 할 때, 〈보기〉를 이해한 내용으로 적절한 것을 있는 대로 고른 것은?

> **보기**
> 
> 용매 ⓐ에 용질 ⓑ를 용해도 값보다 작은 질량을 넣고 용해하여 용액을 만들었다. 이후 반용매 ⓒ를 넣어 용질의 재결정화 공정을 진행하였다.

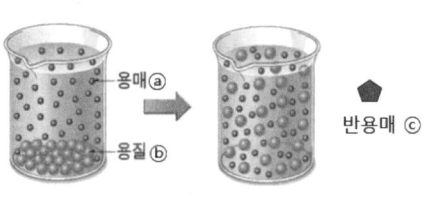

> **이해한 내용**
> 
> ㄱ. ⓑ는 ⓐ와 ⓒ 모두에 잘 녹는 성질을 가지고 있다.
> ㄴ. 〈보기〉에 비해 ⓑ가 녹아 있는 양이 적은 경우라면 같은 조건으로 ⓒ를 주입하였을 때 결정의 크기는 더 커졌을 것이다.
> ㄷ. ⓒ의 첨가 전후에 ⓑ의 ⓐ에서의 용해도는 변함이 없다.

① ㄱ      ② ㄴ      ③ ㄷ      ④ ㄱ, ㄴ      ⑤ ㄴ, ㄷ

**075** 윗글의 ㉠, ㉡, ㉢에 들어갈 말로 적절하게 짝 지어진 것은?

|   | ㉠ | ㉡ | ㉢ |
|---|----|----|----|
| ① | 감소 | 감소 | 감소 |
| ② | 감소 | 감소 | 증가 |
| ③ | 감소 | 증가 | 감소 |
| ④ | 증가 | 감소 | 감소 |
| ⑤ | 증가 | 증가 | 증가 |

**[076~078] 다음 글을 읽고 물음에 답하시오.**

공학의 한 분야인 이동 현상 혹은 이동 현상론은 전달 현상으로 불리기도 하는데 물질, 열, 운동량의 이동과 전달을 다룬다. 물질의 이동, 열의 이동, 운동량의 이동을 다루는 세부 분야를 각각 물질 전달, 열전달, 유체 역학이라 한다. 이동 현상에 있어 이러한 유체의 거동에는 여러 물리량이 복합적으로 변화하며 영향을 미치므로 개별 물리량의 변화에 따른 유체의 거동을 파악하는 것보다는 무차원 수를 활용하는 것이 유체의 거동을 전체적으로 파악하는 데 편리할 때가 많다.

무차원 수란 물리량의 성질을 뜻하는 차원이 상쇄되어 상대적 크기만 단위가 없는 숫자로 표현된 것을 말한다. 길이, 질량, 시간 등 하나의 기본 물리량으로 이루어진 기본 차원은 각각 [L], [M], [T]로 표기하며, 이들은 물리량에 따라 결합되어 표기되기도 하는데 이때 하나의 물리량으로 이루어지지 않은 차원을 유도 차원이라 한다. 가령, 질량과 가속도의 곱인 힘의 차원은 질량의 차원인 [M]과 가속도 차원인 [L/T$^2$]을 결합한 [ML/T$^2$]이다.

수많은 무차원 수가 있는데 비오트(Biot) 수는 열의 전달을 해석하는 데 유용하게 쓰인다. 열전달에는 전도, 대류, 복사가 있다. 온도가 높은 곳에서부터 낮은 곳으로 물질은 이동하지 않고 물질을 통하여 열이 옮아가는 것을 열의 전도, 뜨거운 유체가 움직여 열이 옮아가는 현상을 열의 대류라고 한다. 태양열은 우주 공간을 통하여 직접 지구에 전달되는데, 이처럼 열이 어떤 물질을 통하지 않고 직접 옮아가는 현상을 열의 복사라 한다.

대류와 전도의 관계를 나타내는 무차원 수로 비오트 수가 자주 사용된다. 물을 가열하면서 물에 잠겨 있는 차가운 구슬을 중탕으로 가열하는 경우를 생각해 보자. 이때 물과 차가운 물체 전체를 우리가 관심을 갖는 계라 하자. 가열함에 따라 차가운 물체는 점점 온도가 올라가게 되는데 이때 두 가지의 열전달이 존재한다. 하나는 물의 대류에 의한 물체의 표면까지의 열전달이고 다른 하나는 구슬의 표면에서 중심까지의 전도이다. 구슬과 같은 어떤 물체의 내부 온도가 열이 전달되는 과정 동안 거의 같게 유지되는 상태를 집중(lump)이라 하는데 물체가 이러한 집중 상태인지를 판단할 때에 비오트 수가 유용하게 사용된다. 이때 비오트 수는 구슬 표면까지의 대류에 의한 열전달과 구슬 표면에서 구슬 내부까지의 전도에 의한 열전달의 비로 정의되고 물의 대류에 대한 열전달 계수와 구슬의 열전도도를 열이 전도되는 길이로 나눈 값이다. 같은 온도 차에서 대류가 잘 일어날수록, 전도가 잘 일어날수록 각각 열전달 계수와 열전도도는 크다. 열전달이 잘 된다는 것은 열전달에 대해서 저항이 작다는 의미이므로 비오트 수는 고체 내부의 전도 저항과 외부 유체의 대류 저항의 비로 정의하기도 한다.

공학적으로 해석할 때 비오트 수의 기준점은 0.1인데 비오트 수가 0.1보다 작은 경우에는 고체 내의 열전달이 아주 잘 일어나 고체 내 온도가 같다고 가정해서 시스템을 해석해도 무리가 없다는 뜻이다. 이와 반대로 비오트 수가 0.1보다 큰 경우에는 물체 내부에서의 온도 차가 물체 표면과 물체 외부의 온도 차 ⓐ 고체를 온도가 일정한 한 덩어리로 간주할 수가 ⓑ . 이처럼 무차원 수는 단순히 단위가 없는 수만을 의미하지 않고 열전달과 같은 유체의 거동을 전체적으로 파악하는 데 중요한 물리적 의미를 지닌다.

## 076 윗글을 읽고 답할 수 있는 질문이 아닌 것은?

① 전달 현상을 다루는 세부 분야는 무엇인가?
② 무차원 수의 유용성은 무엇인가?
③ 태양열이 지구에 전달될 때 열전달은 어떤 방식인가?
④ 유도 차원의 예는 무엇인가?
⑤ 물체에서 전도와 복사의 관계를 나타내는 무차원 수는 무엇인가?

## 077 윗글을 이해한 내용으로 가장 적절한 것은?

① 속도는 시간당 길이이므로 기본 차원이다.
② 복사는 열이 이동하기 위해 어떤 물질을 통해야 한다.
③ 유도 차원은 두 개의 기본 차원의 결합이다.
④ 비오트 수는 열이 전도되는 길이를 알아야 구할 수 있다.
⑤ 집중 상태란 고체 내부의 온도가 크게 차이 나는 상태를 말한다.

## 078 윗글의 ㉠과 ㉡에 들어갈 말로 적절하게 짝 지어진 것은?

| | ㉠ | ㉡ |
|---|---|---|
| ① | 보다 크므로 | 있다 |
| ② | 보다 크므로 | 없다 |
| ③ | 보다 작으므로 | 있다 |
| ④ | 보다 작으므로 | 없다 |
| ⑤ | 와 같으므로 | 없다 |

## [079~082] 다음 글을 읽고 물음에 답하시오.

철학은 오랫동안 학문이라는 말을 대신해 왔다. 뉴턴만 해도 '과학'이라는 말 대신에 '자연 철학'이라는 말을 썼고, 사회 과학이 철학에서 독립된 것도 프랑스의 오귀스트 콩트(1798~1857)가 연구 방법론을 체계화한 이후였다. 철학에서 여러 과학이 떨어져 나간 지가 학문의 역사에서 얼마 되지 않았는데, 철학은 과학과 어떤 점에서 다를까?

철학이든 과학이든 어떤 문제의 해결책을 찾으려고 한다는 점은 같다. 가끔 철학과 과학이 같은 문제를 다루기도 한다. 물리학자나 철학자 모두 이 세상을 구성하는 존재를 물으며, 경제학자나 철학자 모두 평등을 묻는다. 그러나 철학자는 무언가를 실제로 조사해서 증거를 찾지 않는다. 아무리 이론 물리학자라고 하더라도 그가 세운 이론은 [A] 경험적으로 검증돼야 하며 경제학자는 실증 자료로 평등을 주장하지만, 철학자는 사람들이 당연하게 받아들이는 전제를 의심하거나 개념을 분석하는 등의 방법을 사용한다.

철학은 추상적이라는 점에서도 과학과 다르다. 과학자가 주로 하는 일은 인과 관계를 찾는 일이다. 기상학자는 이번 여름의 이상 저온의 원인이 무엇인지 찾으며 경제학자는 장기 저성장의 원인이 무엇인지 찾는다. 그러나 철학자는 바로 그 원인이란 무엇이며 인과 관계는 어떤 특징이 있는지 묻는다. 과학자는 수많은 사건을 대상으로 하고 거기서 법칙을 찾지만, 철학자는 사건 자체가 왜 일어나며 법칙이 성립하기 위해서는 어떤 조건이 만족되어야 하는지 묻는다. 어떤 학문이든 상식적으로 당연하다고 생각하는 것이 정말로 그런지 묻지만, ㉠철학은 다른 학문이 당연하게 받아들이는 것을 계속 묻기에 추상적이고 또 궁극적이게 된다.

한편 철학자는 규범을 묻는다. 과학자는 세상이 어떻게 되어 있는지에 관심이 있지만 어떻게 되어야 하는지에는 관심이 없다. 그러나 철학자는 세상이 좋거나 나쁜지, 옳거나 그른지, 아름답거나 추한지 묻는다. 예를 들어 인류학자는 '특정 민족에 어떤 관습이 있더라'고만 말하지만 윤리학자는 '그 관습이 옳은가' 묻고, 심리학자는 '사람들이 어떤 추론을 하더라'고만 말하지만 논리학자는 '그 추론이 옳은가'라고 묻는다.

과학자라도 철학자처럼 위와 같은 물음을 던질 수 있다. 그러면 그는 철학을 하고 있는 것이다. 일반인도 '추석이란 무엇인가?'라고 물으면, 그게 철학이다.

## 079 윗글의 내용 전개 방식으로 가장 적절한 것은?

① 대상의 특성을 비교와 대조의 방식을 통해 서술하고 있다.
② 상반된 견해를 서술하고 이에 대한 절충안을 도출하고 있다.
③ 비유적 표현을 통해 대상의 특성을 효과적으로 드러내고 있다.
④ 대상의 외양을 객관적으로 묘사하여 대상의 특성을 부각하고 있다.
⑤ 서로 관련된 대상 간의 갈등 관계에 주목하여 대상의 역사적 변천 과정을 조명하고 있다.

## 080 [A]에 대한 이해로 적절하지 않은 것은?

① 철학자는 당위적인 전제 자체에 대해서도 회의하는 경우가 있다.
② 과학자의 이론은 철학자의 이론과는 달리 경험적으로 검증돼야 한다.
③ 과학자나 철학자는 때때로 동일한 문제를 연구 대상으로 삼기도 한다.
④ 철학자는 자신의 주장을 실증적 자료보다는 개념을 분석하는 방법을 통해 제시한다.
⑤ 과학자는 '평등'과 같은 추상적 개념을 연구 대상으로 삼지 않는다.

## 081 ㉠의 사례로 가장 적절한 것은?

① 다양한 민중 봉기 사건들을 대상으로 하여 역사적 혁명의 원인과 법칙을 찾아낸 것.
② 저출산 원인이 인구가 특정 지역에 과도하게 집중된 것에서 기인된 것임을 규명한 것.
③ 남성 자살 사망 건수가 여성보다 높은 이유가 특정 이데올로기로 인한 것임을 밝힌 것.
④ 특정 국가에서 수입한 땅콩 사료를 먹은 칠면조의 집단 폐사와 수입 사료에서 생성된 유해 곰팡이가 서로 관계가 있음을 알아낸 것.
⑤ 청소년의 일탈 행위와 복잡한 입시 제도가 서로 밀접하게 얽혀 있다는 교육학계의 일반화된 주장에 대해 지속적인 물음을 제기하는 것.

## 082 다음은 〈보기〉의 작품을 감상한 내용이다. 철학을 하고 있는 것과 거리가 먼 것은?

> **보기**
>
> 풀을 밟아라./들녘엔 매 맞는 풀/맞을수록 시퍼런/봄이 온다.
> 봄이 와도 우리가 이룰 수 없어/봄은 스스로 풀밭을 이루었다.
> 이 나라의 어두운 아희들아/풀을 밟아라./밟으면 밟을수록 푸른/풀을 밟아라.
>
> — 정희성, 「답청」

① '답청'은 민속놀이의 일종이라네요. 우리 민족에게도 '답청'과 같은 전통 민속놀이가 있었군요.
② '아희들'을 어두운 존재로 형상화하고 있네요. 이런 세상은 어떤 식으로든 좋은 세상은 아닌 것이죠.
③ '풀'은 민중의 생명력을 상징한다고 하네요. 꼭 민중을 짓밟히는 '풀'로 상징화하는 것이 아름다운가요.
④ '매 맞는 풀'은 폭력에 희생을 당하는 민중의 모습을 형상화한 것이기도 하겠지요. 폭력을 통한 통치는 결코 정의로운 사회가 아닌 것이죠.
⑤ '풀'을 '밟으면 밟을수록 푸른' 존재로 표현하고 있네요. 제게는 어두운 시대 현실을 긍정적으로 인식하는 시인의 세계관이 참 좋아 보여요.

[083~084] 다음 글을 읽고 물음에 답하시오.

---

**반지하 주택 개폐식 방범창 무료 설치 지원 안내**

우리 시에서는 반지하 주택 거주자에 대하여 개폐식 방범창 설치 지원 사업을 아래와 같이 실시하오니, 많은 신청 바랍니다.

- 대상: 전입신고를 한 반지하 주택에 거주하는 시민
  (다만, 신청자가 많을 경우 예산 범위 내에서 침수 우려 반지하 주택 및 안전취약계층 우선 선정.)
- 지원 내용: 개폐식 방범창 무료 설치(교체)
- 신청 기간: 2023. 5. 10.~ 5. 31.(예산 소진 시 조기 종료 가능)
- 신청 방법: 방문 신청(관할구청 건축과), 우편 신청(관할구청 건축과)
  ※ 전자 우편(이메일) 신청은 관할 구청 담당자 문의
  ※ 우편으로 접수하실 경우 신청 기간 내 해당 구청에 도착해야 합니다.
- 신청 가능 지역: 남구, 중구, 신곡구(동구, 서구는 신청 마감)
- 기타 사항: 예산 범위 내에서 침수 우려 반지하 주택 및 안전취약계층(장애인, 노인, 아동)이 우선 선정됩니다.

□ 개폐식 방범창 설치 지원 사업 관련 질의
  Q. 모든 창문에 개폐식 방범창을 설치해 주나요?
  A. 개폐식 방범창 지원 사업은 비상시 탈출로를 확보하기 위함으로 1가구당 1개 창문만 설치를 지원하고 있습니다.

  Q. 자부담은 얼마나 드나요?
  A. 개폐식 방범창 설치에 대한 비용은 전액 지원으로 자부담은 없습니다.

  Q. 신청은 어떻게 하나요?
  A. 신청 기간 내에 신청서를 작성하여 구청으로 제출하면 됩니다.

---

**083** 윗글에 대한 이해로 적절하지 <u>않은</u> 것은?

① 신청해도 지원받지 못할 수 있다.
② 자부담 비용 없이 무료로 지원해 준다.
③ 개폐식 방범창 교체는 해당되지 않는다.
④ 이메일 신청 방법은 별도로 문의해야 한다.
⑤ 우편 신청은 신청 기간 내에 우편물이 도착해야 한다.

**084** 개폐식 방범창을 지원받을 우선순위가 가장 높은 사람은?

① 서구 반지하 주택에 거주하는 노인
② 침수 우려 반지하 주택에 거주하는 중구 주민
③ 침수 우려가 없는 남구 반지하 주택 거주 저소득층
④ 전입신고 하지 않은 신곡구 침수 우려 반지하 주택 거주 주민
⑤ 2개의 창문을 지원받고자 하는 남구 침수 우려 반지하 주택 주민

[085~087] 다음 글을 읽고 물음에 답하시오.

| | | "허리 휘는 대중교통비, 알뜰교통카드로 부자 되자!" |
|---|---|---|
| 장면 1 |  | 앵커:<br>　출퇴근길에 대중교통을 이용하는 시민들이 많은데요. 날씨가 더워질수록 지하철역이나 버스 정류장에 도착했을 때 땀범벅이 된 경험이 많을 것 같습니다. ㉠대중교통 이용 시 길게 이동할수록, 교통비 할인을 더 받을 수 있다면 어떨까요? 친절한 뉴스 K의 박○○ 기자가 보도합니다. |
| 장면 2 |  | 박 기자:<br>　알뜰교통카드를 들어보셨나요. 뚜벅이들 사이에선 영끌 할인으로 입소문을 타 이미 67만여 명이 이용 중인데요. ㉡요즘 늘어난 혜택으로 다시 화제가 되고 있는 카드 제도입니다. 보행이나 자전거로 이동한 거리에 비례해 마일리지가 쌓입니다. 이동 거리 최대 800m 기준으로 1회 교통비가 2천 원 미만이면 350원, 2천 원 이상에서 3천 원 미만이면 500원, 3천 원 이상이면 650원이 쌓입니다. 마일리지 적립 횟수도 월 44회에서 월 60회까지 늘어납니다. |
| 장면 3 |  | 박 기자:<br>　카드를 알뜰교통카드 앱에 등록해야 마일리지를 지원받을 수 있습니다. 저도 출근길에 실제로 앱을 사용해보았는데요. 영상을 보시겠습니다.<br>　"㉢앱의 사용 방법은 간단했습니다. 집에서 나와 앱을 열어 '출발하기' 버튼을 누르고 알뜰교통카드로 버스나 전철 등 대중교통을 이용하면 됩니다. 중간에 다른 교통수단으로 갈아탔더라도 목적지에서 '도착하기' 버튼만 누르면 걷거나 자전거로 이동한 거리에 따라 마일리지가 적립됩니다." |
| 장면 4 | <br>시민 인터뷰<br>처음에는 (알뜰교통카드 앱 사용이) 엄청 익숙하지 않았죠. 정신없이 출근하다 보면 (앱 버튼을) 누르는 걸 까먹고 (마일리지 적립을) 못 받는 경우가 많았어요. 그래도 금방 습관이 되더라구요. | 시민:<br>　처음에는 엄청 익숙하지 않았죠. ㉣정신없이 출근하다 보면 누르는 걸 까먹고 못 받는 경우가 많았어요. 그래도 금방 습관이 되더라구요. |
| 장면 5 |  | 박 기자:<br>　마일리지 한도를 꽉 채우면 교통비를 20%까지 아낄 수 있습니다. 여기에 카드사별 10% 안팎의 추가 할인도 얹어 주면, 합계 최대 30% 정도의 교통비를 아낄 수 있습니다. ㉤알뜰교통카드를 모바일 페이로도 이용할 수 있게 할 예정이라고 합니다. 보다 자세한 내용은 알뜰교통카드 홈페이지에서 확인할 수 있습니다. KBS뉴스 박○○입니다. |

**085** 뉴스 보도에 사용된 정보 제시 전략으로 적절하지 않은 것은?

① [장면1]: 글자의 크기와 굵기를 달리하여 보도의 핵심 내용을 부각하고 있다.
② [장면2]: 보도 내용보다 자세하게 시각화한 자료를 제시하여 시청자의 이해를 돕고 있다.
③ [장면3]: 사용법에 대한 기자의 실연 동영상을 삽입하여 정보의 실재감을 높이고 있다.
④ [장면4]: 자막에 시민의 발화에서 생략된 내용을 보완하여 의미를 정확하게 전달하고 있다.
⑤ [장면5]: 홈페이지 주소와 함께 QR 코드도 제공하여 시청자의 정보 접근성을 높이고 있다.

**086** 〈보기〉는 뉴스 보도 이후의 시청자 게시판 내용이다. 시청자의 수용 태도에 대한 설명으로 적절하지 않은 것은?

> **보기**
>
> 시청자1: 저는 자가용이 없어 출퇴근 교통비가 꽤 많이 들었는데, 마일리지 적립으로 교통비를 많이 절약하고 있어요. 소개한 카드 제도는 저처럼 매일 대중교통을 이용하는 사람들에게 특히 도움이 되겠네요.
> 시청자2: 카드사 혜택은 전월 실적과 연회비 등에 따라 할인율이 제각각일 텐데 카드사별 할인 정보는 없나요? 또 대략적인 할인 퍼센트 이외에 월평균 구체적인 할인 금액도 함께 제시해 주면 카드 혜택에 대한 이해가 빠를 것 같아요.
> 시청자3: 뉴스 제목이 너무 과장된 것 아닌가요? 대중교통비가 아무리 많이 나와도 허리가 휠 정도는 아니고, 교통비 할인을 아무리 받아도 부자가 되는 건 아니잖아요. 알뜰교통카드를 알려 주는 보도 목적에 걸맞게, 중요한 정보를 요약한 제목으로 수정한다면 더 좋을 것 같네요.
> 시청자4: '뚜벅이'와 '영끌'의 단어 의미를 모르는 시청자도 있지 않을까요? 공중파 방송인 만큼 불특정 다수의 시청자를 고려하여 신조어나 줄임말의 사용을 지양하면 좋겠습니다. 올바른 국어사용의 모범을 보여 주세요.

① 시청자1은 자신의 긍정적인 경험과 관련하여 뉴스 내용의 유용성을 점검하였다.
② 시청자2는 언급된 내용 이외의 추가 정보와 관련하여 뉴스 내용의 충분성을 점검하였다.
③ 시청자3은 설득을 목적으로 하는 뉴스 내용과 관련하여 뉴스 제목의 타당성을 점검하였다.
④ 시청자4는 공중파 방송의 뉴스 시청자 특성과 관련하여 뉴스 언어의 사회적 책무성을 점검하였다.
⑤ 시청자3은 뉴스 제목과 관련하여, 시청자4는 단어 사용과 관련하여 뉴스 표현의 적절성을 점검하였다.

## 087 ㉠~㉤에 대한 설명으로 적절한 것은?

① ㉠: 연결 어미 '-ㄹ수록'을 사용해 뒤 절의 내용이 교통비 절감의 조건임을 나타내고 있다.
② ㉡: 보조 용언 '있다'를 사용해 카드 제도에 대한 화제성이 떨어지고 있음을 나타내고 있다.
③ ㉢: 과거를 나타내는 선어말 어미를 사용해 앱을 사용한 시점이 보도하는 시점 이전임을 나타내고 있다.
④ ㉣: 부정 부사 '못'을 사용해 시민이 마일리지 적립을 의도적으로 받지 않음을 나타내고 있다.
⑤ ㉤: 보조사 '도'를 사용해 기존 앱 기능에 모바일 페이 기능이 이미 포함됨을 나타내고 있다.

## [088~090] 다음 글을 읽고 물음에 답하시오.

### 2023년도 폭염 대비 긴급구조·구급 대응 계획

**Ⅰ. 개요**
- 폭염 대책 추진 기간: 2023. 5. 20. ~ 9. 30.
- 추진 부서: 관할 구역 119 안전센터, 현장 대응단
- 폭염 특보 발령 기준
  ○ 폭염 주의보: 일 최고 체감 온도 33℃ 이상인 상태가 2일 이상 지속될 것으로 예상될 때
  ○ 폭염 경보: 일 최고 체감 온도 35℃ 이상인 상태가 2일 이상 지속될 것으로 예상될 때

**Ⅱ. 2023년도 중점 추진 계획**
1. 폭염 대비·대응 비상 상황실 운영
   - 운영 기간: 2023. 5. 20. ~ 9. 30. ※ 필요(비상) 시 기간 연장
   - 운영 내용: 폭염 대책 추진 실적 관리 및 온열 질환자 이송 현황 관리
              위기 단계별 비상 상황실 운영 및 재난 상황 관리
2. 선제적 대응 태세 구축
   □ 119 순회 구급대 재난 예방 순찰 실시
     - 운영 시기: 폭염 대책 추진 기간 중 상시
     - 운영 방법: 관내 취약 지역 순찰
     - 활동 내용: 노숙인 등 건강 확인 및 응급 처치
3. ㉠대규모 정전 사고 발생 시 대응 체계 구축
   - 추진 내용: 임시 전력 공급으로 시민 불편 해소 및 신속한 인명 구조 체계 확립
   ※ 한국전력 등 유관 기관과 신속한 정전 대응 및 복구 위한 협업 체계 구축
4. 폭염 대책 및 시민 행동 요령 홍보 방안
   □ 119 안전 캠프 운영
     - 운영 시기: 폭염 대책 추진 기간 중 1회 이상(7~8월 중점 추진)
     - 운영 내용: 온열 질환(일사병, 열사병 등) 처치 요령 등 정보 전달
   □ ㉡비대면 예방 교육·홍보 추진
     - 운영 시기: 폭염 대책 추진 기간 중 상시
     - 운영 방법: SNS, 소방서 대표 유튜브 채널·홈페이지, 119 안전캠프 홈페이지 등 활용
     - 운영 내용: 기상 특보 확인 방법, 폭염 대비 행동 요령(외출 시 물병 휴대 등), 온열 질환자 발생 시 대처법, 대피 시설 정보 전달

**088** 윗글을 이해한 내용으로 가장 적절한 것은?

① 하루 최고 체감 온도가 35℃ 이상인 상태가 2일 이상 지속될 것으로 예상될 때 폭염 주의보가 발령된다.
② 폭염 대비·대응 비상 상황실은 9월 30일이 되면 날씨와 무관하게 종료된다.
③ 폭염 경보가 발령되기 전에는 119 순회 구급대가 재난 예방 순찰을 실시하지 않는다.
④ 119 안전캠프에서 일사병 증상에 대한 처치 요령을 배울 수 있다.
⑤ 비대면 예방 교육과 홍보는 폭염 주의보가 발령된 시점부터 실시한다.

**089** 〈보기〉는 ㉠의 내용이다. 윗글과 〈보기〉를 바탕으로 할 때 대규모 정전이 발생했을 경우에 대해 보인 반응으로 적절하지 <u>않은</u> 것은?

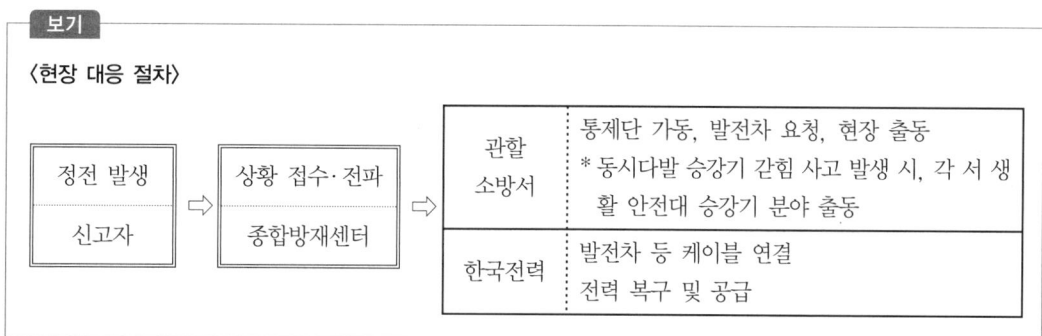

① 정전이 발생했다고 신고를 하면 해당 내용이 종합방재센터에 접수되겠군.
② 우리 지역을 관할하는 소방서에서 통제단을 가동하고 현장에 출동하겠군.
③ 우리 지역의 소방서와 한국전력이 협업해서 정전에 대응하겠군.
④ 동시다발 승강기 갇힘 사고가 발생하면 각 서의 생활 안전대가 출동하겠군.
⑤ 정전이 발생하면 완전히 복구될 때까지 전기가 들어오지 않겠군.

**090** 윗글에서 ㉡의 업무를 맡은 담당자가 할 일로 적절하지 <u>않은</u> 것은?

① 소방서의 유튜브 채널에 기상 특보를 확인할 수 있는 방법을 정리해서 올린다.
② 각 지역에 있는 무더위 쉼터의 위치를 지도로 만들어 소방서 대표 홈페이지에 안내한다.
③ SNS에 여름철 감기의 위험성을 알리고 예방할 수 있는 방법을 올린다.
④ 119 안전캠프 홈페이지에 주변인이 열사병에 걸렸을 경우 젖은 수건으로 환자의 몸을 감싸도록 안내한다.
⑤ 폭염이 발생하면 야외 활동을 자제하고 외출 시 물병을 휴대하도록 안내하는 영상을 제작해 소방서의 유튜브 채널에 올린다.

## 국어 문화    091번~100번

**091** 〈보기〉에서 설명하는 문학 작품은?

> **보기**
> 조선 선조 11년(1578)에 율곡 이이가 지은 연시조. 작자가 황해도 해주 고산면 석담(石潭)에 은거하며 지내던 시기의 작품으로, 그곳의 풍광이 시간적 순서에 따라 유기적으로 드러나 있다. 서곡 1수와 본문 9수로 되어 있으며, 주희의 「무이도가(武夷櫂歌)」를 본떠서 지었다고 한다.

① 고산구곡가  ② 도산십이곡  ③ 어부사시사
④ 장진주사  ⑤ 훈민가

**092** 〈보기〉에서 설명하는 문학 작품은?

> **보기**
> 1925년에 김동인이 발표한 단편 소설로, 불우한 환경 속에서 몰락하여 가는 복녀라는 여인의 삶을 그린 작품이다. 작자의 작품 중 환경적 요인이 인간 내면의 도덕적 본질을 타락시킨다는 자연주의적인 색채가 가장 잘 드러난 대표작이다.

① 감자  ② 광화사  ③ 붉은산
④ 배따라기  ⑤ 광염소나타

**093** 〈보기〉에서 설명하는 작가는?

> **보기**
> 이 작가는 급속한 산업화 과정에서 소외된 농민들의 삶의 현장을 사실적으로 그려내고 있다. 농촌의 전원성, 풍물적인 자연으로의 묘사를 반대하고 투박하고 거칠지만 삶의 현장으로서의 농촌을 시적 대상으로 다룬다. 대표작은 「농무」가 있다.

① 김소월  ② 김수영  ③ 김춘수
④ 신경림  ⑤ 신동엽

## 094 〈보기〉에 대한 설명으로 적절하지 않은 것은?

> **보기**
>
> **이화여고보(梨花女高普)에서 이 일간 희극 대회**
> **영국의 유명한 연극을 이십이 일부터 이 일간**
>
> 명동 리화 여자 고등 보통 학교에서는 동교 여자 청년회 주최로 오는 이십이 일과 이십삼 일 저녁일곱 시부터 「희극(劇)의 저녁」을 개최하게 되엇는데 상영할 연극은 영국의 로문호(老文豪)요 세계뎍 해학가(諧謔家)로 유명한 「버나드쇼」의 원작 희극 「벙어리 녀자와 결혼한 남자」와 역시 영국의 극작가(劇作家)로 유명한 「연세니」경의 희극 「미루마의 일곱 귀신」의 두 종류이라는바 연출은 연학년 씨가 담임 하얏다는데 이 주최는 동교의 년중 행사의 하나로 수입금은 자선 사업에 소비할 것이라 하며 출연자는 전부 동교의 쏫 가튼 학생들이라는데 관람 료금은 일 원 오십 전, 팔십 전, 사십 전의 세 종류라더라
>
> — 『중외일보』, 1929년 2월 22일자

① 이화여고보에서 이틀간 희극 대회가 열린다.
② 상연하는 연극은 두 가지이다.
③ 연학년 담임 교사의 학급 학생들이 연출한다.
④ 이 행사는 이화여고보의 연중 행사이다.
⑤ 관람료는 세 종류이고 수입금은 자선 사업에 쓰인다.

## 095 ㉠~㉤의 의미로 적절하지 않은 것은?

> **보기**
>
> 까투리 홀로 경황없이 물러서니, 장끼란 놈 거동 보소. 콩 먹으러 들어갈 제 열두 장목 펼쳐 들고 꾸벅꾸벅 조츰조츰 들어가서 반달 같은 혀뿌리로 꽉 찍으니 두 ㉠<u>고패</u> 둥그레지며 머리 위에 치는 소리 박랑사중(博浪沙中)에 저격시황(狙擊始皇)하다가 버금 수레 마치는 듯 와지끈 뚝딱 푸드득 ㉡<u>변통(變通)</u> 없이 치었구나. / 까투리 하는 말이, / "저런 광경 당할 줄 몰랐던가. 남자라고 여자의 말 잘 들어도 ㉢<u>패가(敗家)</u>하고, 계집의 말 안 들어도 망신(亡身)하네." / 까투리 거동 볼작시면, 상하평전 자갈밭에 자락머리 풀어 놓고 당굴당굴 뒹굴면서 가슴 치고 일어앉아 잔디풀을 쥐어 뜯어 애통하며 두 발로 땅땅 구르면서 ㉣<u>붕성지통(崩城之痛)</u> 극진하니, 아홉 아들 열두 딸과 친구 벗님네들도 불쌍타 의논하며 조문(弔問) ㉤<u>애곡(哀哭)</u>하니 가련 공산 낙목천(落木天)에 울음소리뿐이로다.
>
> — 『장끼전』

① ㉠고패: 서서히 열을 주어 구부린 나무.
② ㉡변통: 연락하거나 기별함. 또는 그런 통지.
③ ㉢패가: 재산을 다 써 버려 집안을 망침.
④ ㉣붕성지통: 성이 무너질 만큼 큰 슬픔이라는 뜻으로, 남편이 죽은 슬픔을 이르는 말.
⑤ ㉤애곡: 소리 내어 슬프게 욺.

## 096 〈보기〉의 『훈민정음』 서문에서, ㉠~㉤에 대한 설명으로 옳지 않은 것은?

> 보기
>
> 나랏 ㉠말쓰미 中國에 달아 文字와로 서르 스뭇디 아니홀씨 이런 젼ᄎ로 어린 百姓이 니르고져 홇 ㉡배 이셔도 ᄆᄎᆷ내 ㉢제 ᄠ들 시러 펴디 몯홇 ㉣노미 하니라. ㉤내 이를 爲ᄒᆞ야 어엿비 너겨 새로 스믈여듧 字를 밍ᄀᆞ노니 사름마다 ᄒᆡ여 수비 니겨 날로 ᄡᅮ메 便安킈 ᄒᆞ고져 홇 ᄯᆞᄅᆞ미니라.

① ㉠: 자음으로 끝난 체언인 '말씀'에 주격 조사 '이'가 결합한 말이다.
② ㉡: 모음으로 끝난 체언인 '바'에 주격 조사 'ㅣ'가 결합한 말이다.
③ ㉢: 모음으로 끝난 체언인 '저'에 주격 조사 'ㅣ'가 결합한 말이다.
④ ㉣: 자음으로 끝난 체언인 '놈'에 주격 조사 '이'가 결합한 말이다.
⑤ ㉤: 모음으로 끝난 체언인 '나'에 주격 조사 'ㅣ'가 결합한 말이다.

## 097 〈보기〉는 남북 국어사전을 비교한 자료이다. 표기가 남과 북 모두 올바른 것은?

> 보기
>
> (남) 싯「접사」((어두음이 유성음이고 첫음절의 모음이 'ㅓ, ㅜ'인 색채를 나타내는 형용사 앞에 붙어)) '매우 짙고 선명하게'의 뜻을 더하는 접두사. ¶ 싯누렇다
>
> (북) 싯[앞](일부 형용사말뿌리에 붙어)색갈이 매우 짙고 산뜻함을 나타낸다. 어두운 모음을 가진 형용사의 앞에 붙는다. ¶ 싯누렇다, 싯허옇다

|   | (남) | (북) |   | (남) | (북) |
|---|------|------|---|------|------|
| ① | 싯멀겋다 | 싯멀겋다 | ② | 싯누렇다 | 싯노랗다 |
| ③ | 싯허옇다 | 싯허옇다 | ④ | 싯커멓다 | 싯커멓다 |
| ⑤ | 싯퍼렇다 | 싯퍼렇다 |   |   |   |

098 〈보기〉를 바탕으로 할 때, 다음 수어가 나타내는 의미는?

> 보기
> 수어에서는 하나의 동작이 바로 한 개의 단어가 되기도 하고, 둘 이상의 동작이 모여 하나의 의미를 나타내기도 한다. 예를 들어 [애통]은 [울다]와 [한탄]을 나타내는 수어가 결합하여 만들어진 단어이다.

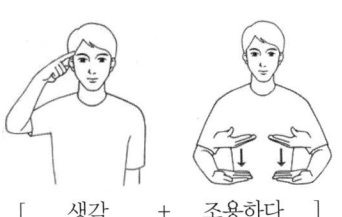

[ 생각 + 조용하다 ]

① 불쌍하다　② 어리석다　③ 영리하다
④ 차분하다　⑤ 시무룩하다

099 〈보기〉의 법률 문장에서 밑줄 친 부분의 의미로 가장 적절한 것은?

> 보기
> 전항의 의사표시의 무효는 <u>선의의</u> 제삼자에게 대항하지 못한다. (민법총칙 108조 ②항)

① 상대적으로 양호한
② 선량한 심성을 지닌
③ 좋은 의도로 해석하는
④ 도덕적인 행위를 하는
⑤ 일정한 사실을 알지 못하는

**100** 〈보기〉의 방송 프로그램에 대한 이해로 적절하지 않은 것은?

보기

영상: 남자 진행자와 여자 진행자

⬇

자막: 곧이어)
말로만 듣던 꿀맛! 전남 곡성

⬇

영상: 리포터와 벌집 이미지

남자 진행자: 안녕하십니까.
여자 진행자: 6시 내 고향입니다.
남자 진행자: 지난밤에는 남부 지방을 중심으로 많은 비가 내렸습니다. 오늘은 비가 좀 주춤하기는 했는데 내일과 모레 큰비가 예보되어 있습니다. 안전사고 없도록 대비를 잘하셔야 하겠습니다.
여자 진행자: 네. 내일은 중부 지방, 모레는 남부 지방을 중심으로 장맛비가 내린다고 합니다. 호우 특보가 발령된 지역이라면 혹시 모르니까요, 뉴스나 재난 문자 꼭 확인하시며 기상 상황 파악하셔야겠습니다. 상습 침수 지역이라면 미리미리 비상 연락망이나 대비 장소 등 알아 두시는 것도 안전을 위해 좋을 것 같습니다.
남자 진행자: 네, 6시 내 고향은 광주 먼저 들르시죠. 김○○ 리포터 안녕하세요?
리포터: 네. 안녕하세요. 광주입니다. 제가 오늘 소개해 드릴 것은요, 맛있는 것을 먹었을 때 이 맛, 단잠을 잤을 때 이 잠, 그리고 매우 유용한 정보는 이 팁, 이 빈칸에 들어갈 말인데요. 어떤 건지 눈치채신 분 있으시죠? 바로 소개합니다.

① 남자 진행자는 시청자들에게 시의적이고 유용한 정보를 전달하고 있다.
② 여자 진행자는 남자 진행자의 발화 내용을 구체화하고 시청자에게 안전을 위한 유의 사항을 전달하고 있다.
③ 자막을 통해 앞으로 소개될 내용을 미리 시청자들에게 제시하고 있다.
④ 남자 진행자는 리포터가 소개할 지역 관련 정보를 미리 요약해 시청자들에게 소개하고 있다.
⑤ 리포터가 등장하는 영상에서 특정 대상의 이미지를 제시하여 앞으로 소개될 내용을 알려 주고 있다.

[ 확인 사항 ]

● 문제지와 답안지에 필요한 내용을 정확히 적었는지 확인하십시오.

수고하셨습니다.

2023. 6. 18.

| 성 명 | |
|---|---|
| 수험번호 | |
| 감독관 확인 | |

# 제73회
# KBS한국어능력시험

**KBS 한국방송**

- 문제지와 답안지에 모두 성명, 수험 번호를 정확히 기입하십시오.
- 답안지와 함께 문제지를 반드시 제출하십시오.
- 본 시험지를 절취하는 것은 부정행위로 간주합니다.
- 본 시험의 내용을 무단으로 전재·복사·복제·출판·강의하는 행위와 인터넷 등을 통해 복원하는 행위는 저작권법에 저촉됩니다.

## 한국어능력시험 문항 100문항

| 영역 | 문항 |
|---|---|
| 듣기·말하기 | 001번~015번 |
| 어휘·어법 | 016번~045번 |
| 쓰기 | 046번~050번 |
| 창안 | 051번~060번 |
| 읽기 | 061번~090번 |
| 국어 문화 | 091번~100번 |

# 제73회 KBS한국어능력시험

2023년 6월 18일 시행

**듣기·말하기** 001번~015번

**001** 그림에 대한 설명 중 언급되지 <u>않은</u> 것은?

① 그림을 그린 화가에 대한 평가
② 제목 '나이트호크'가 지닌 의미
③ 어두운 색채와 밝은 조명의 효과
④ 그림 속 등장인물에게서 느껴지는 감정
⑤ 그림의 표현 방식에 대한 평론가의 인터뷰

**002** 할아버지가 소년에게 이야기를 들려준 이유로 가장 적절한 것은?

① 가축을 기르는 방법을 가르쳐 주려고
② 인간이 이타적인 존재임을 알려 주려고
③ 남의 것을 탐하지 않는 자세의 중요성을 보여 주려고
④ 산을 오를 때 얻을 수 있는 성취감을 느끼도록 하려고
⑤ 대가 없이 자원을 공유할 때 생기는 문제를 알게 하려고

**003** 강연의 내용과 일치하지 <u>않는</u> 것은?

① 모기는 뎅기열, 황열 등 여러 감염병을 옮기는 해충이다.
② 제2차 세계 대전에서 DDT의 모기 퇴치 효능이 인정되어 전 세계로 보급되었다.
③ 인도에서 DDT의 살포가 시작되고 8년 만에 모기의 수가 93% 이상 감소하였다.
④ 과학자들은 합성 살충제로 모기를 완전히 퇴치하기 어렵다고 전망한다.
⑤ WHO에서 모기를 막는 방법으로 추천하는 것은 모기장이다.

**004** 방송 내용에 대한 이해로 가장 적절한 것은?

① 카야는 다른 사람과 교류하지 않고 홀로 살아간다.
② 습지는 카야에게 고향이자 차별 없는 공존의 공간이다.
③ 카야는 자신이 관찰한 동물과 식물에 대한 책을 출간했다.
④ 마을 사람들 대부분은 홀로 남겨진 카야를 진심으로 아껴 준다.
⑤ 소설이 유명해지면서 영화로 제작되었지만 흥행에 성공하지 못했다.

**005** 이 시의 주제로 가장 적절한 것은?

① 다른 사람을 위해 자신을 희생할 줄 알아야 한다.
② 타인에게 모범이 되는 삶의 자세와 태도를 지녀야 한다.
③ 편견에서 벗어나 대상의 본질을 인식하고 이해해야 한다.
④ 자신의 한계를 극복하고 장점을 끊임없이 계발해야 한다.
⑤ 꿈과 목표를 가지고 그것을 지향하는 삶을 살아가야 한다.

**006** 의사의 설명과 일치하지 <u>않는</u> 것은?

① 인체의 척추는 요추를 포함한 네 부분으로 나뉜다.
② 추간판은 척추에 가해지는 충격을 흡수하는 역할을 한다.
③ 추간판 탈출증의 주 원인은 노화와 외상이다.
④ 수핵의 수분 함량이 줄어들수록 추간판의 탄력이 강해진다.
⑤ 추간판 탈출증으로 인해 통증, 저림, 마비 등이 발생할 수 있다.

**007** 진행자의 말하기 방식으로 가장 적절한 것은?

① 의사에게 비유적인 표현을 활용하여 질문하고 있다.
② 의사에게 청취자의 질문을 그대로 전달하고 있다.
③ 의사의 설명에 대한 반대 의견을 제시하고 있다.
④ 의사에게 통계 자료를 언급하며 질문하고 있다.
⑤ 의사의 말을 요약하며 방송을 마무리하고 있다.

**008** 대화에 나타난 남자와 여자의 생각으로 적절하지 <u>않은</u> 것은?

① 여자: 모든 사람은 사회적으로 성공하고자 하는 마음을 지니고 있다.
② 여자: 자신이 인생의 어느 지점에 서 있는지 알 수 있는 사람은 없다.
③ 남자: 야구와 인생의 공통점은 승패의 결과가 가장 중요하다는 것이다.
④ 남자: 야구는 기대하는 마음을 갖게 해 준다는 점에서 인생과 비슷하다.
⑤ 남자: 인생을 살다 보면 모든 게 끝난 것 같은 상황에서도 반전은 일어난다.

**009** 남자의 말하기 방식에 대한 설명으로 가장 적절한 것은?

① 격언을 활용하여 자신의 심리 변화 과정을 설명하고 있다.
② 상대방이 언급한 말의 진의를 파악하기 위해 질문하고 있다.
③ 상대에게 말하고자 하는 바를 대상에 빗대어 설명하고 있다.
④ 상대방이 제시한 의견의 장점을 부각하며 공감을 표시하고 있다.
⑤ 유추의 방식을 활용하여 문제 상황의 발생 원인을 파악하고 있다.

**010** 강연의 내용에 대한 이해로 적절하지 <u>않은</u> 것은?

① 아들러에게 관계 끊기는 상대방에게 좋은 사람이 되려는 용기에 해당한다.
② 경청과 이해 단계는 갈등 해결의 실마리가 보이는 경우에 해당한다.
③ 공감과 소통 단계는 서로 노력하며 갈등을 풀어 가는 단계이다.
④ 수용과 타협 단계는 양보와 타협을 통해 관계를 유지하는 단계이다.
⑤ 관계를 잘 끊기 위해서는 행동으로 옮길 수 있는 결단력이 필요하다.

**011** 강연자의 말하기에 대한 설명으로 가장 적절한 것은?

① 시각 자료를 제시하여 청중의 이해를 돕고 있다.
② 주요 용어를 다른 용어와 비교하여 설명하고 있다.
③ 청중에게 질문을 던지며 강연을 인상적으로 마무리하고 있다.
④ 청중이 경험했을 듯한 내용을 환기하며 관심을 유도하고 있다.
⑤ 전문 기관의 통계 자료를 제시하여 강연의 신뢰도를 높이고 있다.

**012** 발표의 내용에 대한 이해로 적절하지 않은 것은?

① 동물 실험은 현재 일반적인 의학 연구의 한 영역이다.
② 이븐 알 나피스는 살아 있는 동물을 대상으로 실험하였다.
③ 오가노이드는 동물 실험을 아직 완전히 대체하지는 못했다.
④ 동물 실험을 없애기 위해 세계 실험동물의 날이 제정되었다.
⑤ 영국 동물 실험 반대 협회에서 동물 실험 대체법을 내놓았다.

**013** 발표의 내용 구성 전략으로 가장 적절한 것은?

① 동물 실험의 장단점을 비교 분석하고 있다.
② 동물 실험의 산업적 가치를 부각하고 있다.
③ 동물 실험 반대 협회 관계자의 인터뷰를 제시하고 있다.
④ 동물 실험의 역사를 근거로 하여 필요성을 드러내고 있다.
⑤ 동물 실험을 줄이기 위한 실천적인 방법을 제시하고 있다.

**014** 두 사람의 입장을 이해한 것으로 적절하지 않은 것은?

① 강 대표와 조 팀장은 각각 다른 집단의 입장을 대변하여 협상하고 있다.
② 강 대표는 임금 인상을 조건으로 원가 절감 5%를 약속하고 있다.
③ 강 대표는 작년 수당 반납 상황을 근거로 들어 임금 인상률 8%를 주장하고 있다.
④ 조 팀장은 어려운 경제 요건을 들어 임금 인상률을 강 대표가 주장한 것보다 낮추고자 한다.
⑤ 조 팀장은 원가 절감이 보장되면 강 대표가 주장하는 급여를 회사가 지급할 수 있다고 생각한다.

015 두 사람이 갈등을 해결한 방식으로 가장 적절한 것은?

① 갈등 해결을 위해 제3자의 중재를 요청하기로 합의하였다.
② 양 측의 입장을 모두 수용할 수 있는 합의안을 도출하였다.
③ 양 측의 갈등으로 발생한 피해 사례를 제시하여 서로 양보하였다.
④ 양 측의 입장이 세부적으로 정리될 때까지 숙려 기간을 갖기로 하였다.
⑤ 강 대표가 일방적으로 양보하여 갈등의 원인이 되는 요소를 제거하였다.

## 어휘·어법  016번~045번

016 "부질없이 짧은 거리를 오락가락 거닐다."를 뜻하는 고유어는?

① 간종이다   ② 답삭이다   ③ 바장이다   ④ 아작이다   ⑤ 자박이다

017 한자어의 사전적 뜻풀이로 옳지 않은 것은?

① 빈축(嚬蹙): 남을 비난하거나 미워함.
② 저간(這間): 바로 얼마 전부터 이제까지의 무렵.
③ 터득(攄得): 깊이 생각하여 이치를 깨달아 알아냄.
④ 눌변(訥辯): 조리는 없지만 막힘이 없이 당당하게 말함.
⑤ 준동(蠢動): 불순한 세력이나 보잘것없는 무리가 법석을 부림.

018 밑줄 친 고유어의 의미로 적절하지 않은 것은?

① 그녀는 자신의 깜냥을 알고 포기하였다.
  → 스스로 일을 헤아릴 수 있는 능력.
② 동생은 소심해서 주눅이 드는 일이 많다.
  → 기운을 제대로 펴지 못하고 움츠러드는 태도나 성질.
③ 친구 사이에 한두 번 틱격이 있을 수도 있지.
  → 서로 뜻이 맞지 아니하여 사이가 벌어져 이러니저러니 따지는 일.
④ 이 자개장롱은 닦달만 잘하면 지금도 쓸 수 있네.
  → 물건을 손질하고 매만짐.
⑤ 이 도로는 동네 사람들이 울력을 해서 낸 것이다.
  → 돈이나 물건 따위를 빌려서 씀.

019  밑줄 친 한자어의 쓰임이 적절하지 않은 것은?

① 그 정치가는 반대파의 사주(使嗾)로 독살되었다.
② 오랜만에 여러 파벌의 영수(領袖)가 한자리에 모였다.
③ 김 교수의 발표는 많은 학자들에게 공박(攻駁)을 받았다.
④ 우리에게는 그 사실을 서로 발설하지 않는다는 묵계(默契)가 있었다.
⑤ 무방비 상태로 일방적인 공방(攻防)을 당한 아군은 물러설 수밖에 없었다.

020  〈보기〉의 밑줄 친 ㉠~㉢에 해당하는 한자가 올바르게 묶인 것은?

> 보기
>
> 벽이 오래되어 ㉠균열이 생겼다.
> 우리 팀은 ㉡연패의 늪에 빠졌다.
> 선거 ㉢유세 기간이 이제 시작되었다.

|   | ㉠ | ㉡ | ㉢ |   | ㉠ | ㉡ | ㉢ |
|---|---|---|---|---|---|---|---|
| ① | 均熱 | 連敗 | 遊說 | ② | 均熱 | 連敗 | 有勢 |
| ③ | 龜裂 | 連霸 | 遊說 | ④ | 龜裂 | 連敗 | 遊說 |
| ⑤ | 龜裂 | 連霸 | 有勢 |   |    |    |    |

021  밑줄 친 고유어의 쓰임이 적절하지 않은 것은?

① 그는 금새도 모르면서 싸다고 한다.
② 솥에 쌀을 안쳐 밥을 짓기 시작했다.
③ 늦게 일어나서 아침을 대충 걸치고 출근했다.
④ 사람의 이는 음식물을 잘게 부셔 삼키기 좋게 한다.
⑤ 옷차림만 봐서는 여자인지 남자인지 가름이 되지 않는다.

022  밑줄 친 단어의 의미가 나머지와 다의어 관계에 있지 않은 것은?

① 한 머리 태풍이 지나고 햇빛이 비쳤다.
② 그는 우리 모임의 머리 노릇을 하고 있다.
③ 주머니에 비죽이 술병이 머리를 내밀고 있었다.
④ 기부금 가운데 가장 큰 머리는 김 사장의 것이었다.
⑤ 실연의 상처를 이겨내기 위해 그는 머리를 짧게 잘랐다.

023 두 단어의 의미 관계가 〈보기〉와 동일한 것은?

> **보기**
> 포유류 – 고래

① 봄 – 여름　　② 실수 – 허수　　③ 강아지 – 고양이
④ 바이올린 – 피아노　　⑤ 국경일 – 한글날

024 고유어 '오르다'와 한자어의 대응으로 적절하지 않은 것은?

① 세자가 왕위에 올랐다. → 즉위(卽位)했다
② 배에 오르기 전 표를 사야 한다. → 탑승(搭乘)하기
③ 그런 단어는 사전에 올라 있지 않다. → 등재(登載)되어
④ 옻칠을 할 때는 옻이 오르지 않도록 조심해야 한다. → 침출(浸出)되지
⑤ 바다를 통해 해안 지역에 오른 특공대는 기습작전에 성공했다. → 상륙(上陸)한

025 밑줄 친 단어의 반의어로 가장 적절한 것은?

> **보기**
> 어머니는 손님이 오실 때면 차진 밥과 갈비찜을 만들어 내놓곤 하셨다.

① 찬　　② 메진　　③ 성긴
④ 진득한　　⑤ 끈끈한

026 겉모양이나 겉치레에 지나치게 치중하는 것을 경계하는 표현으로 적절하지 않은 속담은?

① 당나귀 귀 치레
② 열흘 붉은 꽃이 없다
③ 속저고리 벗고 은반지
④ 더벅머리 댕기 치레하듯
⑤ 치장 차리다가 신주 개 물려 보낸다

027 밑줄 친 사자성어의 쓰임이 문맥상 적절하지 않은 것은?

① 그동안 보살펴 주신 선생님의 은혜는 각골난망(刻骨難忘)입니다.
② 타인의 말에 부화뇌동(附和雷同)하지 않도록 주관을 뚜렷이 해야 한다.
③ 특정인이 권력을 수불석권(手不釋卷)하지 못하도록 하는 제도를 마련해야 한다.
④ 종두득두(種豆得豆)라는 말대로 그는 저지른 일에 대한 대가를 치르게 될 것이다.
⑤ 소비자 기대를 크게 모은 광고만 못한 실물에 양두구육(羊頭狗肉)이란 비판이 쏟아졌다.

028 밑줄 친 관용 표현의 쓰임이 적절하지 않은 것은?

① 그가 당황했다는 사실은 얼굴에 씌어 있었다.
② 친한 친구의 결혼식에도 그는 얼굴을 내밀지 않았다.
③ 제 부모님의 얼굴을 봐서라도 이번만은 선처해 주셨으면 합니다.
④ 그 사람은 어찌나 얼굴이 넓은지 툭하면 자기 일을 나에게 미룬다.
⑤ 사업이 번번이 실패하는 바람에 가족들에게 얼굴을 들지 못하게 되었다.

029 밑줄 친 한자어를 순화한 표현으로 적절하지 않은 것은?

① 이 은행은 대출이자를 익월(翌月)에 받는다. → 다음 달
② 일부인(日附印)이 찍힌 접수증이 없으면 무효이다. → 날짜 도장
③ 모든 서류를 등기부에 등재(登載)해야 소유권이 인정된다. → 기록하여 올리다.
④ 불의에 침묵하는 것은 사회적 책임을 유기(遺棄)하는 행위이다. → 떠넘기다.
⑤ 시장은 내년에 시행할 제반(諸般) 정책을 올가을에 발표하기로 했다. → 여러 가지

030 밑줄 친 표현을 다듬은 말로 적절하지 않은 것은?

① 스포티한(→ 활동적인) 복장으로 야유회에 참석하였다.
② 출근 길에 드라이브스루(→ 승차 구매)로 커피를 한 잔 샀다.
③ 초보 자취생을 위한 삼시 세끼 간편한 레시피(→ 조리법)를 소개합니다.
④ 편안하게 휴식을 취하기 위해 리클라이너(→ 각도 조절 의자)를 구매했다.
⑤ 환경을 위해 음료 업계에서 무라벨(→ 친환경 포장) 제품을 출시하고 있다.

## 031 밑줄 친 부분의 표기가 옳지 않은 것은?

① 이 과자는 달면서도 짭짤하다.
② 칡은 씹을수록 씁쓸하면서도 달다.
③ 나이가 들수록 사는 게 녹록하지 않다.
④ 한 사람씩 낭랑한 목소리로 책을 읽었다.
⑤ 어머니는 잘 챙겨 먹으라고 누누이 당부했다.

## 032 〈보기〉의 조항에 따른 표기로 옳지 않은 것은?

> **보기**
> '-하다'나 '-거리다'가 붙을 수 없는 어근에 '-이'나 또는 다른 모음으로 시작되는 접미사가 붙어서 명사가 된 것은 그 원형을 밝히어 적지 아니한다.

① 개구리　② 얼룩이　③ 꾀꼬리
④ 뻐꾸기　⑤ 귀뚜라미

## 033 밑줄 친 활용형의 표기가 옳지 않은 것은?

① 나에게 희생을 강요하지 마.
② 그 이야기를 거론하지 마요.
③ 그 일은 너무 걱정하지 말아요.
④ 회사는 더 이상 말을 바꾸지 말라.
⑤ 직원들은 말을 바꾸지 마라고 항의했다.

## 034 밑줄 친 부분의 띄어쓰기가 옳은 것은?

① 그럼 너무나 기쁜 일이고∨말고.
② 고양이가 착하고 말을 잘 듣는∨답니다.
③ 세찬 비에 우산은 있으나∨마나 소용이 없다.
④ 그 녀석 고마워하기는∨커녕 눈길도 안 주더라.
⑤ "오늘은 좋은 일이 있기를"∨이라고 혼자 말했다.

035 밑줄 친 부분의 표기가 옳지 않은 것은?
① 도로가 여기저기 패 있으니 조심해라.
② 오늘 몇 사람이 참석했는지 세 보아라.
③ 다 먹지 말고 동생 몫은 미리 떼 놓아라.
④ 치수를 정확하게 재서 옷감을 재단해야 한다.
⑤ 흐린 날씨가 어느덧 개서 푸른 하늘이 보인다.

036 줄임표의 사용이 올바르지 않은 것은?
① "숨길 생각 말고 사실대로 말해!"
   "……."
② "실은.. 저 사람.. 우리 아저씨일지 몰라."
③ 저기… 있잖아… 나… 너한테 할 말이 있어.
④ 그는 최선을 다했다. 그러나 성공할지는……?
⑤ 육십갑자에는 "갑자, 을축 …… 신유, 임술, 계해"가 있다.

037 밑줄 친 부분이 표준어인 것은?
① 장작이 바짝 말라 불이 잘 당긴다.
② 친구가 발목을 다친 나를 둘쳐업었다.
③ 이 동네에 전해 오는 전설은 무척 애닲다.
④ 정직하지 못한 일을 하는 것이 꺼림직했다.
⑤ 귓속말로 소근거리지 말고 모두 조용히 하세요.

038 다음은 문학 작품에 나타나는 방언이다. 대응하는 표준어가 적절하지 않은 것은?
① 저 책궤에 구리전 동녹 냄살(→ 냄새)이 물씬 풍기는디!
② 어려운 부탁이여만은 곤쌀(→ 흰쌀) 있거들랑 두어 줌만 꾸어 주게.
③ 일부러 느린 말씨로 따복따복(→ 따로따로) 낱말들을 골라서 공손히 주워섬겼다.
④ 도새기(→ 돼지) 말이여, 자네도 봤을 테쥬만 중송아지만치 물틀악하게 살쪄 있어.
⑤ 오주의 안해가 눈을 흡뜨고(→ 치뜨고) 누어 잇는데 그 눈이 숨지는 사람의 눈과 가텻다.

**039** 다음 중 표준 발음이 올바르지 않은 것은?

① 담임(擔任)[다님]
② 공권력(公權力)[공꿘녁]
③ 금융(金融)[금늉/그뮹]
④ 삼천리(三千里)[삼철리]
⑤ 광한루(廣寒樓)[광:할루]

**040** 밑줄 친 표기가 외래어표기법에 맞는 것은?

① <u>메론</u>(melon)은 내가 무척 좋아하는 과일이다.
② 요즘 <u>환타지</u>(fantasy) 소설이 주목을 받고 있다.
③ 뭉친 근육을 풀기 위해 <u>맛사지</u>(massage)를 받았다.
④ 이 연필은 길이가 20 <u>센치미터</u>(centimeter) 정도이다.
⑤ 부자가 세금 낼 돈이 없다는 건 <u>난센스</u>(nonsense)이다.

**041** 음식의 로마자 표기가 올바르지 않은 것은?

① 불고기  bulgogi
② 비빔밥  bibimbap
③ 육개장  yukgaejang
④ 설렁탕  seolreongtang
⑤ 콩나물국  kongnamulguk

**042** ㉠~㉤ 가운데 어법에 적절하지 않은 문장은?

> **보기**
>
> ㉠어린 시절, 친구들과 뛰어놀던 산과 들에는 봄이면 진달래와 철쭉의 세상이었다. ㉡그때는 진달래와 철쭉의 이름이 '참꽃', '개꽃'이었다. ㉢할머니께서는 내게 먹을 수 있어서 참꽃, 못 먹어서 개꽃, 이렇게 둘을 구분해서 말씀해 주셨다. ㉣참쌀가루에 꽃잎을 올린 화전의 곱디고운 꽃잎이 눈앞에 선명하다. 그 기억과 풍경은 여전히 그립고 아름답다. ㉤더 이상 산과 들로 뛰어다니지도 화전을 먹지도 않는 지금, 참꽃과 개꽃은 그저 봄이면 피었다 사라지는, 이름을 잃어버린 말이 되어 버렸다.

① ㉠   ② ㉡   ③ ㉢   ④ ㉣   ⑤ ㉤

## 043 ㉠에 대한 설명으로 적절하지 않은 것은?

> **보기**
> 슬기야, 선생님께서 손님을 휴게실로 모시고 ㉠<u>오라셔</u>.

① '오라셔'의 '오-'는 '슬기'와 관련이 있다.
② '오라셔'는 '오라고 하셔'가 줄어든 말이다.
③ '오라셔'에는 주체 높임의 '-시-'가 들어 있다.
④ '오라셔'에는 목적어를 존대하는 요소가 들어 있다.
⑤ '오라셔'에는 문장을 끝맺는 종결 어미가 들어 있다.

## 044 다음 중 중의적으로 해석되지 않는 문장은?

① 학생들이 모두 여기에 오지 않았다.
② 친구의 귀여운 동생을 어제 만났다.
③ 어머니께서 사과와 귤 2개를 주셨다.
④ 나는 철수와 영희를 반갑게 맞이했다.
⑤ 그 여자아이는 예쁜 모자를 쓰고 있다.

## 045 밑줄 친 번역 투를 고친 것으로 적절하지 않은 것은?

① 이것은 <u>나에게 주어진</u>(→ 내가 받은) 선물이야.
② 오랫동안 <u>과로로</u>(→ 과로 때문에) 시력이 약해졌다.
③ <u>사람에게 있어서</u>(→ 사람에게) 가장 중요한 것은 사랑이다.
④ 아직도 <u>도움을 필요로 하는</u>(→ 도움이 필요한) 사람들이 많습니다.
⑤ 나와 <u>다른 피부색을 가지고 있다고</u>(→ 피부색이 다르다고) 차별해서는 안 된다.

## 쓰기  046번~050번

**[046~050]** 다음은 '저출산 실태와 대책'을 주제로 작성한 초고이다. 다음 글을 읽고 물음에 답하시오.

    인구는 사회의 구성 요소이자 생산·소비의 근본 단위를 말한다. 인구가 크게 줄거나 늘어나면 이에 따라 제도나 정책, 문화도 ㉠<u>후퇴하게</u> 되므로 인구는 국가의 구성·운영에 있어 매우 중요한 요소라 할 수 있다. ㉡<u>우리나라의 고령 인구수는 2020년부터 매년 급증하고 있다.</u> 일반적으로 저출산에 대한 정의는, 아이를 적게 낳아 사회 전반적으로 출산율이 감소하는 현상을 말한다. OECD 기준에 따르면, 여성 1명이 가임 기간(15~49세) 동안 낳을 것으로 기대되는 평균적인 자녀의 수를 의미하는 합계 출산율이 2.1명 이하이면 저출산으로, 1.3명 이하이면 초저출산으로 구분한다. 이러한 초저출산은 1990년대 유럽 남부·중동부에서 발생한 저출산 상황을 표현하기 위해 등장한 개념으로, 1993년 스페인과 이탈리아가 가장 먼저 초저출산에 진입하였다. 이어 1995년에는 불가리아, 슬로베니아 등이, 1999년에는 헝가리, 루마니아 등이 진입하였고, 초저출산은 주로 유럽에서 ㉢<u>나타내다가</u> 이후 홍콩, 일본, 한국 등의 동아시아 지역으로 확산되고 있다.
    우리나라의 합계 출산율을 살펴보면, 1960년대 강력한 출산 억제 정책이 추진되면서 합계 출산율이 급격히 감소하기 시작하였으며, 1983년에는 처음으로 2.06명을 기록하여 저출산 국가로 진입하였다. 이후 2001년 합계 출산율이 1.3명 이하로 떨어지면서 현재 초저출산 상황이 지속되고 있다. 유럽 등 다른 나라의 합계 출산율과 비교해 보면, 다른 나라의 합계 출산율은 장기간에 걸쳐 완만하게 하락하였다. ㉣<u>그리고</u> 우리나라의 합계 출산율은 매우 가파르게 하락하였을 뿐 아니라 최근 하락 추세가 심화되고 있다. 이에 인구 구조의 변화 역시 빠르게 진행될 가능성이 높은데, 변화 추세에 대응할 수 있는 시간이 부족한 것이 큰 문제점으로 지적된다. 15~49세의 기혼 여성 평균 출생아 수를 살펴보면, 기혼 여성의 평균 출생아 수는 2018년 기준 1.75명이었으며, 기혼 여성의 이상 자녀 수는 2.16명으로 실제 평균 출생아 수와 이상 자녀 수 간에 차이가 나타났다. 이상 자녀 수란 자녀에 대한 가치관을 측정하기 위해 사용하는 지표로서 가장 이상적으로 생각하는 자녀의 수를 의미하며, 이러한 차이는 아이를 낳아 기르고 싶으나 그럴 수 없는 현실을 반영한다고 할 수 있다.
    이러한 저출산 문제를 해결하기 위해서는 어떤 방법이 있을까? 첫째, 출산 장려금 지원 사업이 있다. 이는 출산율 저하에 따른 노동력 감소와 인구 노령화 등의 사회 문제에 적극적으로 대처하기 위해 현금, 상품권 등을 지급하는 사업을 말한다. 둘째, 유아 학비 지원 사업을 들 수 있다. 이는 소득 기준에 상관없이 전 계층에 유치원 유아 학비 등을 지원하는 사업으로, 유아 가구의 경제적 부담을 줄여 줄 수 있다. 셋째, 육아 휴직 제도의 활성화이다. 육아 휴직 제도는 근로자가 육아로 인해 퇴직하는 것을 방지하고, 직장 생활과 가정생활이 조화롭게 양립할 수 있도록 지원하는 제도로서, 일정 연령 이하의 자녀를 가진 근로자가 그 자녀의 양육을 위해 휴직할 수 있도록 하는 제도이다.
    합계 출산율이 인구 대체 수준인 2.1명 이하에 계속 머물게 되면 국가의 인구 규모와 인구 구조에 변화가 발생한다. 현재 우리나라의 저출산 실태는 인구 변화에 큰 영향을 미칠 정도로, 심각하게 ㉤<u>우려하는</u> 수준이다. 앞으로 [　㉮　] 이러한 노력이 결실을 맺어 우리나라의 인구 규모와 구조가 정상화되고, 다양한 분야의 사회적 문제가 해결되길 바란다.

**046** 다음은 윗글을 쓰기 전에 떠올린 글쓰기 계획이다. 윗글에 반영된 것만을 있는 대로 고른 것은?

> **글쓰기 계획**
> ㄱ. 근거의 신뢰성을 높이기 위해 통계 자료의 수치를 제시해야겠어.
> ㄴ. 주장의 설득력을 높이기 위해 인터뷰 내용을 인용하여 근거로 활용해야겠어.
> ㄷ. 독자의 주의를 환기하기 위해 해결 방안을 제시할 때에는 질문의 방식을 활용해야겠어.
> ㄹ. 주장의 타당성을 높이기 위해 예상되는 반론을 제시한 후 반론에 대한 반박을 제시해야겠어.
> ㅁ. 근거의 공정성을 확보하기 위해 문제 상황에 대한 긍정적 인식과 부정적 인식을 모두 제시해야겠어.

① ㄱ, ㄷ      ② ㄱ, ㄹ      ③ ㄴ, ㅁ
④ ㄱ, ㄷ, ㅁ      ⑤ ㄴ, ㄷ, ㄹ

**047** 다음은 윗글을 수정·보완하기 위해 추가로 수집한 자료이다. 자료의 활용 방안으로 적절하지 <u>않은</u> 것은?

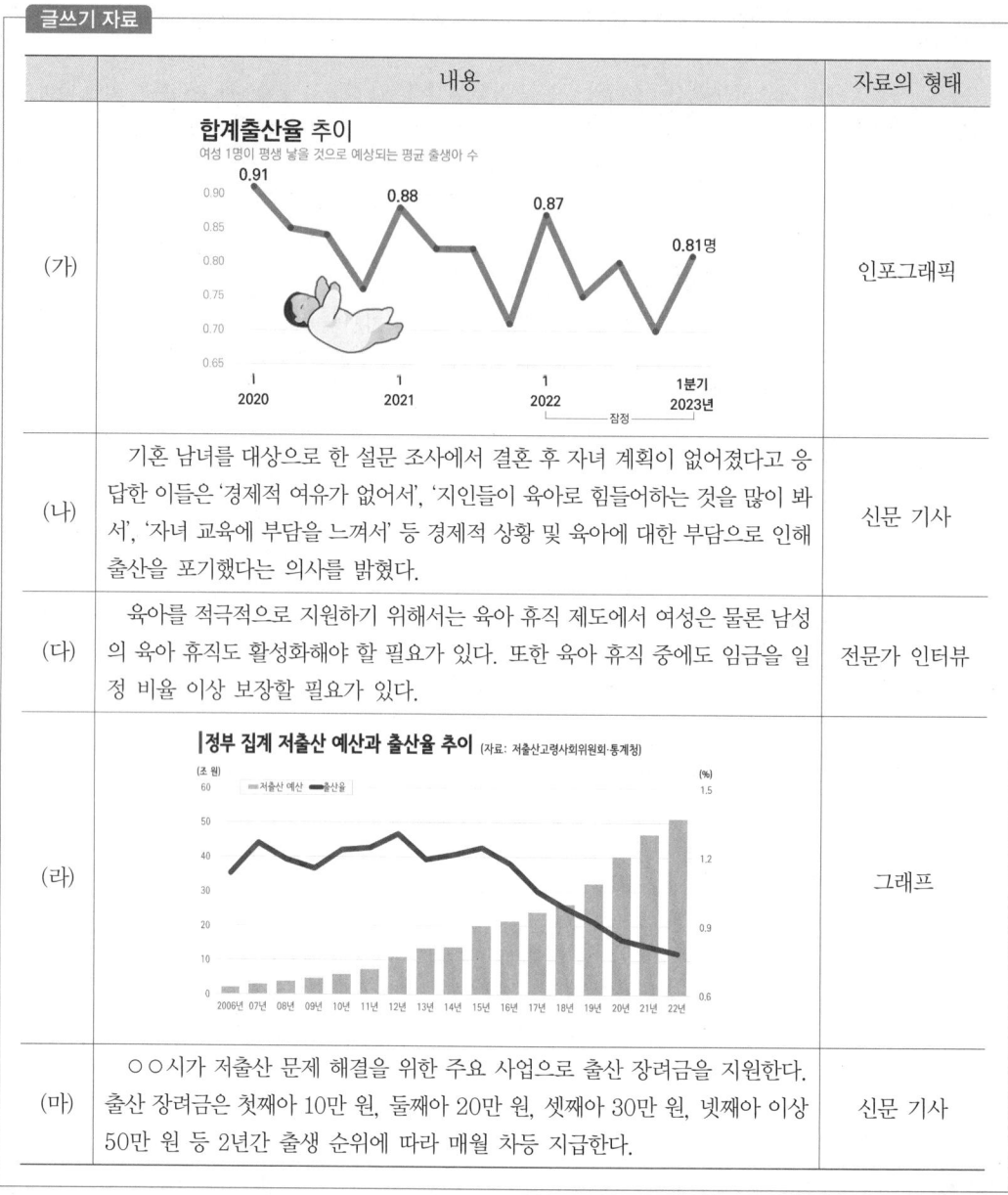

① (가)를 활용하여 최근 우리나라의 합계 출산율의 하락 추이를 시각적으로 보여 준다.
② (나)를 활용하여 기혼자가 아이를 낳아 기르고 싶지만 그러지 못한다는 내용을 뒷받침한다.
③ (다)를 활용하여 육아 휴직 제도의 활성화를 위한 구체적인 방안에 대한 설명을 추가한다.
④ (라)를 활용하여 저출산 예산 확충을 통해 출산율을 높일 수 있을 것이라는 전망을 제시한다.
⑤ (마)를 활용하여 출산 장려금 지원 사업의 구체적인 운영 방안에 대한 설명을 추가한다.

**048** 다음은 윗글을 쓰기 전에 세웠던 글쓰기 개요이다. 윗글을 쓰는 과정에서 필자가 점검하여 반영한 내용으로 적절하지 않은 것은?

> **글쓰기 개요**
> Ⅰ. 저출산의 정의와 초저출산의 세계적 현황
>   1. 저출산의 정의
>   2. 인구의 정의와 중요성
>   3. 저출산 문제를 바라보는 두 가지 관점
> Ⅱ. 우리나라의 저출산 현황
>   1. 우리나라의 합계 출산율의 변화 추이
>   2. 우리나라와 다른 나라의 합계 출산율 변화 비교
>   3. 우리나라의 의료 시설 부족 실태
> Ⅲ. 저출산 대책
>   1. 출산 장려금 지원 사업
>   2. 유아 학비 지원 사업
>   3. 육아 휴직 제도
>   4. 우리나라 평균 출생아 수와 이상 자녀 수의 비교
> Ⅳ. 저출산 문제 해결을 위한 노력 촉구

① Ⅰ-1과 Ⅰ-2의 순서를 바꾸어 '인구의 정의와 중요성'을 먼저 제시한다.
② Ⅰ-3은 상위 항목을 고려하여 '초저출산의 세계적 현황'으로 수정한다.
③ Ⅱ-3은 이 글의 주제와 어울리지 않는 내용이므로 삭제한다.
④ Ⅲ-4는 상위 항목을 고려하여 Ⅱ의 하위 항목으로 이동한다.
⑤ Ⅲ-3은 Ⅳ의 구체적인 내용이므로 Ⅳ의 하위 항목으로 이동한다.

**049** 윗글의 ㉠~㉤을 고쳐 쓰기 위한 방안으로 적절하지 않은 것은?

① ㉠은 문맥에 어울리지 않는 단어이므로 '바뀌게'로 수정해야겠다.
② ㉡은 통일성을 해치는 문장이므로 삭제해야겠다.
③ ㉢은 주어와 서술어가 호응하지 않으므로 '나타나다가'로 수정해야겠다.
④ ㉣은 앞뒤 맥락을 고려할 때 적절하지 않으므로 '따라서'로 수정해야겠다.
⑤ ㉤은 문장의 호응이 적절하지 않으므로 '우려되는'으로 수정해야겠다.

**050** 글의 내용으로 미루어 볼 때, [ ㉮ ]에 들어갈 내용으로 가장 적절한 것은?

① 초저출산 문제는 고령화 사회로의 이행에 영향을 미칠 것으로 보인다.
② 저출산 문제를 피할 수 없으므로 인구 감소 현상을 받아들이고 이에 적응할 필요가 있다.
③ 저출산 문제는 정책적으로 해결할 문제는 아니므로 개인 선택의 문제로 접근할 필요가 있다.
④ 저출산 문제를 해결하기 위해 실효성 있는 다양한 방법을 모색하는 적극적인 노력이 필요하다.
⑤ 저출산 문제는 인구 구조의 변화뿐만 아니라 경제·사회·문화의 다양한 영역에 영향을 미칠 것으로 보인다.

## 창안  051번~060번

[051~053] 물 끓이기의 원리를 인간의 삶에 유비(類比)하고자 한다. 다음 글을 읽고 물음에 답하시오.

> 부엌에서 물을 끓일 때 냄비나 그릇의 종류에 따라 끓는 온도가 달라지는 모습을 살펴볼 수 있다. 예컨대 양은 냄비를 사용하면 온도가 낮아도 잘 끓으며, 아무리 팔팔 끓여도 온도가 98도 이상으로 올라가지 않는다.
> 물이 끓는 온도는 거품이 얼마나 잘 일어나는지에 따라 달라진다. 거품이 형성될 때 물의 열은 크게 손실된다. 액체 상태의 물이 증기로 변할 때 많은 잠열을 흡수하기 때문에, 끓고 있는 물은 계속 가열돼도 온도가 더 올라가지 않고 일정하게 유지되는 것이다. 열을 더 세게 넣어 주면 더 많은 거품이 형성되기 때문에 ㉠열의 평형이 유지되어 온도가 변하지 않는다. [A] 그러나 거품 형성이 충분히 빨리 되지 않으면 열의 입력이 출력보다 높아서 온도가 올라간다. 반대로 양은 냄비의 경우 거품이 너무 잘 형성되어서 열을 과하게 빨리 잃음에 따라 물이 끓는 온도가 낮아진 것으로 설명할 수 있다. 물을 끓이는 양은 냄비를 관찰해 보면, 냄비 바닥에 아주 많은 거품이 생기는 것을 발견할 수 있다.
> ㉡거품 형성의 정도는 그릇 표면의 성질과 미세한 구조에 따라 달라진다. 그릇의 표면에 미세한 흠집과 구멍들이 얼마나 있는지가 중요한 요인이다. 표면이 반질반질한 실험실 비커에 물을 끓이면 거품이 잘 나오지 않는다. 샴페인 술잔의 바닥을 긁어 흠집을 내면 샴페인의 거품이 많이 올라와 더 예뻐 보이기도 한다. 한편 머그잔과 같이 거품 형성이 힘든 용기에 물을 끓이면 온도가 100도를 훨씬 넘도록 초가열되는 경우가 있어 위험하다.

**051** 물 끓이기의 요소를 인간의 동기 부여 과정에 비유할 때, 이끌어 낼 수 있는 내용으로 적절하지 <u>않은</u> 것은?

| | [물 끓이기] | [인간의 동기 부여 과정] |
|---|---|---|
| ① | 물 | 인간 |
| ② | 거품 | 목표 달성을 위한 실천 계획 |
| ③ | 열 | 열정과 흥미 등 동기 요인 |
| ④ | 물이 끓는 온도 | 개인이 추구하는 목표치 |
| ⑤ | 냄비나 그릇의 종류 | 환경 조건 |

**052** 윗글의 ㉠을 '정서적 안정과 관련지어 이해할 때, [A]를 통해 이끌어 낼 수 있는 교훈으로 가장 적절한 것은?

① 인생은 그저 비극일 뿐이므로 행복에 도달할 수 없다.
② 쾌락을 추구하면 추구할수록 삶의 기쁨이 극대화된다.
③ 하나의 긍정적 측면이 열 가지의 부정적 측면을 덮는다.
④ 타인으로부터의 사회적 지지가 정서적 안정의 기반이다.
⑤ 삶의 다양한 면을 포용함으로써 의연한 삶의 태도를 갖출 수 있다.

**053** 〈조건〉에 맞는 표어 문구로 가장 적절한 것은?

> **조건**
> '자녀 양육'과 관련하여 발휘할 수 있는 지혜를 윗글의 ㉡을 참고하여 표현할 것.

① 아이에게는 객관적인 비평보다 부모의 모범이 중요하다.
② 아이를 기르고 가르치려면 무엇보다 먼저 아이를 이해해야 한다.
③ 아이는 미숙한 존재이므로 문제를 일으키지 않도록 훈계해야 한다.
④ 아이의 사회성을 기르기 위해 공통 규범을 일관되게 교육해야 한다.
⑤ 아이에게 주는 사랑이 부모의 일방적 만족을 위한 것이 아닌지 성찰해야 한다.

[054~056] 다음 그림을 보고 물음에 답하시오.

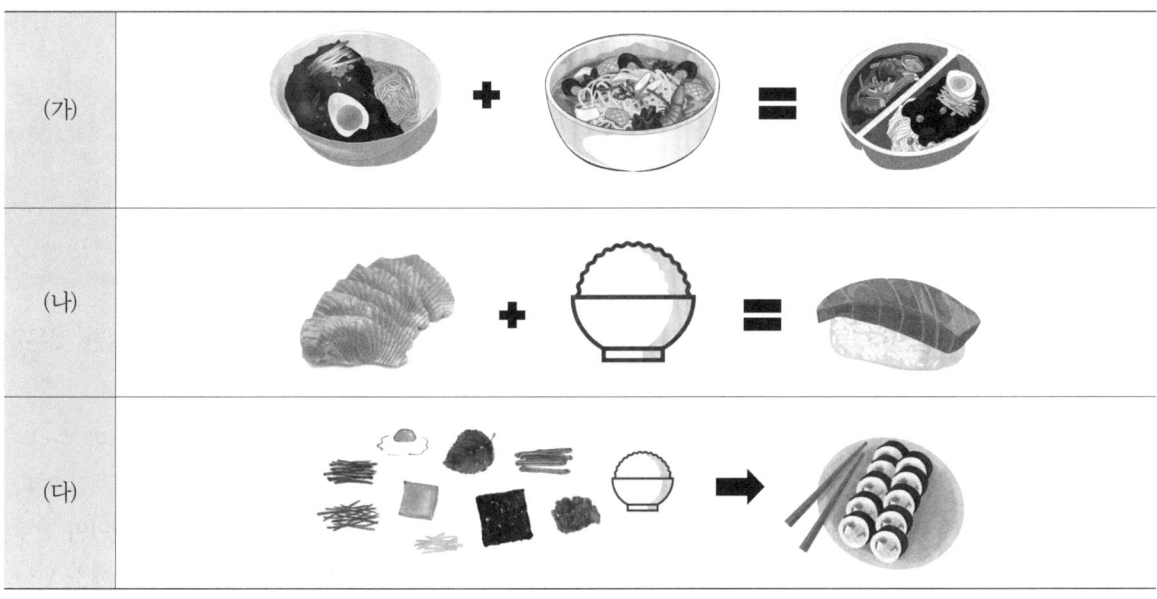

**054** (가)의 구성 방식을 조직 경영 방식에 적용한 내용으로 가장 적절한 것은?

① 모든 근로자들이 다양한 직급과 직책에 교대 근무하는 공기업
② 고정된 소속이 없는 상태로 전 직원이 수평적으로 협업하는 스타트업
③ 신제품 출시를 위해 기획 팀과 홍보 팀을 하나로 묶은 특별 전담 조직
④ 구성원의 응집력을 강화하기 위해 사내 동아리를 적극 장려하는 대기업
⑤ 구성원의 개인적 특성을 최소화하고 집단의 규범을 내면화하는 군사 조직

**055** (가)와 (나)를 바탕으로 상품 개발 아이디어에 착안할 때 적절하지 <u>않은</u> 것은?

|  | (가) | (나) |
| --- | --- | --- |
| 표현 | 짬뽕과 짜장면을 한 그릇에 담아 둘 다 먹을 수 있도록 한 차림 | ㉠ 밥에 생선회를 얹어 한입에 먹을 수 있도록 만든 음식 |
| 핵심 | ㉡ 구성 요소의 독립성을 유지하면서 수요를 충족하는 아이디어 | ㉢ 구성 요소의 어울림을 고려하여 새로운 제품을 창안하는 아이디어 |
| 주제 | ㉣ 구성 요소를 단순화하여 생산 비용을 절감함으로써 제품의 가격을 낮출 수 있다. | ㉤ 구성 요소를 결합하는 창의적 사고를 통해 새로운 수요를 창출하는 제품을 개발할 수 있다. |

① ㉠   ② ㉡   ③ ㉢   ④ ㉣   ⑤ ㉤

**056** (다)의 구성 방식을 활용하여 '다문화 사회'에 대해 주장할 수 있는 내용으로 가장 적절한 것은?

① 이민자들의 안정적인 사회 정착을 위해 한국어 사용을 의무화해야 한다.
② 이민자들이 서로 긍정적 유대를 맺으며 살아갈 수 있도록 이민자 거주 구역을 제한해야 한다.
③ 이민자들이 자신의 문화를 유지하면서 다문화 국가의 일원으로 살아갈 수 있도록 지원해야 한다.
④ 이민자 유입에 의한 문화 훼손을 막기 위해 자국민의 전통을 교육의 우선적인 준거로 삼아야 한다.
⑤ 이민자와 자국민의 경제적 상황이 다르므로 각자에게 특화된 산업 영역에서 일하도록 해야 한다.

[057~058] 다음을 보고 물음에 답하시오.

한국에서 금연 광고가 시작된 것은 2000년대부터이다. 금연 광고는 시대를 거듭하면서 광고의 대상을 달리하기도 하고, 다양한 메시지를 통해 흡연의 위험성을 강조하였다. 2001년부터 현재까지 금연 광고의 변화상을 살펴보면 다음과 같다.

(가) 초기의 금연 광고는 담배가 건강에 해롭다는 점을 강조하여 대중들의 경각심을 이끌어 내는 것이 목적이었다. 따라서 흡연의 피해를 위협적으로 표현하여 담배의 문제점을 직접적으로 알렸다.

(나) 이후 간접흡연의 피해를 알리는 금연 광고가 제작되었다. 공공장소에서의 흡연이 당연시되는 시절이었으므로 비흡연자의 간접흡연에 집중한 메시지를 전달하여 금연 문화를 만들고자 하였다.

(다) 한편 긍정 화법을 통해 금연을 독려하는 광고가 제작되기도 하였다. 담배에 대한 공포를 강조하기보다는 금연하고자 하는 결심을 응원함으로써 금연에 대한 긍정적 인식을 유도한 것이다.

(라) 또한 광고의 대상을 청소년으로 확대하여 청소년기의 흡연을 예방하려 하였다. 따라서 청소년들이 스스로 담배를 거부하는 내용의 광고가 제작되었다.

(마) 최근에는 신종 담배들이 다양한 맛과 형태로 출시되어 흡연자를 유혹하고 있다. 따라서 최근 광고에서는 '맛과 모양이 달라도 담배는 담배'라는 메시지가 강조되었다.

**057** 윗글의 (가)~(마)에 해당하는 광고의 사례가 적절하게 짝 지어지지 <u>않은</u> 것은?

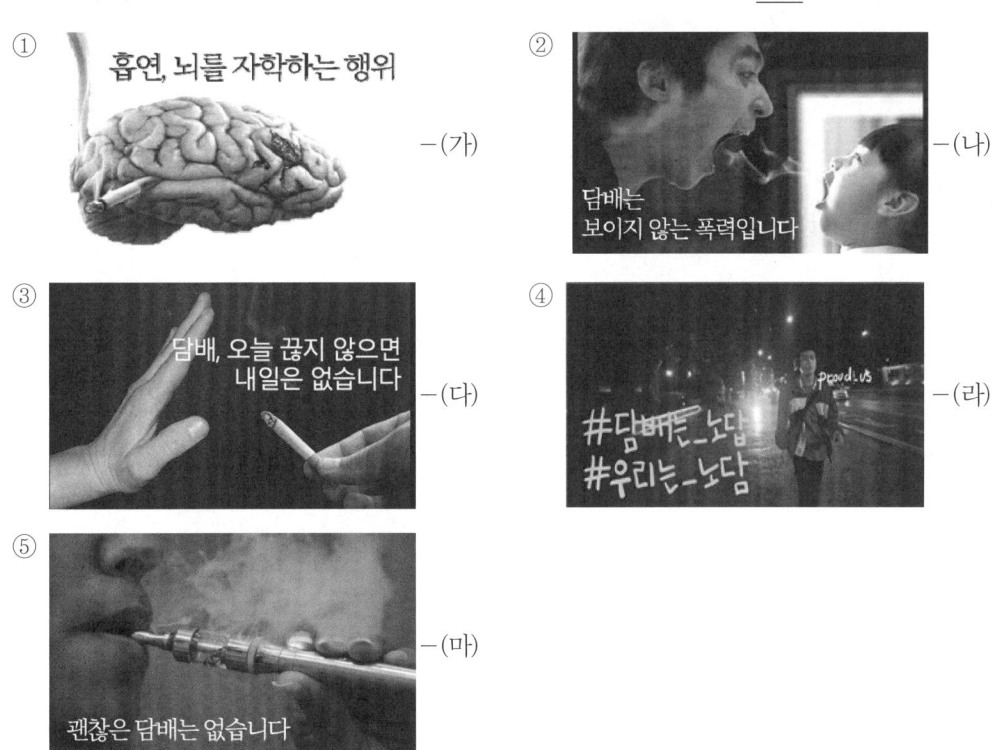

**058** (라)와 (마)의 시각을 모두 반영한 금연 광고 문구로 가장 적절한 것은?

① 담배는 질병입니다, 치료는 금연입니다.
② 금연 표시가 없어도 금연이 기본입니다.
③ 우리, 청소년에게 괜찮은 담배는 없습니다.
④ 담배 없는 삶의 여정, 청소년기부터 시작됩니다.
⑤ 오늘 금연한 당신이 더 건강한 내일을 만듭니다.

### [059~060] 다음 글을 읽고 물음에 답하시오.

수전 손택은 그의 저서 『타인의 고통』에서 매스미디어가 전시하는 천편일률적인 고통의 이미지에 길들어 버린 현대인의 ⑤무딘 감수성을 공격한다. 현대인들은 '전쟁' 하면 블록버스터 영화의 전투 신을 떠올리고, '기아' 하면 에티오피아의 배고픈 아이들을 떠올린다. 그는 우리가 멈춰야 할 것은 타인에 대한 연민(sympathy)이며 되찾아야 할 것은 타인을 향한 공감(empathy)임을 일깨운다. 연민이 내 삶을 파괴하지 않을 정도로만 남을 걱정하는 감정의 기술이라면, 공감은 내 삶을 던져 타인의 고통과 함께하는 삶의 태도이다.

**059** 윗글에서 설명하고 있는 연민과 공감에 대한 이해로 가장 적절한 것은?

① 연민은 곤경에 처한 타인의 고통을 관찰하는 데 만족하지만 공감은 곤경에 처한 타인의 고통을 인식하는 데 만족한다.
② 연민은 곤경에 처한 타인의 문제가 해결될 수 있도록 돕는 것에 만족하지만 공감은 곤경에 처한 타인의 고통을 자기도 느끼는 것에 만족한다.
③ 연민은 곤경에 처한 타인을 직접 돕는 데 나서도록 촉구하는 힘이 되고 공감은 타인이 곤경에 처한 원인을 자신에게 돌림으로써 윤리적 반성의 계기가 된다.
④ 연민은 타인의 고통을 불쌍히 여김으로써 타인을 자기와 동류로 생각할 수 있게 하지만 공감은 타인의 고통을 분석하여 원인을 찾는 객관적인 자세를 갖추게 한다.
⑤ 연민은 곤경에 처한 사람을 지켜보면서 기부금을 전하는 등의 행위로 자기만족에 그치지만 공감은 타인이 고통받고 있는 그 자리로 달려갈 수 있는 용기로 이어진다.

**060** 윗글을 바탕으로 할 때, ㉠과 관련하여 유추할 수 있는 내용으로 가장 적절한 것은?

① 누구라도 고통을 직접 겪어 본 사람만이 타인의 아픔을 자기의 것처럼 여길 수 있다.
② 매스 미디어에 노출된 고통의 이미지가 다양화되어 현대인들이 고통의 원인을 성찰하기 어려워 하고 있다.
③ 타인이 고통받는 일들은 자기와 무관하게 먼 데서 일어나는 것으로만 여겨질 때 폭력에 대한 거부감이 무디어진다.
④ 현대인은 슬픈 감정을 묘사하는 영화를 볼 때는 눈물을 아낌없이 흘리면서 정작 이웃의 고통에는 무감각해져 간다.
⑤ '전쟁'이나 '기아'에 관한 보도를 통해 현대인은 온갖 죽음을 간접 체험하고 있어서 행복감을 전보다 덜 느끼게 된다.

## 읽기　061번~090번

**[061~062] 다음 글을 읽고 물음에 답하시오.**

우리가 물이 되어 만난다면
㉠<u>가문 어느 집에선들</u> 좋아하지 않으랴.
우리가 키 큰 나무와 함께 서서
우르르 우르르 비 오는 소리로 흐른다면.

흐르고 흘러서 저물녘엔
저 혼자 깊어지는 ㉡<u>강물</u>에 누워
㉢<u>죽은 나무뿌리</u>를 적시기도 한다면.
아아, 아직 처녀인
부끄러운 바다에 닿는다면.

그러나 지금 우리는
불로 만나려 한다.
벌써 ㉣<u>숯이 된 뼈</u> 하나가
세상에 ㉤<u>불타는 것들</u>을 쓰다듬고 있나니

만 리 밖에서 기다리는 그대여
저 불 지난 뒤에
흐르는 물로 만나자
푸시시 푸시시 불 꺼지는 소리로 말하면서
올 때는 인적 그친
넓고 깨끗한 하늘로 오라.

- 강은교, 「우리가 물이 되어」

## 061 윗글에 대한 설명으로 가장 적절한 것은?

① 가정법을 사용하여 화자의 소망을 강조하고 있다.
② 청자를 설정하여 반어적인 어조로 비판하고 있다.
③ 시각을 촉각화하여 대상을 감각적으로 묘사하고 있다.
④ 수미상관의 방식을 통해 구조적 안정감을 부여하고 있다.
⑤ 감탄형 종결 어미를 사용하여 화자의 감정을 드러내고 있다.

## 062 〈보기〉의 설명을 바탕으로 할 때 ㉠~㉤ 중 의미가 다른 하나는?

> **보기**
> 강은교의 시 「우리가 물이 되어」는 삭막하고 메마른 현실의 모습과 생명력이 충만하고 조화로운 합일의 세계를 대립적인 이미지로 구현하고 있다.

① ㉠   ② ㉡   ③ ㉢   ④ ㉣   ⑤ ㉤

## [063~065] 다음 글을 읽고 물음에 답하시오.

"오늘 우리 집에 놀러 갈래?"
여름 방학이 시작되기 얼마 전에 네가 말했다. 반 아이들 모두가 부러워할 만큼 너와 친했지만, 그때까지 너의 집에 가 본 적은 없었으므로 얘기를 듣고도 내가 제대로 들은 게 맞나 의심할 만큼 놀랍고 반가웠다.
"너는 나의 가장 친한 친구니까."
그렇게 말하며 너는 내 손을 꼭 잡았다.
그날 나는 수업 시간 내내 들떠 있었다. 너와 모든 걸 공유하는 사이가 될 거란 사실에 흥분했고 마침내 부잣집을 구경하게 될 거란 생각에 설렜다. 아이들과 연예인을 보러 몇 번인가 그 동네에 갔을 때, 나는 늘 담장 ㉠안쪽이 궁금했다. 그 안은 아무리 까치발을 들고 깡충깡충 뛰어 봐도 들여다보이지 않았던 것이다.
방과 후, 나는 너의 손을 잡고 윗동네로 갔다. 중견 탤런트가 살고 있는 집을 지나고 얼마 되지 않아 너는 걸음을 멈췄다.
"여기야."
나는 푸른색이 감도는 검은색 대문을 바라봤다. 문 한 짝이 우리 집 대문을 합쳐 놓은 것보다도 컸다. 커다란 돌을 쌓아 올린 담장은 한눈에 들어오지 않아 나는 고개를 왼쪽 끝에서 오른쪽 끝까지 천천히 움직여야 했다. 우아. 감탄이 절로 나왔다. 이번에는 대문 양옆에 서 있는 기둥을 따라 고개를 아래에서 위로 움직였다. 기둥 끝에는 둥근 조명등을 받쳐 든 아기 천사 조각상이 있었는데, 나는 그것이 훌륭한 예술품이라도 되는 듯 넋을 놓고 바라봤다.
"멋있니?"
너의 물음에 나는 고개를 끄덕였다. 너는 내 손을 잡고 돌담을 따라 반 바퀴쯤 돌았다. 네가 걸음을 멈춘 곳은 청동색 쪽문 앞이었다. 평소에 뒷문으로 드나드는구나. 나는 생각했다. 너는 책가방 앞주머니에서 열쇠를 꺼내 쪽문에 끼워 넣었다. 철컥. 문이 열렸다.
문의 크기만큼 ㉡안쪽 세상이 드러났다.

거기엔 내가 상상했던 푸른 잔디밭이라든가, 연잎이 떠 있는 작은 연못이라든가 하는 것들은 보이지 않았다. 내가 본 것은 지하로 이어지는 시멘트 계단과 계단 아래에 있는 작은 문이 전부였다. 안쪽은 온통 그늘이 져 있어 여름인데도 서늘한 기분이 들었다.

"들어와."

네가 입을 열 때까지 나는 굳은 듯 쪽문 앞에 서 있었다. 당황인지 실망인지 모를 감정을 들켜 버린 것만 같아서 나는 엉거주춤한 자세로 발을 뗐다. 안에 들어가자 왼편에 앞마당으로 이어지는 좁은 길이 보였다. 구부러진 길 끝에 햇살이 새어 들고 있었다. 길을 따라가면 잔디밭도, 연못도 볼 수 있을 것만 같았다. 너는 ⓒ그쪽은 돌아보지도 않고 곧장 계단을 내려갔다.

아래에는 네 개의 작은 문이 있었다. 너는 그중 두 번째 문에 다시 열쇠를 꽂아 넣었다. 쪽문을 열었을 때 바로 보이던 그 문이었다. 집 안은 온통 어둠뿐이었다. 너는 익숙하게 손을 뻗어 불을 켰다. 현관은 곧장 부엌으로 이어졌고 ⓔ안쪽에 방이 있는 기다랗고 단순한 구조의 집이었다. 욕실과 화장실은 복도 끝에 따로 있었는데, 이웃과 공동으로 쓴다고 했다.

"실망했니?"

그때 너의 눈은 쓸쓸하게 빛났다. 나는 대답 대신 너를 꼭 끌어안았다.

여름 방학 내내 나는 너의 집에 드나들었다. 언제나 너는 혼자였으므로 그곳은 우리의 아지트나 다름없었다. 너의 집에는 어떤 이유에선지 전화기가 없었다. 매일 정오에 나는 엄마가 만들어 준 간식을 품에 안고 쪽문을 두드렸다. 그러면 너는 단숨에 계단을 올라와 문을 열어 주었다. (…중략…)

"ⓐ명선아, 너는 이사를 한 번도 안 해 봤다고 그랬지? 나는 이사를 자주 다녔어. 어떨 땐 1년에 세 번, 네 번도 다녔어. 바로 요전 집주인 아저씨는 대학교 교수님이셨거든. 집에 책도 엄청 많고 엄청 똑똑하셨어. 그 집엔 중학생 언니가 하나 있었는데, 날 친동생처럼 예뻐했어. 작아서 못 입는 옷이랑 신발이랑 다 물려주고. 여기로 이사 올 때 다 들고 올 수는 없었지만……."

너는 구겨진 ⓜ치맛단을 내려다보다가 손바닥으로 가만가만 문질렀다. 구김이 쉽게 펴질 것 같지 않았지만 너는 손동작을 멈추지 않았다. 그 위로 내가 알지 못하는 작고 어두운 방에 엎드려 가정환경 조사서를 작성하고 있는 아이의 모습이 겹쳐졌다. 어른 글씨를 흉내 내며 부모님 직업란에 '교수'라고 적어 넣는 아이의 모습이.

너의 집에 가져갈 간식을 만들어 주면서 엄마는 종종 너의 부모님이나 집에 관해 묻곤 했다. 그럴 때면 나는 언제나 이런 식으로 대답했다.

"ⓑ유리네 집은 진짜 엄청 넓어. 집이 아니라 꼭 성 같아."

– 조수경, 「유리」

## 063 윗글의 서술상 특징으로 가장 적절한 것은?

① 인물의 희화화를 통해 지배적인 사회적 통념의 허점을 비판한다.
② 하나의 사건을 여러 관점에서 조망해 사실을 재구성하게 돕는다.
③ 빈번한 장면 전환을 통해 가치관의 분열에 따른 혼란을 보여 준다.
④ 구체적 사건을 통해 인물 간의 불화가 불거지고 심화됨을 드러낸다.
⑤ 인물의 이동에 따른 공간 묘사가 주된 정서의 전환과 연결되어 있다.

## 064 윗글의 ㉠~㉤에 대한 이해로 적절하지 않은 것은?

① ㉠: 외부인에게 좀처럼 노출되지 않아서 신비로운 느낌을 주는 공간이다.
② ㉡: '나'의 기대와는 다른 모습으로 점차 작아지고 좁아지는 느낌을 자아낸다.
③ ㉢: '나'의 기대에 부합하는 공간으로, 실제로 들어서게 된 곳과는 다른 방향을 가리킨다.
④ ㉣: '나'에게 친숙하고 비밀스러운 장소가 될 것임을 암시하는 공간이다.
⑤ ㉤: 거짓으로 감추려고 해도 다 가려지지 않는 위축된 심리 상태를 드러낸다.

## 065 ⓐ와 ⓑ의 관계에 대한 설명으로 적절한 것끼리 묶은 것은?

**보기**

ㄱ. ⓐ는 누구보다 ⓑ와 자기의 관계를 각별하게 여긴다.
ㄴ. ⓑ는 ⓐ와의 갈등을 피하고자 줄곧 거짓말을 한다.
ㄷ. ⓑ는 자기에 대해 실망한 태도를 드러내는 ⓐ를 원망한다.
ㄹ. ⓐ는 다른 사람들에게 ⓑ에 관해 정직하게 말하지 않기로 작정한다.

① ㄱ, ㄴ    ② ㄱ, ㄹ    ③ ㄴ, ㄷ    ④ ㄴ, ㄹ    ⑤ ㄷ, ㄹ

### [066~068] 다음 글을 읽고 물음에 답하시오.

영국의 공리주의 철학자 제레미 벤담은 1791년 원형 감옥 파놉티콘(Panopticon)을 제안한 것으로 유명하다. 파놉티콘은 당시 망원경과 비슷한 광학 기구를 지칭하는 용어로 가끔 사용되었는데, 벤담은 그리스어로 '다 본다(Pan : all + Opticon : seeing)'라는 의미를 가진 이것을 자신이 설계한 감옥을 지칭하는 용어로 새롭게 사용했다.

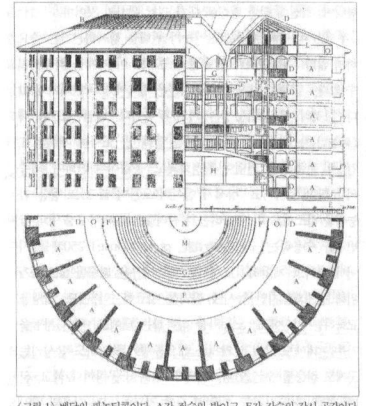

〈그림 1〉 벤담의 파놉티콘이다. A가 죄수의 방이고, F가 간수의 감시 공간이다.

벤담의 설계에 따르면 원형 감옥 파놉티콘의 바깥쪽에는 죄수를 가두는 방이 있고 중앙에 죄수를 감시하기 위한 원형 공간이 있다. 죄수의 방에는 햇빛을 들이기 위해 밖으로 난 창 외에도 건물 내부를 향한 또 다른 창이 있어, 죄수의 일거수일투족이 중앙의 감시탑에 있는 간수에게 항상 포착될 수 있다. 저녁에는 죄수의 방에 불을 밝힘으로써 방을 밝게 유지한다. 반면 중앙 감시탑의 내부는 항상 어두워 죄수는 간수를 볼 수 있기는커녕 간수가 자신을 감시하고 있다는 사실조차 알 수 없다. 죄수는 간수를 볼 수 없는 채 항상 보여지기만 하고, 간수는 보이지 않은 채 항상 모든 죄수를 감시할 수 있다. 이 시선의 비대칭성이 바로 파놉티콘의 핵심 구조이다. 벤담이 강조했듯이 파놉티콘은 죄수들이 단지 감시받고 있다고 생각하게 만든 ㉠감시의 환영을 창조한 극장이다.

파놉티콘에 수용된 죄수는 보이지 않는 곳에서 항상 자신을 감시하고 있을 간수의 시선 때문에 규율에서 벗어나는 행동을 못하다가 점차 이 규율 권력을 내면화하여 스스로 자신을 감시하게 된다는 것이다. 감시는 보편적이고, 영구적이며, 포괄적이고, 이런 의미에서 파놉티콘은 감시의 원리를 체화한 자동 기계이다. 자동 기계에는 파놉티콘의 컴컴한 감시 공간에서 누구라도 간수의 역할을 수행할 수 있다는 의미가 함축되어 있다. 건축물과 기하학적 구조를 제외하고는 다른 물리적 도구 없이, ⓐ파놉티콘은 직접적으로 개개인에게 작동하며, 정신에 의한 정신에 대한 권리 행사인 것이다.

**066** 윗글에 대한 이해로 가장 적절한 것은?

① 벤담이 설계한 원형 감옥의 구조와 시대적 변천을 설명하고 있다.
② 건축물의 공간적 질서와 인간의 시간 인식 간의 관계를 설명하고 있다.
③ 벤담의 공리주의가 감시의 원리와 효용에서 비롯되었음을 설명하고 있다.
④ 파놉티콘의 어원이 원형 감옥의 구조와 원리에서 유래된 것임을 설명하고 있다.
⑤ 물리적 공간 구조가 어떻게 인간의 정신을 지배하고 통제하는지를 설명하고 있다.

**067** 윗글의 ㉠에 대한 설명으로 적절하지 않은 것은?

① 감시받고 있다는 생각을 형성하는 것이 중요 요인이다.
② 서로에 대한 대칭적인 시선이 환영을 만들어내는 출발점이 된다.
③ 규율 권력의 내면화로 스스로 자신을 감시하게 되는 상태를 말한다.
④ 타인으로부터의 감시가 스스로에 대한 통제로 이어지는 것이 핵심이다.
⑤ 죄수는 간수를 볼 수 없지만 간수는 죄수를 볼 수 있는 체제에서 비롯된다.

**068** 윗글을 바탕으로 할 때, ⓐ에 대한 반응으로 가장 적절한 것은?

① 철수: 감시 카메라나 신용카드를 통한 정보 수집은 또 다른 형태의 파놉티콘을 만들 수 있겠군.
② 민아: 과속 단속 카메라의 위치 정보를 공개하는 것은 파놉티콘을 은폐하기 위한 시도라고 할 수 있겠군.
③ 희영: 택배 배송 시 아파트 공동 현관 비밀번호를 공개하는 것은 배송원이 감시의 환영을 경험하게끔 하는 조치이겠군.
④ 영희: 기업이 최신 트렌드를 반영하여 10~20대를 겨냥한 맞춤형 상품을 개발하는 것은 파놉티콘을 활용한 전략이겠군.
⑤ 영수: 회사에서 보안을 위해 개인 저장 장치의 사용을 제한하는 것은 파놉티콘의 정보 비대칭성을 해소하는 행위로 볼 수 있겠군.

## [069~072] 다음 글을 읽고 물음에 답하시오.

계약의 효력은 성립과 동시에 발생하는 것이 원칙이므로 계약이 성립하면 곧바로 그 내용인 '특정한 행위'를 요구할 수 있는 채권이 발생하고, 이 채권을 행사할 수 있다. 그러나 이것이 오히려 불편할 수도 있으므로 당사자들이 계약의 성립 시점과 계약으로부터 발생한 채권을 행사하는 시점을 다르게 정하기를 원할 수도 있다. 또한 계약 당시에 예상하지 못했던 사정 변경에 대처하기 위해 계약의 효력 발생 자체를 장래의 특정한 사건 발생과 연동시키기를 원할 수도 있다. 기차표를 예매하는 계약을 하면서 당장 탑승하지 않고 일주일 후 탑승하기로 하는 것은 전자의 예이고, 분양 업무 대행 계약을 하면서 분양 실적이 일정 기준을 넘어야 보수를 지급하기로 하는 것이 후자의 예이다.

개인 간의 재산 관계는 당사자들의 합의로 자율적으로 형성하는 것이 원칙이다. 따라서 계약의 효력 발생 시점이나 성립한 계약의 효력 발생 여부에 대해, '성립 즉시 효력 발생'이라는 원칙과 다른 내용도 당사자들이 계약으로 정할 수 있다. 이러한 특약을 '부관'이라고 하는데, 부관은 기한과 조건으로 나누어진다. 기한은 시기와 종기로 나누어지는데, '시기'란 성립한 계약의 효력 자체는 발생하는 것을 전제로 그 발생 시점을 조절하는 부관이다. 예컨대 물건을 사면 곧바로 돈을 지급할 채무는 확정되지만, 외상 거래 특약을 하면 돈을 지급할 채무 당사자들이 합의한 시점에 이행하면 된다. 시기이든 종기이든 기한은 장래에 반드시 일어나는 사건이라는 점에서 조건과 다르다. 특정한 날로 정해져 있는 대출 만기가 기한의 전형적인 예이다.

조건은 기한과는 달리 장래의 사실 중 발생 여부가 불확실한 사실과 계약의 효력 발생 여부 자체를 연동시킨다. 조건에는 '정지 조건'과 '해제 조건' 두 종류가 있는데, 정지 조건은 조건에 해당하는 사실이 발생해야 계약의 효력을 발생시키기로 하는 부관이고, 해제 조건은 일단 계약의 효력이 발생하지만, 조건에 해당하는 사실이 발생하면 계약의 효력이 자동으로 소멸하게 하는 부관이다.

조건이 붙은 계약을 하는 당사자들은 조건에 해당하는 사실 발생 여부의 불확실성을 전제로 계약을 한 것이기 때문에 이러한 사실의 발생 여부에 관여하면 안 된다. 따라서 ㉠조건 발생 여부에 위법하게 개입하여 자신에게 유리한 사실을 실현하게 한 당사자에게는 개입 결과와 반대 결과가 발생한 것으로 간주하여 응징한다. 예컨대 정지 조건이 붙은 계약의 경우, 정지 조건에 해당하는 사실이 발생해야 계약의 효력이 발생하고 채무가 발생하게 된다. 따라서 채무자는 정지 조건에 해당하는 사실 발생을 방해하려는 유혹을 느끼기 쉽다. 그러나 채무자가 의도적으로 정지 조건에 해당하는 사실의 실현을 방해하면 오히려 정지 조건이 성취된 것으로 간주하고 결국 채무는 확정적으로 발생하게 된다. 이러한 응징은 채권자에 대해서도, 그리고 해제 조건에 대해서도 마찬가지이다.

## 069 윗글의 서술상 특징으로 가장 적절한 것은?

① 용어들의 공통점과 차이점을 설명하고 있다.
② 용어들이 등장하게 된 역사적 배경을 설명하고 있다.
③ 미래에 전개될 상황에 대비하기 위해 도입해야 하는 제도를 제안하고 있다.
④ 특정한 개념이 해결하고자 하는 문제를 파악하고 그 실효성을 검토하고 있다.
⑤ 특정한 개념을 소개하고 이러한 개념 사용에 대한 찬반양론을 소개하고 있다.

**070** 윗글을 통해 알 수 있는 내용이 <u>아닌</u> 것은?

① 개인 간의 재산 관계를 형성하기 위한 원칙적인 방법은 무엇인가?
② 계약 내용에는 당사자들이 해야 할 특정한 행위 이외의 내용도 포함될 수 있는가?
③ 계약 후 발생하는 사정 변경을 계약의 효력 발생 여부에 반영하기 위한 방법은 무엇인가?
④ 계약의 성립 시점과 계약으로부터 발생한 채권을 행사할 수 있는 시점을 다르게 정하려면 어떻게 해야 하는가?
⑤ 계약 성립 후 당사자의 합의로 그 효력이 소멸한 경우, 소멸했던 효력을 되살리기 위한 방법에는 어떤 것이 있는가?

**071** 윗글에 대한 이해로 적절하지 <u>않은</u> 것은?

① 계약에 부관이 붙어 있지 않으면 계약 성립 즉시 채권을 행사할 수 있다.
② 해제 조건이 붙은 계약은 해제 조건에 해당하는 사실이 발생하면 그 효력이 소멸한다.
③ 시기는 장래에 반드시 일어나는 사건이지만 종기는 장래에 절대로 일어나지 않는 사건이다.
④ 분양 업무 대행 계약을 하면서 분양 실적에 따라 보수를 지급하기로 하는 부분은 조건에 해당한다.
⑤ 시기가 붙은 계약과 정지 조건이 붙은 계약은 모두 계약 성립 직후에는 그 계약의 내용인 채권을 행사할 수 없다.

**072** ㉠에 대한 이해로 가장 적절한 것은?

① 채권자가 의도적으로 정지 조건에 해당하는 사실을 실현시키면, 채권이 확정적으로 발생한다.
② 채권자가 정지 조건이 붙어 있는 계약을 체결했으므로 정지 조건이 성취될 수 있게 개입해야 하기 때문이다.
③ 채권자가 의도적으로 해제 조건에 해당하는 사실의 실현을 방해하면, 채권이 확정적으로 유지된다.
④ 채무자가 의도적으로 해제 조건에 해당하는 사실을 실현시키면, 채무가 확정적으로 유지된다.
⑤ 채무자가 해제 조건이 붙어 있는 계약을 체결했으므로 해제 조건이 성취될 수 있게 개입해야 하기 때문이다.

[073~075] 다음 글을 읽고 물음에 답하시오.

꿀벌은 개체들이 모여 생존과 번식을 위하여 하나의 사회를 구성하는 개체군이다. 꿀벌의 사회 생활체인 개체군을 '봉군'이라고 하는데, 한 봉군에는 1마리의 여왕벌과 일벌 그리고 수벌이 있고 이들은 봉군을 유지하기 위해 분업 체제를 갖추고 있다. 여왕벌은 생식 능력이 있는 유일한 암컷으로 알 낳기만을 담당하며, 조직의 중심점이 된다. 일벌은 여왕벌과 마찬가지로 암컷이지만, 난소 발육이 억제되어 교미와 번식을 할 수 없다. 여왕벌은 일벌에게는 잘 발달되지 않은 분비샘이 있어서 여왕벌만의 물질을 분비하여 다른 일벌들의 행동을 조절한다. 반대로 일벌의 하인두선은 여왕벌에게는 없으며 애벌레의 먹이가 되는 로열 젤리를 분비한다. 일벌들은 또한 집을 짓는 데 필요한 밀랍을 분비하는 기관과 냄새를 풍기는 기관을 갖고 있다. 일벌은 애벌레에서 탈피한 후 생리적 기능 변화에 따라 여러 가지 종류의 일을 하게 된다. 어린 일벌은 청소와 알을 돌보는 일을 하다가 며칠이 지나면 로열 젤리를 만들어 부화 후 3일까지의 애벌레와 여왕벌에게 로열 젤리를 공급한다. 2주가량 지나면 로열 젤리 생산 능력이 줄어들고 밀랍을 분비하여 벌집을 짓는 역할을 하다 나중에는 외부에서 꿀과 화분을 수집하는 일을 하게 된다. 수벌은 여왕벌과 교미를 하는 일 외에 아무것도 하는 일이 없다.

벌집은 꿀벌이 모여서 살아가는 공간으로, 속이 빈 나무나 벽 사이의 구멍 등 어두운 빈 공간에 지어진다. 벌집 안에는 수직으로 나란히 늘어진 여러 개의 공간이 만들어지는데 이를 소비라고 한다. 소비의 양쪽 면에는 육각형의 꿀벌 방이 만들어지는데, 산란, 육아 또는 먹이 저장에 사용된다. 꿀벌 방은 안으로 들어갈수록 아래쪽으로 약간 기울어져 있어 입구들이 조금 위로 향하도록 만드는데, 이렇게 되면 방 안의 내용물이 흘러내리지 않아 육아나 저장에 유리하다. 꿀벌 방이 처음 만들어진 소비는 꿀벌이 분비한 밀랍으로만 이루어져 회백색에 가깝지만, 그곳에서 애벌레를 키우면서 각종 애벌레의 분비물, 번데기, 고치, 변질된 화분, 찌꺼기 등이 섞여 점차 색깔이 검게 변한다. 어두운 곳에서 일정한 간격으로 소비를 짓는 습성을 이용하여 인류는 꿀벌을 키워서 꿀을 얻는 양봉이라는 곤충의 가축화에 성공했다.

양봉에서 꿀벌의 군집을 유지하려면 소비와 벌통이 꼭 필요하다. 꿀벌들은 벌통 내에 있는 소비에서 영역을 나눠 산란 및 육아권으로 이용하거나 꿀과 화분 등의 먹이 저장권으로 이용한다. 꿀벌의 활동이 가장 왕성한 시기에는 벌통 안의 여러 개 소비들 중에서 중심으로부터 아래쪽으로 타원형 모양의 육아권을 형성하게 된다. 육아권의 바깥 5cm 내외의 영역에 꿀과 화분을 저장하는 부분이 형성된다. 벌통의 중심부에서 바깥쪽으로 갈수록 육아권은 작아지며 제일 바깥쪽의 소비에는 먹이만 저장하기도 한다. 꿀을 저장하는 방은 소비의 위쪽과 구석을 차지하고 그 방의 깊이도 깊어져 소비의 중심 쪽보다는 많은 꿀을 저장할 수 있게 된다.

**073** 윗글의 내용과 일치하지 않는 것은?

① 벌집의 내부에는 수직으로 나란히 늘어진 소비가 만들어진다.
② 꿀벌은 개체들이 담당하는 역할을 달리하여 개체군을 유지한다.
③ 소비는 사용 시간이 길어질수록 밀랍이 쌓여 회백색으로 변한다.
④ 인간은 꿀벌이 소비를 만드는 습성을 활용하여 가축화에 성공했다.
⑤ 먹이 저장에 유리하도록 입구가 약간 위를 향하도록 꿀벌 방을 만든다.

**074** '봉군'에 대한 설명으로 적절하지 않은 것은?

① 수벌의 역할은 여왕벌과의 교미에 국한되어 있다.
② 애벌레는 일정 기간 일벌이 분비한 로열 젤리를 섭취한다.
③ 일벌은 시간이 지나면서 봉군 내에서 담당하는 역할이 바뀐다.
④ 여왕벌은 교미와 번식의 조절을 통해 일벌의 행동을 통제한다.
⑤ 일벌은 여왕벌과 달리 소비를 만드는 물질을 분비하는 기관이 있다.

075 윗글을 바탕으로 할 때, 〈보기〉에 제시된 ⓐ의 이유로 가장 적절한 것은?

**보기**

양봉에서 소비가 2개의 분리된 층으로 이루어진 벌통을 쓰기도 한다. 이 벌통은 ⓐ소비의 아래층과 위층 사이에 격왕판이 설치되어있다. 이 때문에 여왕벌은 통과하지 못하고 일벌만 통과하여 위층으로 이동할 수 있다.

① 육아권의 영역을 넓히기 위해
② 먹이 저장권을 확장하기 위해
③ 수벌의 개체수를 줄이기 위해
④ 여왕벌의 산란을 늘리기 위해
⑤ 일벌의 산란을 유도하기 위해

## [076~078] 다음 글을 읽고 물음에 답하시오.

살아 있는 나무는 수액의 형태로 많은 수분을 함유하고 있다. 목재로서의 가치를 지니려면 이러한 수분을 일정 부분 없애야 한다. 목재가 가지고 있는 수분은 결합수와 자유수로 나뉜다. ㉠결합수란 물 분자가 수소 결합에 의해 세포벽에 결합된 것을 말하며 ㉡자유수는 세포 사이의 미세한 공간인 세포 내강에 액체로 존재하는 것을 말한다. 자유수는 결합수에 비해 세포벽과의 결합력이 상대적으로 약해 적은 에너지로도 쉽게 제거된다. 결합수의 비율은 세포벽의 팽창 정도를 결정하므로 목재의 물리적 성질 변화에 크게 영향을 준다. 반면 자유수는 결합수와 달리 목재의 성질에 미치는 영향이 미미하나, 투과성이나 열전도도 등에는 상당한 영향을 미친다.

목재에 함유된 수분의 양은 함수율로 나타내는데, 목재의 전건 무게에 대한 수분량의 백분율로 표시한다. 전건 무게는 항온기에서 고온으로 가열하여 모든 수분이 빠져나간 상태로 건조된 목재의 무게를 말한다. 목재는 함수율의 증가에 따라 팽창하기도 하고 함수율의 감소와 함께 수축하기도 한다. 목재는 주위 환경에 노출되어 있으면 대기 중의 수분을 흡수하거나 내부의 수분을 내놓아 평형 상태를 이룬다. 이러한 평형 상태는 주위 환경의 습도와 온도에 의해 크게 영향을 받는데, 목재가 주어진 온습도 조건 균형을 이룬 상태일 때의 함수율을 평형 함수율이라고 부른다.

수분을 함유한 목재가 평형 상태에 도달하기 위해서는 목재 내부에서의 수분 이동이 일어나야 한다. 목재의 수분은 함수율이 높은 부분에서 낮은 부분으로 이동한다. 목재의 건조가 시작되면 목재 표면에서 대기로 수분이 증발하고 이는 모세관 힘을 유발시켜 인접한 내층의 자유수를 이동시킨다. 자유수의 이동에 따른 조직 내 수분 함량의 차이로 인해 결합수는 세포벽에서 세포 내강으로 확산한다. 자유수는 확산에 비해 매우 빠른 속도로 이동한다. 따라서 목재의 표면 쪽에서는 수분의 증발이 빠르지만 수분의 확산에 많은 시간이 필요한 목재 내부에서는 함수율의 변화가 느리다. 변재는 나무의 표면 쪽으로서, 함수율이 상대적으로 높은 부분이어서 확산이나 모세관 유동 모두에서 심재에 비해 수분 이동이 빠르다. 심재는 중심부의 조직으로 세포벽만 남아 단단하고 함수율이 낮다. 확산 속도는 목재의 투과성과 판재의 두께에 의해 큰 영향을 받는다. 투과성이 좋은 목재일수록 건조 속도가 빠르며, 비중이 클수록 확산 속도는 느려진다.

수분 이동의 특성으로 인해 젖은 목재의 내부와 마른 목재의 표면에 가까운 부분 사이에서 함수율의 차이가 생기는데, 이를 수분 경사라 부른다. 수분 경사는 표면 쪽과 내부 사이에 포물선 형태가 되며, 건조 초기에는 경사가 급하고 건조 후기에 목재가 평형 함수율에 근접하게 되면 완만해진다. 섬유 방향으로의 수분 이동은, 긴 시험관처럼 생긴 목재 세포 구조로 인해 수증기 형태의 수분 이동이 쉽게 일어나기 때문에 나무 중심에서 표피 방향의 수분 이동에 비해 12~15배 더 빠르다. 그러나 통나무가 아닌 길이가 길게 제재된 판재에서는 수분의 이동 거리가 상대적으로 짧은 두께 방향을 통해 수분 이동이 주로 일어난다.

## 076 윗글에서 목재의 함수율에 대한 이해로 적절하지 않은 것은?

① 함수율은 목재의 전체 무게 대비 포함된 수분량의 비율이다.
② 함수율에 따라 목재의 물리적 성질, 투과성이나 열전도가 달라진다.
③ 목재가 노출된 대기의 온습도가 변하면 평형 함수율도 달라진다.
④ 목재 내부의 함수율 변화가 생기면 그 차이에 의해 수분이 이동한다.
⑤ 목재가 수분 평형 상태에 있을 때 목재 내부의 수분 경사는 0이다.

## 077 ㉠과 ㉡에 대한 설명으로 적절하지 않은 것은?

① ㉠은 수소 결합한 분자로, ㉡은 액체 상태로 목재 내부에 존재한다.
② ㉠은 세포벽으로부터 모세관 힘에 의해 세포 내강으로 분리된다.
③ ㉠은 ㉡에 비해 목재 내부에서의 이동에 필요한 에너지가 크다.
④ ㉡은 목재의 물리적 특성보다는 투과성에 미치는 영향이 크다.
⑤ ㉡은 ㉠에 비해 목재 내부에서 이동하는 속도가 빠르다.

## 078 윗글을 바탕으로 할 때, 〈보기〉의 A~D에 대한 설명으로 적절한 것은?

> **보기**
>
> 건조 과정을 거치지 않은 통나무를 길이 방향으로 제재하여 길이가 모두 같지만 단면이 서로 다른 A~D 목재를 생산한 다음 대기 중에서 자연 건조하여 수분 평형 상태에 이르렀다.

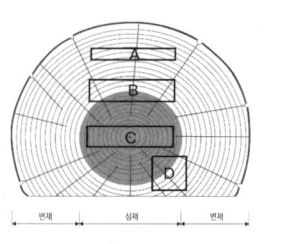

① A는 B에 비해 목재의 두께가 얇아 수분 평형에 느리게 도달한다.
② B는 C에 비해 함수율 차이의 변화가 큰 심재면 쪽으로 수축이 크다.
③ B와 D는 변재와 심재의 수분 경사가 없어 건조 후에도 변형이 없다.
④ C는 다른 목재에 비해 함수율 변화량이 가장 커서 변형이 가장 작다.
⑤ D의 건조 후 단면은 심재에서 변재 방향의 길이가 더 긴 마름모 형태이다.

[079~082] 다음 글을 읽고 물음에 답하시오.

　우리는 ⓐ태양이 내일 다시 떠오를 것이라고 확신한다. 그런데 왜 그렇게 믿느냐고 물어본다면 ⓑ태양이 수십억 년 동안 매일 아침 떠올랐기 때문이라고 대답할 것이다. 그러나 이러한 믿음은 과거 경험으로부터 그저 맹목적으로 나온 것에 불과할까? 아니면 타당한 믿음으로서 정당화될 수 있는가? 다시 말해서 ㉠"태양이 내일 다시 떠오를 것이다."라는 믿음은 ㉡"내일 태양이 서쪽에서 뜰 것이다."라는 믿음이나 "내일 태양 대신에 커다란 텔레비전이 뜰 것이다."라는 믿음보다 더 근거가 확실한 믿음일까?
　귀납의 원리는 다음과 같이 요약될 수 있다. "다양한 조건 아래서 많은 A가 관찰되었고, 그리고 거기에 예외 없이 B라는 성질이 있었다고 하면 모든 A에는 B라는 성질이 있다." 귀납의 원리는 ⓒ어떤 일정한 형식의 연속이나 공존이 이제까지 자주 반복되었다면 미래의 경우에도 이와 같은 연속이나 공존이 반복될 것이라고 예측하게 해 준다. 우리는 이 귀납의 원리를 받아들이기 때문에 태양이 내일 다시 떠오를 것이라고, 배고플 때는 돌보다 밥을 먹어야 한다고, 이 의자가 내 몸무게를 지탱할 것이라고 믿는 것이다. 짐승들도 귀납의 원리를 받아들인다. 사육되는 짐승들은 항상 먹을 것을 주는 주인을 볼 때 먹을 것을 예상한다. 사람이나 짐승 모두 귀납의 원리를 받아들이지 않는다면 개인적이고 일회적인 경험을 넘어 지식을 확장할 수 없는 것이다.
　연속이나 공존이 자주 반복될수록 우리가 갖는 지식은 더욱 믿을 만해진다. 그리고 매일 떠오르는 태양처럼 지금까지 한 번의 예외도 없었다면 그 지식은 거의 확실성에 다다를 것이다. 그러나 확실성에 완전히 다다를 수는 없다. 왜냐하면 자주 반복된다고 하더라도, 믿었던 주인에게 잡혀 먹는 짐승의 경우처럼, 지구의 자전을 파괴할 만큼 큰 물체에 지구가 부딪혀 내일 아침에 태양이 떠오르지 않는 상황을 상상하는 것이 전혀 불가능하지 않기 때문이다. 따라서 확실성 대신에 개연성이 우리가 귀납에 의한 지식에서 추구해야 할 모든 것이고 사실 높은 개연성이 있으면 우리가 관찰하지 못한 모든 것을 포함한, 모든 시간과 장소에서 연속과 공존이 성립하리라고 기대하는 데 충분하다.
　그런데 문제는 이 귀납의 원리가 정당화될 수 있느냐는 것이다. 철학자 데이비드 흄은 귀납은 합리적으로 정당화될 수 없다고 주장했다. 그에 따르면 우리는 귀납의 원리에 따라 추론할 때마다, 곧 경험하지 못한 것들에 대해 결론을 내릴 때마다 자연이 한결같다는 가정을 한다. 우리가 자연이 한결같다는 걸 믿지 않는다면, 우리의 경험상 태양이 매일 떠올랐다는 것이 사실이라고 해도, 우리는 태양이 계속해서 떠오를 것이라고 기대하지 않을 것이다. 이때 자연이 한결같다는 가정은 우리가 아직 경험하지 않은 것까지 포함해서 모든 시간과 장소에 대해 성립해야 한다. 그런데 우리는 자연이 한결같다는 점을 경험에 의존하지 않고서는 알 수가 없다. 우리는 자연이 이 주변에서 그리고 현재 시점에서 한결같다는 점을 관찰한 다음에 다른 모든 시간이나 다른 모든 장소에서도 그처럼 자연이 한결같을 것이라고 추론한다. 그런데 이러한 정당화 자체가 귀납적이다. ⓒ우리는 정당화하기로 되어 있는 바로 그 원리를 사용해서 그 원리의 근거를 대고 있는 것이다.
　흄에 따르면 지금까지 관찰해 온 것들은 미래에 일어날 일들에 대해 아무런 단서도 제공하지 않는다. 물론 똑같은 방식의 일이 계속 일어날 수도 있다. 태양은 아마 계속해서 떠오를 것이다. 그러나 그 사실을 믿을 만한 정당화가 전혀 없다. 흄에 따르면 우리는 그렇게 믿을 수밖에 없다. 그러나 그런 믿음은 합리적이라기보다는 일종의 무릎 반사와 같은 무의식적인 반응이다.

## 079 '흄'의 주장을 요약할 때 가장 적절한 것은?

① 귀납의 원리는 예측을 가능하게 하지만 그 내용을 합리적으로 정당화할 수는 없다.
② 귀납의 원리는 정당화되지 않으므로 미래에 예상 못 한 상황이 닥칠 것을 주의해야 한다.
③ 귀납의 원리는 동물이 쓰는 무의식적인 반응으로서 합리적인 인간에게는 적용되지 않는다.
④ 미래에도 과거와 같은 연속이나 공존이 반복될 것이라는 예측은 귀납의 원리에 의해서 정당화되어야 한다.
⑤ 귀납의 원리는 연속이나 공존이 반복될수록 정당화되는데, 미래에는 그 반복이 보장되지 않으므로 이 원리는 정당화되지 않는다.

## 080 ㉠과 ㉡에 대한 설명으로 적절한 것은?

① ㉠은 ㉡과 달리 합리적으로 정당화된다.
② ㉠은 확실성이 있지만 ㉡은 개연성만 있다.
③ ㉠과 ㉡은 모두 거짓일 수 있다.
④ ㉠과 ㉡ 모두에 귀납의 원리가 적용되지 않는다.
⑤ ㉠과 ㉡은 모두 연속이나 공존에서 나온 것이다.

## 081 ⓐ, ⓑ, ⓒ 사이의 관계에 대한 진술로 적절하지 않은 것은?

① ⓐ와 ⓑ로부터 ⓒ를 이끌어 낸다.
② ⓑ의 참은 ⓐ의 참을 예측하는 근거가 된다.
③ ⓒ가 정당화될 수 있는 합리적 근거는 없다.
④ ⓒ가 거짓이라면 ⓐ의 참을 확신할 수 없다.
⑤ ⓒ를 참이라고 가정하면 ⓑ로부터 ⓐ를 추론할 수 있다.

## 082 ㉢과 같은 형식의 추론을 한 예로 가장 적절한 것은?

① 미인은 잠꾸러기라는데, 나도 잠꾸러기이니 미인이야.
② 이 식품이 해롭다는 증거가 없으므로 해롭지 않을 거야.
③ 모든 문화는 상대적이다. 아인슈타인이 상대성 이론을 주장하지 않았는가?
④ 우리 팀은 모두 우수한 선수들만 모였으므로 이번에 틀림없이 우승할 것이다.
⑤ 선생님 말씀은 모두 진리이다. 왜냐하면 선생님께서 그렇게 말씀하셨기 때문이다.

[083~084] 다음 글을 읽고 물음에 답하시오.

### 생활 폐기물 배출 방법 안내 공고

1. 제목: 생활 폐기물 배출 방법 안내 공고
2. 내용
   가. 수거일 안내
   - 수거 시간: 06:00~15:00
   - 토요일 14:00 이후, 일요일과 공휴일은 수거하지 않습니다.
     (2023년 4월부터 매월 마지막 주 토요일 휴무)

나. 배출 시간 및 장소
　- 모든 쓰레기는 일몰(기상청 예보 참고) 후 내 집 앞, 내 점포(단독 상가) 앞 배출
　- 복합 상가 건물, 아파트 등은 건물 내 쓰레기장 배출
다. 배출 방법
　(1) 대형 폐기물: 수수료 입금 후 내 집 앞 배출
　　- 동별 지정 수집 운반 업체로 전화 또는 인터넷, 모바일을 이용하여 요금 납부 및 수거 요청을 하실 수 있으며, 가전제품은 무상 방문 수거가 가능합니다.
　(2) 일반 쓰레기
　　- 소각용 종량제 봉투
　　- 재사용 종량제 봉투: 대형 마트에서 봉투 대용으로 구매
　　- 음식물 및 재활용품 혼합 배출 금지(이물질이 묻은 비닐류·일회용품은 소각용 종량제 봉투에 배출)
　(3) 음식물 쓰레기(물기 제거 후)
　　- 단독 주택, 상가: 음식물용 종량제 봉투
　　- 공동 주택: 음식물 쓰레기 종량기(RFID) 또는 음식물 쓰레기 전용 용기
　　　* 흙이 묻은 채소의 겉껍질·뿌리, 고기·생선의 뼈, 과일의 씨, 갑각류·조개류의 껍데기 등은 일반 쓰레기 소각용 종량제 봉투에 배출
　(4) 불연성(도자기, 금속, 화분, 유리, 그릇 등): 불연성 마대를 구입하여 쓰레기를 담아 내 집(상가) 앞 배출하고 동별 지정 수집 운반 업체에 연락
　(5) 재활용품
　　- 종류별로 묶거나 투명 비닐에 담아 배출
　　- 의류 등은 젖지 않도록 투명 비닐에 담아 배출

**083** 윗글에 대한 이해로 적절하지 않은 것은?

① 생활 폐기물의 수거일과 수거 시간은 동별로 상이하다.
② 대형 폐기물은 동별로 지정된 업체에 수수료를 납부해야 한다.
③ 대형 폐기물 중 가전제품은 무상 수거가 가능하다.
④ 재활용이 어려운 일회용품은 소각용 종량제 봉투에 담아 배출해야 한다.
⑤ 공동 주택의 경우 음식물 쓰레기는 종량제 봉투에 담지 않는다.

**084** 윗글에 대한 반응으로 적절하지 않은 것은?

① 모든 쓰레기는 평일 수거 시간 내에 배출해야 하는군.
② 깨진 그릇을 소각용 종량제 봉투에 담아 배출하면 안 되는군.
③ 재활용이 가능한 의류는 투명 비닐에 담아 배출해야 하는군.
④ 조개껍데기 등은 음식물용 종량제 봉투에 담아 배출하면 안 되는군.
⑤ 토요일 저녁에 배출된 쓰레기는 평일인 다음 월요일에 수거되겠군.

[085~087] 다음 글을 읽고 물음에 답하시오.

[앵커]
소셜미디어 등 온라인 공간에 보관한 사진이나 동영상, 계정의 주인이 사망한 뒤에는 어떻게 해야 할까요? 그동안 법적인 근거가 없어서 처리에 논란이 따랐는데, 유산처럼 상속할 수 있도록 하는 법안이 국회에 발의됐습니다.

[리포트]
㉠경치가 좋은 곳, 자신의 예쁜 얼굴… 사진으로 찍어 SNS에 올리는 게 일상이 됐죠. 재미있는 동영상을 찍어 올리기도 하고요. 누구나 볼 수 있도록, 전체 공개하기도 하고 친구들끼리만, 혹은 자신만 볼 수 있게 비공개하기도 합니다. 이런 SNS에서의 사진이나 영상, 내가 죽고 나면 어떻게 해야 할까요? KBS가 SNS를 사용하는 시민 천 명을 대상으로 설문 조사를 한 적이 있습니다. 자신의 디지털 자산에 대한 상속 인식은 아직 대부분이 없었습니다. 가족이 사망하면 가족의 SNS 계정을 상속받고 싶은지를 물었더니, 24% 정도만이 의향이 있다고 답했고, 반대로 자신이 죽은 뒤 자신의 SNS 계정을 가족에게 상속할 생각이 있는 사람은 21% 정도였습니다.

[조○○: "상속을 해서 제 일상 기록이나 사진 같은 거 보지 못했던 거 볼 수 있게 해 줄 것 같아요."]
[양○○: "나 하나의 기억은 나만 하는 것도 괜찮고 각자 바쁜 세상인데 남에게 이걸 남겨서 짐을 떠안기는 것 같은 느낌."]

㉡자신의 디지털 기록을 재산처럼 상속할 길을 열어 줄 법안이 발의됐습니다. 이른바 ⓐ'디지털 유산법'입니다. SNS와 같은 정보 통신 서비스 이용자가 사망하면, 서비스 제공자인 SNS 회사가 사망자의 계정을 휴면시키고, 이용자가 죽기 전 미리 정한 방식으로 계정 안의 사진과 같은 자료를 처리하게 됩니다. 그러니까 SNS 회사는 이용자에게 디지털 유산을 상속할 건지, 상속한다면 누구에게 어떻게 할지 등을 미리 약관으로 정해야 하는 겁니다. 단, 상속받은 사람은 고인의 계정에서 새로운 게시물을 작성하거나, 유통하진 못하도록 했습니다.

사망자의 SNS 계정을 상속하자는 생각은 해외에서 먼저 도입됐는데요. 유명 소셜 미디어를 운영하는 ㉢해외의 한 회사는 '유산 접근'이라는 기능을 도입해, 계정 주인이 사망하면 계정 관리권을 어떻게 처분할지를 생전에 설정할 수 있도록 했습니다. 이른바 '휴면 계정 관리자 설정'인데, 설정해 두지 않으면 휴면 계정은 삭제되고, 계정과 연계된 모든 데이터가 없어집니다.

그러나 우리나라 기업은 아직 조심스러운 입장입니다. 국내 한 포털 사이트는 전체에게 공개된 데이터만 백업해 줄 뿐 사망자의 블로그, 이메일 등은 유족이더라도 제공하지 않는데요, 유족이 요청하면 회원 탈퇴는 가능합니다.

㉣"사람은 죽어서 데이터를 남긴다."라는 말이 있지요. 앞으로 점점 더 많은 사람들이 SNS에서 자신의 정보를 관리하는 일이 많아질 겁니다. 그에 따라 유족과의 분쟁도 덩달아 많아질 텐데, ㉤기업이 법 시행 이전에 디지털 유산 서비스를 좀 더 적극적으로 도입해야 한다는 목소리가 나오고 있습니다.

KBS 뉴스 오○○입니다.

**085** ㉠~㉤에 대한 이해로 적절하지 않은 것은?

① ㉠: 기사와 관련된 상황을 제시하며 기사를 시작하고 있다.
② ㉡: 기사의 주제를 명시적으로 제시함으로써 독자의 관심을 끌고 있다.
③ ㉢: 해외의 사례를 자세히 소개하여 독자에게 유용한 정보를 제공하고 있다.
④ ㉣: 친숙한 관용 표현을 차용하여 기사 내용이 현실적인 사안임을 제시하고 있다.
⑤ ㉤: 디지털 유산 서비스의 입법 내용에 대한 의견이 다양하다는 것을 드러내고 있다.

**086** 〈보기〉를 바탕으로 윗글을 이해한 것으로 적절하지 않은 것은?

> **보기**
> 
>   방송 기사는 일반적으로 자막으로 기사의 내용을 요약하는 제목, 앵커 멘트, 기자 리포트로 구성된다. 앵커 멘트는 이어질 기자 리포트의 내용을 앵커가 요약적으로 제시하거나 핵심적인 내용을 언급하는 부분이다. 기자 리포트는 설정된 주제에 대해 기자가 사실, 의견 등을 제시하는 핵심적인 부분이다. 기자 리포트는 '도입, 본문, 정리' 세 부분으로 구성된다.

① 앵커 멘트에서 질문을 통해 시청자들의 궁금증을 불러일으키고 있다.
② 앵커 멘트에서 이어질 기자 리포트에서 다루는 핵심적인 내용을 소개하고 있다.
③ 기자 리포트에서 시청자들이 공유하는 경험을 상기하여 기사를 전개해 나가기 위한 실마리를 잇고 있다.
④ 기자 리포트에서 설문 조사 결과를 소개하여 기사에서 다루는 발의 법안에 대한 대중의 관심이 낮음을 지적하고 있다.
⑤ 기자 리포트에서 상반된 의견을 보여 주는 인터뷰를 제시하여 다루고자 하는 내용에 대해 객관성과 중립성을 갖추고자 한다.

**087** ⓐ의 내용으로 적절한 것은?

① 부모의 계정은 자식의 의사와 상관없이 무조건 상속된다.
② 상속자는 상속받은 SNS에서 새 게시물을 작성할 수 있다.
③ 사용자 계정의 자료 처리 방식은 계정 주인이 생전에 지정해야 한다.
④ 상속자가 지정한 고인의 기존 데이터는 상속 후 자유롭게 유통될 수 있다.
⑤ 계정 주인이 사망하면 상속자가 고인의 계정을 휴면 상태로 전환해야 한다.

[088~090] 다음 글을 읽고 물음에 답하시오.

### 가정용 친환경 보일러 설치 지원 시행 공고

대기 환경 개선을 위하여 「가정용 친환경 보일러 설치 지원 사업」을 다음과 같이 시행하오니 친환경 보일러로 설치하고자 하는 시민께서는 신청하여 주시기 바랍니다.

**1. 사업 개요**
- 접수 기간: 2023. 1. 2.~2023. 5. 15.
- 지원 금액: 일반 10만 원/대, 저소득층* 60만 원/대
  * 국민 기초 생활 보장법에 따른 수급권자 및 차상위 계층

**2. 지원 대상**
- 2020. 4. 1. 이전 설치한 가정용 보일러를 친환경 보일러로 교체하는 자(중앙난방에서 개별난방으로 전환하는 경우도 포함)
  ※ 신청자가 세입자인 경우 주택 소유주의 동의를 받아야 하며, 상호 간 사전 합의 없이 발생한 분쟁에 대한 책임은 신청자(세입자)에게 있음
- 보조금 지급 대상: 열량 61,900kcal 미만인 보일러
- 지원 대상자 선정: 예산 범위 내에서 우선순위(저소득층)에 따라 지급 대상 결정

**3. 보조금 지급**
- 보조금 지급 결정 통지일: 2023. 6. 1.
- 보조금 지급 대상자는 보조금 지급 결정 통지일 90일 이내에 친환경 보일러 설치 후 설치 확인서 및 ㉠기타 구비 서류를 자치구에 제출해야 합니다.
- 설치 확인서 검토 후 30일 이내에 보조금 지원

**4. ㉡신청 방법 및 제출 서류**
- 신청 방법: 해당 자치구에 직접 방문(신청자 본인 직접 제출)
- 제출 서류

| 공통(필수) | 해당 사항 있는 경우 |
|---|---|
| - 보조금 지급 요청서<br>- 보일러 설치 견적서<br>- 입금 희망 통장 사본 1부<br>  ※ 신청자 명의의 통장이어야 함<br>- 건물 등기부 등본 1부 | - (저소득층) 소득 증명 서류<br>- (세입자) 전·월세 계약서<br>- (세입자) 보일러 교체에 대한 주택 소유주의 동의서<br>- (저소득층 세입자) 주택 소유주의 임대 계약 연장 동의서 |

**088** 윗글을 이해한 내용으로 가장 적절한 것은?

① 소득 계층과 무관하게 지원 금액은 동일하다.
② 2021년 3월에 설치한 보일러는 교체 대상에 포함된다.
③ 보조금을 먼저 받은 후 친환경 보일러를 설치할 수 있다.
④ 보조금을 신청하기 위해서는 신청자 본인이 직접 방문해야 한다.
⑤ 세입자와 주택 소유주 간에 분쟁이 발생한 경우 주택 소유주가 책임진다.

**089** 〈보기〉는 ㉠의 내용이다. 윗글과 〈보기〉를 바탕으로 할 때 신청자의 반응으로 적절하지 <u>않은</u> 것은?

> **보기**
>
> **친환경 보일러 설치 후 제출 서류**
>
> ○ 친환경 보일러 설치 확인서
> ○ 보일러 설치 증빙 사진
>   ① 설치 완료된 보일러 사진
>      – 보일러 전체 모습, 보일러에 부착된 시공 표지판 사진이 각각 있어야 함
>      ※ 시공 표지판에는 시공자, 보일러(제조사명, 모델명, 열량(kcal)), 시공 일자 등이 명시되어 있어야 함
>   ② 교체 대상 보일러 사진
>      ※ 시공 표지판을 통해 시공 일자를 확인할 수 있어야 함
>      ※ 개별난방 전환처럼 교체 대상 보일러가 의미 없는 경우 생략 가능
> ○ 세금 계산서, 영수증 등 계약 이행 증빙 서류

① 설치 완료된 보일러는 사진을 2매 이상 찍어야겠군.
② 설치 완료된 보일러의 열량은 61,900kcal 미만이어야겠군.
③ 계약 이행 증빙 서류의 날짜는 2023년 10월 1일 이후여야겠군.
④ 교체 대상 보일러의 시공 표지판이 부착되어 있는지 확인해야겠군.
⑤ 기존에 중앙난방을 이용한 사람은 새 보일러의 사진만 찍으면 되겠군.

**090** 윗글에서 ㉡을 위해 준비할 사항으로 적절하지 <u>않은</u> 것은?

① 건물 등기부 등본을 발급받는 것
② 친환경 보일러 설치 견적을 받는 것
③ 차상위 계층의 경우 소득 증명 서류를 발급받는 것
④ 세입자의 경우 주택 소유주의 통장 사본을 준비하는 것
⑤ 세입자의 경우 보일러 교체에 대한 주택 소유주의 동의서를 준비하는 것

## 국어 문화  091번~100번

**091** 〈보기〉에서 설명하고 있는 문학 양식에 해당하는 작품으로 적절하지 <u>않은</u> 것은?

> 보기
> 
> 　조선 후기에 소설의 양식을 활용하여 지어낸 것으로 동식물과 기타 사물을 의인화하여 인간의 삶을 문제 삼는 이야기이다. 겉으로는 동식물의 주요 특성을 표방하지만, 인간의 문제로 환치시켜 인간적 허위나 모순을 풍자하거나 진실을 깨우치기 위한 목적으로 창작되어 왔다.

① 두껍전　　　② 마장전　　　③ 토끼전
④ 서대주전　　⑤ 장끼전

**092** 〈보기〉에서 설명하고 있는 작품을 쓴 작가는?

> 보기
> 
> 　이 소설은 현대인의 무의미한 삶과 자아 분열을 그려 낸 최초의 심리 소설로 일컬어지고 있다. 소설의 주인공은 아내에게 사육되는 퇴행한 존재로 나타나며 그는 자신의 아내가 도대체 무엇을 하는지도 모르고 산다. 아내가 자신에게 주는 돈은 돈이 아니라 그저 하나의 장난감에 지나지 않는다. 그러나 그는 몇 번의 외출을 통해 점차 자신을 인식하게 되고 마침내 잃어버린 날개를 다시 찾기를 꿈꾸게 된다. 이렇듯 이 소설은 무기력한 주인공의 삶을 통해 식민지 지식인의 삶을 적나라하게 드러내는 한편 이러한 삶에서 벗어나고자 하는 모습을 통해 생의 의미 찾기를 포기하지 않는 모습을 그려내고 있다.

① 임화　　　② 이상　　　③ 이무영
④ 박태원　　⑤ 이광수

**093** 〈보기〉에서 설명하고 있는 작가의 작품에 해당하지 <u>않는</u> 것은?

> 보기
> 
> 　이 작가의 유고집은 『하늘과 바람과 별과 시』이며, 처절한 고독 속에서의 자기 성찰을 통한 작품을 창작하였다. 식민지 지식인으로서 식민지 시대를 살아가는 부끄러움의 미학을 바탕으로 하여 작품에는 자기희생, 참회하는 삶의 태도가 나타난다.

① 자화상　　　② 청포도　　　③ 서시
④ 참회록　　　⑤ 쉽게 씌어진 시

094 〈보기〉에 대한 설명으로 적절하지 않은 것은?

> **보기**
>
> **신파 대합동 연극**
>
> 죵리 됴션의 신파 연극은 몃몃 단톄가 잇셔 갓득 수효가 젹은 빅우가 각 단톄로 난호이는 식둙에 각 단톄에셔는 빅우에 되ᄒᆞ야 부죡ᄒᆞᆫ 념려가 잇던바 이번에 처음으로 대규모의 신파 연극을 한번 흥ᄒᆡᆼᄒᆞ야 보앗스면 죳켓다는 의론이 신파계에 이러나 의론이 합ᄒᆞ얏슴으로 예셩좌와 문수셩의 단톄에 요사이 단셩샤에셔 흥ᄒᆡᆼ 즁이던 혁신단 일ᄒᆡᆼ과 합ᄒᆞ야 모든 능난ᄒᆞᆫ 빅우를 골라 가지고 금 이일부터 단셩사에셔 신파 대합동 연극을 약 일쥬일 동안 흥ᄒᆡᆼᄒᆞ기로 결뎡ᄒᆞ얏ᄂᆞᆫ되 신파 연극이 싱긴 뒤에 쳐음 계획이오 일류 빅우는 거의 다 모힌 모양인 고로 신연극 죠아ᄒᆞᄂᆞᆫ 사름은 만히 관람홀 모양이더라
>
> - 『매일신보』 1916년 6월 2일 자

① 대합동 연극 기간은 약 일주일 동안이다.
② 단성사에서 대합동 연극을 열기로 하였다.
③ 신인 배우 모집을 목적으로 대합동 연극을 열기로 하였다.
④ 신파 연극 단체들이 처음으로 대합동 연극을 열기로 하였다.
⑤ 대합동 연극에 참여하기로 한 단체에는 예성좌, 문수성, 혁신단이 있다.

095 ㉠~㉤의 의미로 적절하지 않은 것은?

> **보기**
>
> 쳐ᄉᆞ 왈 "나는 산즁에 의지ᄒᆞ야 바둑 두기와 통쇼 불기만 죠화ᄒᆞ옵더니 ㉠풍편에 듯ᄉᆞ온즉 샹공ᄭᅴ옵셔도 ㉡날과 갓치 바둑과 통쇼 불기를 죠화ᄒᆞ신다 ᄒᆞ옵기로 구경코ᄌᆞ ᄒᆞ야 왓ᄂᆞ이다." 상공이 ㉢드르미 평ᄉᆡᆼ 적슈를 엇지 못ᄒᆞ야 한ᄒᆞ던 ᄎᆞ에 너무 반가와 공경 되왈 "션경과 인간이 길리 다르온데 우연히 ㉣츠ᄌᆞ와 계시니 반가옵기는 ㉤칙량치 못ᄒᆞ계ᄉᆞ옵니다 통쇼을 불기야 읏지 션인을 짜라 화답ᄒᆞ오릿가 그러나 용열ᄒᆞᆫ 통쇼라도 ㉥존긱에 가르치심을 빅올가 ᄒᆞ와 쥬인이 먼져 불견ᄂᆞ이다."
>
> - 「박씨전」

① ㉠ 풍편: 바람결
② ㉡ 날과 갓치: 나보다
③ ㉢ 드르미: 들으매
④ ㉣ 칙량치: 헤아리지
⑤ ㉤ 존긱: 높고 귀한 손님

096 〈보기〉는 『훈민정음』 언해본의 일부분이다. 이에 대한 설명으로 적절하지 <u>않은</u> 것은?

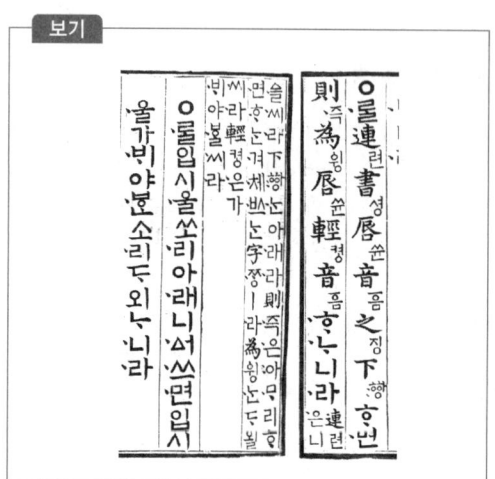

① 15세기 중세국어 순경음 표기 규정이다.
② 현대국어에서는 사라진 우리말 표기 규정이다.
③ 『훈민정음』 언해본의 연서법 규정의 내용이다.
④ 초성과 중성을 이어 쓰는 규정을 말한다.
⑤ '입시울쏘리'는 순음을 가리킨다.

097 북한의 문장부호 이름이 올바르지 <u>않은</u> 것은?

|   | 이름 | 문장부호 | 기능 |
| --- | --- | --- | --- |
| ① | 인용표 | 《 》 | 이미 이루어진 말이나 대화를 인용할 때 사용한다. |
| ② | 홑인용표 | 〈 〉 | 인용한 말 안에 또 다른 인용문이 들어가는 경우 사용한다. |
| ③ | 쌍괄호 | ( ) | 본문을 보충하기 위하여 붙인 말에 사용한다. |
| ④ | 줄임표 | … | 문장이 줄었을 때에는 석 점짜리 두 개를 사용한다. |
| ⑤ | 두점 | : | 뒤의 설명을 보라는 것을 밝히는 단어나 말마디 뒤에 사용한다. |

**098** 〈보기〉를 바탕으로 할 때 점자 표기가 올바르지 않은 것은?

보기

| [자음(초성)] | ㄴ | ㅁ | ㅈ | ㅎ | [약자] | 년 | 인 | 는 | 묘 |

※ '나, 마, 자, 하'는 첫소리 글자로 약자 표기한다.
※ 'ㅇ'이 첫소리 자리에 쓰일 때에는 이를 표기하지 않는다.

① 연하   ② 인연   ③ 자문
④ 혼인   ⑤ 논문

**099** 밑줄 친 법령 용어를 쉬운 용어로 정비한 예로 적절하지 않은 것은?

① 압수물을 <u>환부하지</u>(→ 도로 돌려주지) 않을 때에는 계속 보관의 결정을 해야 한다.
② 부원장보는 원장과 부원장을 보좌하고 금융감독원의 업무를 <u>분장한다</u>(→ 나누어 맡는다).
③ 재외투표소의 책임위원에게 투표관리에 관하여 의견을 <u>개진할</u>(→ 드러내어 말할) 수 있다.
④ 보안관찰을 <u>면탈할</u>(→ 벗어날) 목적으로 은신 또는 도주한 때에는 3년 이하의 징역에 처한다.
⑤ 유치집행 또는 위탁집행이 되지 아니한 기간은 집행기간에 <u>산입하지</u>(→ 추가로 넣지) 아니한다.

**100** 〈보기〉의 공익 광고에 대한 이해로 적절하지 <u>않은</u> 것은?

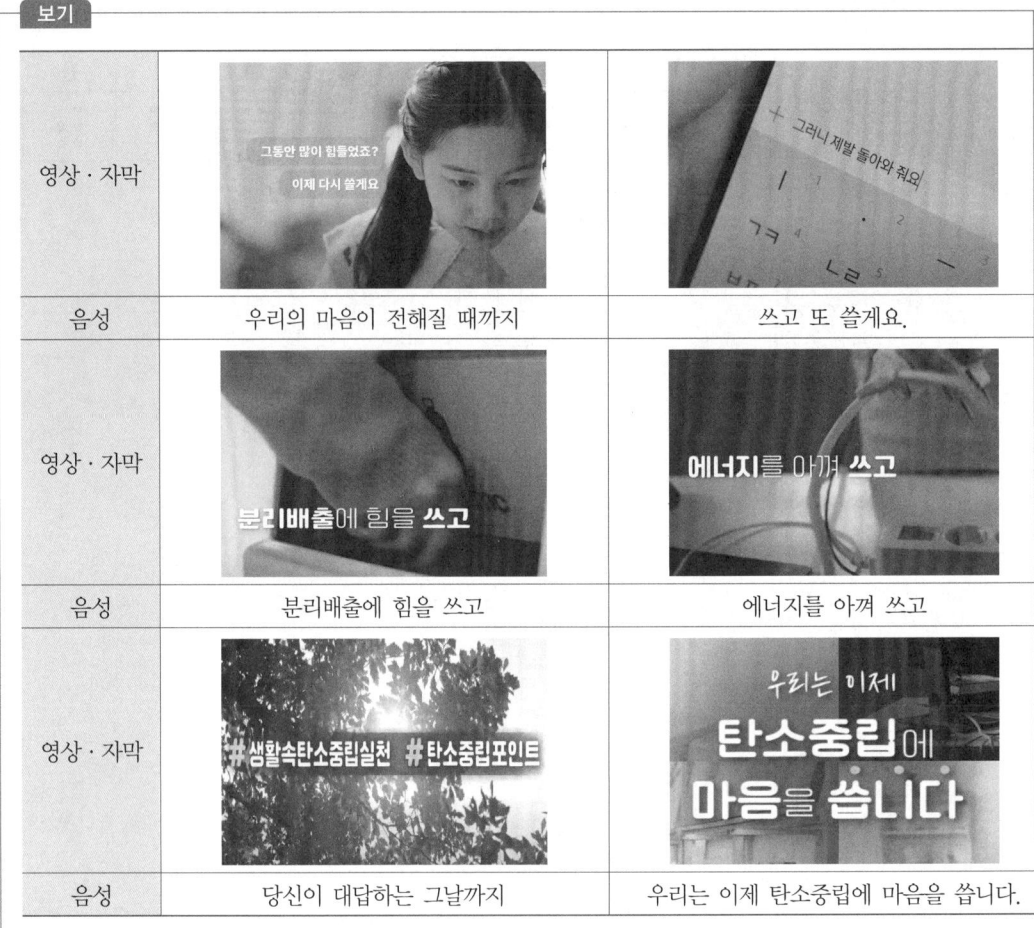

① 특정 단어를 큰 글씨로 표현하여 내용을 강조하고 있다.
② 동음어 표현을 활용하여 주제를 흥미롭게 전달하고 있다.
③ 자막과 음성의 메시지를 대조하여 강한 인상을 남기고 있다.
④ 동일한 문장 구조를 반복적으로 제시하며 내용을 전개하고 있다.
⑤ 화자와 청자를 모두 포함하는 표현으로 수용자의 참여를 독려하고 있다.

2023. 4. 16.

| 성 명 | |
|---|---|
| 수험번호 | |
| 감독관 확인 | |

# 제72회
# KBS한국어능력시험

**KBS 한국방송**

- 문제지와 답안지에 모두 성명, 수험 번호를 정확히 기입하십시오.
- 답안지와 함께 문제지를 반드시 제출하십시오.
- 본 시험지를 절취하는 것은 부정행위로 간주합니다.
- 본 시험의 내용을 무단으로 전재·복사·복제·출판·강의하는 행위와 인터넷 등을 통해 복원하는 행위는 저작권법에 저촉됩니다.

## 한국어능력시험 문항 100문항

| 영역 | 문항 |
|---|---|
| 듣기 · 말하기 | 001번~015번 |
| 어휘 · 어법 | 016번~045번 |
| 쓰기 | 046번~050번 |
| 창안 | 051번~060번 |
| 읽기 | 061번~090번 |
| 국어 문화 | 091번~100번 |

# 제72회 KBS한국어능력시험

2023년 4월 16일 시행

**듣기·말하기** 001번~015번

**001** 그림에 대한 설명으로 적절한 것은?

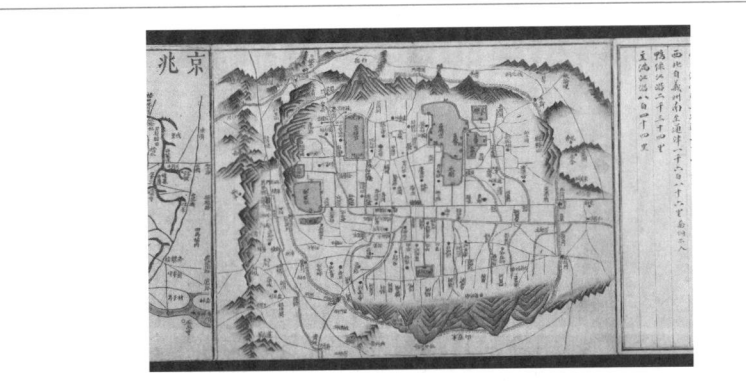

① 〈대동여지도〉는 우리나라 면적을 동서 120리 간격으로 구분한 후 각 부분마다 남북 방향의 지도를 수록하였다.
② 〈대동여지도〉는 22권의 책으로 구성되어 있으며 여러 기호들이 활용되었다.
③ 〈대동여지도〉는 각 층의 지도가 낱권으로 되어 있어 휴대하기 불편하였다.
④ 〈대동여지도〉에는 마을과 도로 같은 인문 정보는 자세하게 나타나지 않았다.
⑤ 〈대동여지도〉에 표시된 지역 간의 거리는 근대의 측량 기술로 제작된 지도와 비교해 볼 때 오차가 적지 않았다.

**002** 이 이야기의 주제로 가장 적절한 것은?

① 노력은 재능을 이길 수 없다.
② 우둔함은 영원하나 무지는 고칠 수 있다.
③ 세상은 오직 성공한 자의 자랑에만 관대하다.
④ 강한 신념이야말로 거짓보다 더 위험한 진리의 적이다.
⑤ 어떤 일이든 정성을 다해 최선을 다하는 태도가 중요하다.

## 003 강연의 내용과 일치하지 않는 것은?

① 한국인들의 연간 커피 소비량은 하루 한 잔 정도의 수치이다.
② 일회용기에서 검출된 미세플라스틱의 양은 다회용기보다 4배 이상 많다.
③ 일회용기에서 검출된 미세플라스틱에는 페트, 폴리에틸렌 등이 있다.
④ 종이컵에 커피를 마시면 플라스틱 컵을 사용할 때보다 폴리프로필렌에 노출될 위험이 더 크다.
⑤ 일회용기에서 검출된 미세플라스틱이 건강에 미치는 영향은 과학적으로 아직 규명되지 않았다.

## 004 이 방송에 제시된 영화 속 음악에 대한 이해로 가장 적절한 것은?

① 영화 속 음악은 진정한 자유의 의미와 가치에 대한 공감대를 형성하게 한다.
② 영화 속 음악은 작품에서 인물 간의 관계를 암시하며 갈등을 해소하는 계기가 된다.
③ 영화 속 음악은 사람들에게 인생의 진정한 성공과 그 가치를 곱씹어 보게 한다.
④ 영화 속 음악은 부당한 억압과 구속에 대해 굴복하지 않고 저항할 것을 당부한다.
⑤ 영화 속 음악은 비슷한 공간에서 발산되는 공통적인 분위기를 가장 정확하게 반영한다.

## 005 이 시에서 긍정하고 있는 대상으로 가장 적절한 것은?

① 현실의 부조리에 저항하는 사람들
② 성공을 위해 현실을 인내하는 사람들
③ 끊임없이 자기 자신을 단련하는 사람들
④ 소외된 이웃에게 관심을 보이는 사람들
⑤ 맡은 일을 묵묵히 성실하게 수행하는 사람들

## 006 전문가의 설명과 일치하지 않는 것은?

① 초콜릿에 나타나는 하얀 가루는 온도나 습도의 변화가 원인이다.
② 초콜릿에 블룸 현상이 생기면 인체에는 무해하지만 맛은 달라질 수 있다.
③ 초콜릿을 저온에 보관하면 초콜릿 속 카카오버터가 녹을 위험이 높다.
④ 마늘 속 알리신 성분은 철 성분과 결합하면 녹변 현상이 나타난다.
⑤ 마늘이 녹색으로 변해도 섭취하는 데는 문제가 없다.

**007** 진행자의 말하기 방식으로 적절하지 않은 것은?

① 주제와 관련한 사례로 시작하여 청취자들의 흥미를 끌고 있다.
② 전문가의 말 중 핵심 내용을 다시 언급하며 정리하고 있다.
③ 전문가에게 질문을 던지며 새로운 정보를 요구하고 있다.
④ 용어에 대한 추가 설명을 요청하여 청취자들의 이해를 돕고 있다.
⑤ 일상생활의 경험을 언급하며 자연스럽게 화제를 전환하고 있다.

**008** 대화를 통해 알 수 있는 내용으로 적절하지 않은 것은?

① 여자는 청중들에게 강연을 제대로 한 것인지 궁금하게 생각한다.
② 여자는 청중들의 반응 덕분에 자존감이 향상되는 것 같다고 생각한다.
③ 남자는 여자가 중년의 나이에 보람을 느낄 수 있는 일을 찾아 다행이라고 생각한다.
④ 남자는 딸이 예민할 수 있는 시기이므로 배려할 필요가 있다고 생각한다.
⑤ 남자는 갈등을 해소하기 위해 노력하는 것은 딸뿐이라고 생각한다.

**009** 인물들의 말하기 방식에 대한 설명으로 적절하지 않은 것은?

① 남자: 상대방의 말하기 방식에 의미를 부여하며 격려하고 있다.
② 남자: 상대를 칭찬하며 당부의 말을 전달하고 있다.
③ 남자: 교훈적인 문구를 언급하여 상대의 감정에 공감을 표현하고 있다.
④ 여자: 상대방의 요구 사항을 확인하기 위해 질문하고 있다.
⑤ 여자: 비유적 표현을 활용하여 특정 대상을 지시하고 있다.

**010** 강연의 내용과 일치하지 않는 것은?

① 김치는 동형 젖산 발효를 거쳐 신김치가 된다.
② 발효와 부패는 모두 미생물에 의해 분해가 일어나는 과정이다.
③ 동형 젖산 발효에서는 아세트산, 이산화 탄소 등이 만들어진다.
④ 발효는 부패와 달리 인간에게 유용한 물질이 생산되는 과정이다.
⑤ 부패에서 만들어지는 암모니아, 황화 수소 등은 독성이 있고 악취를 유발한다.

011 이 강연의 특징에 대한 설명으로 가장 적절한 것은?
① 해외에서 김치의 유래에 관심 갖게 된 과정을 설명하고 있다.
② 발효 과정을 통해 만들 수 있는 다양한 음식의 예를 들고 있다.
③ 김치가 발효되기 위한 시간, 온도와 같은 조건을 나열하고 있다.
④ 젖산 발효의 원인과 그 결과를 시간 순서에 따라 제시하고 있다.
⑤ 발효와 부패를 비교·대조하며 김치의 발효 원리를 설명하고 있다.

012 발표의 내용과 일치하지 않는 것은?
① GPT는 챗GPT의 본체라고 할 수 있다.
② GPT는 지식에 앞서 질문에 답하는 행동을 먼저 학습한다.
③ 챗GPT는 내용이 연관된 한 문단 이상의 글을 쓸 수 있다.
④ 챗GPT는 제시된 단어에서 연상할 수 있는 단어들로 문장을 만들어 낸다.
⑤ GPT는 다음 낱말 맞히기를 반복적으로 연습하며 지식을 학습한다.

013 발표의 내용 구성 전략으로 가장 적절한 것은?
① 챗GPT의 장단점을 비교하며 설명하고 있다.
② 청중과의 질의응답을 통해 챗GPT의 원리를 설명하고 있다.
③ 챗GPT에 대한 이해를 돕기 위해 예를 들어 설명하고 있다.
④ 전문가의 견해를 인용하여 챗GPT의 유해성을 제시하고 있다.
⑤ 개발자와의 인터뷰를 통해 챗GPT의 새 모델을 소개하고 있다.

014 두 사람의 입장에 대한 설명으로 적절하지 않은 것은?
① 박 팀장은 설계팀의 설계안대로 개발하면 예산을 초과할 것이라 생각한다.
② 김 팀장은 개발팀의 설계안 변경 요청을 받아들일 수 없다고 생각한다.
③ 박 팀장은 설계팀이 현실을 고려하지 않은 설계안을 제시하고 있다고 생각한다.
④ 김 팀장은 개발팀이 설계안을 실현하기 위해 최대한 노력하고 있다고 생각한다.
⑤ 박 팀장은 설계팀이 개발팀의 의견을 존중하지 않는다고 생각한다.

**015** 두 사람의 갈등을 조정하기 위해 최 부장이 한 행동으로 가장 적절한 것은?

① 각 팀의 예산안을 조정하여 팀별로 프로젝트를 수행하게 한다.
② 각 팀의 협의 과정에 자신이 참여하여 정보를 공유해 주려고 한다.
③ 두 팀의 의견을 각각 들어보기 위해 최종 결정을 보류하고자 한다.
④ 두 팀의 의견을 조정하고 정보를 공유하기 위한 기회를 제공하고자 한다.
⑤ 두 팀의 의견 수렴 과정을 최소화하여 의사 결정을 신속하게 하려고 한다.

## 어휘·어법　016번~045번

**016** "충분한 분량으로 만족스러운 모양"을 뜻하는 고유어는?

① 곰비임비　　② 다문다문　　③ 숭굴숭굴
④ 이드거니　　⑤ 헤실바실

**017** 한자어의 사전적 뜻풀이로 적절하지 <u>않은</u> 것은?

① 혼신(渾身): 몸 전체.
② 구설(口舌): 시비하거나 헐뜯는 말.
③ 염두(念頭): 생각의 시초 또는 마음의 속.
④ 각축(角逐): 서로 이기려고 다투며 덤벼듦.
⑤ 분탕(焚蕩): 주색잡기에 빠져 행실이 좋지 못함.

**018** 밑줄 친 고유어의 의미로 적절하지 <u>않은</u> 것은?

① <u>내숭스럽게</u> 굴지 말고 솔직해야 한다.
　→ 겉으로는 순해 보이나 속으로는 엉큼한 데가 있다.
② 그는 꾀도 없고 눈치도 없는 <u>덩둘한</u> 사람이다.
　→ 매우 둔하고 어리석다.
③ 그는 경솔하고 <u>되통스러워서</u> 주위 사람들을 불편하게 한다.
　→ 찬찬하지 못하거나 미련하여 일을 잘 저지를 듯하다.
④ 그는 마음씨가 <u>푼푼하여</u> 어디에서도 눈치 먹은 적이 없었다.
　→ 마음먹은 바를 이루려는 뜻이나 행동이 억척스럽고 세다.
⑤ 그는 밖에서는 엄격하지만 안에서는 매우 <u>곰살궂은</u> 사람이다.
　→ 태도나 성질이 부드럽고 친절하다.

019 밑줄 친 한자어의 쓰임이 적절하지 않은 것은?

① 황희 정승은 청백리로 아성(牙城)이 자자한 인물이다.
② 그는 자신의 일신(一身)을 돌보지 않고 일에만 전념한다.
③ 이번 마을 행사에 필요한 비용은 각출(各出)을 해서 충당한다.
④ 저간(這間)의 사정을 들어 보니 그동안의 그의 행동이 이해가 되었다.
⑤ 많은 사람의 사랑을 받던 배우가 은퇴하자 팬들은 도탄(塗炭)에 빠졌다.

020 〈보기〉의 ㉠~㉢에 해당하는 한자로 올바르게 묶인 것은?

**보기**

• 입구에서 산 ㉠정상까지는 3시간이 걸린다.
• 기계가 낡아서 ㉡정상으로 작동하지 않았다.
• 판사는 피고의 ㉢정상을 참작하여 선처하였다.

|   | ㉠ | ㉡ | ㉢ |
|---|---|---|---|
| ① | 頂上 | 正常 | 情狀 |
| ② | 頂上 | 情狀 | 正常 |
| ③ | 正常 | 情狀 | 頂上 |
| ④ | 正常 | 頂上 | 情狀 |
| ⑤ | 情狀 | 正常 | 頂上 |

021 밑줄 친 고유어의 쓰임이 적절하지 않은 것은?

① 오랜만에 만난 조카는 야위고 키가 멀쑥했다.
② 친구가 끓인 매운탕은 고추를 넣어 조금 맵자했다.
③ 선생은 부귀를 탐하는 사람들이 마뜩하지 않으셨다.
④ 나는 내 마음을 들킨 것이 머쓱해서 그냥 웃고 말았다.
⑤ 옷이 끼지 않도록 조금 낙낙하게 입는 것이 요즘 유행이다.

**022** 밑줄 친 두 단어가 다의어 관계에 있는 것은?

① 물방울이 뚝 떨어지는 소리가 나더니 어느 순간 소리가 뚝 끊겼다.
② 아이는 옷소매로 콧물을 쓱 닦으면서 나를 쓱 지나쳐 갔다.
③ 영수는 친구를 꼭 껴안으며 약속은 꼭 지키겠다고 말했다.
④ 산의 맨 꼭대기에 올랐더니 보이는 것은 맨 눈뿐이었다.
⑤ 모두 떠나 텅 빈 마을에서 갑자기 텅 소리가 들렸다.

**023** 두 단어의 의미 관계가 〈보기〉와 동일하지 않은 것은?

> **보기**
> 물고기 – 붕어

① 생각 – 상식(常識)
② 수사(修辭) – 비유(比喩)
③ 절기(節氣) – 청명(淸明)
④ 재난(災難) – 지진(地震)
⑤ 화폐(貨幣) – 지폐(紙幣)

**024** 밑줄 친 한자어를 고유어로 바꾸었을 때, 적절하지 않은 것은?

① 이 원두는 다른 원두에 비해 산미(酸味)(→신맛)가 강합니다.
② 우리 사업은 지금 중대한 기로(岐路)(→갈림길)에 서 있습니다.
③ 심한 기름 냄새에 구역(嘔逆)(→욕지기)이 나는 것을 겨우 참았다.
④ 어머니는 요람(搖籃)(→포대기)에 누인 아기를 웃으며 바라보았다.
⑤ 배우의 얼굴 모공(毛孔)(→털구멍)까지 보일 정도로 화면이 선명하다.

**025** 밑줄 친 단어의 반의어로 적절하지 않은 것은?

① 습기가 차서 안경을 벗었다. (↔끼다)
② 친구는 억울한 누명을 벗었다. (↔입다)
③ 실내에 들어오면 모자를 벗어라. (↔쓰다)
④ 집안에서는 신발을 벗어라. (↔신다)
⑤ 그는 시계를 벗고 세수를 했다. (↔차다)

026 밑줄 친 속담의 쓰임이 적절하지 않은 것은?

① 잘못은 자기가 했는데 더 화를 내고 있으니 도둑이 매를 드는 격이다.
② 내 친구는 사람을 잘 믿어서 팥으로 메주를 쑨대도 곧이들을 거야.
③ 감기는 밥상머리에서 물러간다고 하니 식욕이 없어도 밥을 잘 챙겨 먹어라.
④ 비 온 뒤에 땅이 굳어진다는 말이 있듯이 이 위기를 넘겨도 더 큰 위기가 올 수 있다.
⑤ 자식들이 부모에게 극진한 것을 보면 내리사랑은 있어도 치사랑은 없다는 말도 옛말이다.

027 사자성어의 풀이가 바르지 않은 것은?

① 견마지로(犬馬之勞): 개와 말의 노력이라는 뜻으로, 윗사람에게 충성을 다하는 자신의 노력을 낮추어 이르는 말.
② 견원지간(犬猿之間): 개와 원숭이의 사이라는 뜻으로, 사이가 매우 나쁜 두 관계를 이르는 말.
③ 고육지책(苦肉之策): 제 몸을 희생하면서 꾸민 계책이라는 뜻으로, 어려운 상태를 벗어나기 위해 어쩔 수 없이 꾸며 내는 계책을 이르는 말.
④ 낭중지추(囊中之錐): 주머니 속의 송곳이라는 뜻으로, 남에게 타격을 줄 수 있는 은밀한 수단을 이르는 말.
⑤ 조족지혈(鳥足之血): 새 발의 피라는 뜻으로, 매우 적은 분량을 이르는 말.

028 밑줄 친 관용 표현의 쓰임이 적절하지 않은 것은?

① 그는 귀가 열려서 남의 말에 잘 속는다.
② 그렇게 눈이 높아서 결혼 상대자를 찾을 수 있겠니?
③ 친구들과 오랜만에 만나서 코가 비뚤어지게 술을 마셨다.
④ 그는 입이 천 근 같아서 그에게는 비밀을 거리낌 없이 말할 수 있겠다.
⑤ 그 녀석은 하도 낯이 두꺼워서 어디에 가서든 부끄러움을 모르며 살 거야.

029 밑줄 친 부분을 순화한 것으로 적절하지 않은 것은?

① 민간 기업에 국유지를 불하(拂下)했다(→ 팔아 버렸다).
② 교통 표지판은 규격에 맞게 취부(取付)해야(→ 제작해야) 한다.
③ 그는 차용증에 돈을 갚겠다고 명기(明記)했다(→ 분명히 기록했다).
④ 어제 회의에 지참(遲參)하여(→ 늦게 참석하여) 회의 분위기를 파악하기 어려웠다.
⑤ 퇴근 전에 반드시 보안실의 시건장치(施鍵裝置)(→ 잠금장치)를 확인하기 바랍니다.

**030** 밑줄 친 표현을 다듬은 말로 적절하지 <u>않은</u> 것은?

① 연예인의 <u>브이로그</u>(→ 영상 일기)가 인기를 얻고 있다.
② <u>오픈마켓</u>(→ 열린 시장)의 물건 가격이 백화점보다 싸다.
③ 고령층에서 <u>케어 푸드</u>(→ 저자극식)를 찾는 일이 많아지고 있다.
④ 우리 회사는 새 브랜드의 <u>론칭</u>(→ 사업 개시)을 준비하고 있다.
⑤ 유명 가수의 <u>굿즈</u>(→ 팬 상품)가 새롭게 출시되었다.

**031** 〈보기〉의 ㉠~㉢에 알맞은 표기로 올바르게 짝 지어진 것은?

> **보기**
> 산 ㉠<u>너머 / 넘어</u> 남쪽에 봄이 ㉡<u>왔으매 / 왔음에</u> 곧 봄바람이 산을 ㉢<u>너머 / 넘어</u> 불어오겠네.

|   | ㉠ | ㉡ | ㉢ |
|---|---|---|---|
| ① | 너머 | 왔으매 | 너머 |
| ② | 너머 | 왔으매 | 넘어 |
| ③ | 너머 | 왔음에 | 넘어 |
| ④ | 넘어 | 왔으매 | 넘어 |
| ⑤ | 넘어 | 왔음에 | 너머 |

**032** 다음 중 표기와 발음이 모두 올바른 것은?

|   | 표기 | 발음 |
|---|------|------|
| ① | 무늬 | [무늬] |
| ② | 닐리리 | [닐리리] |
| ③ | 희망(希望) | [희망] |
| ④ | 본의(本義) | [보늬 / 보니] |
| ⑤ | 하늬바람 | [하늬바람 / 하니바람] |

**033** 받침을 'ㄷ'으로 적은 이유가 나머지 넷과 <u>다른</u> 것은?

① 닫히다  ② 등받이  ③ 미닫이
④ 이튿날  ⑤ 해돋이

## 034 밑줄 친 부분의 띄어쓰기가 옳지 않은 것은?

① 이쪽은 동료인 <u>박슬기∨씨</u>입니다.
② <u>김∨옹</u>은 고령에도 무척 건강하시다.
③ <u>이순신∨장군</u>은 우리나라의 명장이다.
④ <u>홍길동∨님</u> 진찰실 안으로 들어오세요.
⑤ 우리나라에서 가장 많은 성씨는 <u>김∨씨</u>이다.

## 035 용언 활용의 유형이 〈보기〉와 다른 것은?

> **보기**
>
> 짓다: 짓고, 짓는, 지어서, 지으니

① (선을 똑바로) 긋다
② (병이 깨끗이) 낫다
③ (얼굴을 물로) 씻다
④ (끊어진 곳을) 잇다
⑤ (차를 수저로) 젓다

## 036 쌍점의 쓰임으로 적절하지 않은 것은?

① 의존 명사 '대'가 쓰일 자리에 사용한다. 예 청군:백군
② 희곡에서 인물의 대화 내용을 제시한다. 예 동생: 눈 온다.
③ 대비되는 두 개 이상의 어구를 묶어 표시한다. 예 감:배:사과
④ 시와 분 등의 시간을 구분하는 표지로 사용한다. 예 오전 10:20
⑤ 표제 다음의 해당 항목을 표시한다. 예 문방사우: 종이, 붓, 먹, 벼루

## 037 복수 표준어의 예로 적절하지 않은 것은?

① 네 – 예
② 벌레 – 버러지
③ 모쪼록 – 아무쪼록
④ 꼭두각시 – 꼭둑각시
⑤ 나부랭이 – 너부렁이

## 038 〈보기〉와 같이 두 가지 발음이 모두 표준 발음으로 인정되는 경우가 아닌 것은?

> **보기**
> 다음과 같은 말들은 'ㄴ' 음을 첨가하여 발음하되, 표기대로 발음할 수 있다.
> 예 검열[검:녈/거:멸]

① 금융　　　　② 금요일　　　　③ 야금야금
④ 욜랑욜랑　　⑤ 이죽이죽

## 039 한글 자모의 표기와 발음이 모두 올바른 것은?

| | | |
|---|---|---|
| ① | 치읓[치읃] | 치읓이[치으시] |
| ② | 디귿[디긋] | 디귿을[디그들] |
| ③ | 시옷[시옷] | 시옷이[시오시] |
| ④ | 티읕[티귿] | 티읕이[티그시] |
| ⑤ | 키읔[키윽] | 키읔을[키으클] |

## 040 밑줄 친 외래어의 표기가 올바르지 않은 것은?

① 여름에는 <u>샌들</u>(sandal)을 신는 사람이 많다.
② 선수들은 <u>파이팅</u>(fighting)을 외치며 경기를 시작했다.
③ <u>컨닝</u>(cunning)을 하는 경우 시험 성적이 무효가 된다.
④ 이번 주 목요일에 직원 <u>워크숍</u>(workshop)이 개최된다.
⑤ 세탁기가 고장이 나서 <u>애프터서비스</u>(after service)를 신청했다.

## 041 국어의 로마자 표기가 올바른 것은?

① 설악(Seolak)　　　　② 뚝섬(Tukseom)
③ 극락전(Geungnakjjeon)　　④ 집현전(Jipyeonjeon)
⑤ 대관령(Daegwallyeong)

## 042 ㉠~㉤ 가운데 어법상 적절하지 <u>않은</u> 문장은?

> **보기**
> 
> ㉠인간은 현대 문명에 길들어 혼자의 힘으로 살아가는 법을 알지 못한다. ㉡휴대 전화를 지하철에서 잃어버린 며칠 전, 나는 스스로 할 수 있는 일은 없다는 것을 금세 깨달았다. ㉢내가 겪은 피해와 불편의 크기보다도 이 익숙한 도시의 공허함보다도, 늘 머물던 공간에서 무기력하게 버려지는 일이 순식간에 벌어졌다. ㉣나는 내 자신이 누구인지 말할 수 없었고 나의 존재는, 내 이름은 세상으로 통하는 출입증이 될 수 없었다. ㉤내가 찾을 수 있는 유일한 탈출구는 타인에게 구명을 요청하는 것이었지만 하나의 연락처도 기억하지 못하는 나는 도시에 사는 구석기인이 되어 버렸다.

① ㉠　　　② ㉡　　　③ ㉢　　　④ ㉣　　　⑤ ㉤

## 043 〈보기〉의 ㉠에 해당하는 것은?

> **보기**
> 
> 하십시오, 하게체, 해라체는 ㉠<u>격식체</u>이고, 해요체와 해체는 비격식체이다.

① 너 지금 배고프지?
② 얼른 일어나서 학교에 가.
③ 여기에 앉아서 잠시 쉬어요.
④ 어제 친구랑 박물관에 다녀왔어.
⑤ 오늘부터 축제가 시작되는구나.

## 044 중의적 표현을 올바르게 수정한 것으로 적절하지 <u>않은</u> 것은?

① 사람들이 다 오지 않았다. → 사람들이 다는 오지 않았다.
② 동생이 운동화를 신고 있다. → 동생이 운동화를 신는 중이다.
③ 키가 큰 친구의 동생을 만났다. → 키가 큰 친구는 동생이 있는데 그 동생을 만났다.
④ 형은 나보다 동생을 더 좋아한다. → 형은 나를 좋아하는 것보다 동생을 더 좋아한다.
⑤ 나는 웃으며 손을 흔드는 친구를 마중했다. → 나는 손을 흔들며 웃는 친구를 마중했다.

## 045 번역 투의 표현이 쓰이지 <u>않은</u> 것은?

① 인생에 있어 정해진 정답은 없다.
② 나도 모르게 손에 땀을 쥐게 되었다.
③ 카페에서 친구를 기다리는 중에 있다.
④ 층간 소음으로 인해 고통 받는 사람이 늘었다.
⑤ 열심히 공부했음에도 불구하고 입시에 실패했다.

## 쓰기    046번~050번

[046~050] 다음은 '소음 공해'를 소재로 작성한 초고이다. 물음에 답하시오.

고대 그리스의 의학자 히포크라테스는 "건강은 인체 내부에 있는 자연과 외부 자연과의 조화로 이루어지며, 질병은 그 반대 상태인 부조화로 생기는 것"이라 했다. ㉠<u>한편</u> 개인의 신체적 건강과 정신적 건강도 외부 자연 즉 환경에 영향을 받는다. 그렇다면 한국인들은 환경에 대해 어떻게 인식하고 있을까? 아마 소음 공해와 같은 환경적 요인을 나쁘다고 인식하는 비율이 높을 것이다.

소음 공해란 일반적으로 인간이나 다른 생물체에 악영향을 미칠 수 있는 높은 소음 수준에 정기적으로 노출되는 것으로 ㉡<u>정의되어진다</u>. 우리 생활 주변에서 소음을 일으키는 주요 원인은 자동차 경적과 같은 교통 소음, 건설 현장에서의 작업으로 인한 소음, 동물이 짖는 소리 등 다양하다. 현대의 기술은 인간의 생활에 편리함을 더하는 방향으로 끝없이 발전하고 있지만, 이러한 기술 발달로 인해 발생하는 생활 소음이 개인의 심혈관 질환, 뇌졸중, 이명과 같은 신체적 질환의 원인이 되거나 수면 장애, 우울증, 불안감과 같은 정신적 질환의 발생 원인이 되기도 한다. 최근에는 소음 공해로 인한 불만이 다른 범죄 행위를 ㉢<u>촉구하는</u> 등 그 문제가 심각하다.

이러한 소음 공해 문제를 해결하기 위해 다양한 방안 마련이 필요하다. 정부에서 도시 설계를 할 때 교통 소음을 줄이기 위해 식물로 ㉣<u>덮혀</u> 있는 언덕과 같은 녹색 방어벽을 짓도록 기획하거나, 법적으로 다세대 주택의 층간 소음 문제를 해결하기 위해 건설사의 아파트의 내구성 평가를 강화해야 한다. 또 가정에서는 방음 창문을 설치하거나 야간에는 시끄러운 소음을 내지 않는 노력도 필요하다.

우리는 공기 오염과 수질 오염, 쓰레기의 증가와 같은 오염에 대한 대책만 세울 것이 아니라 소음 공해로 인한 건강상의 문제나 갈등도 심각하게 고려하여 ㉤<u>개선되어야</u> 할 것이다.

## 046 다음은 윗글을 작성하기 전에 떠올린 글쓰기 계획이다. 윗글에 반영된 것을 있는 대로 고른 것은?

**글쓰기 계획**

ㄱ. 주제와 관련된 학자의 말을 직접 인용하여 소음 공해의 심각성에 신뢰성을 부여해야겠다.
ㄴ. 근거에 객관성을 부여하기 위해 과거부터 현재까지 일어난 문제 상황을 구체적 사례로 들어야겠다.
ㄷ. 주제를 효과적으로 부각하기 위해 문제 상황의 원인과 그로 인한 결과를 다양하게 나열해야겠다.
ㄹ. 독자의 흥미를 유발하기 위해 질문을 던지고 답하는 방식으로 화제를 제시해야겠다.
ㅁ. 비유적 표현을 사용하여 문제 상황에 대한 독자의 경각심을 촉구하는 방식을 사용해야겠다.

① ㄱ, ㄴ    ② ㄷ, ㄹ    ③ ㄱ, ㄷ, ㄹ    ④ ㄴ, ㄷ, ㅁ    ⑤ ㄱ, ㄴ, ㅁ

## 047 다음은 윗글을 보완하기 위해 추가로 수집한 자료이다. 자료의 활용 방안으로 적절하지 않은 것은?

**가. 통계 자료**

(가-1)

통계청에서는 환경 부문에 대해 전국 17,664 표본 가구 내 상주하는 만 13세 이상 가구원 약 37,000명을 대상으로 한 조사에서, 현재 살고 있는 환경이 좋다고 체감하는 항목은 '녹지 환경(41.2%)'이 가장 높았고 '소음·진동(26.9%)'이 가장 낮았다. 다른 부분인 '대기', '수질', '토양'은 '좋다'가 더 많은 반면에 '소음·진동'만이 '나쁘다'가 더 많았다.

(가-2) 갈등을 유발하는 층간 소음의 종류

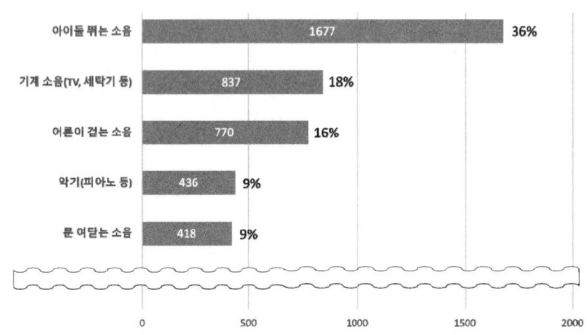

**나. 신문 기사**

국가 소음 정보 시스템에 따르면 도내 접수된 층간 소음 민원 건수는 1년 사이에 110% 증가했다. 한 아파트에서는 층간 소음에 항의하기 위해 흉기를 들고 윗집을 찾아간 50대 남성이 특수 주거 침입 혐의로 체포되거나, 아기 울음소리로 인한 층간 소음에 앙갚음을 하기 위해 물건을 파손한 여성이 경범죄 처벌법 위반 혐의로 즉결 심판에 넘겨지기도 했다.

**다. 시민 인터뷰**

"예전과 비교해 볼 때 환경의 다른 부분보다 소음 공해 부분은 더 나빠진 것 같아요. 세탁기, 청소기 같은 가전제품의 소음이나 발소리 등으로 인한 층간 소음으로 지속적으로 스트레스를 받고 있어요."

① (가-1)과 '다'를 활용하여 소음과 같은 환경적 요인을 나쁘다고 인식하는 비율이 높을 것이라는 내용을 뒷받침한다.
② (가-2)와 '나'를 활용하여 생활 소음을 일으키는 주요 원인으로 공동 주택에서의 층간 소음을 추가로 언급하여 보충한다.
③ (가-2)와 '다'를 활용하여 가정에서의 노력으로 소음 방지 매트 등을 깔아 이웃 간 배려하는 자세가 필요하다는 내용을 추가한다.
④ '나'를 활용하여 소음 공해로 인한 불만이 다른 범죄를 일으킨 사례로 들어 근거를 보충한다.
⑤ '나'와 '다'를 활용하여 앞으로의 기술 발달이 생활 소음을 줄이는 근본적인 해결책이 될 수 있다는 주장을 추가한다.

**048** 다음은 윗글을 쓰기 전에 세웠던 글쓰기 개요이다. 필자가 점검한 내용 중 윗글에 반영되지 <u>않은</u> 것은?

> **글쓰기 개요**
> 
> Ⅰ. 건강과 환경의 관련성
>   1. 소음 공해의 정의
> 
> Ⅱ. 소음 공해의 원인과 문제점
>   1. 환경 오염을 발생시키는 원인
>   2. 소음 공해로 인한 신체적, 정신적 질환
>   3. 소음과 관련된 범죄의 종류
> 
> Ⅲ. 소음 공해 문제 해결을 위한 방안
>   1. 정부 차원에서의 문제 해결 노력
>   2. 법률 개선을 통한 문제 해결 노력
>   3. 건설 규정을 통한 문제 해결 노력
>   4. 집단 이기주의 문제 해결 노력
> 
> Ⅳ. 환경 오염 개선을 위한 노력 촉구

① Ⅰ-1은 상위 항목과의 연관성을 고려하여 Ⅱ의 하위 항목으로 옮겨야겠다.
② Ⅱ-3은 통일성을 해치므로 '소음 공해와 관련된 법규'로 수정해야겠다.
③ Ⅲ-3은 Ⅲ-2와 중복되는 측면이 있으므로 통합하고 '가정에서의 문제 해결 노력'을 추가해야겠다.
④ Ⅲ-4는 상위 항목과 연관성이 없으므로 삭제해야겠다.
⑤ Ⅳ는 글의 주제를 고려하여 '소음 공해 문제 개선을 위한 노력 촉구'로 수정해야겠다.

**049** 윗글의 ㉠~㉤을 고쳐 쓰기 위한 방안으로 적절하지 <u>않은</u> 것은?

① ㉠은 문맥상 단어의 사용이 적절하지 않으므로 '이렇듯'으로 수정한다.
② ㉡은 피동 표현이 쓰여야 하므로 '정의한다'로 수정한다.
③ ㉢은 문장의 의미를 고려할 때 어색한 표현이므로 '야기하는'으로 수정한다.
④ ㉣은 옳지 않은 표기이므로 '덮여'로 수정한다.
⑤ ㉤은 문장의 주어와 호응하지 않으므로 '개선해 나가야'로 수정한다.

**050** 윗글을 보완하기 위해 〈보기〉에 따라 마지막 문장을 추가한다고 할 때, 추가할 문장으로 가장 적절한 것은?

> **보기**
> 처음에 언급한 학자의 말을 일부 활용해서 문제 해결을 통해 얻을 수 있는 이점을 강조하되, 조금 더 인상 깊은 마무리를 위해서 의문형 문장으로 질문을 종결해야겠다.

① 소음 공해 문제 해결이야말로 우리 내부의 자연과 외부의 자연을 조화롭게 하여 건강하게 살 수 있는 길이다.
② 소음 공해 문제 해결을 통해 부조화 상태를 극복한다면 환경 오염이 없는 세상에서 건강하게 살 수 있다.
③ 소음 공해 문제를 해결하면 인체 내부와 외부의 자연이 조화를 이루어 신체적, 정신적 건강을 얻게 되지 않을까?
④ 소음 공해 문제를 해결하기 위해서는 먼저 부조화 상태로 인한 질병을 극복하고 건강한 삶을 영유해야 하지 않을까?
⑤ 인체 내부의 자연과 외부의 자연을 조화롭게 만드는 것, 그것이야말로 환경을 이롭게 할 수 있는 우리의 노력이지 않을까?

## 창안 051번~060번

**[051~053]** 개미와 인간의 삶을 유비(類比)하고자 한다. 다음 글을 읽고 물음에 답하시오.

개미는 초유기체(Superorganism)로서 단순한 개체의 집합이 아니며 무리 전체가 하나의 새로운 단위의 생명체로서 기능한다. 초유기체의 목표는 증식, 즉 보다 많은 생식 개미를 생산하는 것이다. 많은 생식 개미를 생산하려면 많은 노동력이 필요하기에 일개미를 생산해야 하고, 먹이를 많이 확보하여야 한다. 개미를 생산해 내는 주체는 여왕개미인데, 여왕은 알을 낳을 때 알 표면에 자신의 고유한 페로몬을 묻혀 둔다. 이를 알 표지 행동이라 하는데, 이를 통해 알은 아무리 멀리 다른 장소로 이동된다 해도 여왕의 존재를 알 수 있으며 일개미들은 여왕의 페로몬을 접하고 더욱 활성화된 기능으로 일할 수 있다. 이처럼 개미의 통신과 통제는 페로몬이라는 화학 물질을 중심으로 일어난다.

페로몬의 지시에 따라 개미는 무리의 증식을 위해 전략적으로 행동한다. 개미의 무리에 지휘자나 명령자, 통솔자가 있는 것은 아니지만 모든 개미는 페로몬이라는 화학 물질이 담고 있는 의미에 따라 행동한다. 그들은 화학 정보와 본능에 충실하게 따르며, 그러한 행동이 결과적으로 무리의 증식에 기여하게 된다. ⓐ<u>때로는 어떤 일개미가 무리 증식에 방해가 되는 행위를 할 수도 있으나 그러한 행위들은 다른 많은 일개미에 의해 수정된다. 한 개체가 저지른 오류는 크게 문제가 되지 않으며 자동적으로 조정된다.</u>

개미 사회에서 계층 분화의 원리는 무리의 규모에 따른다. 초기의 개미 무리는 일개미가 없는 상태에서 새로운 여왕이 ㉠<u>최초로 무리를 형성하는 단계이므로 산란 숫자가 많지 않을 뿐 아니라 일개미의 규모가 매우 작다</u>. 이때는 가용 에너지에 한계가 있으므로 에너지를 최대한 효율적으로 활용해야 하는데, ㉡<u>여왕은 일개미가 태어날 때까지 먹이를 섭취하지 않으며</u> ㉢<u>일개미가 태어나면 자신의 근육을 분해하여 일개미에게 먹이로 준다</u>. ㉣<u>일개미 수가 10마리가량 부화되면 그때부터는 일개미가 먹이를 구해 여왕에게 전달한다</u>. 이렇듯 어려운 과정을 거쳐 ㉤<u>점차적으로 무리가 커지면 생식 개미나 병정개미를 생산하여 무리의 규모를 더욱 크게 함으로써 생식 개미를 대량으로 생산할 수 있게 된다</u>.

**051** 개미 사회의 작동 원리를 기업의 운영 원리에 비유할 때, '페로몬'이 의미하는 바로 가장 적절한 것은?

① 구성원 사이에 공유된 목표 의식
② 구성원의 참여에 의한 민주적 의사 결정
③ 기업의 구성원으로 채용되기 위한 핵심 역량
④ 경쟁 기업에 비해 우월한 성과를 내는 영업 부문
⑤ 기업의 특정 부문을 제3자에게 위탁하는 운영 전략

**052** 여왕개미의 삶을 개인 사업자의 삶에 비유할 때, ㉠~㉤을 통해 이끌어 낼 수 있는 교훈으로 적절하지 <u>않은</u> 것은?

① ㉠: 사업 초기 단계에는 수익률이 저조할 수 있음을 알아야 한다.
② ㉡: 사업이 일정 수준으로 성장하기 전까지는 고단한 삶을 감내해야 한다.
③ ㉢: 회사 운영에 금전적으로 무리가 된다면 핵심 인력의 수를 과감히 줄여야 한다.
④ ㉣: 사업이 일정 수준으로 성장하면 직원의 업무 성과가 실제 수익으로 이어질 수 있다.
⑤ ㉤: 일정 수익 수준에 도달하면 사업의 범위를 넓혀 성장을 도모하는 것이 좋다.

**053** 〈조건〉에 맞는 표어 문구로 가장 적절한 것은?

> **조건**
> ⓐ를 참고하여 '조직 내 문제 해결'에 발휘할 수 있는 지혜를 나타낼 것.

① 책임 소재를 명확히함으로써 문제를 체계적으로 해결할 수 있습니다.
② 누구나 원하는 것을 자유롭게 하는 분위기를 만들면 문제가 자연스레 해결됩니다.
③ 문제의 근본적인 해결을 위해서는 현명한 소수의 통찰에 힘을 실어 주어야 합니다.
④ 신속한 해답을 추구하기보다는 점진적으로 해결 방안을 찾아 나가는 것이 중요합니다.
⑤ 작은 일이라도 협력하면 쉽게 해결되듯 집단의 힘을 모으는 것이 문제를 푸는 첫 단추입니다.

[054~056] 다음 글을 읽고 물음에 답하시오.

어느 화창한 봄날, 한 시인이 공원에서 앞을 보지 못하는 ㉠걸인을 보았다. 그 걸인은 '나는 시각 장애인입니다.'라고 적힌 팻말을 두고 구걸을 하고 있었다. 그러나 ㉡지나가는 행인들은 그냥 지나쳐 갈 뿐, 그 누구도 그에게 돈을 주지 않았다. 이러한 상황을 본 ㉢시인은 걸인에게 다가가 도움을 요청하는 팻말의 문장을 바꾸어 놓고 그 자리를 떠났다. 그로부터 얼마간의 시간이 흐른 후 구걸하던 걸인은 바뀐 팻말을 통해 크게 달라진 분위기를 눈치챘다. '이거 이상한데? 지금까지는 누구 한 사람도 나에게 관심을 가지지 않았는데, 그 사람이 오고 간 다음부터는 갑자기 돈을 주는 사람들이 많아졌어.' 앞에 있는 통은 따뜻한 응원의 말과 함께 ㉣동전을 주는 행인들로 인해 순식간에 가득 찼다. 걸인은 어리둥절했다. '아까 그 사람이 행운을 주고 간 것일까? 그 사람은 ㉤마법사일까?' 사실 그 시인이 한 것은 팻말에 적혀 있는 문장을 'ⓐ'로 바꿔 놓은 것뿐이었다.

## 054 ㉠~㉤이 상징하는 의미로 가장 적절한 것은?

① ㉠: 공동체 의식이 없는 이기적인 사람
② ㉡: 도움의 손길을 외면하지 않는 사람
③ ㉢: 모든 일에 자신이 우선인 사람
④ ㉣: 타인의 처지에 공감하는 사람
⑤ ㉤: 다른 사람보다 사회적 지위가 높은 사람

## 055 시인의 행동을 통해 이끌어 낼 수 있는 교훈으로 가장 적절한 것은?

① 사람들의 마음을 움직이는 것은 직설적인 표현이다.
② 정성이 담긴 작은 행동이 주변의 변화를 이끌 수 있다.
③ 다수의 노력이 선행되어야 변화의 움직임이 만들어진다.
④ 다른 사람의 삶에 긍정적 영향을 주는 일에는 희생이 뒤따른다.
⑤ 동정심보단 금전적 지원이 사회적 문제를 해결하는 원천이 된다.

**056** 다음의 〈조건〉에 맞는 ⓐ의 문장으로 가장 적절한 것은?

> **조건**
> • 직유법을 사용해 봄날을 표현할 것.
> • '봄'을 볼 수 없는 시각 장애인의 처지를 나타낼 것.

① 눈부신 봄날이지만, 저는 홀로 어두운 세상에 살고 있습니다.
② 새싹을 틔워주는 봄비같이 여러분의 도움이 제겐 단비와 같습니다.
③ 오늘은 정말 아름다운 봄날입니다. 그런데 저는 봄날을 볼 수가 없습니다.
④ 하얀 팝콘처럼 꽃잎이 흩날리는 봄이지만, 저는 그 꽃잎을 볼 수가 없습니다.
⑤ 병아리 떼마냥 노란 개나리가 가득한 날, 여러분의 삶도 따뜻해지길 바랍니다.

## [057~058] 다음 글을 읽고 물음에 답하시오.

한국 광고사에서 장애인은 배려와 사랑을 받아야 하는 존재, 위대하고 특별한 존재로 묘사돼 왔다. 전자에는 장애인은 불완전한 존재이므로 주변에서 도와줘야 한다는 시혜적 시선이, 후자에는 장애인을 비장애인과 구분 짓는 차별적 시선이 전제돼 있다. 배려와 존중을 가장하며 장애인과 비장애인을 구분 짓는 광고 내용 속에, 한국 사회가 행한 차별의 역사가 담겨 있다.

(가) 1980년대에서 2000년대 중반까지는 장애인을 배려하고 사랑받아야 할 존재로 제시하며, 장애인을 시혜적으로 바라보면서 장애인이 사랑과 관심이 필요한 존재인 것처럼 묘사하였다.

(나) 또한, '장애인'이라는 단어 자체를 부정적인 것으로 사용하거나 장애를 '극복'해야 하는 것으로 치부해 왔다. 장애를 극복해야 한다고 말하는 순간 장애는 부정적인 것, 넘어야 하고 꼭 고쳐야만 하는 것이 되고 그것을 고치지 못한 사람에게는 낙인이 찍히게 된다.

(다) 2000년대 들어서는 여러 기업들이 장애인에 관한 인식을 개선하는 광고를 만들기 시작하였다. 이전에는 장애인을 불쌍하고, 힘이 없어서 사랑받아야 하는 존재로 묘사했다면 이 시기에는 장애인을 특별히 위대한 사람으로 묘사하는 광고가 많았다.

(라) 그러나 '일반인'이라는 용어를 사용하여 장애인을 '다른' 존재로 정의하는 등 장애인을 비장애인과 구분 짓는 모습이 보였다.

(마) 2010년대 후반으로 갈수록 인권에 대한 인식이 개선돼 광고 내용도 많이 개선됐다. 장애인을 시혜적 시선으로 보거나, 특별한 사람으로 구분 짓는 내용이 많이 줄었다.

## 057 윗글의 (가)~(마)에 해당하는 광고의 사례가 올바르게 짝 지어지지 않은 것은?

① (가): 서울장애자올림픽 1988. 10. 15-24 / 장애자에게 따뜻한 마음을

② (나):
장애는 불치병이 아닙니다! 극복할 수 있습니다!

③ (다): 이 손잡이가 있는 건 당신이 있기 때문입니다.

④ (라):
춤을 추는 방법만 조금 다를 뿐입니다.

⑤ (마): '장애인 사이클 선수'가 아닌 '사이클 선수'입니다.

## 058 (마)의 시각을 반영한 장애 인식 개선 공익 광고 문구로 가장 적절한 것은?

① 마음에서 우러나오는 조그마한 응원이 큰 힘이 됩니다.
② 모두와 함께라면 장애의 불편함이 편안함으로 바뀝니다.
③ 장애를 극복하기 위해 노력하는 당신의 모습이 아름답습니다.
④ 무지개처럼 각양각색으로, 더불어 살 수 있는 세상을 꿈꿉니다.
⑤ 우리의 이웃에게 사랑과 인정을 나누어 밝은 사회를 만들어 나갑시다.

### [059~060] 다음 글을 읽고 물음에 답하시오.

(가) 진나라의 이사(李斯)가 소년 시절에 변소에 갔더니 ㉠쥐가 더러운 것을 먹다가 사람을 보더니 어쩔 줄을 몰라서 허둥댔었다. 그러다가 그가 쌀 창고의 직원으로 있으면서 창고에 들어가 보았더니 식량을 산처럼 쌓아 놓은 곳에서 쥐는 마음대로 포식하면서 사람이 와도 이리저리 피하며 놀라지 않았다.

(나) ㉡토끼는 호랑이가 자신을 잡아먹으려고 하자 머리를 굴려 호랑이에게 말한다. 자신이 호랑이에게 잡아먹히는 것은 어쩔 수 없는 일이지만, 그러면 무시무시한 이 산의 진짜 주인이 화를 낼 것이라고 말이다. 호랑이는 자신이 이 산의 주인인데 그게 무슨 말이냐고 반문한다. 토끼는 조용히 깊은 물이 있는 언덕배기로 호랑이를 데려간다. 그리고 말없이 물 쪽을 손가락으로 가리킨다. 호랑이가 언덕 위에서 물을 내려다보자, 그곳에서 토끼가 말했던 무시무시한 동물이 자신을 쳐다보고 있었다. 사실 그 형체는 물에 비친 호랑이 자신이었지만, 호랑이는 이를 알지 못하고 계속해서 으르렁 거리다가 화가 나서 물속으로 뛰어든다. 결국 호랑이는 물에 빠져 죽게 되고, 토끼는 총총 다시 숲속으로 들어간다.

**059** ㉡이 ㉠에게 해줄 수 있는 조언으로 가장 적절한 것은?

① 시련이 닥치면 회피하지 말고 그것을 극복할 방법을 생각해 보렴.
② 자신을 더 나은 상대와 비교해보며 스스로를 끊임없이 발전시키렴.
③ 네게 주어진 것에 감사하며 하루하루를 소중하게 여기고 살아가렴.
④ 상황을 객관적으로 판단하기 어려울 때는 마음 가는 대로 행동하렴.
⑤ 오늘이 삶의 마지막 날이라고 생각하며 후회하지 않도록 마음껏 즐기렴.

**060** (가)를 통해 유추할 수 있는 내용으로 가장 적절한 것은?

① 목적이 정당하면 거짓말도 정당해진다.
② 지혜가 있으면 쉽게 상대를 이길 수 있다.
③ 환경에 따라서 정신 상태와 생활 방법이 달라진다.
④ 물질적인 풍요는 마음의 결핍을 채워줄 수 없다.
⑤ 경쟁을 통해 얻어낸 것이야말로 가치가 있다.

## 읽기  061번~090번

**[061~062] 다음 글을 읽고 물음에 답하시오.**

친구가 원수보다 더 미워지는 날이 많다
㉠티끌만한 잘못이 맷방석만하게
㉡동산만하게 커보이는 때가 많다
그래서 세상이 어지러울수록
남에게는 엄격해지고 내게는 너그러워지나 보다
㉢돌처럼 잘아지고 굳어지나보다

멀리 동해바다를 내려다보며 생각한다
널따란 ㉣바다처럼 너그러워질 수는 없을까
깊고 짙푸른 바다처럼
감싸고 끌어안고 받아들일 수는 없을까
스스로는 억센 ㉤파도로 다스리면서
제 몸은 맵고 모진 매로 채찍질하면서

− 신경림, 「동해 바다」

## 061 윗글에 대한 설명으로 가장 적절한 것은?

① 의성어를 활용한 공감각적 묘사가 돋보인다.
② 급박한 호흡으로 긴장감 있게 서술하고 있다.
③ 시어를 반복하여 밝고 명랑한 느낌을 주고 있다.
④ 반어적인 표현을 사용하여 부정적 현실을 강조한다.
⑤ 특정 공간에서의 체험을 바탕으로 시상을 전개하고 있다.

## 062 ㉠~㉤ 중, 〈보기〉의 ⓐ 에 해당하는 것은?

> **보기**
> 시의 화자는 다른 사람을 포용하지 못하고 점점 옹졸해지는 자신의 모습을 ⓐ 에 빗대어 표현하고 있다.

① ㉠    ② ㉡    ③ ㉢    ④ ㉣    ⑤ ㉤

## [063~065] 다음 글을 읽고 물음에 답하시오.

평소에 순이 삼촌 앞에서는 고향말을 써야지 하고 생각하던 터라 무의식중에 툭 튀어나온 서울말이 무척 민망스러웠다.
"동네 사람들이 날 숭보암서라. 새로 온 민기네 집 식모는 밥 하영(많이) 먹는 제주도 할망(할미)이엔 소문나서라."
나는 하도 말도 안 되는 말이라 어이가 없었다.
"아니, 누게가 그런 쓸데없는 소릴 헙디까?"
"허기사 고향서 궂은일, 쌍일을 허멍(하면서) 보리밥 한 사발 고봉으로 먹던 버릇 따문에 아명(아무리) 밥을 적게 먹젱 해도 공깃밥 먹는 조캐네들보다사 하영 먹어지는 게 사실이쥬. 사실이 그렇댄 해도 밥 하영 먹는 식모옌 사방팔방에 놈(남)한티 소문내는 벱이 어디 이시니?"
나는 순간 눈망울이 확 더워지면서 눈물이 핑 돌았다. 삼촌보고 밥 많이 먹는 식모라니, 이런 모욕적인 언사가 도대체 어디 있단 말인가. 나도 분통이 터져 견딜 수 없었다.
"누게가 그런 말을 헙디까? 어디서 들읍디까?"
그러나 삼촌은 치맛귀로 눈물을 찍어 낼 뿐 통 대답을 하지 않았다.
"민기 어명(엄마)이 그런 말을 헙디까? 어디 말해 봅서. 요 아래 희야네 가게서 그런 말을 헙디까? 꼭 밝혀 내서 혼을 내사 허쿠다. 혼저(어서) 말해 봅서."
그러나 삼촌은 여전히 대답을 하지 않았다. 그래도 내가 붉으락푸르락 화를 내는 것에 다소 위안을 얻었는지는 몰라도 삼촌은 더 이상 따져들지 않고 그만 물러갔다.
아내가 그런 말을 했나? 설마하니 아내가 그런 희떠운 언동을 할 경박한 여자일까? 혹시 민기놈이 희야네 가게에 군것질하러 갔다가 그런 못된 말을 했을지도 모른다. 아니, 다섯 살짜리 숫기도 없는 녀석이 어떻게 그런 당돌한 말을 해? 그러나 '밥 많이 먹는 제주도 식모'라고 말했을 리는 없지만 밥 많이 먹는다는 말은 누가 해도 했을 것이다. 이런 의심이 좀처럼 풀리지 않은 채 저녁 늦게 돌아온 아내를 맞고 보니 자연히 말다툼이 벌어졌다. 내가 전에 없이 치를 떨며 화를 내는 꼴을 보고 놀랐던지 아내는 결혼 후 처음으로 내 앞에서 눈물을 보였다. 나는 격앙된 어조로, 시부모 없어 시집살이를 면하더니 시댁 어른을 대하는 게 도무지 버릇없다고 질타했던 것이다. 하여간 아내가 그런 말을 했고 안 했고 간에, 그날 밤 나는 아내가 순이 삼촌 앞에서 어떻게 처신해야 할지를 내 딴에는 톡톡히 보여 준 셈이었다.

밥을 좀 많이 드신다고 해서, 누구나 건져내 버리는 배춧국의 멸치를 잡수신다고 해서, 잘 통하지 않는 사투리를 쓴다고 해서 그게 어째 흉이 된단 말인가. 시골에 혼자 먹고 살 만큼은 농토도 있고 남을 빌려 주고 온 오막살이지만 집도 있는 분이었다. 말 그대로 서울 구경할 겸해서 우리집 일을 도우러 오신 분을 흉보다니. 아내의 태도가 우선 글러 먹었다. 순이 삼촌이 하는 사투리를 아내는 알아듣지 못했다. 이해해 보려고 애쓰는 것 같지도 않았다. 저게 무슨 말이냐는 듯이 고개를 돌려 나를 바라볼 때 나는 나 자신이 무시당한 것처럼 얼굴이 붉어지는 것을 느껴야만 했다. 그건 신혼 초에 아내가 무슨 일로 호적초본을 뗐다가 제 본적이 남편 본적인 제주도로 올라 있는 당연한 사실을 가지고 무척 놀란 표정을 지었을 때 내가 느낀 수치감과 비슷한 것이었다. 이렇게 사투리를 알아듣지 못하는 아내 앞에서 순이 삼촌의 처신은 어떻게 해야 옳은가? 그저 말수를 줄이고 시키는 말만 고분고분 따르는 수동적인 입장을 취할 도리밖에 더 있는가.

그날 이후 나는 여태 막연히 기피증 현상으로만 나타나던 고향에 대한 선입견을 대폭 수정하기로 했다. 삼촌의 존재가 나에게 늘 고향을 의식하게 해준 셈이었다. 서울 생활 십오 년 동안 한 번도 써보지 못하고 묵혀 두었던 사투리도 쓰기 시작했다. 고향 말은 주로 삼촌하고 얘기할 때만 썼지만 민기놈에게도 사투리를 꽤나 많이 가르쳐 주었다. 그렇다. 나는 내 아들이 허여멀끔한 아내를 닮아 빈틈없이 서울내기가 되어 가는 것이 딱 질색이었다. 에미를 닮아선지, TV를 너무 봐선지, 다섯 살 나이에 벌써 안경을 써야 할 지경으로 눈이 나쁜 녀석, 아내는 피아노를 가르쳐 줄 계획이지만 나는 녀석에게 투박한 고향 사투리를 가르치고 싶었다. 아들놈마저 제 애비의 고향을 외면할 수는 없는 일이었다. 그렇다. 서울말 일변도의 내 언어생활이란 게 얼마나 가식적이고 억지춘향식이었던가. 그건 어디까지나 표절 인생이지 나 자신의 인생은 아니었다.

— 현기영, 「순이 삼촌」

**063** 윗글의 서술상 특징으로 가장 적절한 것은?

① 의인화된 표현을 통해 주제 의식을 표출하고 있다.
② 외양 묘사를 통해 인물의 행태를 희화화하고 있다.
③ 인물의 독백을 활용하여 암울한 내면을 나타내고 있다.
④ 공간적 배경을 묘사하여 시대의 변화상을 드러내고 있다.
⑤ 사투리를 활용하여 문제 상황을 현실감 있게 제시하고 있다.

**064** 윗글의 인물에 대한 이해로 적절하지 않은 것은?

① '나'는 '순이 삼촌'이 겪게 된 일로 인해 분노의 감정을 갖게 된다.
② '나'는 고향의 사투리에 대한 '아내'의 태도를 못마땅하게 여긴다.
③ '나'에게 '순이 삼촌'의 일은 '나'의 행동 변화를 촉발케 하는 계기가 된다.
④ '아내'는 '나'와 '순이 삼촌' 간의 갈등 상황을 해결하기 위한 방도를 찾고 있다.
⑤ '순이 삼촌'은 '나'의 감정적 행동을 접하고는 자신이 문제로 삼았던 일을 더 이상 따지지 않는다.

**065** 윗글에 대한 감상으로 적절한 것끼리 묶인 것은?

> **보기**
> ㄱ. '순이 삼촌'이 모욕적인 언사를 듣게 된 사건은 '나'의 '표절 인생'을 자각하게 하는 서사적 기능을 하고 있군.
> ㄴ. '아내'가 '나'의 추궁에 '눈물'을 보이며 반성하는 데서 전통적인 부부관을 존중하고자 하는 '아내'의 의식을 엿볼 수 있군.
> ㄷ. '순이 삼촌'이 처한 열악한 현실을 보여 주는 다양한 삽화를 시간 순서에 따라 제시하여 '순이 삼촌'이 겪고 있는 내적 갈등을 부각하고 있군.
> ㄹ. '나'가 '순이 삼촌'이 쓰는 고향의 말을 '이해해 보려고 애쓰지' 않는 '아내'의 행동을 자신을 무시하는 것으로 인식하는 데서 언어생활에 민감한 '나'의 의식을 엿볼 수 있군.

① ㄱ, ㄴ  ② ㄱ, ㄷ  ③ ㄱ, ㄹ  ④ ㄴ, ㄷ  ⑤ ㄷ, ㄹ

## [066~068] 다음 글을 읽고 물음에 답하시오.

수학이란 언어로 자연을 읽어낼 때 제기하는 문제는 '왜'가 아니라 '어떻게'이다. 갈릴레오와 뉴턴 둘 다 '왜'는 신의 영역에 둔 채 단지 신이 창조한 자연을 수학 원리로 추론하고자 했다. 이는 기독교라는 생활 세계를 살던 이들에게는 당연한 일이었다. '왜'라는 문제는 신앙에 의지해서 풀고, 과학은 자연 현상이 '어떻게' 일어나는지만 탐구하면 된다고 생각했다. 로저 코츠는 자연 과학의 역할에 대해 다음과 같이 썼다. "진정한 자연 과학이 해야 할 일은 실제로 존재하는 원인에서 사물의 본성을 끌어내는 것이며, 신이 이 멋진 우주를 창조하기 위해서 실제로 채택한 법칙들을 연구해내는 것이지, 신이 어쩌면 택했을지도 모르는 법칙을 구하는 게 아니다."

근대 과학은 때로 종교와 갈등을 빚기도 했지만, '왜'의 문제는 종교가 전담하고 '어떻게'의 문제만을 탐구 주제로 삼으며 학문의 독자성을 정립했다. 하지만 문제는, 세계의 탈주술화가 진행되면 될수록 과학에 의한 생활 세계의 식민화가 강화되는 현상이 나타난다는 점이다. 종교와 도덕이 영향력을 행사하는 생활 세계로부터 독립해서 탐구해야 객관적 지식을 얻어낼 수 있다고 믿는 근대 과학의 에토스는 인간의 지식을 확장하고 인간에게 자연을 정복할 수 있다는 자신감을 고취했다. 하지만 과학이 진보하고 영향력이 증대될수록, 과학적 연구가 갖는 삶의 의미에 대한 성찰은 생략하고 사실만을 추구하는 방향으로 발전했다. 그러다 보니 무엇이 사실인지 알려 주는 여러 데이터의 상관성을 수학적으로 계산하는 방법만이 과학적인 것으로 여겨졌다. 이러한 과학적 태도는 컴퓨터와 인터넷의 발명과 함께 빅데이터가 출현하면서 정점에 도달했다. '왜'라는 물음을 전혀 제기하지 않고, 단지 거대하게 축적된 데이터의 통계 자체가 보여 주는 패턴으로 미래를 예측하고 문제를 해결할 수 있다고 믿는 ⓐ데이터주의가 디지털 시대의 신흥 종교로 부상했다.

그런데 데이터가 아무리 많아도 내가 왜 사는지, 내 삶의 목적이 무엇인지에 대한 답을 그것에서 얻을 수 있는가? 물론 빅데이터는 내가 모르는 나에 대한 정보를 알려 준다. 하지만 인간은 '나는 누구인가'의 정체성을 지금 '실재하는 나'를 넘어 '꿈꾸는 나'로 만들 수 있는 존재다. 내 과거 데이터로 미래의 내가 어떤 행동을 할지 예측할 수 있다 해도, 그런 식이라면 영화 「마이너리티 리포트」에서처럼 인간의 자유 의지를 부정하는 세상이 도래할 것이다.

데이터를 인식하는 것은 지능이다. 인공지능은 지능이 결국 계산임을 점점 입증해내고 있다. 하지만 그러면서 우리가 새삼 깨닫게 된 사실은, 지능과 의식이 다르다는 점이다. 인간보다 바둑을 더 잘 두는 알파고는 지능을 가졌다고 말할 수 있지만, 아직 의식은 없다. 과학의 문제는 지능으로 해결할 수 있다. 그렇지만 의식의 문제는 어떠한가? 지능이 ㉠_____ 문제를 풀 수 있는 알고리즘을 만드는 과정이라면, 의식은 ㉡_____ 각성되는 생각이다. 인문학과 과학, 인간과 인공지능의 관계에서 후자에 의해 전자가 해소될 수 있느냐 없느냐는 결국 어떻게를 통해 왜의 문제까지도 해결할 수 있느냐의 여부로 판가름 날 것이다.

**066** 윗글에 대한 이해로 적절하지 않은 것은?

① 수학은 자연을 이해하는 언어이다.
② 갈릴레오는 신의 존재를 인정하였다.
③ 기계적 사고는 인간의 지능을 능가할 수 있다.
④ 뉴턴은 기독교적 가치에 입각하여 세상을 이해하고자 하였다.
⑤ 근대 과학 기술의 발전에 따라 인간 존재에 대한 고민이 증대되었다.

**067** ㉠, ㉡에 들어갈 말이 바르게 짝 지어진 것은?

|   | ㉠ | ㉡ |
|---|---|---|
| ① | 왜라는 물음으로부터 | 어떻게의 물음을 갖고 |
| ② | 왜라는 데이터로부터 | 어떻게의 데이터를 갖고 |
| ③ | 어떻게의 물음으로부터 | 어떻게의 확신을 갖고 |
| ④ | 어떻게의 물음을 갖고 | 왜라는 물음으로부터 |
| ⑤ | 어떻게의 경험치에서 | 왜라는 결과치에서 |

**068** ⓐ에 대한 이해로 적절하지 않은 것은?

① 빅데이터를 기반으로 한다.
② 수학적 방법을 경전으로 삼는다.
③ 개인의 내적 의지를 긍정하는 견해다.
④ 현존하는 자아에 관한 정보를 제공할 수 있다.
⑤ 과거 경험을 통해 미래 전망이 가능하다는 입장이다.

[069~072] 다음 글을 읽고 물음에 답하시오.

특정한 법률요건이 성립되면 그에 상응하는 법률효과가 발생한다. 예를 들면, 물건을 팔겠다는 의사표시와 그것을 사겠다는 의사표시가 합치하면 매매계약이 유효하게 성립하며, 그 효과로서 매수인에게는 매매 목적물에 대한 소유권 이전 청구권, 매도인에게는 매매대금 청구권이라고 하는 법률효과가 발생한다. 이처럼 의사표시로써 법률효과를 발생시킬 목적으로 이루어지는 것을 법률행위라 한다. 계약은 '판다' '산다'와 같이 서로 대립하는 의사표시의 합치로써 법률효과가 발생하므로 법률행위이다.

중요한 계약일 경우에는 그 내용을 서면으로 확실히 한다. 법률행위의 내용을 문자로써 뚜렷이 하여 뒷날 서로 말을 바꾸지 못하도록 하려고, 계약서를 작성하여 양 당사자가 한 부씩 보관하는 것이다. 법리상 계약은 양 당사자의 의사가 합치하는 순간에 유효하게 성립하는 것이고, 계약서는 그 증명용인 것이다. 항간에는 ㉠ 생각하는 일도 더러 있다. 거래가 있으면 증명을 위해 문서를 작성해 온 것이 매우 오래되었기에, 일부 사람들은 서면이 계약의 성립 요소라고 오해하는 것이다. 법률관계의 변동을 담고 있는 조선의 고문서에도 예외 없이 "분쟁이 생기면 이 서면으로써 소를 제기하여 바로 잡을 것"이라는 문구가 상투적으로 들어갔었다.

증명용 서면에 가장 부합하는 낱말은 '증서'라 할 수 있을 것이다. 「표준국어대사전」은 이를 "권리나 의무, 사실 따위를 증명하는 문서"라 한다. 문학 작품이나 드라마에서 땅문서, 집문서 할 때는 주로 이러한 서면을 가리키는 것이다. 법률 영역, 특히 소송에서는 문서를 문자나 기호, 부호 등으로 작성자의 일정한 의사나 관념을 나타낸 것이라고 정의한다. 이에 따르면, 문서가 꼭 종이로 작성되어야 할 필요는 없다. 그러나 문자나 기호가 아닌 음성이나 화상으로 이루어진 자료는 문서가 될 수 없다. 악보는 음표 따위의 기호로 이루어졌지만 의사나 관념을 나타낸 것이 아니라서 문서가 아니다.

문서의 분류로 중요한 것은 공문서와 사문서이다. 공문서는 공무원이 직무상 작성한 문서이다. 소송에서 공문서가 증거로 제출되었을 때는, 문서가 진정하다는 데 대해 제출자가 문서의 진정성에 대해 증명책임을 지는 게 아니라, 위조나 변조라 주장하며 진정성을 부인하는 상대방이 그에 대한 증명책임을 진다. 하지만 계약서와 같은 사문서가 제출되었을 때에는 그 진정성에 대한 증명책임이 제출자에게 있다. 문서는 처분문서와 보고문서로도 분류한다. 보고문서는 회의록, 장부, 일기와 같이 작성자가 경험한 사실, 판단, 느낌 등을 기재한 것이다. 처분문서는 증명의 대상이 되는 법률행위, 의사표시 등이 문서로써 이루어진 것이다. 다툼에서 처분문서는 그 진정성이 증명되면 거기에 나타난 대로 법률행위가 이루어졌다는 것까지 당연히 인정된다. 반면에 보고문서는 진정하게 작성되었다는 것이 밝혀졌다고 해서 곧바로 그 내용도 진실하다고 승인되지는 않는다.

## 069 윗글의 내용과 일치하지 않는 것은?

① 개인적인 합의가 법률행위로 되기 위해서는 문서 작성이 필요하다.
② 계약은 일정한 법률효과의 발생을 목적으로 하고 의사표시를 요건으로 한다.
③ 조선 시대에는 거래가 이루어지면 관련된 서면을 작성하는 것이 일반적이었다.
④ 땅문서란 토지에 관한 권리·의무를 증명하는 문서라 이해할 수 있다.
⑤ 법률관계를 내용으로 하는 조선의 문서는 소송상의 증명을 염두에 두고 작성되었다.

**070** 윗글을 바탕으로 할 때 문서에 대한 이해로 적절하지 않은 것은?

① 뒷날의 증명을 위해 찍어둔 현장 사진은 문서라 할 수 없다.
② 시각 장애인이 특수한 매체에 점자로 쓴 일기는 법률상 문서로 분류된다.
③ 합의한 바를 이행하겠다는 서약이 새겨진 비석은 문서가 될 수 없다.
④ 문서의 작성은 계약이 유효하게 성립하는 데 영향을 미치는 요건이 아니다.
⑤ 공무원이 직무상 작성한 것이 아닌 사문서는 소송에서 공문서와 달리 취급된다.

**071** ㉠에 들어갈 문장으로 가장 적절한 것은?

① 문서로 하지 않고 말로 한 합의는 계약이 아니라고
② 꼭 서면을 작성하여야만 계약이 성립하는 것은 아니라고
③ 뒷날의 증명을 위해서는 계약서를 만들어 두어야 하는 것이라고
④ 문자가 아닌 다른 기호로 작성된 계약서는 효력을 인정하지 않는다고
⑤ 당사자 일방만이 보관하는 계약서라도 그에 담긴 계약 내용은 유효하다고

**072** 윗글을 바탕으로 한 〈보기〉의 이해로 가장 적절한 것은?

> **보기**
>
> 갑이 을을 상대로 중고차 매매대금 500만 원의 지급을 구하는 소를 제기하였다. 변론 기일에 을은 대금이 300만 원이라고 맞섰고, 갑은 대금이 기재된 계약서와 매매계약일에 쓴 일기가 실린 공책을 증거로 제출하였다. 계약서에 대하여 을은 애초의 계약서가 아닌 위조된 것이라 항변하였고, 공책에 대해서는 다투지 않았다.

① 계약서가 위조되지 않았다고 증명되면 이어서 갑은 그 내용이 진실하다는 증명을 해야 한다.
② 계약서가 위조되었다는 주장에 대하여는 일단 갑이 문서가 진정하다는 데 대한 증명책임을 진다.
③ 갑과 을의 주장이 일치하지 않는 것으로 보아 매매계약은 유효하게 성립하지 않았다는 것을 알 수 있다.
④ 제출된 문서들은 당사자 간에 법률행위를 뒷날에 증명하기 위해 작성되었다는 의미에서 증서라 할 수 있다.
⑤ 공책이 위조되지 않았다고 증명되면 거기에 적힌 중고차 매매대금 500만 원의 계약 사실은 당연히 인정된다.

[073~075] 다음 글을 읽고 물음에 답하시오.

　　DNA가 유전 물질이라는 사실의 ㉠단초는 20세기에 들어서 그리피스(Griffith)의 발견에서 비롯되었다. 1928년 그리피스는 죽은 병원성 박테리아를 살아 있는 비병원성 박테리아와 섞었더니 살아 있던 비병원성 박테리아의 일부가 병원성을 갖게 된다는 것을 발견했다. 게다가 비병원성 박테리아가 새롭게 획득한 질병 생성 능력은 박테리아의 자손에게 유전된다는 사실을 알게 되었다. 따라서 죽은 박테리아의 어떤 성분이 살아 있는 박테리아에게 유전되는 형질 전환 인자로 작용하고 있는 것이 분명해 보였다.
　　이러한 그리피스의 발견에 근거하여 1952년 허시(Hershey)와 체이스(Chase)는 박테리아를 감염시키는 T2 바이러스를 이용한 실험을 통해 DNA가 유전 물질임을 확정하는 실험을 수행하였다. T2 바이러스와 같이 박테리아를 감염시키는 바이러스를 파지(phage)라고 한다. T2 파지는 DNA가 들어 있는 머리, 속이 빈 꼬리, 꼬리 섬유가 부착된 달착륙선과 같은 모양을 하고 있으며 DNA 부분을 제외하고는 모두 단백질로 이루어져 있다. 그들은 T2 파지가 감염된 꼬리 섬유를 이용하여 박테리아 숙주에 붙고 이후 박테리아 숙주를 조절하여 새로운 파지를 만들 수 있다는 사실만을 알았기 때문에 이러한 능력이 DNA와 단백질 중 어느 것에 있는지를 확인하기 위한 실험을 수행하였다.
　　그들은 서로 다른 동위 원소로 T2 파지의 DNA와 단백질을 ㉡표지하였다. 우선, 이들은 T2 파지를 방사성 황(S) 원소가 들어 있는 배지에서 ㉢배양하였다. 단백질은 황을 가지지만 DNA는 황을 가지지 않으므로 파지의 단백질에만 방사성 황 원소가 삽입된다. 한편 파지를 방사성을 띠는 인(P) 원소가 들어 있는 배지에서 배양하면 인은 DNA에만 존재하게 되므로 파지의 DNA만 방사성 인 원소로 표지된다. 그들은 이렇게 서로 다르게 표지된 T2 파지를 방사성 동위 원소로 표지되지 않은 박테리아에 각각 감염시켰다. 감염 직후 배양액에서 박테리아 세포 내에 들어가지 않고 남아 있는 파지를 분리하고 ㉣감염된 박테리아를 원심 분리하면 상대적으로 무거운 박테리아는 원심 분리관의 바닥에 가라앉고, 가벼운 파지는 상층 액에 남게 되어 박테리아와 파지의 방사성을 각각 측정할 수 있었다. 단백질이 방사성 동위 원소로 표지된 T2 파지로 박테리아를 감염시킨 경우 방사성이 박테리아에는 없고 파지에서만 관찰되었다. 반면 DNA가 방사성으로 표지된 파지로 박테리아를 감염시킨 경우 침전층에 원심 분리된 박테리아에서만 방사성이 발견되었다. 이어 이 박테리아를 다시 배양하면 파지가 증식되어 방사성 인을 함유하는 DNA와 비방사성 황으로 만들어진 단백질을 갖는 새로운 파지가 증식한다는 결과를 얻었다.
　　이러한 결과로부터 허시와 체이스는 T2 파지의 증식 생활사를 밝혔으며 새로운 파지를 만드는 ㉤지침은 바이러스의 DNA 속에 있다는 것이 밝혀졌다. 즉 DNA가 유전 물질임을 밝혀낸 것이다. 당시에도 DNA를 구성하는 원자와 원자의 결합 방법 등 상당히 많은 부분이 밝혀져 있었는데, 허시와 체이스의 실험 결과는 DNA가 유전 정보를 저장하고 복제하며 다음 세대로 전달하는 기능을 수행하기 위해 어떤 구조를 이루고 있는가에 대한 과학자들의 연구를 촉발하였다. 이로 인해 불과 1년여 만에 DNA가 이중 나선 구조임이 밝혀졌다.

## 073 윗글에서 알 수 있는 내용으로 적절하지 않은 것은?

① 비병원성 박테리아도 병원성을 가질 수 있다.
② 그리피스의 발견은 허시와 체이스의 연구로 이어졌다.
③ 원심 분리기는 박테리아를 무게에 따라 분리할 수 있다.
④ 19세기에는 DNA가 유전 물질이라는 것을 알지 못하였다.
⑤ 죽은 박테리아의 성분은 형질 전환 인자로 작용할 수 없다.

## 074 ㉠~㉤의 뜻풀이로 적절하지 않은 것은?

① ㉠: 일이나 사건을 풀어나갈 수 있는 실마리.
② ㉡: 표시나 특징으로 어떤 사물을 다른 것과 구별하게 함.
③ ㉢: 갑절 또는 몇 배로 늘어나거나 그렇게 늘림.
④ ㉣: 병원체인 미생물이 동물이나 식물의 몸 안에 들어가 증식하는 일.
⑤ ㉤: 생활이나 행동 따위의 지도적 방법이나 방향을 인도하여 주는 준칙.

## 075 윗글을 바탕으로 할 때, 〈보기〉의 A~C에 들어갈 말이 바르게 짝 지어진 것은?

**보기**

대장균은 온혈 동물의 장에서 많이 볼 수 있는 흔한 박테리아이다. 그림은 대장균을 이용한 T2 파지의 증식 생활사를 보여 준다. ⓐ 단계를 거치고 나면 유전 현상이 단백질에 의한 것인지 DNA에 의한 것인지 확정할 수 [ A ]. ⓒ와 ⓓ 과정을 겪으면서 파지의 [ B ]은(는) 박테리아 안으로 들어가지 않는다. ⓐ~ⓔ 단계를 거치고 나오면 [ C ]은(는) 주로 DNA에만 존재하므로 파지의 DNA만 방사성 [ C ] 원소로 표지된다.

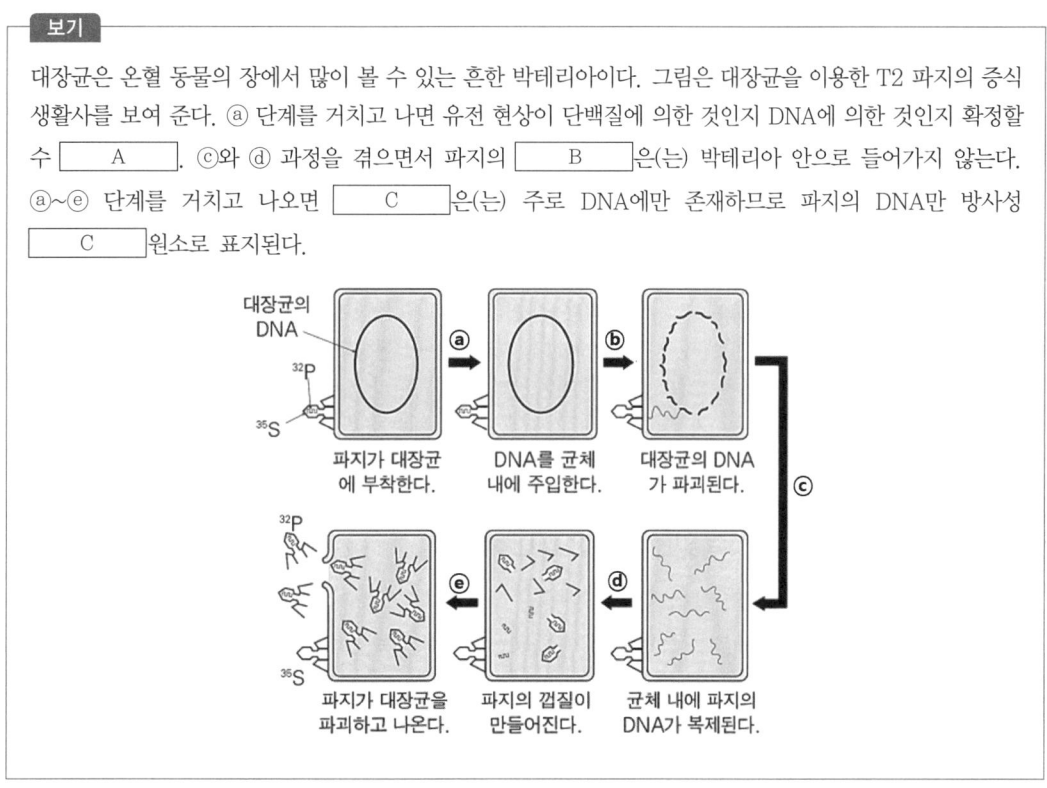

| | A | B | C |
|---|---|---|---|
| ① | 있다 | 단백질 | 인 |
| ② | 있다 | DNA | 황 |
| ③ | 없다 | 단백질 | 인 |
| ④ | 없다 | DNA | 황 |
| ⑤ | 없다 | DNA | 인 |

[076~078] 다음 글을 읽고 물음에 답하시오.

　파울리의 배타원리에 의하면 어떤 물질에 구속되어 있는 전자는 그 물질 안에 있는 다른 전자와 같은 에너지를 가질 수 없다. 고체는 수많은 원자들이 결합되어 있으므로 전자들이 갖는 에너지는 하나의 에너지값이 아니라 연속적인 띠의 모양으로 특정 영역에 분포하게 되며 이러한 에너지 영역이 띠의 모양처럼 보이기 때문에 에너지띠라고 한다. 에너지띠는 ⓐ 원자가띠와 ⓑ 전도띠로 구분되며, 원자가띠에 있는 전자는 원자에 구속되어 있어서 전자가 흐를 수 없다. 그런데 원자가띠의 전자가 에너지를 흡수하여 높은 에너지 준위에 있는 전도띠로 이동하게 되면 전자가 자유전자가 되고 원자핵 사이를 자유롭게 이동할 수 있어서 전류가 흐른다. 원자가띠와 전도띠 사이의 영역의 에너지를 띠틈(band gap)이라 하는데 띠틈에 해당하는 에너지를 전자가 가질 수 없다.

　물질은 도체, 부도체, 반도체의 세 가지 종류로 나눌 수 있는데 도체는 원자가띠의 영역과 전도띠의 영역이 겹쳐서 띠틈이 없는 물질이다. 금속은 대표적인 도체로 띠틈이 없어 전자가 쉽게 이동할 수 있다. 이에 비해 부도체는 띠틈이 매우 커서 전자가 에너지를 받아도 띠틈을 뛰어넘을 수 없다. 실리콘(Si)이나 저마늄(Ge) 같은 반도체의 경우 두 띠 사이의 띠틈이 비교적 작아 에너지를 받은 전자는 이를 뛰어넘을 수 있다. 반도체의 원자가띠에 있는 전자는 빛이나 열에너지 등을 받아 전도띠로 이동하여 전류가 흐른다. Si와 Ge처럼 순수한 물질로 이루어진 반도체를 고유 반도체라 하는데 Si와 Ge의 띠틈은 각각 1.12 eV와 0.66 eV이다. 이러한 고유 반도체에 다른 물질을 소량 첨가하면 불순물 반도체를 만들어 전류를 더 쉽게 흐르게 할 수 있는데 불순물 반도체는 n형과 p형 반도체로 나뉜다.

　Si나 Ge에 인(P)과 같은 최외각 전자가 5개인 원소를 소량 첨가하여 실리콘 원자를 치환하면 n형 반도체를 만들 수 있다. 인의 전자는 Si와의 공유 결합에 4개의 전자가 쓰이고 나머지 하나는 잉여 전자로 존재한다. 이 잉여 전자는 핵에 느슨하게 결합하고 있으며 에너지 준위는 전도띠에 매우 가까운 띠틈에 위치한다. 이때 전자는 작은 에너지만 받아도 전도띠로 도약할 수 있어서 쉽게 전류가 흐른다. 예를 들어 실리콘은 띠틈의 에너지인 1.1 eV의 5% 수준인 0.004 eV의 에너지만 가해도 전자가 전도띠로 도약하는 것이 가능하다. 이때 잉여 전자가 차지하고 있던 준위가 주개 준위다.

　반면 고유 반도체에 붕소(B)와 같은 최외각 전자가 3개인 원소를 소량 첨가하면 p형 반도체를 만들 수 있다. 실리콘과 붕소의 결합에서 공유 결합을 할 전자가 하나 모자라기 때문에 그 자리에는 결합이 없는 빈 공간이 생기는데 이를 홀이라 하며 홀은 (+)전하를 갖는다. 실리콘에 있는 전자는 홀 자리로 이동할 수 있기에 이동한 전자의 자리에는 새로운 홀이 생기며 홀이 이동하여 전류가 흐른다. 이때 실리콘 원자에서 홀로 이동하며 새로운 홀을 형성시키는 데 필요한 에너지는 0.045 eV에 불과하다. 원자가띠에서 전자가 빠져나간 자리에 홀이 생성되며 전기가 흐르기 때문에 원자가띠 위에 있는 띠틈의 어떤 준위에서 홀이 내려온 것으로 간주할 수 있다. 원자가띠의 가장 높은 에너지 준위보다 0.045 eV 위의 에너지 준위인 받개 준위가 형성된다. 이러한 원리로 n형과 p형의 불순물 반도체는 고유 반도체보다 쉽게 전류가 흐른다.

## 076 윗글을 읽고 답할 수 있는 질문이 아닌 것은?

① 금속과 반도체의 에너지띠의 차이는 무엇인가?
② 고유 반도체와 불순물 반도체의 차이는 무엇인가?
③ 전기가 부도체를 통하여 흐르지 않는 이유는 무엇인가?
④ 실리콘과 저마늄의 띠틈의 에너지는 어느 것이 더 큰가?
⑤ p형 반도체가 n형 반도체보다 전류가 잘 흐르는 원리는 무엇인가?

## 077 ⓐ와 ⓑ에 대한 이해로 가장 적절한 것은?

① ⓐ와 ⓑ 모두 원자 하나로 이루어진 물질에 형성된다.
② ⓐ에 있는 전자가 ⓑ에 있는 전자보다 에너지가 크다.
③ ⓐ와 ⓑ가 겹쳐 있는 물질은 전자가 쉽게 이동할 수 없다.
④ ⓐ와 달리 ⓑ에 있는 전자들은 서로 다른 에너지를 가져야 한다.
⑤ ⓐ와 ⓑ 사이의 에너지 간격에 주개 준위나 받개 준위가 형성될 수 있다.

## 078 윗글을 바탕으로 할 때, 〈보기〉의 '탐구한 내용' 중 알맞은 것만을 있는 대로 고른 것은?

**보기**

실리콘(Si)에 그림과 같은 전자 배치를 갖는 비소(As)와 알루미늄(Al)을 각각 소량 첨가하여 반도체 (가)와 (나)를 만들었다.

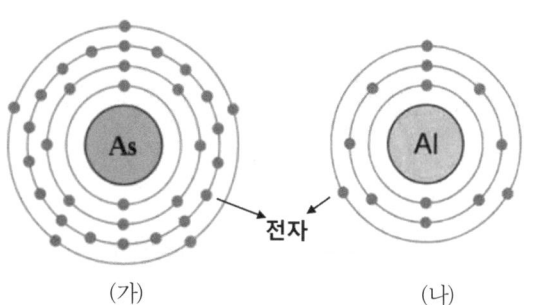

(가)　　　　(나)

[탐구한 내용]
ㄱ. (가)는 n형 반도체이고 (나)는 p형 반도체이다.
ㄴ. (나)는 홀이 생겨서 전류의 흐름에 간여한다.
ㄷ. (가)는 순수한 실리콘보다 전류가 쉽게 흐르는 반면, (나)는 순수한 실리콘보다 전류가 흐르기 어렵다.
ㄹ. (가)는 실리콘에 인(P)을 첨가했을 때와 마찬가지로 실리콘과의 결합에 첨가된 원자 하나당 하나의 잉여 전자가 생긴다.

① ㄱ, ㄴ　　② ㄴ, ㄹ　　③ ㄱ, ㄴ, ㄷ
④ ㄱ, ㄴ, ㄹ　　⑤ ㄴ, ㄷ, ㄹ

## [079~082] 다음 글을 읽고 물음에 답하시오.

선택 가능한 두 가지 길 중에서 어떤 쪽을 선택해도 바람직하지 못한 결과가 나오게 되는 곤란한 상황일 때, "딜레마에 빠졌다."라고 말한다. 내가 선택할 수 있는 것은 두 가지뿐인데 어떤 쪽을 선택해도 곤란한 상황에 처하게 되면 딜레마에 빠지는 것이다. ㉠중국집에서 짜장면을 시킬지 짬뽕을 시킬지는 영원한 고민거리이다. 짜장면을 시키면 짬뽕을 못 먹게 되어 괴롭고, 짬뽕을 시키면 짜장면을 못 먹게 되어 괴롭다.

스스로 딜레마에 빠지기도 하지만, 상대방을 딜레마에 빠뜨릴 수 있기에 딜레마는 일상생활이나 철학 논증에서 즐겨 사용되는 좋은 논박 방법이다. 예를 들어 ㉡신이 존재한다는 것을 딜레마를 이용해서 이런 식으로 반박한다. 세상에 악이 있다는 것은 신이 그것을 막지 못하거나 막을 뜻이 없다는 두 가지로 해석이 된다. 그런데 어느 쪽으로 해석되더라도 신의 존재가 의심스럽게 된다. 신이 악을 막지 못한다면 그것은 신이 무능하다는 뜻이고, 신이 악을 막을 뜻이 없다면 그것은 신이 선하지 않다는 뜻이기 때문이다. 신은 모름지기 전지전능하고 지극히 선하다고 인식되므로, 무능하고 선하지 않은 신은 존재하지 않는 것이나 다름없다는 것이다.

딜레마에 빠지면 꼼짝 못 하게 되므로 딜레마에서 빠져나오는 방법도 알아야 한다. 딜레마에서 두 가지 가능한 선택을 비유적으로 딜레마의 두 뿔이라고 말한다. 이쪽 뿔을 피하자니 저쪽 뿔에 찔리고, 저쪽 뿔을 피하자니 이쪽 뿔에 찔리는 것이다. 딜레마를 피하는 방법으로는 먼저 두 뿔 사이로 피해 가는 것이 있다. 그 두 가지 선택 말고 다른 것을 선택하면 된다. 또 다른 방법은 뿔 하나를 꺾는 것이다. 두 가지 중 하나의 선택을 해도 반드시 곤란한 상황에 빠지는 것은 아니라고 주장한다.

예를 들어 보자. 원자력 발전은 핵 사고의 위험이 크다. 또 화력 발전은 온실 효과 때문에 환경 오염의 가능성이 크다. 이러면 ㉢우리는 어떤 발전 방식을 선택해도 곤란한 상황에 처하는 딜레마에 빠진다. 이 딜레마에서 빠져나오기 위해서는 우선 ⓐ두 뿔 사이로 피해 가는 방법이 있는지 살펴보면 된다. 원자력 발전과 화력 발전 말고 다른 발전이 가능하지 않을까? 태양광 발전이나 풍력 발전 같은 친환경 발전이 그 대안이 될 수 있을 것이다. 이번에는 각 뿔을 꺾는 방법이 있는지 살펴보면 된다. 가령 원자력 발전에서 핵 사고의 위험을 근본적으로 없앨 수 있거나, 아니면 화력 발전에서 오염을 대폭 줄일 수 있다면 그게 가능하다.

반대 딜레마를 만들어서 딜레마에서 빠져나오기도 한다. 이것은 일종의 역발상을 해 보는 것으로 논리적인 방법이라기보다는 수사학적인 방법이다. 위 예에서 원자력 발전은 환경 오염의 가능성이 없어서 좋고, 화력 발전은 핵 사고의 위험이 없어서 좋다고, 어떤 선택을 해도 좋다고 거꾸로 생각하면 된다.

## 079 딜레마에 대한 설명으로 가장 적절한 것은?

① 잘못된 논증 방법이다.
② 상대방을 반박할 때만 쓰인다.
③ 딜레마에 빠지면 빠져나올 수 없다.
④ 두 뿔에 동시에 찔리게 하는 강한 논박 방법이다.
⑤ 반대 딜레마는 두 가지 길 중에서 선택하는 상황이다.

## 080 ㉠~㉢에 대한 설명으로 적절하지 않은 것은?

① ㉠: 짜장면과 짬뽕을 같이 절반씩 주는 메뉴를 시키면 뿔을 꺾은 것이다.
② ㉠: 짜장면은 달콤한 소스 맛이 좋고 짬뽕은 얼큰한 국물 맛이 좋다고 생각하면 반대 딜레마로 맞받은 것이다.
③ ㉡: 신이 선하더라도 인간의 자유 의지를 위해 악을 막지 않는다고 재반박하면 뿔을 꺾는 것이다.
④ ㉡: 전지전능하고 선하지 않은 신도 있다고 인식되면 이 반박은 실패한다.
⑤ ㉢: 친환경 발전이 실효성이 없다면 뿔 사이를 피할 수 없다.

**081** 〈보기〉의 딜레마 논증에 대해 ⓐ의 방법을 쓴 것은?

> **보기**
> 아이들은 공부를 잘하거나 못한다. 공부를 잘하는 아이들에게는 공부하라는 잔소리는 쓸데없다. 공부를 못하는 아이들에게는 공부하라는 잔소리는 쓸데없다. 따라서 아이들에게 공부하라는 잔소리는 쓸데없다.

① 어떤 아이들은 공부를 잘하지도 못하지도 않는다.
② 어떤 아이들은 공부를 잘할 때도 있고 못할 때도 있다.
③ 공부를 잘하는 아이도 잔소리를 하면 더 열심히 공부할 수 있다.
④ 공부를 못하는 아이도 잔소리를 하면 더 열심히 공부할 수 있다.
⑤ 공부를 얼마나 잘해야 잘한다고 말하고 얼마나 못해야 못한다고 말할지 알 수 없다.

**082** 〈보기〉를 바탕으로 윗글을 이해한 반응으로 적절하지 않은 것은?

> **보기**
> 어떤 두 진술 사이에서 둘 가운데 한 진술이 옳으면 다른 진술이 그를 수밖에 없고, 또 둘 가운데 한 진술이 그르면 다른 진술이 옳을 수밖에 없는 관계를 '모순 관계'라고 한다. "지금 이곳에 비가 오고 있다."와 "지금 이곳에 비가 오고 있지 않다."는 모순 관계이다. 반면에 어떤 두 진술 사이에서 둘 다 옳을 수는 없지만, 둘 다 그를 수 있는 관계를 '반대 관계'라고 한다. "지금 이곳의 날씨는 춥다."와 "지금 이곳의 날씨는 덥다."는 반대 관계에 있다. 어느 때 어느 곳에서나 날씨가 추우면서 덥다는 것은 불가능하지만 춥지도 않고 덥지도 않고 딱 적당할 수는 있기 때문이다. 딜레마 논증이 성공하기 위해서는 두 선택지가 반대 관계가 아닌 모순 관계여야 한다.

① "화력 발전이 가능하다."와 "원자력 발전이 가능하다."는 "친환경 발전이 가능하다."는 진술이 있다면 반대 관계이겠군.
② 두 선택지가 반대 관계면 둘 다 틀릴 수 있으니 대안이 되는 선택지가 가능하겠군.
③ 두 선택지가 모순 관계면 하나가 옳으면 다른 하나가 그를 수밖에 없으니 뿔을 꺾는 방법을 쓸 수 있겠군.
④ "지금 이곳의 날씨는 춥다."와 "지금 이곳의 날씨는 덥다."를 두 뿔로 딜레마 논증을 만들면 성공하지 못하겠군.
⑤ "지금 이곳에 비가 오고 있다."와 "지금 이곳에 비가 오고 있지 않다."를 두 뿔로 딜레마 논증을 만들면 두 뿔 사이로 피해 가는 방법은 없겠군.

[083~084] 다음 글을 읽고 물음에 답하시오.

### 2023년 에너지효율개선사업(냉방지원사업) 개요

가. 지원 품목: 벽걸이형 에어컨(6평형, 선풍기는 해당 사항 없음)
나. 지원 대상 및 순위

| 1순위 | 2순위 | 3순위 | 4순위 | 5순위 |
|---|---|---|---|---|
| 국민기초생활 수급가구 중 생계급여 수급가구 | 국민기초생활 수급가구 중 의료급여 수급가구 | 1·2순위 외 국민기초생활 수급가구 | 차상위계층 | 복지 사각지대 저소득가구 |

 ※ 우선순위에 따라 최종 지원 대상자를 선정하며, 자부담 없이 전액 국고보조금으로 무상 지원함.
다. 지원 불가 가구
 - 주거급여 '자가' 집수리 대상 가구(주거급여법 제8조 수선유지급여 대상 가구)
 - 공공임대 등 LH, 지방도시공사 소유 주택 거주 가구
 - 가구 내 최근 8년 이내 제조된 에어컨이 설치되어 있는 가구
 - 가구에 할당된 전력이 기준에 미달하여 에어컨 사용에 부적합하거나 누전·화재 등 사고 발생 위험이 예상되는 가구
 - 기타, 현장 방문 시 에어컨 설치 환경이 부적합한 것으로 판단되는 가구
 - 냉방 재지원 제한: 냉방지원사업 이후 8년 경과 가구만 재지원 가능
라. 신청 기간: 2023. 3. 2. ~ 4. 14.
마. 신청 방법: ○○구청 홈페이지 공지사항의 신청서 양식을 작성하여 관할 동주민센터로 접수
바. 문의: ○○구청 복지정책과 및 관할 동주민센터
※ 전국 단위 사업으로 예산 소진 시 조기에 지원이 중단될 수 있으며, 우선순위별·지역별 순차적 설치 지원 예정

## 083 윗글의 내용과 일치하는 것은?

① 1순위 대상자는 4월 14일 이후에도 신청이 가능하다.
② 차상위계층은 저소득가구보다 지원 순위가 높다.
③ 관할 구청 복지정책과에 신청서를 제출해야 한다.
④ 냉방지원사업을 통해 선풍기를 지원받을 수 있다.
⑤ 후 순위 지원 대상자는 에어컨 비용 일부를 지원받을 수 있다.

## 084 윗글을 바탕으로 할 때 지원 불가 가구에 해당하지 않는 것은?

① 공공임대주택에 거주하는 의료급여 수급자
② 선풍기 2대를 보유한 복지 사각지대 저소득가구
③ 가구 내 할당 전력이 에어컨 기준에 비해 낮은 차상위계층
④ 6년 전 냉방지원사업으로 에어컨을 설치한 생계급여 수급자
⑤ 제조된 지 10년이 지난 에어컨을 사용하는 수선유지급여 대상자

[085~087] 다음 글을 읽고 물음에 답하시오.

| "AI가 만든 그림 보고 음악 듣지만… 권리와 책임 논의는 제자리" ||
|---|---|
| 장면 1 |  앵커: 인공지능이 그림도 그리고 음악도 작곡하는 시대가 되었습니다. 그렇다면 인공지능이 만든 예술 작품은 창작물로서 저작권을 인정받을 수 있을까요? ㉠이와 관련하여 우리가 풀어야 할 숙제가 아직 많이 남아 있습니다. 이 소식을 김○○ 기자가 보도합니다. |
| 장면 2 | 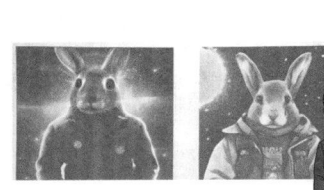 김 기자: 최근 출시된 인공지능 그림 프로그램을 활용하면 클릭 몇 번으로 세상에서 단 하나뿐인 그림이 뚝딱 완성됩니다. ㉡'토끼, 우주' 등 간단한 문구를 입력하자 불과 몇 초 만에 인공지능이 만들어 낸 이미지 여러 개가 나옵니다. 원하는 취향을 입력하면 인공지능이 알아서 작곡을 해 주는 프로그램도 상용화됐습니다. AI가 만든 음악만 모은 인터넷 음악 채널도 십여 개 이상 운영되고 있습니다. |
| 장면 3 | 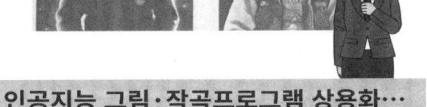 김 기자: 인공지능이 만든 제작물을 놓고 '순수한 창작이냐, 단순한 짜깁기냐'에 대한 논란이 팽팽합니다. ㉢우리나라는 현행법에 따라 AI가 만든 창작물에 대해 저작권을 인정하지 않고 있습니다. 우리 국회에도 AI가 만든 작품의 저작권을 인정하자는 법 개정안이 발의되어 있지만, 진지하게 논의되는 분위기는 아닙니다. ㉣전 세계적으로도 아직 AI가 단독 창작 주체로 인정된 사례는 없는 것으로 나타납니다. |
| 장면 4 | 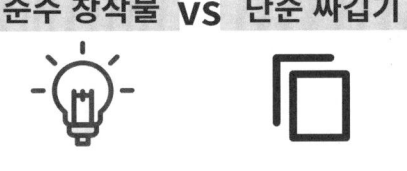 법 분야 전문가: AI 예술 작품의 저작권이 인정되더라도 생각해 볼 문제들이 많습니다. 노래를 예로 들 경우 저작권을 작곡가와 작사가가 나누어 갖습니다. 이와 마찬가지로 AI의 작품도 AI 프로그램을 만든 사람과 AI 프로그램을 실행시킨 사람들이 권리를 어떻게 나누어 가질 것인지가 논의되어야 하고……. (생략) |
| 장면 5 |  김 기자: AI가 학습하는 방대한 데이터를 어디까지 개방하고 보호할 건지에 대한 기준도 미비합니다. ㉤기계 학습 데이터 수집 시 수많은 작가들의 저작권을 침해할 수 있기 때문입니다. 최근 세계적인 이미지 포털 업체는 자사 이미지를 무단으로 기계 학습에 사용한 영국의 AI 업체를 상대로 소송에 나서기도 했습니다. KBS 뉴스 김○○입니다. |

## 085 뉴스 보도에 사용된 정보 제시 전략으로 적절하지 않은 것은?

① [장면1]: 중요 문구를 작은따옴표로 강조하여 시청자의 주의를 집중시키고 있다.
② [장면2]: 보도 내용과 관련된 시각 자료를 제시하여 시청자의 흥미를 끌고 있다.
③ [장면3]: 동일한 사안에 대한 서로 다른 입장을 시각적으로 대조하여 나타내고 있다.
④ [장면4]: 전문가의 의견을 편집 없이 그대로 삽입해 내용의 신뢰성을 높이고 있다.
⑤ [장면5]: 보도 내용과 관련된 실제 사례를 소개하여 시청자의 이해를 돕고 있다.

## 086 〈보기〉는 위 뉴스를 시청한 시청자들이 시청자 게시판에 단 댓글이다. 댓글에 대한 분석으로 적절하지 않은 것은?

> **보기**
>
> 시청자 1: 미술 공모전에서 인공지능이 그린 그림이 1위를 했다는 기사를 읽은 적이 있어. 인공지능이 그림을 그리는 방법이 궁금한데 검색을 통해 알아보아야지.
> 시청자 2: 인공지능 작품의 저작권에 대해 양측 입장을 모두 언급하고 있지만, 반대 입장을 더 자세히 소개하고 있는 것 같아 아쉬웠어. 찬성 입장도 균형 있게 다뤄 주었으면 좋았을 텐데.
> 시청자 3: AI가 공동 창작자로 인정된 사례는 있었던 것으로 알고 있는데 이에 대한 정보는 없네. 관련 기사를 찾아보아야겠어. 또 다른 국가에서 AI 창작물의 저작권에 대한 논의가 어떻게 이루어지고 있는지도 궁금해.
> 시청자 4: 나는 우리나라에서 인공지능 작품의 저작권이 인정된다고 생각했는데, 내가 잘못 알고 있었네. 뉴스를 통해 잘못 알고 있던 정보를 바로잡을 수 있어서 좋아.
> 시청자 5: 소설 속 캐릭터의 얼굴을 가상으로 그린 인공지능 그림을 본 적이 있는데 정말 신기하더라. 이 뉴스가 나에게 많은 도움이 되었어.

① 시청자 1과 3은 더 알고 싶은 내용에 대한 궁금증을 드러내며 추가적인 정보를 탐색하고자 한다.
② 시청자 1과 5는 뉴스 내용을 자신의 경험과 연관 지어 이해하고 있다.
③ 시청자 2와 3은 뉴스 내용의 공정성 부족을 지적하며 비판적으로 평가하고 있다.
④ 시청자 3과 4는 뉴스 내용을 자신이 기존에 알고 있던 정보와 비교하며 듣고 있다.
⑤ 시청자 4와 5는 뉴스 내용의 유용성을 바탕으로 긍정적인 평가를 드러내고 있다.

## 087 ㉠~㉤에 대한 설명으로 적절한 것은?

① ㉠: 시청자를 포함하는 범위의 1인칭 대명사를 사용하고 있다.
② ㉡: 부정확한 수치 표현을 통해 상황을 과장하고 있다.
③ ㉢: 보조 용언을 통해 사건이 완료되었음을 나타내고 있다.
④ ㉣: 과거 사건을 현재형으로 생생하게 표현하고 있다.
⑤ ㉤: 피동 표현을 사용하여 동작의 주체를 숨기고 있다.

[088~090] 다음 글을 읽고 물음에 답하시오.

---

공고 제2023-001호

**2023년도 기록물 관리 직원 시험 시행 계획 공고**

2023년도 기록물 관리 직원 시험 시행 계획을 다음과 같이 공고합니다.

2023년 1월 1일
○○부장관

1. 시험 시행 일정

| 응시 원서 접수 | 일시·장소 공고 | 시험 시행 | 합격자 발표 |
|---|---|---|---|
| 2023. 1. 1.~1. 14. | 2023. 2. 1. | 2023. 3. 4. | 2023. 4. 7. |

2. 시험 개요
  가. 시험 과목 및 시간

| 구분 | 시험 과목 | 문제 유형 | 문항 수 | 시험 시간 | 배점 |
|---|---|---|---|---|---|
| 1교시 필수과목 | 기록관리학개론, 전자기록관리론 | 객관식 (4지 1택형) | 과목당 25문항 | 13:00~13:50 (50분) | 과목당 100점 |
| 2교시 선택과목 | 기록평가·선별론, 기록조직론, 기록보존·기록정보서비스론 중 2개 과목 | 주관식 (논술형) | 과목당 7문항 | 14:10~15:50 (100분) | 과목당 100점 |

  나. 출제 범위: ㉠붙임 자료 참고
    ※ 기록관리학개론은 시험일 현재 시행 중인 법령을 기준으로 출제함.
  다. 합격 기준: 각 과목 만점의 50% 이상, 전 과목 총점의 60% 이상 득점자

3. 응시 자격
   기록관리학 석사 학위 이상을 취득한 사람. 또는 기록물관리전문요원 자격증을 취득한 사람.

4. ㉡응시 원서 접수 및 수수료
  가. 접수 방법: 인터넷 온라인 접수(공공 I-PIN 발급 후 접수 가능)
  나. 응시 수수료 납부: 20,000원(계좌 이체)

---

**088** 윗글을 이해한 내용으로 가장 적절한 것은?

① 기록조직론은 사지선다형으로 출제된다.
② 전 과목의 총점이 200점 이상이어야 합격이다.
③ 시험 장소는 시험 시행일의 일주일 전부터 알 수 있다.
④ 필수 과목과 선택 과목을 합하여 총 세 과목을 치러야 한다.
⑤ 기록관리학개론은 시험일에 시행 중인 법령을 기준으로 출제된다.

## 089 〈보기〉는 ㉠의 일부이다. 윗글과 〈보기〉를 바탕으로 할 때 응시자의 반응으로 적절하지 <u>않은</u> 것은?

> **보기**
>
> ⑤ 기록보존·기록정보서비스론
>   ○ 평가 영역
>     – 기록보존: 기록보존의 개념과 관련 법, 기록물의 매체별 특성과 보존 수명, 보존계획 수립, 보존 시설과 설비, 보존 환경
>     – 기록정보서비스: 기록정보서비스의 트렌드 분석, 이용자군별 서비스 전략수립, 기록정보서비스 관련 법, 기록정보서비스 실행과 관련한 전시, 견학, 홍보·출판

① 기록보존·기록정보서비스론 과목은 일곱 문항이 출제되는군.
② 기록정보서비스의 홍보 기획에 대한 내용이 시험에 나올 수 있겠구나.
③ 기록보존·기록정보서비스론 과목의 점수는 40점만 넘으면 합격할 수 있겠어.
④ 기록물의 매체별 특성과 보존 수명을 논술형으로 답안을 적는 연습을 해야겠네.
⑤ 기록보존과 관련된 법뿐만 아니라 기록정보서비스와 관련된 법도 공부해야겠어.

## 090 윗글을 바탕으로 ㉡을 위해 할 일로 적절하지 <u>않은</u> 것은?

① 미리 공공 I-PIN을 발급받는다.
② 기록물관리전문요원 자격증을 준비한다.
③ 기록관리학 학사 학위 졸업 증명서를 준비한다.
④ 응시 수수료 2만 원을 계좌 이체하여 납부한다.
⑤ 응시 원서를 1월 14일까지 온라인으로 제출한다.

# 국어 문화    091번~100번

## 091 〈보기〉에서 설명하는 문학 작품은?

> **보기**
>
> 조선 성종 때에, 문인 정극인이 지은 가사(歌辭)로 우리나라 최초의 가사이다. 자연에 파묻힌 생활 속에서 봄날의 경치를 찬탄한 내용으로, 『불우헌집』에 실려 있다.

① 상춘곡        ② 관동별곡        ③ 사미인곡
④ 농가월령가    ⑤ 일동장유가

**092** 〈보기〉에서 설명하는 문학 작품은?

> **보기**
> 채만식이 1938년에 발표한 장편 소설로, 일제 강점기의 현실을 낙관하는 주인공 윤직원을 통하여 당시의 현실을 풍자적으로 그린 작품이다.

① 탁류  ② 무녀도  ③ 만무방
④ 사하촌  ⑤ 태평천하

**093** 〈보기〉에서 설명하는 작가는?

> **보기**
> 소월과 만해, 지용이 다져 놓은 현대 시의 기틀 위에서 새로운 시의 문법을 세움으로써 한국 시의 영역을 넓히는 데 기여한 시인이다. 평안 방언을 비롯한 여러 지역의 언어들을 시어로 끌어들이고 고어와 토착어를 빈번하게 사용함으로써 시어의 영역을 넓히고 모국어를 확장시켰으며, 우리말의 구문이 품고 있는 의미 자질을 적절히 활용하여 경험 세계를 감각적으로 재현하였다는 평가를 받았다. 「집게네 네 형제」, 「석양」, 「고향」 등을 저술했다.

① 백석  ② 이용악  ③ 신석정
④ 유치환  ⑤ 김광균

**094** 〈보기〉는 일제 강점기 신문에 게재된 기사이다. 이에 대한 설명으로 적절하지 <u>않은</u> 것은?

> **보기**
> 신극이고 흥행극이고 간에 지방으로 순회공연만 나가면 돈을 벌어드려온다. 과거의 청춘좌나 호화선이 매월 지방으로부터 벌어오는 돈이 모든 비용을 제하고도 약 일만원애 오르나리었다는 것만 보드라도 넉넉히 알 수 잇다. (중략) 지방과 경성의 관객으로 하여금 취미나 교양의 정도의 차이를 구태어 운운하자는 것도 절대로 아니다. 돈을 벌러 지방으로 돌아다니기에 피곤한 그들 연극인이 오직 지금 이 글의 대상이 될 뿐이다. (중략) 단순히 경제적 사실에만 구애되어 연극의 내용과 형식을 부지불식간에 스스로 저하시키고 타락시키는 것은 양심 있는 또는 얼마쯤이라도 교양 잇는 연극인으로서는 삼가야 할 줄 안다. 다만 돈을 벌기 위함이라면 하루 빨리 의상을 벗어버리고 무대를 떠나서 금광판으로 가든지 미두장으로 가는 것이 빠르지 안흘까.
> ─ 『조선일보』 1939년 09월 07일 자

① 연극 극단이 지방 순회 공연을 다니는 일이 많았다.
② 연극 극단이 지방 순회 공연을 나서면 큰돈을 벌 수 있었다.
③ 기사에서는 관객의 수준 차이를 문제의 본질로 파악하고 있다.
④ 기자 작성 당시에 연극의 내용이나 형식이 저하되는 일이 많았다.
⑤ 기사에서는 경제적 목적에만 몰두하는 연극인의 풍조를 비판하고 있다.

## 095 〈보기〉의 ㉠~㉤의 의미로 적절하지 않은 것은?

> **보기**
>
> 소생이 분한 마음을 이기지 못하여 칼을 들고 바로 ㉠<u>내당(內堂)</u>에 들어가 이생 등을 모두 죽이고자 하다가, 돌이켜 생각하고 탄식하여 말했다. "제 비록 ㉡<u>무도(無道)</u>하여 원수가 되었으나, '차라리 남이 나를 배반하게 할지언정 내가 남을 배반하지 않는다'고 하니, 이제 저들을 베어 분한 마음을 풀고자 하나 그렇게 한즉 어진 사람의 후사를 끊어지게 할지라. 아직은 피하리라."하고 붓을 잡아 떠나가는 이별사를 벽 위에 붙였다.
>
> 주인의 은혜 무거움이여, 태산이 가볍도다. / 객의 정이 깊음이여, 하해가 얕도다.
> 사람이 ㉢<u>지음(知音)</u>을 잃음이여, ㉣<u>의탁(依託)</u>이 장구(長久)치 못하리로다.
> 후손이 ㉤<u>불초(不肖)</u>함이여, 원수를 맺었도다.
> 자객의 보검이 촛불 아래 빛남이여, 목숨을 보전하여 천 리를 향하는도다. (후략)
>
> ―「소대성전」

① ㉠: 안주인이 거처하는 방.
② ㉡: 아주 사무치게 미워함. 또는 그런 마음.
③ ㉢: 마음이 서로 통하는 친한 벗을 비유적으로 이르는 말.
④ ㉣: 어떤 것에 몸이나 마음을 의지하여 맡김.
⑤ ㉤: 아버지를 닮지 않았다는 뜻으로, 못나고 어리석은 사람을 이르는 말.

## 096 〈보기〉의 『훈민정음』 서문에 쓰인 ㉠~㉤의 의미로 적절하지 않은 것은?

> **보기**
>
> 나랏 ㉠<u>말ᄊᆞ미</u> 中國에 달아 文字와로 서르 ᄉᆞᄆᆞᆺ디 아니ᄒᆞᆯᄊᆡ 이런 ㉡<u>젼ᄎᆞ로</u> 어린 百姓이 니르고져 홇 ㉢<u>배</u> 이셔도 ᄆᆞᄎᆞᆷ내 제 ᄠᅳ들 시러 펴디 몯홇 ㉣<u>노미</u> 하니라. 내 이ᄅᆞᆯ 爲ᄒᆞ야 어엿비 너겨 새로 스믈여듧 字를 ᄆᆡᇰᄀᆞ노니 사ᄅᆞᆷ마다 ᄒᆡ여 수ᄫᅵ 니겨 날로 ᄡᅮ메 便安킈 ᄒᆞ고져 홇 ㉤<u>ᄯᆞᄅᆞ미니라</u>.

① ㉠말ᄊᆞᆷ: 생각이나 느낌을 표현하는 음성 따위의 수단.
② ㉡젼ᄎᆞ: '까닭'이나 '근거'를 나타내는 말.
③ ㉢바: 앞에서 말한 내용 그 자체나 일 따위를 나타내는 말.
④ ㉣놈: '사람'을 낮추거나 홀하게 이르는 말.
⑤ ㉤ᄯᆞᄅᆞᆷ: 오로지 그것뿐이고 그 이상은 아님을 나타내는 말.

097 <보기>는 북한의 어문 규범을 설명한 자료이다. 표기가 남과 북 모두 올바른 것은?

> 보기
> '조선말 규범집'에서는 한자어의 모음 'ㅖ'가 들어 있는 단어의 경우 '계산', '례절', '예능', '혜택'처럼 '계', '례', '예', '혜'만 인정한다고 되어 있다.

|   | 남 | 북 |
|---|---|---|
| ① | 예술(藝術) | 예술(藝術) |
| ② | 은혜(恩惠) | 은혜(恩惠) |
| ③ | 폐장(肺腸) | 폐장(肺腸) |
| ④ | 계획(計畫) | 계획(計畫) |
| ⑤ | 예의(例義) | 예의(例義) |

098 <보기>는 국립국어원의 '한국 수어 사전'에 실린 자료이다. 다음의 수어가 나타내는 의미는?

> 보기

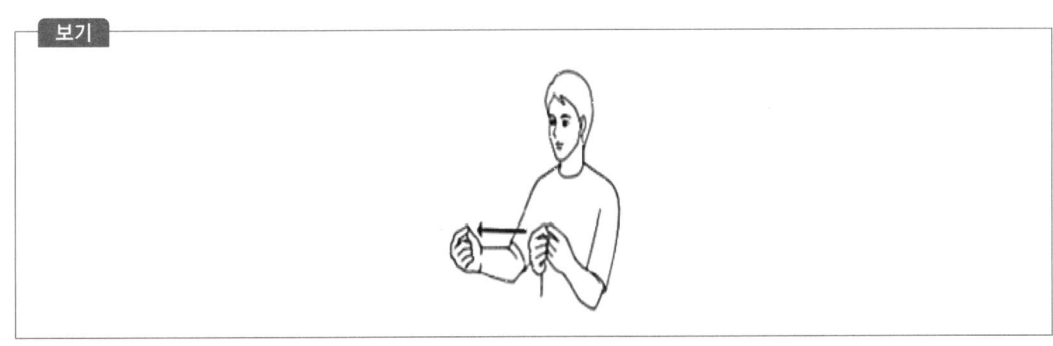

① 길다    ② 멀다    ③ 빠르다    ④ 늘리다    ⑤ 가늘다

## 099 법률 문장에서 밑줄 친 부분을 수정한 것으로 적절하지 않은 것은?

① 상대방과 <u>통정한 허위의</u>(→ 짜고 거짓으로 한) 의사 표시는 무효로 한다.
② 군 복무와 질병으로 인한 휴학은 등록을 <u>필한</u>(→ 마친) 경우에 한하여 이를 허가할 수 있다.
③ 회사는 운영상의 <u>상당한</u>(→ 타당한) 이유가 있는 경우 제공하고 있는 서비스를 변경할 수 있다.
④ 기타 운영상 중요하다고 의장이 <u>부의하는</u>(→ 심의에 부치는) 사항 등은 이사회 의결을 거쳐야 한다.
⑤ 의료비 세액 공제는 의료비가 총급여액의 3%를 초과하는 경우에만 <u>공제한다</u>(→ 합하여 계산한다).

## 100 〈보기〉에서 드러나는 라디오 방송 언어의 특성으로 올바르지 않은 것은?

**보기**

진행자: (경쾌한 음악 흐르며) 안녕하세요? 여러분들의 상쾌한 아침을 여는 라디오, '즐거운 하루' 진행자 ○○○입니다. 문자 메시지와 온라인 게시판을 통해서 사연과 신청곡 보내 주세요. 자, 오늘의 첫 문자 만나 보겠습니다. '9999' 님인데요. '진행자 님은 딱 하루, 혼자만의 시간을 가진다면 무엇을 하고 싶으세요?' 질문 보내 주셨습니다. 이야, 혼자만의 시간! 저는 바다를 보러 갈 것 같은데요. 바다 보면서 생각 정리하고, 음, 일기도 쓰고, 그러고 돌아오면 의미 있지 않을까요? '9999' 님께서 신청하신 노래 듣고 '오늘의 퀴즈' 코너로 돌아올게요.

① 목적격 조사가 생략되는 경우가 있다.
② 감탄 표현이 빈번하게 사용되고 있다.
③ 인용문에서 인용 표지가 생략되고 있다.
④ 줄임말 및 신조어 표현을 사용하고 있다.
⑤ 청취자를 전화번호 일부로 지칭하고 있다.

[ 확인 사항 ]
● 문제지와 답안지에 필요한 내용을 정확히 적었는지 확인하십시오.

수고하셨습니다.

2023. 2. 18.

| 성 명 | |
|---|---|
| 수험번호 | |
| 감독관 확인 | |

# 제71회
# KBS한국어능력시험

**KBS 한국방송**

- 문제지와 답안지에 모두 성명, 수험 번호를 정확히 기입하십시오.
- 답안지와 함께 문제지를 반드시 제출하십시오.
- 본 시험지를 절취하는 것은 부정행위로 간주합니다.
- 본 시험의 내용을 무단으로 전재·복사·복제·출판·강의하는 행위와 인터넷 등을 통해 복원하는 행위는 저작권법에 저촉됩니다.

## 한국어능력시험 문항 100문항

| 영역 | 문항 |
|---|---|
| 듣기 · 말하기 | 001번~015번 |
| 어휘 · 어법 | 016번~045번 |
| 쓰기 | 046번~050번 |
| 창안 | 051번~060번 |
| 읽기 | 061번~090번 |
| 국어 문화 | 091번~100번 |

2023년 2월 18일 시행

# 제71회 KBS한국어능력시험

**듣기·말하기** 001번~015번

**001** 그림에 대한 설명으로 적절하지 <u>않은</u> 것은?

① 〈삽살개〉는 영조 때 도화서 화원 김두량이 그린 그림이다.
② 〈삽살개〉는 윤곽선이 없이 붓질로 털을 한 올 한 올 표현하였다.
③ 〈삽살개〉는 털이 길고 얼룩무늬가 있는 삽살개를 표현하였다.
④ 〈삽살개〉는 화원의 그림에 왕의 화제가 남겨진 드문 그림이다.
⑤ 〈삽살개〉는 해외에 소장되었다가 우리나라에 어렵게 환수되었다.

**002** 이 이야기의 주제로 가장 적절한 것은?

① 타인의 말에 쉽게 휘둘려서는 안 된다.
② 필요할 때 함께하는 친구가 진짜 친구이다.
③ 사람들은 자신의 사리사욕으로만 움직인다.
④ 다급할 때는 주변에 도움을 요청해야 한다.
⑤ 주체적인 태도가 있어야 실천의 가능성이 높다.

**003** 강연의 내용에 대한 이해로 적절하지 <u>않은</u> 것은?

① 산림에서는 탄소가 나무와 토양에 저장된다.
② 우리나라의 산림은 1970년대부터 본격적으로 조성되었다.
③ 우리나라 산림의 이산화 탄소 흡수량은 저하되고 있다.
④ 나무가 생장하면 상층을 점유하는 나무 수가 점차 줄어든다.
⑤ 탄소중립을 위한 솎아베기는 산림의 경쟁을 촉진하는 관리 방식이다.

## 004  방송 내용에 대한 이해로 적절하지 않은 것은?

① 베토벤의 〈바이올린 협주곡 D장조〉는 휴머니즘을 느낄 수 있는 작품이다.
② 베토벤의 〈바이올린 협주곡 D장조〉는 전체적으로 진중하고 미적으로 수려한 작품이다.
③ 베토벤의 지인이었던 클레멘트는 평소 베토벤의 여러 작품 활동과 긴밀한 관계가 있었다.
④ 베토벤의 〈바이올린 협주곡 D장조〉는 밝고 친숙한 곡으로서 초연부터 청중들의 폭넓은 호응을 얻었다.
⑤ 베토벤이 친구 슈테판을 위해 작곡한 〈바이올린 협주곡 D장조〉는 위대한 바이올린 협주곡으로 평가된다.

## 005  이 시의 주제로 가장 적절한 것은?

① 세상일에 잘못된 일은 바로잡아야 한다.
② 옷에 단추를 제대로 채우는 것이 제일 쉽다.
③ 삶에서의 잘못은 단추를 잘못 채우듯 흔한 일이다.
④ 산다는 것의 의미는 떨어진 단추처럼 찾기 어렵다.
⑤ 단추 채우기와 같이 세상일은 번거로운 일의 연속이다.

## 006  전문가의 설명과 일치하지 않는 것은?

① 패스트무비는 외국에서 저작권 침해로 배상 책임을 진 판례가 있다.
② 저작권자의 허락 없이 저작물을 복제, 전송하면 저작권 침해가 된다.
③ 패스트무비는 영화를 바탕으로 한 복제 행위와 전송 행위로 구성된다.
④ 원저작자의 창작 의도에 어긋난 패스트무비는 저작인격권을 침해한다.
⑤ 패스트무비의 홍보 효과를 감안할 때 저작권 침해가 정당화되기도 한다.

## 007  진행자의 말하기 방식으로 적절하지 않은 것은?

① 전문가의 설명을 중간중간 요약하고 있다.
② 방송의 주제를 청취자에게 안내하고 있다.
③ 낯선 용어의 개념을 전문가에게 질문하고 있다.
④ 전문가에게 최근 해외 사례에 대해 질문하고 있다.
⑤ 방송 주제와 관련된 본인의 경험을 들어 청취자의 이해를 돕고 있다.

## 008 대화를 통해 알 수 있는 내용으로 가장 적절한 것은?

① 여자는 저녁 식사를 함께하는 것이 생일 선물이라고 생각한다.
② 여자는 생일에 친구들과 보내기로 선약하였다.
③ 남자는 자신이 할 수 없는 것을 여자가 원한다고 생각한다.
④ 여자는 남자가 요리를 잘하지 못하는 것이 불만이다.
⑤ 남자는 앞으로도 요리를 할 생각이 전혀 없다.

## 009 인물들의 갈등이 촉발된 원인으로 가장 적절한 것은?

① '생일 선물은 당일에 전달해야 한다'의 시각 차이
② '생일은 원하는 사람과 함께해야 한다'의 시각 차이
③ '생일 선물은 주는 사람이 결정해야 한다'의 시각 차이
④ '올해 생일 선물의 가격이 너무 싸다'에 대한 시각 차이
⑤ '생일 선물은 질이 아니라 성의가 중요하다'의 시각 차이

## 010 강연의 내용과 일치하지 않는 것은?

① 최근 추락한 미국의 지구 관측 위성은 지구의 열복사 분포를 관측해 왔다.
② 1994년까지 발사된 6,000여 개의 인공위성은 동일한 용도로 사용되었다.
③ 허블(Hubble) 우주 망원경은 지구와 지구 주변의 환경을 관측하는 과학 위성에 해당한다.
④ 주로 지도를 정교하게 만드는 데 사용되어 온 인공위성은 원격 탐사 위성에 해당한다.
⑤ 실생활에서 TV를 시청하거나 전화 통화를 하는 데 도움을 주는 인공위성은 통신 위성이다.

## 011 이 강연의 특징에 대한 설명으로 가장 적절한 것은?

① 인공위성의 기능을 각 구성 요소별로 분석하여 설명하고 있다.
② 인공위성의 발전 과정을 연도에 따라 순차적으로 제시하고 있다.
③ 인공위성에 대한 시사 현안을 언급한 후 상반된 관점을 비교하여 설명하고 있다.
④ 인공위성에 대한 잘못된 통념을 바로잡기 위해 긍정적 기능에 대해 설명하고 있다.
⑤ 인공위성을 사용 목적에 따라 분류하여 각각의 특징, 활용 분야에 대해 설명하고 있다.

012 발표의 내용과 일치하지 않는 것은?
① 세잔은 후기 인상주의를 대표하는 화가 중 하나이다.
② 세잔은 모든 사물은 동등하다는 등가치적 사고를 작품 속에 담아내고자 하였다.
③ 세잔은 빛의 조건에 따른 표면의 색이나 형태를 그대로 재현할 것을 강조하였다.
④ 세잔은 대상의 본질을 담기 위해 자연의 모습을 기하학적 형태로 단순화하여 그렸다.
⑤ 세잔은 피카소와 브라크의 미술에 영향을 미쳤다.

013 발표의 내용 구성 전략으로 가장 적절한 것은?
① 작품에 나타난 세잔 미술의 특징을 중심으로 설명한다.
② 세잔 미술이 지닌 미술사적 의의와 한계를 중심으로 설명한다.
③ 잘못 알려진 세잔 미술의 통념에 대한 비판을 중심으로 설명한다.
④ 세잔의 여러 작품에서 발견되는 공통점과 차이점을 비교하여 설명한다.
⑤ 세잔 이전 미술의 변화 과정에 대한 통시적 분석을 중심으로 설명한다.

014 대화에 대한 이해로 가장 적절한 것은?
① 최 사원이 작성한 업체 리스트 파일에는 수정할 사항이 많았다.
② 최 사원은 실무직 사원이 되기 위해 인턴 생활을 하고 있다.
③ 김 팀장은 최 사원이 다른 팀으로 옮기기를 권유하고 있다.
④ 김 팀장은 화려한 언변이 업무 처리에 핵심이라고 생각한다.
⑤ 최 사원은 김 팀장이 자신을 싫어해서 괴롭힌다고 생각한다.

015 두 사람 사이에 갈등이 생긴 근본적인 원인으로 가장 적절한 것은?
① 김 팀장은 팀원들 간에 업무를 불공평하게 분장하였다.
② 김 팀장은 업무에 사원에 대한 사적인 감정을 개입시켰다.
③ 김 팀장은 최 사원의 담당 업무를 서류 정리로 잘못 알고 있다.
④ 최 사원은 업체 리스트 파일을 정해진 시간까지 제출하지 않았다.
⑤ 최 사원은 자신이 업무 수행에 필요한 기본기를 충분히 갖추었다고 생각한다.

## 어휘·어법　016번~045번

**016** "크고 긴 물건 따위가 자꾸 이리저리로 크게 흔들리는 모양."을 뜻하는 고유어는?

① 넘실넘실　　② 달랑달랑　　③ 알랑알랑
④ 알록알록　　⑤ 일렁일렁

**017** 한자어의 사전적 뜻풀이로 적절하지 않은 것은?

① 두각(頭角): 뿔같이 머리가 우뚝 솟은 형상.
② 두찬(杜撰): 전거나 출처가 확실하지 못한 저술.
③ 일축(一蹴): 제안이나 부탁 따위를 단번에 거절하거나 물리침.
④ 숙맥(菽麥): 사리 분별을 못 하고 세상 물정을 잘 모르는 사람.
⑤ 불초(不肖): 아버지를 닮지 않았다는 뜻으로, 못나고 어리석은 사람을 이르는 말.

**018** 밑줄 친 고유어의 의미로 적절하지 않은 것은?

① 그는 다리를 다쳐서 하릴없이 집에만 있어야 한다.
　→ 달리 어떻게 할 도리가 없이.
② 봄이 되자 겨우내 쌓여 있던 눈이 가뭇없이 사라졌다.
　→ 보이던 것이 전혀 보이지 않아 찾을 곳이 감감하게.
③ 가없이 넓은 바다를 보자 막혔던 가슴이 뻥 뚫리는 느낌이었다.
　→ 끝이 없이.
④ 친구 하나가 물색없이 앞으로 나서자 모두 당황했다.
　→ 나타나는 모양이 아주 뜻밖이고 갑작스럽게.
⑤ 아버지는 병마와 싸우는 아들을 하염없이 바라보았다.
　→ 시름에 싸여 멍하니 이렇다 할 만한 아무 생각이 없이.

019 밑줄 친 한자어의 쓰임이 적절하지 않은 것은?

① 그의 성공은 사람들로부터 시기와 질곡(桎梏)을 받았다.
② 이번 경제난의 여파는 유례(類例)를 찾기 힘들 정도로 매우 컸다.
③ 온갖 고난을 이겨 낸 주인공의 성공으로 영화는 대미(大尾)를 장식하였다.
④ 전후 70년이 지난 지금까지도 정부는 전사자들의 유해(遺骸)를 수습하고 있다.
⑤ 책에서 저자는 때론 슬프고 때론 기뻤던 삶의 애환(哀歡)을 가감 없이 소개하고 있다.

020 〈보기〉의 ㉠과 바꾸어 쓰기에 적절하지 않은 것은?

> 보기
> 길에서 ㉠뜻밖에 우연히 만난 두 사람은 너무 반가워서 부둥켜안았다.

① 조우(遭遇)한
② 봉우(逢遇)한
③ 상봉(相逢)한
④ 조봉(遭逢)한
⑤ 해후(邂逅)한

021 밑줄 친 고유어의 쓰임이 적절하지 않은 것끼리 묶인 것은?

① ┌ 형은 부모님을 여읜 후 훌쩍 외국으로 떠났다.
   └ 여읜 얼굴에 눈만 퀭한 소년이 내게 손을 내밀었다.

② ┌ 천천히 먹어라, 급히 밥을 먹다가 목이 메면 큰일이다.
   └ 영호는 벗은 점퍼를 허리에 매고 냅다 달리기 시작했다.

③ ┌ 10년 전부터 붓기 시작한 적금이 이번 달에 만기가 되었다.
   └ 쌀 한 톨도 아껴 써야 살림이 붇는 법이다.

④ ┌ 제품이 품귀 현상을 빚자 가격이 폭등하여 갑절이나 올랐다.
   └ 버는 것보다 몇 곱절 더 쓰다 보니 가계 부채가 엄청 늘었다.

⑤ ┌ 양식이 떨어진 부부는 이웃집을 다니며 밥을 빌어다가 먹었다.
   └ 이 자리를 빌려 도움을 주신 분들께 감사의 말씀을 드립니다.

**022** 밑줄 친 두 단어가 동음이의어 관계에 있는 것은?

① 안경의 다리가 부러져서 안경 없이 길을 가다가 발을 헛디뎌 다리를 다쳤다.
② 등이 굽은 노인은 추운 날씨에 곱은 손으로 힘겹게 지팡이를 짚으며 걷고 있었다.
③ 품이 넉넉하게 옷을 지었다는데 입어 보니 옷이 껴서 아이를 품에 안고 있기가 힘들었다.
④ 피아노를 치는 소리가 관객들이 박수를 치는 소리에 파묻혀 연주를 제대로 감상하지 못했다.
⑤ 마당은 아이들이 팽이를 채로 돌리며 노는 소리, 어른들이 장구를 채로 치며 즐기는 소리가 섞여 시끄러웠다.

**023** 두 단어의 의미 관계가 〈보기〉와 동일하지 않은 것은?

> **보기**
>
> 액체 – 물

① 나물 – 두릅  ② 항성 – 태양  ③ 자동차 – 승용차
④ 찌다 – 덮다  ⑤ 익히다 – 데치다

**024** 밑줄 친 고유어를 한자어로 바꾸었을 때, 적절하지 않은 것은?

① 우리 회사는 회사 이름을 고치고 새롭게 출발했다. → 변경(變更)하고
② 시계가 고장이 나서 태엽을 고쳐야 했다. → 수정(修訂)해야
③ 마을의 지붕을 현대식으로 고치는 사업이 진행되었다. → 개량(改良)하는
④ 서류에 잘못 기재된 내 이름을 고쳐 달라고 관리자에게 요구했다. → 정정(訂正)해
⑤ 이 책의 저자는 명백한 오자라도 편집자가 임의로 고치지 못하게 한다. → 교정(校訂)하지

**025** 〈보기〉의 '뜨겁다', '차갑다'와 반의 관계가 동일하지 않은 것은?

> **보기**
>
> 뜨겁다 – (따뜻하다) – (미지근하다) – (시원하다) – 차갑다

① 높다 – 낮다  ② 크다 – 작다  ③ 살다 – 죽다
④ 무겁다 – 가볍다  ⑤ 빠르다 – 느리다

026 목표 달성을 위한 노력의 중요성을 강조하는 속담으로 적절하지 않은 것은?
① 구르는 돌은 이끼가 안 낀다.
② 걸음새 뜬 소가 천 리를 간다.
③ 공든 탑도 개미구멍으로 무너진다.
④ 열 번 갈아서 안 드는 도끼가 없다.
⑤ 쇠붙이도 늘 닦지 않으면 빛을 잃는다.

027 밑줄 친 사자성어의 쓰임이 적절하지 않은 것은?
① 우리 회사는 자금난으로 지금 누란지위(累卵之危)에 처해 있다.
② 드라마에서 나오는 화려한 삶은 그저 화중지병(畫中之餠)에 불과하다.
③ 미사여구(美辭麗句)만 늘어놓는다고 해서 좋은 글이 되는 것은 아니다.
④ 이 식당은 멀리서 찾아오는 사람들로 종일 문전성시(門前成市)를 이룬다.
⑤ 저의 성공 사례를 반면교사(反面敎師) 삼아 여러분들도 꼭 성공하길 바랍니다.

028 밑줄 친 관용 표현의 쓰임이 적절하지 않은 것은?
① 신경을 많이 썼더니 머리가 무겁다.
② 학생들이 머리가 굵어서 말도 잘 안 듣는다.
③ 아무리 머리를 쥐어짜도 별 뾰족한 수가 나오지 않았다.
④ 은혜를 갚아야만 한다는 생각이 계속해서 머리를 들었다.
⑤ 동생은 머리가 깨어서 암기 과목에 뛰어난 능력을 보였다.

029 밑줄 친 한자어를 순화한 표현으로 적절하지 않은 것은?
① 반장은 가가호호(家家戶戶)(→ 집집마다) 찾아다니며 반상회 참여를 권유했다.
② 남강 고수부지(高水敷地)(→ 둔치)에서는 정월 대보름 달맞이 행사가 열렸다.
③ 공사다망(公私多忙)(→ 힘드신) 중에도 이렇게 찾아와 주시니 감사하기 이를 데 없습니다.
④ 여행사 간의 과당경쟁(過當競爭)(→ 지나친 경쟁)으로 상품 가격이 파격적으로 내렸다.
⑤ 부모님들은 주야장천(晝夜長川)(→ 밤낮없이) 자식 걱정뿐이시다.

**030** 밑줄 친 표현을 다듬은 말로 적절한 것은?

① 램프(ramp)(→ 나들목)로 나가려는 차들이 몰리면서 고속도로의 정체가 심해졌다.
② 오티티(OTT)(→ 실시간 영상 시청)를 이용하여 영화를 관람하는 사람들이 늘고 있습니다.
③ 다음 달부터 이용할 수 있는 새 지하철역에는 스크린 도어(screen door)(→ 자동문)가 설치되었다.
④ 새 예능 프로그램이 파일럿 프로그램(pilot program)(→ 맛보기 프로그램)으로 먼저 시청자에게 소개되었다.
⑤ 기획사는 공연장을 찾는 팬들을 위해 포토존(photo zone)(→ 사진 전시 구역)도 운영할 계획이라고 합니다.

**031** 〈보기〉에 제시된 단어의 발음이 표준 발음인 것끼리 묶인 것은?

| 보기 |
| --- |
| ㉠ 의심(疑心)[의심]   ㉡ 본의(本意)[본이]   ㉢ 닁큼[닁큼]   ㉣ 무늬[무니] |

① ㉠, ㉡    ② ㉠, ㉢    ③ ㉡, ㉢
④ ㉡, ㉣    ⑤ ㉢, ㉣

**032** 밑줄 친 활용형의 표기가 올바르지 않은 것은?

① 오늘은 같이 좀 걷세.
② 남은 일은 우리가 맡으세.
③ 이 책을 우리 함께 읽으세.
④ 우리도 소매를 걷고 도우세.
⑤ 무슨 말을 하는지 잘 들으세.

**033** 밑줄 친 부분의 표기가 옳은 것은?

① 다시 뵈올 날을 간절히 기다리겠습니다.
② 회의가 끝나고 뒤치닥거리를 하느라 남아 있었다.
③ 그는 남은 물건들을 가방에 우겨넣으며 일어섰다.
④ 부의 양극화와 가난의 되물림이 점차 심해지고 있다.
⑤ 설을 잘 쇄려면 가족 한 명 한 명을 배려해야 한다.

034 〈보기〉의 ㉠~㉣을 참고할 때, 밑줄 친 부분의 띄어쓰기가 적절하지 않은 것은?

> **보기**
> ㉠ 조사는 그 앞말에 붙여 쓴다.
> ㉡ 의존 명사는 띄어 쓴다.
> ㉢ 단위를 나타내는 명사는 띄어 쓴다.
> ㉣ 보조 용언은 띄어 씀을 원칙으로 하되, 경우에 따라 붙여 씀도 허용한다.

① ㉠: <u>물조차도</u> 매우 맛있군.
② ㉡: <u>이번 만큼</u>은 놓치지 않겠다.
③ ㉢: 흙 <u>한 줌</u>을 쥐었다.
④ ㉣: 내 힘으로 <u>막아냈다</u>.
⑤ ㉣: 친구가 나를 보고도 <u>모르는 척했다</u>.

035 밑줄 친 부분이 표준어인 것은?

① 그는 <u>당당이</u> 의견을 말했다.
② 그는 <u>틈틈이</u> 전화를 걸었다.
③ 그는 <u>깊숙히</u> 구멍을 뚫었다.
④ 그는 <u>번번히</u> 약속을 어겼다.
⑤ 그는 <u>일일히</u> 트집을 잡았다.

036 소괄호 용법에 대한 설명으로 적절하지 않은 것은?

① 주석이나 보충적인 내용을 덧붙일 때 쓴다. 예 촘스키(미국의 언어학자)의 말을 빌리면 다음과 같다.
② 우리말 표기와 원어 표기를 아울러 보일 때 쓴다. 예 커피(coffee)
③ 열거된 항목 중 어느 하나가 자유롭게 선택될 수 있음을 보일 때 쓴다. 예 사과(는, 도, 마저) 맛있다.
④ 희곡 등 대화를 적은 글에서 동작이나 분위기, 상태를 드러낼 때 쓴다. 예 교수: (크게 하품을 하며) 아이, 피곤해.
⑤ 내용이 들어갈 자리임을 나타낼 때 쓴다. 예 우리나라의 수도는 (   )이다.

037 〈보기〉의 규정에 따른 설명으로 옳지 않은 것은?

> 보기
> 
> 아래와 위의 대립이 있을 때에는 '윗'을 표준어로 인정한다. 그러나 아래와 위의 대립이 없을 때에는 '웃'을 표준어로 인정한다.

① '윗옷'은 위, 아래의 대립이 있으므로 표준어이다.
② '윗물'은 위, 아래의 대립이 있으므로 표준어이다.
③ '윗집'은 위, 아래의 대립이 있으므로 표준어이다.
④ '웃목'은 위, 아래의 대립이 없으므로 표준어이다.
⑤ '웃돈'은 위, 아래의 대립이 없으므로 표준어이다.

038 다음은 문학 작품에 나타나는 방언이다. 밑줄 친 부분에 대응하는 표준어가 적절하지 않은 것은?

① 직접 물어 바아. 머엇이 까깝해서(→ 아까워서) 그리싸아?
② 초롱같은 세 자슥새끼 데불고(→ 데리고) 홀몸으로 우째 살꼬오.
③ 개버운 혼 말강물로 개완허게(→ 개운하게) 극락왕생을 하옵소사.
④ 내가 받은 설움에다 이자 처서 남싸게(→ 날래게) 갚어 줄랑게.
⑤ 동생이 더우(→ 더위) 먹어서 헐떡거리고 댕기면 머이 그렇게 좋겄냐?

039 〈보기〉의 ㉠, ㉡의 표준 발음이 올바르게 짝 지어진 것은?

> 보기
> 
> ㉠ 히읗을 히응으로 잘못 적는 사람들이 종종 있는데, ㉡ 히읗이라고 적어야 한다.

|   | ㉠ | ㉡ |
|---|---|---|
| ① | [히으들] | [히으시라고] |
| ② | [히으들] | [히으디라고] |
| ③ | [히으슬] | [히으시라고] |
| ④ | [히으슬] | [히으디라고] |
| ⑤ | [히으흘] | [히으히라고] |

## 040 밑줄 친 말이 외래어 표기법에 맞는 것은?

① 동생은 초콜렛(chocolate)으로 만든 과자를 좋아한다.
② 최종 순위는 앙케이트(enquête) 조사 결과로 결정한다.
③ 이번 여행에서는 렌트카(rent-a-car)를 이용할 계획이다.
④ 정부는 우주 탐사를 위한 로켓트(rocket) 개발에 착수했다.
⑤ 넥타이에 다는 액세서리(accessory)가 요즘 유행하고 있다.

## 041 지명의 로마자 표기가 올바르지 않은 것은?

① 독도 Dokdo
② 거제도 Geojedo
③ 무의도 Mueuido
④ 오동도 Odongdo
⑤ 울릉도 Ulleungdo

## 042 ㉠~㉤ 가운데 어법상 적절하지 않은 문장은?

> 보기
>
> ㉠울산 반구대의 암각화에는 경이로운 삶과 세계의 모습이 그려져 있다. 그림 가운데 귀신고래를 볼 때마다 나는 숨기기 어려운 감회에 젖는다. ㉡동해 바다를 자유롭게 헤엄치던 귀신고래는 더 이상 우리 바다에서 찾아보기 힘든 존재가 되어 버렸고 세계적으로 멸종 위기에 처하기도 했다. ㉢그렇지만 고래의 경이로운 생명력은 멸종의 위기를 극복하고 대양의 신비로운 존재로서의 위치를 잃지 않았다. ㉣귀신처럼 나타났다가 사라지고 또 나타난다는 귀신고래가 우리 바다에 어느 날 갑자기 돌아오기를 우리는 지금도 간절하게 바라고 있다. ㉤이 바람은 인간의 탐욕과 이기심으로 우리 곁에서 영영 사라진 많은 동물들을 그리워하는 마음이기도 하다.

① ㉠   ② ㉡   ③ ㉢   ④ ㉣   ⑤ ㉤

**043** 밑줄 친 높임법 표현의 수정 결과가 적절하지 않은 것은?

① 선생님께 모자가 크실까(→ 클까)?
② 철수야, 할머님께 밥(→ 진지) 드시라고 해.
③ 슬기야, 선생님께서 교무실로 오시래(→ 오라서).
④ 이 문제는 국어 선생님께 묻는(→ 여쭙는) 게 좋겠어.
⑤ 손님, 아동복 매장은 이층이십니다(→ 이층에 있습니다).

**044** 중의적으로 해석되지 않는 문장은?

① 회원이 다 오지 않았다.
② 동생은 울면서 누나를 따라갔다.
③ 나는 할머니와 삼촌을 만나러 갔다.
④ 언니의 사진을 사겠다는 사람이 나타났다.
⑤ 키가 큰 친구의 아내가 내게 말을 걸었다.

**045** 밑줄 친 번역 투를 고친 것으로 적절하지 않은 것은?

① 공사로 인해(→ 공사 시) 소음이 발생할 수 있습니다.
② 저의 경우에는(→ 저는) 양식보다 한식을 좋아합니다.
③ 우리의 목표는 기한 내 업무 완수에 있다(→ 완수이다).
④ 이번 선거에 있어서(→ 선거에서) 부정행위를 엄단합니다.
⑤ 행사에 필요로 하는(→ 필요한) 물품들을 미리 준비해야 한다.

## 쓰기  046번~050번

**[046~050]** 다음은 '과시 소비'를 주제로 작성한 초고이다. 제시된 물음에 답하시오.

명품 이미지나 브랜드 선호도 등에 따라 고가의 제품을 소비하는 계층은 최근 20~30대의 젊은 층으로 크게 확대되었고 이러한 현상은 구매력이 부족한 청소년에게까지 영향을 미치고 있다. 이는 단순한 금전적 과시가 아니라 제품의 스타일, 유명도, 유행성 등에 담긴 다양한 이미지의 상징을 통한 과시 현상으로 볼 수 있다. 이처럼 제품이나 서비스를 구매, ㉠사용함으로서 타인에게 사회적 지위를 인정받고자 하는 소비를 '과시 소비'라 말한다. 이는 사회학자 베블런(T.B.Veblen)의 저서 『유한계급론』에서 유래하였다.

과시 소비는 먼저 고급스러움을 선호하는 소비자의 개인적 가치에서 그 원인을 찾을 수 있다. 개개인의 소득 수준이 높아지면서 명품과 같은 고가의 재화나 서비스에 담긴 고급스러움이 효용적 가치와 쾌락적 가치를 모두 만족시킨다고 보는 것이다. 또 디지털 환경에 능숙하고 이를 통해 소통하며 새로운 것을 받아들이는 20~30대를 비롯하여 청소년에 이르기까지, 대중 매체나 SNS를 통해 타인과의 비교를 토대로 자신을 평가하거나 상대적 박탈감을 느끼는 풍조도 원인이 된다. ㉡그러나 우리 사회의 높은 '체면 민감성'도 과시 소비 경향과 관련이 있다. 체면 민감성은 사회적 계층, 신분에 따라 체면을 지키려는 정도, 타인의 인정과 시선을 의식하는 정도 등으로 설명할 수 있는데, 체면에 민감한 소비자일수록 과시 소비와 충동구매 성향이 높다.

위와 같은 과시 소비 현상은 어떤 점에서 문제가 될까? 우선 윤리적 제품의 소비를 위축시킨다는 점에서 문제가 된다. 윤리적 제품은 친환경 제품, 공정 무역 제품, 사회적 기업 제품 등으로 볼 수 있는데, 불필요한 고가의 상품을 추구하는 경향은 제품의 품질이나 공정 과정의 윤리성 등을 간과하게 할 수 있다. 다음으로 타인과의 끊임없는 비교와 잘못된 소비 습관으로 인한 자아 존중감 하락이 문제이다. 과시 소비문화를 겨냥한 기업의 마케팅 전략은 타인과의 비교를 통한 합리적이지 못한 구매를 ㉢충동한다고 한다. ㉣구입한지 얼마 안 된 물건이 있어도, 타인의 기호에 따라 유행하는 고가의 물건을 또 다시 구매하는 과시 소비는 결국 자아 존중감 하락으로 이어질 수 있다. 마지막으로 '동조 소비' 효과로 인하여 건전하지 못한 소비문화를 형성할 수 있다는 문제가 있다. 동조 소비는 자신의 이미지를 타인과 동일시하려는 욕구에서 비롯된다. 청소년 등이 SNS 인증 사진에 열광하고 PPL에 움직이는 심리를 보이는 것은 집단 구성원과의 동질감을 보여주기 위한 과시 소비로 이어져 수동적이고 과도한 충동구매를 이끈다는 점에서 문제가 된다.

따라서 대중 매체나 타인의 시선을 ㉤감지하기보다는 자신이 추구하는 가치가 무엇인지, 자신에게 필요하고 어울리는 것은 무엇인지 충분히 생각한 후 계획과 필요에 의해 합리적으로 소비하는 현명한 소비 습관을 기르도록 노력해야 한다.

### 046 다음은 윗글을 작성하기 전에 떠올린 글쓰기 계획이다. 윗글에 반영되지 <u>않은</u> 것은?

**글쓰기 계획**

ⓐ 독자가 관심을 가질 수 있도록 글의 화제와 관련된 사회적 현상을 언급하며 글을 시작해야겠다.
ⓑ 독자를 고려하여 화제의 개념을 밝힐 때 용어의 유래를 함께 제시해야겠다.
ⓒ 문제 상황에 대한 독자의 관심을 유발하기 위해 질문을 던지고 답하는 방식을 활용하여 내용을 제시해야겠다.
ⓓ 근거를 논리적으로 제시하기 위해 부정적인 현상은 열거하고 바람직한 현상은 묘사하는 방식으로 글을 전개해야겠다.
ⓔ 주제를 효과적으로 드러내기 위해 문제점을 먼저 지적한 후에 이에 대한 주장을 제시하는 구조로 글을 조직해야겠다.

① ⓐ    ② ⓑ    ③ ⓒ    ④ ⓓ    ⑤ ⓔ

**047** 다음은 윗글을 보완하기 위해 추가로 수집한 자료이다. 자료의 활용 방안으로 적절하지 않은 것은?

**글쓰기 자료**

**가. 통계 자료**

(가-1)

대학생들의 1년간 패션 명품 브랜드 구매 횟수를 조사한 결과, 구매하지 않는 학생이 약 50%를 차지했으나, 2~3번 구매하는 학생이 39.3%, 4~5번 구매하는 학생이 7.8%, 6번 이상 구매하는 학생이 2.9%로 나타났다.

(가-2)

조사 대상: 15세~34세 남녀

| | 모두가 알아보는 명품을 구매하고 싶다 | 명품 한두 개 정도는 갖고 있어야 한다고 생각한다 |
|---|---|---|
| 동의 | 14.2 | 29.2 |
| 보통 | 37.4 | 30 |
| 비동의 | 48.4 | 40.8 |

**나. 신문 기사**

과거와 달리 인터넷, 스마트폰, 소셜 네트워크를 통해 시공을 초월하여 빠르게 전개되는 '인증 사진 마케팅'이 유행한다. 인증 사진이라는 스마트폰 문화와 소셜 네트워크 구성원들의 모방, 공감 심리가 결합되어 이러한 마케팅 전략은 도파민을 자극하여 충동구매를 유도하는 효과가 있다.

**다. 중학생 인터뷰**

"TV에 연예인들이 롱 패딩을 입고 나와서, 엄마를 졸라 50만 원짜리 롱 패딩을 샀어요. 3주 정도 입었는데 친구들이 ○○브랜드의 숏 패딩 입은 사진을 많이 올리더라고요. 저만 아직 없는 것 같아서 창피해요. 비싸긴 하지만 저도 SNS에 숏 패딩 입은 모습을 올리려면 주말에 다시 사러 가야 해요."

① 논의의 배경이 되는 문제 현상을 객관적으로 보여 주기 위해 (가-1)을 활용하여 젊은 층의 소비 실태로 제시한다.
② 고가의 제품을 소비하는 계층 확대에 대한 설명을 보완하기 위해 (가-2)를 활용하여 젊은 층의 명품 소비에 대한 인식을 보여 준다.
③ 근거의 객관성을 보완하기 위해 '나'를 활용하여 합리적이지 못한 소비를 이끄는 기업의 마케팅 전략의 구체적인 예로 제시한다.
④ 과시 소비 문제를 드러내기 위해 (가-2)와 '다'를 활용하여 사회적 시선이 문제 현상의 원인이 아니라는 점을 부각한다.
⑤ 동조 소비로 인한 문제를 뒷받침하기 위해 '나'와 '다'를 활용하여 동조 소비와 충동구매를 관련지어 설명한 내용의 근거로 제시한다.

## 048
다음은 윗글을 쓰기 전에 세웠던 글쓰기 개요와 윗글을 쓰는 과정에서 필자가 점검한 내용이다. 필자의 점검 내용 중 윗글에 반영된 것만을 있는 대로 고른 것은?

**글쓰기 개요**

Ⅰ. 과시 소비 현상과 개념
  1. 과시 소비 현상의 실태
  2. 과시 소비의 개념
  3. 동조 효과로 인한 건전하지 못한 소비문화 형성

Ⅱ. 과시 소비 현상의 원인
  1. 타인과의 비교를 통한 자기 평가 풍조
  2. 우리 사회의 높은 체면 민감성
  3. 고급스러움을 추구하는 개인적 가치

Ⅲ. 과시 소비 현상의 문제점
  1. 윤리적 제품 소비 위축
  2. 친환경 제품 소비 위축
  3. 타인과의 비교를 통한 자아 존중감의 하락

Ⅳ. 바람직한 소비 태도

**필자의 점검 내용**

ㄱ. 'Ⅰ-1'은 문제 현상의 주체를 특정하기 위해 '젊은 세대의 과시 소비 경향'으로 수정해야겠다.
ㄴ. 'Ⅰ-3'은 상위 항목과 어울리지 않는 내용이므로 'Ⅲ'의 하위 항목으로 구성하는 것으로 수정해야겠다.
ㄷ. 'Ⅱ-3'은 글의 주제나 상위 항목과 연관성이 없으므로 삭제해야겠다.
ㄹ. 'Ⅲ-2'는 다른 하위 항목과 내용이 중첩되므로 'Ⅲ-1'과 통합하여 언급하는 것으로 수정해야겠다.
ㅁ. 'Ⅳ'는 글의 주제를 고려하여 '윤리적 소비를 위한 제도 개선'으로 수정해야겠다.

① ㄱ, ㄷ
② ㄴ, ㄹ
③ ㄱ, ㄴ, ㄷ
④ ㄴ, ㄹ, ㅁ
⑤ ㄷ, ㄹ, ㅁ

## 049
윗글의 ㉠~㉤을 고쳐 쓰기 위한 방안으로 적절하지 않은 것은?

① ㉠은 문법적으로 옳지 않으므로 '사용함으로써'로 수정한다.
② ㉡은 접속 표현의 사용이 적절하지 않으므로 '또한'으로 수정한다.
③ ㉢은 문맥상 단어의 사용이 적절하지 않으므로 '억제한다'로 수정한다.
④ ㉣은 띄어쓰기가 적절하지 않으므로 '구입한 지'로 수정한다.
⑤ ㉤은 문장의 의미를 고려할 때 어색한 표현이므로 '의식하기'로 수정한다.

**050** 윗글을 보완하기 위해 〈보기〉에 따라 마지막 문장을 추가한다고 할 때, 추가할 문장으로 가장 적절한 것은?

> **보기**
> 합리적이고 현명한 소비 습관을 기르면 어떤 기대 효과가 있는지에 대해 말해야 주장에 설득력이 있을 것 같아. 앞서 언급한 문제를 해소할 수 있다는 내용으로 문장을 구성해야겠다.

① 합리적 소비가 곧 윤리적 소비는 아니기 때문에 기업의 투명성과 공정 과정을 확인한다면 윤리적 소비자가 될 수 있을 것이다.
② 과시 소비 습관을 개선한다면 수동적으로 유행을 따르는 것이 아니라 유행을 선도하는 능동적 소비자가 되는 것을 기대할 수 있다.
③ 현명한 소비를 위해서는 타인과 사회적 시선을 고려하기보다는 가격의 합리성과 개인적 가치를 충분히 따져 상품을 선택해야 한다.
④ 합리적인 소비 습관을 기르면 사회적으로 만연한 젊은 층의 명품 선호 현상으로 인한 가계 부채 문제를 해소할 수 있을 것으로 기대된다.
⑤ 계획과 필요에 의해 소비하는 현명한 소비를 통해 필요 이상의 소비를 줄이고 타인과의 반복된 비교로 자아 존중감이 하락하는 문제에서 벗어날 수 있을 것이다.

## 창안  051번~060번

**[051~053] 레밍의 행동을 인간의 행동에 유비(類比)하고자 한다. 다음 글을 읽고 물음에 답하시오.**

'떠돌이 쥐 레밍 떼가 / 벼랑 아래로 떨어지는 걸 본 적이 있다 / TV 화면이었는데 / 들판을 떼 지어 달려온 것들이 / 벼랑 아래로 바다로 뛰어내리고 있었다 / …중략… / 앞선 것들의 뒤만 좇아가다가 / 풍덩풍덩 벼랑으로 / 밀려 떨어져 내린다는데'

이건청 시인의 「레밍의 날들」이라는 시의 일부이다. 이 시에서 이야기하고 있는 '떠돌이 쥐 레밍'은 스칸디나비아반도에 서식하는 쥣과의 포유류로 몇 년마다 집단으로 이동하기 때문에 나그네쥐라고도 한다.

레밍은 번식 능력이 뛰어나 거주 지역에 먹을거리가 떨어지면 3~4년을 주기로 새로운 거주지를 찾아 나서는데, 먹이를 찾아 집단으로 이동할 때 앞의 무리만 따라가다가 많은 수가 한꺼번에 죽기도 한다. 그림 (가)와 같이 앞장서 달리던 대장 레밍이 절벽에서 떨어지면 나머지 레밍들이 대장을 따라 떨어진다는 것이다.

| (가) 절벽에서 떨어지는 레밍 | (나) ○○기업 주가 그래프 |
|---|---|
|  | ? |

레밍이 (가)와 같은 행동을 하는 이유는 명확하게 밝혀지지는 않았는데 이에 대한 몇 가지 가설 중 하나는 레밍의 시력이 지독하게 나빠서 절벽을 제대로 인식하지 못한 대장 레밍이 절벽에서 떨어지면 나머지도 대장을 따라 떨어져 죽는다는 것이다. 게다가 레밍은 한 마리가 달리면 나머지도 무조건 빠른 속도로 뒤따르는 집단 본능을 가지고 있는데, 앞의 리더만 보고 무작정 따라 달리다가 속도가 너무 빨라지면 절벽에 다다랐을 때 제대로 멈추지 못하고 떨어지게 된다.

이러한 레밍의 이야기는 국내 주식 시장에서 가장 높은 상승률을 보였던 ○○기업의 주가를 떠올리게 한다. ○○기업이 수년간 적자를 내고 있었음에도 무작정 투자 대열에 합류한 사람들은 결국 ㉠ 에서 참담한 손실을 감당해야 했다. 지금도 여전히 비슷한 상황이 주식 시장 도처에 발발하고 있다. 널뛰는 주가에 고민하는 레밍에겐 ㉡ 가 필요하다.

## 051 (가)의 레밍을 통해 이끌어 낼 수 있는 내용으로 가장 적절한 것은?

① 산이 높으면 계곡도 깊다.
② 촛불은 꺼지기 직전이 가장 밝다.
③ 한 바구니에 달걀을 모두 담지 마라.
④ 나뭇잎 하나로 천하에 가을이 왔음을 안다.
⑤ 소경이 소경을 인도하면 둘 다 구덩이에 빠진다.

## 052 (나)에 들어갈 그래프로 가장 적절한 것은?

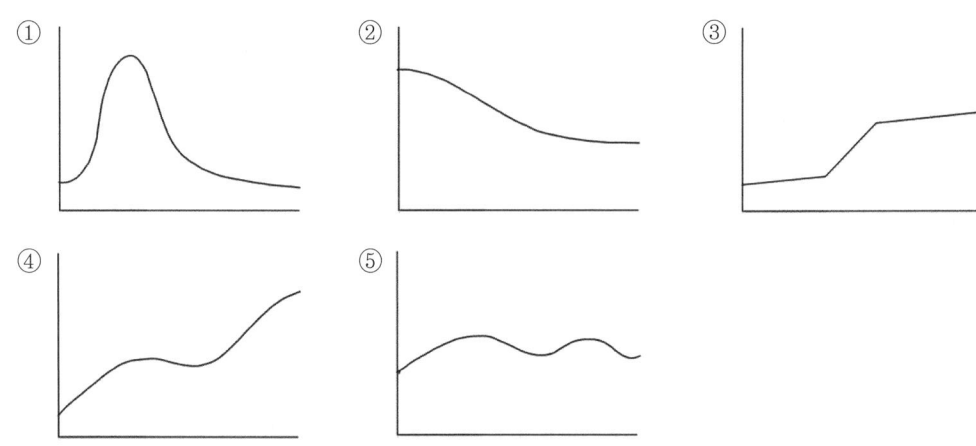

## 053 문맥을 고려할 때 ㉠, ㉡에 들어갈 말로 가장 적절한 것은?

　　　㉠　　　㉡
① 비탈길　자전거
② 절벽　　등산화
③ 빙판길　스케이트
④ 낭떠러지　브레이크
⑤ 자갈길　지팡이

[054~056] 다음 그림을 보고 물음에 답하시오.

| 그림 (가) | 그림 (나) |
|---|---|
| 붕어빵을 만드는 틀 (사진) | 슈크림 붕어빵, 자색 고구마 붕어빵, 크림치즈 붕어빵, 김치 붕어빵, 치즈 붕어빵, 카레 붕어빵, 엄치즈 붕어빵, 피자 붕어빵 |

## 054 그림 (가)와 (나)를 바탕으로 다음과 같이 분석할 때 적절하지 않은 것은?

| | (가) | (나) |
|---|---|---|
| 표현 | 붕어빵을 만드는 틀 | ㉠ 속 재료가 다양한 붕어빵들 |
| 핵심 | ㉡ 붕어빵을 같은 모양과 크기로 만들어 줌 | ㉢ 붕어빵의 속 재료에 따라 맛이 달라짐 |
| 전제 | 붕어빵 장사를 위해 붕어빵 틀이 필요하다. | 붕어빵의 모양과 크기가 같아도 맛이 다양할 수 있다. |
| 주제 | ㉣ 공동체의 안정과 질서를 유지하기 위한 사회 규범이 필요하다. | ㉤ 공동체의 결속을 위해 개인의 자유보다 집단적 통제가 필요하다. |

① ㉠   ② ㉡   ③ ㉢   ④ ㉣   ⑤ ㉤

## 055 조직에 대한 재직자의 평가 중, 그림 (가)와 (나)를 모두 반영하고 있는 평가 내용으로 가장 적절한 것은?

① 우리 회사는 모두 불만 없이 참여할 수 있는 바람직한 회식 문화를 갖춘 회사다.
② 우리 회사는 철저한 체계와 구조가 잡혀 있어 꾸준히 성장하는 안정적인 회사다.
③ 우리 회사는 시간, 업무 등 지킬 것만 지키면 다양한 개성을 존중해 주는 회사다.
④ 우리 회사는 조직의 비전과 추구하는 방향성을 함께 공유하는 단합력 높은 회사다.
⑤ 우리 회사는 개인이 조직에 기여한 정도와 능력에 따라 연봉과 성과급을 챙겨 주는 회사다.

**056** 조직 운영 원리에서 (가)는 하향식 의사 결정, (나)는 상향식 의사 결정을 추구한다고 할 때 적절하지 <u>않은</u> 것은?

① (가)는 (나)에 비해 수직적 운영 구조인 편이다.
② (가)는 (나)에 비해 구성원의 재량권이 낮은 편이다.
③ (나)는 (가)에 비해 구성원의 참여가 자유로운 편이다.
④ (나)는 (가)에 비해 의견 개진이 리더로부터 출발하는 편이다.
⑤ (나)는 (가)에 비해 의사 결정 과정에서의 논의가 활발한 편이다.

[057~058] 다음 그림을 보고 물음에 답하시오.

| 그림 (가) | 그림 (나) |
| --- | --- |

**057** (가), (나)에서 공통되는 이미지의 의미로 가장 적절한 것은?

① 기근　　② 증오　　③ 죽음
④ 체념　　⑤ 혐오

**058** 그림 (나)의 의미를 나타내는 표어로 가장 적절한 것은?

① 친한 사이일수록 말을 가려 써야 합니다.
② 당신의 언어가 당신의 인격을 보여 줍니다.
③ 당신의 댓글 한 마디가 방아쇠를 당깁니다.
④ 잘못 놀린 세 치 혀가 화의 근원이 됩니다.
⑤ 당신의 키보드도 따뜻한 말을 전할 수 있습니다.

[059~060] 다음 글을 읽고 물음에 답하시오.

> '레몬 시장'이란 거래 물품에 대한 구매자와 판매자 간의 정보 불균형 상황을 의미한다. 판매자는 상품의 품질을 잘 아는 반면, 구매자는 그 품질을 잘 알지 못한다면 불량품만이 시장에 통용될 수밖에 없다. 미국에서는 레몬이 보기에는 좋으나 시큼하고 맛없는 과일로 통용되므로 이러한 시장을 '레몬 시장'이라 일컫는다. 거래자 간에 정보가 투명하게 공유되지 않으면, ㉠ 정보의 비대칭성으로 인해 레몬만 고르게 되는 역선택으로 이어지는 것이다. 이는 저품질의 재화나 서비스만 거래되도록 만든다는 점에서 시장의 실패를 야기할 수 있다는 문제점을 지닌다.

## 059 ㉠의 사례로 적절하지 않은 것은?

① 환경을 고려하여 공해가 심한 자동차를 전기 자동차로 교체하였다.
② 뜨내기손님이 많은 관광지의 식당들은 다른 곳보다 더 비싼 값에 음식을 판다.
③ 중고 핸드폰 거래에서 구매 후에 기기의 오류를 뒤늦게 발견하는 경우가 잦다.
④ 의료 지식이 없는 소비자들은 적절한 수준을 넘어서는 과잉 진료를 받기도 한다.
⑤ 부동산 시장에서 세입자는 주택이 저당 잡힌 사실을 모른 채 계약을 맺기도 한다.

## 060 윗글을 통해 유추할 수 있는 내용으로 가장 적절한 것은?

① 구매자는 판매자보다 시장에 대해 많은 정보를 파악할 수 있다.
② 정보 불균형의 문제가 지속된다면 모두의 손실로 이어질 수 있다.
③ 거래자 간에 신뢰가 있다면 판매자는 불량품을 시장에 내놓지 않을 것이다.
④ 정보의 투명성을 제고하기 위해서는 국가가 시장에 개입하는 것이 중요하다.
⑤ 판매자가 고품질의 재화를 제공한다면 정보의 불균형은 해결될 수 있을 것이다.

## 읽기 061번~090번

**[061~062] 다음 글을 읽고 물음에 답하시오.**

> 아마존 수족관 집의 열대어들이
> 유리 벽에 끼어 헤엄치는 여름밤
> ㉠<u>세검정 길</u>
> 장어구이집 창문에서 연기가 나고
> ㉡<u>아스팔트</u>에서 고무 탄내가 난다
> 열난 기계들이 길을 끓이면서
> 질주하는 여름밤
> 상품들은 덩굴져 자라나며 색색이 ㉢<u>종이꽃</u>을 피우고 있고
> 철근은 밀림, 간판은 열대지만
> 아마존강은 여기서 아득히 멀어
> 열대어들은 ㉣<u>수족관</u> 속에서 목마르다.
> 변기 같은 귓바퀴에 소음 부엉거리는
> 여름밤
> 열대어들에게 시(詩)를 선물하니
>
> 노란 달이 아마존 강물 속에 향기롭게 출렁이고
> 아마존 강변에 ㉤<u>후리지아꽃</u>들이 만발했다
>
> — 최승호, 「아마존 수족관」

### 061 윗글에 대한 설명으로 가장 적절한 것은?

① 청유형으로 문장을 종결하여 주제를 강조하고 있다.
② 다양한 심상을 활용하여 시적 시·공간을 구체화하고 있다.
③ 계절의 순환을 통해 화자의 의지를 점층적으로 부각하고 있다.
④ 색채어의 대비를 통해 시적 대상의 정서 변화를 나타내고 있다.
⑤ 의인화된 대상에게 말을 건네는 방식을 활용하여 시상을 전개하고 있다.

### 062 ㉠~㉤ 중, 〈보기〉의 ⓐ를 의미하는 것은?

> **보기**
> 이 작품은 도시 문명 속에서 살아가는 현대인의 황폐한 삶을 드러내고 있다. 또한 그들의 상상력을 일깨워 현대인들이 ⓐ<u>생명력</u>을 회복하고 위안을 얻기를 바라는 소망을 드러내고 있다.

① ㉠　　② ㉡　　③ ㉢　　④ ㉣　　⑤ ㉤

## [063~065] 다음 글을 읽고 물음에 답하시오.

그리고 보니 나는 여기서 어느샌가 미나미 선생으로 통하고 있었다. 내 성은 물론 남(南)가라고 불러 마땅하건만 여러 가지 이유에서 일본 이름처럼 불리고 있었던 것이다. 내 동료들이 먼저 그런 식으로 부르기 시작했다. 나는 처음에 그런 호칭이 몹시 마음에 걸렸다. 하지만 나중에는 이렇게 아무것도 모르는 천진한 아이들과 어울리기 위해서는 스스로 그 편이 좋을지도 모르겠다는 생각을 하게 되었다. 따라서 나는 스스로에게 이것은 위선도 아니고 비굴한 것도 아니라는 사실을 거듭해서 타이르듯 해왔다. 또한 만일 이 아이들 중에 조선 아이가 있었더라면 말할 것도 없이 나는 고집을 부려서라도 나를 남이라고 부르도록 했으리라고 자신에게 변명을 하기도 했다. 그것은 조선 아이에게도 내지* 아이들에게도 감정적으로 나쁜 영향을 끼칠 것이 틀림없을 것이기에.

그런데 어느 날 밤, 아이들과 함께 놀고 있는데 ⊙내 학생 중 하나가 새하얗게 질린 듯한 얼굴로 들어왔다. 그는 자동차 조수를 하면서 밤에는 영어나 수학을 배우러 오는 이(李) 아무개라는 건장한 젊은이였다. 그는 문을 닫더니 싸움이라도 걸 듯이 내 앞에 버티고 섰다.

"선생님."

조선말이었다.

나는 흠칫했다. 아이들은 무슨 뜻인지도 모르면서 험악한 분위기에 기가 눌려 그와 나의 얼굴을 번갈아 바라보고 있었다.

"자, 나중에 또 놀자. 선생님은 지금부터 볼일이 있거든."

나는 침착하려 애쓰며 입가에 미소까지 지어 보였다.

아이들은 고분고분 밖으로 나갔다. 하지만 야마다 하루오의 눈초리만은 이상한 광채를 띠고 뭔가 캐내려는 듯이 나를 말끄러미 쏘아보고 있었다. 나는 아직도 그 희미하게 빛나던 눈길을 잊을 수가 없다. 그는 게처럼 옆걸음질을 쳐 이곳저곳에 부딪혀가며 마지못해 천천히 빠져나갔다.

"자, 앉아요."

나는 둘만 남게 되었을 때 조용히 조선말로 이야기했다.

"어쩌다 보니 둘이서만 이야기를 나눌 기회도 없었군요."

"그래요."

이 군은 선 채로 부르짖듯 말했다.

"나는 사실 어느 쪽 말로 말을 걸어야 할지조차 몰랐어요."

그의 말 속에는 젊은이다운 분노가 넘쳐나고 있었다.

"나는 물론 조선 사람이오."

라는 자신의 대답이 어쩐지 약간 떨리고 있는 듯했다. 틀림없이 내 성이 마음에 걸려서였을 것이다. 그리고 이렇게 태연할 수 없다는 것이 바로 자신에게 비굴한 부분이 있었다는 증거일지도 모른다. 나는 약간 허둥거리며 이렇게 묻고 말았다.

"뭔가 마음에 거슬리는 일이라도 있었나요?"

"있어요."

그는 사납게 대답했다.

"어째서 선생님 같은 분들까지 이름을 숨기려 드는 거죠?"

나는 갑자기 말문이 막혔다.

"진정하고 앉읍시다."

"어째서인지 저는 그걸 묻고 있는 거예요. 나는 선생님의 눈이나 광대뼈, 콧등을 보고 조선 사람이 틀림없다고 생각했어요. 하지만 선생님은 그런 낌새를 전혀 보이지 않았죠. 나는 자동차 조수 노릇을 하고 있어요. 오히려 나 같은 일을 하는 사람이 성 때문에 여러 가지 불쾌한 일들을 당할 거라고 생각해요. 그렇지만……."

그는 감정이 북받쳐 말을 더듬기 시작했다. 도대체 이렇게까지 흥분할 이유가 뭘까.

"그렇지만 나는 그럴 필요를 느끼지 않습니다. 나는 꿀릴 것도 없고 비굴한 짓을 하고 싶지도 않다는 거죠."

"옳아요."

나는 약간 신음 섞인 소리로 말했다.

"나도 그 말에 동감이에요. 다만 나는 아이들과 유쾌하게 지내고 싶었을 따름이라오."

복도에서는 아이들이 여전히 소란을 피우며 이따금 문을 열고는 콧물이 매달린 얼굴로 들여다보기도 하고 눈을 감고 혓바닥을 내밀어 보이기도 했다.
"만일 내가 조선 사람임을 밝힌다면 저 아이들이 나를 대할 때 애정 말고 다른 것, 나쁜 의미에서의 호기심이라고나 할까 어쨌든 뭔가 다른 것이 앞서게 되겠지요. 그것은 우선 선생으로서 섭섭한 일입니다. 아니, 두려운 일이라고 해야겠군요. 그렇다고 해서 내가 조선인이라는 사실을 굳이 감추려는 것은 아니었고 그저 남들이 다들 그런 식으로 나를 불렀던 거라오. 또한 나도 새삼스럽게 나는 조선인이다, 하고 떠들고 다닐 필요는 느끼지 못했던 거고. 어쨌든 자네에게 조금이라도 그런 인상을 주었다면 할 말이 없구려……."
라고 말했을 때, 문을 열고 들여다보고 있던 아이들 속에서 한 아이가 갑자기 큰 소리로 외쳤다.
"그렇구나, 선생님은 죠오센징이다!"
야마다 하루오였다. 그 순간 복도는 물을 뿌린 듯 조용해졌다. 나도 잠시 동안 당황할 수밖에 없었다.

— 김사량, 「빛 속으로」

* 내지(內地): 식민지와 종주국을 구분할 때 종주국 본토를 이르는 말. 여기서는 일본을 가리킴.

## 063 윗글에 대한 이해로 적절하지 않은 것은?

① 내적 고백과 인물 간의 대화가 대부분의 서술을 이끌어 가고 있다.
② 아이들의 천진함에 대한 서술자의 기대감을 드러내어 불안한 분위기를 억누르고 있다.
③ 다수의 일본인 사이에서 조선인이 더러 섞여서 생활하는 곳을 이야기의 배경으로 삼는다.
④ 동일한 한자로 표기된 성씨가 언어에 따라 다르게 발음된다는 점이 주요 사건과 연관된다.
⑤ 감춰져 있었던 사실이 다른 사람들에게 밝혀진 때의 충격을 전달하기 위해 감각적 이미지를 활용한다.

## 064 윗글의 ㉠에 대한 설명으로 가장 적절한 것은?

① '나'의 해명을 듣고 만족하여 흥분을 가라앉혔다.
② '나'의 지도를 받아 자동차 운전과 정비를 익혔다.
③ '나'와 아이들의 사이의 돈독한 관계를 못마땅히 여겼다.
④ '나'의 출신을 스스로 드러내지 않은 처세에 불만을 품었다.
⑤ '나'의 정체가 무엇인지 다른 모든 사람에게 알리고 싶어 한다.

## 065 〈보기〉의 관점에서 윗글을 비평한 것으로 적절하지 않은 것은?

> **보기**
>
> 조선인 작가 김사량에 의해 본래 일본어로 창작된 「빛 속으로」는 조선과 일본 사이에서 혼종적인 정체성을 갖는 인물들을 주로 형상화한다. 이 작품은 당대 사회의 정치 권력이 서로 다른 지역, 문화에 대해 차별적으로 부여하는 지위에 따라 조선어나 일본어가 선택적으로 사용된다는 사실을 보여 준다. 또한 그렇게 선택된 언어 사용자의 의식이 억압적 질서에 의해 왜곡되거나 혹은 그것에 맞서 반발할 수도 있다는 사실도 동시에 드러낸다.

① 두 인물이 아이들을 내보내고 대화하는 장면은 사용 언어에 따른 공간적 분리가 담고 있는 의미를 보여 주는군.
② 언어의 선택과 사용 방법이 지배 질서에 대한 태도로도 해석될 수 있다는 점이 두 인물 간에 조성된 긴장감으로도 나타나는군.
③ '나'의 이야기를 가까이에서 보고 들은 소년이 '나'를 가리켜 조선인이라고 외치는 모습은 이후 발생할 갈등의 성격을 암시하는군.
④ 인물의 생각과 발화가 그때마다 어느 언어로 이루어지는지 확정하여 서술하지 않는 방식에는 두 언어가 평등해야 한다는 주장이 담겨 있군.
⑤ '나'의 성이 불리는 방식이 하나로 고착되는 데에는 두 언어가 가진 서로 다른 지위를 이미 '나'가 의식하고 있었다는 점이 영향을 미쳤군.

## [066~068] 다음 글을 읽고 물음에 답하시오.

갈릴레오 갈릴레이는 "그래도 지구는 돈다"라는 말을 남긴 것으로 유명하다. 이 말보다 그가 추구한 진실을 더 잘 대변하는 것도 없을 것이다. 갈릴레오는 자신의 신념과 선택에 따라서가 아니라, 순전히 관측과 실험을 통해 얻은 자료를 토대로 신의 창조 행위와 우주의 법칙을 설명하려는 태도를 보였다. 그가 부정한 것은 ⓐ 이 아니라 ⓑ 이었다. 그가 쓴 『두 우주 체계에 관한 대화』와 『새로운 두 과학』의 제목이 그의 의도를 잘 대변한다. 여기서 대립하는 두 우주 체계란 천동설과 지동설을 뜻한다. 갈릴레오는 이 둘의 대립을 종교와 과학 사이의 모순이나 불일치가 아니라 학문의 두 방법론, 곧 사변적 논리로 이야기하는 것과 관측 결과를 수학과 기하학의 원리로 푸는 것의 차이로 이해했다.

천동설은 프톨레마이오스의 우주론이고, 이론적 근거는 아리스토텔레스 철학이다. 아리스토텔레스 철학은 중세 스콜라 철학자에 의해 수용되면서 신학의 토대가 되었다. 아리스토텔레스에 따르면 자연 세계는 운동을 위한 장소이며, 모든 운동에는 원인이 있다. 원인을 추적해 올라가면 스스로는 움직이지 않으면서 다른 것을 움직이게 하는 부동의 원동자가 있다. 토마스 아퀴나스에 따르면 그것이 바로 제1원인으로서 신이다. 지구는 신이 뜻을 이루기 위해 독생자인 예수를 보낸 곳이기 때문에 지구가 우주의 중심이라는 것이, 가톨릭교회가 천동설을 주장한 근거였다.

하지만 1610년 갈릴레오는 자신이 만든 망원경으로 목성을 관측하던 중 천동설로는 설명할 수 없는 현상을 발견했다. 목성도 지구와 마찬가지로 그 주위를 도는 위성을 갖고 있었다. 목성이 위성을 갖는다는 사실은 우주의 모든 별이 지구를 중심으로 돈다는 천동설을 반증하는 것이었다. 갈릴레오는 이 사실을 공개 발표했다. 갈릴레오 자신은, 천동설의 오류를 지적하는 것은 기독교 신앙을 부정하는 것이 아니라 아리스토텔레스 철학이 틀렸음을 말하는 것이라고 여겼다. 하지만 가톨릭교회의 신부들은 그렇게 생각하지 않았다.

결국 쟁점은 갈릴레오의 주장이 성경과 배치되느냐의 여부였다. 1613년 한 플라톤주의 철학자가 크리스티나 공작 부인에게 갈릴레오가 성경을 부정하는 주장을 한다고 비판했다. 이에 공작 부인은 여호수아의 기도에 응한 신이 해를 잠시 멈추게 함으로써 여호수아의 전투를 도운 성경 일화에 대해 갈릴레오의 입장을 물었다. 갈릴레오는 자신의 견해를 밝혔다. 그에 따르면 성경과 자연 모두 신이 쓴 위대한 책이며, 둘은 단지 사용하는 언어가 다를 뿐이다. 성경의 언어는 보통 사람들이 이해하기 쉽도록 해를 움직인다고 표현한 반면, ⓐ자연 세계는 그런 식의 조정이 필요하지 않기 때문에 지구가 움직이는 현상 그대로 나타난다는 것이다. 갈릴레오는 언어의 표현 방식이 다른 것을 도외시하고 실제 관측되는 자연 현상을 부정하는 것은 옳지 않다고 했다. 나아가 그는 천동설에 근거해 성경을 해석할 때 생기는 모순 또한 지적했다. 천동설에 따르면 태양 하나만 따로 움직일 수 없기 때문에, 여호수아는 태양 하나만이 아니라 모든 천체를 잠시 멈추게 해달라고 기도했어야 한다는 것이다.

## 066 윗글에 대한 이해로 가장 적절한 것은?

① 플라톤주의는 성경 내용에 비판적이었다.
② 목성의 위성의 존재는 천동설을 부정하는 근거이다.
③ 천동설에 따르면 태양만 개별적으로 움직일 수 있다.
④ 갈릴레오는 종교와 과학을 서로 배척하는 존재로 인식했다.
⑤ 갈릴레오는 수학의 원리를 종교의 방법론으로 사용해야 한다고 주장했다.

## 067 ㉠, ㉡에 들어갈 말로 적절한 것끼리 짝 지어진 것은?

|   | ㉠ | ㉡ |
|---|---|---|
| ① | 성경 | 아리스토텔레스 철학 |
| ② | 지동설 | 기독교 신앙 |
| ③ | 천동설 | 지동설 |
| ④ | 아리스토텔레스 철학 | 천동설 |
| ⑤ | 프톨레마이오스의 우주론 | 성경 |

## 068 ⓐ에 대한 평가로 적절하지 않은 것은?

① 아리스토텔레스에 따르면 움직임이 일어나는 공간이다.
② 갈릴레오에 따르면 지구의 모습 그대로가 나타난 것이다.
③ 가톨릭교회의 입장에 따르면 부동의 원동자가 작동시킨다.
④ 갈릴레오에 따르면 성경과 동일한 표현 방식으로 구현된다.
⑤ 갈릴레오 입장에서 보면 관측되는 현상으로 인정해야 한다.

[069~072] 다음 글을 읽고 물음에 답하시오.

　　법전이라고 하면 법령을 모아 놓은 법령집이나 법규집으로 아는 경우가 많다. 그러나 법전은 그런 의미 이상으로 아니, 그와는 근본적으로 다른 개념으로도 이해할 필요가 있다. 법전은 책이 아니라 법이라는 인식이다. 법들 가운데서도 매우 중요한 법률을 지칭한다. 법전(Code)이란, 일정한 법 영역을 하나의 완결된 체계로 규율하기 위하여 폭넓게 망라된 내용으로 제정된 중요 성문법을 말한다. 그래서 특별히 '전(典)' 자를 붙인 것이기도 하다. 그러므로 법 중에서도 법전인 것이 있고, 아닌 것이 있다.

　　시중에는 『세법전』, 『노동법전』 등을 찾아볼 수 있다. 그런데 실은 세법이나 노동법이라는 이름의 법률은 없다. 자주 입에 오르내리는 행정법도 그런 제목의 법률 자체는 있지 않다. 세법이라는 것은 세금과 관련된 여러 법령들을 통칭하는 말이다. 곧, 국세기본법을 필두로 하여, 소득세법, 법인세법, 부가가치세법, 지방세법, 국세징수법 등이 있고, 나아가 형사법에 속한다고 할 수 있는 조세범 처벌법, 조세범 처벌절차법 같은 것도 포함한다. 마찬가지로 노동법도 노동관계에 관한 법령들을 한데 묶어 이르는 말이다. 따라서 세법전, 노동법전은 　　㉠　　 할 수 있다.

　　과거에는 『육법전』, 『육법전서』라는 것도 있었다. 육법은 여섯 가지의 법을 가리킬 터인데, 헌법, 민법, 민사소송법, 형법, 형사소송법, 상법이다. 19세기 후반 일본에서 민법전을 비롯한 나폴레옹의 주요 법전들을 번역하고 거기에 새로 등장한 헌법을 추가하면서 붙여진 말이라 한다. 하필 이 여섯의 법을 따로 육법이라 했을까. 그것은 바로 이들이 법전이기 때문이다. 우리는 민법, 형법 등을 민법전, 형법전 하고 부르기도 하며, 그러한 용례에는 익숙해져 있다. 이 민법전, 형법전은 위에서 본 세법전, 노동법전과는 근본적으로 다른 것이다. 법령집이 아니라, 민사 또는 형사 전반을 체계적으로 규율하기 위하여 제정된 법률인 민법과 형법을 특별하게 부르는 것이다.

　　옛날부터 법전의 제정이 있었다. 국사 시간에 배운 『경국대전』은 조선 왕조가 통치의 근간으로 삼아 영원토록 시행할 목적을 가지고 당시까지의 법 전통과 법제 유산을 총정리한 바탕에서 체계적으로 최종 성립하여 공포한 통일적 법체계다. 이 법제를 『경국대전』이라는 제목의 책에 실어 반포하였으니, 널리 알리고자 한 것은 바로 그렇게 확정한 조선의 근본 규범인 것이다. 『경국대전』을 책이라고만 하게 되면 겉만 보고 ㉡실질을 표현하지 못하는 것이라 하겠다. 육법의 유래가 되는 나폴레옹의 법전들 또한 시민 혁명의 정신을 구현하기 위한 새로운 법체계를 성립하기 위한 노력으로 제정된 법이다. 그 여러 법전 가운데 민법전은 가장 일찍 1804년에 완성되었고, 프랑스 시민 생활을 총체적으로 규율하는 일반법으로 만들어진 것이다.

　　나폴레옹 법전은 자유, 평등으로 대변되는 근대 이성이 반영되어 있는 혁신적인 모범 법전으로 받아들여졌다. 곧, 법 앞에서의 평등 원칙 아래, 근대 민법의 3원칙이라 할 계약 자유, 소유권 존중, 과실 책임의 사상이 담겨 있으며, 정교 분리와 세속적 경제 활동의 자유 등이 그에 배어 있었다. 이는 여러 나라들에서는 근대 법전을 제정하는 동력이 되었고, 심지어 나폴레옹 법전을 그대로 채택하여 쓰는 나라도 있었다. 나폴레옹 법전이 이성에 기반한 근대의 산물이라고는 하지만, 거기에 재료로 이용된 것에는 고유의 관습법에서 유래한 사항뿐만 아니라, 로마법에서 비롯하는 유럽 법 전통의 유산도 포함될 수밖에 없었다. 법은 역사적 산물이기도 하기 때문이다.

## 069 윗글에 대한 이해로 가장 적절한 것은?

① 우리 법제의 체계에서 법전은 법률로도, 책으로도 이해되어서는 안 되는 초월적 존재이다.
② 형사에 관한 법령은 형법전에 배정되어야 하므로 노동관계의 법전인 노동법전에는 실리지 않는다.
③ 근대 법전에 담긴 계약 자유, 과실 책임의 원칙은 역사적 산물이라기보다는 이성의 성과라 할 것이다.
④ 행정법이라는 명칭의 법률은 우리 국가 행정의 전반을 규율하는 주요한 것인데도 법전에는 들지 않는다.
⑤ 성문법이란 하나의 완결된 체계로 일정한 법 영역을 규율하기 위하여 폭넓게 망라하여 제정된 법을 말한다.

## 070 문맥을 고려할 때 ㉠에 들어갈 말로 가장 적절한 것은?

① 책으로서의 법전을 가리킨다고
② 근대 법전의 의미를 잘 드러낸다고
③ 특별히 '전(典)' 자를 붙이는 것이라고
④ 법령집과는 근본적으로 다른 개념이라고
⑤ 『육법전』과는 다른 것으로 이해되어야 한다고

## 071 ㉡의 의미로 적절하지 않은 것은?

① 『경국대전』은 성문법으로 제도의 완결된 구성을 갖추려 하였다.
② 『경국대전』은 조선 왕조가 통치의 근간으로 삼은 근본 규범을 담고 있다.
③ 『경국대전』은 서적으로서의 법전으로는 전해지지 않는다는 데 주목하여야 한다.
④ 『경국대전』은 새로운 법체계를 구현하려 한 데서 나폴레옹 법전과 공통점이 있다.
⑤ 『경국대전』은 체계적으로 정비한 통일 법전으로서 과거의 법 전통까지도 반영한다.

## 072 '나폴레옹 법전'에 대한 설명으로 적절하지 않은 것은?

① 상업 분야에서의 법을 하나의 완결된 체계로 규율하려는 법전까지 포함되어 있다.
② 민법전은 민사 영역에서 국민 생활의 질서를 잡는 데 근대 민법의 3원칙을 적용한다.
③ 시민 혁명의 정신을 구현하려는 목적이 있어서 자유, 평등의 사상을 담으려는 노력이 배어 있다.
④ 구습을 혁신한다는 법전이면서도 유럽에서 이루어진 법학 연구의 전통을 계승하는 모습이 보인다.
⑤ 시민 생활을 총체적으로 규율하는 법전을 시작으로 하여 마침내 육법으로 법전 체계를 완성하였다.

## [073~075] 다음 글을 읽고 물음에 답하시오.

금속과 합금 재료의 기계적 성질은 공학적인 구조 설계를 위해서 매우 중요하며 인장 실험으로부터 기계적 성질을 얻을 수 있다. 기계적 성질에는 탄성 계수, 0.2% 오프셋(off-set) 항복 강도, 극한 인장 강도가 있다.

이러한 기계적 성질은 인장 실험을 통해 알 수 있는데, 인장 실험은 재료를 힘을 가해 당기는 실험을 말한다. 금속이나 합금 재료에 인장력을 가하면 초기에는 탄성적으로 변형한다. 탄성적으로 변형한다는 것은 재료에 가하고 있던 인장력을 제거했을 때, 가한 힘을 받아 늘어났던 재료가 원래의 길이로 되돌아간다는 것을 의미한다. 금속과 합금의 최대 탄성 변형은 보통 0.5% 미만이며, 금속과 합금 재료의 응력과 변형률의 관계는 탄성 영역에서 직선의 관계를 갖는다. 따라서 힘이 가해지는 방향과 수직인 재료 단면의 단위 면적당 재료가 받는 힘인 응력은 변형률과 비례 상수의 곱으로 표현할 수 있으며 이때 비례 상수를 영률(Young's modulus)이라 한다. 이때 인장에 따른 재료의 변형률은 재료의 길이 변화량을 힘이 가해지기 전의 처음의 길이로 나눈 값으로 나타내거나 이를 백분율로 나타낸다. 응력은 재료에 가해지는 힘을 가해지는 힘의 방향의 수직 방향의 재료의 단면적으로 나눈 값으로 압력의 단위를 갖는다. 영률은 재료를 이루는 원자 간 결합 강도와 연관되어 있으며 영률이 클수록 재료가 견고하므로 같은 힘에서 변형이 잘 일어나지 않는다. 따라서 영률은 재료에 가해지는 힘에 대해 재료가 저항하는 정도를 의미한다.

항복 강도는 금속 또는 합금이 소성 변형을 시작하는 응력이다. 재료는 탄성 변형 영역 이상으로 변형시키면 재료에 가한 힘을 제거하여도 원래의 길이로 돌아가지 않는 변형을 하게 되는데 이를 소성 변형이라 한다. 응력과 변형률 관계의 그래프에서 탄성 변형이 끝나고 소성 변형이 시작되면 응력은 증가하나 기울기가 서서히 줄어들며 곡선 모양의 그래프가 얻어지므로 소성 변형이 시작되는 명확한 지점을 결정하기 어렵다. 따라서 항복 강도는 일정량의 소성 변형률에 해당하는 강도를 사용한다. 공학 설계에 있어서 일반적으로 0.2% 오프셋 항복 강도를 사용한다. 재료의 인장 실험에서 재료의 변형률과 응력을 각각 x축과 y축에 나타내었을 때, 변형률이 0.2%인 지점에서 영률과 같은 기울기로 직선을 그었을 때 직선이 그래프와 만나는 지점의 응력이 0.2% 오프셋 항복 강도가 된다. 0.2% 오프셋 항복 강도는 편의상 채택하여 사용하는 값이므로 다른 값을 기준으로 구할 수도 있다. 가령 영국과 같은 일부 나라에서는 0.1% 오프셋 항복 강도를 사용하며 변형률이 0.1%인 지점을 기준으로 한다는 점만이 0.2% 오프셋 항복 강도와 다를 뿐이다.

변형에 따른 응력 값은 오프셋 항복 강도를 넘어 어느 시점을 지나면 다시 감소하게 되는데 이는 금속이나 합금이 인장이 진행됨에 따라 재료가 갑자기 잘록해지는 네킹 현상이 일어나며 네킹 현상이 일어나면서 작은 힘에도 재료의 변형이 쉽게 일어나기 때문이다. 따라서 네킹 현상이 진행되면서 변형률과 응력의 그래프 선의 기울기가 음의 값을 가지게 된다. 이때 극한 인장 강도는 기울기가 양에서 음으로 바뀔 때의 응력의 값으로 정의된다.

## 073 윗글에 대한 설명으로 가장 적절한 것은?

① 특정 성질을 하위 개념으로 구분하고 각각의 의미를 설명하고 있다.
② 기본적인 이론을 제시하고 이에 기반한 과학적 성과를 알려 주고 있다.
③ 대립하는 두 방법의 개념을 설명하고 두 방법의 장단점을 비교하고 있다.
④ 동일한 개념이 달리 쓰이는 예를 들고 이에 대한 문제점을 제시하고 있다.
⑤ 질문을 통해 독자의 관심을 유도한 후 이에 대한 답의 형식으로 내용을 설명하고 있다.

## 074 윗글을 이해한 내용으로 가장 적절한 것은?

① 응력은 재료에 가해진 힘으로 힘과 같은 단위를 사용한다.
② 영률이 클수록 같은 재료가 응력에 대해 저항하는 정도가 크다.
③ 탄성 한계에 이르기 전의 변형에서는 영률은 변형률이 증가함에 따라 커진다.
④ 인장력을 증가시킬 때 재료의 변형에 따른 응력의 최댓값은 탄성 영역에서 나타난다.
⑤ 소성 변형에서는 탄성 변형에서와 달리 재료에 가하는 힘을 제거하면 재료가 본래의 길이로 돌아간다.

## 075 윗글을 바탕으로 〈보기〉를 탐구한 내용으로 적절하지 않은 것은?

**보기**

단면적이 A이며 처음 길이가 L인 원기둥 형태의 Z 금속을 가지고 힘(F)을 증가시키며 인장 실험을 수행하였다. 이때 변형률(△L/L)과 응력(F/A)의 관계를 측정하여 나타낸 것이 실선이다. 점 4에 해당하는 응력은 0.1% 오프셋 항복 강도이다.

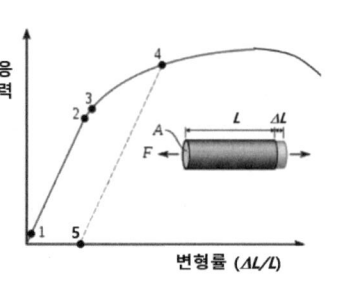

① 그래프의 점 5의 가로축 값은 0.001이다.
② Z 금속의 0.2% 오프셋 항복 강도는 0.1% 오프셋 항복 강도보다 작다.
③ 그래프의 최대 응력값을 보이는 변형률을 지나면서 네킹 현상이 생긴다.
④ 점 4와 점 5를 연결하는 직선의 기울기는 Z 금속의 원자 간 결합 강도와 연관이 있다.
⑤ Z 금속은 점 2의 가로축의 변형률보다 작은 변형률로 인장하였다가 힘을 제거하면 길이 L로 돌아간다.

## [076~078] 다음 글을 읽고 물음에 답하시오.

　고체상의 금속은 통상 고온의 용융상태에서 온도를 내려 응고시킴으로써 얻는다. 금속이 용융상태로부터 응고될 때, 원자들은 결정이라는 형태로 배열된다. 결정을 갖는 고체에서 원자의 규칙성은 작은 군의 원자들이 반복적인 패턴으로 배열되는 것을 의미한다. 따라서 결정 구조를 나타내기 위해 결정 구조를 단위정(unit cell)이라 부르는 작은 반복 단위로 나누는 것이 편리하다. 많은 종류의 금속의 단위정은 정육면체의 형태를 갖는다. 단위정을 설명할 때는 원자를 일정한 지름을 갖는 딱딱한 구로 간주한다. 이러한 접근을 원자구 모델이라고 하며, 원자를 나타내는 구가 최인접 원자와 서로 접하고 있다고 생각한다.

　정육면체의 결정 구조는 단순 입방, 체심 입방, 면심 입방의 세 가지로 나눌 수 있다. 금속의 성질은 결정 구조의 영향을 받는다. 가령 결정 구조에 따라 금속 재료의 밀도도 달라지며 기계적 성질 또한 영향을 받는다. 따라서 금속의 결정 구조를 이해하는 것이 금속 재료를 응용하는 데 기본이 된다. 금속 결정은 어떤 결정 구조를 가지느냐에 따라 단위정 안에 들어 있는 원자의

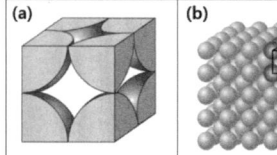
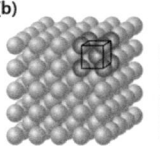
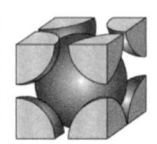

〈그림〉

수도 달라지며, 전체 부피 중에 원자가 차지하고 있는 부피와 원자가 없는 빈 공간의 비율도 달라진다. 단위정 안에 있는 원자의 수는 모서리에 있는 것은 1/8개, 면에 있는 것은 1/2개, 중심에 있는 것은 1개로 계산한다. 따라서 〈그림〉 (a)에 나타낸 단순 입방 구조의 단위정은 1개의 원자를 가짐을 알 수 있다. 단위정의 모서리의 길이를 격자 상수라 하며 단순 입방 구조의 격자 상수는 원자의 지름과 같다. 결정 구조가 갖는 다른 중요한 성질은 배위수와 원자 충진율이다. 결정에서 각 원자는 같은 개수의 접촉 원자를 가지고 있으며, 이 수를 배위수라고 하는데 단순 입방 구조의 배위수는 6이다. 원자 충진율은 원자구 모델을 가정하여 단위정에서 원자구가 차지하는 부피분율이며 단순 입방 구조의 원자 충진율은 0.52이다.

　단순 입방 구조를 가지는 원소는 반금속인 폴로늄(Po)뿐이며 폴로늄은 구조의 안정성이 매우 낮다. 반금속은 금속과 비금속의 중간의 성질을 가지는데 금속은 아니다. 금속은 가능한 한 조밀하게 충진되어 에너지가 낮은 구조를 가지려고 하는데, 단순 입방 구조는 체심 입방 구조나 면심 입방 구조에 비해 충진되는 정도가 매우 낮기 때문에 원자 간의 결합이

매우 약하다. 따라서 구조가 매우 불안정하여 쉽게 붕괴된다. 조밀하게 충진된 결정 구조일수록 더 낮고 안정된 에너지 상태이다. 따라서 금속은 단순 입방 구조를 갖지 않으며 많은 경우 체심 입방이나 면심 입방 구조를 갖는다.

〈그림〉(b)의 왼쪽과 오른쪽은 각각 체심 입방 구조를 갖는 금속의 원자구 모델에서 원자가 모여 있는 모습과 단위정을 나타내는데, 이러한 체심 입방 구조를 갖는 금속은 텅스텐, 철 등이 있다. 체심 입방 결정의 단위정은 2개의 원자를 갖게 된다. 또한 배위수가 8이며 원자 충진율도 0.68로 면심 입방 구조에 비해 매우 크다. 이와 달리 납, 니켈, 금 등은 원자가 육면체 단위정의 8개의 각 꼭짓점과 6면의 각 면에 위치하는 면심 입방 구조를 가지는데 이 경우 단위정 내의 원자 수도 체심 입방 결정에 비해 많으며 배위수 또한 크다. 또한 원자 충진율은 0.74인데 이는 같은 크기의 구를 쌓은 방법 중 가장 큰 원자 충진율이다. 어떤 금속은 온도에 따라 서로 다른 결정 구조를 갖는데 철(Fe)이 대표적이다. 이렇게 하나의 금속이 둘 이상의 결정 구조를 가지는 것을 동질이상 변태라 한다.

**076** 윗글을 통해 그 답을 확인할 수 있는 질문으로 적절하지 <u>않은</u> 것은?

① 크기가 다른 두 원소로 이루어진 합금의 결정 구조는?
② 많은 종류의 금속 결정이 갖는 단위정의 형태는?
③ 결정 구조가 영향을 주는 금속의 성질은?
④ 폴로늄의 구조가 안정성이 낮은 이유는?
⑤ 동질이상 변태를 보이는 금속의 예는?

**077** 윗글의 내용에 대한 이해로 가장 적절한 것은?

① 결정 구조가 조밀하게 충진될수록 더 높은 에너지를 갖는다.
② 어떤 금속은 온도에 따라 서로 다른 결정 구조를 가질 수 있다.
③ 폴로늄의 예에서 알 수 있듯이 단순 입방 구조를 가지는 금속이 있다.
④ 면심 입방 구조와 달리 단순 입방 구조의 단위정은 정육면체 형태이다.
⑤ 단순 입방 구조의 원자 충진율은 체심 입방 구조의 원자 충진율보다 크다.

**078** 윗글을 바탕으로 할 때, 〈보기〉의 면심 입방 구조에 대한 학생의 반응 중 적절한 것을 있는 대로 고른 것은?

> **보기**
> 
> Cu(구리)와 Al(알루미늄)의 결정 구조는 단위정을 오른쪽 그림과 같이 표현할 수 있으며 이는 면심 입방 구조이다. Cu의 격자 상수와 Al의 격자 상수는 각각 $3.61\times10^{-10}$m와 $4.05\times10^{-10}$m이다.
> 
> [학생 반응]
> ㄱ: Cu는 체심 입방 구조의 W(텅스텐)보다 더 조밀한 구조를 지닌다.
> ㄴ: Al이 갖는 결정 구조의 단위정은 4개의 원자를 갖는다.
> ㄷ: Cu의 원자 반지름이 Al의 원자 반지름보다 크다.
> ㄹ: Cu와 Al 모두 배위수는 12이다.

① ㄱ, ㄴ
② ㄴ, ㄹ
③ ㄱ, ㄴ, ㄹ
④ ㄴ, ㄷ, ㄹ
⑤ ㄱ, ㄴ, ㄷ, ㄹ

## [079~082] 다음 글을 읽고 물음에 답하시오.

근대 미학을 종합했던 칸트의 취미론에서 취향은 논의의 기본을 이룬다. 요컨대 취향이란 감각적인 성질로서의 미(美)를 파악하는 우리의 감관(感官)을 가리킨다. 취향의 능력을 활용해서 우리는 어떤 대상이 지닌 아름다움이나 그에 대한 선호를 지각하게 되는 것이다. 언뜻 보면 서로 무관한 것처럼 보이는 예술과 문화에 대한 선호에서도, 요리나 의복, 또는 실내장식의 선택에서도 일정한 경향성이 우리에게 있다는 것을 종종 발견하게 된다. 이는 취향을 구성하는 요소가 각각 분리되어 있는 것이 아니라 하나의 틀을 이루며 서로 연결되어 있음을 의미한다.

한편 ㉠부르디외는 취향이 계급의 지표로서 기능한다고도 주장한다. 사회적으로 공인된 예술 분야 그리고 각 예술의 장르와 유파들은 시대 및 소비자들의 사회적 위계와 서로 상응 관계를 보이기 때문이다. 말하자면 상층 계급일수록 사회적으로 높은 평가를 받는 취향을 지니고 있으며 하층 계급은 흔히 많은 사람들이 저급하다고 생각하는 취향을 지니고 있다는 것이다. 예를 들어 하층 계급의 구성원 중 클래식 음악에 심취해 있는 사람을 찾기란 쉽지 않으며 정기적으로 미술 전람회를 구경하거나 도서관을 방문하는 사람들도 거의 없다. 이들의 문화적 활동은 기껏해야 텔레비전을 보는 것이 대부분이다. 이런 상응 관계가 나타나는 이유는 취향의 형성 과정에서 계급 요인이 영향력을 절대적으로 발휘하기 때문이다.

여기서 부르디외는 교육 수준과 사회 계급에 상응하는 세 개의 취향 영역을 구분한다. 첫 번째 영역은 정통적 취향이다. 이 취향은 높은 교육 수준을 갖고 있는 사람들에게서 발견할 수 있다. 특히 학력 수준이 높은 지배 계급 분파의 성원들 사이에서 정통적 취향의 전형적 형태가 두드러진다. 우리가 '안목이 있다', '고급 취향을 가지고 있다'라고 할 때 염두에 두는 것들이 '정통적'이라 여겨지는 무엇이다. 이 취향은 칸트에 의해 확립된 부르주아 미학을 중심 원리로 삼는다. 두 번째는 중간 계급의 중간층 취향이다. 세 번째는 하층 계급의 대중적 취향이다. 이 마지막 취향은 학력 수준과 반비례하는 경향을 보인다. 대중들은 부르주아 취향을 대체로 무가치한 것으로 보며 실용적인 것에 더 높은 가치를 부여하는 성향을 보인다. 이때 일상적인 이해(利害)가 판가름의 주된 기준으로 작동한다. 예를 들자면 외식을 할 때 음식의 맛이나 외양, 식당의 분위기보다는 저렴한 가격과 많은 양을 더 중시하며, 옷을 구매할 때도 심미적 만족을 주는 디자인 요소보다는 재질의 튼튼함이나 활동의 편의성 등을 더 중시하는 모습을 보인다는 것이다.

계급과 취향을 연결하여 고찰하는 ㉡부르디외의 논의는 칸트가 정립한 부르주아 미학에 대한 비판을 함축하고 있다. 부르디외가 보기에 부르주아 미학은 보편적인 진리를 담고 있는 이론일 수 없는 것이었다. 안목이라고 흔히 일컫는 것은 그저 역사의 산물에 지나지 않는 것으로 교육에 의해 재생산되는 것일 따름이라는 게 그의 주장이다. 마찬가지로 부르주아적 예술 미학에서 강조되는 '순수한 응시' 또한 자율적인 예술 생산의 장(場), 즉 생산물의 생산과 소비 과정에 그 자체의 독특한 규범을 부과할 수 있는 영역이 본격적으로 등장하게 되었다는 역사적 사실에서 비롯된 하나의 발명품에 지나지 않는다.

이런 인식에서부터 부르디외는 감각의 취향과 반성의 취향, 안이한 쾌락과 순수한 쾌락에 대한 칸트적 이분법을 폐기하는 것으로 나아간다. 칸트는 진정한 미가 반성의 취향에 근거하고 있는 것이며 순수한 쾌락을 주는 것이라고 주장하지만 부르디외가 보기에 그것이야말로 특정한 계급의 취향을 절대화한 것에 불과하다는 것이다.

이처럼 부르디외는 전통적 예술의 권위가 근거하고 있는 이론적 시각을 해체하여 대중문화의 미학을 새롭게 정립할 수 있는 길을 열어 주었다고 할 수 있다. ⓐ 했기 때문이다.

## 079 ㉠의 견해로 가장 적절한 것은?

① 미에 관한 의식은 예술에 정통한 권위를 따라 형성된다.
② 미에 관한 의식은 부르주아 미학에 근거한 보편성을 갖는다.
③ 미에 관한 의식은 사회적 관계들을 주되게 반영하여 구성된다.
④ 미에 관한 의식은 교육과 학습에 구애받지 않도록 개선되어야 한다.
⑤ 미에 관한 의식은 모든 경험을 아우르는 세계에 대한 이해를 촉진한다.

## 080 ㉡의 관점으로 추론할 수 있는 내용으로 가장 적절한 것은?

① 상류층의 취향은 중간층이나 대중의 취향보다 더욱 훌륭해야 한다.
② 하층 계급은 클래식 음악이나 현대 추상 미술에 대한 식견을 가질 기회가 많다.
③ 가격이 저렴하고 양이 많은 음식을 선호하는 것은 올바른 미적 태도라 할 수 없다.
④ 감각적 쾌감을 멀리하고 반성적 고찰에 열중해야만 진정한 아름다움에 이른다고 여길 것이다.
⑤ 부르주아적 취향으로는 예술이 경제적인 면이나 실용적인 면과 대체로 무관하다고 바라볼 것이다.

## 081 윗글의 내용을 바탕으로 〈보기〉를 이해할 때 A와 B에 들어갈 단어로 적절한 것은?

**보기**

자본이란 이윤을 위해 생산 과정에 투입되는 자원을 본디 일컫는데 부르디외는 이 개념을 확장하여 A 안에서 도구화될 수 있는 모든 형태의 에너지를 아울러 가리키고자 한다. 만들어진 B 이(가) 취향 사이에 존재한다는 점은 특정 취향이 종종 A 에서 상당한 이점을 가져다준다는 사실로도 이어진다. 이는 취향을 이른바 '문화자본'으로 파악하는 근거가 된다.

① A 미학  B 경쟁
② A 위계  B 경쟁
③ A 경쟁  B 위계
④ A 경쟁  B 미학
⑤ A 미학  B 위계

## 082 윗글의 논지가 전개되는 맥락을 고려할 때 ⓐ에 들어갈 표현으로 가장 적절한 것은?

① 대중이 상층 계급의 안목을 익히도록 계몽하고 문화 상품에 고급 취향을 담아 대량으로 유통해야 한다고 주장
② 대중문화가 인쇄물, 라디오, 텔레비전 등 매체를 가리지 않고 폭발적으로 확산하여서 현대 문명을 새롭게 지배하게 되었다고 승인
③ 대중문화의 미학은 실용성을 중요하게 여기는 하층 계급의 취향에 부합하여서 아름다움 그 자체에 대한 진지한 고찰이 부재하다고 지적
④ 대중문화를 미적 성취가 미미한 저급으로 규정하는 일 자체가 당연하지 않다고 봄으로써 대중문화에 대한 가치 평가가 다시 이루어지게 유도
⑤ 예술 및 문화의 생산자와 소비자가 이미 심각하게 분리된 상황에서 대중이 소비자의 다수를 이루었고 그들의 취향이 대세라는 것을 강조

## [083~084] 다음 글을 읽고 물음에 답하시오.

### 2023년 2월 실내 수영장 운영 안내

□ 운영 방법: 수영 강습 회원과 자유 수영 회원으로 운영

| 수영 강습 회원 | ⊙ 자유 수영 회원 |
| --- | --- |
| 화요일~토요일 강습 | 시간대 자유 |

\* 수영 강습: 월 회원, 분기 회원
\* 자유 수영: 월 회원, 분기 회원, 일일 자유(매일 선착순 발권) 회원

□ 운영 시간
1) 강습 및 자유 수영: 화요일~토요일 06:00~21:00
2) 자유 수영: 일요일·공휴일 06:00~18:00

| 구분 | 이용 시간 | 입장(발권) 시간 | 퇴수 시간 | 퇴장 시간 |
| --- | --- | --- | --- | --- |
| 화요일~토요일<br>(강습·자유) | 새벽<br>(06:00~08:00) | 06:00~07:30 | 07:50 | 08:30 |
| | 점검 시간(08:00~09:00) | | | |
| | 오전<br>(09:00~12:00) | 09:00~11:30 | 11:50 | 12:30 |
| | 점검 시간(12:00~13:00) | | | |
| | 오후<br>(13:00~17:00) | 13:00~16:30 | 16:50 | 17:30 |
| | 점검 시간(17:00~18:00) | | | |
| | 저녁<br>(18:00~21:00) | 18:00~20:30 | 20:50 | 21:30 |

\* 퇴수 시간: 수영장 물에서 나오는 시간
\* 퇴장 시간: 탈의실에서 나오는 시간

- 입장(발권) 시간은 일일 자유 수영 기준이며, 강습 회원(정기 회원)은 강습 시작 30분 전부터 입장이 가능함.
- 퇴장 시간 1시간 전부터 입장이 제한됨.

□ 준수 사항
  안전한 수영장 이용을 위하여 아래 사항을 준수하여 주시기 바랍니다.
  1) 탈의실 내 마스크 착용, 탈의실 및 샤워장 내 대화 금지, 음식물 반입 금지 및 섭취 금지
  2) 입수 전 샤워 등 기본적인 에티켓 준수, 오리발 사용은 목요일, 금요일만 가능
  3) 물놀이 물품(공, 물총, 장난감 등) 반입 금지 및 공놀이 금지

**083** 윗글의 내용과 일치하는 것은?

① 공휴일에는 공놀이가 허용된다.
② 월요일에는 자유 수영만 할 수 있다.
③ 오리발 사용은 일주일 중 하루만 가능하다.
④ 사전에 허가를 받은 장난감은 반입할 수 있다.
⑤ 일일 자유 수영을 하고 싶다면 당일 선착순으로 발권해야 한다.

**084** 윗글을 바탕으로 할 때 ㉠의 수영장 이용 방법으로 적절하지 않은 것은?

① 공휴일에는 새벽 6시부터 입장할 수 있다.
② 토요일에는 오후 8시 30분부터 입장이 제한된다.
③ 새벽 시간 이용자는 오전 8시 30분까지 퇴장해야 한다.
④ 토요일 오후 시간에는 오후 5시 30분까지 퇴수해야 한다.
⑤ 수요일 오후에 수영하고 싶다면 늦어도 오후 4시 30분까지 입장해야 한다.

## [085~087] 다음 글을 읽고 물음에 답하시오.

### '만 나이'로 통일 … 최대 2살씩 어려진다

[장면1] 앵커:
㉠복잡한 우리나라 특유의 나이 계산법으로 나이를 따질 때 헷갈린 적이 있으시죠? 법적 나이를 '만 나이'로 일원화하는 법 개정안이 통과되었습니다. 올해 6월부터 민법과 행정 분야에서 나이를 따질 때 만 나이로 통일됩니다. ㉡이 소식을 김○○ 기자가 전해 드립니다.

[장면2] 김 기자:
국회가 법적 나이 규정을 만 나이로 정비한 이유는 우리가 관습적으로 쓰는 나이와 민법이 규정하고 있는 법적 나이가 일치하지 않기 때문입니다. 나이 계산법의 혼용으로 각종 행정 서비스 이용과 계약 체결 과정에서 혼선과 법적 다툼이 발생하기도 했습니다. ㉢□□시청에서 60살 이상을 채용한단 공고를 냈는데, 만으로 59살인 지원자가 자신이 왜 떨어졌냐며 강하게 항의한 사례도 있습니다.

[장면3] □□시청 관계자:
㉣지원자 분이 8월생이셨는데 저희는 공고를 2월에 냈거든요. 그래서 8월이 지나야 나이 요건이 충족되신다고 저희가 안내를 계속 했는데 납득을 못 하셨어요.

[장면4] 김 기자:
우리나라의 나이 기준은 우리가 관습적으로 쓰는 '세는 나이'와 민법 등에서 법적으로 규정한 '만 나이', 일부 법령이 적용하고 있는 '연 나이'의 세 가지입니다. 계산하는 방식에 따라 1~2살까지 차이가 났던 우리나라 특유의 나이 계산법은 국제적으로 통용되는 '만 나이'로 일원화됩니다.

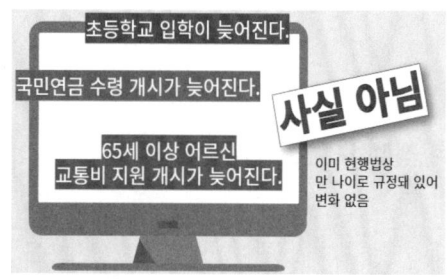

[장면5] 김 기자:
법적 나이가 만 나이로 일원화된다는 소식에 국민의 반응은 대체로 긍정적입니다. 한편, 온라인 일각에서는 올해 법 시행이 되면 ㉤'초등학교 입학이 늦어진다.', '국민연금 수령 개시가 늦어진다.', '65세 이상 어르신 교통비 지원 개시가 늦어진다.' 등의 큰 변화가 있을 것이라는 주장도 나오지만 사실이 아닙니다. 이미 현행법상 만 나이로 규정돼 있어 변화가 없기 때문입니다.
KBS뉴스 김○○입니다.

**085** 뉴스 보도에 사용된 정보 제시 전략으로 적절하지 않은 것은?

① [장면1]: 화면 하단에 자막으로 보도 내용의 요점을 제시하며 시청자의 핵심 내용 파악을 돕는다.
② [장면2]: 화면 한쪽 상단에 핵심 어구를 고정 제시하여 시청자의 뉴스 이해를 돕는다.
③ [장면3]: 관계자 인터뷰를 통해 보도하고 있는 뉴스에 현장감을 높인다.
④ [장면4]: 뉴스의 핵심 내용을 시각 자료로 요약하여 제시함으로써 시청자의 이해를 돕는다.
⑤ [장면5]: 화제와 관련된 외국의 사례를 제시함으로써 시청자가 비교·판단할 수 있도록 돕는다.

**086** 〈보기〉는 위 뉴스를 시청한 학생들의 휴대 전화 대화방의 내용이다. 학생들의 수용 태도에 대한 설명으로 적절하지 않은 것은?

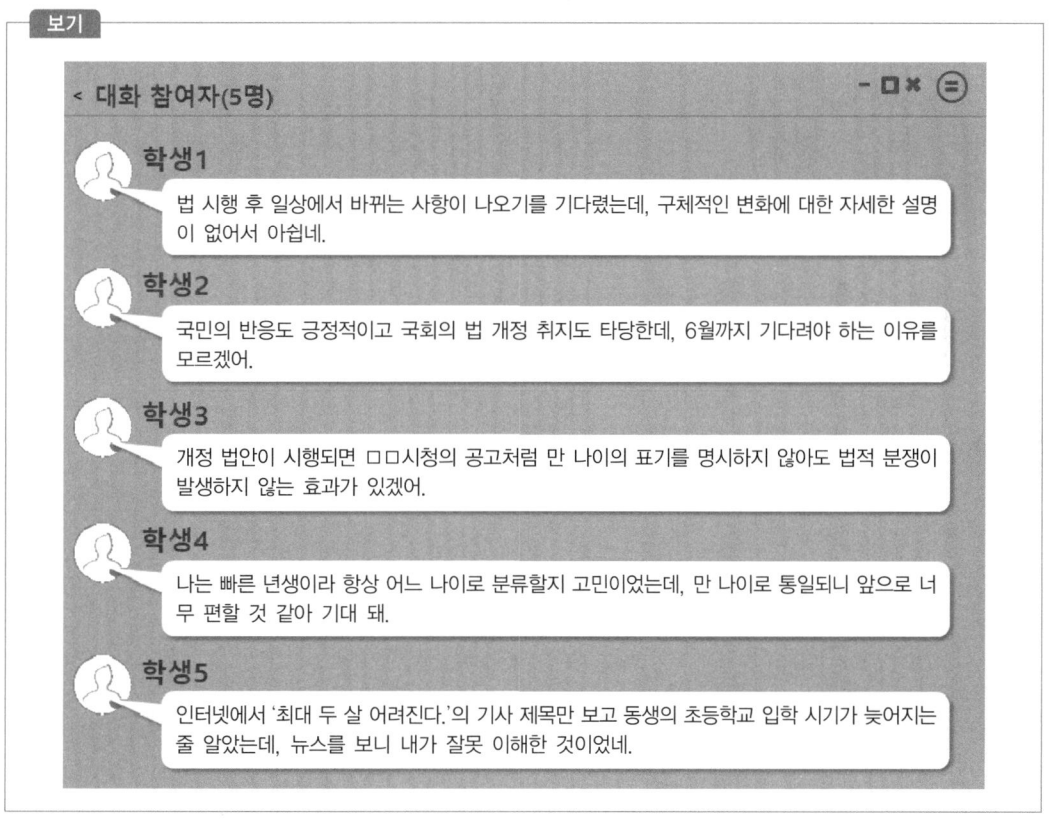

① 학생1: 보도 내용이 예상과 달리 충분하지 않음을 아쉬워하고 있군.
② 학생2: 일반 국민의 여론을 근거로 법 시행 자체에 의문을 나타내고 있군.
③ 학생3: 현실의 사례와 연관 지어 개정 법안의 기대효과를 언급하고 있군.
④ 학생4: 자신의 경험을 바탕으로 개정 법안을 긍정하고 있군.
⑤ 학생5: 보도 내용을 통해 잘못 이해하고 있던 사실을 바로잡고 있군.

**087** ㉠~㉤에 대한 설명으로 적절하지 않은 것은?

① ㉠: 핵심 화제와 관련된 질문을 도입 멘트로 설정함으로써 시청자의 관심을 유도한다.
② ㉡: 기자에게 말차례를 넘기는 내용 연결 표현을 사용함으로써 시청자에게 뉴스의 흐름을 안내한다.
③ ㉢: 이어지는 장면에서 제시될 인터뷰의 내용을 소개함으로써 시청자의 내용 예측을 돕는다.
④ ㉣: 인터뷰 대상자의 발언을 구어적 형태 그대로 제시함으로써 보도 내용의 객관성을 높인다.
⑤ ㉤: 기자의 말을 통해 전문가의 자문 내용을 소개함으로써 보도 내용의 신뢰성을 높인다.

[088~090] 다음 글을 읽고 물음에 답하시오.

○○지방 산림청 고시 제2023-00호

## 2023년 입산 통제 구역 및 등산로 통제 구간 지정 고시

『산림보호법』 제15조 및 동법 시행 규칙 제13조 규정에 의하여 산불 예방, 자연 경관 유지, 자연환경 보전, 기타 산림 보호를 위해 다음과 같이 입산 통제 구역 및 등산로 통제 구간을 지정·고시합니다.

2023.1.1.
○○지방산림청장

1. 통제 기간 및 내용

   산불 조심 기간(2.1.~5.15. / 11.1.~12.15.) 중 다음과 같이 입산 통제 구역 및 등산로 통제 구간을 지정
   
   가. 입산 통제 구역 및 등산로 관리
   - 입산 통제 구역: 37,520ha(전체 산림 면적 130,888ha의 29%)
   - 등산로 통제 구간: 52노선 192.8km 중 7노선 28.3km 폐쇄
   
   나. ㉠입산 통제 구역 및 등산로 통제 구간 지정
   - 입산 통제 구역(일부)

   | 관리 기관 | 권역명 | 구역 면적(ha) | 비고 |
   | --- | --- | --- | --- |
   | A 관리소 | 천등산 | 636 | 산불취약지 |
   | B 관리소 | 구병산 | 490 | 국립공원 |
   | C 관리소 | 말티재 | 283 | 자연휴양림 |
   | D 관리소 | 장항골 | 64 | 산불취약지 |

   - 등산로 통제 구간(일부)

   | 관리 기관 | 권역명 | 등산로 구간 | 거리(km) |
   | --- | --- | --- | --- |
   | A 관리소 | 백두대간 | 조항산~고모치 | 2.0 |
   | B 관리소 | 일락산 | 주차장~일락산 | 6.3 |
   | C 관리소 | 말티재 | 말티재 자연휴양림~말티재 정상 | 2.5 |
   | D 관리소 | 사랑산 | 용추폭포~사랑산 정상 | 2.2 |

2. 입산 통제 구역에 입산을 하고자 할 때에는 『산림보호법』 제15조 제3항에 따라 입산 허가 신청서를 관할 국유림관리소장에게 제출하여야 한다.

3. 그러나 다음 각 호의 경우에는 ⓒ허가 없이 입산할 수 있다.
   가. 조림, 벌채 등 산림 사업을 위한 입산
   나. 산불 방지, 병해충 방제를 위한 입산
   다. 군 및 예비군의 훈련 업무 수행을 위한 입산
   라. 성묘를 위한 입산
   마. 문화재 보존, 관리를 위한 입산

**088** 윗글을 이해한 내용으로 옳은 것은?

① 1월 1일부터 입산이 통제된다.
② 등산로의 전체 노선이 폐쇄될 예정이다.
③ 입산 통제 구역은 전체 산림 면적의 30%가 넘는다.
④ 산불 조심 기간이 변경된다면 입산 통제 기간도 변경될 수 있다.
⑤ 입산 통제 구간에 들어가려면 관할 경찰서에 사전 신고해야 한다.

**089** 윗글을 바탕으로 할 때, ㉠에 대한 반응으로 옳지 않은 것은?

① 말티재는 입산과 등산로 모두 통제 구간이 있군.
② 장항골에서는 입산 통제되는 면적이 60ha가 넘는군.
③ B 관리소가 관리하는 구역 중에는 국립공원이 포함되어 있군.
④ 입산 통제 구역을 지정할 때는 산불 취약지인가가 고려되는군.
⑤ 일락산과 사랑산의 등산로 통제 구간을 합하면 10km가 넘는군.

**090** 윗글을 바탕으로 할 때 ⓒ에 해당하는 경우로 적절하지 않은 것은?

① 산속 부모님 묘지에 성묘하고자 하는 A 씨
② 산림의 해충을 막기 위해 방제 작업을 맡은 B 씨
③ 국유림 조성 사업을 위해 나무를 베는 업무를 맡은 C 씨
④ 산속에 군사 훈련을 위한 차폐물 설치 임무를 맡은 D 씨
⑤ 문화재로 지정된 산속 보호수 사진 촬영을 위해 방문한 E 씨

## 국어 문화  091번~100번

**091** 〈보기〉에서 설명하는 문학 작품은?

> **보기**
> 이 작품은 병자호란이라는 역사적 사실을 배경으로 한 영웅 소설이다. 여성이 주인공으로 등장하여 나라의 위기를 극복하는 이야기를 통해 실제 전쟁에서 느낀 패배 의식에서 벗어나 민족적 자긍심을 고취하려는 의도가 반영되었다.

① 박씨전  ② 심청전  ③ 유충렬전
④ 춘향전  ⑤ 홍길동전

**092** 〈보기〉에서 설명하는 문학 작품은?

> **보기**
> 최인훈이 지은 장편 소설로, 주인공 이명준을 통하여 남북 간 이데올로기의 대립 속에서 고통받고 갈등하는 지식인상을 보여 준 작품이다. 우리나라 현대 소설에서 금기시되어 온 이데올로기와 남북 분단의 비극을 정면으로 다루었다는 점에서 의의가 있다.

① 광장  ② 탈출기  ③ 천변풍경
④ 표본실의 청개구리  ⑤ 난장이가 쏘아 올린 작은 공

**093** 〈보기〉에서 설명하는 작가는?

> **보기**
> 그는 신석정과 김광균의 특성을 고루 갖춘 시인으로 평가된다. 그의 시는 전반적으로 전원적·서정적 제재를 현대적 감성으로 노래한 이미지스트의 경향을 지닌다. 농촌의 감수성을 바탕으로 하고 동심과 감상적 서정을 지닌 점에서는 신석정과 통하고, 대상을 이미지화한 점에서는 김광균 등의 모더니스트와 맥을 같이한다. 1937년에 발간된 첫 시집 『양羊』에는 「달·포도·잎사귀」 등 모더니즘적인 신선한 감각을 풍기는 작품들이 수록되어 있다.

① 김상용  ② 백석  ③ 이용악
④ 장만영  ⑤ 정지용

**094** 〈보기〉는 일제 강점기 신문에 게재된 연극 광고이다. 이에 대한 설명으로 적절하지 않은 것은?

> **보기**
>
> **재만 동포 구제(在滿同胞救濟) 음악 연극 대회**
> 경남 김해군에서는 재만 동포(在滿同胞) 옹호(擁護) 문제에 대하야 누누히 대책을 강구하고저 하얏스나 당지(當地) 경찰의 금지로 아모것도 하지 못하고 잇든 바 금번에는 김해 청년 동맹 김해 농민 연맹의 합동 주최와 본보 김해 지국, 재외 김해 학생 학우회 후원으로 음악 연극 대연주회를 개최하야 그 수입으로 경성(京城) 재만 동포 옹호 동맹(在滿同胞擁護同盟)으로 보내여 만주 동포 구제(救濟)에 보태 쓰도록 한다는데 재만 동포 구제 음악 연극 대연주회 개최시일 급(及) 장소는 여좌(如左)하다더라.
> — 『동아일보』 1928년 1월 4일 자

① 김해군에서 재만 동포에 대한 대책을 여러 번 마련하고자 하였다.
② 재만 동포에 대한 지원은 그동안 현지 경찰에 의한 방해로 이루어지지 못했다.
③ 음악 연극 대연주회는 합동 주최로 열린다.
④ 음악 연극 대연주회의 수입은 김해에서 만주로 직접 전달한다.
⑤ 음악 연극 대연주회는 재외 김해 학생 학우회가 후원한다.

**095** ㉠~㉤의 의미로 적절하지 않은 것은?

> **보기**
>
> 일일은 좌수(座首) 외당(外堂)으로브터 드러와 녀ᄋ(女兒) 형졔(兄弟)의 거동(擧動)을 ㉠숣혀본즉, 녀ᄋ 형졔 셔로 손을 잡고 슯흠을 머금고 눈물을 흘녀 옷깃슬 젹시거늘, 좌슈 크게 자닝히 녁여 탄식(歎息)ᄒ고 ㉡닉념(內念)에 싱각ᄒ기를, '이는 반다시 뎌의 모친(母親)을 싱각ᄒ고 슬퍼홈이로다.'ᄒ고, 또ᄒ 눈물을 머금고 위로ᄒ야 갈아듸, "너의가 이럿틋 쟝셩(長成)ᄒ얏스니, 너의 모친이 살아더면 오작 깃버하깃느냐만은, ㉢명도(命途) 긔구(崎嶇)ᄒ야 ㉣사오ᄂ온 사름을 맛는 박딕(薄待) 틱심(太甚)ᄒ니, 너의가 슬퍼홈을 보면 내 마암이 또ᄒ 견듸기 어려우니 아모조록 안심(安心)ᄒ야 지닉되, 만일 다시 학딕(虐待)ᄒ는 일이 잇스면 내 ㉤맛당이 쳐치(處置)ᄒ야 너의 마음을 편케 하리라."
> — 「장화홍련전」

① ㉠숣혀본즉: 살펴본즉    ② ㉡닉념(內念): 마음속
③ ㉢명도(命途): 운명    ④ ㉣사오ᄂ온: 새로운
⑤ ㉤맛당이: 마땅히

## 096 〈보기〉의 『훈민정음』 서문에서, ㉠~㉤에 대한 설명으로 적절하지 않은 것은?

> **보기**
>
> 나랏 말쏘미 中國에 ㉠달아 文字와로 서로 스뭇디 아니홀씨 이런 젼ᄎ로 어린 百姓이 ㉡니르고져 홇 배 ㉢이셔도 ᄆᆞᄎᆞᆷ내 제 ᄠᅳ들 시러 펴디 몯홇 노미 하니라. 내 이ᄅᆞᆯ 爲ᄒᆞ야 어엿비 ㉣너겨 새로 스믈여듧 字ᄅᆞᆯ 밍ᄀᆞ노니 사ᄅᆞᆷ마다 ᄒᆡ여 수비 ㉤니겨 날로 ᄡᅮ메 便安킈 ᄒᆞ고져 홇 ᄯᆞᄅᆞ미니라.

① ㉠: '다ᄅᆞ다'의 활용형으로, 이에 대응하는 현대국어 '다르다'의 활용형은 '달라'이다.
② ㉡: '니르다'의 활용형으로, 이에 대응하는 현대국어 '이르다'의 활용형은 '이르고자'이다.
③ ㉢: '이시다'의 활용형으로, 이에 대응하는 현대국어 '있다'의 활용형은 '있어도'이다.
④ ㉣: '너기다'의 활용형으로, 이에 대응하는 현대국어 '여기다'의 활용형은 '여겨'이다.
⑤ ㉤: '닉다'의 활용형으로, 이에 대응하는 현대국어 '익히다'의 활용형은 '익혀'이다.

## 097 〈보기〉는 남북의 어문 규범 차이를 설명한 자료이다. ㉠의 표기와 발음이 남과 북 모두 올바른 것은?

> **보기**
>
> "한글 맞춤법"과 "조선말 규범집"에서는 어원이 분명한지 여부를 기준으로 복합어의 구성 성분을 밝혀서 적도록 하고 있다. 그런데 개별 단어에 적용하는 과정에서 차이가 나타나는 경우가 있어서 ㉠'성년기에 어금니가 난 다음에 맨 안쪽에 새로 나는 작은 어금니'를 의미하는 단어는 발음은 남과 북이 동일하지만 소리 나는 대로 적는 남과 어원을 밝혀 적는 북의 표기에서는 차이가 나타난다.

| | 남 | 북 |
|---|---|---|
| ① | 사랑이[사랑이] | 사랑니[사랑니] |
| ② | 사랑이[사랑이] | 사랑이[사랑이] |
| ③ | 사랑니[사랑니] | 사랑니[사랑니] |
| ④ | 사랑니[사랑니] | 사랑이[사랑이] |
| ⑤ | 사랑니[사랑니] | 사랑이[사랑니] |

**098** 〈보기〉를 바탕으로 할 때 점자 표기가 올바르지 <u>않은</u> 것은?

보기

된소리 글자 'ㄲ, ㄸ, ㅃ, ㅆ, ㅉ'이 첫소리 자리에 쓰일 때에는 각각 'ㄱ, ㄷ, ㅂ, ㅅ, ㅈ' 앞에 된소리 표(⠀)를 적어서 나타낸다.

| 자음(초성) | ㄱ | ㄷ | ㅂ | ㅅ | ㅈ | 모음 | ㅏ | ㅐ | ㅕ | ㅗ | ㅣ |
|---|---|---|---|---|---|---|---|---|---|---|---|

* 'ㅇ'이 첫소리 자리에 쓰일 때에는 이를 표기하지 않는다.

① 새끼　　② 소뼈
③ 아씨　　④ 이때
⑤ 찌개

**099** 〈보기〉의 법률 문장에서 밑줄 친 부분을 수정한 것으로 가장 적절한 것은?

보기

• 행사할 목적으로 타인의 자격을 <u>모용(冒用)</u>하여 권리·의무 또는 사실증명에 관한 문서 또는 도화를 작성한 자는 5년 이하의 징역 또는 1천만원 이하의 벌금에 처한다. (형법)

① 도용하여　　② 모방하여　　③ 선택하여
④ 임차하여　　⑤ 처분하여

**100** 〈보기〉에서 드러나는 스포츠 중계방송 언어의 특성으로 올바르지 <u>않은</u> 것은?

> **보기**
> 진행자: 이야, 지금 가장 인기가 높지요! 오늘 경기에서는 큰 주목을 받고 있는 바로 그 두 선수가 양 팀의 선발 투수로 라인업되어 있습니다.
> 해설자: 전형적으로 파워 피처와 피네스 피처의 대결로 보여지는데요. 머, 팀별로 특색이 있지만 이번 시합에서는 공수 밸런스 면도 잘 살펴봐야 할 것 같습니다.
> 진행자: 말씀하시는 순간 경기가 시작되었습니다. 첫 타석에 ○○○ 선수가 들어섰습니다.
> 해설자: 이 선수가 요즘 아주 성적이 참 좋아요. 특히 애티튜드 같은 점에서도 극찬을 받고 있구요.

① 외국어 전문 용어가 사용되고 있다.
② 강조 표현을 위한 부사가 사용되고 있다.
③ 구어적인 감탄사와 어미가 사용되고 있다.
④ 특정 상황에 대한 즉각적인 발화가 나타나 있다.
⑤ 중계의 생동감을 높이기 위해 이중피동을 사용하고 있다.

[ 확인 사항 ]
● 문제지와 답안지에 필요한 내용을 정확히 적었는지 확인하십시오.

수고하셨습니다.

# 업계 최초 대통령상 3관왕, 정부기관상 19관왕 달성!

2010 대통령상    2019 대통령상    2019 대통령상

대한민국 브랜드대상 국무총리상 / 국무총리상 / 문화체육관광부 장관상 / 농림축산식품부 장관상 / 과학기술정보통신부 장관상 / 여성가족부장관상

서울특별시장상 / 과학기술부장관상 / 정보통신부장관상 / 산업자원부장관상 / 고용노동부장관상 / 미래창조과학부장관상 / 법무부장관상

- **2004**
  **서울특별시장상** 우수벤처기업 대상

- **2006**
  **부총리 겸 과학기술부장관 표창** 국가 과학 기술 발전 유공

- **2007**
  **정보통신부장관상** 디지털콘텐츠 대상
  **산업자원부장관 표창** 대한민국 e비즈니스대상

- **2010**
  **대통령 표창** 대한민국 IT 이노베이션 대상

- **2013**
  **고용노동부장관 표창** 일자리 창출 공로

- **2014**
  **미래창조과학부장관 표창** ICT Innovation 대상

- **2015**
  **법무부장관 표창** 사회공헌 유공

- **2017**
  **여성가족부장관상** 사회공헌 유공
  **2016 합격자 수 최고 기록** KRI 한국기록원 공식 인증

- **2018**
  **2017 합격자 수 최고 기록** KRI 한국기록원 공식 인증

- **2019**
  **대통령 표창** 범죄예방대상
  **대통령 표창** 일자리 창출 유공
  **과학기술정보통신부장관상** 대한민국 ICT 대상

- **2020**
  **국무총리상** 대한민국 브랜드대상
  **2019 합격자 수 최고 기록** KRI 한국기록원 공식 인증

- **2021**
  **고용노동부장관상** 일·생활 균형 우수 기업 공모전 대상
  **문화체육관광부장관 표창** 근로자휴가지원사업 우수 참여 기업
  **농림축산식품부장관상** 대한민국 사회공헌 대상
  **문화체육관광부장관 표창** 여가친화기업 인증 우수 기업

- **2022**
  **국무총리 표창** 일자리 창출 유공
  **농림축산식품부장관상** 대한민국 ESG 대상

# 에듀윌 KBS한국어능력시험
# 1년 6회분을 다 담은
# 통기출 600제 ❷

## 한 권에 가장 많은 기출을 수록한 KBS 공식 인증 기출문제집!

**1** 많이 풀수록 점수는 UP! 1년 6회분 기출을 통째로 담은 600제 수록
  산출근거 YES24 국어 외국어 사전 한국어 능력시험 분야 최다 문항 수록 기출문제집 (2024년 8월 20일 기준)

**2** 기출분석을 토대로 상세한 해설과 오답풀이 제공
  상세한 해설을 통해 아는 내용은 반복 확인, 부족한 부분은 추가 학습!

**3** 기출의 모든 것을 분석한 기출 해설 무료특강 제공
  출제 경향 및 기출의 핵심포인트를 짚어 주는 제76회~71회 기출 해설 특강 무료 제공
  수강경로 에듀윌 도서몰(book.eduwill.net) ▶ 동영상강의실 ▶ KBS 검색

2023, 2022, 2021 대한민국 브랜드만족도 KBS한국어능력시험 교육 1위 (한경비즈니스)
2020, 2019 한국브랜드만족지수 KBS한국어능력시험 교육 1위 (주간동아, G밸리뉴스)

### 고객의 꿈, 직원의 꿈, 지역사회의 꿈을 실현한다

**펴낸곳** (주)에듀윌  **펴낸이** 양형남  **출판총괄** 오용철  **에듀윌 대표번호** 1600-6700
**주소** 서울시 구로구 디지털로 34길 55 코오롱싸이언스밸리 2차 3층  **등록번호** 제25100-2002-000052호
협의 없는 무단 복제는 법으로 금지되어 있습니다.

**에듀윌 도서몰**
book.eduwill.net
• 부가학습자료 및 정오표: 에듀윌 도서몰 > 도서자료실
• 교재 문의: 에듀윌 도서몰 > 문의하기 > 교재(내용, 출간) / 주문 및 배송

# 에듀윌 KBS 한국어능력시험 1년 6회분을 다 담은 통기출 600제 ②

한국어능력시험 브랜드만족도 **1위**

2023 대한민국 브랜드만족도
KBS한국어능력시험 교육 1위
(한경비즈니스)

제76, 75, 74, 73, 72, 71회

**해설북**

KBS한국어진흥원 지음

KBS 공식인증 기출문제집

## KBS한국어진흥원 X 에듀윌
## 가장 많은 기출과 함께 목표 등급 달성! 산출근거 후면표기

# 제76회 빠른 정답 확인

| 문항번호 | 정답 | 문항번호 | 정답 | 문항번호 | 정답 | 문항번호 | 정답 | 문항번호 | 정답 |
|---|---|---|---|---|---|---|---|---|---|
| 1 | ② | 21 | ④ | 41 | ③ | 61 | ③ | 81 | ④ |
| 2 | ⑤ | 22 | ③ | 42 | ③ | 62 | ④ | 82 | ⑤ |
| 3 | ④ | 23 | ① | 43 | ① | 63 | ② | 83 | ④ |
| 4 | ④ | 24 | ⑤ | 44 | ② | 64 | ⑤ | 84 | ④ |
| 5 | ② | 25 | ② | 45 | ① | 65 | ⑤ | 85 | ③ |
| 6 | ⑤ | 26 | ④ | 46 | ④ | 66 | ⑤ | 86 | ③ |
| 7 | ① | 27 | ② | 47 | ⑤ | 67 | ③ | 87 | ④ |
| 8 | ① | 28 | ⑤ | 48 | ⑤ | 68 | ② | 88 | ④ |
| 9 | ② | 29 | ① | 49 | ① | 69 | ② | 89 | ⑤ |
| 10 | ③ | 30 | ⑤ | 50 | ② | 70 | ③ | 90 | ③ |
| 11 | ③ | 31 | ④ | 51 | ⑤ | 71 | ② | 91 | ④ |
| 12 | ④ | 32 | ④ | 52 | ② | 72 | ① | 92 | ③ |
| 13 | ① | 33 | ⑤ | 53 | ④ | 73 | ① | 93 | ④ |
| 14 | ③ | 34 | ② | 54 | ④ | 74 | ⑤ | 94 | ③ |
| 15 | ⑤ | 35 | ④ | 55 | ⑤ | 75 | ③ | 95 | ② |
| 16 | ② | 36 | ② | 56 | ① | 76 | ⑤ | 96 | ⑤ |
| 17 | ③ | 37 | ⑤ | 57 | ② | 77 | ⑤ | 97 | ④ |
| 18 | ③ | 38 | ④ | 58 | ① | 78 | ④ | 98 | ④ |
| 19 | ⑤ | 39 | ③ | 59 | ④ | 79 | ④ | 99 | ③ |
| 20 | ① | 40 | ④ | 60 | ② | 80 | ③ | 100 | ⑤ |

# 제75회 빠른 정답 확인

| 문항번호 | 정답 | 문항번호 | 정답 | 문항번호 | 정답 | 문항번호 | 정답 | 문항번호 | 정답 |
|---|---|---|---|---|---|---|---|---|---|
| 1 | ① | 21 | ④ | 41 | ① | 61 | ④ | 81 | ② |
| 2 | ⑤ | 22 | ② | 42 | ④ | 62 | ③ | 82 | ③ |
| 3 | ③ | 23 | ① | 43 | ③ | 63 | ⑤ | 83 | ⑤ |
| 4 | ⑤ | 24 | ⑤ | 44 | ④ | 64 | ⑤ | 84 | ② |
| 5 | ③ | 25 | ② | 45 | ① | 65 | ④ | 85 | ② |
| 6 | ② | 26 | ⑤ | 46 | ① | 66 | ⑤ | 86 | ④ |
| 7 | ④ | 27 | ④ | 47 | ⑤ | 67 | ⑤ | 87 | ③ |
| 8 | ⑤ | 28 | ⑤ | 48 | ④ | 68 | ② | 88 | ④ |
| 9 | ① | 29 | ③ | 49 | ④ | 69 | ④ | 89 | ③ |
| 10 | ④ | 30 | ⑤ | 50 | ⑤ | 70 | ① | 90 | ② |
| 11 | ④ | 31 | ④ | 51 | ⑤ | 71 | ⑤ | 91 | ③ |
| 12 | ③ | 32 | ① | 52 | ② | 72 | ② | 92 | ① |
| 13 | ② | 33 | ② | 53 | ③ | 73 | ③ | 93 | ③ |
| 14 | ④ | 34 | ① | 54 | ③ | 74 | ④ | 94 | ② |
| 15 | ⑤ | 35 | ① | 55 | ③ | 75 | ③ | 95 | ⑤ |
| 16 | ④ | 36 | ② | 56 | ② | 76 | ④ | 96 | ④ |
| 17 | ② | 37 | ① | 57 | ④ | 77 | ⑤ | 97 | ① |
| 18 | ③ | 38 | ③ | 58 | ⑤ | 78 | ② | 98 | ① |
| 19 | ③ | 39 | ⑤ | 59 | ④ | 79 | ⑤ | 99 | ③ |
| 20 | ① | 40 | ② | 60 | ① | 80 | ④ | 100 | ② |

# 제74회 빠른 정답 확인

| 문항번호 | 정답 | 문항번호 | 정답 | 문항번호 | 정답 | 문항번호 | 정답 | 문항번호 | 정답 |
|---|---|---|---|---|---|---|---|---|---|
| 1 | ③ | 21 | ① | 41 | ⑤ | 61 | ① | 81 | ⑤ |
| 2 | ④ | 22 | ② | 42 | ④ | 62 | ① | 82 | ① |
| 3 | ⑤ | 23 | ② | 43 | ⑤ | 63 | ① | 83 | ③ |
| 4 | ② | 24 | ⑤ | 44 | ③ | 64 | ③ | 84 | ② |
| 5 | ① | 25 | ① | 45 | ⑤ | 65 | ⑤ | 85 | ② |
| 6 | ⑤ | 26 | ⑤ | 46 | ① | 66 | ④ | 86 | ③ |
| 7 | ③ | 27 | ⑤ | 47 | ④ | 67 | ⑤ | 87 | ③ |
| 8 | ② | 28 | ② | 48 | ④ | 68 | ④ | 88 | ④ |
| 9 | ② | 29 | ④ | 49 | ④ | 69 | ⑤ | 89 | ⑤ |
| 10 | ③ | 30 | ③ | 50 | ① | 70 | ② | 90 | ③ |
| 11 | ② | 31 | ② | 51 | ② | 71 | ③ | 91 | ① |
| 12 | ③ | 32 | ⑤ | 52 | ⑤ | 72 | ④ | 92 | ① |
| 13 | ③ | 33 | ① | 53 | ③ | 73 | ③ | 93 | ④ |
| 14 | ③ | 34 | ① | 54 | ④ | 74 | ② | 94 | ③ |
| 15 | ④ | 35 | ④ | 55 | ③ | 75 | ③ | 95 | ② |
| 16 | ④ | 36 | ③ | 56 | ③ | 76 | ⑤ | 96 | ③ |
| 17 | ③ | 37 | ② | 57 | ⑤ | 77 | ④ | 97 | ① |
| 18 | ③ | 38 | ④ | 58 | ④ | 78 | ② | 98 | ④ |
| 19 | ② | 39 | ④ | 59 | ① | 79 | ① | 99 | ⑤ |
| 20 | ⑤ | 40 | ⑤ | 60 | ③ | 80 | ⑤ | 100 | ④ |

# 제73회 빠른 정답 확인

| 문항번호 | 정답 | 문항번호 | 정답 | 문항번호 | 정답 | 문항번호 | 정답 | 문항번호 | 정답 |
|---|---|---|---|---|---|---|---|---|---|
| 1 | ⑤ | 21 | ④ | 41 | ④ | 61 | ① | 81 | ① |
| 2 | ⑤ | 22 | ④ | 42 | ① | 62 | ② | 82 | ⑤ |
| 3 | ③ | 23 | ⑤ | 43 | ④ | 63 | ⑤ | 83 | ① |
| 4 | ③ | 24 | ④ | 44 | ② | 64 | ④ | 84 | ① |
| 5 | ③ | 25 | ② | 45 | ② | 65 | ② | 85 | ⑤ |
| 6 | ④ | 26 | ② | 46 | ① | 66 | ⑤ | 86 | ④ |
| 7 | ④ | 27 | ③ | 47 | ④ | 67 | ② | 87 | ③ |
| 8 | ③ | 28 | ④ | 48 | ⑤ | 68 | ① | 88 | ④ |
| 9 | ③ | 29 | ④ | 49 | ④ | 69 | ① | 89 | ③ |
| 10 | ① | 30 | ⑤ | 50 | ④ | 70 | ⑤ | 90 | ④ |
| 11 | ④ | 31 | ④ | 51 | ② | 71 | ③ | 91 | ② |
| 12 | ⑤ | 32 | ② | 52 | ⑤ | 72 | ④ | 92 | ② |
| 13 | ⑤ | 33 | ⑤ | 53 | ② | 73 | ③ | 93 | ② |
| 14 | ③ | 34 | ③ | 54 | ③ | 74 | ④ | 94 | ③ |
| 15 | ② | 35 | ① | 55 | ④ | 75 | ② | 95 | ② |
| 16 | ③ | 36 | ② | 56 | ③ | 76 | ① | 96 | ④ |
| 17 | ④ | 37 | ④ | 57 | ③ | 77 | ② | 97 | ② |
| 18 | ⑤ | 38 | ③ | 58 | ③ | 78 | ⑤ | 98 | ② |
| 19 | ⑤ | 39 | ① | 59 | ⑤ | 79 | ① | 99 | ⑤ |
| 20 | ④ | 40 | ⑤ | 60 | ④ | 80 | ③ | 100 | ③ |

# 제72회 빠른 정답 확인

| 문항번호 | 정답 | 문항번호 | 정답 | 문항번호 | 정답 | 문항번호 | 정답 | 문항번호 | 정답 |
|---|---|---|---|---|---|---|---|---|---|
| 1 | ② | 21 | ② | 41 | ⑤ | 61 | ⑤ | 81 | ① |
| 2 | ⑤ | 22 | ② | 42 | ③ | 62 | ③ | 82 | ③ |
| 3 | ④ | 23 | ① | 43 | ⑤ | 63 | ⑤ | 83 | ② |
| 4 | ① | 24 | ④ | 44 | ⑤ | 64 | ④ | 84 | ② |
| 5 | ⑤ | 25 | ② | 45 | ② | 65 | ③ | 85 | ④ |
| 6 | ③ | 26 | ④ | 46 | ② | 66 | ⑤ | 86 | ③ |
| 7 | ④ | 27 | ④ | 47 | ⑤ | 67 | ④ | 87 | ① |
| 8 | ⑤ | 28 | ① | 48 | ② | 68 | ③ | 88 | ⑤ |
| 9 | ④ | 29 | ② | 49 | ② | 69 | ① | 89 | ③ |
| 10 | ③ | 30 | ③ | 50 | ③ | 70 | ③ | 90 | ③ |
| 11 | ⑤ | 31 | ② | 51 | ① | 71 | ① | 91 | ① |
| 12 | ② | 32 | ④ | 52 | ③ | 72 | ② | 92 | ⑤ |
| 13 | ③ | 33 | ④ | 53 | ⑤ | 73 | ⑤ | 93 | ① |
| 14 | ④ | 34 | ⑤ | 54 | ④ | 74 | ③ | 94 | ③ |
| 15 | ④ | 35 | ③ | 55 | ② | 75 | ③ | 95 | ② |
| 16 | ④ | 36 | ③ | 56 | ④ | 76 | ⑤ | 96 | ④ |
| 17 | ⑤ | 37 | ④ | 57 | ③ | 77 | ⑤ | 97 | ① |
| 18 | ④ | 38 | ② | 58 | ④ | 78 | ④ | 98 | ② |
| 19 | ① | 39 | ① | 59 | ① | 79 | ⑤ | 99 | ⑤ |
| 20 | ① | 40 | ③ | 60 | ③ | 80 | ① | 100 | ④ |

# 제71회 빠른 정답 확인

| 문항번호 | 정답 | 문항번호 | 정답 | 문항번호 | 정답 | 문항번호 | 정답 | 문항번호 | 정답 |
|---|---|---|---|---|---|---|---|---|---|
| 1 | ③ | 21 | ① | 41 | ③ | 61 | ② | 81 | ③ |
| 2 | ⑤ | 22 | ② | 42 | ③ | 62 | ⑤ | 82 | ④ |
| 3 | ⑤ | 23 | ④ | 43 | ① | 63 | ② | 83 | ⑤ |
| 4 | ④ | 24 | ② | 44 | ② | 64 | ④ | 84 | ④ |
| 5 | ③ | 25 | ③ | 45 | ① | 65 | ④ | 85 | ⑤ |
| 6 | ⑤ | 26 | ③ | 46 | ④ | 66 | ② | 86 | ② |
| 7 | ⑤ | 27 | ⑤ | 47 | ④ | 67 | ① | 87 | ⑤ |
| 8 | ③ | 28 | ⑤ | 48 | ② | 68 | ④ | 88 | ④ |
| 9 | ⑤ | 29 | ③ | 49 | ③ | 69 | ③ | 89 | ⑤ |
| 10 | ② | 30 | ④ | 50 | ⑤ | 70 | ① | 90 | ⑤ |
| 11 | ⑤ | 31 | ② | 51 | ⑤ | 71 | ③ | 91 | ① |
| 12 | ③ | 32 | ① | 52 | ① | 72 | ⑤ | 92 | ① |
| 13 | ① | 33 | ① | 53 | ④ | 73 | ① | 93 | ④ |
| 14 | ⑤ | 34 | ② | 54 | ⑤ | 74 | ② | 94 | ④ |
| 15 | ⑤ | 35 | ② | 55 | ③ | 75 | ② | 95 | ④ |
| 16 | ⑤ | 36 | ③ | 56 | ④ | 76 | ① | 96 | ⑤ |
| 17 | ① | 37 | ④ | 57 | ③ | 77 | ② | 97 | ⑤ |
| 18 | ④ | 38 | ① | 58 | ③ | 78 | ③ | 98 | ⑤ |
| 19 | ① | 39 | ③ | 59 | ① | 79 | ③ | 99 | ① |
| 20 | ③ | 40 | ⑤ | 60 | ② | 80 | ⑤ | 100 | ⑤ |

# 에듀윌
# KBS한국어능력시험
# 1년 6회분을 다 담은
# 통기출 600제 ❷
## 해설북

# 이 책의 차례

## 기출북

| 제76회 | KBS한국어능력시험 기출문제 | 13 |
| 제75회 | KBS한국어능력시험 기출문제 | 59 |
| 제74회 | KBS한국어능력시험 기출문제 | 105 |
| 제73회 | KBS한국어능력시험 기출문제 | 149 |
| 제72회 | KBS한국어능력시험 기출문제 | 193 |
| 제71회 | KBS한국어능력시험 기출문제 | 237 |

## 해설북

| 제76회 | 정답과 해설 | 10 |
| 제75회 | 정답과 해설 | 37 |
| 제74회 | 정답과 해설 | 64 |
| 제73회 | 정답과 해설 | 92 |
| 제72회 | 정답과 해설 | 119 |
| 제71회 | 정답과 해설 | 147 |

|2023년 12월 17일 시행|

# 제76회
# KBS 한국어능력시험

# 정답과 해설

## 듣기·말하기 001번~015번

기출문제집 p.13

| 001 | ② | 002 | ⑤ | 003 | ④ | 004 | ④ | 005 | ② |
|---|---|---|---|---|---|---|---|---|---|
| 006 | ⑤ | 007 | ① | 008 | ① | 009 | ② | 010 | ③ |
| 011 | ③ | 012 | ④ | 013 | ① | 014 | ③ | 015 | ⑤ |

## 001 ②

**듣기 대본**

1번. 먼저 그림에 대한 설명을 들려 드립니다.
이 그림은 조선 후기의 실학자이자 그림에도 조예가 깊었던 윤두서가 그린 '짚신삼기'입니다. 그림에는 인물 주위에 간략한 배경이 들어가 있습니다. 그림 위쪽에 튼실한 둥치를 드러낸 나무, 언덕과 배경의 경계선, 아래쪽의 패랭이 풀과 바위 등이 자리 잡고 있습니다. 조선 중기에 유행한 소경산수인물화의 구도와 양식을 충실히 따른 작품입니다. 배경 안에는 잎이 무성한 시원한 나무 그늘 아래서 편히 앉아 짚신을 만드는 서민 남자를 그렸습니다. 맨상투에 수염이 더부룩한 모습의 이 사람은 정강이를 다 드러내고 앉은 채 두 발가락 사이에 새끼를 걸고 있는데, 짚신을 만드는 과정을 생생하게 보여줍니다. 고상한 처사와 같은 인물이 그려지던 화폭에 현실의 인물이 들어간 점은 새로운 변화입니다. 서민들의 일상을 친근하게 바라본 윤두서의 시선이 새로운 인물화의 시대를 열게 된 것입니다. 그림 속의 인물을 보면 신체 비례와 동세가 매우 자연스럽습니다. 맨상투를 한 남성의 얼굴은 간결하면서도 세부 묘사가 정확합니다. 팔을 걷어 올린 상의, 무릎까지 내려온 잠방이는 먹선의 강약에 변화를 주어 그렸고, 팔과 다리 등의 신체는 담묵으로 그려 옷과 구분했습니다. 윤두서의 '짚신삼기'는 현실 속 서민들의 모습을 화면에 주인공으로 등장시켜 조선 후기 풍속화의 새로운 변화를 불러일으킨 그림이며, 그 안에 양반의 입장에서 서민들의 삶을 바라보려는 따뜻한 시선이 담겨 있습니다.

**정답 해설**

"나무 그늘 아래서 편히 앉아 짚신을 만드는 서민 남자"를 그렸다고 했으므로 노동에 지친 서민의 일상이라고 보기 어려우며, "양반의 입장에서 서민들의 삶을 바라보려는 따뜻한 시선이 담겨 있습니다."라고 했으므로 서민의 입장에서 바라보았다는 내용도 적절하지 않다.

**오답 해설**

① "조선 중기에 유행한 소경산수인물화의 구도와 양식을 충실히 따른 작품입니다."라고 하였다.
③ "그림 속의 인물을 보면 신체 비례와 동세가 매우 자연스럽습니다. 맨상투를 한 남성의 얼굴은 간결하면서도 세부 묘사가 정확합니다."라고 하였다.
④ "팔을 걷어 올린 상의, 무릎까지 내려온 잠방이는 먹선의 강약에 변화를 주어 그렸고,"라고 하였다.
⑤ "현실 속 서민들의 모습을 화면에 주인공으로 등장시켜 조선 후기 풍속화의 새로운 변화를 불러일으킨 그림이며"라고 하였다.

▶ 출처
- 네이버 지식백과, '윤씨가보 중 짚신삼기'(https://terms.naver.com/entry.naver?docId=5672835&cid=62854&categoryId=62854)
- 윤진영(2015), 『조선 시대의 삶, 풍속화로 만나다』, 다섯수레.

## 002 ⑤

**듣기 대본**

2번. 이번에는 이야기를 들려 드립니다.
임진왜란이 일어나기 전 서애 유성룡은 신립과 자리를 함께한 적이 있었습니다. 그때 유성룡이 신립에게 말했습니다.
"변란이 곧 있을 것 같은데 장군이 이를 맡아야 할 것이네. 장군은 왜군을 어떻게 생각하는가?"
신립은 곧장 이렇게 말했습니다.
"두려울 것이 없습니다."
이에 유성룡이 말했습니다.
"그렇지 않다고 생각하네. 전에는 왜가 간단한 무기만 가지고 있었지만 지금은 조총을 가지고 있질 않은가?"
"왜군이 조총을 가지고 있다고는 하나 어찌 다 맞힐 수 있겠습니까? 조총은 정확성이 떨어져 쏘는 대로 다 맞지 않을 것입니다."
"나라가 오랫동안 평안하여 병사들이 겁약하니 변란이 일어나면 힘들 것이네. 내 생각으로는 수년 후에 사람들이 훈련이 잘 되어도 변란이 나면 막을 수 있을지 심히 우려된다네."
유성룡은 신립의 말에 이리 말했지만 신립은 도무지 알아듣지 못했다고 합니다. 결국 임진왜란이 일어났고, 신립은 자신이 가진 수천 명의 군세를 믿고 탄금대에서 배수진을 쳤으나 왜군에게 패하고 자결하고 말았습니다.

**정답 해설**

신립이 왜군에게 패하고 자결하게 된 것은 자신을 과신하였기 때문이다. "신립은 자신이 가진 수천 명의 군세를 믿고 탄금대에서 배수진을 쳤으나 왜군에게 패하고 자결하고 말았습니다."라는 것에서 자신을 과신한 탓에 상황을 깊이 살피지 못하여 결국 적을 막지 못하였다는 것을 알 수 있다.

### 오답 해설
① 덕에 대해 논하지 않고 있다.
② 신립은 겸손한 태도를 보이고 있지 않다.
③ 어떤 대상에 대해 욕심을 부리고 있는 상황은 아니다.
④ 꾸준한 노력과 목표 성취에 대해 이야기하고 있지 않다.

▶ 출처   김옥림(2022), 『오십에 읽는 노자 도덕경』, 팬덤북스.

## 003   ④
### 듣기 대본
3번. 다음은 강연을 들려 드립니다.
우리 몸은 스트레스를 받을 경우 외부 자극에 대응하기 위해 생리적인 변화를 일으킵니다. 대표적으로 '스트레스 호르몬'으로 잘 알려진 코르티솔(cortisol)을 분비하는 것입니다. 코르티솔은 콩팥 위에 붙어있는 부신이라는 기관에서 분비되는데, 몸의 신경계를 흥분시켜 혈압을 올리고 호흡을 가쁘게 만듭니다. 흔히 코르티솔을 나쁘다고만 생각하는데 실제로 이 호르몬은 우리 몸을 위해 체내 혈당 생성, 기초 대사 유지, 항알레르기 작용 등 다양한 역할을 하기도 하며 생존을 위협받을 때 필요한 반응들을 일으키기도 합니다. 그러나 문제는 이 호르몬의 수치가 오랜 기간 높아질 경우 신진대사가 불균형해지고 복부 비만, 고지혈증, 심혈관계 질환으로 이어질 수 있다는 점입니다. 그런데 이 코르티솔은 생활 속의 작은 습관에 따라 얼마든지 분비량을 조절할 수 있습니다. 우선 신진대사 저하를 막기 위해 아침밥을 먹고 충분한 물을 섭취하는 것이 좋습니다. 신진대사, 즉 기초 대사량이 저하된다면 우리 몸은 지속적인 스트레스 상태로 유지되어 코르티솔 분비량이 늘어나기 때문입니다. 또한 스트레스를 낮추려면 탄수화물, 지방, 단백질 등 다양한 영양소를 균형 있게 섭취해야 합니다. 스트레스가 심하다면 아스파라거스나 시금치, 우유 등을 섭취하는 것도 도움이 됩니다. 아스파라거스에는 기분을 고조시키고 상쾌하게 만들어 주는 엽산이 풍부하며 시금치에는 코르티솔을 조절해주는 효과를 지닌 마그네슘이 풍부하기 때문입니다. 또 우유에는 락티움이라는 성분이 들어 있는데, 락티움은 혈압을 낮추고 마음을 차분하게 하는 효과가 있다고 합니다.

### 정답 해설
"신진대사, 즉 기초 대사량이 저하된다면 우리 몸은 지속적인 스트레스 상태로 유지되어 코르티솔 분비량이 늘어나기 때문입니다."라고 했으므로 일치하지 않는 내용이다.

### 오답 해설
① "코르티솔은 콩팥 위에 붙어있는 부신이라는 기관에서 분비되는데,"라고 했으므로 일치하는 내용이다.
② "우리 몸을 위해 체내 혈당 생성, 기초 대사 유지, 항알레르기 작용 등 다양한 역할을 하기도 하며 생존을 위협받을 때 필요한 반응들을 일으키기도 합니다."라고 했으므로 일치하는 내용이다.
③ "그러나 문제는 이 호르몬의 수치가 오랜 기간 높아질 경우 신진대사가 불균형해지고 복부 비만, 고지혈증, 심혈관계 질환으로 이어질 수 있다는 점입니다."라고 했으므로 일치하는 내용이다.
⑤ "아스파라거스에는 기분을 고조시키고 상쾌하게 만들어 주는 엽산이 풍부하며"라고 했으므로 일치하는 내용이다.

▶ 출처
- 건강N 매거진 2월호(https://www.nhis.or.kr/magazin/mobile/201702/c02.html)
- 이보람, "스트레스 호르몬 '코르티솔'을 다스려야 건강하다", 헬스조선, 2018.01.05.(https://m.health.chosun.com/svc/news_view.html?contid=2018010402653)

## 004   ④
### 듣기 대본
4번. 이번에는 라디오 방송의 일부를 들려 드립니다.
오늘은 소설과 영화를 적절히 반영한 뮤지컬 〈레베카〉에 대해 소개하려고 합니다. 소설 원작 뮤지컬은 '노블컬', 영화 원작은 '무비컬'이라고 부르는데요, 뮤지컬 〈레베카〉는 노블컬과 무비컬의 정체성을 모두 가지고 있는 작품입니다. 〈레베카〉는 영국의 여류작가 '대프니 듀 모리에'가 1938년에 발표한 소설이 원작이며 당시 280만 부 이상이 팔려 나갔을 정도로 인기를 끌었습니다. 소설의 인기에 힘입어 1940년 스릴러 영화의 대가인 알프레드 히치콕 감독이 같은 제목의 흑백 영화를 발표하면서 오스카상의 영광을 안겨 주기도 하였습니다.
뮤지컬 〈레베카〉는 전원 저택 맨덜리를 배경으로 하며 그 내용을 보면 다음과 같습니다. 아내 '레베카'를 잃은 '막심 드 윈터'가 여행에서 만난 '나'와 사랑에 빠지며 맨덜리 저택에서 아름다운 생활을 이어갑니다. 그러던 와중 집사 '댄버스 부인'을 비롯한 저택의 모든 것이 '나'를 압박하기 시작하고 '막심'과 심한 갈등을 겪으며 '나'의 괴로운 나날이 이어집니다. 그때 해변에서 레베카의 보트와 시신이 발견됩니다. 막심은 그제야 레베카의 죽음에 얽힌 비밀을 털어놓게 되며 사건이 진행됩니다.
뮤지컬을 감상하다 보면 '레베카는 도대체 언제 등장하는 것인가?' 하는 의문이 들곤 하는데 '레베카'는 이미 사망한 인물이기에 극에서 모습을 전혀 찾아볼 수 없고 모든 시점은 '나'의 시점으로 전개됩니다. 레베카의 죽음을 둘러싼 의혹과 광기, 분노, 절망, 그리고 사랑까지. 그야말로 서스펜스의 극을 달리는 이야기 속에서 관객들은 어쩌면 그들에게 동화되어 불안과 공포를 느낄지도 모르겠습니다. 소설의 극적 긴장감과 흑백 무성 영화의 고전적인 매력을 모두 함축하고 있는 뮤지컬〈레베카〉는 형형색색의 무대 장치와 뛰어난 영상 효과를 통해 관객들의 감탄을 더욱 자아냈습니다.

**정답 해설**

뮤지컬〈레베카〉는 레베카의 죽음을 둘러싼 비밀을 파헤치며 서스펜스의 극을 달리는 이야기이며, 그 속에서 관객들은 어쩌면 그들에게 동화되어 불안과 공포를 느낄지도 모르겠다고 했으므로 적절한 내용이다.

**오답 해설**

① 뮤지컬〈레베카〉는 노블컬과 무비컬의 정체성을 모두 가지고 있는 작품이라고 했으므로 적절하지 않다.
② 뮤지컬〈레베카〉는 1938년 발표된 소설이 원작이며 이 소설은 당시 280만 부 이상이 팔려 나갔을 정도로 인기를 끌었다고 했으므로 적절하지 않다.
③ 뮤지컬〈레베카〉에서 레베카의 모습을 전혀 찾아볼 수 없고 모든 시점은 '나'의 시점으로 전개된다고 했으므로 적절하지 않다.
⑤ 뮤지컬〈레베카〉는 형형색색의 무대 장치와 뛰어난 영상 효과를 통해 관객들의 감탄을 자아냈다고 했으므로 적절하지 않다.

▶ 출처
• 원종원, "세밑 성수기 이끄는 명품 뮤지컬들", 주간경향, 2021.12. 06.(https://m.weekly.khan.co.kr/view.html?med_id=weekly&artid=202111262057401&code=116#c2b)
• 이서희(2022), 『방구석 뮤지컬』, 리텍콘텐츠.

## 005  ②
**듣기 대본**

5번. 다음은 시 한 편을 들려 드립니다.

내 죽으면 한 개 바위가 되리라
아예 애련(愛憐)에 물들지 않고
희로(喜怒)에 움직이지 않고
비와 바람에 깎이는 대로
억(億)년 비정(非情)의 함묵(緘默)에
안으로 안으로만 채찍질하여
드디어 생명도 망각하고
흐르는 구름
머언 원뢰(遠雷)
꿈꾸어도 노래하지 않고
두 쪽으로 깨뜨려져도
소리하지 않는 바위가 되리라

**정답 해설**

화자는 바위를 통해 자신의 의지를 형상화하고 있다. 이때 바위는 끊임없이 자신을 내적으로 단련하는 의지적인 존재를 상징하며 인간적인 감정이나 외적 자극에도 흔들리지 않는 강인한 정신을 의미한다. 화자는 구름이나 우레 소리와 같은 외부적 자극에도 흔들리지 않는 삶을 소망하고 있다. 꿈꾸는 것을 겉으로 드러내지 않고 '두 쪽으로 깨뜨려져도'가 의미하는 바와 같이 현실적인 좌절에도 고통을 토로하지 않는 삶을 소망하고 있는 것이다. 따라서 초극적인 삶에 대한 지향이 적절하다.

**오답 해설**

① 상호 존중과 배려에 대한 내용은 찾을 수 없다.
③ '노래하지 않고', '소리하지 않는' 바위가 되겠다고 했으나 이는 진정한 소통을 위한 것이 아니다.
④ 저항에 대한 의지를 찾을 수 없으며, 연대 의식에 대한 내용도 추론하기 힘들다.
⑤ 고통에 초연하고자 하는 것이지 연민으로 인해 이웃의 고통을 함께 짊어지고자 하지 않는다.

▶ 출처   유치환, 「바위」.

## 006  ⑤
**듣기 대본**

이번에는 진행자와 전문가의 대담을 들려 드립니다. 6번은 듣기 문항, 7번은 말하기 문항입니다.

진행자: 오늘 '슈퍼 블루문'이라고 불리는 보름달을 보며 소원을 빌겠다는 시민들이 많은데요, 이 '슈퍼 블루문'이라는 보름달이 정확히 어떤 것인지 과학 전문가와 이야기해 보겠습니다. 안녕하세요, 선생님. 오늘 보름달이 '슈퍼 블루문'이라고 불리는 이유가 무엇인가요?

전문가: 네, 안녕하세요. 먼저 '슈퍼 블루문'이라는 것은 '슈퍼문'이면서 동시에 '블루문'일 경우를 말합니다. '슈퍼문'이라는 것은 지구와 달이 가까워져서 달이 평소보다 크게 보일 때를 말하며 '블루문'이라는 것은 한 달에 보름달이 두 번 뜰 때 나중에 뜨는 달을 말합니다.

진행자: 그런데 일반적인 보름달도 지구와 달이 가까워져 달이 크게 보이는 것을 말하는데 굳이 '슈퍼문'이라고 이름을 붙이는 이유가 있을까요?

전문가: 달이 타원 궤도로 지구를 공전할 때 지구와 달이 가장 가까운 지점을 '근지점'이라고 부릅니다. '슈퍼문'은 근지점에서 10% 오차 범위 내에 있을 때 뜨는 보름달을 의미합니다. 사실 '슈퍼문'은 공식적인 천문학적 용어는 아닙니다. 다만 지구에서 가장 멀리 떨어져서 뜨는 보름달과 비교하면 14% 더 크게, 30% 더 밝게 보이므로 '슈퍼문'이라는 이름이 붙은 것입니다.
진행자: 네, 그렇군요. 그러면 '블루문'이라고 불리는 이유는 보름달이 파란색으로 보이기 때문인가요?
전문가: 아닙니다. 서양에서 보름달은 불운의 상징으로 여겨집니다. 이런 보름달이 두 번이나 뜨는 현상을 매우 불길하다고 여겼고, 따라서 정확한 유래는 찾기 힘들지만 대부분의 추측으로 '블루'라는 말은 유럽인들이 파란색을 우울하게 생각해서, 혹은 배신을 뜻하는 옛말 '벨루(belewe)'에서 유래된 것으로 봅니다.
진행자: 그럼 실제로 '슈퍼 블루문'이 떴을 경우 부정적인 상황이 발생하기도 했나요?
전문가: 실제로 사이클론, 지진 등의 자연재해가 발생하기도 했지만 사실 과학적으로는 관련성이 없다는 게 학자들의 대체적인 견해입니다. 다만 '슈퍼문'이 뜰 때는 달의 인력이 강해 해수면이 상승하고 조석 차이가 벌어지므로 저지대의 침수 피해에 유의하셔야겠습니다.

**정답 해설**

'슈퍼문'이 뜰 때는 달의 인력이 강해 해수면이 상승하고 조석 차이가 벌어지므로 저지대의 침수 피해에 유의해야 한다고 했으므로 해수면이 낮아진다는 내용은 일치하지 않는다.

**오답 해설**

① '슈퍼 블루문'은 '슈퍼문'이면서 동시에 '블루문'일 경우를 말한다고 했으므로 일치하는 내용이다.
② '슈퍼문'은 근지점에서 10% 오차 범위 내에 있을 때 뜨는 보름달을 의미한다고 했으므로 일치하는 내용이다.
③ 사실 '슈퍼문'은 공식적인 천문학적 용어는 아니지만 지구에서 가장 멀리 떨어져서 뜨는 보름달과 비교하면 14% 더 크게, 30% 더 밝게 보이기 때문에 '슈퍼문'이라는 이름이 붙었다고 했으므로 일치하는 내용이다.
④ '블루'라는 말은 유럽인들이 파란색을 우울하게 생각해서, 혹은 배신을 뜻하는 옛말 '벨루(belewe)'에서 유래된 것으로 본다고 했으므로 일치하는 내용이다.

▶ 출처
- "[짤막상식] 소원 빌기 딱 좋은 날 '슈퍼 블루문'이란?" 유튜브 비디오, 1분 17초, "YTN 사이언스 투데이", 2023.08.31.(https://www.youtube.com/watch?v=mnDJnS84UrA)
- "슈퍼 블루문 이건 꼭 봐야해요!! 슈퍼문·블루문·블러드문 무슨 차이죠?", 유튜브 비디오, 32초, "과학은 싸이지 Sci easy", 2023.08.31. (https://www.youtube.com/watch?v=fIQsDXqxUmo)

## 007  ①

**정답 해설**

과학 전문가의 설명을 듣고 '일반적인 보름달과 다른 슈퍼문의 특징'이나 '불운의 상징으로 여기는 보름달로 인한 실제 부정적 상황의 여부' 등 궁금한 점을 질문하며 답을 이끌고 있다.

**오답 해설**

② 자신의 경험에 대해 얘기하지 않았으며, 전문가의 설명에 반박하고 있는 부분도 없으므로 적절하지 않다.
③ 전문가의 설명에 추가적인 출처를 언급한 부분은 없으므로 적절하지 않다.
④ 전문가가 말한 내용을 반복하고 있지 않으므로 적절하지 않다.
⑤ 전문가가 말한 내용을 요약하며 마무리하는 내용은 없으므로 적절하지 않다.

## 008  ①

**듣기 대본**

다음은 대화의 일부분을 들려 드립니다. 8번은 듣기 문항, 9번은 말하기 문항입니다.
딸: 다녀왔습니다.
엄마: 어, 왔어? 근데 너 바지가 너무 짧다.
딸: 아니에요.
엄마: 뭐가 아니야. 너 그렇게 입고 다녀도 학교에서 선생님들이 뭐라고 안 하니?
딸: 네, 괜찮아요.
엄마: 괜찮긴, 그리고 내가 몇 번 얘기했어? 티셔츠 그렇게 길게 내리지 말라고. 바지를 안 입은 것 같잖아.
딸: 지금 티셔츠가 바지를 다 덮지도 않잖아요.
엄마: 그래도 바지가 너무 짧아.
딸: 이거 가지고 뭐라고 한 선생님 한 분도 없었어요.
엄마: 그리고 손톱이 그게 뭐야. 손톱 좀 어떻게 해라.
딸: 손톱이 왜요?
엄마: 그렇게 길게 하고 어떻게 미용 실습 나갈래?
딸: 엄마, 저한테 이 손톱이 방해된 적은 없어요. 길이도 적당해요. 미용 수업 때도 가르마 가를 때 좋다고 했어요.
엄마: 적당하긴. 미용실에 온 손님이 그런 손톱으로 머리 감겨 주면 좋아하겠어?
딸: 괜찮아요.
엄마: 손톱 그렇게 길게 하고, 매일 찢어진 옷, 짧은 옷 입고 다니고. 너 지금 고등학생이야.
딸: 전 고등학생이지만 이렇게 입어도 된다고 생각해요. 손톱도 문제없고, 바지도 이 정도는 다 입고 다니고요.

엄마: 넌 그렇게 꼭 입어야만 하니?
딸: 아뇨. 그런 건 아니지만 전 이렇게 입는 게 좋아요.

정답 해설

엄마가 딸에게 짧은 반바지를 입어도 학교에서 선생님들이 뭐라고 하지 않느냐고 하자 딸은 "이거 가지고 뭐라고 한 선생님 한 분도 없었어요."라고 대답했으므로 학교 선생님들이 자신의 복장을 통제하려고 한다는 것은 딸의 생각이 아니다.

오답 해설

② 긴 손톱으로 미용 실습을 나갈 거냐는 엄마의 말에 "방해된 적은 없어요. 길이도 적당해요. 미용 수업 때도 가르마 가를 때 좋다고 했어요."라고 했으므로 딸의 생각에 해당한다.
③ "고등학생이지만 이렇게 입어도 된다고 생각해요.", "전 이렇게 입는 게 좋아요."라고 했으므로 딸의 생각에 해당한다.
④ 딸의 복장을 보고 "너 바지가 너무 짧다.", "그렇게 입고 다녀도 학교에서 선생님들이 뭐라고 안 하니?"라고 했으므로 엄마의 생각에 해당한다.
⑤ 딸의 손톱이 길다고 말한 엄마가 "미용실에 온 손님이 그런 손톱으로 머리 감겨 주면 좋아하겠어?"라고 했으므로 엄마의 생각에 해당한다.

▶ 출처  TV CHOSUN 예능 〈사랑은 아무나 하나 2〉, 2023년 9월 2일 방송

## 009  ②

정답 해설

집에 돌아온 딸에게 엄마가 딸의 복장을 지적하면서 대화가 시작되고, 대화 전반에 용모에 대한 시각 차이가 갈등의 근본적인 원인으로 작용한다. 엄마는 딸의 옷 입는 스타일과 손톱 길이를 딸이 고등학생이라는 점과 미용 실습 예정이라는 점을 들어 지적하고 있고, 딸은 이에 대해 문제가 되지 않는다고 말하고 있기 때문이다.

오답 해설

① 딸은 고등학생이며 미용 실습 예정임을 알 수는 있으나 엄마와 딸이 진로에 대한 관점 차이를 보이는 것은 아니다.
③ 엄마는 미용 서비스를 하려면 손톱이 길면 안 된다고 생각함을 알 수 있으나 서비스업에 대한 시각 차이로 갈등이 발생한 것은 아니다.
④ 엄마가 딸이 고등학생임을 상기시키기는 했으나 공부와 같은 학생이 해야 할 일에 대해 언급한 부분은 없으므로 학생의 학업에 대한 시각 차이로 두 사람의 갈등이 촉발된 것은 아니다.

⑤ 엄마가 딸에게 옷차림과 손톱 길이에 대해 지적하고 있기는 하나 엄마와 딸이 모녀간의 역할에 대한 시각 차이로 인한 갈등을 보이고 있지는 않다.

## 010  ③

듣기 대본

이번에는 강연을 들려 드립니다. 10번은 듣기 문항, 11번은 말하기 문항입니다.

오늘은 일상생활 속 심리학에 대해서 말씀드리겠습니다.
우리는 흔히 '시험이 어려워 실패했다'라고 말합니다. 이처럼 주변에서 일어나는 사건과 사람의 행동을 설명하며 그 원인을 찾는 것을 심리학에서는 귀인이라고 합니다. 귀인에는 성격, 태도 등 사람의 내부에서 원인을 찾는 내적 귀인과, 운이나 돈 등 환경적인 요인에서 원인을 찾는 외적 귀인이 있습니다. 이러한 귀인은 환경을 예측하고 통제하는 데 도움을 주고, 타인과 자신에 대한 태도와 행동에 영향을 주기 때문에 심리학의 중요한 주제 중 하나입니다.
그런데 실제 귀인 과정에서는 여러 편향이 발생합니다. 우리는 동료가 승진을 하게 되면 동료의 실력을 인정하기보다는 운이 좋은 탓으로 돌립니다. 반면에 동료가 실패하면 원래 실력이 없는 사람이라고 간주합니다. 즉, 타인의 행동을 설명할 때는 긍정적인 결과에는 외적 귀인을, 부정적인 결과에는 내적 귀인이라는 다른 잣대를 들이대는 것입니다.
반면에 자기 행동의 원인을 설명할 때에는 자신을 호의적으로 지각하려는 편향을 갖습니다. 이러한 자신에 대한 편향은 '잘되면 내 탓, 잘못되면 조상 탓'이라는 우리 속담에도 잘 드러납니다. 즉 내가 성공하면 내 능력이 뛰어나기 때문이고 내가 실패하면 운이 없었기 때문이라고 생각하는 것입니다.
이러한 귀인의 편향은 오해와 시비, 분노와 다툼을 부르는 주범입니다. 대표적으로 외부 상황에 따라 어쩔 수 없이 벌어진 일임에도 혹시 성급하게 상대에게 잘못이 있다고 책임을 묻지는 않았는지 점검해야 합니다. 이러한 사고에서 벗어난다면 우리는 많은 다툼과 시비를 줄일 수 있습니다.

정답 해설

"내가 성공하면 내 능력이 뛰어나기 때문이고 내가 실패하면 운이 없었기 때문이라고 생각하는 것"이라고 한 것에서 자신이 성공하면 그 원인을 자신의 능력이 뛰어나기 때문이라고 내적 귀인하여 생각하는 경향이 있음을 알 수 있으므로 일치하지 않는다.

오답 해설

① "귀인은 환경을 예측하고 통제하는 데 도움을 주고"라고 했으므로 일치한다.

② "귀인 과정에서는 여러 편향이 발생합니다."라고 했으므로 일치한다.
④ "타인의 행동을 설명할 때는 긍정적인 결과에는 외적 귀인을, 부정적인 결과에는 내적 귀인이라는 다른 잣대를 들이대는 것입니다."라고 했으므로 일치한다.
⑤ "외부 상황에 따라 어쩔 수 없이 벌어진 일임에도 혹시 성급하게 상대에게 잘못이 있다고 책임을 묻지는 않았는지 점검해야 합니다."라고 했으므로 귀인의 편향임을 알 수 있다.

▶ **출처** 폴커 키츠 외(2022), 『마음의 법칙』, 포레스트북스.

## 011 ③

### 정답 해설
사람들이 흔히 '시험이 어려워 실패했다'라고 하는 말이나, 동료가 승진을 할 때 그 원인을 판단하는 경우 등 청자와 공유하는 일상의 경험을 활용하여 귀인과 귀인 편향에 대해 설명하고 있으므로 적절한 진술이다.

### 오답 해설
① 심리학에 대해서 설명하고 있지만 특정 인물의 견해를 언급하고 있지 않고 있다.
② 구체적인 통계 수치가 인용되고 있지 않고 있다.
④ '잘 되면 내 탓, 잘못되면 조상 탓'이라는 속담이 언급되고 있지만 다른 심리학적 개념과의 차이를 부각하는 것은 아니다.
⑤ 화제와 관련하여 청중에게 바라는 바로 강연을 마무리하고 있다.

## 012 ④

### 듣기 대본
다음은 발표를 들려 드립니다. 12번은 듣기 문항, 13번은 말하기 문항입니다.

여러분은 노후 빈곤에 대해 들어본 적이 있으신가요? 한국은 노인 빈곤율이 OECD 국가 1위입니다. 100세 시대를 맞이했지만 노후 준비는 턱없이 부족한 실정이죠. 한 조사에 따르면 우리나라 국민 10명 중 4명이 100세 인생을 축복으로 여기지 않는다고 합니다. 그 이유로는 빈곤, 질병, 고독감이 꼽힙니다. 실제로 가난과 질병 속에 홀로 죽음을 맞이하는 이들이 늘어가고 있습니다. 고독사, 즉 혼자 죽음을 맞이하고 일정 시간이 지난 뒤 발견되는 죽음은 단지 경제적인 문제 때문에 식사를 하지 못해서 발생한다고 보기 어렵습니다. 질병을 가진 이가 고립감을 느끼거나 다른 사람과 관계를 전혀 맺지 않고 살아갈 때 고독사하는 확률이 높죠. 사회적 관계망이 차단되고, 이것이 경제적인 문제를 더 심화시키고, 이런 복합적인 문제 속에서 고립된 삶을 살다가 홀로 죽음을 맞이하는 것으로 봐야 합니다.

길어진 수명은 길어진 노년의 삶을 의미하는데요, 최근 파산 신고자 4명 중 1명이 60대 이상이라는 법원의 통계가 나왔습니다. 고령자의 파산율이 왜 이렇게 높은 걸까요? 그것은 한국의 특수한 문화 때문입니다. 한국인의 노후를 빈곤하게 만드는 가장 큰 요인은 바로 자녀에게 집중된 지원 비용입니다. 한국인의 가계 지출 비중을 살펴보면, 40대에는 월 지출의 30%를 자녀 교육비로 쓰고 50대는 은퇴 자금의 절반 이상을 자녀 결혼 비용으로 사용한다고 합니다. 자녀의 성공과 행복을 위해 자신의 삶을 희생하는 거죠. 이런 자녀 중심 문화는 노후 준비를 가로막는 걸림돌이 됩니다.

### 정답 해설
40대에는 월 지출의 30%를 자녀 교육비로 쓰고 50대는 은퇴 자금의 절반 이상을 자녀 결혼 비용으로 사용한다고 했으므로 적절하지 않은 내용이다.

### 오답 해설
① 발표의 서두에서 한국은 노인 빈곤율이 OECD 국가 1위라고 언급하고 있다.
② 한국인의 가계 지출 비중을 제시하면서 자녀의 성공과 행복에 자신의 삶을 희생하는 한국인에 대해 언급하고 있다.
③ 한국에서 고령자의 파산율이 높은 이유는 한국의 특수한 문화, 즉 자녀 중심 문화 때문이라고 진술하고 있다.
⑤ 한 조사 결과에 따르면 국민 10명 중 4명이 100세 인생을 축복으로 여기지 않는다고 언급하고 있다.

▶ **출처** EBS 〈다큐프라임: 100세 쇼크〉, 벼랑 끝에 몰린 노인: 가난과 질병 속에 홀로 쓸쓸한 죽음을 맞이하는 노후 빈곤, 2017.07.25. 방영

## 013 ①

### 정답 해설
객관적 지표인 통계 자료를 통해 OECD 국가의 노인 빈곤율 순위, 고령자의 파산율을 제시함으로써 오늘날 한국 사회가 노후 빈곤이라는 문제와 대면하고 있음을 밝히고 있으므로 적절한 진술이다.

### 오답 해설
② 노인 문제 전문가의 의견을 근거로 노후 빈곤의 해결 방안을 제시하고 있지 않다.
③ 연령대별 가계 지출 비중을 언급하고는 있으나 노후 빈곤 연령과 다른 연령 집단을 비교하여 노후 빈곤의 요인을 분석하는 것은 아니다.

④ 노후 빈곤의 심각성을 전달하기 위해 빈곤에 처한 노인을 인터뷰하고 있지 않다.
⑤ 노후 빈곤 문제 해결을 위한 제도적 장치를 제안하는 내용은 나오지 않는다.

## 014  ③

**듣기 대본**

끝으로 협상의 한 장면을 들려 드립니다. 14번은 듣기 문항, 15번은 말하기 문항입니다.

박 국장: 최 국장님, 지금까지의 논의를 정리하겠습니다. 우리 두 지역에서 각각 대하 축제를 동시에 개최하는 것은 제 살 깎아 먹기 식의 부작용이 많다는 것에 대해서는 서로 동의했습니다. 하지만 축제 기간이 겹치지 않도록 조정하는 것에는 합의하지 못했습니다. 그래서 마지막으로 우리 두 지역이 축제를 공동으로 개최하는 방안을 제안합니다.

최 국장: 박 국장님, 축제가 중복 운영될 때의 문제점을 해결하기 위해서 축제를 공동으로 개최하는 방안에 동의합니다. 그런데 대하 축제는 전통적으로 저희 지역에서 먼저 시작된 것으로 지역 주민들에게는 우리가 대하 축제의 원조라는 자부심이 강합니다. 지역 주민들을 설득하기 위해서라도 두 지역의 이름을 병기하되 저희 지역의 이름이 먼저 표기되어야 합니다.

박 국장: 최 국장님, 저희 지역도 못지않게 축제에 대한 자부심이 강합니다만 공동 개최라는 해법을 먼저 제안한 만큼 귀 지역의 이름을 앞세우는 것에 양보하겠습니다. 다만 각종 축제 행사 중 60%는 저희 지역에서 진행하도록 양보 바랍니다.

최 국장: 두 지역이 공동으로 협력하여 개최하는 것이 축제 공동 개최의 취지가 아닙니까? 공동 개최의 취지를 살리려면 행사는 공평하게 절반씩 나누어져야 합니다.

박 국장: 이미 귀 지역의 이름을 먼저 표기하도록 양보한 만큼 이익의 균형이라는 측면에서 저희 지역이 갖는 명시적인 이익도 있어야 합니다. 그래야 저희 지역 주민에게도 공동 개최의 필요성을 설득할 수 있습니다.

최 국장: 그렇다면 행사의 수는 공평하게 절반씩 나누고 축제의 대표 행사인 대하 경매와 대하 맨손 잡기 체험도 하나씩 나누어 가지되, 수익성이 더 좋은 대하 경매 행사를 귀 지역에 양보하겠습니다.

박 국장: 네. 좋습니다. 그 조건이라면 저희도 받아들이겠습니다.

**정답 해설**

박 국장은 최 국장의 "행사의 수는 공평하게 절반씩 나누고 축제의 대표 행사인 대하 경매와 대하 맨손 잡기 체험도 하나씩 나누어 가지되, 수익성이 더 좋은 대하 경매 행사를 귀 지역에 양보하겠습니다."라는 말에 그 조건을 받아들이겠다고 했으므로 적절하지 않다.

**오답 해설**

① 첫 번째 박 국장의 말에서 두 사람 모두 두 지역에서 대하 축제를 동시에 개최하는 것이 부작용이 있다는 점에 동의하였음을 알 수 있다.
② 최 국장과 박 국장 두 사람 모두 각자의 지역의 지역민들이 축제에 대한 자부심이 높다고 주장하고 있다.
④ 최 국장은 "지역 주민들을 설득하기 위해서라도 두 지역의 이름을 병기하되 저희 지역의 이름이 먼저 표기되어야 합니다."라고 주장하고 있다.
⑤ 최 국장은 "공동 개최의 취지를 살리려면 행사는 공평하게 절반씩 나누어져야 합니다."라고 주장하고 있다.

▶ 출처
- "원조 논란에 축제 따로따로…예산 낭비 지적도", KBS뉴스, 2023.02.23.(https://news.kbs.co.kr/news/pc/view/view.do?ncd=7612381)
- "영덕·울진 '대게축제' 동시다발 개최…대게값 급등 우려", 노컷뉴스, 2023.02.18.(https://www.nocutnews.co.kr/news/5900392)

## 015  ⑤

**정답 해설**

최 국장은 축제에 대한 자부심이 높은 지역 주민에게 축제의 공동 개최를 설득하기 위해서는 자신의 지역의 이름이 먼저 표기되어야 함을 주장하였고 박 국장은 이에 동의하였다. 또 박 국장이 지역 주민에게 공동 개최의 필요성을 설득하기 위해서는 명시적인 이익이 필요함을 주장할 때, 최 국장은 수익성이 좋은 대하 경매 행사를 양보하였다.

**오답 해설**

① 최 국장은 박 국장이 행사 중 60%를 자신의 지역에서 개최하겠다는 요구에 대해 거절의 의사를 밝혔으므로 상대방의 요구안을 별다른 반대 없이 받아들인 것은 아니다.
② 이 협상에서는 상급 기관의 조정이 언급되고 있지 않다.
③ 양측은 협상 결렬 시 선택할 수 있는 다른 대안에 대해서 언급하며 상대방을 압박하고 있지 않다.
④ 양측은 협상 결렬 시 입을 피해를 추정하며 상대방을 설득하고 있지 않다.

# 어휘·어법   016번~045번

기출문제집 p.17

| 016 | ② | 017 | ③ | 018 | ③ | 019 | ⑤ | 020 | ① |
| --- | --- | --- | --- | --- | --- | --- | --- | --- | --- |
| 021 | ④ | 022 | ③ | 023 | ① | 024 | ⑤ | 025 | ② |
| 026 | ④ | 027 | ② | 028 | ⑤ | 029 | ① | 030 | ⑤ |
| 031 | ④ | 032 | ④ | 033 | ⑤ | 034 | ② | 035 | ④ |
| 036 | ② | 037 | ⑤ | 038 | ④ | 039 | ③ | 040 | ④ |
| 041 | ③ | 042 | ③ | 043 | ① | 044 | ② | 045 | ① |

## 016 ②
**정답 해설**
'푼푼하다'는 "모자람이 없이 넉넉하다."라는 뜻의 말이다.

**오답 해설**
① '습습하다'는 "마음이나 하는 짓이 활발하고 너그럽다."라는 뜻이다.
③ '헙헙하다'는 "활발하고 융통성이 있으며 대범하다."라는 뜻이다.
④ '실팍지다'는 "사람이나 물건 따위가 보기에 매우 실한 데가 있다."라는 뜻이다.
⑤ '무람없다'는 "예의를 지키지 않으며 삼가고 조심하는 것이 없다."라는 뜻이다.

## 017 ③
**정답 해설**
'잠언(箴言)'은 "가르쳐서 훈계하는 말"로 '시간은 금이다.', '오늘 할 일을 내일로 미루지 마라.' 등의 말을 말한다. '아무런 말도 하지 않음.'은 '묵언(默言)'의 의미이다.

## 018 ③
**정답 해설**
'함함하다'는 "털이 보드랍고 반지르르하다."라는 의미이다. '몸이나 기력이 실하고 튼튼하다.'는 '강건하다(強健하다)'의 의미이다.

## 019 ⑤
**정답 해설**
'도저하다'는 "학식이나 생각, 기술 따위가 아주 깊다."라는 의미이므로 문맥에 맞지 않는다. 이 문맥에는 '미천(微賤)하다'를 쓰는 것이 적절하다.

**오답 해설**
① '현현하다'는 "명백하게 나타나거나 나타내다."라는 의미로 문맥에 맞게 쓰였다.
② '보정하다'는 "부족한 부분을 보태어 바르게 하다."라는 의미로 문맥에 맞게 쓰였다.
③ '연연하다'는 "집착하여 미련을 가지다."라는 의미로 문맥에 맞게 쓰였다.
④ '총총하다'는 "들어선 모양이 빽빽하다."라는 의미로 문맥에 맞게 쓰였다.

## 020 ①
**정답 해설**
㉠ '잘못된 것이나 부족한 것, 나쁜 것 따위를 고쳐 더 좋게 만듦.'의 의미를 가진 단어는 '개선(改善)'이다.
㉡ '싸움에서 이기고 돌아옴.'의 의미를 가진 단어는 '개선(凱旋)'이다.
㉢ '의원이나 임원 등이 사퇴하거나 그 임기가 다 되었을 때 새로 선출함.'의 의미를 가진 단어는 '개선(改選)'이다.

## 021 ④
**정답 해설**
'조잔거리다'는 "때를 가리지 않고 군음식을 점잖지 않게 자꾸 먹다."라는 의미이므로 문맥에 맞지 않는 잘못된 쓰임이다. 이 문맥에는 '조잘거리다'를 쓰는 것이 적절하다.

**오답 해설**
① '열없다'는 '좀 겸연쩍고 부끄럽다.'는 의미이므로 문맥에 맞게 쓰였다.
② '뜨악하다'는 '마음이 선뜻 내키지 않아 꺼림칙하고 싫다.'는 의미이므로 문맥에 맞게 쓰였다.
③ '버름하다'는 '마음이 서로 맞지 않아 사이가 뜨다.'의 의미이므로 문맥에 맞게 쓰였다.
⑤ '나부대다'는 '얌전히 있지 못하고 철없이 촐랑거리다.'의 의미이므로 문맥에 맞게 쓰였다.

## 022  ③

**정답 해설**

①, ②, ④, ⑤는 모두 '손1'의 의미로 각각 '[6]사람의 수완이나 꾀', '[4]어떤 일을 하는 데 드는 사람의 힘이나 노력, 기술', '[5]어떤 사람의 영향력이나 권한이 미치는 범위', '[4]어떤 일을 하는 데 드는 사람의 힘이나 노력, 기술'의 의미인 반면, ③은 '다른 곳에서 찾아온 사람'의 의미로, 동음이의어 관계에 있는 '손2'의 의미이다. 따라서 정답은 ③이다.

## 023  ①

**정답 해설**

'양서류'는 '어류와 파충류의 중간으로, 땅 위 또는 물속에서 사는 동물'을 의미하므로, '개구리'와 상위어 하위어 관계에 있다고 할 수 있다.
'광물'은 '천연으로 나며 질이 고르고 화학적 조성(組成)이 일정한 물질'로서 결정체 상태의 무기질이나 석탄 같은 유기질도 있으며, 상온에서 고체이지만 수은이나 가스처럼 액체나 기체인 것도 있다. '태고 때의 식물질이 땅속 깊이 묻히어 오랫동안 지압과 지열을 받아 차츰 분해하여 생긴, 타기 쉬운 퇴적암'인 '석탄'은 '광물'의 하위어로 볼 수 있다.

**오답 해설**

② '적분'은 '일정한 구간에서 정의된 함수의 그래프와 그 구간으로 둘러싸인 도형의 넓이'이며, '미분'은 '어떤 함수의 미분계수를 구하는 일'로 '적분'과 '미분'은 상하 관계가 성립되지 않는다.
③ '통화'는 '유통 수단이나 지불 수단으로서 기능하는 화폐'를 의미하므로, '채권'의 하나인 '국채'와는 상하 관계가 성립되지 않는다.
④ '헌법'은 '국가 통치 체제의 기초에 관한 각종 근본 법규의 총체'를 의미하고, '민법'은 '개인의 권리와 관련된 법규를 통틀어 이루는 말'을 뜻하므로 상하 관계가 성립되지 않는다.
⑤ '국경일'은 '나라의 경사를 기념하기 위하여 국가에서 법률로 정한 경축일'의 의미이고, '공휴일'은 '국가나 사회에서 정하여 다 함께 쉬는 날'을 의미하므로 상하 관계가 성립되지 않는다.

## 024  ⑤

**정답 해설**

'닭을 잡다'의 '잡다'는 '짐승을 죽이다'의 의미이므로 '잡아서 묶다'의 의미인 '포박하다'와 대응하지 않는다. 이때는 '도축(屠畜)하다'로 바꾸는 것이 적절하다.

**오답 해설**

① '균형을 잡다'의 '잡다'는 '어떤 상태를 유지하다.'는 의미이므로 '유지하다'와 대응한다.
② '한밑천 잡다'의 '잡다'는 '돈이나 재물을 얻어 가지다.'의 의미이므로 '획득하다'와 대응한다.
③ '웃는 모습을 잡다'의 '잡다'는 '어떤 순간적인 장면이나 모습을 확인하여 찍다.'의 의미이므로 '포착하다'와 대응한다.
④ '기간을 잡다'의 '잡다'는 '어림하거나 짐작하여 헤아리다.'의 의미이므로 '산정하다'와 대응한다.

## 025  ②

**정답 해설**

'옅다'는 "안개나 연기 따위가 약간 끼어 있다."라는 의미로 "안개나 연기 따위가 자욱하다."라는 의미의 '짙다'와 반의어 관계이다.

**오답 해설**

① '맑다'는 '잡스럽고 탁한 것이 섞이지 아니하다.'의 의미이다.
③ '적다'는 '수효나 분량, 정도가 일정한 기준에 미치지 못하다.'의 의미이다.
④ '진하다'는 '액체의 농도가 짙다.'의 의미이다.
⑤ '두텁다'는 '신의, 믿음, 관계, 인정 따위가 굳고 깊다.'의 의미이다.

## 026  ④

**정답 해설**

'눈은 풍년이나 입은 흉년이다'는 '눈에 보이는 것은 많아도 정작 먹을 것은 없음'을 비유적으로 이르는 말이다. 따라서 입맛이 없어 음식을 먹지 못하는 상황에 사용하기에 적절하지 않다.

**오답 해설**

① '바람받이에 선 촛불'은 '바람 앞의 등불(언제 꺼질지 모르는 바람 앞의 등불이란 뜻으로, 매우 위태로운 처지에 놓여 있음을 비유적으로 이르는 말)'과 의미가 같은 속담이다.
② '높은 가지가 부러지기 쉽다'는 '높은 지위일수록 그 자리를 오래 지키기가 어려움.'을 비유적으로 이르는 말이다.
③ '구름 없는 하늘에 비 올까'는 '필요한 조건 없이 결과가 이루어지는 법이 없음.'을 강조하여 이르는 말이다.
⑤ '적은 물이 새어 큰 배 가라앉는다'는 '작은 구멍으로 새어 들기 시작한 물로 큰 배가 가라앉는다는 뜻으로, 자그마한 실수나 잘못으로 큰일을 그르칠 수도 있음.'을 이르는 말이다.

## 027    ②

**정답 해설**

'전전불매'는 '누워서 몸을 이리저리 뒤척이며 잠을 이루지 못함을 이르는 말로 곯아떨어진 동생의 상황에 사용하기에 적절하지 않은 표현이다.

**오답 해설**

① '지기지우'는 '자기의 속마음을 참되게 알아주는 친구'를 의미하는 말로 문맥에 맞는 표현이다.
③ '연목구어'는 '나무에 올라가서 물고기를 구한다는 뜻으로, 도저히 불가능한 일을 굳이 하려 함.'을 비유적으로 이르는 말로 문맥에 맞는 표현이다.
④ '대기만성'은 '큰 그릇을 만드는 데는 시간이 오래 걸린다는 뜻으로, 크게 될 사람은 늦게 이루어짐.'을 이르는 말로 문맥에 맞는 표현이다.
⑤ '읍참마속'은 '큰 목적을 위하여 자기가 아끼는 사람을 버림.'을 이르는 말로 문맥에 맞는 표현이다.

## 028    ⑤

**정답 해설**

'귀가 질기다'는 '둔하여 남의 말을 잘 이해하지 못하다.'의 의미이므로 눈치껏 잘 처신하는 상황에 사용하기에 적절하지 않다.

**오답 해설**

① '귀에 익다'는 '들은 기억이 있다.'는 의미이므로 문맥에 맞게 사용되었다.
② '귀를 열다'는 '들을 준비를 하다.'는 의미이므로 문맥에 맞게 사용되었다.
③ '귀가 얇다'는 '남의 말을 쉽게 받아들인다.'는 의미이므로 문맥에 맞게 사용되었다.
④ '귀에 들어가다'는 '누구에게 알려지다.'는 의미이므로 문맥에 맞게 사용되었다.

## 029    ①

**정답 해설**

'양생'은 '콘크리트가 완전히 굳을 때까지 적당한 수분을 유지하고 충격을 받거나 얼지 아니하도록 보호하는 일'의 의미이며 그 순화어는 '굳히기'이다.

**오답 해설**

② '은닉하다'는 '남의 물건이나 범죄인을 감추다.'의 의미이며 그 순화어는 '숨기다', '감추다'이다.
③ '매상고'는 '상품 따위를 판 금액. 또는 그 돈의 총액'의 의미이며 그 순화어는 '판매액', '매출액'이다.
④ '시건장치'는 '문 따위를 잠그는 장치'의 의미이며 그 순화어는 '잠금장치'이다.
⑤ '해태하다'는 '행동이 느리고 움직이거나 일하기를 싫어하는 데가 있다.'는 의미이며 그 순화어는 '게을리하다', '제때 하지 않다'이다.

## 030    ⑤

**정답 해설**

'피크 아웃'을 다듬은 말은 '하락 전환'이므로, '상승 전환'은 올바른 순화어라고 볼 수 없다.

## 031    ④

**정답 해설**

'바늘, 실, 골무, 헝겊 따위의 바느질 도구를 담는 그릇'은 '반짇고리'로 써야 옳은 표기이다.

**오답 해설**

① '서로 주고받을 것을 비겨 없애는 셈'은 '엇셈'으로 옳은 표기이다.
② '지나는 결에 잠깐 나타나는 모양'은 '얼핏'으로 옳은 표기이다.
③ '거리낌 없이 마구'는 '사뭇'으로 옳은 표기이다.
⑤ '안에 솜을 두어 만든 옷'은 '핫옷'으로 옳은 표기이다.

## 032    ④

**정답 해설**

'낯설다'의 명사 활용형은 '낯설음'이 아니라 '낯섦'이므로 옳지 않은 표기이다.

**오답 해설**

① '사람끼리 서로 아는 일'은 '앎'이 아니라 '알음'으로 써야 옳다.
② '단숨에 내처 달리는 달음박질'은 '줄달음'이 옳은 표기이다.
③ '남에게 진 신세나 품게 된 원한 따위를 갚는 일'은 '갚음'이 옳은 표기이다.
⑤ '다른 것으로 바꾸어 대신함.'은 '갈음'이 옳은 표기이다.

## 033  ⑤
**정답 해설**

'채다'는 '차이다'의 준말로 이처럼 줄어든 말일 경우 '채-+-어서'가 '채서'로 줄어들지 않는다. '차이어서→채어서'는 가능하지만 '채어서 → 채서'는 불가능하다. 한글 맞춤법 제34항에 이러한 점이 규정되어 있다.

**오답 해설**

① '개-+-어'는 '개어'와 '개' 둘 다 가능하므로 '갰다'는 적절하다.
② '매-+-어'는 '매어'와 '매' 둘 다 가능하므로 '맸다'는 적절하다.
③ '세-+-어'는 '세어'와 '세' 둘 다 가능하므로 '세'는 적절하다.
④ '재-+-어'는 '재어'와 '재' 둘 다 가능하므로 '재'는 적절하다.

## 034  ②
**정답 해설**

'마을마을'은 한 단어로 올라 있지 않으므로 '마을∨마을'로 띄어 쓰는 것이 옳다.

**오답 해설**

① '집집'은 '각 집 또는 모든 집'을 의미하는 한 단어이므로 띄어 쓰지 않는다.
③ '여기저기'는 '여러 장소를 통틀어 이르는 말'을 의미하는 한 단어이므로 띄어 쓰지 않는다.
④ '그때그때'는 '일이 벌어지거나 기회가 주어지는 때마다'를 의미하는 한 단어이므로 띄어 쓰지 않는다.
⑤ '그릇그릇'은 '있는 대로의 여러 그릇'을 의미하는 한 단어이므로 띄어 쓰지 않는다.

## 035  ④
**정답 해설**

'어떤 일의 수단이나 도구를 나타내는 격 조사'는 '로써'이므로 잘못된 표기이다.

**오답 해설**

① '조금 지난 뒤에'라는 의미의 말은 '이따가'가 옳은 표기이다.
② '어떤 물체가 다른 물체의 뒤를 이어 따르다. 또는 다른 물체에 이어지다.'라는 의미의 말은 '잇달다'이므로 '잇달다'의 활용형은 '잇단'이 옳은 표기이다.
③ '오므렸던 것을 펴다.'의 의미인 '뻗다'를 강조하여 이르는 말은 '뻗치다'로 옳은 표기이다.
⑤ '음식을 솥에 넣고 불 위에 올리다.'는 의미의 말은 '안치다'이므로 옳은 표기이다.

## 036  ②
**정답 해설**

제목이나 표어에는 마침표를 쓰지 않는 것이 원칙이므로 옳지 않은 설명과 예이다.

**오답 해설**

① 명사나 용언의 명사형으로 끝났을 경우에도 문장의 기능을 하고 있으므로 마침표를 쓸 수 있다.
③ 직접 인용한 문장의 끝에는 마침표를 쓰는 것이 원칙이다.
④ 명사나 용언의 명사형으로 끝났을 경우에도 문장의 기능을 하고 있으므로 마침표를 쓸 수 있다.
⑤ '장, 절, 항' 등을 표시하는 문자나 숫자 다음에 쓴다.

## 037  ⑤
**정답 해설**

'긴 물건의 맨 아랫동아리'의 의미를 가진 말은 '밑둥'이 아니라 '밑동'이 표준어이다.

**오답 해설**

① '둥글게 빙빙 틀어 놓은 것. 또는 그런 모양'의 의미를 가진 말은 '똬리'가 표준어이다.
② '글의 구나 절'의 의미를 가진 말은 '글귀'가 표준어이다.
③ '남을 해치고자 하는 짓'의 의미를 가진 말은 '해코지'가 표준어이다.
④ '그 밖의 예사로운. 또는 다른 보통의'의 의미를 가진 말은 '여느'가 표준어이다.

## 038  ④
**정답 해설**

'깝북'은 '가득'의 전라도, 충청도 방언이다.

**오답 해설**

① '해깝다'는 '가볍다'의 경상도 방언이다.
② '모리'는 '모레'의 충청도 방언이다.
③ '비문허다'는 '어련하다'의 전라도 방언이다.
⑤ '솔찬히'는 '상당히'의 전라도 방언이다.

## 039  ③
**정답 해설**

'갉작갉작'의 'ㄹ'은 어말 또는 자음 앞에서 [ㄱ]으로 발음한다. 따라서 '갉'은 [각]으로 발음해야 하며 앞 음절의 받침 [ㄱ]의 영향으로 두 번째, 세 번째, 네 번째 음절은 모두 경음화가 일어난다. 따라서 '갉작갉작'의 표준 발음은 [각짝깍짝]이 된다.

오답 해설

① 겹받침 'ㄼ'은 자음 앞에서 [ㄹ]로 발음하므로 [널꼬]가 표준 발음이다.
② 겹받침은 모음으로 시작하는 어미나 조사가 올 때 연음되어 발음되므로 '여덟+이'는 [여덜비]가 표준 발음이다.
④ '밟-'은 자음 앞에서 [밥]으로 발음하므로 [짇빱꼬]가 표준 발음이다.
⑤ 겹받침은 모음으로 시작하는 어미나 조사가 올 때 연음되어 발음되므로 '흙+을'은 [흘글]이 표준 발음이다.

## 040 ④

정답 해설

짧은 모음이 아닌 어말의 무성 파열음은 이들 자음에 '으'를 붙여 표기하므로 'bulldog[ˈbʊldɔːg]'는 '불도그'로 적는다.

오답 해설

① 짧은 모음이 아닌 어말의 무성 파열음은 이들 자음에 '으'를 붙여 표기하므로 'cut[kʌt]'는 '컷'으로 적는 것이 맞으나 '미용을 목적으로 머리를 자르는 일. 또는 그 머리 모양'을 의미하는 경우에는 관용에 따라 '커트'로 적는다.
② 짧은 모음이 아닌 어말의 무성 파열음은 이들 자음에 '으'를 붙여 표기하므로 'cake[keɪk]'는 '케이크'로 적는다.
③ 짧은 모음과 유음, 비음 이외의 자음 사이에 오는 무성 파열음은 받침으로 표기하므로 'Gips[gips]'는 '깁스'로 적는다.
⑤ 짧은 모음이 아닌 어말의 무성 파열음은 이들 자음에 '으'를 붙여 표기하므로 'flute[fluːt]'는 '플루트'로 적는다.

## 041 ③

정답 해설

'삼겹살'은 [삼겹쌀]로 된소리되기가 발생하지만 로마자 표기에는 된소리되기를 반영하지 않으므로 'samgyeopsal'로 표기한다.

오답 해설

① 체언에서 'ㄱ, ㄷ, ㅂ' 뒤에 'ㅎ'이 따를 때에는 'ㅎ'을 밝혀 적으므로 '식혜'는 'sikhye'로 표기한다.
② '통닭'의 표준 발음은 [통닥]이므로 'tongdak'으로 표기한다.
④ '감자탕'의 표준 발음은 그대로 [감자탕]이므로 'gamjatang'으로 표기한다.
⑤ '양념게장'의 표준 발음은 [양념게ː장]이므로 'yangnyeom gejang'으로 표기한다.

## 042 ③

정답 해설

'좌절감에 빠졌다.'와 호응하는 주어가 빠져 있으므로 주어를 보충하여 '다람쥐는 오르기는 문제가 아니었지만 날기가 문제여서 땅에서 위로 날아올라야 하는 날기 수업에서 좌절감에 빠졌다.'와 같이 수정해야 한다.

▶ 출처  남기심 외(2019), 『표준국어문법론(전면개정판)』, 한국문화사.

## 043 ①

정답 해설

〈보기〉의 '-ㅂ시다'는 하오체의 종결 어미이므로 상대 높임법의 등급이 동일한 것은 하오체의 종결 어미 '-구려'를 사용하고 있는 ①이다.

오답 해설

② '-ㅂ시오'는 하십시오체의 종결 어미이다.
③ '-ㄴ가'는 하게체의 종결 어미이다.
④ '-구나'는 해라체의 종결 어미이다.
⑤ '-구먼'은 해라체의 종결 어미이다.

## 044 ②

정답 해설

나와 영희 중 동생이 더 좋아하는 사람이 영희인지, 내가 영희를 좋아하는 것보다 동생이 영희를 좋아하는 것이 더 큰지에 따라 중의적으로 해석되는 문장인데, 수정문도 이 중의성을 동일하게 가지고 있으므로 중의성을 해소한 문장이라고 볼 수 없다.

오답 해설

① 파란 운동화를 신고 있는 중인지, 신는 행동이 완료되었는지에 따라 중의적인 문장이므로 중의성을 해소하기 위해 '신는 중'이라고 수정한 것은 적절하다.
③ 관객들이 아무도 입장하지 않았는지 일부는 입장했는지에 따라 중의적인 문장이므로, '다는'으로 수정하여 일부는 입장했다는 문장으로 수정한 것은 적절하다.
④ 철수와 영수가 영희에 대해 이야기했는지 철수 혼자 영수와 영희에 대해 이야기했는지에 따라 중의적인 문장이므로 적절한 수정이다.
⑤ 우는 것이 철수인지 영희인지에 따라 중의적인 문장이므로 적절한 수정이다.

▶ 출처
• 이관규(2023), 『학교 문법론』, 역락.
• 이익섭, 채완(2000), 『국어문법론 강의』, 학연사.

## 045  ①

**정답 해설**

이 문맥에서는 '시간이 주어지다'라고 표현할 필요가 없이 '시간이 필요하다'라고 표현하는 것이 간단한 국어식 문장이다. '시간이 요구되다'로 수정하면 의미가 달라지므로 적절하지 않은 수정이다.

**오답 해설**

② '~로 인해'는 번역 투이므로 문맥에 따라 '~로' 또는 '~ 때문에'로 수정하는 것이 좋다.
③ 일정한 시간을 보내거나 행사를 개최하는 문맥에서 쓰이는 '~을 가지다'는 번역 투이므로 '모임을 열었다'로 수정하는 것이 좋다.
④ '~에 의해'는 번역 투이므로 문맥에 따라 '~로' 또는 '~ 때문에'로 수정하는 것이 좋다.
⑤ '~에 위치하다'는 번역 투이므로 '~에 있다' 등으로 수정하는 것이 좋다.

▶ **출처** 정희창, 김지혜 외(2023), 『공공언어의 이해와 소통』, 박문사.

## 쓰기  046번~050번

기출문제집 p.25

| 046 | ④ | 047 | ⑤ | 048 | ⑤ | 049 | ① | 050 | ② |

## 046  ④

**정답 해설**

ㄱ. 동물 실험 실태에 대한 내용의 신뢰성을 높이기 위해 '지난 2022년에는 약 499만 마리로 파악되었는데 이는 전년 대비 11만 마리 정도가 늘어난 것이다.'와 같이 통계 자료의 수치를 제시하고 있다.
ㄹ. 주장의 타당성을 높이기 위해 동물 실험을 지지하는 이들의 예상되는 반론을 제시한 후, 동물 실험을 대체할 수 있는 방법이 있음을 밝혀 반론에 대한 반박을 제시하고 있다.
ㅁ. 근거의 다양성을 확보하기 위해 동물 실험 반대 캠페인과 관련된 보도 자료, 2022년에 실시한 한 설문조사 결과, 피터 싱어의 저서 『동물 해방』과 같이 여러 자료를 활용하고 있다.

**오답 해설**

ㄴ. 주제와 관련된 독자의 경험을 환기하고 있지는 않다.
ㄷ. 전문가의 인터뷰 내용을 인용하고 있지는 않다.

▶ **출처**
- 실험동물에 관한 법률, 법제처 누리집
- 동물 실험윤리제도, 농림축산검역본부 누리집
- 한국리서치주간리포트(제178-1호) 여론속의 여론 기획: 동물권에 대한 인식조사(2022.05.04.)
- 국내 실험동물 사용량 역대 최다 또 경신, 500만 마리 육박, 수의사신문(2023.06.26.)

## 047  ⑤

**정답 해설**

(마)는 무분별한 동물 실험을 억제하기 위한 노력을 제시하고 있다. 따라서 (마)를 활용하여 수많은 동물이 실험동물로 생명을 잃어 가고 있다는 실태를 부각한다는 진술은 적절하지 않다.

**오답 해설**

① (가)는 2017년부터 2022년까지 실험동물의 사용량 및 고통 등급 비율의 상승 추이를 보여 주는 그래프 자료이므로, 동물 실험의 실태를 시각적으로 보여 줄 수 있다.
② (나)는 알버트 슈바이처와 장자의 생명 존중과 관련된 인터뷰 내용이므로, 동물은 생명체로서 누려야 할 권리인 동물권을 지닌다는 내용을 뒷받침할 수 있다.
③ (다)는 동물 실험을 거쳐 만들어진 의약품들이 인간에게 부작용을 일으킨 다양한 사례를 제시하여 동물 실험을 통한 의학 발달의 문제점을 보여 준다. 따라서 동물과 인간이 보이는 부작용이 달라 동물 실험의 효용성이 높지 않다는 내용을 뒷받침할 수 있다.
④ (라)는 쥐와 인간에게 미치는 영향이 달랐음을 보여 주는 사례이므로, 동물과 인간에게 미치는 영향이 다름을 보여 주는 사례로 추가할 수 있다.

## 048  ⑤

**정답 해설**

글의 주제를 고려할 때, Ⅳ의 제목으로 '동물 실험 중단을 위한 노력 촉구'는 적절하다. 따라서 '동물 실험의 효용성 증대를 위한 노력 촉구'로 수정한다는 진술은 적절하지 않다.

**오답 해설**

① 초고 1문단에 따르면, Ⅰ-1과 Ⅰ-2의 순서를 바꾸어 '동물 실험의 정의'를 먼저 제시해야 함을 알 수 있다.
② 초고 2문단과 4문단을 보면, Ⅱ-1은 Ⅲ의 구체적인 내용이므로 Ⅲ의 하위 항목으로 이동해야 함을 알 수 있다.
③ 초고에 따르면, Ⅱ-4는 글의 내용과 어울리지 않는 내용이므로 삭제해야 함을 알 수 있다.

④ 초고 3문단과 개요의 Ⅱ, Ⅲ의 상위 항목에 따르면, Ⅲ-3은 상위 항목을 고려하여 Ⅱ의 하위 항목으로 이동해야 함을 알 수 있다.

## 049 ①
**정답 해설**
㉠은 주장에 대한 근거를 제시하는 문장으로, 통일성을 해치는 문장이 아니므로 삭제해서는 안 된다.

**오답 해설**
② ㉡ '중지시키고'는 불필요한 사동 표현이므로 '중지하고'로 수정해야 한다.
③ '이는 ~ ㉢ 확산되고 있다.'는 문장의 호응이 적절하지 않으므로 주어 '이는'의 서술어가 될 수 있도록 '확산되고 있음을 보여 준다.'로 수정해야 한다.
④ '틀리다'는 '셈이나 사실 따위가 그르게 되거나 어긋나다.'의 의미이므로 '비교가 되는 두 대상이 서로 같지 아니하다.'의 의미인 '다르다'가 사용되어야 하므로 '다르기'로 수정해야 한다.
⑤ ㉣의 앞에서는 동물 실험이 필요하다는 주장에 대해 말하고, 뒤에서는 동물 실험을 대체할 수 있는 것이 있다고 말하므로 앞과 뒤의 내용이 상반될 때 쓰는 '그러나'로 수정해야 한다.

## 050 ②
**정답 해설**
앞뒤 맥락을 고려해 볼 때, 동물 실험을 금지하는 법안 마련, 동물 실험을 대체하는 최적의 방안 모색, 동물 복지에 대한 인식 개선 등의 예를 아우를 수 있는 내용이어야 하므로, '동물 실험을 중단하기 위한 다양한 노력과 실천이 요구된다'라는 진술이 들어가는 것이 적절하다.

## 창안 051번~060번

| 051 | ⑤ | 052 | ② | 053 | ④ | 054 | ④ | 055 | ⑤ |
| 056 | ① | 057 | ② | 058 | ① | 059 | ④ | 060 | ② |

## 051 ⑤
**정답 해설**
윗글에서 '잔의 재질'은 뜨거운 음료를 항상 담아야 하고 몇 번이나 반복해서 사용해야 하기 때문에 특수 장석이 들어 있다고 설명하고 있다. 생산물 유출 방지를 위한 방화벽은 몇 번이나 반복해서 커피를 담아야 하는 에스프레소 잔의 구성 원리와 의미하는 바가 다르다.

**오답 해설**
① 에스프레소 잔에 담기기 전의 추출된 커피액이므로 가공된 생산물에 비유할 수 있다.
② 에스프레소 잔의 크기는 매우 작은데, 에스프레소가 매우 적은 양의 커피이므로, 그에 맞추어 잔의 크기가 작게 나왔기 때문이다. 따라서 생산물의 특성에 적합한 프로그램에 비유할 수 있다.
③ 에스프레소 잔 내부는 둥근 달걀 모양인데, 이는 에스프레소의 본래 농도와 크레마의 상태를 유지하기 위함이다. 따라서 생산물의 특성을 잘 드러내도록 프로그램의 설정값을 정해 둔 것에 비유할 수 있다.
④ 에스프레소 잔의 두께는 두꺼운 편인데, 이는 커피의 온기를 잃지 않고 손님에게 전달하기 위함이다. 따라서 오랜 시간 동안 보관 가능한 저장 장치에 비유할 수 있다.

▶ 출처  신혜경, "커피음료 종류에 맞는 잔을 사용하면 제 맛을 느낄 수 있어", 조선비즈, 2017. 9. 22.(https://n.news.naver.com/mnews/article/366/0000383769?sid=101)

## 052 ②
**정답 해설**
윗글에서 '에스프레소 잔은 내부가 달걀 모양처럼 생겼기 때문에 둥근 바닥 중심으로 원액이 모여서 혼합되고, 크레마가 잔의 중심에 생겼다가 서서히 퍼지면서 일정한 두께를 형성하게 된다.'고 하였다. 이를 기업의 운영 전략에 비유한다면, 인재가 서로 융합할 수 있는 경영 전략을 수립하여 성과를 내는 것에 비유할 수 있다.

### 오답 해설
① 커피액이 혼합되는 것을 결속력 강화로 볼 수 있지만, 외부 변화와는 무관하다.
③ 커피액이 혼합되는 것을 수평적인 관계 형성으로 볼 수 있지만, 커피액이 혼합되었다고 해서 온도나 맛이 오래 지속되는 것은 아니므로 조직의 지속과는 무관하다.
④ 장기간의 프로젝트를 유지하는 것은 커피액의 혼합이나 크레마의 형성과 관계가 없다.
⑤ 소통 과정에서의 비효율적인 면을 찾는 것은 커피액의 혼합이나 크레마의 형성과 관계가 없다.

## 053   ④
### 정답 해설
윗글에서 모닝컵에 대한 설명은 모닝컵의 생김새에 따라 커피의 맛이 달라지므로, 마시는 커피의 종류에 따라 다른 컵을 선택해야 한다는 요지이다. 이를 학습 계획에 적용한다면, 자신의 공부 성향을 파악하고 학습 효과를 높일 수 있는 계획을 세우는 것과 관련지을 수 있다.

### 오답 해설
①, ⑤ 학습 시간을 늘리는 것이나 그날 해야 할 일을 정하는 것은 커피가 지닌 고유의 맛, 즉 학생 자신이 지닌 개별적인 특성과는 무관하다.
② 과거의 학습 경험을 통한 개선 계획은 학생 자신의 고유한 것이므로 '커피의 맛'에 비유될 수는 있지만, 과거의 경험을 통해 개선 계획을 세워야 한다는 점은 커피 본연의 맛을 살리는 머그컵 선택과는 무관하다.
③ 새로운 학습 방법으로 계획을 세우는 것을 커피의 종류에 따라 다른 컵을 선택하는 것과 연관시키기 어렵다.

## 054   ④
### 정답 해설
(다)는 용도에 따른 형태 변형을 통해 사용성을 높이는 아이디어가 핵심이다. (다)가 (가)에 비해 '단순한 형태'를 도입한 것인지 알 수 없으며, 이러한 형태와 제품의 내구성은 관계가 없다.

▶ 출처
(가) https://kor.pngtree.com/freepng/grey-computer-mouse-illustration_4716248.html
(나) https://m.inqten.com/goods/view?no=26558
(다) https://shopping.interpark.com/product/productInfo.do?prdNo=9932442683&dispNo=016001&bizCd=P12782&utm_medium=affiliate&utm_source=daum&utm_campaign=shop_20211015_shoppinghow_p12782_cps&utm_content=conversion_47

## 055   ⑤
### 정답 해설
(나)는 마우스를 사용하는 사람의 신체(손) 구조에 적합한 방식으로 형태를 바꿈으로써 사용의 편리를 도모한 것이다. 이를 리더십에 유추하면 구성원 개인에 대한 관심이 필요하다는 내용이 가장 적절하다.

### 오답 해설
① 리더의 카리스마나 지적 자극을 사용자 중심의 변형과 연결하기 어렵다.
② 구성원의 동의와 지지를 얻기 위해 솔선수범하는 것과 사용자 중심의 변형은 연결하기 어렵다.
③ 리더의 통제와 지시가 필요하다는 내용과 사용자 중심의 변형은 연결하기 어렵다.
④ 구성원의 참여 권한을 제한하는 것과 사용자 중심의 변형은 연결하기 어렵다.

## 056   ①
### 정답 해설
(다)는 필기 작업의 효과성 증진을 위해 마우스의 형태를 펜의 형태로 바꾼 것으로, 기존의 방식과 다른 형태의 활용이 특징적이다. 환경 보호를 위한 다회용 컵은 다른 형태의 활용과 관계가 없다.

### 오답 해설
② 신소재를 활용하여 변형을 주었으므로 적절하다.
③ 초보자를 위해 자전거에 보조 바퀴를 다는 변형을 주었으므로 적절하다.
④ 트럭을 변형하여 음식을 만들어 팔 수 있게 만들었으므로 적절하다.
⑤ 세 가지 색의 펜을 하나로 합하는 변형을 주었으므로 적절하다.

## 057   ②
### 정답 해설
저출산 문제의 원인으로 꼽히는 육아 문제의 해결을 위한 방안을 제시하는 방식으로 출산 장려에 접근하는 광고이다. '지름길'과 같은 비유가 사용되기는 했으나, 이는 국가적 손실을 드러내기 위함이라 보기 어렵다.

오답 해설

① 자녀의 자리를 빈칸으로 표현하고 완성을 독려하는 방식으로 가정의 이상향을 제시하고 있으므로 적절하다.
③ 저출산 사회가 지속된다면 인구 구조 변화에 따라 지하철 좌석의 모습이 달라질 수 있음을 구체적으로 제시하고 있으므로 적절하다.
④ 비교 표현 '로또보다 값진'을 활용해 출산의 행복을 제시하고 있으므로 적절하다.
⑤ 왕릉의 모습을 임산부의 신체에 빗대어 표현하면서 출산의 높은 가치를 강조하고 있으므로 적절하다.

▶ 출처
① https://www.pinterest.co.kr/pin/457537643382916248/
② http://www.jejusori.net/news/articleView.html?idxno=102791
③ https://blog.naver.com/PostView.naver?blogId=flying_bee&logNo=220107291904
④ https://www.pinterest.co.kr/pin/457537643382916321/
⑤ http://jeski.org/article_view.php?category=commercial&idx=542

## 058  ①
정답 해설

'어린이날'은 현재 있는 기념일인데, 저출산 문제가 심각해짐에 따라 어린이 인구가 현저히 줄어들며 어린이날이 사라질 위기에 처했다는 내용이다. 사회 변화를 체감하게 하는 상징적 소재로 '어린이날'을 활용하였으며, 청유형 어미 '-자'로 문장을 끝맺고 있다.

오답 해설

②, ③ 청유형 어미 '-읍시다'로 문장을 끝맺고 있으나 상징적 표현이 사용되지 않았다.
④ '신생아'를 '희망'에 비유할 뿐 상징적 표현을 사용하지 않았으며, 청유형 문장을 사용하지도 않았다.
⑤ '공든 탑'이라는 상징적 표현이 사용되었으나 청유형 문장으로 진술하지 않았다.

## 059  ④
정답 해설

화합물은 정해진 원자 구성 원리에 따른다. 예를 들어 물은 수소 원자 두 개와 산소 원자 하나로 구성되어 있으며, 이는 변하지 않는다. 이러한 특성이 '정원 외의 임시 보조 인력을 선발하는 것과는 관련이 적다.

오답 해설

① 혼합물은 여러 물질이 단순하게 물리적으로 섞여있는 것이므로, 무작위로 모집한 희망자에 비유할 수 있다.
② 혼합물은 각자의 특성이 그대로 변치 않고 살아있는 것이므로, 자신의 장단점을 그대로 살려 업무를 하는 것과 유사하다.
③ 화합물은 특정한 물질을 만들어 내기 위해 물질의 종류와 비율을 맞춰 그에 맞는 방법으로 결합해야 한다. 그러므로 목적과 역할에 맞게 융화될 수 있는 사람을 선발하는 것에 비유할 수 있다.
⑤ 화합물은 기존의 성질을 유지하는 것이 아니라 결합을 통해 새로운 성질을 갖는 새로운 물질이 된다. 그러므로 기존 업무에 구애받지 않고 새로운 팀의 목표에 맞는 역할을 맡는 것과 유사하다고 할 수 있다.

▶ 출처
• [네이버 지식백과] 혼합물 [mixture, 混合物](두산백과 두피디아, 두산백과)
• [네이버 지식백과] 화합물 [化合物, compound, Verbindung](화학대사전, 2001. 5. 20., 세화 편집부)

## 060  ②
정답 해설

'비빔밥'은 물리적으로 단순히 섞여 있는 '혼합물'에 비유할 수 있으며, 여러 재료에 열을 가하여 상태를 변화시킨 '볶음밥'은 서로 화학 결합력에 의해 결합하여 각 성분의 성질이 그대로 나타나지 않는 '화합물'에 비유할 수 있다.

오답 해설

① '육회'와 '생선회'는 모두 원재료 그대로이다.
③ '갈비구이'와 '갈비찜'은 굽기와 찜이라는 조리 방법이 다른 것이므로 '혼합물'과 '화합물'의 관계와 비교하기 어렵다.
④ '김치찌개'와 '된장찌개'는 그 재료가 다른 것이므로 '혼합물'과 '화합물'의 관계와 비교하기 어렵다.
⑤ '배추김치'와 '깍두기'는 그 재료가 다른 것이므로 '혼합물'과 '화합물'의 관계와 비교할 수 없다.

## 읽기    061번~090번

기출문제집 p.34

| | | | | | | | | | | |
|---|---|---|---|---|---|---|---|---|---|---|
| 061 | ③ | 062 | ④ | 063 | ② | 064 | ⑤ | 065 | ⑤ |
| 066 | ⑤ | 067 | ③ | 068 | ② | 069 | ② | 070 | ③ |
| 071 | ② | 072 | ① | 073 | ① | 074 | ⑤ | 075 | ③ |
| 076 | ⑤ | 077 | ⑤ | 078 | ④ | 079 | ④ | 080 | ③ |
| 081 | ④ | 082 | ⑤ | 083 | ④ | 084 | ④ | 085 | ③ |
| 086 | ③ | 087 | ④ | 088 | ④ | 089 | ⑤ | 090 | ③ |

## 061  ③

**정답 해설**

어머니는 삼계탕을 파는 식당에서 한참 일하며 고된 생활을 이어왔었다. 화자는 어머니를 여읜 이후에도 삼계탕을 접할 때면 그것에서 어머니를 떠올리고 정겨움과 그리움이 뒤섞인 감정에 휩싸인다.

**오답 해설**

① 반어적 표현이 나타나지 않으며 화자의 굳은 의지가 드러나고 있지도 않다.
② "무얼 하세요 도대체", "어찌 된 일인가요"의 의문형 표현이 나타나고 있기는 하나 동일한 의문형의 반복이라 보기 어려우며, 이를 통해 리듬감을 부여하고 있다고 볼 수도 없다.
④ 삼계탕을 먹으면서 어머니에 대한 옛 기억을 떠올리고는 있지만 각 시행이 시간의 순차성에 역행하고 있지는 않다. 삼계탕을 앞에 두고 소환되는 어머니의 이미지, 그리고 그에 감응하는 화자의 정서 사이에는 현재와 과거가 교차한다.
⑤ 이 시에서 담고 있는 경험과 감각은 어머니를 향한 정서, 정겨움, 그리움, 안타까움으로 초점이 모이게 된다. 따라서 감각이 파편화되거나 경험이 혼미해져 있다고 할 수 없다.

▶ 출처   박소란,「배가 고파요」,『심장에 가까운 말』, 창비.

## 062  ④

**정답 해설**

화자의 '대책 없이 오르는 살'은 충만한 슬픔을 직접 드러내고 있다기보다는 어머니로부터 얻은 힘이 지속된다는 것을 의미한다고 보는 것이 더 적절하다.

**오답 해설**

① '뜨겁다'라는 감각 표현은 어머니가 일하던 직장의 "아궁이 불길"과 어머니가 한창 고되게 일했던 시기인 "여름"을 매개한다.

② '뚝배기가 너무 무겁다'는 어머니의 발화를 전하면서 고된 노동으로 이어왔던 어머니의 삶의 무게감이 표현되고 결국 그 과도함으로 인해 건강과 생을 잃게 되었음을 암시한다.
③ 화자가 접하는 삼계탕은 곧 어머니의 모습이기도 하다. 온갖 것을 담아 화자를 '먹이는' 어머니에 대한 기억이 삼계탕으로 인해 재생되지만 정작 어머니를 실제로는 다시 볼 수 없다는 사실이 '늦도록 돌아오지 않는'으로 표현된다.
⑤ 화자는 삼계탕에서 어머니의 흔적을 접하고 기억을 더듬으며 자기가 생을 이어가는 게 결국 어머니 덕분이라고도 여기지만 그가 느끼는 반가움과 감사의 크기만큼이나 해소되지 않은 그리움이 '허기'라는 시어로 나타나고 있다.

## 063  ②

**정답 해설**

'숙부'가 호텔 지배인처럼 주변 인물과 관계 맺는 모습, '나'가 새롭게 그를 '비단잉어'같이 바라보게 된 일화 등 '숙부'가 단순한 성격의 인물이 아니라 다층적인 면모가 있음을 알리는 일화가 삽입되어 있고, 이는 독자가 그 인물을 입체적으로 이해하도록 유도한다.

**오답 해설**

① '나', '숙부', '해경', 다른 친척들이 언급되고 등장하는데 그들 간에 극명하다고 여길 만한 의견 대립은 관찰되지 않는다.
③ 이야기의 허구성을 드러내는 부분을 찾을 수 없다.
④ 서술자인 '나'가 '숙부'에 관하여 전하는 내용에는 위기에 직면한 불안한 심리가 나타나지 않는다.
⑤ 서술자의 회고에 의존하고 있는 지문의 소설문은 여러 장면과 사건이 얽혀 있지만 각각 인과가 뚜렷하게 연결되어 있지 않다.

▶ 출처   김금희(2019),「모리와 무라」,『오직 한 사람의 차지』, 문학동네.

## 064  ⑤

**정답 해설**

ⓑ '나'는 ⓐ '숙부'의 형제들이나 친척들이 '호텔식'이라는 말로 그의 캐릭터를 규정하는 모습들에 민감한 관심을 가졌고, 거기에는 야유 비슷한 조소의 태도가 함께 놓여 있다는 것을 포착한다.

**오답 해설**

① ⓑ '나'는 대학 진학 때 ⓐ '숙부'에게서 경제적 지원을 받은 바가 있지만 '숙부'가 '나'를 지원했으면서도 제 이익을 챙겼다고 단언할 수 있는 근거가 본문에 전혀 없다.

② ⓐ'숙부'는 세련되고 흐트러지지 않은 모습으로 범절에 맞게 행동하는 중에도 자기 의견이나 감정을 여간해서는 내보이지는 않는데, 그러나 이는 그의 전모가 아니다.
③ ⓑ'나'는 남들이 미처 보지 못한 ⓐ'숙부'의 단호한 면모, 즉 그가 물러서지 않고 자기 뜻을 내세우는 모습을 관찰한 바가 있으나 이는 드문 편으로 그는 의견을 대체로 드러내지 않는다.
④ ⓑ'나'는 자신 또한 대체로 일반적인 성정이나 삶의 궤적을 가지고 있다는 면에서 ⓐ'숙부'가 아니라 나머지 다른 숙부들과 유사한 노년을 맞이할 것이라 짐작하고 있다.

## 065
⑤
**정답 해설**
서술자가 다른 숙부들이 죽은 상황에 대해 슬퍼할 것이라는 모습을 보이지 않는다. 소름이 돋은 원인은 범상하지 않은 '숙부'에 대해 '나'가 여전히 갖는 이질적 느낌과 낯섦이다. '나'는 자신이 노인이 된 후에라도, '숙부'가 조용하면서도 부지런한, 그리고 차가운 관찰자로 살아남아 '나'를 지켜볼 것임을 상상하며 소름이 돋는 것을 느낀다.

**오답 해설**
① '숙부'가 독신이며 일정한 학식을 갖추고 세련되며 정돈된 삶의 방식과 태도를 갖추고 있다는 점에서 다른 숙부들과의 차이가 극명하다는 것은 같은 맥락이지만 이를 통해 '해경'에게는 자부심을, '나'에게는 의혹을 불러일으킨다.
② 대부분의 인생은 요약되나 '숙부'는 비밀스럽고 의혹의 대상이 될 수밖에 없음을 나타낸다.
③ '나'는 친척들과 방문한 요릿집에서 우연히 '숙부'가 부하 직원을 냉정하게 나무라며 통화하는 모습을 목도하게 된다. '숙부'가 남들에게 좀처럼 드러내지 않은 감정 표현과 그 방식을 '나'가 비로소 관찰할 수 있게 된 때는 "모든 풍경"을 "적나라하게" 밝히는 "보름달"이 뜬 밤이기도 했다.
④ '숙부'를 상징하는 '비단잉어'는 그 "붉은 흠집", "혈관이 비치는 흰 살"에 관한 묘사에서 짐작할 수 있는 것처럼 '숙부'가 늘 반듯한 모습과 평정심을 유지하는 듯이 보이지만 실은 숱한 상흔과 그에 관한 상념, 걱정을 간직하고 있음을 암시한다.

## 066
⑤
**정답 해설**
보일의 기획에 의하면 사회적이고 정치적인 성향이 사실에 관한 판단 영역 끼어들어서는 안 되었기 때문에 "비정치적 공간"으로서의 실험실이 등장한다. 보일이 상정한 실험 공동체는 사실에 모든 권위를 내어주고 그 안에서 신학, 종교, 형이상학, 정치가 모두 배제되었다.

**오답 해설**
① 실험실에서 확보한 사실에 관한 지식은 실험 공동체 내에서만 유효하게 통용되는 것이 아니라 실험 공동체 바깥의 정치체 영역에서도 공유되는 기준점으로 작동하며 이에 따라 관용적인 종교와 균형 잡힌 정치의 기반이 될 수 있다고 보일은 생각했다.
② 보일은 진공과 같은 자연 현상의 원인을 추론해보거나 가정해 볼 수는 있다고는 해도, 관찰할 수 없거나 신념에 따라 다르게 가질 수밖에 없는 형이상학적 질서나 종교적 해석에 기대어서는 안 된다고 여겼다.
③ 실험과학을 주된 지식 확보의 방법으로 삼은 보일은 자연에 관한 사실을 논할 때 정치나 사회적 맥락에 따른 이해관계가 끼어들게 되면 주관적인 판단에 근거한 서로 다른 주장이 난립하게 되어 곤경에 처할 것을 우려했다.
④ 보일은 '사실'에만 집중하여 사회의 기반을 만들고자 했다. 어떤 공동체든 그것의 규칙을 우선한다는 일은 그 공동체가 가진 선입견이나 이해관계에 따른 가치판단에 휘둘려 정작 '사실'을 중요하지 않게 여기게 되는 결과로도 이어질 수 있다.

▶ **출처** 〈보일-홉스 논쟁: 과학 밖의 정치, 과학이라는 정치〉, ≪네이버캐스트≫, 2012.11.26.(https://terms.naver.com/entry.naver?docId=3575561&cid=58939&categoryId=58951)

## 067
③
**정답 해설**
17세기 지식인들의 공통된 문제의식은 종교 및 정치적 당파의 분열로 인한 환란을 어떻게 종결시킬 것이며 그 재발을 방지할 것인지와 같은 물음으로 표현할 수 있다. 그들의 진단은 진리 혹은 사실에 대한 서로 다른 해석과 권위 부여가 정치적 분열과 무력 충돌로 이어진다는 것이었고 따라서 모두가 예외 없이 동의할 만한 원천이나 방법으로부터 지식이 확립되어야만 한다는 것이었다.

**오답 해설**
① 진공에 대한 실험은 홉스가 아닌 보일의 관심사였고 또한 보일은 진공의 원인보다는 진공이 초래하는 현상들을 사람들이 사실로서 받아들일 수 있게 하는 일에 관심을 가졌다.
② 보일의 구분에 의하면 '사실에 대한 해석' 부분은 전통적인 형이상학과도 연관된 영역이며 철학에 기하학적 방법을 적용하려 한 것은 홉스다.

④ 사회과학 및 자연과학의 선명한 구획과 관련하여 홉스, 보일이 관심을 가졌는지에 대해서는 다루고 있지 않다. 한편 보일의 실험실의 과학이 성공적으로 정착된 이후 결과적으로 그리고 점진적으로 사회과학과 자연과학 구분이 이뤄진 것이 사실이지만, 당대에 이러한 분리는 적극적으로 시도된 것이 아니었다. 심지어 홉스는 자연과 인간(사회)을 일원적으로 다루고자 했으며 자연만을 위한 철학, 과학을 거부했다.
⑤ 대상, 형식, 방법에 대해서 따지지 않고 모든 주장에 같은 권위를 부여하는 일은 통합되고 단일한 권력에 의거한 질서를 수립하는 일과는 완전히 상반되는 것이며 홉스, 보일이 회피하고자 했던 종교적, 정치적 분파와 전쟁을 불러올 가능성이 매우 크다.

## 068 ②
**정답 해설**

홉스는 기하학적 모델의 연역과 논증에서 확고한 지식을 찾았다. 이처럼 필연성 및 보편성을 지닌 지식을 추구하는 홉스의 입장에서 본다면, 보일이 실험과학을 통해 추구하는 지식은 필연적 인과를 알 수 없는 우연한 현상에 대해 개별적 관찰을 확인하는 일에 불과한 것일 수밖에 없었다. 홉스는 보일과 같은 문제의식을 가졌지만 보일의 기획에는 동의할 수 없었다. 이러한 내용을 염두에 둔다면 선지에 열거된 어휘 중 ⓐ에 어울리는 것은 '상대적', '개연적'이며, ⓑ에 어울리는 어휘는 '분란', '논쟁'이다.

## 069 ②
**정답 해설**

2문단에서 '임대인이 임차물 소유권을 다른 사람에게 양도'할 수 있음을 전제로 양수인에게는 임차인이 권리를 행사할 수 없다고 했다.

**오답 해설**

① 1문단에서 임대차 계약은 '소유권을 취득하지 않은 채 사용'하는 사람이 임차인임을 알 수 있다.
③ 1문단에서 임대차 기간 동안 사용료가 지급된다는 것을 알 수 있다.
④ 2문단에서 임대인이 아닌 사람이 임차물의 소유권을 취득한 경우, 임차물의 새 소유자인 양수인은 임대인으로서의 의무를 부담하지 않는다고 했다.
⑤ 2문단에서 임차인의 권리는 채권의 일종이라고 했다.

## 070 ③
**정답 해설**

임차 주택 경매의 절차는 지문에 나타나 있지 않다.

**오답 해설**

① 2문단에서 임차인의 권리는 채권의 일종이라고 했다.
② 2문단에서 민법상 권리의 두 가지 유형인 물권과 채권에 대해 소개하고 있다.
④ 3문단에서 주택임대차보호법은 임차인이 새 소유자에게 자신의 권리를 행사하기 위한 요건을 규정하고 있다고 했다.
⑤ 5문단에서 임차물 수리 의무자 결정 방법을 소개하고 있다.

## 071 ②
**정답 해설**

5문단에서 주택임대차보호법에는 임차 주택 수리 의무에 관한 규정이 없음을 알 수 있다.

**오답 해설**

① 3문단에서 주택임대차보호법의 입법 취지에는 임차인 보호뿐 아니라 양수인 보호도 포함됨을 알 수 있다.
③ 3문단에서는 임차 주택이 매매로 팔린 경우를 설명하고 4문단에서는 임차 주택이 경매로 넘어간 경우를 설명하고 있다. 따라서 ㉠은 매매 사안과 경매 사안 모두에 대해 적용됨을 알 수 있다.
④ 3문단에서는 점유와 주민 등록으로 임차 주택 양수인에게 임차인의 권리를 행사할 수 있고, 4문단에서는 이에 더하여 확정 일자 계약서가 있으면 배당 절차에서 임차인의 권리를 행사할 수 있음을 알 수 있다.
⑤ 4문단에서는 이에 더하여 확정 일자 계약서가 있으면 배당 절차에서 임차인의 권리를 행사할 수 있음을 알 수 있다.

## 072 ①
**정답 해설**

5문단에 의하면, 임차물 수리 의무에 대해서는 주택임대차보호법에 아무런 규정이 없으므로, 민법이 적용된다. ㉠의 앞부분에서 민법에 규정된 수리 의무자 결정 방법을 설명하고 있으므로, 이어질 내용은 주택 임대차의 경우에도 마찬가지라는 취지여야 한다.

**오답 해설**

② 5문단에 의하면, 임차 주택 소유자와 수선 의무자는 무관하다.

③ 2문단에서 민법으로 보호되지 못하는 경우는 임차주택의 소유자가 변경되는 경우라고 했으므로, 수선 의무와 무관하다.
④ 5문단에서 수리 의무에 대해서는 주택임대차보호법이 적용되지 않는다고 했다.
⑤ 5문단에서는 수리 의무에 대해 설명하고 있으므로 보증금 반환 청구권과 무관하다.

## 073 ①
**정답 해설**

1문단에서 특정 전자기파인 X선의 파장, 주파수, 투과성 등의 속성을 설명하고 있으며, 2~4문단에 걸쳐 X선에 기반한 CT의 영상을 얻는 원리에 대해서 밝히고 있다.

**오답 해설**

② X선에 기반한 CT의 한계점을 기술한 부분은 없다.
③ CT를 사용하는 방법의 분류와 주의점이 제시되어 있지 않다.
④ CT의 성능 지표 및 성능 지표의 중요성을 살펴보고 있지 않다.
⑤ X선의 발견 과정이 소개되어 있지 않으며 X선에 기반한 기기인 CT 하나만이 소개되고 있다.

▶ **출처** 이일수(2015), 『첨단기술의 기초』, 글고운.

## 074 ⑤
**정답 해설**

2문단에 따르면 X선이 인체에서 투과하는 정도는 지방이 근육 조직보다 크고 근육 조직은 뼈보다 크다. 따라서 근육이 지방과 같은 두께일 때 지방보다 X선을 더 감쇄시킨다.

**오답 해설**

① 1문단에 따르면 X선은 자외선보다 짧은 파장의 영역이다. 따라서 올바른 설명이다.
② 1문단에 따르면 X선은 투과성이 강하여 물체의 내부를 볼 수 있어 비파괴 검사 등에 널리 쓰인다.
③ 1문단에 따르면 X선은 독일의 물리학자 뢴트겐이 처음 발견하여 이름을 붙였다.
④ 1문단에 따르면 전자기파는 파장이 짧으면 물체에 대해 투과성이 커지는데 X선은 투과성이 강하여 물체의 내부를 관찰할 수 있다.

## 075 ③
**정답 해설**

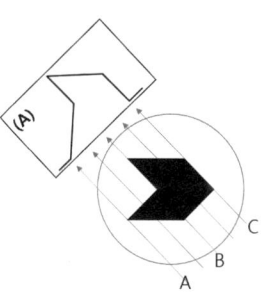

2문단에 따르면 X선이 물체에서 흡수되는 정도는 물체의 투과율이 낮을수록, 두께가 두꺼울수록 커진다. X선의 경로를 그림과 같이 나타내었을 때 A와 B 사이의 구간에서 물체의 두께는 점진적으로 증가하므로 감쇄율도 점진적으로 증가한다. B의 경로에서 갑자기 두께는 두 배로 커지므로 흡수하는 정도도 두 배로 커진다. B와 C 사이의 구간에서는 X선이 통과하는 물체의 두께가 점진적으로 다시 떨어지므로 흡수하는 정도도 점진적으로 감소한다. C를 넘어서면 물체가 존재하지 않으므로 다시 X선을 흡수하는 정도는 A에 도달하기 전과 같다.

## 076 ⑤
**정답 해설**

2문단에 따르면 갈릴레이는 약 10km 떨어진 등불 사이에 빛이 진행하는 시간을 측정하여 광속을 측정하려 하였으며, 4문단에 따르면 피조는 톱니바퀴를 이용하여 빛이 정해진 거리를 왕복하는 데 걸리는 시간을 측정하여 광속을 측정하였다. 따라서 올바른 설명이다.

**오답 해설**

① 3문단에 따르면 이오는 목성의 여러 위성들 중 하나이다.
② 3문단에 따르면 뢰머가 알아낸 광속은 약 21만km/초이고 1문단에 따르면 광속은 정확하게는 29만 9792.458km/초이다. 따라서 뢰머가 측정한 광속은 현재 인정되는 광속보다 작다.
③ 2문단에 따르면 갈릴레이는 두 등불을 이용하여 지상에서 광속을 재려고 했다.
④ 1문단에 따르면 고대 그리스 과학자였던 엠페도클레스는 광속이 유한하다고 주장하였다.

▶ **출처** 대학물리학교재편찬위원회(2006), 『대학물리학 Ⅱ』(6판), ㈜북스힐.

## 077 ⑤
**정답 해설**

㉠의 '보고'는 '대상을 평가하다.'의 의미이므로 이와 같은 의미로 쓰인 것은 ⑤ '실수로 볼 수 없다.'의 '보다'이다.

### 오답 해설
① '어떤 일을 맡아 하다.'의 의미이다.
② '어떤 일을 당하거나 겪거나 얻어 가지다.'의 의미이다.
③ '기회, 때, 시기 따위를 살피다.'의 의미이다.
④ '무엇을 바라거나 의지하다.'의 의미이다.

## 078  ④
### 정답 해설
(나) 〈보기〉는 4문단의 피조의 광속도 측정의 실험에 대해 구체적인 수치를 제시한 것이다. 〈보기〉에서 톱니바퀴는 톱니의 수와 마찬가지로 360개의 홈을 가지고 있다. 따라서 빛이 홈을 통과한 다음 인접한 톱니에 의해 막혔으므로 빛이 거울까지 왕복하는 동안 톱니바퀴는 1/720회 회전한다.
(다) 4문단에 따르면 톱니의 홈 A를 지난 빛이 거울에 반사되어 돌아올 때, 톱니 B가 회전하여 빛의 경로에 위치하게 되면 빛은 관측자에게 되돌아오지 못하게 된다. 〈보기〉의 상황에서 거울까지의 거리가 두 배가 되면 빛이 왕복하는 데 걸리는 시간이 두 배가 되므로 그동안 회전수는 1/720의 두 배가 되고 이때 빛은 인근 홈을 지날 수 있게 된다. 따라서 인근 홈을 통과한 빛이 관측자에게 되돌아온다.

### 오답 해설
(가) 4문단에 따르면 각속도는 회전한 수로 정의된다. 따라서 톱니바퀴가 회전하고 있을 때 톱니바퀴의 어떤 지점이든 같은 각속도로 회전하고 있다.

## 079  ④
### 정답 해설
1문단에서 "우리도 종종 이타적인 행동을 한다."라고 말하고, "그러나 이 사람들도 결국은 이기적인 동기로 그런 행동을 한 것은 아닐까?"라고 질문을 던진다. 따라서 "이타적이라고 생각되는 행동도 결국 이기적인 행동 아닌가?"라는 문제 제기가 적절하다.

### 오답 해설
① 동물과 인간의 이타적 행동의 차이에 대한 것은 이 글의 주제가 아니다.
② 윗글은 이타적 삶과 이기적인 삶 중 어느 쪽이 더 낫다고 비교하지 않는다.
③ 이타적인 행동의 동기로 "존경이든 명성이든 보상이든 단순한 뿌듯함"과 같은 자기만족을 열거했지, 보상 때문이라고 말하지는 않았다.
⑤ 이타적이라고 생각되는 행동에 이기적 이유가 있다고 주장하지 그 이유를 묻거나 이유에 대해 대답하지는 않는다.

▶ 출처 최훈, 박의준(2011), 『생각을 발견하는 토론학교 철학』, 우리학교.

## 080  ③
### 정답 해설
ㄴ. 5문단에서 "나의 욕구와 의무가 충돌할 때 '의무에 따라 행동하려는' 욕구에 따라 행동한 것"이라고 말한다. 그러므로 사람들은 욕구와 의무 사이에서 갈등이 있다는 진술은 적절하다.
ㄷ. 1문단에서 사람들은 "결국은 이기적인 동기로 그런 행동을 한 것은 아닐까"라고 묻고, 5문단에서 "결국 자기만족을 위해 행동하고 자신이 하고 싶어 하는 일만을" 한다고 주장한다. 따라서 윗글은 사람들이 자신의 이익을 추구하지 않을 때는 없다는 데에 동의한다.

### 오답 해설
ㄱ. 4문단에서 "분명히 다른 사람을 위한 행동을 했다"고 말한다. 그러므로 사람들은 남을 돕는 행동을 하지 않는다는 것에는 동의하지 않는다.
ㄹ. 5문단에서 "정말 하기 싫은 공부를 억지로 한 경험"이 있음을 인정한다. 다만 그것보다 "'의무에 따라 행동하려는' 욕구"가 더 강하다고 말할 뿐이다.

## 081  ④
### 정답 해설
"사람들은 누구나 존경이든 명성이든 보상이든 단순한 뿌듯함이든 어쨌든 자기만족을 위해 행동한다."라고 주장한 것을 동물 세계에서도 발견할 수 있다는 것을 보여 주기 위한 것이다. 그래서 '동물에게도'라고 말한 것이다.

### 오답 해설
① 윗글에 따르면 인간이나 동물은 자연스럽게 자신의 유전자를 널리 퍼뜨리는 행동을 한다. 따라서 이타적 행동을 적극 권장해야 할 이유가 없다.
② "동물에게도"라고 말함으로써 인간과 동물의 행동이 같다고 말한다. 따라서 "동물의 이타적 자기희생과 다르다는 점을 보여주기 위해서"라고 말하는 것은 적절하지 않다.
③ 하기 싫은 일을 하는 것은 인간이 자기만족이라는 인간만의 특성을 지키기 위해 하는 행동이 아니며, 이를 보여 주기 위해 동물의 이타적 행동을 언급한 것도 아니다.

⑤ 2문단에서 "다른 사람을 돕는 것 그 자체가 자기 위안을 줄 수 있다. 사람들은 누구나 존경이든 명성이든 보상이든 단순한 뿌듯함이든 어쨌든 자기만족을 위해 행동한다."라고 말하여, 인간의 이타적으로 보이는 행동이 결국에는 물질적인 보상이나 칭송을 노린 것일 수도 있음을 인정한다.

## 082    ⑤
**정답 해설**
2문단에서 "겉으로는 아무리 남을 위해서 이타적인 삶을 사는 것 같은 사람도, 사실은 자기만족을 위해 그런 행동을 했다고 본다."라고 말하는 것은 이타적이라고 해서 칭찬할 필요가 없다는 의도가 숨어 있다. 따라서 '을'이 "다른 사람에게 도움을 주는 행동이므로 비난하는 것은 아니다"라고 말하는 것은 적절한 답변이 아니다.

**오답 해설**
① 2문단과 5문단에서 모든 행동은 자기만족을 위한 것이라고 주장한다. 그러므로 당장에는 고통이나 불쾌함이 있는 행동도 결국은 자기만족을 위한 행동이라고 주장할 수 있다.
② 5문단에서 욕구와 만족 사이의 갈등을 말하는 것에서 보듯이 윗글은 행동 당시의 자기만족에 대해 말하고 있다. 그러므로 자기만족을 주는 행동을 하는 것이지 자기만족을 줄 것이라고 생각하는 행동을 하는 것은 아니라는 답변은 적절하다.
③ 2문단에서 "사람들은 누구나 존경이든 명성이든 보상이든 단순한 뿌듯함이든 어쨌든 자기만족을 위해 행동한다."라고 말한다. 따라서 세상 사람들이 하고자 하는 행동은 다 다르므로 우리는 결국 그 행동이 자기만족인가를 보고 판단해야 한다는 답변은 적절하다.
④ 5문단에서 욕구와 만족 사이의 갈등을 말한다. 그 갈등에서 결국은 하기 싫은 공부를 했으니 하기 싫어하는 일을 억지로 하고 싶은 욕구가 더 큰 것이라고 답변하는 것은 적절하다.

## 083    ④
**정답 해설**
가족 돌봄 공백이 발생할 경우 우선 지원 대상자이긴 하지만, 자녀 돌봄은 지원 내용에서 제외되어 있다.

**오답 해설**
① 이용 요금은 본인 부담금이 없는 무료로 안내되어 있다.
② 1회당 4시간이되 휴게 시간이 30분이므로 실제 서비스되는 시간은 3시간 30분이다.
③ 지원 규모는 총 2,500가구이며, 신청 결과는 개별 문자 통보 예정이므로 신청 기간에 신청하더라도 지원 받지 못할 수 있다.
⑤ 지원 내용에 따르면 거주하는 장소(방, 거실 등)에 대한 청소는 지원하나 반려동물 관련 서비스는 제공되지 않는다.

▶ **출처** 성북구청 홈페이지 공지사항, 「서울형 가사서비스 신청(2023.09. 30.까지, 마감일 변경)」

## 084    ④
**정답 해설**
맞벌이 가구가 가사 서비스를 지원 받기 위해서는 부부가 각각 주 20시간 이상 근무해야 한다. 그러나 부부가 합쳐 주 35시간 근무할 경우, 한 명이 주 20시간 근무하더라도 다른 한 명이 주 15시간 근무이므로 지원 대상에 해당되지 않는다.

**오답 해설**
① 출산 후 1년 이내까지 지원되므로 지원 대상에 해당한다.
② 임신 시점부터 임산부 가구에 포함되므로 지원 대상에 해당한다.
③ 미성년 자녀가 2명 이상이면 다자녀 가구에 해당하므로 지원 대상에 해당한다.
⑤ 임산부 가구이고 장애로 인해 가족 돌봄 공백이 발생하였으므로 우선 지원 대상에 해당한다.

## 085    ③
**정답 해설**
[장면 4]의 시각 자료는 리볼빙 결제 비율 10%, 수수료 20%일 때의 결제 방식을 도식화한 것이다. ⓒ은 리볼빙 수수료의 카드사별 평균에 대한 진술로, 시각 자료와 ⓒ의 출처는 내용상 연관이 없다.

**오답 해설**
① 시각 자료의 문자 메시지에 포함된 문구가 ㉠에 동일하게 제시되어 있다.
② '리볼빙' 서비스의 정식 명칭인 '일부결제금액 이월약정'이라는 명사로 문장을 종결하며 용어에 대한 집중을 유도하고 있다.
④ 역접의 연결 어미 '-지만'을 사용해 일반 대출과 리볼빙의 차이점을 부각하고 있다.
⑤ 시각 자료에 표시된 리볼빙 이월 잔액 수치는 6조 9,378억 원이다. ㉱에서는 이를 '7조 원에 육박'했다며 반올림하여 간결하게 제시하고 있다.

▶ **출처** "[ET] 달콤살벌한 '리볼빙'의 함정…잘못 돌려막다간 '신용불량자'", KBS뉴스, 2022.11.09.(https://news.kbs.co.kr/news/pc/view/view.do?ncd=5597497)

## 086 ③

**정답 해설**

우수 고객에게만 연락드리는 거라며 우대 금리라는 점을 홍보해 리볼빙 서비스 가입을 권유한다는 내용은 뉴스에서도 보도된 내용이므로 보도에 언급되지 않은 문제를 제시하며 비판하고 있다는 내용은 적절하지 않다.

**오답 해설**

① '가랑비에 옷 젖는 줄 모른다'는 속담으로 자신의 경험을 요약하며 문제의 심각성을 강조하고 있다.
② '선진금융서비스', '자유결제서비스', '페이플랜' 등 긍정적 어감을 주는 용어에 유의해야 함을 설명하고 있다.
④ 카드사의 무분별한 영업 금지, 리볼빙 금리 인하, 리볼빙 이용 시 결제 최소 비율 상향 등 제도적 개선에 대해 언급하고 있다.
⑤ 설문 조사 결과 '가입사실을 몰랐다'로 응답한 결과를 제시하며 본인도 확인해볼 것을 제시하고 있다.

## 087 ④

**정답 해설**

허리를 '돌리고'라는 언어 표현에서 신용카드 '돌려'막기라는 보도의 핵심 소재를 언어적으로 유추하는 방식의 언어유희를 사용하였다.

## 088 ④

**정답 해설**

사업 내용은 청년마음건강지원사업, 청년신체건강증진서비스, 초등돌봄서비스이므로 청년을 위한 서비스 제공이다.

**오답 해설**

① 공고문 상단을 보면, 위 사업은 청년들의 일자리 확대 및 역량 강화 기회를 제공하기 위해 기획되었다고 명시하고 있다.
② 공고 규모를 보면 1~3개 사업단을 지원한다고 쓰여 있다.
③ 사업단의 초기 설치 비용은 900만 원이며, 1회만 제공된다고 명시되어 있다.
⑤ 대학 교수(전임 교원)의 경우 청년 사업단의 단장으로 참여할 수 있다.

▶ 출처 2023년도 청년사회서비스사업단 선정 계획 공고, 울산광역시 홈페이지

## 089 ⑤

**정답 해설**

상담 인력 조건을 보면 석사는 실무 경력 3년 이상, 박사는 1년 이상인 사람만 인력으로 근무할 수 있다. 따라서 학력에 관계없이 실무 경력이 3년 이상이어야 한다는 반응은 적절하지 않다.

**오답 해설**

① 이 사업에서는 전문 심리 상담 서비스를 3개월간 10회 제공한다고 되어 있으며 최대 1년까지 서비스 연장이 가능하다고 했으므로 적절한 진술이다.
② 정신건강 고위험군인 경우 정신건강복지센터 또는 의료기관과 연계된다고 했으므로 적절한 진술이다.
③ 자립 준비 청년 및 보호 종료 아동의 경우 우선 지원이 되므로 만 20세의 자립 준비 청년은 서비스를 우선 지원 받을 수 있다.
④ 서비스 가격은 월 28만 원이며, 본인 부담금은 10%이므로 월 2만 8천 원 정도가 된다.

## 090 ③

**정답 해설**

행정 인력은 주 40시간 또는 주 20시간을 근무해야 한다. 따라서 주 10시간씩 4명을 채용할 수 있다는 것은 틀린 설명이다.

**오답 해설**

① 사업단의 최소 구성 인력은 단장 1인, 행정 인력 1인, 슈퍼바이저 1인, 제공 인력 4인으로 최소 7명이다.
② 만 40세인 사람도 단장 또는 슈퍼바이저로 사업단에 참여할 수 있다.
④ 채용 인력의 70%는 만 19~34세 청년이어야 한다. 따라서 채용 인력이 10명인 경우, 청년은 7명 이상이어야 한다.
⑤ 슈퍼바이저의 경력은 제공 인력의 경력 요건의 2배 이상이어야 한다. 따라서 제공 인력의 경력이 2년이라면 슈퍼바이저의 경력은 4년 이상이어야 한다.

## 국어 문화    091번~100번

기출문제집 p.52

| 091 | ④ | 092 | ③ | 093 | ④ | 094 | ③ | 095 | ② |
| --- | --- | --- | --- | --- | --- | --- | --- | --- | --- |
| 096 | ⑤ | 097 | ④ | 098 | ④ | 099 | ③ | 100 | ⑤ |

## 091  ④

**정답 해설**

「면앙정가」는 송순의 작품으로 벼슬에서 물러나 면앙정 주변의 아름다운 경치를 묘사하고 자연에서 얻은 흥취를 노래함과 동시에 사대부로서 임금의 은혜에 대한 감사를 표현하였다.

**오답 해설**

① 「상춘곡」은 정극인이 쓴 조선 전기 가사로 자연 속에 묻혀 사는 즐거움과 안빈낙도의 삶을 노래한 것이다.
② 「규원가」는 허난설헌의 작품으로 가정을 돌보지 않는 가장 때문에 고통받는 규방 여인의 한스러운 삶과 정서를 표현한 규방가사이다.
③ 「만분가」는 조위의 작품으로 억울하게 유배 생활을 하게 된 작가의 슬픔과 원통함을 노래한 것이다.
⑤ 「사미인곡」은 정철의 작품으로 임(임금)에 대한 그리움과 충정을 노래한 것이다.

▶ 출처  천재교육 편집부(2019), 『고등 해법문학 고전시가』, 천재교육.

## 092  ③

**정답 해설**

1976년에 발표된 이청준의 장편 소설로, 일제 강점기부터 1960년대까지의 소록도의 역사를 소재로 한 작품이다. 총 3부로 구성되어 있으며 당시 우리의 정치 현실과 개발 독재의 실상, 그리고 권력자와 민중이 진정한 화해를 통해 바람직한 사회를 모색하는 과정을 보여 주고 있다.

**오답 해설**

① 이청준의 단편 소설로, 주인공 '나'가 아내와 함께 시골에 살고 있는 노모를 만나러 갔다가 어머니의 사랑을 확인한다는 내용의 소설이다. 물질적 가치관에 젖어 있는 아들과 그 아들을 무조건적으로 사랑하는 노모를 대조적으로 보여 주며, 어머니의 절절한 사랑을 깨달아 가는 아들의 모습을 그리고 있다.
② 1976년에 발표된 이청준의 작품으로, 연작소설집 『남도사람』에 수록되어 있는 단편이다. 기구한 운명을 타고난 소리꾼 남매의 가슴 아픈 한에서 피어나는 소리의 예술을 형상화한 작품이다.
④ 1966년에 발표된 이청준의 단편 소설로, 6·25 전쟁 체험의 실존적 고통을 간직한 형과 절실한 체험도 없이 관념적 고통을 가지고 무기력하게 살고 있는 동생 '나'를 통해서, 인간 실존의 아픔의 근원과 그 극복 양상을 형상화한 작품이다.
⑤ 1979년에 발표된 이청준의 단편 소설로, 전라남도 장흥 근처의 어느 해안가 마을을 배경으로 소리꾼 아버지와 눈먼 딸, 이복 남매인 오라비의 기구한 운명을 그린 작품이다.

▶ 출처
• 류대성 외(2011), 『문학 교과서 작품 읽기: 소설 필수편』, 창비.
• 한국민족문화대백과사전
• 한국현대문학대사전

## 093  ④

**정답 해설**

김영랑의 초기 시들은 서정적 자아의 깊은 내면에서 우러나오는 비애의 정감을 섬세한 율조의 언어로 형상화하고 있다. 시적 언어 자체의 음성적 자질과 연관된 리듬 감각을 살려내는 조형성이 특징이라고 할 수 있다.

**오답 해설**

① 백석은 서민들의 삶을 토속적인 언어로 현실감 있게 그려내며 우리 민족 공동체의 정서를 드러낸 작가이다. 평안도 지방의 방언을 적절히 구사하여 전통과 풍습, 토속적인 생활 정취 등을 다양한 이미지로 재현한 것이 특징이다. 대표작으로는 「여승」, 「흰 바람벽이 있어」 등이 있다.
② 김기림은 광복 후 조선 문학가 동맹에서 활동하면서 사회의식을 짙게 드러내는 시를 썼으며 시의 주지성과 심상을 강조했다. 모더니즘의 대표 주자로 주지주의 문학을 소개하는 데 앞장섰으며, 특히 I. A. 리차즈의 이론을 도입하고 이를 바탕으로 자신의 문학이론을 정립했다. 대표작으로는 「바다와 나비」 등이 있다.
③ 김소월은 이별과 그리움에서 비롯하는 슬픔, 눈물, 외로움, 정한 등을 주제로 하여 일상적이면서 독특하고 울림이 있는 시를 창작했다. 대표작으로는 「가는 길」, 「진달래꽃」 등이 있다.
⑤ 박목월은 조지훈, 박두진 등과 『청록집』을 발간하여 '청록파 시인'으로 불리기도 하였다. 1930년대 말, 그의 초기 시들은 향토적 서정에 민요적 율조가 가미된 짤막한 서정시들로 독특한 전통적 시풍을 이루고 있다. 6·25 전쟁을 겪으면서 이러한 시적 경향도 변하기 시작하여 1959년에 발표된 시들에는 현실에 대한 관심들이 표출되고 있다. 김소월과 김영랑을 잇는 향토적 서정성을 심화시켰으면서도, 애국적인 사상

을 기저에 깔고 있으며, 민요조를 개성 있게 수용하여 재창조한 시인으로 평가받고 있다. 대표작으로는 「청노루」, 「하관」 등이 있다.

▶ 출처
- 고창균 외(2019), 『해법 문학 현대시』, 천재교육.
- 권영민(2012), 『한국현대문학사1』, 민음사.
- 오연경 외(2011), 『문학교과서 작품읽기』, 창비.
- 한국민족문화대백과사전
- 한국현대문학대사전

## 094  ③
**정답 해설**

'이 극은 창극으로 종래에 업든 면을 보혀 주고~이제까지 침체하엿든 창극계에 획기적 기록을 지엇다 한다'에서 알 수 있듯, 창극 장화홍련전은 침체한 창극계에 획기적인 기록을 지은 작품으로 평가받는다고 쓰여 있다. 따라서 그동안 인기를 누리던 창극계에 새로운 변화를 추구한 작품이라는 내용은 틀린 설명이다.

**오답 해설**

① '기보한 바와 가치 조선창극단(朝鮮唱劇團)에서는 금번에 새로운 계획으로~'에서 알 수 있다.
② '장화홍련전(薔花紅蓮傳)을 십일월(十一月) 일일(一日)부터 제일극장(第一劇場)에서 상연(上演)키로 되엿다 한다'에서 알 수 있다.
④ '각색자(脚色者) 박진(朴珍) 씨(氏)는 연극(演劇) 연출가(演出家)로 다년 반도 연극 운동에 힘써 왓스며 각본 작가로도 뚜렷한 존재이니만큼'에서 알 수 있다.
⑤ '홍련(紅蓮)으로 분한 김옥연(金玉蓮) 양은 노래쑨 아니라 신극(新劇) 배우(俳優) 중(中)에서도 드문 연기(演技)를 가져'에서 알 수 있다.

▶ 출처 『매일신보』, 1943년 10월 31일자.

## 095  ②
**정답 해설**

ⓒ의 '그른'은 '잘못된'이라는 의미이다.

▶ 출처 장서각 소장 『南征記』

## 096  ⑤
**정답 해설**

『훈민정음』이 창제된 직후에도 국가 문서의 표기는 여전히 한문 표기가 주를 이루었다.

**오답 해설**

① 훈민정음 창제 당시에도 '체언에 조사가 결합하거나, 용언 어간에 어미가 결합될 때' 모음조화에 따라 표기하였다.
② '말쏘미'처럼, 한 음절의 종성을 다음 음절의 초성으로 내려서 쓰는 방식을 연철이라고 한다.
③ 훈민정음 창제 당시에 존재했지만, 현대국어에서는 쓰이지 않는 문자로 'ㅿ(반치음)', 'ㆁ(옛이응)', 'ㆆ(여린 히읗)', 'ㆍ(아래아)' 등이 있다.
④ 단어의 첫머리에 오는, 둘 또는 그 이상의 자음 연속체를 어두 자음군이라고 한다. 중세 국어의 '쌀'의 'ㅄ', '뜯'의 'ㅳ', '뿔'의 'ㅴ', '빼'의 'ㅵ' 등이 이에 해당한다.

▶ 출처
- 고영근(2020), 『표준 중세 국어문법론(제4판)』, 집문당.
- 이기문(2006), 『개정판 국어사개설』, 태학사.

## 097  ④
**정답 해설**

'웃풍'은 '겨울에, 방 안의 천장이나 벽 사이로 스며들어 오는 찬 기운'을 의미하는 명사로 아래와 위의 대립이 없는 말이므로 '웃풍'으로 표기하는 것이 옳다.

**오답 해설**

① '윗목', '아랫목'처럼 아래와 위의 대립이 있으므로 남한에서는 '윗목'으로 표기해야 한다.
② '윗집', '아랫집'처럼 아래와 위의 대립이 있으므로 남한에서는 '윗집'으로 표기해야 한다.
③ '위턱', '아래턱'처럼 아래와 위의 대립이 있으므로 남한에서는 '위턱'으로 표기해야 한다.
⑤ '윗사람', '아랫사람'처럼 아래와 위의 대립이 있으므로 남한에서는 '윗사람'으로 표기해야 한다.

▶ 출처
- 사회과학원 언어학 연구소, 조선말대사전
- 국립국어원(2018), 『한글 맞춤법, 표준어 규정 해설』, 국립국어원.

## 098  ④
**정답 해설**
오른 주먹의 1지를 펴서 세워 옆면을 입에 댔다가 밖으로 내미는 동작이다. 소리가 입에서 나오는 것을 표현하고 있으므로 해당 동작은 '말하다'를 의미한다.

**오답 해설**
① '보다'는 두 손의 1·5지 끝을 맞대어 동그라미를 만들어 두 눈에 댔다가 약간 힘주어 밖으로 내미는 동작으로 표현한다.
② '먹다'는 오른손을 펴서, 손바닥이 위로 향하게 하여 두 번 입으로 올리는 동작으로 표현한다.
③ '나쁘다'는 오른 주먹의 1지를 펴서 끝 바닥으로 코끝을 왼쪽으로 스치는 동작으로 표현한다.
⑤ '반복하다'는 손등이 밖으로 향하게 세운 오른 주먹을 왼쪽으로 이동시키며 1·2지를 펴는 동작을 두 번 반복하여 표현한다.

## 099  ③
**정답 해설**
'멸실(滅失)'은 '물건이 경제적 효용을 전부 상실할 정도로 파괴된 상태'를 뜻하는 말이다. 답지의 문맥에서도 '파괴되어'의 뜻을 의미하나, '존재하지 않는다'는 다른 뜻으로 잘못 해석하고 있으므로 해석이 적절하지 않다.

**오답 해설**
① '송달(送達)'은 '소송상의 서류를 당사자나 기타 소송 관계인에게 알리기 위하여 법원이 정한 절차에 따라 서면을 보내는 형식적 행위'를 뜻한다. '송달받다'의 의미를 올바르게 해석하고 있으므로 적절하다.
② '추인(追認)'은 '민법상 불완전한 법률 행위를 사후에 이르러 보충하여 완전하게 하는 일방적인 의사 표시'를 뜻하는 말로, '추인하다'의 의미를 올바르게 해석하고 있으므로 적절하다.
④ '준용(準用)'은 '어떤 사항에 관한 규정을 그와 유사하지만 본질적으로 다른 사항에 적용하는 일'을 뜻하는 용어로, '준용하다'의 의미를 올바르게 해석하고 있으므로 적절하다.
⑤ 법률 용어 '선의(善意)'는 '어떤 사실을 알지 못하는 것'을 의미하는 것으로, '선의'의 의미를 올바르게 해석하고 있으므로 적절하다.

▶ 출처  법제처, 국가법령정보센터(https://www.law.go.kr/LSW/lsTrmSc.do)

## 100  ⑤
**정답 해설**
두 전문가는 서로 대담을 나누고 있지 않다. 전문가 1은 수분 섭취의 필요성과 수분을 섭취하지 않을 때에 일어나는 인체의 현상을 설명하고 있고, 전문가 2는 퀴즈에 대한 해설만 하고 있을 뿐, 두 전문가 간의 학술적 견해 차이를 드러내는 요소는 없다.

**오답 해설**
① 〈보기〉의 방송 프로그램은 주로 정보 전달을 목적으로 하는 교양 프로그램이다. 이러한 교양 프로그램은 진행자가 전문가를 인터뷰하는 형식으로 구성되는 경우가 많다.
② 정보 전달을 목적으로 하는 프로그램이므로 전문가를 출연자로 선정함으로써 정보의 신뢰성을 높이고자 한다.
③ 〈보기〉의 방송 프로그램에서는 건강과 관련된 정보를 전달하고 있으며, 이 방송 프로그램에서 일어나는 의사소통의 주된 목적은 정보 전달이다.
④ 남자 진행자는 전문가가 설명하는 내용과 관련된 퀴즈를 제시함으로써 시청자의 흥미를 유발하고 있다.

▶ 출처  KBS(2023.11.1.), "무엇이든 물어보세요".

|2023년 10월 15일 시행|

# 제75회
# KBS한국어능력시험

## 정답과 해설

# 제75회 정답과 해설

2023년 10월 15일 시행

## 듣기·말하기  001번~015번

기출문제집 p.59

| 001 | ① | 002 | ⑤ | 003 | ③ | 004 | ⑤ | 005 | ③ |
| 006 | ② | 007 | ④ | 008 | ⑤ | 009 | ① | 010 | ④ |
| 011 | ④ | 012 | ③ | 013 | ② | 014 | ④ | 015 | ⑤ |

### 001   ①

**듣기 대본**

1번. 먼저 그림에 대한 설명을 들려 드립니다.
카미유 코로는 풍경화 분야에서 프랑스의 신고전주의를 계승하고 인상주의의 발판을 마련한 화가로 평가됩니다. 1864년에 살롱전에 출품되었던 〈모르트퐁텐의 추억〉은 고전적 풍경화 화풍에 카미유 코로 자신의 주관적 정서가 담긴 특유의 '시적 풍경화'이자 '서정적 풍경화'입니다. 이 작품의 주제는 전통적인 문학, 종교, 역사의 이야기가 아닙니다. 실제 자연을 대했던 코로의 감정과 그에 대한 '추억'을 담고 있으며, 코로는 상상력과 기억을 통해 자신의 감정을 전달하였습니다. 새벽 안개가 걷히기 전과 저녁 안개가 차오르기 시작하는 시간의 모습이 끊임없는 관찰의 과정과 스케치를 통해 완성되었고, 짙푸른 나무 그늘과 흔들리는 나뭇잎, 그리고 은백색의 구름 등에서 신비감이 충만하게 표현되어 있습니다. 코로의 풍경화는 지극히 자연스러운 상태의 자연을 있는 그대로 전하면서도 그만의 독특한 시적인 분위기를 잡아내는 특징을 보여주고 있습니다. 또 그림 속 연못 가까이에 있는 오른쪽의 커다란 나무들이 자연스럽고 희미하게 처리되어 있는 반면, 왼쪽의 공간은 하늘과 물을 향해 열려 있습니다. 그림의 무게 중심은 오른쪽의 큰 나무로 치중하되, 왼쪽에는 나뭇잎이 없는 나무와 이를 향해 움직이는 작은 인물을 통해 변화 있는 균형을 잡고 있습니다.

**정답 해설**

"〈모르트퐁텐의 추억〉은 고전적 풍경화 화풍에 카미유 코로 자신의 주관적 정서가 담긴 특유의 '시적 풍경화'이자 '서정적 풍경화'입니다. 이 작품의 주제는 전통적인 문학, 종교, 역사의 이야기가 아닙니다."라고 했으므로 〈모르트퐁텐의 추억〉은 고전적 풍경화 화풍이기는 하나 종교적 주제를 담은 작품은 아님을 알 수 있다.

**오답 해설**

② "카미유 코로 자신의 주관적 정서가 담긴~"이라고 했으며, "실제 자연을 대했던 코로의 감정과 그에 대한 '추억'을 담고 있으며, 코로는 상상력과 기억을 통해 자신의 감정을 전달하였습니다."라고 하였으므로 적절한 내용이다.
③ "새벽 안개가 걷히기 전과 저녁 안개가 차오르기 시작하는 시간의 모습이 끊임없는 관찰의 과정과 스케치를 통해 완성되었고,~"라고 했으므로 적절한 내용이다.
④ "코로의 풍경화는 지극히 자연스러운 상태의 자연을 있는 그대로 전하면서도 그만의 독특한 시적인 분위기를 잡아내는 특징을 보여주고 있습니다."라는 내용으로 볼 때, 적절한 내용이다.
⑤ "그림 속 연못 가까이에 있는 오른쪽의 커다란 나무들이 자연스럽고 희미하게 처리되어 있는 반면, 왼쪽의 공간은 하늘과 물을 향해 열려 있습니다. 그림의 무게 중심은 오른쪽의 큰 나무로 치중하되, 왼쪽에는 나뭇잎이 없는 나무와 이를 향해 움직이는 작은 인물을 통해 변화 있는 균형을 잡고 있습니다."라는 내용으로 볼 때, 적절한 내용이다.

▶ 출처
- 홍창호(2017), 『아는 만큼 이야기 교양 미술 감상』, 양서원.
- 그림: 네이버 미술 백과, 〈모르트퐁텐의 추억〉(https://terms.naver.com/entry.naver?docId=974286&cid=46720&categoryId=46822)

### 002   ⑤

**듣기 대본**

2번. 이번에는 이야기를 들려 드립니다.
옛날 중국의 이름난 목수 장석이 제나라로 가다가 곡원이라는 곳에서 상수리나무를 보았습니다. 나무가 어찌나 큰지 굵기는 백 아름이나 되고 높이는 산을 올려다볼 정도이며 배를 만들 만한 나뭇가지도 수십 개나 되었습니다. 나무 둘레에 구경꾼이 장터처럼 모였는데 장석은 거들떠보지도 않고 지나쳤습니다. 장석의 제자가 나무를 구경하다가 달려가 물었습니다. "제가 도끼를 잡고 선생님을 따라다니게 된 이후로 저렇게 훌륭한 재목은 아직 본 적이 없는데 선생님께서는 거들떠보지도 않고 지나치시니 어찌 된 일인지요?" 장석이 대답했습니다. "쓸모없는 나무다. 배를 만들면 곧 가라앉을 것이고, 널을 짜면 곧 썩을 것이고, 물건을 만들면 곧 망가질 테고, 기둥을 만들면 벌레가 파먹을 것이다. 아무짝에도 쓸 데가 없어서 오래 사는 것이다." 그날 밤 장석의 꿈속에 그 상수리나무가 나타났습니다. "열매 맺는 나무들은 열매가 익으면 곧 잡아 뜯기고 욕을 당합니다. 맛있는 열매를 맺는 능력 때문에 괴롭힘을 당하다가 천명을 다하지 못하고 죽게 됩니다. 저는 쓸모없기를 오랫동안 바라 왔습니다. 그런데 오늘에서야 비로소 뜻을 이루어 쓸모없음을 내 큰 쓸모로 삼게 되었습니다."

**정답 해설**

이 이야기는 상수리나무가 '남에게는 쓸모없으나 그 쓸모없음이 자신에게는 하늘이 주신 생명을 온전히 누릴 수 있게 해 주는 큰 쓸모'라고 말하면서 '남의 쓸모에 맞추기 위해 자신에게 무리한 요구를 하지 않고 즐겁게 살아가는 것이 중요함'을 전달하고 있다. 따라서 '세평에 흔들리지 않고 자신으로 살아가는 것이 중요하다.'가 이 글의 교훈을 가장 적절하게 표현한 진술이다.

▶ 출처   최은숙(2015), 「쓸모없는 나무들」, 『내 인생의 첫 고전 - 장자』, 작은숲.

## 003 ③

**듣기 대본**

3번. 다음은 강연을 들려 드립니다.

건강을 위해서는 근육과 뇌뿐만 아니라 '뼈'도 상당히 중요합니다. 주로 칼슘과 콜라겐으로 이루어진 뼈는 자기 안에 비축된 칼슘을 조금씩 방출하며 체내 칼슘 농도를 일정하게 유지합니다. 뼈의 또 다른 중요한 역할 중 하나는 가장 연약한 장기를 보호하는 것입니다. 등뼈와 가슴뼈, 갈비뼈는 흉곽을 형성해 심장과 폐를 보호하고, 엉덩이뼈는 장을 지탱합니다. 뼈는 살아있는 조직으로 파골 세포가 오래된 뼈를 부수고 뼈를 재생시키는 골아 세포가 새로운 뼈를 만듭니다. 온몸 세포와 마찬가지로 뼈도 신진대사를 반복하는 셈입니다. 상처가 나면 흉터가 생기는 피부와 달리 뼈는 스스로 상처를 치료하고 새로 고쳐진 뼈는 원래만큼 단단해집니다. 장수 국가 일본에서 노년기 사망 원인을 분석한 결과, 뼈와 관련된 요인이 약 20%에 달했습니다. 뼈가 약한 노인은 살짝 넘어졌을 뿐인데 대퇴골과 골반의 이음새 부근에 있는 대퇴골 근위부가 부러집니다. 대퇴골 근위부가 골절되는 원인의 90% 이상은 골다공증입니다. 골절을 피하려면 골밀도 검사를 받아 치료하고 생활 습관을 개선해야 합니다. 적절한 영양 섭취와 운동을 계속하면 나이에 상관없이 뼈를 튼튼하게 만들 수 있습니다.

**정답 해설**

"상처가 나면 흉터가 생기는 피부와 달리 뼈는 스스로 상처를 치료하고 새로 고쳐진 뼈는 원래만큼 단단해집니다."라고 하였으므로 이전보다 약해진다는 설명은 적절하지 않다.

**오답 해설**

① "뼈의 또 다른 중요한 역할 중 하나는 가장 연약한 장기를 보호하는 것입니다. 등뼈와 가슴뼈, 갈비뼈는 흉곽을 형성해 심장과 폐를 보호하고, 엉덩이뼈는 장을 지탱합니다."라고 했으므로 적절하다.

② "주로 칼슘과 콜라겐으로 이루어진 뼈는 자기 안에 비축된 칼슘을 조금씩 방출하며 체내 칼슘 농도를 일정하게 유지합니다."라고 했으므로 적절하다.

④ "대퇴골 근위부가 골절되는 원인의 90% 이상은 골다공증입니다."라고 했으므로 적절하다.

⑤ "적절한 영양 섭취와 운동을 계속하면 나이에 상관없이 뼈를 튼튼하게 만들 수 있습니다."라고 했으므로 적절하다.

▶ 출처   이병문, 마음처럼 움직이지 않는 몸 35세 넘었다면 뼈관리 필수, 매일경제, 2023.09.06.(https://www.mk.co.kr/news/it/10822666)

## 004 ⑤

**듣기 대본**

4번. 이번에는 라디오 방송의 일부를 들려 드립니다.

〈그것만이 내 세상〉은 음악 서번트 증후군을 소재로 한 영화입니다. 전직 복서 조하는 서번트 증후군을 가진 동생 진태의 음악적 재능이 보통이 아님을 차츰 알게 되고 전직 피아니스트 가율의 집을 방문해서 동생의 실력을 평가해 달라고 부탁합니다. 가율은 무심히 쇼팽의 〈피아노 협주곡 1번〉을 연주하는 진태의 실력에 놀랍니다. 그리고 진태와 가율 두 사람은 함께 건반을 누르며 2중주곡을 연주합니다. 브람스의 〈헝가리 무곡 5번〉입니다.

벨라앤루카스. 〈헝가리 무곡 No.5〉 – 브람스 | 4hands piano
https://youtu.be/KU5SoTeVtYo

브람스의 〈헝가리 무곡〉은 크게 4집으로 정리되어 있습니다. 곡 수로 따지면 전부 21곡인데 이 곡들은 원래 한 대의 건반 악기를 두 사람이 함께 치며 연주하기 위해 만들어진 곡입니다. 19세기에 자주 등장하는 '헝가리'라는 국가의 이름이 들어가는 음악들은 헝가리라는 나라의 전통 음악 양식이 아니라 18세기 후반 비엔나에서 활동하던 하이든이 집시의 양식을 도입해 유행시킨 것입니다. 오스트리아 음악인들이 집시 음악에 관심을 보이게 된 것은 집시에 대해 관대했던 사회적 분위기를 반영한 결과입니다. 〈헝가리 무곡 5번〉은 제1집에 해당하는데 1집과 2집의 초연은 1868년 클라라 슈만과 브람스의 연주로 이루어졌습니다. 작품은 시작부터 격렬함을 숨기는 듯 보이지만 이내 감춰진 정열을 폭발시킵니다. 집시 음악의 특징답게 선율에 각종 장식을 더하거나 다양한 속도와 리듬의 대비가 두드러집니다.

**정답 해설**

방송에서 "작품은 시작부터 격렬함을 숨기는 듯 보이지만 이내 감춰진 정열을 폭발시킵니다. 집시 음악의 특징답게 선율에 각종 장식을 더하거나 다양한 속도와 리듬의 대비가 두드러집니다."라고 말한 점으로 볼 때, 적절한 진술이다.

> 오답 해설

① "조하는 서번트 증후군을 가진 동생 진태의 음악적 재능이 보통이 아님을 차츰 알게 되고 전직 피아니스트 가율의 집을 방문해서 동생의 실력을 평가해 달라고 부탁합니다."라고 말한 점으로 볼 때, 적절하지 않은 진술이다.

② "가율은 무심히 쇼팽의 〈피아노 협주곡 1번〉을 연주하는 진태의 실력에 놀랍니다. 그리고 진태와 가율 두 사람은 함께 건반을 누르며 2중주곡을 연주합니다. 브람스의 〈헝가리 무곡 5번〉입니다."라고 말한 점으로 볼 때, 적절하지 않은 진술이다.

③ "브람스의 〈헝가리 무곡〉은 크게 4집으로 정리되어 있습니다. 곡 수로 따지면 전부 21곡인데 이 곡들은 원래 한 대의 건반 악기를 두 사람이 함께 치며 연주하기 위해 만들어진 곡입니다."라고 말한 점으로 볼 때, 적절하지 않은 진술이다.

④ "'헝가리'라는 국가의 이름이 들어가는 음악들은 헝가리라는 나라의 전통 음악 양식이 아니라 18세기 후반 비엔나에서 활동하던 하이든이 집시의 양식을 도입해 유행시킨 것입니다."라고 말한 점으로 볼 때, 적절하지 않은 진술이다.

▶ 출처 김태용(2019), 『영화관에 간 클래식』, 페이스메이커.

## 005 ③
> 듣기 대본

5번. 다음은 시 한 편을 들려 드립니다.
태풍에 쓰러진 나무를 고쳐 심고
각목으로 버팀목을 세웠습니다
산 나무가 죽은 나무에 기대어 섰습니다

그렇듯 얼마간 죽음에 빚진 채 삶은
싹이 트고 다시
잔뿌리를 내립니다

꽃을 피우고 꽃잎 몇 개
뿌려 주기도 하지만
버팀목은 이윽고 삭아 없어지고

큰 바람 불어와도 나무는 눕지 않습니다
이제는
사라진 것이 나무를 버티고 있기 때문입니다

내가 허위허위 길 가다가
만져 보면 죽은 아버지가 버팀목으로 만져지고
사라진 이웃들도 만져집니다

언젠가 누군가의 버팀목이 되기 위하여
나는 싹 틔우고 꽃 피우며
살아가는지도 모릅니다

> 정답 해설

버팀목이 태풍에 쓰러진 나무를 지탱하는 모습을 통해 이타적인 삶의 아름다움과 가치를 이야기하고 있다. 6연에서 언젠가 자신도 다른 누군가의 버팀목이 되어 주고 싶다고 하는 것으로 보아 이타적인 삶의 아름다움과 가치가 이 시의 주제라고 볼 수 있다.

▶ 출처 복효근(2000), 「버팀목에 대하여」, 『새에 대한 반성문』, 시와시학사.

## 006 ②
> 듣기 대본

이번에는 진행자와 전문가의 대담을 들려 드립니다. 6번은 듣기 문항, 7번은 말하기 문항입니다.

진행자: 이번 여름, 기록적인 폭염이 언제까지 이어질지 기상 전문가와 이야기해 보겠습니다. 폭염이라고 말하는 기준이 있습니까?

교수: 네. 기상청에서는 일 최고 기온이 33℃ 이상인 상태가 2일 이상 지속될 것으로 예상될 때 폭염 주의보, 일 최고 기온이 35℃ 이상인 상태가 2일 이상 지속될 것으로 예상될 때 폭염 경보를 내게 돼 있습니다.

진행자: 점점 폭염이 심해지는 이유가 무엇일까요?

교수: 전문가들은 그 원인을 두 가지로 설명하는데요. 하나는 온실가스 배출 증가로 이것을 근본적인 원인으로 봅니다. 두 번째는 엘니뇨 현상과 관련이 있습니다.

진행자: 온실가스 부분은 세계인들의 노력으로 조금은 개선될 수 있을 것 같은데요, 엘니뇨 같은 자연 현상은 사람의 의지와 관계가 있는 겁니까, 없는 겁니까?

교수: 사람의 영향과는 관계없는 자연 현상으로 보고 있습니다.

진행자: 지금 유럽이나 미국은 40도가 넘어가는 날이 지속되고 있는데 폭염이 유발하는 현상에는 어떤 게 있습니까?

교수: 폭염이 있다는 건 비가 안 오는 걸 의미하고 그러면 곧 가뭄이 이어지고 가뭄이 되면 물이 없어서 산불이 따르게 됩니다. 지금 우리나라는 올해 장마로 인한 강수량이 많아서 아마 이렇게 될 가능성은 거의 없지만 유럽이나 미국은 지금 온도가 40도가 넘고 가물어서 산불 같은 것들이 공통적으로 나타나고 있습니다.

진행자: 폭염 주의보랑 호우 주의보랑 같이 내려지는 경우도 있던데 이런 것도 처음 보는 것 같거든요.

교수: 보통 온도가 1도 올라가면 공기가 포함할 수 있는 수증기량이 7% 정도 늘어난다고 이야기합니다. 이런 상황에서 비가 오게 되면 호우가 될 가능성이 더 높아지는 거죠. 그러다 보니까 예전에 보던 이슬비, 가랑비와 같은 현상들은 점차 줄어들고 극한 호우라든가 게릴라성 호우, 집중 호우 이런 현상이 많이 발생하는 것이고, 이런 현상은 온난화하고 관계가 있다고 보고 있습니다.

진행자: 대책과 관련된 얘기는 기회가 되면 다음에 더 들어보도록 하겠습니다. 오늘은 여기서 정리하겠습니다. 고맙습니다.

**정답 해설**

"엘니뇨 같은 자연 현상은 사람의 의지와 관계가 있는 겁니까, 없는 겁니까?"라는 진행자의 질문에 전문가가 "사람의 영향과는 관계없는 자연 현상으로 보고 있습니다."라고 대답했으므로 인간의 노력으로 해결이 가능한 것이 아님을 알 수 있다.

**오답 해설**

① "기상청에서는 일 최고 기온이 33℃ 이상인 상태가 2일 이상 지속될 것으로 예상될 때 폭염 주의보를, 일 최고 기온이 35℃ 이상인 상태가 2일 이상 지속될 것으로 예상될 때 폭염 경보를 내게 돼 있습니다."라고 했으므로 일치하는 내용이다.
③ "폭염이 유발하는 현상에는 어떤 게 있습니까?"라는 질문에 "폭염이 있다는 건 비가 안 오는 걸 의미하고 그러면 곧 가뭄이 이어지고 가뭄이 되면 물이 없어서 산불이 따르게 됩니다."라고 대답했으므로 일치하는 내용이다.
④ "보통 온도가 1도 올라가면 공기가 포함할 수 있는 수증기량이 7% 정도 늘어난다고 이야기합니다."라고 했으므로 일치하는 내용이다.
⑤ "극한 호우라든가 게릴라성 호우, 집중 호우 이런 현상이 많이 발생하는 것이고, 이런 현상은 온난화하고 관계가 있다고 보고 있습니다."라고 했으므로 일치하는 내용이다.

▶ **출처**
- YTN라디오(2023.07.31.), 슬기로운 라디오 생활 "관측이래 최고 기온" 펄펄 끓는 지구, 우리나라가 더 더운 이유는?(https://radio.ytn.co.kr/program/index.php?f=2&id=90755&page=1&s_mcd=0433&s_hcd=01)
- 기상청 홈페이지(https://www.weather.go.kr/w/weather/warning/standard.do)

## 007　　　　　　　　　　　　　　　　④

**정답 해설**

"엘니뇨 같은 자연 현상은 사람의 의지와 관계가 있는 겁니까, 없는 겁니까?"라는 질문처럼 전문가가 엘니뇨 현상에 대해 설명한 내용을 듣고 이 현상이 사람의 의지와 관련이 있는지 추가로 질문하고 있다.

## 008　　　　　　　　　　　　　　　　⑤

**듣기 대본**

다음은 대화의 일부분을 들려 드립니다. 8번은 듣기 문항, 9번은 말하기 문항입니다.

여자: 아버지, 드릴 말씀이 있어요. 지난번에도 말씀드렸지만, 저 회사 퇴사하기로 결심했어요.
남자: 네가 일한 지가 얼마나 됐지?
여자: 1년이요.
남자: 퇴사하고 계획은 있고?
여자: 좀 쉬면서 천천히 알아볼 생각이에요.
남자: 참. 요즘은 평생직장은 없다고들 한다만……. 그래도 사람이 말이다. 한 곳에 들어갔으면, 어느 정도는 그곳에 책임을 갖고 일을 해야 하는 거다.
여자: 제 적성에 안 맞는 일인 것 같아 고민이에요.
남자: 무슨 소리야? 일단 들어갔으면 최선을 다해야지. 최선을 다하면 보상이 오는 거다. 걸핏하면 사표 쓰고 그러는 거 아니다.
여자: 적성에 안 맞는 일 하면, 회사가 하루하루 지옥이에요.
남자: 지옥이라고? 그런 회사라도 갈 데가 없는 게 더 지옥이야. 이 아버지를 생각해 봐라. 나는 40년을 한 직장에서 일했다. 사표를 쓰고 싶은 순간은 많이 있었지만 잘 이겨냈고, 그러길 잘했다는 생각이 든다.
여자: 아버지께서 회사에 헌신하신 것 저도 잘 알아요.
남자: 충동은 잠시지만, 후회는 영원하단다. 아버지는 네가 후회할 것 같아서 걱정되는구나.
여자: 아버지, 그냥 잠시 쉬는 거예요. 걱정 안 하셔도 돼요. 아버지 말씀대로 첫 직장에서 계속 일하면 좋죠. 하지만 원래 세상은 바라는 대로 되는 게 아니잖아요.
남자: 그래도 어느 정도는 세상에 맞춰서 살아야 할 거 아니야. 남들 다 부러워하는 직장을 그만둔다니까 답답해서 그러지.

**정답 해설**

남자는 "남들 다 부러워하는 직장을 그만둔다니까 답답해서 그러지."라고 말하고 있으므로 여자가 기존 직장의 사회적 인식이 좋지 않아서 퇴사를 결정했다고 생각한다는 내용은 적절하지 않다.

**오답 해설**

① 여자는 "좀 쉬면서 천천히 알아볼 생각이에요."라고 말하고 있으므로, 퇴사 이후의 계획을 명확하게 세우지 않았음을 알

수 있다.
② 여자는 "제 적성에 안 맞는 일인 것 같아 고민이에요.", "적성에 안 맞는 일 하면, 회사가 하루하루 지옥이에요."라고 말하고 있으므로 적절한 내용이다.
③ 남자는 "충동은 잠시지만, 후회는 영원하단다. 아버지는 네가 후회할 것 같아서 걱정되는구나."라고 언급하고 있으므로 적절한 내용이다.
④ 남자는 "최선을 다하면 보상이 오는 거다."라고 말하고 있으므로 적절한 내용이다.

▶ **출처** KBS라디오(2022.05.02.), 원작 윤고은·극본 이영미·연출 황형선, KBS라디오극장 "무중력 증후군" 제1화.

## 009 ①

**정답 해설**

여자가 의문형 문장을 통해 자신의 생각을 우회적으로 표현하고 있는 부분은 나타나지 않는다.

**오답 해설**

② 여자는 "아버지께서 회사에 헌신하신 것 저도 잘 알아요."라고 남자의 말을 부분적으로 수용하면서 자신의 의견을 밝히고 있다.
③ 남자는 "이 아버지를 생각해 봐라. 나는 40년을 한 직장에서 일했다. 사표를 쓰고 싶은 순간은 많이 있었지만 잘 이겨냈고, 그러길 잘했다는 생각이 든다."라고 자신의 직장 생활을 사례로 들어 여자를 설득하고 있다.
④ 남자는 "지옥이라고? 그런 회사라도 갈 데가 없는 게 더 지옥이야."와 같이 상대방이 언급한 단어를 반복하며 대화를 이어 가고 있다.
⑤ 남자는 "아버지는 네가 후회할 것 같아서 걱정되는구나."와 같이 여자의 결정에 대한 자신의 감정을 직접적으로 표현하고 있다.

## 010 ④

**듣기 대본**

이번에는 강연을 들려 드립니다. 10번은 듣기 문항, 11번은 말하기 문항입니다.

최근 기후 변화로 환경 문제에 대한 관심이 높아지면서 친환경 제품과 기업을 선호하는 소비자가 늘어나고 있습니다. 이에 따라 '그린 워싱' 논란도 지속적으로 제기되고 있는데요. 그린 워싱은 환경 보호 효과가 없거나 미미한 제품을 친환경적이라고 표시하고 광고하는 것을 말합니다. 이 경우 기업이 친환경과는 거리가 먼 기업 활동을 하면서도 친환경적인 이미지를 내세워 더 많은 이익을 취하게 되고, 소비자를 기만하며 궁극적으로 환경에 부정적 영향을 끼치게 됩니다.

잘 알려진 그린 워싱 사례로 텀블러 판매가 있습니다. 텀블러는 환경 오염을 줄이기 위한 목적으로 사용되지만, 재질에 따라 약 50회 이상은 사용해야 환경 보호 효과가 있다고 합니다. 실제로 한 프랜차이즈 카페는 텀블러 마케팅으로 오히려 플라스틱 쓰레기를 양산한다는 비판을 받기도 했습니다.

그렇다면 그린 워싱을 방지하기 위해 일상에서 소비자들이 할 수 있는 일에는 무엇이 있을까요? 그린 워싱 논란까지 검증한 환경부의 친환경 마크를 확인하는 것도 좋은 방법입니다. 업계에서 자체적인 평가로 붙였거나 기업에서 자체적으로 만든 마크가 아니라, 환경부의 인증 사유가 표시된 법정 인증 마크가 있는지 확인하는 것이죠.

공정거래위원회는 그린 워싱을 효과적으로 규제하기 위해 '환경 관련 표시·광고 심사지침'을 시행할 예정입니다. 이번에 신설된 '완전성 원칙'은, 소비자의 선택에 중요한 영향을 미치는 사실의 전부 또는 일부를 누락, 은폐, 축소해서는 안 된다는 원칙입니다. 예를 들어 침대의 매트리스 부분에 대해서만 친환경 인증을 받았음에도 이러한 사실을 밝히지 않고 제품 전체에 대해 친환경 인증을 받은 것처럼 친환경 침대라고 광고할 경우 완전성 원칙을 위배하는 것입니다.

**정답 해설**

"업계에서 자체적인 평가로 붙였거나 기업에서 자체적으로 만든 마크가 아니라, 환경부의 인증 사유가 표시된 법정 인증 마크가 있는지 확인하는 것이죠."라고 설명하고 있으므로 적절하지 않다.

**오답 해설**

① "기업이 친환경과는 거리가 먼 기업 활동을 하면서도 친환경적인 이미지를 내세워 더 많은 이익을 취하게 되고, 소비자를 기만하며 궁극적으로 환경에 부정적 영향을 끼치게 됩니다."라는 내용을 통해 알 수 있다.
② "텀블러는 환경 오염을 줄이기 위한 목적으로 사용되지만, 재질에 따라 약 50회 이상은 사용해야 환경 보호 효과가 있다고 합니다."라는 내용을 통해 알 수 있다.
③ "그린 워싱은 환경 보호 효과가 없거나 미미한 제품을 친환경적이라고 표시하고 광고하는 것을 말합니다."라는 내용을 통해 알 수 있다.
⑤ "침대의 매트리스 부분에 대해서만 친환경 인증을 받았음에도 이러한 사실을 밝히지 않고 제품 전체에 대해 친환경 인증을 받은 것처럼 친환경 침대라고 광고할 경우 완전성 원칙을 위배하는 것입니다."라는 내용을 통해 알 수 있다.

▶ 출처

- 박기석, 재활용 못 하는데 '해양 플라스틱'… 친환경 탈 쓴 그린워싱 OUT, 서울신문, 2023.06.09.(https://www.seoul.co.kr/news/newsView.php?id=20230609002005&wlog_tag3=naver)
- 이은광, 그린워싱 기업은 어디일까?, 디지털비즈온, 2023.06.09. (https://www.digitalbizon.com/news/articleView.html?idxno=2332913)
- 임소현, 인증 없는데 '친환경'?…위장 광고 '그린워싱' 심사기준 구체화, 뉴시스, 2023.08.31.(https://www.newsis.com/view/?id=NISX20230831_0002432615&cID=10401&pID=10400)
- 가짜 친환경 '그린워싱'…환경부 인증 마크·제품 라벨 따져봐야, YTN 뉴스, 2023.04.21.(https://www.youtube.com/watch?v=GDtjVmO1148)

## 011  ④

### 정답 해설

"최근 기후 변화로 환경 문제에 대한 관심이 높아지면서 친환경 제품과 기업을 선호하는 소비자가 늘어나고 있습니다. 이에 따라 '그린 워싱' 논란도 지속적으로 제기되고 있는데요."라면서 환경 문제에 대한 관심이 높아지고 있는 배경과 강연의 중심 개념인 '그린 워싱'에 대한 청중의 이해를 돕고 있으므로 적절하다.

### 오답 해설

① 마무리 부분에서 강연의 중심 내용을 요약하는 내용은 없다.
② 강연 내용과 관련된 전문가의 말을 인용한 부분은 나타나지 않는다.
③ 강연 내용을 유사한 해외의 사례와 비교한 부분은 나타나지 않는다.
⑤ 강연 내용의 순서를 도입부에 제시하고 있지 않으므로 적절하지 않다.

## 012  ③

### 듣기 대본

다음은 발표를 들려 드립니다. 12번은 듣기 문항, 13번은 말하기 문항입니다.

여러분은 중고 거래 앱을 사용할 때 매너 점수를 올리기 위해 노력하거나, 운동 앱을 사용할 때 다른 이용자와 경쟁을 해서 목표를 달성한 경험이 있으신가요? 오늘은 최근 다양한 분야에서 활용되고 있는 '게이미피케이션'에 대해 발표하고자 합니다. 게이미피케이션은 게임이 아닌 분야에서 게임적 요소를 접목하는 것을 의미합니다. 일정한 행동에 포인트를 지급하고 레벨을 올려 주거나, 다른 이용자의 캐릭터와 경쟁 구도를 형성하는 방법이 대표적입니다. 게이미피케이션은 '기능성 게임'과 혼동되기도 하지만 둘은 다른 개념입니다. 기능성 게임은 특별한 목적을 위해 만들어진 게임으로, 자판을 익히기 위해 만들어진 타자 연습 게임이 이에 해당합니다. 반면 게이미피케이션은 게임적 요소를 활용하지만 일상생활 속 행동 유도가 주된 목적이 됩니다. 게이미피케이션은 사용자의 적극적인 관심과 참여를 유도하는 효과가 있어 쇼핑, 교육, 금융 등 일상생활의 전 범위에서 널리 활용되고 있습니다. 가령 분리수거를 하면 점수판의 점수가 올라가거나, 지하철 계단에 소리가 나는 피아노를 설치해 에스컬레이터 사용을 줄이는 것입니다.

게이미피케이션이 시사하는 바는 게임적 요소로 인한 재미가 일상생활에 동기를 부여하고 문제 해결로까지 이어질 수 있다는 점입니다.

### 정답 해설

분리수거를 하면 점수판의 점수가 올라가는 것은 기능성 게임이 아니라 게이미피케이션이라고 하고 있으므로 적절하지 않다.

### 오답 해설

① "게이미피케이션은 게임이 아닌 분야에서 게임적 요소를 접목하는 것을 의미합니다."라고 했으므로 적절하다.
② "게임적 요소를 접목하는 것을 의미합니다. 일정한 행동에 포인트를 지급하고 레벨을 올려 주거나, 다른 이용자의 캐릭터와 경쟁 구도를 형성하는 방법이 대표적입니다."라고 했으므로 적절하다.
④ "게이미피케이션은 사용자의 적극적인 관심과 참여를 유도하는 효과가 있어 쇼핑, 교육, 금융 등 일상생활의 전 범위에서 널리 활용되고 있습니다."라고 했으므로 적절하다.
⑤ "게이미피케이션은 ~ 지하철 계단에 소리가 나는 피아노를 설치해 에스컬레이터 사용을 줄이는 것입니다."라고 했으므로 적절하다.

▶ 출처

- 김정유, 전방위로 확산되는 게임…일상 파고든 '게이미피케이션', 이데일리, 2023.08.18.(https://www.edaily.co.kr/news/read?newsId=01987686635708632&mediaCodeNo=257&OutLnkChk=Y)
- 이학범, [창간 15주년 기획: 게이미피케이션②] 나이키부터 당근마켓까지…게이미피케이션 적용 사례, 데일리게임, 2023.06.27.(https://www.dailygame.co.kr/view.php?ud=20230622161523381 5a7a3ff81e6_26)
- 이학범, [창간 15주년 기획: 게이미피케이션①] 게임으로 일상을 바꾸려는 시도, 데일리게임, 2023.06.28.(https://www.dailygame.co.kr/view.php?ud=20230622155031249a7a3ff81e6_26)
- YTN라디오(2023.08.25.), "[톡톡! 뉴스와 상식] 업무도, 공부도 게임처럼 재미있게! 게이미피케이션이란?"

## 013 ②

**정답 해설**

'중고 거래 앱', '운동 앱', '타자 연습 게임', '분리수거 점수판', '소리 나는 계단' 등 구체적인 사례를 통해 청중의 이해를 돕고 있으므로 적절하다.

**오답 해설**

① 비유적 표현을 통해 중심 내용을 강조하는 부분은 나타나지 않으므로 적절하지 않다.
③ "경험이 있으신가요?"처럼 청중에게 질문을 던지고 있지만, 스스로 묻고 답하는 방식은 나타나지 않는다.
④ 발표 마무리 부분에서 청중의 태도 및 행동 변화를 권유하고 있지 않으므로 적절하지 않다.
⑤ 발표에 활용한 자료의 출처를 밝힌 부분은 없으므로 적절하지 않다.

## 014 ④

**듣기 대본**

끝으로 협상의 한 장면을 들려 드립니다. 14번은 듣기 문항, 15번은 말하기 문항입니다.

김 대리: 박 대리, 근무 상황표를 보니 7월 중순에 또 휴가를 길게 썼네요.
박 대리: 네. 김 대리님. 제가 가벼운 수술을 해야 해서 2주는 병가 내고 1주는 여름 휴가를 냈어요.
김 대리: 그럼, 총 3주를 쉬는 건데 그렇게 길게 자리를 비우게 되면 사전에 제게도 양해를 구했어야 하는 거 아니에요?
박 대리: 대리님은 결재 라인에 계시지 않으니까 바로 과장님께 결재를 올렸는데요. 연차 쓸 때마다 대리님께 미리 허락을 받아야 하나요?
김 대리: 허락을 받으라는 게 아니라 박 대리가 자리를 비우면 박 대리 업무는 제가 하게 돼 있잖아요. 그러니까 적어도 대직자한테 양해는 구했어야죠.
박 대리: 미리 계획한 일들이 아닌데 어떻게 미리 말씀을 드리겠어요? 이번 수술 날짜도 제가 정한 게 아니고요. 그렇다고 수술을 안 받을 수도 없잖아요. 그리고 결재 라인에 계시는 과장님, 부장님께도 미리 말씀드리지 않았는데 대리님께만 말씀드려야 한다는 건가요?
김 대리: 결재 같은 공식적인 절차를 따지자는 게 아니잖아요. 곧 휴가철인데 7월 중순부터 8월 초까지 박 대리가 자리를 비우면 저는 언제 휴가를 갑니까? 8월에는 우리 팀에서 큰 계약도 앞두고 있는데.
박 대리: 연차는 근로기준법에도 나와 있는 제 당연한 권리이고 사전에 선임과 의논해야 한다는 건 회사 내규 어디에도 없는데요.
김 대리: 선임이라고 제가 갑질하는 거라고 생각해요?
박 대리: 제가 후임이 아니었으면 이렇게 말씀하셨을까요?
김 대리: 박 대리가 후임이 아니라 내 선임이었어도 똑같이 말했을 겁니다. 업무 공백은 없어야 하니까요. 대직자인 저는 박 대리로 인해 생기는 업무 공백을 메워야 하는 입장이니 당연히 제게 먼저 대직이 가능한지를 확인해야지요.
최 과장: 두 사람 그렇게 싸우지 말고 두 사람 모두를 위한 해결책을 찾아봅시다.

**정답 해설**

박 대리는 결재 라인에 김 대리가 없고, 연차를 쓸 때 선임과 미리 의논해야 한다는 내규가 없다는 점을 들고 있으므로 자신은 절차대로 했고 그래서 문제가 없다고 생각하고 있다.

**오답 해설**

① 김 대리는 박 대리의 휴가 사유가 정당하지 않다고 생각하기보다는 휴가를 내기 전 미리 얘기하지 않은 것을 문제 삼고 있다.
② 김 대리는 박 대리의 휴가로 인한 업무 공백에 대한 대직자가 자신이므로 휴가 전에 얘기를 해야 한다고 주장하고 있지 다른 대직자를 구해야 한다고 생각하는 것은 아니다.
③ 김 대리는 박 대리가 휴가 전에 자신의 승인을 받아야 한다고 생각하기보다는 자신에게 양해를 구하고 얘기했어야 한다고 생각하는 것이다.
⑤ 박 대리는 자신이 김 대리보다 후배이기 때문에 박 대리가 자신에게 규정에도 없는 허락을 받으라고 하는 것이라고 생각한다.

## 015 ⑤

**정답 해설**

김 대리와 박 대리의 갈등은 자신의 업무를 대신하는 대직자의 입장을 생각하지 않고 연차를 낸 상황에서 생긴 것이므로 갈등을 해결하기 위해서는 동료 간의 협조가 업무 처리에 중요하다는 점을 조언할 필요가 있다.

**오답 해설**

① 박 대리와 김 대리의 갈등은 휴가 일정으로 인한 것이 아니므로 적절하지 않다.
② 김 대리는 박 대리의 대직자이므로 박 대리의 업무를 대직하지 말라고 조언하는 것은 적절하지 않다.

③ 김 대리와 박 대리의 갈등은 김 대리가 박 대리에게 양보하지 않아서가 아니라 박 대리가 김 대리에게 휴가 일정을 미리 얘기해 주지 않아서 일어난 것이므로 적절하지 않다.
④ 회사 일보다 개인적인 휴가 사용을 중시해서 발생한 갈등이 아니므로 적절하지 않다.

## 어휘·어법  016번~045번

기출문제집 p.63

| 016 | ④ | 017 | ② | 018 | ③ | 019 | ③ | 020 | ① |
| --- | --- | --- | --- | --- | --- | --- | --- | --- | --- |
| 021 | ④ | 022 | ② | 023 | ① | 024 | ⑤ | 025 | ② |
| 026 | ⑤ | 027 | ② | 028 | ⑤ | 029 | ③ | 030 | ⑤ |
| 031 | ④ | 032 | ① | 033 | ② | 034 | ① | 035 | ① |
| 036 | ② | 037 | ① | 038 | ③ | 039 | ⑤ | 040 | ② |
| 041 | ① | 042 | ④ | 043 | ③ | 044 | ④ | 045 | ① |

### 016 ④
**정답 해설**
'종요롭다'는 "없어서는 안 될 정도로 매우 긴요하다."라는 뜻의 형용사로 '이번 기술 제휴는 우리 회사를 키우는 데 종요로운 일이다.'와 같이 사용된다.

**오답 해설**
① '수고롭다'는 "일을 처리하기가 괴롭고 고되다."라는 뜻이다.
② '수나롭다'는 "무엇을 하는 데 어려움이 없이 순조롭다." 또는 "정상적인 상태로 순탄하다."라는 뜻이다.
③ '잔조롭다'는 "움직이는 모양새가 작아 잔잔한 느낌이 있다."라는 뜻이다.
⑤ '허수롭다'는 "짜임새나 단정함이 없이 느슨한 데가 있다."라는 뜻이다.

### 017 ②
**정답 해설**
'경색(梗塞)'은 "소통되지 못하고 막힘."을 뜻하는 말이다. "놀라고 두려워 허둥지둥함."은 '경황(驚惶)'의 뜻풀이다.

### 018 ③
**정답 해설**
'나부대다'는 "얌전히 있지 못하고 철없이 출랑거리다."라는 의미이다. "입을 가볍게 함부로 놀리다."는 '나불대다'의 뜻풀이이다.

### 019 ③
**정답 해설**
'역력(歷歷)하다'는 "자취나 기미, 기억 따위가 환히 알 수 있게 또렷하다."라는 의미이므로 기억이 흐려졌다는 문맥에서 사용하기에 적절하지 않다. 이 문맥에서는 "분명하지 못하고 어렴풋하다."라는 의미의 '희미(稀微)하다'를 쓰는 것이 적절하다.

**오답 해설**
① '명멸(明滅)하다'는 "불이 켜졌다 꺼졌다 하다."라는 의미이므로 적절하게 사용되었다.
② '신랄(辛辣)하다'는 "사물의 분석이나 비평 따위가 매우 날카롭고 예리하다."라는 의미이므로 적절하게 사용되었다.
④ '위시(爲始)하다'는 "여럿 중에서 어떤 대상을 첫자리 또는 대표로 삼다."의 의미이므로 적절하게 사용되었다.
⑤ '고취(鼓吹)하다'는 "힘을 내도록 격려하여 용기를 북돋우다.", 또는 "의견이나 사상 따위를 열렬히 주장하여 불어넣다."라는 의미이므로 적절하게 사용되었다.

### 020 ①
**정답 해설**
㉠ "조의를 표하기 위하여 깃봉에서 기의 한 폭만큼 내려서 다는 국기"를 의미하는 '조기'의 원어는 '弔旗'이다.
㉡ "집착하여 미련을 가지다."의 의미인 '연연하다'의 어근 '연연'의 원어는 '戀戀'이다.
㉢ "익숙하지 않아 어색하다."의 의미인 '생경하다'는 "세상 물정에 어둡고 완고하다.", "글의 표현이 세련되지 못하고 어설프다."라는 뜻으로도 쓰인다. 이러한 뜻으로 쓰일 때 어근인 '생경'의 원어는 모두 '生硬'이다.

**오답 해설**
'조기(早起)'는 "아침 일찍 일어남."이라는 뜻으로 '조기 축구'와 같이 쓴다. '연연(連延)'은 "이어져 길게 뻗다." 또는 "일이 끝없이 미루어지다."라는 뜻의 '연연하다(連延하다)'의 어근이다. '생경(生梗)'은 "두 사람 사이에 불화가 생기다."라는 뜻의 '생경(生梗)하다'의 어근이다.

## 021 ④
### 정답 해설
'무쪽같다'는 "하는 행동이 변변치 못함을 이르는 말"이므로 살림을 야무지게 꾸린다는 맥락에 어울리지 않는 표현이다.

### 오답 해설
① '득달같다'는 "잠시도 늦추지 않다."라는 의미이므로 적절하게 사용되었다.
② '다락같다'는 "물건값이 매우 비싸다."라는 의미이므로 적절하게 사용되었다.
③ '하나같다'는 "예외 없이 여럿이 모두 꼭 같다."라는 의미이므로 적절하게 사용되었다.
⑤ '굴뚝같다'는 "바라거나 그리워하는 마음이 몹시 간절하다."라는 의미이므로 적절하게 사용되었다.

## 022 ②
### 정답 해설
①, ③, ④, ⑤는 '작은 일을 불려서 크게 말하는 일', '사회적으로 일어나는 일시적인 유행이나 분위기 또는 사상적인 경향', '매우 빠름을 이르는 말', '남을 부추기거나 얼을 빼는 일' 등의 의미를 가진 '바람1'의 의미로 쓰인 반면, ②는 '어떤 일이 이루어지기를 기다리는 간절한 마음'의 의미로, 동음이의어 관계에 있는 '바람2'이다.

## 023 ①
### 정답 해설
〈보기〉의 '얼굴'과 '눈'은 전체와 부분 관계이다. 이와 같은 의미 관계를 가진 것은 '손'과 '손가락'이다.

### 오답 해설
② '꽃'과 '장미'는 상위어와 하위어 관계이므로 전체와 부분 관계로 볼 수 없다.
③ '선생'과 '학생'은 전체와 부분 관계로 볼 수 없다.
④ '사람'과 '인간'은 동의어 관계이다.
⑤ '민물'과 '바닷물'은 전체와 부분 관계로 볼 수 없다.

## 024 ⑤
### 정답 해설
'추락하다'는 "높은 곳에서 떨어지다." 또는 "위신이나 가치 따위가 떨어지다."라는 뜻이므로 "진지나 성 따위가 적에게 넘어가다."라는 의미인 '떨어진다면'을 대체할 수 없다. 이에 적합한 한자어는 "적의 성, 요새, 진지 따위가 공격을 받아 무너지다."라는 뜻인 '함락(陷落)되다'이다.

### 오답 해설
① '부여되다'는 "사람에게 권리·명예·임무 따위가 주어지거나, 사물이나 일에 가치·의의 따위가 붙여지다."라는 의미이므로 적절하다.
② '하락하다'는 "값이나 등급 따위가 떨어지다."라는 의미이므로 적절하다.
③ '치유되다'는 "치료되어 병이 낫다."라는 의미이므로 적절하다.
④ '분리되다'는 "서로 나뉘어 떨어지다."라는 의미이므로 적절하다.

## 025 ②
### 정답 해설
'배다'는 "물건의 사이가 비좁거나 촘촘하다."라는 의미로 "물건의 사이가 뜨다."라는 의미인 '성기다'의 반의어이다.

### 오답 해설
① '뜨다'는 "공간적으로 거리가 꽤 멀다."의 의미이다.
③ '설피다'는 "짜거나 엮은 것이 거칠고 성기다."의 의미이다.
④ '너르다'는 "공간이 두루 다 넓다."의 의미이다.
⑤ '버성기다'는 "벌어져서 틈이 있다."의 의미이다.

## 026 ⑤
### 정답 해설
'남의 두루마기에 밤 주워 담는다'는 "아무리 하여도 남 좋은 일만 한 결과가 됨을 비유적으로 이르는 말"이다.

### 오답 해설
① '남의 떡에 설 쇤다'는 "남의 덕택으로 거저 이익을 보게 됨을 비유적으로 이르는 말"이다.
② '남 지은 글로 과거한다'는 "남의 덕택으로 거저 이익을 보게 됨을 비유적으로 이르는 말"이다.
③ '남의 바지 입고 춤추기'는 "남의 덕택으로 거저 이익을 보게 됨을 비유적으로 이르는 말"이다.
④ '남의 떡으로 조상 제 지낸다'는 "남의 덕택으로 거저 이익을 보게 됨을 비유적으로 이르는 말"이다.

## 027  ④
**정답 해설**
'적수공권'은 "맨손과 맨주먹이라는 뜻으로, 아무것도 가진 것이 없음을 이르는 말"이다. 따라서 사업이 성공하여 목표를 이루었다는 맥락에 맞지 않는 쓰임이다.

**오답 해설**
① '와신상담'은 "원수를 갚거나 마음먹은 일을 이루기 위하여 온갖 어려움과 괴로움을 참고 견딤을 의미하는 말"로 문맥에 맞는 표현이다.
② '간담상조'는 "서로 속마음을 털어놓고 친하게 사귐을 의미하는 말"로 문맥에 맞는 표현이다.
③ '절차탁마'는 "옥이나 돌 따위를 갈고 닦아서 빛을 낸다는 뜻으로, 부지런히 학문과 덕행을 닦음을 이르는 말"로 문맥에 맞는 표현이다.
⑤ '풍수지탄'은 "효도를 다하지 못한 채 어버이를 여읜 자식의 슬픔을 의미하는 말"로 문맥에 맞는 표현이다.

## 028  ⑤
**정답 해설**
'눈을 거치다'는 "글 따위를 검토하거나 분별하다."라는 의미이므로 모델이 걸음걸이를 뽐내는 문맥에서 사용하기에 적절하지 않다.

**오답 해설**
① '눈(을) 씻고 보다'는 "정신을 바짝 차리고 집중하여 보다."라는 의미이므로 적절하게 사용되었다.
② '눈(이) 많다'는 "보는 사람이 많다."라는 의미이므로 적절하게 사용되었다.
③ '눈(에) 어리다'는 "어떤 모습이 잊히지 않고 머릿속에 뚜렷하게 떠오르다."라는 의미이므로 적절하게 사용되었다.
④ '눈(이) 나오다'는 "몹시 놀라다."라는 의미이므로 적절하게 사용되었다.

## 029  ③
**정답 해설**
'잔업'은 "정해진 노동시간이 끝난 뒤에 더 하는 노동"의 의미이며 그 순화어는 '남은 일'이 아니라 '시간 외 일'이다.

**오답 해설**
① '잔반'은 "먹고 남은 음식"의 의미이며 그 순화어는 '음식 찌꺼기'이다.
② '회람'은 "글 따위를 여러 사람이 차례로 돌려 봄. 또는 그 글"의 의미이며 그 순화어는 '돌려 보기'이다.
④ '납기일'은 "세금이나 공과금 따위를 내는 시기나 기한"의 의미이며 그 순화어는 '내는 날'이다.
⑤ '인수하다'는 "물건이나 권리를 건네받다."의 의미이므로 '넘겨받다'로 순화할 수 있다.

## 030  ⑤
**정답 해설**
'듀얼 라이프'는 "도시와 지방에 주거지를 마련하여 두 곳을 오가며 생활하는 것"을 이르는 말이므로 다듬은 말은 '두 지역살이'이다.

## 031  ④
**정답 해설**
"힘차게 대들 기세로 벗다."의 의미를 가진 말은 '벗어부치다'이다. 따라서 옳은 표기이다.

**오답 해설**
① "여유를 주지 않고 계속 몰아붙이다."의 의미를 가진 말은 '밀어붙이다'가 옳다.
② "어떤 자리에 가까스로 들어서다."의 의미를 가진 말은 '발붙이다'가 옳다.
③ "남을 어떤 상황이나 방향으로 세게 몰다."의 의미를 가진 말은 '몰아붙이다'가 옳다.
⑤ "날카로운 말투로 상대를 몰아붙이듯이 공격하다."의 의미를 가진 말은 '쏘아붙이다'가 옳다.

## 032  ①
**정답 해설**
'졸음'은 명사이고, '졸다'의 명사형은 '졺'이다.

**오답 해설**
② '묻다'의 명사형은 '물음'이므로 옳은 표기이다.
③ '울다'의 명사형은 '욺'이므로 옳은 표기이다.
④ '굴다'의 명사형은 '굶'이므로 옳은 표기이다.
⑤ '밀다'의 명사형은 '맒'이므로 옳은 표기이다.

## 033 ②

**정답 해설**

'하얍니다'는 '하얗-+-읍니다'로 활용한 것인데 '-읍니다'가 비표준어이므로 표준어인 '-습니다'가 결합한 '하얗습니다'가 옳은 말이다.

**오답 해설**

① '오-'에는 명령형 어미 '-아라, -너라, -거라'가 모두 결합할 수 있으므로 '오거라'는 옳은 표기이다.
③ '가엽다'는 '가엾다'와 복수 표준어이므로 옳은 표기이다.
④ '푸르르다'는 '푸르다'를 강조하는 의미를 가진 표준어이다. '푸르르-+-은'이 '푸르른'으로 활용하므로 옳은 표기이다.
⑤ '잘다랗다'는 '꽤 잘다'는 의미의 말로 '잘다랗-+-은'이 '잘다란'으로 활용한다. 따라서 옳은 표기이다.

## 034 ①

**정답 해설**

'뿐'은 어미 '-을' 뒤에 쓰인 의존 명사이므로 앞말에 띄어 쓴다.

**오답 해설**

② '-ㄹ지'는 추측에 대한 막연한 의문이 있는 채로 그것을 뒤 절의 사실이나 판단과 관련시키는 데 쓰는 연결 어미이므로 용언의 어간에 붙여 '할지'로 쓰는 것이 옳다.
③ 기간을 나타내는 명사 뒤에 쓰인 '-간'은 '동안'의 뜻을 더하는 접미사이므로 앞말에 붙여 쓰는 것이 옳다.
④ 앞에 오는 말에 근거하거나 달라짐이 없음을 나타내는 '대로'는 조사이므로 앞말에 붙여 쓰는 것이 옳다.
⑤ '목적'의 뜻을 더하는 '-차'는 접미사이므로 명사 뒤에 붙여 쓰는 것이 옳다.

## 035 ①

**정답 해설**

"모습이나 마음 따위가 조용하고 평화롭게."라는 의미를 가진 부사는 '고요히'이다. 끝음절이 '이'나 '히'로 나는 것은 '-히'로 적는다는 규정에 따라 '고요이'가 아니라 '고요히'로 적는다.

**오답 해설**

부사의 끝음절이 분명히 '이'로만 나는 것은 '-이'로 적고, '히'로만 나거나 '이'나 '히'로 나는 것은 '-히'로 적는다. 또한 겹쳐 쓰인 명사 뒤, 'ㅅ' 받침 뒤, 'ㅂ' 불규칙 용언의 어간 뒤, '-하다'가 붙지 않는 용언 어간 뒤에는 '이'로 적는다. 따라서 '두둑이', '뿔뿔이', '틈틈이', '겹겹이'로 적는다.

## 036 ②

**정답 해설**

말이나 글을 직접 인용할 때에는 큰따옴표(" ")를 쓴다.

**오답 해설**

① 가운뎃점(·)은 짝을 이루는 어구들 사이에 쓰므로 올바르게 쓰였다.
③ 짝을 이루는 어구들 사이에 가운뎃점을 쓰지 않거나 쉼표(,)를 쓸 수도 있으므로 올바르게 쓰였다.
④ 쌍점(:)은 표제 다음에 해당 항목을 들거나 설명을 붙일 때 쓰므로 올바르게 쓰였다.
⑤ 빗금(/)은 대비되는 두 개 이상의 어구를 묶어 나타낼 때 그 사이에 쓰므로 올바르게 쓰였다.

## 037 ①

**정답 해설**

"땅 위로 내민 돌멩이의 뾰족한 부분"을 의미하는 단어는 '돌뿌리'가 아닌 '돌부리'가 옳은 표기이다.

**오답 해설**

② '꼬임'은 "남을 꾀어 속이거나 부추기는 일"의 의미를 갖는 단어로 옳은 표기이다.
③ '밭뙈기'는 "얼마 안 되는 자그마한 밭"의 의미를 갖는 단어로 옳은 표기이다.
④ '버러지'는 '벌레'의 동의어로 옳은 표기이다.
⑤ '소꿉질'은 "아이들이 장난감으로 살림살이 흉내를 내는 짓"을 의미하는 단어로 옳은 표기이다.

## 038 ③

**정답 해설**

'굴풋하다'는 '심심하다'가 아니라 '배고프다'는 의미의 전라 방언이다.

**오답 해설**

① '미구'는 '여우'를 의미하는 경상 방언이다.
② '머퉁이'는 '핀잔'을 의미하는 전라 방언이다.
④ '이마직'은 '이즈음'을 의미하는 충청 방언이다.
⑤ '괴딴지'는 '뚱딴지'를 의미하는 경상 방언이다.

## 039 ⑤

**정답 해설**

'내복약'의 표준 발음은 [내ː봉냑]이다.

**오답 해설**

① '눈곱'의 표준 발음은 [눈꼽]이므로 올바르게 제시되었다.
② '옷감'의 표준 발음은 [옫깜]이므로 올바르게 제시되었다.
③ '엊그제'의 표준 발음은 [얻끄제]이므로 올바르게 제시되었다.
④ '금가루'의 표준 발음은 [금까루]이므로 올바르게 제시되었다.

## 040 ②

**정답 해설**

'caramel'은 [kærəmel]로 발음되므로 '캐러멜'로 표기한다. '카라멜'로 표기하지 않는다.

**오답 해설**

① 'center'는 발음이 [sentər]이고 여기서 [ə]는 국제 음성 기호와 한글 대조표에 따라 'ㅓ'로 표기하므로 외래어 표기법상 '센터'가 올바른 외래어 표기가 된다. '센타'로 표기하지 않는다.
③ 'leadership'의 'ship'은 발음이 [ʃip]이고 이를 한글로 표기할 때에는 '십'이라 표기한다. '리더쉽'으로 표기하지 않는다.
④ 'digital'에서 'tal'은 [təl]로 발음되므로 '털'로 표기한다. '디지탈'로 표기하지 않는다.
⑤ 'miniature'의 'ture'는 발음이 [tʃər]이고 'tʃ'는 모음 앞에서는 'ㅊ'으로 표기하며, 'ㅊ' 뒤에서는 이중모음 'ㅕ'를 적지 않으므로 '미니어처'로 표기한다. '미니어쳐'로 표기하지 않는다.

## 041 ①

**정답 해설**

'제육덮밥'의 올바른 로마자 표기는 'jeyukdeopbap'이다. 'ㄱ, ㄷ, ㅂ'은 자음 앞이나 어말에서 'k, t, p'로 적어야 하기 때문이다.

## 042 ④

**정답 해설**

'생물 세계를 재단하고 판정하다'의 주어가 드러나 있지 않으므로 주어를 밝혀야 한다. '이처럼 인간이 일방적인 관점에서 …… 말할 수가 없다.' 정도로 수정해야 한다.

▶ 출처  남기심 외(2019), 『표준국어문법론』, 한국문화사.

## 043 ③

**정답 해설**

〈보기〉의 '-는가'는 하게체의 종결 어미이므로 하게체에 해당하는 경우를 찾으면 된다. ③의 '-네'는 하게할 자리에 쓰여 서술을 나타내는 종결 어미이다.

**오답 해설**

① '-오'는 하오체의 종결 어미이다.
② '-구려'는 하오체의 종결 어미이다.
④ '-아요'는 해요체의 종결 어미이다.
⑤ '-지'는 해체의 종결 어미이다.

▶ 출처  남기심 외(2019), 『표준국어문법론』, 한국문화사.

## 044 ④

**정답 해설**

차에 타는 사람은 아들이고, 그 아들을 엄마가 웃으면서 바라보고 있는 것이므로 중의적으로 해석되지 않는다.

**오답 해설**

① 숙제를 하나도 하지 않았을 수도 있고, 일부는 하고 일부는 하지 않았을 수도 있으므로 중의적이다.
② 부모님이 아들의 진로와 딸의 진로를 모두 고민했을 수도 있고, 부모님과 아들이 딸의 진로를 고민했을 수도 있으므로 중의적이다.
③ '자기의 사진'이 친구가 찍힌 사진일 수도 있고, 친구가 찍은 사진일 수도 있고, 친구가 소유한 사진일 수도 있으므로 중의적이다.
⑤ '섬세한'이 꾸미는 것이 선생님일 수도 있고, 선생님의 상담일 수도 있으므로 중의적이다.

## 045 ①

**정답 해설**

회의를 가지다는 'have a meeting'의 번역 투이다. 여기서 'have'를 '갖다, 가지다'로 번역하기보다는 '하다'로 바꾸어 쓰는 것이 좋다. '오늘 오후에 회의합시다'.

**오답 해설**

② '~에 있다'는 일본어 투로 '~이다'로 바꾸어 사용하는 것이 좋다.
③ '~에 의해 ~되다'는 어색한 피동 표현으로 '~이 ~하다'로 바꾸어 쓰는 것이 좋다.

④ '아무리 강조해도 지나치지 않다'는 영어의 'not ~ too'의 번역 투이다. 불필요한 부정문의 사용보다는 '매우 중요하다'처럼 바꾸어 쓰는 것이 좋다.

⑤ '~에 위치하다'는 영어의 'be located in'의 번역 투로, '남부에 있다'로 바꾸어 사용하는 것이 좋다.

## 쓰기  046번~050번

기출문제집 p.71

| 046 | ① | 047 | ⑤ | 048 | ④ | 049 | ④ | 050 | ⑤ |

## 046   ①

**정답 해설**

ㄱ. 1문단에서 핵심어인 '사이버 폭력'에 대한 개념 정의를 제시하였으므로 적절하다.

ㄷ. 2문단에서 익명성과 사이버 폭력의 관계에 관한 서로 다른 관점의 이론을 비교·대조하고 있으므로 적절하다.

**오답 해설**

ㄴ. 문제 현상의 심각성을 드러내기 위해 수치가 제시되지 않았으므로 적절하지 않다.

ㄹ. 문제 현상의 유형이나 관련 법 조항에 대한 나열은 있지만, 문제 해결 사례에 대한 구체적 나열은 없으므로 적절하지 않다.

ㅁ. 질문을 던지는 방식이 활용되었으나 이를 통해 주제에 관한 독자의 경험을 환기하고 있지는 않으므로 적절하지 않다.

▶ 출처
• 반형걸·남윤재(2023), 메타버스 내 사이버 폭력과 법적 보호에 관한 연구: 아바타에 대한 폭력을 중심으로, 커뮤니케이션학 연구: 일반, 제31권 1호, 119-146.
• 주원규, 익명성 뒤에 숨은 범죄자 영웅심리?...인터넷 밈(meme) 된 살인 예고글, 파이낸셜뉴스, 2023.08.09.(https://www.fnnews.com/news/202308081601123777)

## 047   ⑤

**정답 해설**

(마)는 사이버 폭력 예방 교육 경험이 상대적으로 적은 성인의 경우 사이버 폭력에 대한 법적 처벌 수위 및 내용에 대해 잘 알지 못한다는 내용이므로, 이를 활용하여 성인들이 사이버 폭력에 대해 왜곡된 인식을 가졌다고 보거나 사이버 폭력의 발생 원인이라 제시하는 것은 적절하지 않다.

**오답 해설**

① (가)에서 청소년과 성인의 가·피해 경험을 보면 피해자가 가해자가 되고 가해자가 피해자가 되는 악순환이 발생함을 알 수 있다. 윗글의 4문단에서 성인이나 학생들을 대상으로 사회적 규범에 대한 지속적인 교육이 필요하다고 하였으므로, 이에 대한 근거로 (가)를 활용하는 것은 적절하다.

② (나)에서 사이버 범죄로 인한 사회적 손실에 대응하여 '징벌적 손해배상제' 도입 필요를 말하고 있으므로, 윗글의 4문단에서 언급한 사회적 손실을 가져오는 범죄에 대한 실효성 있는 조치 방안으로 재발 방지를 위한 민사적 해결책을 추가로 제시하는 것은 적절하다.

③ (다)를 통해 아바타에 대한 범죄를 처벌하는 법규는 미비한 실정임을 알 수 있으므로, 윗글에서 말한 새로운 형태의 사이버 폭력에 대한 법적 공백이 없어야 한다는 주장의 근거로 제시하는 것은 적절하다.

④ (라)에서 커뮤니티 등 플랫폼의 역할에 대해 지적하고 있고, 윗글에서 온라인상에서 타인에게 위해가 될 수 있는 글을 아무런 제재 없이 생산하는 문제에 대해 언급했으므로, (라)를 활용하여 온라인 플랫폼의 자체 규제 활성화 및 책임 강화 등의 내용을 추가하는 것은 적절하다.

▶ 출처
• 서다은, 3명 중 1명꼴로 사이버폭력 경험.. 성인 3년 연속 증가, GBN뉴스, 2021.02.04.(http://www.gbnnewss.com/news/articleView.html?idxno=9468)
• 박민, 표현의 자유?.. 익명성 뒤에 숨은 악플에 연 35조 낭비, 이데일리, 2023.07.12.(https://www.edaily.co.kr/news/read?newsId=01935206635673864)
• 청소년 10명 중 4명 사이버폭력 가해 또는 피해 경험, 방송통신위원회, 2023.03.24.(https://www.korea.kr/news/policyNewsView.do?newsId=148913099)

## 048   ④

**정답 해설**

Ⅳ-1은 '사이버 폭력 문제 해결을 위한 노력 방안'이 아니라 해결해야 할 문제점에 해당하는 내용이다. 그러나 윗글의 4문단에는 '사회적 손실 해결을 위한 예산 마련'이 아니라 '사회적 손실을 가져오는 범죄에 대한 실효성 있는 조치 방안 마련'을 말하고 있으므로 적절하지 않다.

**오답 해설**

① '사이버 공간에서의 정보 수집과 활용'은 익명성을 바탕으로 이루어지는 사이버 폭력에 관한 글의 통일성을 해친다고 볼 수 있으며, '사이버 폭력의 최근 실태'에 대한 내용이 1문단에 반영되어 있으므로 적절하다.

② Ⅱ는 하위 항목 중 Ⅱ-3의 내용을 아우르지 못하므로 '익명성과 사이버 폭력의 관계에 대한 논의'로 수정하는 것은 적절하다.
③ Ⅲ-2는 상위 항목을 벗어나므로 사이버 폭력 문제 해결을 위한 노력 방안인 Ⅳ의 하위 항목에서 다루고 있음을 4문단에서 확인할 수 있으므로 적절하다.
⑤ Ⅳ-2는 글의 주제를 강조하는 기능을 한다고 볼 수 있으며 Ⅴ에 해당하는 마지막 문단에서 확인할 수 있으므로 적절하다.

## 049 ④
### 정답 해설
'나아가서'는 "앞으로 향하여 가다. 또는 앞을 향하여 가다.", "목적하는 방향을 향하여 가다."라는 의미이므로 문맥에 맞게 사용되었다. '나가다'는 "일정한 지역이나 공간의 범위와 관련하여 그 안에서 밖으로 이동하다."라는 의미이므로 '나가다'로 수정하는 것은 적절하지 않다.

### 오답 해설
① '으로서'는 지위나 신분 또는 자격을 나타내는 조사이므로, 어떤 일의 수단이나 도구를 나타내는 조사인 '으로써'를 사용하여 '됨으로써'로 수정하는 것은 적절하다.
② '표출하다'는 "겉으로 나타내다."를 뜻한다. '밖으로 표출할'은 의미가 중복된 표현이므로 '표출할'로 수정하는 것은 적절하다.
③ 앞의 내용과 뒤 내용이 서로 다른 관점의 이론이므로 "어떤 일에 대하여, 앞에서 말한 측면과 다른 측면을 말할 때 쓰는 말"인 '한편'으로 수정하는 것은 적절하다.
⑤ '제기하다'는 "의견이나 문제를 내어놓다."라는 의미이므로 "수준이나 정도 따위를 끌어올린다."라는 의미인 '제고하다'로 수정하는 것은 적절하다.

## 050 ⑤
### 정답 해설
'소 잃고 외양간 고치는'에서 관용 표현이 사용되었고, 이를 통해 문제가 발생한 후에 피해를 수습하는 것에 대한 문제의식이 드러난다. 또 사이버 폭력 예방을 통해 얻을 수 있는 이점으로 '안전하고 신뢰할 수 있는 온라인 사용 환경 마련'과 '불필요한 사회적·경제적 손실을 줄일 수 있다'는 점을 언급했으므로 적절하다.

# 창안 051번~060번

| 051 | ⑤ | 052 | ② | 053 | ③ | 054 | ③ | 055 | ③ |
| 056 | ② | 057 | ④ | 058 | ⑤ | 059 | ④ | 060 | ① |

## 051 ⑤
### 정답 해설
[A]에는 와인 제조 시 고려되어야 할 다섯 가지 요소 '포도 품종, 선별 작업, 숙성 과정, 숙성 온도, 상표 제작'이 제시되고 있다. 이를 창업 준비 과정과 연계한다면, 상표 제작은 제조한 와인 고유의 특징을 대표하는 정보로 디자인되어야 한다. 창업 과정에서도 창업 소재 중 소비자들에게 내세울 주력 부분을 한정하여 개발 및 홍보할 필요성이 있다. 따라서 '상표 제작'을 창업을 위한 외부 투자처 물색으로 비유하는 것은 적절하지 않다.

### 오답 해설
① '포도 품종'은 품종에 따라 와인의 맛, 향, 색감 등을 달라지게 하는 가장 기초적인 요소이다. 창업 준비 과정에서 창업을 위한 소재(아이템)는 창업 시작에 기본이 되는 요소이므로 적절하다.
② 포도 재배 이후 '선별 작업' 단계는 다양한 창업 소재(아이템)들을 놓고 비교하여 적절한 창업 소재를 선택하는 과정 혹은 선택된 큰 틀의 창업 소재를 분석하여 한정시켜나가는 과정 정도로 설명할 수 있으므로 적절하다.
③ '숙성 과정'은 와인 고유의 맛과 향, 산도, 질감 등에 영향을 미치는 요소이다. 창업 성공을 위한 일정 기간의 준비와 노력의 과정은 창업 소재의 성공적인 안착을 위한 과정이므로 적절하다.
④ '숙성 온도'는 와인의 적절한 숙성을 돕는 요소이다. 창업 성공을 위해서는 시장 조건 역시 뒷받침되어야 한다. 너무 과열된 시장에서는 창업 소재가 도태될 수 있기 때문이다.

▶ 출처 황현(2020), 『와인잔에 담긴 인문학: 한 잔에 담긴 깊은 이야기를 마시다』, 시공사.

## 052 ②
### 정답 해설
와인의 향을 표현하는 용어 중 '부케'는 숙성 과정을 통해 조성된 개별 와인의 독특하고 개성적 향기를 의미한다. 후천적 혹은 시간, 경험 등의 요소를 통해 변화되고 만들어진 요소라고 할 수 있다. 따라서 타고난 운동 능력에 따라 성과가 달라지는 것은 '부케'의 사례로 보기 어렵다.

### 오답 해설
① 커피를 내리는 방식에 따라 맛이 달라지는 것은 후천적 요소로 인한 것이므로 '부케'의 사례로 적절하다.
③ 같은 실로 짜는 방법에 따라 다른 질감의 천이 되는 것은 후천적 요소로 인한 것이므로 '부케'의 사례로 적절하다.
④ 도자기를 굽는 가마의 온도에 따라 품질이 달라지는 것은 후천적 요소로 인한 것이므로 '부케'의 사례로 적절하다.
⑤ 성장 과정에 따라 키와 체중이 달라지는 것은 후천적 요소로 인한 것이므로 '부케'의 사례로 적절하다.

## 053　③
### 정답 해설
본문에서는 제조된 와인의 보관 방향도 중요함을 언급하고 있다. 와인병을 세워 놓으면 와인의 산화가 일어날 수 있고, 와인병을 옆으로 눕혀 놓으면 미량의 공기 유입을 통해 은은한 숙성이 일어날 수 있다. [B]에서는 숙성을 위해 '눕힌 방향'이 올바른 보관 방향임을 설명하고 있다.
따라서 ㉠와인병을 세워 놓은 상황을 '수직적 구조'를 가진 조직 상황에 빗대면 조직 운영에서 지양해야 할 구조라고 할 수 있다. 반면 ㉡와인병을 눕혀 놓은 상황을 '수평적 구조'를 가진 조직 상황에 빗대면 조직 운영에서 지향해야 할 구조라고 할 수 있다. 권한의 공유를 통한 구성원의 주체성과 자율성 부여, 나이와 직급 대신 역량을 중심으로 한 구조, 의사 결정의 분산 등은 수평적 구조의 특징이다.

### 오답 해설
① 의사 결정이 분산될수록 구성원의 책임 의식이 모호해져 업무의 효율성이 낮아지는 것은 수평적 조직 구조가 갖는 한계점이다. 〈조건〉에서는 '조직 운영 개선'과 관련하여 발휘할 수 있는 지혜를 표현하라고 했으므로 적절하지 않다.
② 상명하달식 구조를 가진 피라미드식 운영은 수직적 운영의 대표적인 구조이기에 '조직 운영 개선'과 관련하여 발휘할 수 있는 지혜로 적절하지 않다.
④ 상위 관리자가 하위 직원에게 지시하고, 하위 직원은 상위 관리자의 통솔하에 지시를 따르는 상하 계층 구조는 수직적 운영의 대표적인 구조이기에 적절하지 않다.
⑤ 리더와 구성원의 상호작용이나 구성원들 간의 협력이 중시되는 구조가 아닌 리더의 주체적 결정이 중시되는 구조는 수직적 운영의 대표적인 구조이기에 적절하지 않다.

## 054　③
### 정답 해설
위의 그림에서 (가)는 서로 다른 기능을 지닌 연필과 지우개가 합쳐져서 지우개가 달린 연필이 되고, (나)는 반원 두 개가 합쳐져서 원이 된다. (가)와 (나)는 모두 서로의 장점을 잘 활용하여 효율적으로 사용할 수 있거나, 온전해지는 것을 의미하고 있다. 그런데 ③은 동일한 반원 두 개인 (나)를 서로 다른 개성을 지닌 존재를 상징한다고 하였으므로 적절하지 않다.

### 오답 해설
① 연필의 능력은 쓰는 것이고, 지우개의 능력은 지우는 것이므로 서로 다른 능력을 나타낸다고 볼 수 있다.
② 서로 다른 장점과 능력들을 잘 활용하면 연필과 지우개가 따로 있을 때보다 지우개가 달린 연필을 쓰는 것이 더 효율적이듯이 전보다 더 효율적으로 업무를 수행할 수 있다.
④ 반원 두 개가 합쳐지면 원이 된다. 협력 관계에 적용하면 합심하는 것으로 이어질 수 있다.
⑤ 반원은 굴러가지 못하지만 합쳐서 원이 되면 굴러갈 수 있다. 관계가 원만할 때 잘 굴러갈 수 있으므로 적절한 추론이다.

## 055　③
### 정답 해설
반원 두 개가 모여서 하나의 원이 되는 것보다 여러 부채꼴이 모여서 하나의 원이 되는 것이 많은 사람들의 참여를 상징할 수 있으므로 적절한 내용이다.

### 오답 해설
① 연필과 지우개는 각기 다른 기능을 지녔지만 합쳐져서 지우개가 달린 연필이 될 수 있다는 것이 핵심이다. 필통을 추가하는 것은 상호 보완 관계를 드러내는 것과 관계가 없으므로 적절하지 않다.
② 연필과 지우개의 각각의 장점을 모두 살리기 위해 하나로 합하는 것이므로 갈등 해결을 드러내기 위해 볼펜과 자를 추가한다는 내용은 적절하지 않다.
④ 반원 두 개가 서로의 부족한 부분을 합하기 위해 서로 합쳐져 하나의 원이 되는 것이므로 작은 원 두 개로 바꾸는 것은 적절하지 않다.
⑤ 개인의 독자성을 드러내는 것과 도형의 색을 모두 빨간색으로 바꾸는 것은 관계가 없으므로 적절하지 않다.

## 056   ②
**정답 해설**

(가)는 서로 다른 능력을 합쳐 효율성을 높이고 (나)는 둘 이상이 합쳐서 하나가 된다는 것을 강조해야 한다.

**오답 해설**

① (가)에서 서로 다른 기능을 지닌 연필과 지우개가 합치는 것은 배려나 고운 말 쓰기와 무관하다.
③ (가)는 서로의 능력을 합하는 것이므로 체계적 업무 분담을 강조한다고 볼 수 없으며, (나)는 하나가 된다는 내용이 와야 하므로 (가)와 (나) 모두 적절하지 않다.
④ (가)는 개인의 사정을 배려한다기보다 서로의 능력을 모두 취하는 것에 가까우므로 적절하지 않다.
⑤ (가)는 여가생활을 인정하는 것과 관련짓기 어렵고, (나)는 나날이 발전하는 내용을 유추하기 어려우므로 적절하지 않다.

## 057   ④
**정답 해설**

본문에서는 스마트폰 중독 예방 관련 공익 광고 제작 방향에 대해 설명하고 있다. ㄹ에서는 스마트폰 중독으로 인한 집중력 저하 문제를 광고 그림에 담을 것을 제시하고 있다. 그러나 ④의 그림은 아이가 밥상에서 밥을 더 달라는 말을 마주 앉은 부모님께 직접 하지 않고 스마트폰으로 전달하는 모습을 나타낸 것으로, 스마트폰 중독으로 인한 인간관계 소외와 단절 문제를 풍자하고 있다.

**오답 해설**

① ㄱ은 스마트폰을 오래 사용할 때 발생할 수 있는 건강 문제를 제시한다고 하였으므로 여러 건강과 관련된 증후군이 제시된 ①의 그림은 적절하다.
② ㄴ은 스마트폰 중독으로 인한 인간관계 소외나 단절 문제를 제시한다고 하였으므로 사람들 사이에 벽이 생긴 상황을 표현한 ②의 그림은 적절하다.
③ ㄷ은 스마트폰에 집중하여 발생할 수 있는 보행 안전 문제를 제시한다고 하였으므로 마치 좀비처럼 스마트폰을 하는 사람들이 지나가는 모습과 함께 차량 위험 표시가 제시된 ③의 그림은 적절하다.
⑤ ㅁ은 영유아 스마트폰 중독 문제를 제시한다고 하였으므로 스마트폰으로 울음이 달래지는 문제점을 담은 ⑤의 그림은 적절하다.

## 058   ⑤
**정답 해설**

(나) 그림 상황에 적절한 스마트폰 중독 예방 관련 문구를 제작하는 문제이다. (나) 그림은 반려견이 묶여 있는 모습과 함께 인간이 마치 반려견처럼 스마트폰 사용에 묶여 있는 모습을 통해 스마트폰 중독 문제를 표현하고 있다. 스스로의 자유를 포기하고 스마트폰에 매여 있는 모습을 비판한 문구로 적절한 것은 ⑤이다.

**오답 해설**

① 스마트폰에 우주가 담겨 있다는 것은 스마트폰 중독 예방 관련 문구로 적절하지 않다.
②, ③, ④ 스마트폰 중독 예방 관련 문구로 적절하나, 스마트폰에 묶여 있는 (나)의 그림 상황을 표현하지 않고 있으므로 적절하지 않다.

▶ 출처  (나) 그림(https://www.pinterest.co.kr/pin/617556167634549885/)

## 059   ④
**정답 해설**

윗글의 사슴은 자신의 한쪽 눈에 보이는 것이 전부라고 믿고 보이지 않는 곳에 도사린 수많은 위험을 간과함으로써 비참한 종말을 맞게 되었다. 이는 사슴이 육지와 바다에 대한 자신의 경험과 판단을 과신하여 바다가 위험하다는 정보를 무시하는 확증 편향에 사로잡힌 것이다. 이를 통해 이끌어낼 수 있는 교훈은 ④이다.

**오답 해설**

① 윗글은 과도한 자신감을 경계하라는 메시지를 담고 있으므로 상반된 내용이다.
② 윗글에서 위험은 현명하게 경계해야 할 대상이므로 위험을 감수해야 한다는 내용과는 어울리지 않는다.
③ 윗글에서 남들의 비난이나 비평 등에 해당하는 사례가 드러나지 않는다.
⑤ 윗글에서 열정을 강조하고 있다고 보기 어렵다.

▶ 출처  정신의학신문 칼럼(https://post.naver.com/viewer/postView.naver?volumeNo=32919788&memberNo=23841638)

## 060   ①
**정답 해설**

윗글의 사슴은 자신의 한쪽 눈에 보이는 것이 전부라고 믿고 보이지 않는 곳에 도사린 수많은 위험을 간과함으로써 비참한 종

말을 맞게 되었다. 이는 사슴이 육지와 바다에 대한 자신의 경험과 판단을 과신하여 바다가 위험하다는 정보를 무시하는 확증 편향에 사로잡힌 것이다. ①은 책임의 분산에 따른 방관자 효과를 드러내는 사례로 윗글과 어울리지 않는다.

#### 오답 해설
② 경찰관은 자신의 직관을 신뢰하여 용의자의 정보를 두루 수용하지 않으므로 윗글의 사슴과 유사하게 판단의 오류에 빠질 가능성이 있다.
③ 누리꾼은 자신의 판단을 신뢰하여 객관적 증거를 받아들이지 못하므로 윗글의 사슴과 유사하게 판단의 오류에 빠진 사례이다.
④ 영상 수용자는 자신의 선호도에 따른 영상만을 소비할 뿐 다른 분야에 대해 관심을 기울이지 않으므로 윗글의 사슴과 유사하게 다양한 영역을 고려하지 못할 가능성이 있다.
⑤ 투자자는 투자 성공 사례만을 신뢰하여 반대 사례는 수용하지 않는 편파적 판단을 고수하므로 윗글의 사슴과 유사하게 판단의 오류에 빠질 가능성이 있다.

## 읽기 061번~090번

기출문제집 p.80

| 061 | ④ | 062 | ③ | 063 | ⑤ | 064 | ⑤ | 065 | ④ |
| --- | --- | --- | --- | --- | --- | --- | --- | --- | --- |
| 066 | ⑤ | 067 | ⑤ | 068 | ② | 069 | ④ | 070 | ① |
| 071 | ⑤ | 072 | ② | 073 | ③ | 074 | ⑤ | 075 | ③ |
| 076 | ④ | 077 | ⑤ | 078 | ② | 079 | ⑤ | 080 | ④ |
| 081 | ② | 082 | ③ | 083 | ⑤ | 084 | ④ | 085 | ② |
| 086 | ④ | 087 | ③ | 088 | ④ | 089 | ③ | 090 | ② |

## 061 ④
#### 정답 해설
이 시에서 '그것이 확실히 문제다', '그것은 확실히 문제다' 등 단정적 어조가 반복되며 정신적 가치가 행복의 중요한 요인이라는 주제를 강조하고 있으므로 ④가 적절한 설명이다.

#### 오답 해설
① 비유적 표현(구슬)이 사용되기는 하나 대상의 부정적 속성을 드러낸다고 보기 어렵다.
② 시행이 명사형으로 종결된 부분을 찾을 수 없다.
③ 역설적 표현이 사용되지 않았다.
⑤ 화자의 심리 변화는 찾을 수 없다.

▶ 출처 박재삼(1962), 『춘향이 마음』.

## 062 ③
#### 정답 해설
'없는 떡방아 소리도/있는 듯이 들어내고'는 물질적 궁핍이 행복과 사랑을 막을 수 없음을 드러내는 구절로, 신흥 부유층을 비판하는 태도로 보기는 어렵다.

#### 오답 해설
① 〈보기〉의 '흥부 부부가 박 타는 장면을 시적으로 재구성'했다는 서술에서 확인할 수 있다.
② '황금 벼 이삭'은 물질적 가치를 의미하며, 〈보기〉의 인물 대비에 따르면 탐욕을 통해 물질적 부를 이룩한 놀부에 대응한다.
④ '구슬'은 흥부 부부의 눈물을 빗댄 시어로, '웃다가 서로 불쌍해/서로 구슬을 나누었으리.'를 통해 연민과 애정을 확인할 수 있다.
⑤ '본웃음 물살'은 흥부 부부가 가난한 상황에도 불구하고 서로 사랑하고 있음을 드러낸다.

## 063 ⑤
#### 정답 해설
제시문은 작중 인물인 '그'의 내면에서 자유롭게 일어나고 있는 의식 세계를 서술하고 있다. 즉 공산주의로의 전향을 거부하고 기꺼이 총살형을 선택한 '그'의 내면과 의식을 자유로운 연상의 작용에 따라 서술하고 있다.

#### 오답 해설
① 제시문은 서술 상황 밖에 있는 전지적 서술자가 총살형으로 죽음을 앞두고 있는 인물(그)의 의식 세계를 자유로운 연상에 따라 기술할 뿐, 장면에 따라 서술자를 달리하여 사건의 입체성을 강화하고 있지는 않다.
② 공산주의로의 전향을 거부한 작중 인물인 '그'의 내면의 의식 세계는 서술되고 있지만, '그'에 대한 환상적인 묘사를 통해 '그'의 영웅성을 드러내고 있지는 않다.
③ 인물(그)이 전향을 거부하여 총살을 당한 상황은 제시되지만, 이질적인 사건들을 나열하여 삶의 다양한 면모를 드러내지는 않는다.
④ 전향을 거부하여 총살을 당한 상황과 그에 따른 인물(그)의 의식 세계는 제시되지만, 인물 간의 대립을 통해 중심인물인 '그'의 성격 변화의 양상은 제시되지 않는다.

▶ 출처 오상원(1995), 「유예」, 『한국소설문학대계』, 동아출판사.

## 064 ⑤

**정답 해설**

'그'가 총살의 상황에서도 "끝나는 그 순간까지 정확히 나를 끝맺어야 한다"라는 말로 자신의 의지를 다잡는 것으로 보아, 마지막 부분에서 '모든 것은 끝난 것'이라고 되뇐 것은 절망의 표현이라기보다는 자신의 삶을 주체적으로 스스로 정리하겠다는 의지의 표현이라고 할 수 있다.

**오답 해설**

① '그'는 포로가 되어 '남쪽'을 버리고 북쪽을 선택하라는 전향 권유를 받는다. '그'의 이러한 상황은 '몇 번이고 심문'을 받았다는 서술에서 미루어 짐작할 수 있다.
② '그'는 전향을 거부하여 총살형을 당하러 가는 순간에도 자신이 견지하고 있었던 신념을 버리지 않기 위해 사물인 '눈'에 자신의 '의지적 신념'을 투영하고 있다.
③ '그'는 전향을 거부해 죽음을 앞둔 상황에서도 스스로의 주체적 삶의 결단을 드러낸다. 그의 이러한 의지가 바로 "정확히 끝을 맺어야 한다."는 그의 발언을 통해 드러난다고 할 수 있다.
④ '그'는 죽음을 불사하고 전향을 거부한 인물이다. 그의 이러한 굳건한 면모는 총살 집행을 앞두고도 "아무것도 아닌 것"으로 여기는 그의 태도에서 잘 드러난다고 할 수 있다.

## 065 ④

**정답 해설**

북쪽 사람은 죽음을 불사하고 '남쪽'을 선택한 '그'를 결국 총살을 통해 응징한다. 따라서 북쪽 사람이 그에게 '남쪽' 길을 터준 것을 이데올로기를 초월하여 휴머니즘을 실현하기 위해 한 행위로 보기는 어렵다.

**오답 해설**

① 총살을 앞둔 인물(그)의 의식의 세계를 서술한 부분과 작중 인물인 북쪽 사람들의 말(똑바로 걸어가시오. 남쪽으로 내닿은 길이오. 그처럼 가고 싶어 하던 길이니 유감없을 거요.) 이 구분 없이 서술되어 있는 것을 통해 두 이데올로기 중 하나를 선택해야만 하는 인물(그)의 내면이 극적으로 부각되고 있음을 알 수 있다.
② '그'는 끝내 북쪽으로 전향을 하지 않아서 죽음에 이르게 된 상황에서도 '자기를 잃어서는 안 된다'고 다짐하고 있다. 이를 통해 그가 죽음을 목전에 두고도 끝내 자기의 주체성을 잃지 않으려는 의지적 인물임을 알 수 있다.
③ 북쪽 사람들의 전향 권유를 뿌리치고 남쪽을 선택한 것은 결국 죽음으로 귀결되는 것임에도 불구하고 '그'는 자신의 주체적 결단을 통해 남쪽을 선택한다. 이를 통해 죽음과 같은 극한 상황 속에서도 자신의 결단에 실존적 의미를 부여하고자 하는 인물의 내면을 엿볼 수 있다.
⑤ 그는 자신의 결단(남쪽을 선택한 것)으로 인해 죽음과 맞닥뜨리게 됨에도 불구하고 자신의 선택을 '절망적인 것'으로 인식하지 않는다. 이를 통해 죽음을 감내해야만 하는 절망적 현실을 어떻게든 견디어내고자 하는 인물의 실존적 내면을 엿볼 수 있다.

## 066 ⑤

**정답 해설**

1문단에서 총재 정부 시기 선거 제도는 재산을 가진 사람만으로 통치집단을 구성하기 위해서 고안된 것이었다고 진술한다. 따라서 프랑스 혁명기 총재 정부하에서 가난한 자에게 투표권이 제공되었다는 내용은 적절하지 않다.

**오답 해설**

① 2문단에서 '남성 보통 선거권을 지지했다'고 진술하고 있으므로 주권자로서 여성의 권한은 제한적이었다는 내용은 적절하다.
② 2문단에서 "이 주장에 대해 주류 정치인들의 반응은 냉담했다."고 진술하고 있으므로 민주파의 주장에 기성 정치 세력은 동조하지 않았다는 내용은 적절하다.
③ 2문단에서 "가난한 사람들에게까지 투표권을 주면 그들이 모든 재산을 몰수·재분배하는 법률을 만들 것이라는 공포가 고대 그리스부터 19세기 유럽에까지 횡행했기 때문"이라고 진술한다. 따라서 고대 그리스 사회에서는 민중의 정치 참여에 비판적이었다는 내용은 적절하다.
④ 5문단에서 "공개성이 없다면 권력은 시간이 지날수록 부패로 귀결될 가능성이 크다고 보았다."고 진술한다. 따라서 공개성이 강할수록 권력의 부패는 줄어든다고 여겨졌다는 내용은 적절하다.

▶ 출처   김민철(2023), 『누가 민주주의를 두려워하는가』, 창비, 173–177쪽.

## 067 ⑤

**정답 해설**

2문단에서 "재산 제한을 모두 철폐하고 가난한 사람도 명망을 얻거나 능력을 인정받으면 선거인이 되고 여러 선출직에 뽑힐 수 있도록 허용해야 한다고 주장했다."라고 했으므로 이전에는 '재산 제한'이 있었음을 알 수 있다. 따라서 1문단의 ㉠, ㉡, ㉢에 공통으로 들어갈 내용은 '재산'이라는 것을 알 수 있다.

## 068 　②
**정답 해설**

4문단에서 "말단 공직을 거치지 않고서는 고위 공직으로 올라갈 수 없으므로, 말단 공직의 임명권을 갖는 민중 선거의 가치가 격상된다는 것"이라고 진술한다. 따라서 하급 행정직을 영원한 하급직으로 인식하게 했다는 진술은 적절하지 않다.

**오답 해설**

① 2문단에서 "재산 제한을 모두 철폐하고 가난한 사람도 명망을 얻거나 능력을 인정받으면 선거인이 되고 여러 선출직에 뽑힐 수 있도록 허용해야 한다고 주장했다."고 했으므로 후천적 능력을 중요시하였다는 진술은 적절하다.

③ 3문단에서 "공화주의자들은 여성은 태생적으로 이러한 덕성이 없으므로 정치에 직접 개입하지 말아야 한다고 생각했다."고 했으므로 여성은 공화주의적 덕성이 부재하다고 인식하였다는 진술은 적절하다.

④ 2문단에서 '당대 주류 정치인들은 가난한 사람들에게까지 투표권을 주면 그들이 모든 재산을 몰수·재분배하는 법률을 만들 것이라는 공포가 횡행했다.'고 했으므로 빈부격차에 대한 당대 주류 정치인들의 생각에 비판적이었다는 진술은 적절하다.

⑤ 4문단에서 "1차 선거회의 투표인이 각급 선출직의 선택과 임명을 도맡되, 직전 등급 근무 경력이 있는 사람들만 상위 등급에 임명될 수 있도록 제한하는 것"이라고 진술했으므로 각 직급에 있는 사람의 직책은 상위 직급에서 임명할 수 없다고 보았다는 진술은 적절하다.

## 069 　④
**정답 해설**

전국 단위를 넘어 글로벌화된 기업이 광범위한 영역에 걸친 큰 피해를 내면서도 개별 소비자로서는 작은 손해가 되는 유형을 제시하고, 그것을 해결하기 위한 통상의 공동소송, 집단소송, 단체소송을 설명하고 그것들이 갖는 한계도 거론한다.

**오답 해설**

① 소비자 피해에 관한 구체적 사례를 얘기하고 있지 않으며, 이론과 현실의 비교도 하지 않는다.

② 특정 유형의 소비자 피해를 구제하는 방안들을 검토하지만 절충안을 내지는 않는다.

③ 소비자 피해의 구제 방안들의 장단점을 해설한다고 볼 수도 있지만 피해의 처리에 대한 상반된 관점이 나타나지는 않는다.

⑤ 특정한 소비자 피해가 일어나는 원인을 설명하면서 피해 구제를 논하지만 이를 방지하기 위한 사회적 조건을 제시하지는 않는다.

## 070 　①
**정답 해설**

지문에서 민사소송법상 마련되어 있는 공동소송에 관하여 "소액의 손해를 입은 피해자들이 엄청나게 많이 발생한 피해를 한꺼번에 구제하는 것을 직접 겨냥하고 있지는 않다."고 하면서 "개별적으로 소송을 진행할 수도 있지만, 하나의 절차에 묶어 심리할 수 있도록" 한 것이라 설명한다.

**오답 해설**

② 통상의 공동소송과 집단소송은 제도적으로 구분되어 있다고 설명한다.

③ 소송에 참여하지 않거나 그런 사실을 몰랐던 피해자들까지 판결의 효력을 받게 되는 것을 집단소송의 특징으로 설명한다.

④ 소비자 피해를 구제하기 위해 소송 제도과 함께 다양한 조정 절차가 마련되어 있다고 설명한다.

⑤ 여러 소송을 하나의 절차로 묶어 실효성을 갖도록 하는 것은 통상의 공동소송이라고 설명한다.

## 071 　⑤
**정답 해설**

전체적으로 소송을 통해 얻게 되는 배상금이 턱 없이 적어 그에 들어가는 비용과 시간이 더 크겠다는 의미라는 것을 알 수 있다. 기준이 되거나 목적으로 하는 사항보다 그에 추가되거나 부수되는 것이 더 크게 되는 경우를 가리키는 속담이나 성어가 적당하다. 대표적인 것으로 '배보다 배꼽이 더 크다'가 있고, 유사한 말로 '주객 전도'나 '본말 전도', '얼굴보다 코가 더 크다' 따위가 있다. 도둑이 되레 막대기를 든다는 적반하장은 잘못한 사람이 오히려 피해자 또는 정당한 사람에게 대들며 덤비는 데 비유하는 말이어서 적당하지 않다.

## 072 　②
**정답 해설**

기업이 일으키는 피해를 개별 당사자가 대응하는 것은 쉽지 않고 기업으로 하여금 문제를 개선할 유인을 제공하지 못한다고 지적하면서, 그 해결 방안으로 마련된 공동소송, 집단소송, 단체소송을 논의하므로 개별적 대응의 어려움을 돕는 것도 단체소송의 목적임을 알 수 있다.

**오답 해설**

① 당사자들이 개별적으로 소송하는 것을 묶어 하나의 절차로 진행할 수 있도록 한 것은 공동소송이다.

③ 증권과 관련해서는 단체소송이 아니라 집단소송이 도입되어 있다.
④ 단체소송은 개별 당사자가 아니라 법률에서 정한 단체가 한다.
⑤ 단체소송에서는 원칙적으로 피해 배상은 하지 않는다.

## 073 ③

**정답 해설**

"허용 오차는 어떤 값의 이론적인 값과 실젯값의 차이인 오차가 허용값의 범위라면 정상 작동으로 여기는 허용 범위이다."라고 했으므로 일치하지 않는 내용이다. 이론값과 측정값의 차이는 '오차'이다.

**오답 해설**

① "수학에서 함수는 변수들 사이의 관계를 기술한다."라고 하였으므로 일치하는 내용이다.
② "함수 f는 a에 의해 그 특성이 결정되므로 a를 함수 f의 특성 인자라고 한다."에서 알 수 있다.
④ "과학의 이론은 이상적 상황에서 어떤 현상에 관여하는 모든 변수와 그 결과의 관계를 함수로 정의한다."에서 알 수 있다.
⑤ "이론을 실제 상황에 적용하려면 수없이 많은 외적 요인을 함께 고려해야 한다."에서 알 수 있다.

## 074 ④

**정답 해설**

"함수 f는 a에 의해 그 특성이 결정되므로 a를 함수 f의 특성 인자라고 한다."와 "이때 y의 값은 $x_1$과 $x_2$가 모두 0일 때 최솟값 0이 되고 ~ 의해서는 0~1 사이의 값 중 하나가 결정됨을 알 수 있다."를 통해 ⓒ의 최댓값 결정 인자는 2개임을 알 수 있다. ㉠은 1개이므로 틀린 서술이다.

**오답 해설**

① "예를 들어 함수 f가 y=f(x)=ax라면, x에 a를 곱한 값이 y의 값이 됨을 의미한다. 함수 f는 a에 의해 그 특성이 결정되므로 a를 함수 f의 특성 인자라고 한다."라고 하였으므로 a에 의해 f의 특성이 결정되고 이는 곧 x와 y의 관계가 되므로 적절한 내용이다.
② "각 변수 값의 범위가 0~1이라고 하고, ~ 하나가 결정됨을 알 수 있다."를 통해 $a_1$과 $a_2$의 값이 바뀌면 각 변수의 작용 범위가 바뀐다는 것을 알 수 있다.
③ ㉠은 변수가 한 개이고, ⓒ은 변수가 두 개이므로 적절한 내용이다.

⑤ "각 변수 값의 범위가 0~1이라고 하고, ~ 하나가 결정됨을 알 수 있다."를 통해 $a_1$과 $a_2$의 값이 바뀌면 각 변수의 작용 범위가 바뀐다는 것을 알 수 있다.

## 075 ③

**정답 해설**

이론에 포함된 변수들과 그 결과의 관계를 실험을 통해 확인하는 것은 이론의 내용이 맞는지 확인하는 과정이므로 ⓐ에서 얘기하는 이론의 적용과 근사방법으로는 적절하지 않다.

**오답 해설**

① "다양한 요인들을 분석하여 허용 오차보다 작은 영향을 주는 요소를 제거하고 핵심 변수를 추려낸다. 그런 다음 핵심 변수에 의한 결과가 허용 오차 범위 안에 유지되도록 근사한다."라고 했으므로 중요한 핵심 변수에 의한 오차 값을 측정하는 것은 적절하다.
② "이론을 현실에 적용할 때 실질적인 상황에 개입하는 다양한 요인들을 분석하여 허용 오차보다 작은 영향을 주는 요소를 제거하고 핵심 변수를 추려낸다."라고 하였으므로 실제 적용에서 허용할 수 있는 오차 범위를 산출하는 것은 적절하다.
④ "이제 n개의 변수를 가지는 함수를 ~ 이 함수는 m개의 변수만을 가지는 근사 함수로 바꾸어 적용할 수 있다."의 내용으로 근사 과정은 변수의 영향력을 측정해야 한다는 것을 알 수 있다.
⑤ "하지만 이론을 실제 상황에 적용하려면 수없이 많은 외적 요인을 함께 고려해야 한다."라고 했으므로 적절한 내용이다.

## 076 ④

**정답 해설**

"형성된 감자가 본격적으로 커지기 시작할 때 꽃이 피고 잎과 줄기가 노랗게 변하기 시작한다."라고 했으므로 감자가 형성된 후에 꽃이 피는 것을 확인할 수 있다.

**오답 해설**

① "감자는 땅속으로 뻗은 줄기의 끝에 양분이 저장되어 변형된 것이다."라는 설명에서 알 수 있다.
② "감자는 복지의 끝이 굵어지면서 형성"된다고 했으므로 적절한 설명이다.
③ "감자의 줄기는 꼭대기에 있는 끝눈이 곁눈의 생성을 억제하고 계속해 위쪽으로 자라는 특성이 있는데"라는 설명에서 알 수 있다.

⑤ "지상부 곁가지는 중력의 방향과 반대로 생장하는 특성이 있지만, 복지는 중력 방향에 대해 옆으로 생장한다."라는 설명에서 알 수 있다.

▶ 출처 『감자재배 표준영농교본 – 31(개정판)』, 농촌진흥청.(www.rda.go.kr)

## 077  ⑤
**정답 해설**
"이것이 식물체의 지하부로 이동하면서"라고 했으므로 잎의 지베레린 함량이 지하부로 이동하는 것을 알 수 있으며, "하루 8시간 이하 해가 뜨는 단일 조건에서는 잎 속의 지베레린 함량이 수일 내에 급격히 감소하고, 이것이 복지 신장을 정지시켜 감자 형성을 촉진한다."라고 하였으므로 함량이 감소함을 알 수 있다.

**오답 해설**
① "잎 속의 지베레린 함량이 증가한다. 이것이 식물체의 지하부로 이동하면서 복지 신장이 촉진되며 감자 덩이의 형성은 억제된다."라고 하였으며, "지베레린 함량이 수일 내에 급격히 감소하고, 이것이 복지 신장을 정지시켜 감자 형성을 촉진한다."라고 하였으므로 적절하지 않은 내용이다.
② "잎 속의 지베레린 함량이 증가한다. 이것이 식물체의 지하부로 이동하면서 복지 신장이 촉진되며 감자 덩이의 형성은 억제된다. 인위적으로 잎의 표면에 지베레린을 뿌려주더라도 같은 효과를 얻을 수 있다."라고 하였으므로 적절하지 않은 내용이다.
③ "일조 부족 조건에서는 잎 속의 지베레린 함량이 증가한다."라고 하였으므로 적절하지 않은 내용이다.
④ "지베레린 함량이 증가한다. 이것이 식물체의 지하부로 이동하면서 복지 신장이 촉진되며 감자 덩이의 형성은 억제된다."라고 하였으므로 적절하지 않은 내용이다.

## 078  ②
**정답 해설**
"줄기 끝에서 만들어진 감자 형성 물질은"이라고 했으므로 적절하지 않은 설명이다.

**오답 해설**
① "감자 형성 물질은 줄기의 끝에서 갓 피어나는 잎에서 만들어지며"라고 했으므로 적절한 설명이다.
③ "감자 형성 물질의 화학적 구조에 대해서는 아직 밝혀지지 않고 있다."라고 했으므로 적절한 설명이다.
④ "줄기 끝에서 만들어진 감자 형성 물질은 지상부에서 지하부의 복지 끝으로 이동되어 감자 형성을 촉진한다."라고 했으므로 적절한 설명이다.
⑤ "감자 형성 물질은 … 광합성이 왕성한 성숙한 잎에서는 만들어지지 않는다."라고 했으므로 적절한 설명이다.

## 079  ⑤
**정답 해설**
이 글의 전체 논지는 규율 사회(의 규율 주체)에서 성과 사회(의 성과 주체)로의 전환에도 불구하고 본질적으로 변치 않은 요소, 즉 생산성 극대화라는 열망의 공통점을 설명하고, 특히 성과 사회의 본질로 인한 개인의 자기 착취와 심리적 질병의 문제를 비판적으로 서술하고 있다. 생산성 증대와 효율을 강조하는 데 따른 폐해를 강조하고 있으므로 생산을 최대화하고 자유를 신장시켰다는 진술은 적절하지 않다.

**오답 해설**
① 규율 사회는 부정성의 사회이며, 이러한 사회를 규정하는 것은 금지의 부정성이라고 했으므로 적절한 이해이다.
② 성과 주체는 자기 자신을 경영하는 기업가라고 했으므로 적절한 이해이다.
③ "규율 주체와 달리 성과 주체는 노동을 강요하거나 심지어 착취하는 외적인 지배 기구에서 자유롭다."라고 했으므로 규율 주체는 외적 지배 기구에 종속되어 있다는 것을 알 수 있다.
④ 성과 사회는 우울증 환자와 낙오자를 만들어낸다고 하였으며, 과다한 노동과 성과는 자기 착취로까지 치닫는다고 하였다.

▶ 출처 한병철, 김태환 옮김, 『피로사회』, 문학과지성사.

## 080  ④
**정답 해설**
성과 주체는 타인이나 외부의 강제에 더 이상 예속되지 않는다. 그러나 과다한 노동과 성과에 대한 압박은 자기 착취로 이어질 수밖에 없다. 따라서 외부로부터의 강제와 규율은 표면적으로 사라지지만 자발적 자기 강제를 수행함으로써 결국은 여전히 성과에 예속될 수밖에 없다는 점을, 글쓴이는 '자유와 강제가 일치하는 상태'로 표현하고 있다.

## 081 ②
**정답 해설**

금지의 부정성인 규율 사회에서 성과 사회로 오면서 부정성에서 벗어난다고 하였으며, "금지, 명령, 법률의 자리를 프로젝트, 이니시에이티브, 모티베이션이 대신한다."라고 하였다. 따라서 규율 사회에서의 '법률'의 자리를 성과 사회에서는 '모티베이션'이 대신하는 것으로 이해할 수 있다.

## 082 ③
**정답 해설**

성과 사회의 성과 주체들은 과다한 성과 노동으로 인해 심리적 질병을 얻기 쉽다. 자기 착취와 소진으로 인해 역설적 자유의 병리적 표출이 잦아진다. 이로부터 심리적 치유를 마케팅 상품으로 접근하는 힐링 문화 트렌드가 등장했지만 정작 사회 구조적인 문제를 해결하지 않는 한 이러한 힐링 문화 및 마케팅은 하나의 소비 트렌드일 뿐 성과 주체의 진정한 위안이 되기 어렵다. 따라서 성과 주체의 심리적 질병은 힐링 문화산업의 소비를 강화했다고 볼 수 있다.

▶ 출처  이동연, 「힐링 없는 힐링 문화」, 『한겨레21』, 2013.1.7.

## 083 ⑤
**정답 해설**

매장에서 개인 컵 사용 고객에게 할인 혜택을 이미 제공하고 있거나 사업 참여를 위해 새롭게 할인할 계획이 있는 카페 100개 매장을 모집해 선정했으므로 개인 컵 사용자에게 할인 혜택을 주고 있는 카페도 대상이 된다.

**오답 해설**

① 시범 사업 기간은 9월 1일부터 11월 30일까지 3개월이다.
② 9월 7일에는 시범 사업과 함께 '개인 컵 사용의 날'을 진행한다.
③ '개인 컵 사용 문화 조성 사업'은 1회용 컵 사용을 줄이기 위해 실시하는 것이다.
④ 개인 컵을 사용해 음료를 주문하는 사람에게 ○○시에서 추가로 할인을 해 주는 제도이다.

▶ 출처  서울시청 홈페이지 2023.09.01. 새소식, "서울시 개인컵 사용 추가 할인제 시행"(https://news.seoul.go.kr/env/archives/525889)

## 084 ②
**정답 해설**

참여 카페 중 카페의 자체 할인액은 최저 100원부터 최고 2,000원이므로 서울시의 추가 할인액 300원을 더하면 할인 금액은 최저 400원부터 최고 2,300원이다. 따라서 할인 금액은 400원 이상이 된다.

## 085 ②
**정답 해설**

[장면2]에서는 '연령대별 탕후루 인기 간식 순위'라는 시각 자료를 제시하고 있다. 기자의 발화 내용과는 직접적으로 관련 없지만, 최근 탕후루 열풍의 상황을 간접적으로 보여주기 위한 자료라고 할 수 있다. 따라서 기자의 발화 내용을 요약한 통계 자료를 제시하여 뉴스 보도 내용의 신뢰성을 높이고 있다는 ②의 진술은 적절하지 않다.

**오답 해설**

① [장면1]에서는 앵커 뒷배경에 고슴도치같이 쓰레기봉투에 삐쭉 나와 있는 탕후루 꼬치의 모습을 통해 시청자의 주의를 집중시키고 있다.
③ 기자가 음성으로만 읽는 커뮤니티 내용을 [장면3]에서 실제 시각 자료로 보여 주며 정보의 실재감을 높이고 있다.
④ [장면4]에서는 탕후루 가게 운영자를 화면 중앙에 배치하여 인터뷰 대상자를 부각하여 보여 주고 있다.
⑤ [장면5]에서는 탕후루 쓰레기가 놓인 실제 거리에서 보도하는 기자의 모습을 통해 보도의 현장성을 높이고 있다.

▶ 출처  KBS뉴스(2023.08.21.), [뉴스더하기]거리 가득 '탕후루' 쓰레기…"흉기될 수도 있어"(https://news.kbs.co.kr/news/view.do?ncd=7753435)(http://news.tvchosun.com/site/data/html_dir/2023/08/30/2023083090214.html)

## 086 ④
**정답 해설**

지구대 관계자는 현재 벌어진 탕후루 판매자와 주변 상인들 간의 싸움이 어느 한쪽의 잘못이 아님을 이야기하며, 서로 함께 공동의 해결책을 찾아나길 바라고 있다. 따라서 ④의 갈등 상황의 원인을 제공한 판매자 측에서 해결책을 주도적으로 찾아야 한다는 진술은 적절하지 않다.

오답 해설

① 청소 관계자는 장갑을 끼고 일해도 탕후루 꼬치에 찔리는 '개인의 경험'에 근거하여 현장 상황의 심각성을 전달하고 있다. 또한 차라리 쓰레기봉투 근처 한 군데에 탕후루 꼬치를 모아 달라는 '요구 사항'을 전달하고 있으므로 적절한 진술이다.
② 의료 관계자는 탕후루 꼬치의 구체적인 당류 함량과 세계보건기구에서 제시한 하루 권장 당 기준을 '구체적 수치'로 들며, 탕후루 열풍이 건강에 악영향을 미칠 수 있는 '문제점'을 제시하고 있으므로 적절한 진술이다.
③ 시청 관계자는 다음 주 수요일 실시되는 쓰레기 분리수거 공간의 확대 설치에 대한 '즉각적인 조치 사항'을 안내하고, 시민들에게 쓰레기 무단 투기를 지양하고 분리수거를 철저하게 지켜달라는 '시민 의식'을 강조하고 있으므로 적절한 진술이다.
⑤ 프랜차이즈 관계자는 식용 가능한 꼬치 개발과 꼬치 없는 탕후루 개발 방안과 같이 '근본적인 문제 상황 개선'에 대한 '실질적인 방안'을 고민하고 있으므로 적절한 진술이다.

## 087  ③

정답 해설

객관성과 공정성을 담보해야 하는 뉴스 보도에서 비격식체인 '해요체'를 사용하는 것은 보도 내용의 친근한 전달을 통해 시청자와의 심리적 거리를 가깝게 하기 위함이다. 따라서 ③의 진술은 적절하지 않다.

오답 해설

① 몸살은 몸이 몹시 피로하여 일어나는 병으로, '거리가 몸살을 앓고 있다'라는 표현은 무생물인 '거리'에 인격을 부여한 의인법의 표현이다. 의인법을 통해 탕후루 쓰레기로 더럽혀진 거리 상황의 심각성을 비유적으로 표현하고 있으므로 적절하다.
② 보도의 핵심이 되는 '탕후루'에 대해 명칭의 유래와 시작점을 설명하며 시청자의 이해를 돕고 있으므로 적절하다.
④ '열풍'의 명사로 문장을 종결하여 현재 탕후루 열풍의 상황에 대해 시청자가 집중하여 인식할 수 있도록 하고 있으므로 적절하다.
⑤ 무심코 버린 쓰레기가 위생 문제와 안전 문제를 일으킬 수 있다는 사실을 기억하라는 당부 표현을 통해 시청자가 자신의 행동에 책임감을 갖도록 촉구하고 있으므로 적절하다.

## 088  ④

정답 해설

이용권을 환불했을 경우 지원금을 받을 수 없다.

오답 해설

① 신청 방법에서 ○○구 내의 독서실을 선택하여 이용권을 구매하라고 했으므로 ○○구 내의 독서실을 이용하는 경우에만 지원금을 받을 수 있다.
② 구청 홈페이지를 통한 온라인 신청만 안내되어 있다.
③ 공고일을 기준으로 근로 상태인 경우에는 지원금을 신청할 수 없다.
⑤ 영수증은 1인당 1회 제출하며 회당 1매만 신청할 수 있으므로, 이용권을 여러 번에 나누어 구매한 경우에는 영수증 1매에 해당하는 지원금만을 받을 수 있다.

▶ 출처 https://www.nowon.kr/www/mlrd/onlineRcept/BD_selectOnlineRcept.do?q_currPage=2&resveSn=1029&q_searchTy=1001&q_searchVal=

## 089  ③

정답 해설

지원 대상이 고용보험 미가입한 미취업자이므로 고용보험에 가입한 적이 없는 사람이라도 이를 증명하기 위해 고용보험 자격 이력 내역서를 제출해야 한다.

오답 해설

① 지원금을 신청할 때 구매에 대한 증빙 서류를 제출해야 하므로 신청 이전에 이용권 구매를 마쳐야 한다.
② 카드 결제 및 현금 결제도 가능하며, 환급이 지역 화폐로 되는 것이므로 독서실 이용권을 지역 화폐로 결제하지 않아도 된다.
④ 1인 최대 16만 원까지 지원이 가능하고, 독서실 이용권 구매에 사용된 금액만큼을 환급하는 방식이므로, 독서실 이용권 구매에 13만 원을 사용했을 경우 13만 원 전액을 환급받을 수 있다.
⑤ 제시된 글에서 지원 대상을 ○○구 거주자로 한정하고 있으며 지원금 신청을 위해 필요한 증빙자료 중 거주지를 증빙할 수 있는 자료가 주민등록 초본임을 미루어 보아 주민등록 초본상 거주지가 ○○구로 기재되어야 지원이 가능하다는 사실을 추론할 수 있다.

## 090　②

### 정답 해설
공고문에 지원 대상과 신청 방법 및 기간, 지원의 방식이 제시되어 있으나 신청자가 지원 여부의 확정을 확인할 수 있는 방법은 나와 있지 않다. 그러므로 지원 여부 확정 및 통보 방식은 추가 제시되어야 할 정보로 적절하다.

### 오답 해설
① 졸업 예정자의 경우 성적 증명서를 대체 서류로 제출하라고 했으므로 이미 제시되어 있는 정보이다.
③ 지역 화폐 앱으로 결제 시 '결제 내역 상세' 화면의 캡처본을 제출하라고 안내되어 있다.
④ 신청 기간은 2023년 10월 31일 오후 6시까지이므로 이미 제시되어 있는 정보이다.
⑤ 지원 대상에서 대학원 졸업자가 가능함을 알 수 있고, 졸업 예정자의 경우 성적 증명서를 대체 서류로 제출하라고 했으므로 이미 제시되어 있는 정보이다.

## 국어 문화　091번~100번

기출문제집 p.98

| 091 | ③ | 092 | ① | 093 | ③ | 094 | ② | 095 | ⑤ |
|---|---|---|---|---|---|---|---|---|---|
| 096 | ④ | 097 | ① | 098 | ① | 099 | ③ | 100 | ② |

## 091　③

### 정답 해설
〈보기〉에서 설명하고 있는 작품은 「원왕생가」이다. 10구체 향가이며 『삼국유사』에 실려 있다.

### 오답 해설
① 「서동요」는 백제의 서동이 지은 향가로, 신라의 선화 공주를 사모하는 내용을 담아 경주의 아이들에게 부르게 하였다고 한다.
② 「안민가」는 신라 경덕왕 때 충담사가 지은 향가로, 나라를 잘 다스리고 백성을 평안하게 하는 바른 길에 대해 읊은 작품이다.
④ 「모죽지랑가」는 신라 효소왕 때 득오가 지은 향가로, 스승인 화랑 죽지랑을 사모하여 지은 작품이다.
⑤ 「찬기파랑가」는 신라 경덕왕 때 충담사가 지은 향가로, 기파랑의 고결한 인격을 밤하늘의 달빛과 시냇물, 그리고 서리에 시들지 않는 잣나무에 비유하여 노래한 작품이다.

▶ 출처　한국민족문화대백과

## 092　①

### 정답 해설
〈보기〉에서 설명하고 있는 현진건의 작품은 「빈처」이다. 작자 개인에게는 실질적으로 문명을 떨치게 한 첫 작품으로서 의의를 가지지만, 한국 근대 단편소설의 정립 과정상 가지는 의의가 크고, 1920년대 단편소설의 본격적인 출발이라는 문학사적 의의를 가진다.

### 오답 해설
② 「무영탑」은 현진건이 지은 장편 소설로, 귀족적 인물이나 영웅이 아닌 일반 서민을 주인공으로 취급하면서 아사달과 아사녀의 비극이 사회적 모순에서 비롯되고 있음을 보여 주는 작품이다.
③ 「운수 좋은 날」은 현진건이 지은 단편 소설로, 1924년 발표된 작품이다. 한 인력거꾼에게 비 오는 날 불어 닥친 행운이 결국 아내의 죽음이라는 불행으로 역전되고 만다는, 제목부터 반어적(反語的)인 소설이다.
④ 「술 권하는 사회」는 현진건이 지은 단편 소설로, 암담한 식민지 사회에서 지식인은 주정꾼 노릇밖에 할 일이 없으므로 결국 조선 사회가 술을 권한다는 풍자적인 내용을 담고 있다.
⑤ 「B사감과 러브레터」는 1925년 발표된 현진건의 소설로, 내면 심리의 변화와 외부적인 행동 방식을 완벽하게 대조시켜 구현함으로써, 인물의 성격 묘사에서 극적인 방법의 효과를 최대한 살리고 있는 작품이다.

▶ 출처　한국민족문화대백과

## 093　③

### 정답 해설
〈보기〉에서 설명하는 작가는 이육사이다. 상징주의적이고도 웅혼한 시풍으로 일제 강점기의 민족의 비극과 의지를 노래하였으며, 민족 운동과 관련된 혐의로 체포되어 베이징 감옥에서 옥사하였다.

### 오답 해설
① 김소월은 한국 근대문학을 대표하는 민족시인으로 토속적이며 전통적인 정한의 세계를 수준 높은 서정적 언어로 형상화했다는 점에서 높이 평가받고 있다.
② 윤동주의 시는 동심지향(童心志向)과 실향 의식(失鄕意識) 그리고 속죄양 의식으로 특징지어지는데, 그의 작품에는 어두운 현실 속에서 자아에 대한 '부끄러움'이 내재되어 있다.
④ 정지용은 시적 전통에 근거한 산수시의 세계를 독자적인 현대어로 개진함으로써 한국 현대시의 성숙에 기틀을 마련하였다.

⑤ 유치환의 시는 존재에 대해 자학하고 회한하면서 동시에 사랑하고 고뇌하는 등 존재론적으로 모순된 인식을 보여주고 있다.

▶ 출처  한국현대문학대사전

## 094 ②
**정답 해설**
〈보기〉는 〈매일신보〉 1923년 7월 20일자에 수록된 것으로서, 함흥 영생학교의 하기 순회연극을 소개하는 기사이다. 기사에서는 "동교(同校)의 화재와 공(共)히 도서 사백여 종은 그만 잔회(殘灰)로 화(化)하야 버렷슴으로"라고 도서가 타 버렸다고 서술하고 있기 때문에 도서는 다행히 남게 되었다는 ②는 적절하지 않다.

**오답 해설**
① "동회 경영의 제일착(第一着)으로 도서부를 설치하고"에서 운영의 우선순위로 도서부를 설치한 사실을 알 수 있다.
③ "수백 명의 청년 학생들은 수년 래(來)로 도서부의 부흥에 여간(如干)치 안이한 부심(腐心)을 하여 왓스나"에서 학생들이 도서부를 살리기 위해 근심, 걱정이 많았음을 알 수 있다.
④ "재학생으로 된 회원만의 성력(誠力)으로는 도저(到底)히 계획상 원만(圓滿)을 기(期)키 불능함으로"를 통해 재학생들만의 힘으로는 도서부 재건이 어려웠음을 알 수 있다.
⑤ "일반 사회단체와 유지제신(有志諸紳)의 정신상으로나 물질상으로나 지도와 찬조와를 엇고져"를 통해 다른 사람들의 도움을 받고자 한다는 것이 드러난다.

▶ 출처  『매일신보』 1923년 7월 20일자

## 095 ⑤
**정답 해설**
㉤ '달이'는 '달리, 다르게'의 의미로 '네가 세상과 꿈을 다르게 아니, … '로 풀이할 수 있다.

▶ 출처  〈구운몽〉, 김만중

## 096 ④
**정답 해설**
㉣의 '어엿비'는 '불쌍히'의 옛말로 '처지가 안되고 애처롭게'의 의미를 나타내는 말이다.

**오답 해설**
① ㉠의 '서르'는 '서로'의 옛말로 맞는 의미이다.
② ㉡의 '어리다'는 '어리석다'의 옛말로 맞는 의미이다.
③ ㉢의 '마츰내'는 '마침내'의 옛말로 맞는 의미이다.
⑤ ㉤의 '수비'는 '쉬이'의 옛말로 맞는 의미이다.

▶ 출처  강신항(2003), 『훈민정음 연구』(수정 증보), 성균관대학교 출판부.

## 097 ①
**정답 해설**
《조선말대사전》의 자모 배열 순서에 따르면 두 번째 음절 모음 'ㅜ' 뒤에 'ㅖ'가 온다.(가구 → 가게) 그리고 두 번째 음절 초성 'ㄱ' 뒤에 'ㅎ', 'ㄲ', 'ㅇ' 순으로 온다.(가게 → 가학 → 가끔 → 가운데) 첫 번째 음절 초성 'ㄱ' 뒤에 'ㅎ', 'ㅇ' 순으로 온다.(가운데 → 하늘 → 아이)

▶ 출처
• 『조선말대사전』(2006, 2017)
• 임보선(2023), 북한의 국어사전, 〈겨레말〉 봄호(통권 21호).

## 098 ①
**정답 해설**
〈보기〉에 제시된 자음과 모음에 따라 '눈'을 표기하면 'ㄴ'을 약자로 표기하므로 ⠒⠲이 된다. ①에 제시된 '눈'의 점자는 약자가 아닌 'ㅜ'와 초성 'ㄴ'이 쓰였으므로 틀린 표기이다.

## 099 ③
**정답 해설**
'급부(給付)'는 사전적으로는 '재물 따위를 대어 줌.'의 뜻으로 풀이되며, 법률적으로는 '채권의 목적이 되는, 채무자가 해야 할 행위'로 풀이된다. 따라서 선지 ③의 '신속하게 부인함'이라는 뜻풀이는 적절하지 않다.

**오답 해설**
① '준용(準用)'은 사전적으로는 '표준으로 삼아 적용하는 일'의 뜻으로 풀이되며, 법률적으로는 '어떤 사항에 관한 규정을 유사한 다른 사항에 적용하는 일'로 풀이된다.
② '송달(送達)'은 사전적으로는 '편지나 서류, 물품 따위를 보내 줌.'의 뜻으로 풀이되며, 법률적으로는 '소송에 관련된 서류를 일정한 방식에 따라 당사자나 소송 관계인에게 보내는 일'로 풀이된다.

④ '멸실(滅失)'은 사전적으로는 '멸망하여 사라짐.'의 뜻으로 풀이되며, 법률적으로는 '물건이나 가옥 따위가 재난에 의하여 그 가치를 잃어버릴 정도로 심하게 파손됨.'으로 풀이된다.
⑤ '추인(追認)'은 사전적으로는 '지나간 사실을 소급하여 추후에 인정함.'의 뜻으로 풀이되며, 법률적으로는 '일단 행하여진 불완전한 법률 행위를 뒤에 보충하여 완전하게 하는 일방적 의사 표시'로 풀이된다.

## 100 ②

**정답 해설**

[장면2]에서는 자막을 통해 시청자들의 의견을 제시했지만, 상반된 의견을 균형 있게 제시하는 것이 아니라 안전 불감증을 비판하기 위한 의도이므로 적절하지 않다.

**오답 해설**

① [장면1]에서 구체적 수치인 '사망률 4배 이상', '0.36%', '1.49%' 등을 활용하여 시청자들의 경각심을 불러일으키고 있다.
③ [장면3]에서 일부 단어 '모두', '위험'을 크고 굵게 강조하고 있으므로 적절하다.
④ [장면4]에서 중심 소재인 안전벨트를 클로즈업하여 시청자들의 관심을 집중시키고 있으므로 적절하다.
⑤ [장면5]에서 안전띠를 착용하는 모습을 통해 시청자들의 안전띠 착용을 유도하고 있으므로 적절하다.

▶ 출처 EBS 안전채널e(2022.10.28.), "왜 안전벨트일까?"(https://www.ebs.co.kr/tv/show?prodId=409012&lectId=60274065)

| 2023년 8월 20일 시행 |

# 제74회 KBS한국어능력시험

## 정답과 해설

# 제74회 정답과 해설

2023년 8월 20일 시행

## 듣기·말하기 001번~015번

기출문제집 p.105

| 001 | ③ | 002 | ④ | 003 | ⑤ | 004 | ② | 005 | ① |
| --- | --- | --- | --- | --- | --- | --- | --- | --- | --- |
| 006 | ⑤ | 007 | ③ | 008 | ② | 009 | ② | 010 | ③ |
| 011 | ② | 012 | ③ | 013 | ③ | 014 | ③ | 015 | ④ |

## 001 ③

**듣기 대본**

1번. 먼저 그림에 대한 설명을 들려 드립니다.
조선 후기 화가 가운데 강아지 그림을 즐겨 그렸던 화가로 왕실 출신의 '이암'을 꼽을 수 있습니다. 그의 대표작 〈화조구자도〉는 서정적이면서도 동물에 대한 따뜻한 사랑이 배어 나오는 매력적인 그림입니다. 〈화조구자도〉를 보면 화면의 상반부에는 나비와 벌이 있고, 하반부에는 강아지 세 마리가 다양한 몸짓으로 놀고 있는 모습이 그려져 있습니다. 이 그림에서 특히 인상 깊은 것은 강아지들의 모습입니다. 누렁이 강아지는 고개를 돌려 무엇인가를 바라보고 있습니다. 그 앞에 있는 흰둥이 강아지는 방금 풀벌레를 잡은 듯 장난을 치고 있습니다. 아직도 시골 마을 어디서나 볼 수 있는 강아지들의 일상적인 모습을 주의 깊게 관찰하고 깊은 사랑이 깃든 시각으로 생동감 있게 그려낸 작품입니다. '잡화'라고 하여 좀 낮추어 보았던 종류의 그림을 이토록 훌륭하게 그린 것을 보면, 이암은 평소 강아지를 무척 좋아했던 화가라고 생각됩니다. 〈화조구자도〉는 동물에 대한 사랑이 두드러지게 드러난 작품입니다.

**정답 해설**

"그 앞에 있는 흰둥이 강아지는 방금 풀벌레를 잡은 듯 장난을 치고 있습니다."라는 부분을 고려해 볼 때, 흰 강아지는 혼자서 놀이를 즐기는 중이라고 볼 수 있다.

**오답 해설**

① "조선 후기 화가 가운데 강아지 그림을 즐겨 그렸던 화가로 왕실 출신의 '이암'을 꼽을 수 있습니다."라는 내용으로 볼 때 서민 출신의 동물 화가라는 진술은 적절하지 않다.
② "〈화조구자도〉를 보면 화면의 상반부에는 나비와 벌이 있고, 하반부에는 강아지 세 마리가 다양한 몸짓으로 놀고 있는 모습이 그려져 있습니다."라는 내용으로 볼 때, 적절하지 않다.
④ "아직도 시골 마을 어디서나 볼 수 있는 강아지들의 일상적인 모습을 주의 깊게 관찰하고 깊은 사랑이 깃든 시각으로 생동감 있게 그려낸 작품입니다."라는 내용으로 볼 때, 적절하지 않다.
⑤ "'잡화'라고 하여 좀 낮추어 보았던 종류의 그림을 이토록 훌륭하게 그린 것을 보면"이라는 내용으로 볼 때, 적절하지 않다.

▶ 출처 임두빈(2020), 『한 권으로 보는 한국미술사 101 장면』, 미진사.

## 002 ④

**듣기 대본**

2번. 이번에는 이야기를 들려 드립니다.
옛날 어느 마을에 사또가 새로 오게 되었습니다. 사또는 나쁜 이방들이 나랏돈을 함부로 쓰고 있다는 소문을 듣고 바보 행세를 하기로 마음을 먹었습니다.
"이방! 이 마을에는 왜 달이 반쪽밖에 없느냐?"
"예전에 있던 사또가 달 반쪽을 다른 마을로 500냥 받고 팔아 버렸지요."
"그래? 큰일이구나! 내 달값 500냥을 줄 테니 얼른 가서 달 반쪽을 도로 사 오너라."
이방은 바보 사또를 만났다며 500냥을 받아가지고 실컷 먹고 놀다가 보름달이 뜨는 날 돌아왔습니다.
"사또, 사또! 둥그런 보름달을 하늘에 두둥실 띄워 놓았습니다."
"어디 보자, 이제야 대낮 같고, 거참, 잘했다."
사또는 이방을 칭찬해 주며 다시 반달이 떠오르기를 기다렸습니다.
드디어 반달이 떠올랐습니다. 사또가 이방을 불러 호통을 쳤습니다.
"이방! 돈 주고 사온 달 반쪽이 어디 갔느냐. 없어진 달을 당장 찾아오너라!"
이방은 어쩔 줄 몰라하며 말했습니다.
"아이고, 사또. 달은 원래 반달이 되기도 하고 보름달이 되기도 합니다."
"네 이놈! 감히 거짓말로 나랏돈을 마구 쓰다니! 저놈을 당장 감옥에 가두어라."

**정답 해설**

사또는 나쁜 이방들이 나랏돈을 함부로 쓰고 있다는 소문을 듣고 이 문제를 해결하기 위해 일부러 바보 행세를 하였으므로 적절한 내용이다.

**오답 해설**

① 이방은 마을에 새로 온 사또가 바보라서 오히려 즐거워하고 있다.

② 이방은 잘못한 것이 있기 때문에 사또의 행동에 당황하고 있다.
③ 사또가 이방에게 속은 것이 아니라 이방을 속인 것이다.
⑤ 사또는 이방을 속이기 위해 일부러 칭찬을 하였다.

▶ 출처  전래동화 바보사또

## 003 ⑤
**듣기 대본**

3번. 이번에는 강연을 들려 드립니다.
효모는 과학 실험용으로 대단히 자주 이용되는 생물입니다. 사람이나 동물과 세포의 구조가 비슷하다는 장점만 따진다면 짚신벌레나 유글레나도 이용하기 좋은 생물이겠지만, 효모는 음식을 만들면서 자주 활용해 왔기 때문에 기르는 방법을 잘 알고 있다는 장점도 갖추고 있습니다. 현재 효모는 유전자 조작을 비롯한 온갖 실험 대상이 되어 여러 분야에서 활용되고 있습니다. 물고기나 토끼가 더욱 사람에게 가까운 동물이지만, 이런 동물을 기르고 실험하고 관리하는 것은 품이 많이 듭니다. 그에 비해 효모는 눈에 보이지도 않는 크기의 미생물이기 때문에 공간을 거의 차지하지 않습니다. 효모를 활용하는 연구에는 실험체를 희생시킬 때 느껴야 하는 죄책감이 없습니다. 물론 효모보다도 몸의 구조가 더욱 단순하고 작으며 잘 자라는 대장균이나 고초균 같은 세균도 좋은 실험 대상이기는 합니다. 그렇지만 세균은 세포 구조가 사람이나 동식물과 심하게 다르다는 것이 단점입니다. 예를 들어, 염색체를 파괴하는 독약을 만들어서 효과를 실험하려고 한다면 세균으로 하는 실험은 별 소용이 없습니다. 세균의 세포 속에는 염색체라고 할 만한 부위가 아예 없기 때문입니다. 이렇게 생각해 보면 효모만큼 실험용으로 적절한 생물도 없습니다.

**정답 해설**
"물론 효모보다도 몸의 구조가 더욱 단순하고 작으며 잘 자라는 대장균이나 고초균 같은 세균도 좋은 실험 대상이기는 합니다."라고 말했으므로, 세균이 효모보다 작으며 몸의 구조가 단순하다는 것을 알 수 있다.

**오답 해설**
① "사람이나 동물과 세포의 구조가 비슷하다는 장점만 따진다면 짚신벌레나 유글레나도 연구하기 좋은 생물이겠지만, 효모는 음식을 만들면서 자주 활용해 왔기 때문에 기르는 방법을 잘 알고 있다는 장점도 갖추고 있습니다."라고 했으므로 효모와 짚신벌레, 유글레나 모두 사람이나 동물과 세포의 구조가 비슷하다는 점을 유추할 수 있다.
② "효모는 음식을 만들면서 자주 활용해 왔기 때문에"라고 했으므로 음식을 만들 때 효모를 자주 사용했음을 알 수 있다.

③ "효모를 활용하는 연구에는 실험체를 희생시킬 때 느껴야 하는 죄책감이 없습니다."라고 했으므로 일치하는 내용이다.
④ 강연 전체에 제시된 효모의 장점과 마지막 부분의 "이렇게 생각해 보면 효모만큼 실험용으로 적절한 생물도 없습니다."라는 내용으로 볼 때, '효모가 과학 실험용으로 최적의 대상'이라는 진술은 적절하다.

▶ 출처  곽재식(2022), 『곽재식의 먹는 화학 이야기』, 북바이북.

## 004 ②
**듣기 대본**

4번. 이번에는 라디오 방송의 일부를 들려 드립니다.
오늘은 바로크 시대에서 고전으로 넘어가는 시기에 이탈리아 나폴리에서 활동했던 페르골레지와 그가 남긴 40분 분량의 막간극 〈마님이 된 하녀〉를 소개합니다. 페르골레지가 활동하던 당시에는 '오페라 세리아'라고 하는 귀족 취향의 오페라가 대세였습니다. 그런데 '오페라 세리아'는 일반 서민들과는 전혀 관계없는 영웅의 일대기나 오래된 신화를 소재로 한 천편일률적인 내용이었습니다. 게다가 주인공 대부분이 기교를 주로 부리는 가수인 카스트라토였기 때문에 드라마틱한 스토리보다는 기교가 중심이었습니다. 그래서 길고 지루한 '오페라 세리아'의 극과 극 사이에 재미있고 우스꽝스러우면서 심지어 풍자적 요소도 가미된 짧은 '막간극'을 삽입하기에 이르렀던 것입니다.

최보윤- 페르골레지, 〈마님이 된 하녀〉 중 '화 잘 내는 당신'
https://youtu.be/AWjaq-aJZ5Q

1773년 페르골레지가 '오페라 세리아' 〈자존심 강한 죄수〉를 올렸는데, 이때 막간극으로 〈마님이 된 하녀〉를 처음으로 넣었습니다. 그런데 주객이 전도되고 맙니다. 본편은 별다른 반향을 불러일으키지 못한 반면, 〈마님이 된 하녀〉는 선풍적인 인기를 끌게 되었습니다. 제목에서도 알 수 있듯이 하녀가 마님이 된다는 신분 상승의 유쾌한 내용이고 막간극이라 배역도 단순합니다. 게다가 페르골레지의 유머와 위트가 재미를 더해 주기까지 했습니다. 하녀가 귀족의 부인이 된다는 스토리는 당시 권력층에게는 못마땅한 내용이었지만 평민들에게는 대리 만족을 안겨 주었습니다. 이 막간극의 소재는 사실 페르골레지 자신이 이루지 못한 사랑을 희화화한 것이라고 합니다. 작품 속에서 하녀로 나오는 세르피나의 대사는 애교가 넘치며 다소 경박해 보일 수 있지만 페르골레지의 선율만큼은 무척 세련되고 품위 있습니다. 한마디로 극과 음악의 조화를 훌륭하게 이뤄낸 페르골레지의 뛰어난 능력이 돋보이는 작품입니다.

### 정답 해설

방송에서 "이 막간극의 소재는 사실 페르골레지 자신이 이루지 못한 사랑을 희화화한 것이라고 합니다."라고 언급했으므로 적절한 내용이다.

### 오답 해설

① "재미있고 우스꽝스러우면서 심지어 풍자적 요소도 가미된 짧은 '막간극'을 삽입하기에 이르렀던 것입니다."라고 했으므로 적절하지 않다. 기교 중심의 길고 장중한 것은 '오페라 세리아'이다.
③ "본편은 별다른 반향을 불러일으키지 못한 반면, 〈마님이 된 하녀〉는 선풍적인 인기를 끌게 되었습니다."라고 했으므로 적절하지 않다.
④ "하녀가 귀족의 부인이 된다는 스토리는 당시 권력층에게는 못마땅한 내용이었지만 평민들에게는 대리 만족을 안겨 주었습니다."라고 했으므로 권력층이 아닌 평민들에게 대리 만족을 안겨 준 작품이다.
⑤ "작품 속에서 하녀로 나오는 세르피나의 대사는 애교가 넘치며 다소 경박해 보일 수 있지만 페르골레지의 선율만큼은 무척 세련되고 품위 있습니다."라고 했으므로 적절하지 않다.

▶ 출처  채승기(2019), 『채승기의 톡 클래식』, 제이 앤 제이제이.

## 005 ①
### 듣기 대본

5번. 이번에는 시 한 편을 들려 드립니다.
깊고 오래된 우물일수록
컴컴하고 어둡다.
그 우물 속에서,
어둠만 길어질 것 같던 거기서
맑고 깨끗한 물이 가득 올려질 줄이야.

이토록 맑은 물을 간직할 수 있었던 것은
끊임없이 뒤채이고 있었다는 것이다.
남들이 보지 않아도 속으로
열심히 물을 갈아엎고 있었다는 것이다.

가만히 고여 있는 것 같아도 사실
우물은 한시도 가만히 있지 않는다.
어쩌다 한 번뿐일지라도 우물은
늘 두레박을 맞이할 준비가
되어 있는 것이다.

### 정답 해설

이 시는 '한시도 가만히 있지 않고 두레박을 맞이할 준비에 몰두'하는 우물의 상황을 그리면서 우물을 통해 참다운 삶의 지혜를 깨닫고 있음을 나타내고 있다. 그런 점에서 볼 때, 정체되어 있는 삶을 비판적으로 바라보는 ①이 가장 적절하다.

▶ 출처  이정하, 「우물」, 『너무 멀리까지는 가지 말아라, 사랑아(나태주/용혜원/이정하)』, 미래타임즈, 2017.

## 006 ⑤
### 듣기 대본

이번에는 진행자와 전문가의 대담을 들려 드립니다. 6번은 듣기 문항, 7번은 말하기 문항입니다.

진행자: 오늘은 미국 우주 항공국에서 일하고 계신 전문가를 모시고 제임스 웹 우주 망원경에 대해 알아보도록 하겠습니다. 안녕하세요, 선생님.
전문가: 안녕하세요.
진행자: 최근 미국 우주 항공국에서 제임스 웹 우주 망원경이 찍은 우주 사진을 공개해서 큰 관심을 받았는데요. 제임스 웹 망원경은 어떤 특징을 가지고 있나요?
전문가: 제임스 웹은 미국 우주 항공국, 유럽 우주 정부, 캐나다 우주국 등의 협력을 통해 개발된 우주 망원경입니다. 우주의 탄생과 진화, 은하 형성, 행성 대기, 외계 행성 등 다양한 천문학적 현상과 천체를 연구하기 위해 설계되었고 지금까지 개발된 어떤 망원경보다 먼 거리의 천체들을 관측할 수 있지요.
진행자: 그럼 기존에 미국 우주 항공국에서 사용하던 허블 망원경과 어떤 차이가 있나요?
전문가: 제임스 웹 망원경과 허블 망원경은 몇 가지 차이가 있는데요, 외적으로 두드러진 것은 우선 크기입니다. 허블 망원경은 거울의 지름이 2.4m입니다. 제임스 웹 망원경은 거울의 지름이 6.5m로 허블 망원경의 거울 면적의 7배 이상입니다. 이 큰 거울은 적외선에 보다 최적화되어 있고 극저온에서 관측할 수 있는 조건을 갖추었기 때문에 우주 초기의 빛을 관측하는 성능은 허블의 100배가량 좋습니다.
진행자: 그렇다면 제임스 웹 망원경이 허블 망원경보다 우주를 더 잘 관측할 수 있는 망원경인 것 같은데요, 어떻습니까?
전문가: 제임스 웹 망원경은 적외선을 주로 관측하는 데 초점을 맞추었습니다. 이는 보다 먼 거리의 천체들이 방출하는 적외선을 탐지하여 보다 깊은 우주를 관측할 수 있도록 해 줍니다. 이와 달리 허블 망원경은 다양한 연구 주제를 소화하기 위해 가시광선과 자외선의 영역을 관측하는데요, 지상에서는 얻을 수 없는 또렷한 영상을 관측하는 데 목적이 있지요. 즉 허블 망원경

과 제임스 웹 망원경은 각각 다른 목적으로 설계된 망원경입니다. 따라서 이들은 현재 서로 보완적인 역할을 수행하며 우주의 다른 측면을 탐구하고 있습니다.
진행자: 그렇군요. 앞으로 두 망원경이 우주 탐사의 중요한 도구로서 우주를 이해하는 데 큰 도움이 되기를 기대하겠습니다.

정답 해설
제임스 웹 망원경은 적외선을 관측하는 데 초점을 맞추었으며, 허블 망원경은 자외선과 가시광선을 탐지하므로 허블 망원경이 더 다양한 종류의 광선을 관측한다.

오답 해설
① 제임스 웹 망원경은 미국 우주 항공국, 유럽 우주 정부, 캐나다 우주국 등의 협력을 통해 개발된 우주 망원경이다.
② 제임스 웹 망원경은 적외선을 관측하여 먼 거리의 천체들을 탐색하는 목적으로 설계되었다.
③ 제임스 웹 망원경의 거울은 허블 망원경의 거울의 면적보다 7배가량 크고 성능은 100배가량 좋다고 하였다.
④ 허블 망원경과 제임스 웹 망원경은 각각 다른 목적으로 설계된 망원경이며, 이 두 망원경은 서로 보완적 역할을 하고 있다.

▶ 출처  월간 과학과 기술, 2022년 6월호 특집 "우주망원경, 우주의 역사를 다시 쓰다 – 허블과 제임스 웹 우주망원경"(https://blog.naver.com/kofst_news/222799340915)

## 007  ③

정답 해설
"그렇다면 제임스 웹 망원경이 허블 망원경보다 우주를 더 잘 관측할 수 있는 망원경인 것 같은데요, 어떻습니까?" 부분에서 자신이 이해한 내용이 맞는지 확인하고 있다.

오답 해설
① 전문가의 발언에 논리적 문제를 지적한 부분은 없다.
② 전문가의 직업만 소개하였다.
④ 인터뷰 중 청취자가 질문한 내용은 없다.
⑤ 인터뷰를 듣고 기대되는 바를 말하며 마무리하고 있다.

## 008  ②

듣기 대본
다음은 대화의 일부분을 들려 드립니다. 8번은 듣기 문항, 9번은 말하기 문항입니다.
남자: 다은아. 오랜만이구나. 반갑다. 잘 지내지?
여자: 선생님. 정년 퇴임 때 찾아뵈었어야 했는데 못 가서 죄송해요.
남자: 괜찮아. 나 요란스럽게 이별하는 거 딱 질색인 거 알잖니?
여자: 알죠. 그래서 고등학교 졸업식 때 저희가 운다고 교실에서 그냥 나가 버리셨잖아요.
남자: 하하. 그랬지. 이제 와 말하는 건데, 너희가 우니까 나도 눈물이 나더라고. 그래서 창피해서 피했지. 그런데 고민이 있다면서?
여자: 제가 요즘 너무 무기력해서요.
남자: 무기력하다고?
여자: 네. 누가 최근에 저한테 그랬어요. '다은 씨는 시키는 건 잘해.' 처음에는 칭찬인 줄 알았는데, 그게 아니라 너무 수동적이라는 뜻이었어요. 생각해 보니까 고등학교 졸업하고서는 남들의 기준에만 맞춰서 살아왔지, 제가 하고 싶은 걸 한 적이 없더라고요.
남자: 그래? 내가 아는 너는 누구보다 꿈 많은 아이였는데. 너만의 감성을 독자들과 나누는 작가가 되고 싶어 했잖아.
여자: 에이, 선생님도. 그거야 학생 때 이야기죠. 지금은 작가가 되기엔 너무 멀리 왔어요.
남자: 몸은 늙어도 꿈은 늙지 않는다는 말이 있잖니? 후회하기 전에 꿈에 도전해 봐.
여자: 그럴 수 있으면 좋겠네요. 선생님도 꿈이 있으셨어요?
남자: 내 꿈은 좋은 교육자가 되는 거였단다.
여자: 우와, 그러면 선생님께서는 꿈을 이루셨네요. 제가 작가가 되고 싶었던 것도 선생님께서 저를 격려해 주신 덕분인걸요.
남자: 하하, 고맙다. 그런데 지금은 삶의 의미를 잃어버린 것 같구나. 퇴직한 뒤로 이제는 누군가를 가르치고 있지 않으니까….
여자: 많이 허전하시겠어요. 그래도 삶의 의미를 다시 찾으실 수 있을 거예요.
남자: 그래. 그래서 요즘은 지역 센터의 평생 교육 강의에 강사로 다녀 볼까 생각 중이야. 그림도 가르치고 수강생들과 함께 전시회도 열면 좋을 것 같아서.

정답 해설
여자는 "그거야 학생 때 이야기죠. 지금은 작가가 되기엔 너무 멀리 왔어요."라고 말하고 있으므로, 학창 시절의 꿈을 이뤘다는 내용은 적절하지 않다.

오답 해설
① 여자는 좋은 교육자가 되는 게 꿈이었다는 남자의 말에 "선생님께서는 꿈을 이루셨네요. 제가 작가가 되고 싶었던 것도 선생님께서 저를 격려해 주신 덕분인걸요."라고 말하고 있으므로 적절한 내용이다.
③ 여자는 "생각해 보니까 고등학교 졸업하고서는 남들의 기준에만 맞춰서 살아왔지, 제가 하고 싶은 걸 한 적이 없더라고요."라면서 남들의 기준에만 맞춰서 사는 삶에 대해 부정적으로 인식하고 있으므로 적절한 내용이다.

④ 남자는 "몸은 늙어도 꿈은 늙지 않는다는 말이 있잖니? 후회하기 전에 꿈에 도전해 봐."라고 말하고 있으므로 여자가 꿈을 이루기에 늦었다고 생각하지 않는다.
⑤ 남자는 평생 교육 강의에 강사로 출강하려고 한다고 말했으므로 적절한 내용이다.

▶ 출처  KBS(2023.03.13.~14.), "KBS 라디오 극장", 원작 손현주·극본 이난영·연출 황형선, 『도로나 이별 사무실』 9회 및 10회 각색.

## 009  ②
**정답 해설**
남자가 자신의 경험을 얘기하며 여자의 말에 공감하는 부분은 없다.

**오답 해설**
① 남자는 "몸은 늙어도 꿈은 늙지 않는다"와 같이 잘 알려진 문구를 인용하면서 여자를 격려하고 있다.
③ 남자는 "무기력하다고?"와 같이 상대의 말을 반복하면서 이야기를 이어가도록 유도하고 있다.
④ 여자는 "'다은 씨는 시키는 건 잘해.' 처음에는 칭찬인 줄 알았는데, 그게 아니라 너무 수동적이라는 뜻이었어요."와 같이 인용한 말의 뜻을 부연 설명하면서 남자의 이해를 돕고 있다.
⑤ 여자는 "많이 허전하시겠어요."와 같이 상대의 감정을 추측하면서 상대를 위로하고 있다.

## 010  ③
**듣기 대본**
이번에는 강연을 들려 드립니다. 10번은 듣기 문항, 11번은 말하기 문항입니다.
차세대 암호 기술인 동형암호에 대한 연구가 세계적으로 활발하게 진행되고 있습니다. 동형암호는 암호화된 데이터를 복호화 없이도 연산할 수 있는 암호 기술을 말합니다. 정보를 암호화한 상태의 연산 결과가 암호화하지 않은 상태의 연산 결과와 동일하기 때문에 '동형'이라는 이름이 붙었습니다.
동형암호를 개발한 과학자는 이 기술을 유독성 화학 물질을 취급하는 상자에 비유했습니다. 과학자가 상자 안에서 장갑을 낀 채로 화학 물질을 다루면 유독성 물질이 외부에 노출되지 않으면서도 물질을 다룰 수 있습니다. 이와 마찬가지로 동형암호 기술은 데이터가 노출되지 않은 상태로 연산과 조작이 가능해 차세대 암호 기술로 각광받게 되었습니다.
동형암호는 부분동형암호, 제한동형암호, 완전동형암호의 세 가지 유형으로 크게 구분할 수 있습니다. 먼저, 부분동형암호는 덧셈과 곱셈 중 한 가지 유형의 연산만 허용하는 기술입니다. 반면 제한동형암호는 덧셈과 곱셈을 모두 수행할 수 있지만, 연산의 횟수에 제한이 있습니다. 마지막으로 완전동형암호는 연산의 유형과 횟수에 제한 없이 계산을 수행할 수 있습니다.
동형암호는 기존의 암호화 기술에 비해 보안을 높여 데이터 유출을 막을 수 있다는 장점이 있습니다. 그렇다면 단점은 무엇일까요? 바로 암호화된 상태에서 연산을 수행하므로 데이터 처리 속도가 느리다는 것입니다.
동형암호 기술은 앞으로 의료, 금융, 블록체인 등 민감한 정보의 보안이 중요한 분야에서 유용하게 활용될 것으로 전망됩니다.

**정답 해설**
제한동형암호는 "덧셈과 곱셈을 모두 수행할 수 있지만, 연산의 횟수에 제한이 있습니다."라고 언급하고 있으므로 적절하지 않다. '덧셈과 곱셈 중 한 가지 유형의 연산만 허용하는 기술'은 '부분동형암호'이다.

**오답 해설**
① '동형'이라는 이름이 붙은 이유에 대해 "정보를 암호화한 상태의 연산 결과가 암호화하지 않은 상태의 연산 결과와 동일하기 때문"이라고 설명하고 있으므로 적절하다.
② "동형암호는 암호화된 데이터를 복호화 없이도 연산할 수 있는 암호 기술"이라고 설명하고 있으므로 적절하다.
④ 동형암호의 단점으로 데이터 처리 속도가 느리다는 점을 언급하고 있으므로 적절하다.
⑤ 동형암호 기술이 의료, 금융, 블록체인 등의 분야에서 유용하게 활용될 것으로 전망된다고 언급하고 있으므로 적절하다.

▶ 출처
• 권정수, "동형암호, 상용화 앞두고 성능 향상에 박차, 표준화도 추진", IT 데일리, 2021.09.13.(http://www.itdaily.kr/news/articleView.html?idxno=204289)
• 권정수, "동형암호, 글로벌 및 국내에서 상용화 위한 연구 박차", IT 데일리, 2021.09.14.(http://www.itdaily.kr/news/articleView.html?idxno=204291)
• 송용수, "통계집중탐구: 동형 암호화의 개념 및 현황", 통계의 창, 통계청, 2021 여름호.(http://sti.kostat.go.kr/window/2021a/main/2021_sum_07.html)

## 011  ②
**정답 해설**
동형암호 기술의 세 가지 유형을 연산 유형과 연산 횟수라는 기준에 따라 대조하며 설명하고 있으므로 적절하다.

#### 오답 해설

① 동형암호 기술의 활용 분야를 나열하고 있으나, 동형암호 기술이 실제로 활용된 사례는 나타나 있지 않다.
③ 동형암호 기술의 등장 배경을 시간 순서에 따라 설명하는 부분은 없다.
④ "동형암호를 개발한 과학자는 이 기술을 유독성 화학 물질을 취급하는 상자에 비유했습니다."라고 전문가의 발언을 언급했으나 이를 통해 동형암호 기술의 연산 과정을 설명하고 있는 것은 아니다.
⑤ 동형암호 기술의 적용 전후에 청중의 삶이 변화하는 모습을 비교하는 부분은 없다.

## 012  ③

#### 듣기 대본

이번에는 발표를 들려 드립니다. 12번은 듣기 문항, 13번은 말하기 문항입니다.

안녕하세요? 오늘은 최근 지질학계에서 이슈가 되고 있는 인류세에 대해 발표하고자 합니다. 인류세란 '인류'와 '시대'의 합성어로, '인류에 의한 새 지질시대'를 뜻하는 단어입니다. 지난 몇백 년 사이 인간의 활동으로 지구 환경이 급격한 변화를 겪어, 인간에 의한 새로운 지질시대가 도래했다는 것이죠.

지질학적 시대 구분은 크게 '대', '기', '세'의 순서로 이루어집니다. 지금 우리가 살고 있는 지질시대는 '신생대 4기 홀로세'입니다. 홀로세는 빙하기 이후부터 지금까지의 약 1만 년 동안의 시간을 말합니다. 2000년 2월 네덜란드 화학자 파울 크뤼천이 "우리는 이제 홀로세가 아닌 인류세에 살고 있다."라고 말했고, 그 이후 인류세라는 용어가 국제적으로 널리 쓰이기 시작했습니다.

인류세가 시작된 시점에 대해서는 신석기 혁명, 산업혁명 등 여러 의견이 분분했지만, 과학자들은 1950년대를 인류세의 시작점으로 보기로 합의했습니다. 인구수가 폭발적으로 늘어나 환경오염과 온실가스 배출이 급증했고, 핵 실험으로 이전에는 지구에 존재하지 않았던 방사성 물질이 흔적을 남기기 시작했기 때문입니다. 또한 이 시기는 플라스틱, 알루미늄 등의 사용이 전 지구적으로 확산된 시기이기도 합니다.

인류세가 공식적인 지질시대로 인정받기 위해서는 인류세를 대표하는 물질, 표준 지층 등 논의해야 할 내용이 아직 남아 있습니다. 그러나 인류세는 인류의 행동이 불러온 지구 환경 문제의 심각성을 경고하는 용어라는 점에서 의미가 있으며, 지구의 변화에 우리 인간의 책임이 있다는 메시지를 전달해 줍니다.

#### 정답 해설

인류세가 공식적인 지질시대로 인정받기 위해서는 논의해야 할 내용이 남아 있다고 하였으므로, 과학자들의 합의를 통해 공식적인 지질시대로 인정받았다는 내용은 옳지 않다.

#### 오답 해설

① 파울 크뤼천의 발언 이후로 인류세라는 용어가 국제적으로 널리 쓰였다고 언급하고 있다.
② 인류세라는 용어가 지구의 변화에 인간의 책임이 있다는 메시지를 전달해 준다고 언급하고 있다.
④ 인류세의 시작점인 1950년대에 핵 실험을 통해 지구에 존재하지 않았던 방사성 물질이 흔적을 남기기 시작했다는 내용을 언급하고 있다.
⑤ 현재의 지질시대는 빙하기 이후 약 1만 년 동안의 '홀로세'임을 언급하고 있다.

▶ 출처

- 양훼영, "인간의 활동은 지구 지층까지 바꿨다…인류세 도입 과정은?", YTN사이언스, 2023.01.16.(https://science.ytn.co.kr/program/view.php?mcd=0082&hcd=0032&key=2023011617035840 46)
- 최평순(2020), 『인류세: 인간의 시대』, 해나무.
- YTN(2023.01.15.), "지질층 바꾼 인간!… 지구역사 '인류세 규정 논의'" (https://youtu.be/GPvyK8dBYqg)

## 013  ③

#### 정답 해설

"인류세란 '인류'와 '시대'의 합성어로, '인류에 의한 새 지질시대'를 뜻하는 단어입니다."처럼 발표의 중심 개념인 '인류세'를 쉽게 풀어 설명하고 있으므로 적절하다.

#### 오답 해설

① 중심 이론의 역사적 변천 과정은 나타나 있지 않으므로 적절하지 않다.
② 발표에 통계 수치가 활용된 부분은 나타나 있지 않으므로 적절하지 않다.
④ 화학자 파울 크뤼천의 발언을 인용하고 있으므로 전문가의 발언을 인용하고 있는 것은 맞으나, 예상되는 반론을 반박하고 있는 것은 아니다.
⑤ 인류세를 얘기한 파울 크뤼천의 생애를 중심으로 설명하고 있지 않으므로 적절하지 않다.

## 014

③

**듣기 대본**

끝으로 협상의 한 장면을 들려 드립니다. 14번은 듣기 문항, 15번은 말하기 문항입니다.

주민 대표: 하수 처리장을 가동하게 되면 악취 등으로 인해 우리 지역 주민의 건강과 심리적인 측면에 피해가 불가피합니다. 하수 처리장 부지를 이웃 지역으로 이전하여 유치해 주시기를 주민 대표로서 요청합니다.

조정 담당자: 그 요청은 받아들일 수 없습니다. 현재 예정된 시설 입지에 하수 처리장을 건설하는 것에 동의해 주시기를 바랍니다.

주민 대표: 조정 담당자님, 우리 지역 주민의 피해에 대한 고려가 충분한가요?

조정 담당자: 현재 건립 예정인 하수 처리장 시설 입지는 주민들이 거주하는 곳과 어느 정도 떨어져 있고 그 사이로 통과하게 될 내륙 고속도로도 현재 건설 중입니다. 하수 처리장의 대부분이 지하로 배치되고, 악취 방지 시설도 설치할 예정이기 때문에 악취 발생을 최소화할 수 있습니다.

주민 대표: 이웃 지역의 경우에도 현재 요구하는 시설 입지에서 직선거리로 약 750m 정도에 위치해 있습니다. 이웃 지역으로의 이전이 불가능한 이유는 없습니다.

조정 담당자: 말씀하시는 해당 지역은 부지가 매우 협소하고 협곡으로 이루어져 있습니다. 하수의 자연 유하가 불가능하기 때문에 펌프장을 설치해야 하고 이에 따른 유지 관리비가 과다 소요되기 때문에 원래의 장소가 시설 입지로 타당하다는 것이 전문가들의 의견입니다. 또한 이미 현재 처리장 시설 입지의 부지를 대부분 매입한 상태이고 처리장 건설 제반 업무 절차가 대부분 진행되고 있거나 완료되었습니다. 입지 변경은 현실적으로 불가능합니다.

주민 대표: 하수 처리장을 건립할 수밖에 없다면 그 주변을 공원화하여 우리 지역 발전에 도움을 줄 것을 제안합니다. 처리장을 공원화한다면 관광객 유치에 도움이 될 수도 있다는 것이 우리들의 생각입니다.

조정 담당자: 충분히 수용 가능한 제안입니다. 본 처리장은 환경부 시범 사업으로 시행되는 것이기 때문에 부지의 일부를 주차장으로 개방하고, 지역 관광과 연계한 새로운 유적 관광지를 조성하는 방향으로 공원화를 추진할 수 있습니다. 시설 유치에 대해 동의해주시는 조건으로 공원화를 적극 추진하겠습니다.

주민 대표: 동의하겠습니다. 다만 하수 처리장 건설 과정에서 발생하는 악취나 소음 등으로 인한 피해는 지역 주민들에게 피해를 줄 수밖에 없다는 점을 주지하셔서 피해 발생을 최소화해 주시기를 다시 한번 당부합니다.

**정답 해설**

조정 담당자는 주민 대표의 질문에 대해 구체적인 수치를 비교하며 설명한 부분이 없으므로 적절하지 않다.

**오답 해설**

① 주민 대표는 악취 등으로 인한 지역 주민의 피해 최소화를 당부하고 지역 주민의 이익 증진을 위한 공원화를 제안하였으므로 적절하다.
② 주민 대표는 하수 처리장 건립으로 인해 우려되는 악취 등에 대해 언급하면서 피해 최소화와 공원화라는 자신의 의견을 주장하고 있으므로 적절하다.
④ 조정 담당자는 이웃 지역으로의 이전이 불가능한 근거를 전문가 의견으로 설명하며 주민 대표의 주장에 반박하고 있으므로 적절하다.
⑤ 조정 담당자는 첫 발언에서 현재 예정된 시설 입지에 하수 처리장을 건설하는 것을 요청하였고, 이것에 동의하는 조건으로 주민 대표의 제안을 수용하고 있으므로 적절하다.

▶ **출처** 성희영(2003), 제3자 조정의 효과성에 관한 연구, 한양대학교대학원, 석사학위논문, pp55~63.

## 015

④

**정답 해설**

조정 담당자는 주민 대표의 질의에 전문가의 의견 등을 통해 논리와 이성으로 설명하고 있으며, 주민 대표의 요구에 응하는 대신 동의를 조건으로 내세우는 등 의견을 절충하려는 타협적인 방식을 취하고 있으므로 적절하다.

**오답 해설**

① 주민 대표는 주민들이 받을 재산 및 정신적 피해에 대해 협상의 시작과 끝에 반복하여 언급하였고, 얻을 수 있는 이익을 위해 공원화할 것을 제안하였으므로 적절하지 않다.
② 주민 대표는 갈등 상황에서 조정 담당자에게 감정적 호소를 하는 것이 아니라 주민의 이익이라는 목표를 위해 협상에 임하고 있으므로 적절하지 않다.
③ 조정 담당자는 상대의 단점, 약점을 찾아 지적하는 공격적인 자세를 보이지 않았으므로 적절하지 않다.
⑤ 조정 담당자는 주민 대표와의 관계를 우선시하는 태도를 보이지 않았으므로 적절하지 않다.

## 어휘·어법   016번~045번

기출문제집 p.109

| 016 | ④ | 017 | ③ | 018 | ③ | 019 | ② | 020 | ⑤ |
| 021 | ① | 022 | ② | 023 | ② | 024 | ⑤ | 025 | ① |
| 026 | ⑤ | 027 | ② | 028 | ② | 029 | ④ | 030 | ③ |
| 031 | ② | 032 | ⑤ | 033 | ① | 034 | ① | 035 | ④ |
| 036 | ③ | 037 | ② | 038 | ④ | 039 | ④ | 040 | ⑤ |
| 041 | ⑤ | 042 | ④ | 043 | ⑤ | 044 | ③ | 045 | ⑤ |

### 016  ④
**정답 해설**
'발만스럽다'는 "두려워하거나 삼가는 태도가 없이 꽤 버릇없다."라는 뜻이므로 ㉠에 들어가기에 적절하다.

**오답 해설**
① '게걸스럽다'는 "몹시 먹고 싶거나 하고 싶은 욕심에 사로잡힌 듯하다."라는 뜻이다.
② '곰팡스럽다'는 "생각이나 행동이 고리타분하고 괴상한 데가 있다."라는 뜻이다.
③ '매욱스럽다'는 "어리석고 둔한 데가 있다."라는 뜻이다.
⑤ '새퉁스럽다'는 "어처구니없이 새삼스러운 데가 있다."라는 뜻이다.

### 017  ③
**정답 해설**
'통변(通辯)'은 "말이 통하지 아니하는 사람 사이에서 뜻이 통하도록 말을 옮겨 줌."이라는 뜻이다. "능숙하여 막힘이 없는 말"은 '달변(達辯)'의 뜻풀이이다.

### 018  ③
**정답 해설**
'흰소리하다'는 "터무니없이 자랑으로 떠벌리거나 거드럭거리며 허풍을 떨다."의 의미다. "상대편의 말을 슬쩍 받아 엉뚱한 말로 재치 있게 넘기는 말을 하다."라는 의미는 '신소리하다'의 뜻풀이이다.

### 019  ②
**정답 해설**
'난삽(難澁)하다'는 "글이나 말이 매끄럽지 못하면서 어렵고 까다롭다."를 의미하므로 옷가지들로 방안이 어지럽다는 의미로 사용하기에 적절하지 않다. ②와 같은 문맥에는 "사물의 배치나 사람의 차림새 따위가 어수선하고 너저분하다."의 의미인 '난잡(亂雜)하다'를 쓰는 것이 적절하다.

**오답 해설**
① '발호(跋扈)하다'는 "권세나 세력을 제멋대로 부리며 함부로 날뛰다."의 의미이며, '화적떼가 발호하다', '외척 세력이 발호하다'와 같은 문맥에서 사용되므로 적절하게 쓰였다.
③ '구휼(救恤)하다'는 "사회적 또는 국가적 차원에서 재난을 당한 사람이나 빈민에게 금품을 주어 구제하다."를 의미하므로 적절하게 쓰였다.
④ '유치(誘致)하다'는 "행사나 사업 따위를 이끌어 들이다."를 의미하므로 적절하게 쓰였다.
⑤ '제고(提高)하다'는 "수준이나 정도 따위를 끌어올리다."를 의미하므로 적절하게 쓰였다.

### 020  ⑤
**정답 해설**
㉠ '이야기할 만한 재료나 소재'를 뜻하는 '화제'의 원어는 '話題'이다.
㉡ '사물의 중심이 되는 골자 또는 요점'의 의미인 '정수'의 원어는 '精髓'이다.
㉢ '어둠과 밝음을 아울러 이르는 말' 또는 '저승과 이승을 아울러 이르는 말'을 뜻하는 '유명'의 원어는 '幽明'이다. '유명(幽明)'은 주로 '유명을 달리하다.'와 같이 쓰이는데 이는 '죽다'를 완곡하게 이르는 말이다.

**오답 해설**
'화제(畫題)'는 '그림의 이름 또는 제목'이라는 뜻이고, '정수(精秀)'는 '매우 정하고 뛰어나다.'라는 뜻의 '정수하다(精秀하다)'의 어근이다. '유명(有名)'은 '이름이 널리 알려져 있음.'의 뜻이다.

### 021  ①
**정답 해설**
'떼꾼하다'는 '눈이 쑥 들어가고 생기가 없다.'는 의미이므로 '생기가 돌고'와 함께 쓰이는 것은 적절하지 않다.

오답 해설

② '마뜩하다'는 '제법 마음에 들 만하다.'의 의미로 '나는 그의 행동이 마뜩하지 않다.'처럼 쓸 수 있다.
③ '머쓱하다'는 '무안을 당하거나 흥이 꺾여 어색하고 열없다.'라는 의미로 '면박을 받고는 머쓱해서 머리를 긁적였다.'와 같이 사용할 수 있다.
④ '밍근하다'는 '약간 미지근하다.'의 의미로 '물을 밍근하게 데워놓다.'처럼 사용할 수 있다.
⑤ '낙낙하다'는 '살림살이가 모자라지 않고 조금 여유가 있다.'는 의미로 '살림살이가 낙낙하지 않다.'처럼 쓸 수 있다.

## 022 ②

정답 해설

"마라톤 세계 기록을 깨는 꿈을 꾸다가 잠에서 깼다."에서 '깨는'은 '어려운 장벽이나 기록 따위를 넘다.'의 의미로 사용되었으며, '깼다'는 '잠, 꿈 따위에서 벗어나다. 또는 벗어나게 하다.'의 의미로 사용되어 두 어휘가 동음이의어의 관계에 있다.

오답 해설

① "어제는 땅거미가 내릴 무렵 함박눈이 내렸다."에서 '내릴'은 '어둠, 안개 따위가 짙어지거나 덮여 오다.'의 의미로 사용되었으며, '내렸다'는 '눈, 비, 서리, 이슬 따위가 오다.'의 의미로 사용되어 두 어휘는 동음이의어가 아닌 다의어 관계이다.
③ "보따리를 풀며 마음에 담아 둔 이야기를 풀기 시작했다."에서 '풀며'는 '묶이거나 감기거나 얽히거나 합쳐진 것 따위를 그렇지 아니한 상태로 되게 하다.'의 의미로 사용되었으며, '풀기'는 '생각이나 이야기 따위를 말하다.'의 의미로 사용되어 두 어휘는 동음이의어가 아닌 다의어 관계이다.
④ "그녀는 우리나라가 낳은 세계적인 성악가를 낳은 분이다."에서 (우리나라가) '낳은'은 '어떤 환경이나 상황의 영향으로 어떤 인물이 나타나도록 하다.'의 의미로 사용되었으며, (성악가를) '낳은'은 '배 속의 아이, 새끼, 알을 몸 밖으로 내놓다.'의 의미로 사용되어 두 어휘는 동음이의어가 아닌 다의어 관계이다.
⑤ "힘들게 벼슬길에 올랐으니 구설에 오르지 않게 조심해야 한다."에서 '올랐으니'는 '지위나 신분 따위를 얻게 되다.'의 의미로 사용되었으며, '오르지'는 '남의 이야깃거리가 되다.'의 의미로 사용되어 두 어휘는 동음이의어가 아닌 다의어 관계이다.

## 023 ②

정답 해설

〈보기〉의 '쟁기'는 '논밭을 가는 농기구'를 의미하므로 '농기구'는 '쟁기'의 상위어에 해당한다. 답지에서 '나물'은 '사람이 먹을 수 있는 풀이나 나뭇잎 따위를 통틀어 이르는 말'이며, '냉이'는 어린 싹을 식용할 수 있는 식물이므로 '나물'은 '냉이'의 상위어에 해당한다. 따라서 〈보기〉와 의미 관계가 동일하므로 ②가 정답이다.

오답 해설

① '기쁨'과 '슬픔'은 반대말 관계이므로 상위어와 하위어의 관계가 아니다.
③ '태양'의 비슷한 말이 '해'이므로 상위어와 하위어의 관계가 아니다.
④ '선풍기'와 '부채'는 상위어와 하위어의 관계가 아니다.
⑤ '자전거'를 구성하는 요소에 '바퀴'가 있으므로 이 둘은 상위어와 하위어 관계가 아니다.

## 024 ⑤

정답 해설

'정부는 출입국과 관련된 방역 규제를 풀 방침이라고 발표했다.'에서 '풀다'는 '금지되거나 제한된 것을 할 수 있도록 터놓다.'의 의미이다.
'해결(解決)하다'는 '제기된 문제를 해명하거나 얽힌 일을 잘 처리하다.'는 의미이므로 용례의 '풀다'와 대응이 적절하지 않다. 용례의 '풀다'에 대응되어야 하는 한자어는 '묶인 것이나 행동에 제약을 가하는 법령 따위를 풀어 자유롭게 하다.'의 의미인 '해제(解除)하다'이다.

오답 해설

① '동원(動員)하다'는 '어떤 목적을 달성하고자 사람을 모으거나 물건, 수단, 방법 따위를 집중하다.'의 의미이므로 '도망간 죄인을 잡아들이기 위해 사람을 풀었다.'의 '풀다'와 대응이 적절하다.
② '해제(解題)하다'는 '문제를 풀다.'라는 의미이므로 '수학 문제가 어려워서 푸는 데 시간이 많이 걸렸다.'의 '풀다'와 대응이 적절하다.
③ '석방(釋放)하다'는 '법에 의하여 구속하였던 사람을 풀어 자유롭게 하다.'의 의미이므로 '인질범들은 갇힌 포로를 풀어 달라고 정부에 요구했다.'의 '풀다'와 대응이 적절하다.
④ '성취(成就)하다'는 '목적한 바를 이루다.'라는 의미이므로 '내 소유의 집을 가지고 싶다는 소원을 드디어 풀게 되었다.'의 '풀다'와 대응이 적절하다.

## 025

① 

**정답 해설**

'싸다'는 '걸음이 재빠르다.'는 의미이다. 따라서 '싸다'의 반의어는 '행동 따위가 느리고 더디다.'는 의미의 '뜨다'이다.

**오답 해설**

② '가볍다'는 '무게가 일반적이거나 기준이 되는 대상의 것보다 적다.'는 의미이므로 '싸다'의 반의어로 적절하지 않다.
③ '급하다'는 '시간의 여유가 없어 일을 서두르거나 다그쳐 매우 빠르다.'의 의미로 '싸다'와 유의어이다. 따라서 반의어로는 적절하지 않다.
④ '빠르다'는 '어떤 동작을 하는 데 걸리는 시간이 짧다.'는 의미로 '싸다'와 유의어이다. 따라서 반의어로는 적절하지 않다.
⑤ '호기롭다'는 '씩씩하고 호방한 기상이 있다.'는 의미로 '싸다'의 반의어로 적절하지 않다.

## 026

⑤

**정답 해설**

'산 까마귀 염불한다'는 '산에 있는 까마귀가 산에 있는 절에서 염불하는 것을 하도 많이 보고 들어서 염불하는 흉내를 낸다는 뜻으로, 무엇을 전혀 모르던 사람도 오랫동안 보고 듣노라면 제법 따라 할 수 있게 됨을 비유적으로 이르는 말'이다. 따라서 불길한 징조가 자꾸 생기는 상황에서 사용하기에 적절한 속담이 아니다.

**오답 해설**

① '먹던 술도 떨어진다'는 '늘 하던 숟가락질도 간혹 잘못하여 숟가락을 떨어뜨릴 수 있다는 뜻으로, 매사에 잘 살피고 조심해서 잘못이 없도록 하라는 말'이므로 적절하게 사용되었다.
② '술에 술 탄 듯 물에 물 탄 듯'은 '[1] 주견이나 주책이 없이 말이나 행동이 분명하지 않음을 비유적으로 이르는 말', '[2] 아무리 가공을 하여도 본바탕은 조금도 변하지 않는 상태를 비유적으로 이르는 말'이라는 의미이므로 적절하게 사용되었다.
③ '달도 차면 기운다'는 '[1] 세상의 온갖 것이 한번 번성하면 다시 쇠하기 마련이라는 말', '[2] 행운이 언제까지나 계속되는 것은 아님을 비유적으로 이르는 말'이라는 의미이므로 적절하게 사용되었다.
④ '산에서 물고기 잡기'는 '물에서 사는 물고기를 산에서 구한다는 뜻으로 도저히 불가능한 일을 하려고 애쓰는 어리석음을 비유적으로 이르는 말'로 '연목구어(緣木求魚)'와 같은 의미로 볼 수 있다. 따라서 적절하게 사용되었다.

## 027

⑤

**정답 해설**

'상전벽해(桑田碧海)'는 '뽕나무밭이 변하여 푸른 바다가 된다는 뜻으로, 세상일의 변천이 심함을 비유적으로 이르는 말'이므로 변함없이 아름답다는 문맥에 사용하기에 적절하지 않다.

**오답 해설**

① '사고무친(四顧無親)'은 '의지할 만한 사람이 아무도 없음.'의 의미이므로 적절하게 사용되었다.
② '한우충동(汗牛充棟)'은 '짐으로 실으면 소가 땀을 흘리고, 쌓으면 들보에까지 찬다는 뜻으로, 가지고 있는 책이 매우 많음을 이르는 말'이므로 적절하게 사용되었다.
③ '점입가경(漸入佳境)'은 '들어갈수록 점점 재미가 있음.'의 의미이므로 적절하게 사용되었다.
④ '당랑거철(螳螂拒轍)'은 '제 역량을 생각하지 않고, 강한 상대나 되지 않을 일에 덤벼드는 무모한 행동거지를 비유적으로 이르는 말'이므로 적절하게 사용되었다.

## 028

②

**정답 해설**

'발을 달다'는 '끝난 말이나 이미 있는 말에 말을 덧붙이다.'의 의미이므로 교육계의 일을 하게 되었다는 문맥에 사용하기에 적절하지 않다. 이 용례에는 '단체에 들어가거나 일의 계통에 참여하다.'의 의미인 '발을 디디다'가 사용되는 것이 적절하다.

**오답 해설**

① '발에 채다'는 '여기저기 흔하게 널려 있다.'는 의미이므로 적절하게 사용되었다.
③ '발을 타다'는 '강아지 따위가 걸음을 걷기 시작하다.'는 의미이므로 적절하게 사용되었다.
④ '발이 익다'는 '여러 번 다니어서 길에 익숙하다.'는 의미이므로 적절하게 사용되었다.
⑤ '발을 빼다'는 '어떤 일에서 관계를 완전히 끊고 물러나다.'는 의미이므로 적절하게 사용되었다.

## 029

④

**정답 해설**

'예후(豫後)'는 '병을 치료한 뒤의 경과'를 뜻하므로, '경과(經過)'로 순화하여 쓰는 것이 바람직하다. '후유증(後遺症)'은 '어떤 병을 앓고 난 뒤에도 남아 있는 병적인 증상'을 뜻하는 말로 '예후'를 대신하여 쓰기에 적절하지 않다.

### 오답 해설

① '공복(空腹)'은 '배 속이 비어 있는 상태. 또는 그 배 속'을 뜻하므로, '빈속'으로 순화하여 쓸 수 있다.
② '정제(錠劑)'는 '가루나 결정성 약을 뭉쳐서 눌러 둥글넓적한 원판이나 원뿔 모양으로 만든 약제'를 뜻하므로, '알약'으로 순화하여 쓸 수 있다.
③ '객담(喀痰)'은 '가래를 뱉음. 또는 그 가래'를 뜻하므로, '가래'로 순화하여 쓸 수 있다.
⑤ '수진자(受診者)'는 '의사로부터 진료를 받는 사람'을 뜻하므로, '진료받는 사람'으로 순화하여 쓸 수 있다.

## 030  ③
### 정답 해설
'발레파킹(valet parking)'은 '백화점, 음식점, 호텔 따위의 주차장에서 주차 요원이 손님의 차를 대신 주차하여 줌. 또는 그러한 일'을 뜻한다. 따라서 이 말은 '원격 주차'가 아닌, '대리 주차'로 다듬어 써야 한다.

### 오답 해설
① '아우라(aura)'는 '예술 작품에서 느껴지는 고상하고 독특한 분위기. 또는 독특한 품위나 품격'을 뜻하므로 '기품'으로 다듬어 쓸 수 있다.
② '러시아워(rush hour)'는 '출퇴근이나 통학 따위로 교통이 몹시 혼잡한 시간'을 뜻하므로, '혼잡 시간'으로 다듬어 쓸 수 있다.
④ '싱크홀(sinkhole)'은 '땅이 주저앉아 땅속에 웅덩이가 발생하는 일. 또는 그런 웅덩이'를 뜻하므로, 맥락에 따라 '땅 꺼짐' 또는 '함몰 구멍'으로 다듬어 쓸 수 있다.
⑤ '로드킬(road kill)'은 '야생 동물이 도로에 뛰어들어 자동차 따위에 치여 목숨을 잃는 일'을 뜻하므로, '(야생) 동물 찻길 사고'로 다듬어 쓸 수 있다.

## 031  ②
### 정답 해설
㉠ '한글 맞춤법 제12항' 한자음 '라, 래, 로, 뢰, 루, 르'가 단어의 첫머리에 올 때에는 두음 법칙이 적용되지만 단어의 첫머리 이외의 경우에는 본음대로 적는다는 원칙에 따라 '란(欄)'이 본음이므로 '답란'으로 적는다.
㉡ '한글 맞춤법 제52항'에 따라 '낙(諾)'이 본음이므로 '승낙'으로 적는다.
㉢ 의미상 '냉지'에 '고'가 붙은 것이 아니라 '고랭'인 '지'이므로 '한글 맞춤법 제12항' 한자음 '라, 래, 로, 뢰, 루, 르'가 단어의 첫머리에 올 때에는 두음 법칙이 적용되지만 단어의 첫머리 이외의 경우에는 본음대로 적는다는 원칙에 따라 '랭(冷)'이 본음이므로 '고랭지'로 적는다.

▶ 출처  정희창 외(2016), 『한국어 정서법(제3판)』, 사회평론.

## 032  ⑤
### 정답 해설
ㄱ. 한글 맞춤법 제18항에 따라 '누렇-+-네'에서는 'ㅎ' 탈락을 인정하기도 하고(누러네) 하지 않기도 하므로(누렇네) '누렇네'와 '누러네' 모두 옳은 표기이다.
ㄷ. 한글 맞춤법 제18항에 따라 '푸-+-어서'에서는 '우'가 탈락하므로(우 불규칙) '퍼서'가 옳은 표기이다.
ㄹ. 한글 맞춤법 제18항에 따라 '물에 젖어서 부피가 커지다'의 의미인 '붇다'는 모음으로 시작하는 어미가 결합할 때는 '불어', '불으니'처럼 어간 끝 'ㄷ'이 'ㄹ'로 바뀌지만 '붇-+-기'의 경우 '붇기'로 활용되므로 옳은 표기이다.

### 오답 해설
ㄴ. 한글 맞춤법 제18항에 의거 '가파르-+-아서'는 '르' 불규칙 활용을 하므로 '가팔라서'가 맞는 표기이다.

## 033  ①
### 정답 해설
'세차게 마구'의 의미를 가진 단어는 '들입다'이다. '드립다'는 '들입다'의 잘못이다.

### 오답 해설
② 한글 맞춤법 제32항에 따라 단어의 끝모음이 줄어지고 자음만 남은 것은 그 앞의 음절에 받침으로 적는다. '어디(에)다'가 줄면 '어ㄷ다'인데, 'ㄷ'은 앞의 음절에 받침으로 적어야 하므로 '얻다'로 적는다.
③ '(김치를) 담그-+-아'는 활용형이 '담가'이다. 한글 맞춤법 제18항에 따라 '담궈'가 되려면 기본형이 '담구다(담구-+-어)'여야 하는데, 이는 비표준어이다.
④ 한글 맞춤법 제40항 해설에 따르면 '답답하지 않다'에서 '하' 앞의 받침의 소리가 [ㅂ]이므로 '하'가 통째로 준다. 그러므로 '답답지 않다'가 된다. 한글 맞춤법 제39항에 따라 '-지 않-'은 다시 '-잖-'으로 준다.
⑤ 한글 맞춤법 제23항 해설에 따라 '삐죽거리다'가 가능하므로, '삐죽이'처럼 어근의 원형을 밝혀 적는다.

## 034　①

**정답 해설**

"과제를 하는 데 이틀이 걸렸다."에 쓰인 '데'는 "'일'이나 '것'의 뜻을 나타내는 말"인 의존 명사이므로 앞말과 띄어 써야 한다.

**오답 해설**

② '제(第)-'는 접두사이므로 뒷말에 붙여 쓰고, '과(課)'는 명사이므로 앞말과 띄어 쓴다. '제3 과'가 원칙적인 띄어쓰기이고, 아라비아 숫자 뒤의 의존 명사는 앞말과 붙여 쓸 수 있으므로 '제3과'도 허용된다.
③ '-ㄹ지'는 하나의 어미이므로 붙여 써야 한다.
④ '-ㄹ뿐더러'는 하나의 어미이므로 붙여 쓴다. 또한 어미이므로 앞말과도 붙여 쓴다.
⑤ '집채만 한'으로 써야 한다. 이때의 '만'은 의존 명사가 아니고 '앞말이 나타내는 대상이나 내용 정도에 달함을 나타내는 보조사'이므로 앞말에 붙여 쓰고, '하다'는 그 앞말과 구별되는 용언이므로 '만'과 띄어 쓴다.

## 035　④

**정답 해설**

'밭치다'는 '구멍이 뚫린 물건 위에 국수나 야채 따위를 올려 물기를 빼다.'의 의미이므로 올바르다.

**오답 해설**

① '이야기를 하느라고 밤을 새웠다.'로 고쳐야 한다.
② '벌여 놓은 일부터 먼저 수습하자.'로 고쳐야 한다.
③ '한글날에 부치는 글을 읽고 감동했다.'로 고쳐야 한다.
⑤ '회사는 점심시간을 30분 늘리기로 했다.'로 고쳐야 한다.

## 036　③

**정답 해설**

줄임표 대신에 물결표를 사용한다는 규정은 없다.

**오답 해설**

① 기간이나 거리 또는 범위를 나타낼 때는 물결표를 쓰는 것이 원칙이고, 붙임표를 쓰는 것도 허용된다.
② 문장 내용 중에서 주의가 미쳐야 할 곳이나 중요한 부분을 특별히 드러내 보일 때는 드러냄표나 밑줄 또는 작은따옴표를 쓸 수 있다.
④ 두 개 이상의 어구가 밀접한 관련이 있음을 나타내고자 할 때는 붙임표를 쓴다. 경우에 따라서는 붙임표 대신 쉼표나 가운뎃점을 활용할 수도 있다.
⑤ 짝을 이루는 어구들 사이에는 가운뎃점을 쓰지 않거나 쉼표를 쓸 수도 있다. 각 어구들을 하나의 단위로 뭉쳐서 나타내고자 할 때는 가운뎃점을 쓰고, 각 어구들을 낱낱으로 풀어서 열거하고자 할 때는 쉼표를 쓰거나 아무 부호도 쓰지 않을 수 있다.

## 037　②

**정답 해설**

'이슥하다'는 '밤이 꽤 깊다.'는 의미의 표준어이다.

**오답 해설**

① '식구나 구성원이 많지 않아서 홀가분하다.'는 의미의 표준어는 '단출하다'이다.
③ '물이나 술 따위를 단숨에 마구 마시다.'는 의미의 표준어는 '들이켜다'이다.
④ '도리어'의 의미로 쓰이는 표준어는 '되레'이다.
⑤ '말이나 행동이 철저하거나 분명하지 않게'의 의미로 쓰이는 표준어는 '두루뭉술'이다.

## 038　④

**정답 해설**

'가이방하다'는 '비슷하다'의 의미를 갖는 방언이다.

**오답 해설**

① '새복'은 '새벽'의 의미를 갖는 방언이다.
② '누부'는 '누이'의 의미를 갖는 방언이다.
③ '기찹은'은 '가난한'의 의미를 갖는 방언이다.
⑤ '게기'는 '고기'의 의미를 갖는 방언이다.

## 039　④

**정답 해설**

'젖먹이'의 표준 발음은 [전머기]만이다. 자음 동화가 일어난 [점머기]는 표준 발음이 아니므로 올바르지 않다.

**오답 해설**

① '김밥'은 [김:밥/김:빱]이 모두 표준 발음이다.
② '햇살'은 [해쌀/핻쌀]이 모두 표준 발음이다.
③ '지혜'는 [지혜/지혜]가 모두 표준 발음이다.
⑤ '이죽이죽'은 [이중니죽/이주기죽]이 모두 표준 발음이다.

## 040  ⑤
**정답 해설**
'스티로폼(styrofoam)'은 외래어 표기법에 올바른 표기이다.

**오답 해설**
① 'catalog'의 올바른 외래어 표기는 '카탈로그'이다.
② 'tumbling'의 올바른 외래어 표기는 '텀블링'이다.
③ 'sofa'의 올바른 외래어 표기는 '소파'이다.
④ 'barricade'의 올바른 외래어 표기는 '바리케이드'이다.

## 041  ⑤
**정답 해설**
'된장찌개'는 'doenjangjjigae'가 올바른 로마자 표기이다.

## 042  ④
**정답 해설**
서술어 '바탕이 된다'에 대한 주어가 빠져 있으므로 어법에 맞지 않는 문장이다. 어법에 맞는 문장이 되려면 "그렇지만 언어에는 수많은 소리와 문자로 가득 찬 공간이 있고, 문자는 숱한 이야기, 전설, 역사와 예술이 저장되고 전해지는 바탕이 된다."로 수정해야 한다.

▶ 출처  정희창 외(2016), 『한국어 정서법(제3판)』, 사회평론.

## 043  ⑤
**정답 해설**
'따라오시오'의 '-오'는 청자를 보통으로 높이고 있다.

**오답 해설**
① '어두우시다'에 결합된 '-시-'는 '할아버지의 귀'를 간접으로 높이고 있다.
② '가셨다'에 결합된 '-시-'는 주체 높임 선어말어미로 '아버지'를 높이고 있다.
③ '모시다'는 객체 높임의 특수 어휘로 '할머니'를 높이고 있다.
④ '-습니다'는 청자 높임의 종결어미로 청자인 '선생님'을 높이고 있다.

▶ 출처  구본관 외(2015), 『한국어 문법 총론 1』, 집문당.

## 044  ③
**정답 해설**
'나는 어제 나와 이름이 같은 친구의 형을 또 만났다.'라는 문장은 '나와 이름이 같은'이라는 수식어가 '친구'를 수식하는지 '친구의 형'을 수식하는지에 따른 중의성을 보인다. ③의 경우, '귀여운'이라는 수식어가 '아이들'을 수식하는지 '아이들의 웃음소리'를 수식하는지에 따른 중의성을 지닌다는 점에서 〈보기〉의 예와 같은 종류이다.

**오답 해설**
① '배'가 '사람의 복부'를 가리킬 수도 있고 '과일의 종류인 배'를 가리킬 수도 있다는 점에서 중의적이다. 이를 어휘적 중의성이라 한다.
② 학생 셋이서 힘을 합해 두 개의 책상을 옮겼을 수도 있고 학생 셋이서 각각 두 개의 책상을 옮겼을 수도 있는 것으로 해석된다. 이는 수사의 작용역에 따른 중의성을 보이는 예이다.
④ '영희'와 '민수의 친구'가 같은 학원에 다닐 수도 있고 '영희와 민수'의 '친구'가 같은 학원에 다닐 수도 있다. 이를 구조적 중의성이라 한다.
⑤ '고 있다(계시다)'가 (넥타이를 매는) 행동의 진행을 나타낼 수도 (넥타이를 맨) 상태의 지속을 나타낼 수도 있는 중의적 표현이기 때문에 발생하는 중의성이다.

▶ 출처  구본관 외(2016), 『한국어 문법 총론 2』, 집문당.

## 045  ⑤
**정답 해설**
'-이/가 요구된다'는 번역 투이다. '필요로 한다' 역시 번역 투이므로, '필요하다'로 순화해서 사용하는 것이 적절하다.

**오답 해설**
① '-에 다름 아니다'는 번역 투이다. '다름없다'나 '다르지 않다'로 순화해야 한다.
② '-로 인해'는 번역 투이다. '-로'만 사용해도 충분하다.
③ '-에게 있어서'는 번역 투이다. '-에게'로만 사용해야 한다.
④ '-에 의해'는 번역 투이다. '-로'로 사용해야 한다.

## 쓰기  046번~050번

기출문제집 p.118

| 046 | ① | 047 | ④ | 048 | ④ | 049 | ④ | 050 | ① |

### 046 ①
**정답 해설**

윗글에서 중고 의류 재활용의 정의와 재활용 여부의 판단 기준을 제시하고 있지 않으므로 ㄱ의 내용은 반영되지 않았다.

**오답 해설**

② 첫 번째와 두 번째 문단에서 중고 의류 재활용과 관련된 현황을 칠레의 사례를 통해 제시하고 있다.
③ 네 번째 문단에서 우리나라 중고 의류 수출 현황을 수치로 제시하고 있다.
④ 여섯 번째 문단에서 의류의 주원료가 환경에 미치는 영향을 제시하고 있다.
⑤ 여덟 번째 문단에서 중고 의류 발생 감소를 위한 두 측면을 제시하고 있다.

▶ 출처
• 홍수열, 한국은 옷 쓰레기 수출 '세계5위'… 합성섬유든 천연섬유든 민폐다, 한국일보, 2023.07.05.(https://www.hankookilbo.com/News/Read/A2023070311010004354?did=NA)
• 박상은, 버려진 옷의 행방, 국민일보, 2023.07.01.(https://news.kmib.co.kr/article/view.asp?arcid=0924309691&code=11171382&cp=nv)
• 주소현, "이 사진, 진짜 실화냐?" 우주에서도 보이는 '쓰레기산', 헤럴드경제, 2023.06.22.(http://news.heraldcorp.com/view.php?ud=20230622000713)

### 047 ④
**정답 해설**

(나)는 재사용될 것이라 생각하고 의류 수거함에 헌 옷을 넣고 있는 사례이므로 의류 쓰레기 발생 총량 감축과는 관련이 없는 사례이다.

**오답 해설**

① (가)-1에서 우리나라 중고 의류 수출 현황을 연도별 수치로 제시하고 있으므로 적절하다.
② (가)-2에서 중고 의류가 버려지는 가나의 사례를 제시하고 있으므로 적절하다.
③ (나)에서 의류 수거함을 통해서 의류가 모아지는 것을 알 수 있으므로 적절하다.
⑤ (다)에서 관세가 없어서 칠레로 의류가 수입된다는 것을 알 수 있으므로 적절하다.

### 048 ④
**정답 해설**

네 번째 문단에서 우리나라 중고 의류 수출의 이점으로 외화 획득을 언급하고 있고, 단점으로 이렇게 버린 의류로 인해 해당 국가의 의류 산업 성장도 방해하고, 쓰레기 처리도 엉망이 된다고 하였으므로 삭제되지 않았다.

**오답 해설**

① 첫 번째 문단에서 Ⅰ-2의 내용인 의류 옷 더미의 실태를 먼저 제시하였고, 두 번째 문단에서 의류 재활용 현황을 제시하였기 때문에 적절하다.
② 세 번째 문단에서 의류 재활용 실패가 되는 원인이 드러나 있으므로 Ⅰ-3을 의류 재활용 실패 원인으로 수정하는 것이 적절하다.
③ 네 번째 문단에서 Ⅱ의 내용을 다루는데 상위 항목과 제목이 일치하는 것을 피하기 위해 Ⅱ-1을 수정하는 것이 적절하다.
⑤ 여섯 번째 문단에서 다루는 섬유 생산으로 인한 환경 오염 문제는 Ⅲ의 하위 항목이기 때문에 이동하는 것이 적절하다.

### 049 ④
**정답 해설**

문장에서 생략된 주어가 '우리나라는'이고, 생략된 목적어가 '중고 의류를'이기 때문에 불필요한 피동 표현인 '수출되고'로 고치는 것은 적절하지 않다.

**오답 해설**

① 두 번째 문단은 중고 의류의 재판매 현황에 대해서 언급하는데, ㉠은 의류가 저렴한 이유에 대해 설명하고 있으므로 삭제하는 것이 적절하다.
② '의의'는 '말이나 글의 속뜻, 어떤 사실이나 행위가 갖는 중요성과 가치'를 의미하므로, '사물이 지니고 있는 쓸모'의 의미인 '가치'로 수정하는 것이 문맥상 적절하다.
③ 주어인 '의류들이'에 호응되는 서술어는 피동의 의미인 '버려지는데'가 적절하다.
⑤ 앞의 문장과 뒤의 문장의 내용이 상반되므로 '그러나'로 수정하는 것은 적절하다.

## 050 ①

**정답 해설**

글 전반에서 헌 옷 쓰레기에 대해 얘기하고 있고, 쓰레기 발생 총량을 줄여야 한다는 취지를 밝히고 있으므로 소비자로 하여금 소비에 대한 생각을 촉구하는 '의로운 소비'에 대한 언급으로 글을 마무리하는 것은 적절하다.

**오답 해설**

② 의류 생산지 분산과 지구 환경은 관련이 없다.
③ 의류 소비 총량을 줄이자는 얘기는 맞지만 세계 경제의 불평등 해소와는 관련이 없다.
④ 소비자 만족을 위한 맞춤형 생산에 대한 얘기는 하고 있지 않다.
⑤ 의류 쓰레기를 줄이기 위한 방법으로 의류 가격에 대한 내용은 언급하고 있지 않다.

## 창안 051번~060번

기출문제집 p.121

| 051 | ② | 052 | ⑤ | 053 | ③ | 054 | ④ | 055 | ③ |
| 056 | ③ | 057 | ⑤ | 058 | ④ | 059 | ① | 060 | ③ |

## 051 ②

**정답 해설**

이끼는 헛뿌리를 가져 뿌리에서 물의 흡수가 일어나는 것이 아닌, 잎과 줄기 등 식물체 전체를 통해 주변의 수분을 여러 방면으로 흡수한다. 이에 따라 '기업은 안정적인 수입 창출을 위해 판매하는 상품 계열을 단일화하여 한 가지 상품에 주력한다.'라는 설명은 식물체 곳곳에서 수분을 흡수하는 이끼의 특성과 이질적이며, 오히려 흙에서 뿌리만을 통해 수분을 흡수하는 일반적인 식물의 특성과 유사하다.

**오답 해설**

① 이끼가 뿌리내리는 곳은 메마른 곳이 아닌 주변에 물이 있고 습도가 있는 곳이다. 따라서 기업이 소비 동향 분석을 통해 잠재력이 높은 상품 시장에 진입하는 것은 이끼가 수분 주위에 뿌리를 내리는 특성과 연결된다.
③ 이끼의 표면은 수분을 가두는 구조이다. 따라서 기업의 효율적인 자산 관리 구조는 이끼가 수분을 머금는 구조적 특성과 연결된다.
④ 이끼는 홀로 자라기보다 함께 군생하는 특성을 보인다. 이는 기업이 협업을 통해 공동의 목표를 추구하는 것과 연결된다.
⑤ 이끼는 수분 부족의 위기 상황에서 이파리를 떨구고 최소한의 생명 활동만 이어가는 특성을 보인다. 이는 위기 상황을 벗어나기 위해 필요한 조정과 혁신을 감행하는 것과 연결된다.

▶ 출처
- 정혜원, 이선희, 박웅택, 이은정 공저(2020), 『실내에서 이끼 키우기』, 플로라.
- 로빈 월 키머러 저/하인해 역(2020), 『이끼와 함께』, 눌와.

## 052 ⑤

**정답 해설**

ⓐ에서는 크게 자라지 않는 이끼가 커다란 식물 사이에 난 빈 공간을 찾아 뿌리를 내린다는 생존 전략을 설명하고 있다. 여기서의 핵심은 '빈 공간'을 찾는 이끼의 특성이다. 이를 '신제품 개발'과 연결짓는다면 ⑤의 '기존 시장'은 주변에 '커다란 식물'이 있는 상황과 유사하며, '그 속에서 특정 소비자의 요구를 새롭게 공략한 틈새 제품을 개발하는 것은 커다란 식물 사이에 난 '빈 공간'을 찾아 뿌리를 내리는 이끼의 생존 전략과 유사하다고 할 수 있다.

**오답 해설**

① 시장에서 수요가 검증된 타사 제품을 모방하는 것은 '빈 공간'을 찾는 이끼의 특성과 관계가 없다.
② 기존 제품의 포장 디자인을 바꾸는 것은 '빈 공간'을 찾는 이끼의 특성과 관계가 없다.
③ 인기 있는 제품만 남기는 것은 '빈 공간'을 찾는 이끼의 특성과 관련이 없다.
④ 체험단을 통해 부족한 지점을 보완한다는 것은 '빈 공간'에 해당할 수도 있겠으나, 경쟁 제품과 자사 제품을 비교한다는 것은 '커다란 식물 사이의 빈 공간'을 찾는 특성과는 관련이 적다.

## 053 ③

**정답 해설**

ⓑ는 이끼의 수분 흡수력이 척박한 땅을 복원할 때처럼 '긍정적 측면'과 식물의 성장에 악영향을 미칠 수 있는 것처럼 '부정적 측면'의 양면성이 있음을 설명하고 있다. 이러한 '양면성'을 '과학 기술 발전'과 관련지은 답지는 ③이다. 과학 기술 발전으로 인류에게는 편리함과 풍요로움이 찾아왔지만, 그 이면에는 환경 파괴라는 문제 상황이 놓여있기 때문이다.

오답 해설

① , ② 과학 기술 발전의 긍정적 측면만 언급되고 있기에 오답이다.
④ '가치 중립성'의 존중보다 오히려 '윤리적 책임'을 존중해야 과학 기술 발전의 양면성을 고려하는 것이기에 오답이다.
⑤ 과학 기술 발전의 양면성과 관계없는 진술이기에 오답이다.

## 054 ④
정답 해설

그림 (가)는 매달리기 훈련으로, 턱걸이를 못 하는 초급자가 기초적인 악력을 기르기 위해 하는 훈련이다. 연습을 거듭할수록 오랜 시간 매달릴 수 있게 되며, 기초적인 근력들이 길러지면 턱걸이 수행에 도움이 된다.
그림 (나)는 고무 밴드 훈련으로, 맨몸 턱걸이를 못 하는 초급자가 고무 밴드 탄성의 도움을 받아 턱걸이 수행을 연습하는 훈련이다. 연습을 거듭할수록 고무 밴드 없이 맨몸으로 턱걸이 수행이 가능해지게 된다.
이에 따라 그림 (가)의 훈련은 기초 근력을 길러주는 것이기에, 이를 교수 학습에 빗대면 학생의 '기초 학습 능력'을 길러주는 것과 연결된다. ㉣에서의 '기초 학습 수준이 낮더라도 단기간의 비약적 성장을 위해 심화 학습을 바로 적용할 필요가 있다'라는 진술은 그림 (가)의 핵심이 되는 훈련 목적과 일치하지 않는다.

오답 해설

① ㉠은 그림 (가)에서 보이는 것과 같이 철봉을 붙잡고 몸을 늘어뜨려 버티는 동작의 훈련이다.
② ㉡은 그림 (나)에서 보이는 것과 같이 고무 밴드의 보조를 받아 철봉을 손으로 잡고 몸을 올리는 동작을 보조해주는 고무 밴드에 대한 설명이다.
③ ㉢은 그림 (가)에서 보이는 것과 같이 훈련을 거듭할수록 기초적인 악력이 길러져 매달리는 시간이 점진적으로 증가할 수 있게 된다.
⑤ ㉤은 그림 (나)의 '결과'에서 설명하는 것과 같이 초급자 시기에 고무 밴드에 도움을 받는 것처럼 학생의 학습 초기에 교사는 도움을 주어야 하며, 이후 고무 밴드 없이 성공할 수 있게 되는 것처럼 교사는 도움을 줄여 학생 스스로 해낼 수 있게 해야 한다.

## 055 ③
정답 해설

'ⓐ 턱걸이 숙련도'가 낮을수록 '소득 수준'이 낮고, 'ⓑ 밴드 두께'가 두꺼울수록 '복지 혜택 정도'가 크다고 가정할 때의 주장은 "소득 수준이 낮을수록 더 큰 복지 혜택을 제공해야 한다."이다. 이 주장과 유사한 진술은 ③이다. 소득 수준이 낮은 사회적 약자(초급자)일수록 성공할 수 있는 자립도(턱걸이 성공 여부)가 낮으므로 더 큰 복지 혜택(두꺼운 고무 밴드)을 제공해야 한다.

오답 해설

① , ④ 모든 사회 구성원에게 동일한 복지 혜택을 제공해야 한다는 주장이므로 적절하지 않다.
② 복지 혜택과 관련없이 개인의 역량에 맡겨야 한다는 주장이므로 적절하지 않다.
⑤ 소득 수준이 높을수록 사회 기여도가 높으므로 더 큰 복지 혜택을 제공해야 한다는 주장이므로 적절하지 않다.

▶ 출처 단계별 풀업 밴드 이미지: https://melkinsports.com/

## 056 ③
정답 해설

그림 (다)는 턱걸이의 과도한 연습으로 인해 신체에 통증이 발생한 상황이다. 이를 '목표 설정과 실천 요령'에 빗댄다면 턱걸이를 달성하기 위해 쉬지 않고 과도하게 연습을 하면, 오히려 부상을 입고 이후 턱걸이 연습에 악영향을 미칠 수 있음을 조언할 수 있다. 따라서 정답은 ③이다.

오답 해설

① '목표 설정'에 대한 진술이지만 그림 (다)와 관련성이 없기에 오답이다.
② '실천 요령'에 대한 진술이지만 그림 (다)와 관련성이 없기에 오답이다.
④ '목표 설정과 실천 요령'에 대한 진술이지만 그림 (다)와 관련성이 없기에 오답이다.
⑤ '실천 요령'에 대한 진술이지만 그림 (다)와 관련성이 없기에 오답이다.

## 057 ⑤
정답 해설

(마)의 지문을 적절하게 반영한 공익 광고는 나의 일상생활이 이웃에게 고통이 될 수 있음이 드러나야 한다. ⑤에 제시된 그림은 이웃에게 편지를 써서 이해를 구하고자 하는 내용이므로

이웃의 고통이 드러나 있지 않다. 따라서 적절하게 짝 지어지지 않은 광고이다.

**오답 해설**
① 층간 소음을 유발할 수 있는 구체적인 행동들을 제시하고 있다.
② 층간 소음이 이웃 간에 갈등을 유발할 수 있음을 제시하고 있다.
③ 천장과 바닥을 뒤집어 역지사지할 수 있게 한다.
④ 발소리, 망치질, 물소리 등의 층간 소음을 줄일 수 있는 방안들을 제시하고 있다.

▶ **출처** 대한주택관리사협회 공익광고, LH한국토지주택공사 공익광고, kobaco공익광고, 국토교통부 공익광고, 국토교통부 · LH한국토지주택공사 공익광고

## 058 ④
**정답 해설**
(가)와 (마)가 모두 반영되기 위해서는 층간 소음을 유발할 수 있는 행동이 구체적으로 언급되어야 하며 그 결과 이웃들에게 고통을 유발할 수 있다는 사실이 제시되어야 한다. ④의 '무심코 콩콩 뛰'는 것은 (가)를, '아래층 심장이 쿵쿵 뛰'는 것은 (마)를 반영하고 있으므로 정답이다.

## 059 ①
**정답 해설**
여우는 까마귀를 칭찬하고 추켜세워 까마귀가 물고 있던 고기를 얻을 수 있었다. 따라서 여우와 가장 유사한 사례는 ①의 형의 외모를 추켜세워 비싼 밥을 얻어먹는 동생이다.

## 060 ③
**정답 해설**
까마귀는 여우의 칭찬에 우쭐하여 입에 고기를 물고 있다는 사실을 잊은 채 노래를 부르다 고기를 놓쳐 버렸다. 이런 까마귀를 통해 유추할 수 있는 내용으로 가장 적절한 것은 ③의 칭찬을 듣고 자만에 빠지지 않도록 처신을 신중히 해야 한다는 것이다.

# 읽기 061번~090번

기출문제집 p.126

| 061 | ① | 062 | ① | 063 | ① | 064 | ③ | 065 | ⑤ |
| --- | --- | --- | --- | --- | --- | --- | --- | --- | --- |
| 066 | ④ | 067 | ⑤ | 068 | ④ | 069 | ⑤ | 070 | ② |
| 071 | ③ | 072 | ④ | 073 | ③ | 074 | ② | 075 | ③ |
| 076 | ⑤ | 077 | ④ | 078 | ② | 079 | ① | 080 | ⑤ |
| 081 | ⑤ | 082 | ① | 083 | ③ | 084 | ② | 085 | ② |
| 086 | ③ | 087 | ③ | 088 | ④ | 089 | ⑤ | 090 | ③ |

## 061 ①
**정답 해설**
'자기 온몸으로', '벌받는', '밀고', '꽃 피는 나무' 등을 반복하여 대상의 속성을 드러내고 있다.

**오답 해설**
② 명령형의 문장이 드러나 있지 않다.
③ 가정의 진술이 나타나 있지 않다.
④ 말을 건네는 방식이 드러나 있지 않다.
⑤ 근경에서 원경으로의 시선 이동이 드러나 있지 않으며, 화자의 정서 변화도 나타나 있지 않다.

▶ **출처** 황지우(1995), 『겨울-나무로부터 봄-나무에로』, 민음사.

## 062 ①
**정답 해설**
봄-나무의 외양이 아닌, 겨울-나무의 외양을 드러내고 있다.

**오답 해설**
② ㉡은 상승 이미지를 통해 나무의 의지적인 모습을 나타낸다고 볼 수 있다.
③ ㉢은 자신을 아끼지 않고 끝까지 최선을 다하는 나무의 노력을 드러낸다고 볼 수 있다.
④ ㉣의 '뜨거운 혀'는 나무의 열정을 비유적으로 드러낸 표현이며, 싹을 내민 것은 이로 인한 나무의 변화로 볼 수 있다.
⑤ ㉤의 '자기의 온몸으로 나무가 된다'는 나무 스스로의 내적인 힘을 드러낸다고 볼 수 있다.

## 063  ①

**정답 해설**

윗글은 '나' 자신이 쓴 15년 전의 작품에 대한 기억을 회상하는 방식으로 전개되고 있다. 즉 서술자인 '나' 자신의 자전적 경험을 회상하는 방식을 통해 서사를 전개하고 있다.

**오답 해설**

② 서술자인 '나'의 '사일구'와 관련한 시 쓰기 경험을 서술하고 있지만, '나'가 겪은 다양한 경험을 삽화의 형식으로 서술한 것은 아니다.
③ 서술자인 '나'의 시 쓰기 경험과 관련한 '나'의 내면은 서술되고 있지만, '나'의 경험이 여러 인물의 이질적인 시각을 통해 부각되는 것은 아니다.
④ 서술자인 '나'의 내면을 제시하는 방식을 통해 서사가 전개되지, 인물 간의 갈등 관계를 부각하는 방식을 통해 서사를 전개하는 것은 아니다.
⑤ 서술자인 '나'의 시와 관련한 시대적 현실의 문제가 암시적으로 제시되기는 하지만, '나'의 시선에 포착된 환상적 배경 묘사를 통해 시대적 현실을 드러내는 것은 아니다.

▶ 출처  윤후명(1987), 『모든 별들은 음악 소리를 낸다』, 고려원.

## 064  ③

**정답 해설**

제시문의 '나'는 자신이 겪었던 대학 시절의 시대상을 "극복하기 위해서는 알아야 한다는 평범한 진리가 통하지 않던 시절이었다."로 인식하고 있는 것으로 보아, 이념적 억압이 엄혹하던 시대적 상황을 잘 인지하고 있다.

**오답 해설**

① '나'는 대학 시절 '사일구'와 관련하여 쓴 자신의 시를 '가소롭기 짝이 없는' 시로 인식하고 있다. 이로 볼 때, '나'는 자신의 시에 긍정적 의미를 부여하고 있는 것이 아니다.
② "그때만 해도 마르크스니 레닌이니 하는 이름은 입에 올리는 것조차 꺼려하던 시절이었다."라는 내용으로 보아 이데올로기 논의에 제약이 있었음을 알 수 있다.
④ '나'가 "그때만 ~ 꺼려하던 시절이었다."라고 회상하거나 "이 규호 문교부 장관이 ~ 강의를 받으면서 대학을 다녔다"고 회상하고 있는 것을 볼 때, '나'는 특정 이론을 극복하기 위해 투쟁한 경험을 가지고 있었던 인물은 아니다.
⑤ '나'는 '윤재걸, 강은교, 신동문' 등의 시를 거론하고 있지만, 이들의 시와 자신의 시 간의 공통점에 주목하는 것은 아니다.

## 065  ⑤

**정답 해설**

윗글에서 '나'는 ㉠이 '독재'에 대한 인식도 부재할 뿐만 아니라, "온갖 측면에서의 방법론이 모두 동원"되지 않았기 때문에 '날림의 글'이 되었다는 판단을 하고 있다.

**오답 해설**

① '나'는 ㉠을 "내적 필연성이라든가 경험의 추상 따위는 눈을 씻고 볼래야 볼 수 없는 날림 글"로 인식하고 있으므로 적절한 내용이다.
② '나'는 ㉡을 "온갖 측면에서의 방법론이 모두 동원"되어 '사일구'의 역사적 의의를 완벽하게 통찰한 작품으로 인식하고 있으므로 적절한 내용이다.
③ '나'는 ㉠이 '날림 글'이 된 이유를 "내 경우에는 세대를 따지더라도 사일구에 대해 이러쿵저러쿵 이야기할 수 있는 세대가 아니"라는 것과 결부시켜 이해하고 있으므로 '나'는 ㉠의 근본적 한계를 '세대'의 문제와 결부시켜 이해하고 있다고 할 수 있다.
④ '나'는 ㉠을 "내적 필연성이라든가 경험의 추상 따위는 눈을 씻고 볼래야 볼 수 없는 날림 글"로 인식하고 있으므로 적절한 내용이다.

## 066  ④

**정답 해설**

3문단에서 봉건사회와 근대 초기 서유럽에서 대의제는 사제, 귀족, 평민으로 구성되었다고 진술한다. 특히 봉건사회와 근대 초기 서유럽이라는 표현을 통해 근대 초기 그리고 봉건사회에서 대의제가 존재했으며, 근대에 앞선 시기가 중세 사회임을 파악할 수 있다. 따라서 서유럽 중세 사회에서 대의제가 부재했다는 진술은 적절하지 않다.

**오답 해설**

① 3문단에서 홉스는 절대 권력을 갖는 군주를 세우는 사회계약 이론을 제시했다고 진술한다. 따라서 홉스는 군주제를 옹호했다는 진술은 적절하다.
② 1문단에서 루소는 합의로 만들어진 권한에서만 진정한 권리가 나올 수 있다고 천명했다는 진술이 있다. 따라서 루소는 합의의 가치를 강조했다는 진술은 적절하다.
③ 2문단에서 일반 의지는 전체 의지와 달리 일정 수준의 공적 합리성을 갖는다고 진술한다. 따라서 전체 의지는 공공의 합리성을 의식하지 않는다는 진술은 적절하다.

⑤ 2문단에 루소는 개인이 자신의 이해관계를 초월하여 시민으로서 국가공동체 전체의 입장에 놓고 이성적으로 고민한 결과로 형성되는 일반 의지에 따라 법의 원칙을 확립해야 한다고 주장했다는 진술이 있다. 따라서 루소는 공동체 전체의 입장에 따라 법이 만들어져야 한다고 주장했다는 진술은 적절하다.

▶ 출처  김민철(2023), 『누가 민주주의를 두려워하는가』, 창비, 94-96쪽.

## 067

⑤

**정답 해설**

3문단에서 루소는 주권의 불가 양도성을 주장했다는 진술이 있으며, 이어 대의제를 설명한다. 4문단에서 주권이 개인에게 있지 않고 전체 집합인 인민에게만 존재하기 때문이며 이 제도는 국가의 정당성을 근본적으로 훼손한다는 진술이 있다. 이 진술을 통해 이 제도는 대의제임을 파악할 수 있으며, 대의제를 부정하는 루소의 입장을 확인할 수 있다. 대의제에 대한 루소의 입장과 더불어 주권이 개인이 아니라 전체 집단인 인민에게만 존재한다는 진술을 통해 루소는 대의제를 통해 선출된 소수에게 주권이 양도되어서는 안 되고 주권은 주권자인 인민 전체에 있어야 함을 주장하고 있음을 파악할 수 있다. 따라서 루소는 주권을 양도할 수 없다고 천명했다는 진술이 적절하다.

**오답 해설**

① 3문단에서 루소는 주권의 불가 양도성을 주장했다는 진술과, 4문단에서 주권이 개인에게 있지 않고 전체 집합인 인민에게 존재한다는 진술을 통해 루소는 군주제를 부정한다고 천명했다는 진술은 적절하지 않음을 알 수 있다.
② 3문단에서 루소는 주권의 불가 양도성을 주장했다는 진술과, 4문단에서 주권이 개인에게 있지 않고 전체 집합인 인민에게 존재한다는 진술을 통해 홉스는 대의제를 지지한다고 천명했다는 진술은 적절하지 않음을 알 수 있다.
③ 3문단에서 루소는 주권의 불가 양도성을 주장했다는 진술과, 4문단에서 주권이 개인에게 있지 않고 전체 집합인 인민에게 존재한다는 진술, 그리고 5문단에서 루소는 홉스나 보댕과 달리 주권이 군주가 아닌 인민에게 있다고 한 진술을 통해 보댕은 대의제를 부정한다고 천명했다는 진술은 적절하지 않음을 알 수 있다.
④ 3문단에서 루소는 주권의 불가 양도성을 주장했다는 진술과, 4문단에서 주권이 개인에게 있지 않고 전체 집합인 인민에게 존재한다는 진술을 통해 홉스는 주권을 양도할 수 없다고 천명했다는 진술은 적절하지 않음을 알 수 있다.

## 068

④

**정답 해설**

3문단에서 루소는 주권의 불가 양도성을 주장했다는 진술이 있다. 이어 3문단에서 대의제를 설명한다. 4문단에서 주권이 개인에게 있지 않고 전체 집합인 인민에게만 존재하기 때문이며 이 제도는 국가의 정당성을 근본적으로 훼손한다는 진술이 있다. 이 진술을 통해 이 제도는 대의제임을 파악할 수 있으며, 대의제를 부정하는 루소의 입장을 확인할 수 있다. 따라서 주권을 가장 높은 곳에 있는 힘으로 간주하는 루소 입장에서, 집합체인 인민에게 주권이 있다면 대의제는 옹호되어야 한다는 진술은 적절하지 않다.

**오답 해설**

① 5문단에서 루소는 홉스나 보댕과 달리 주권의 소재지를 군주가 아닌 인민에게서 발견했다고 진술한다. 따라서 보댕은 주권이 군주에게 있다고 보았다는 진술은 적절하다.
② 1문단에서 루소는 주권자로서 결합한 인민은 단순히 여러 사람이 모인 단체가 아니라 정치적 인격을 갖춘 인민체가 된다고 언급했다는 진술이 있다. 따라서 루소에게 주권은 정치적 집합체에게 있다는 진술은 적절하다.
③ 5문단에서 루소는 주권자가 인민이면 인민의 의지가 법 위에 있다고 진술하며, 자유 국가에서는 인민의 뜻이 법 위에 있다고 진술한다. 따라서 루소에게 주권은 인민이 법 위에 존재하는 근거라는 진술은 적절하다.
⑤ 5문단에 주권을 가장 높은 곳에 있는 힘으로 간주하는 이 접근법은 근대 초기에 절대 왕정의 국왕 주권을 설명하는 데 자주 활용되었다는 진술이 있다. 따라서 주권은 절대 군주의 권력을 정당화하는 데 사용되기도 하였다는 진술은 적절하다.

## 069

⑤

**정답 해설**

"급속히 자리 잡은 자본주의 체제는 … 노동법, 경제법, 사회보장법과 같은 법률 분야가 생겨나게 되었다. 따라서 이들 법 영역에는 공·사법 양쪽의 성격이 나타난다."라고 하였다.

**오답 해설**

① "중국에서 율·령은 전국시대부터 등장하였지만, 대체로 737년 당의 개원율령으로써 율령격식의 체제를 완비하였다고 본다."라고 하였으므로 율령격식의 체제가 중국의 전국시대에 완비되었다고 볼 수 없다.
② 동아시아 전통에서 "사법이 없었다고 말할 수는 없겠지만, 그것은 … 성문법이 아닌 관습법의 영역에 맡겨져 있었다"라고 하였으므로 성문법으로 규정할 분야로 보지 않는 것은 공법이 아니라 사법이었다.

③ "인민의 정치적 주체성이 기반이 된 그리스 민주정치를 잘 알고 있었고 … 로마의 토양에서는 … 사법이 법의 대상이 된다는 인식은 당연했을지 모른다. 반면에 … 동아시아의 전통 사회는 사법의 발달에 우호적인 환경이 아니었"다고 하였으므로 인민의 정치적 주체성에 대한 인식이 성장하기 어려웠다.
④ 격과 식은 율령을 보완하는 것이라 말할 뿐, 사법 영역을 규율하는 것으로 설명하지 않는다.

## 070  ②
**정답 해설**
"요즘은 대개 … 국가의 행위라 하더라도 일반 개인과 수평적인 관계에서 이루어질 때에는 사법이라" 한다고 했으므로 ②의 내용은 공법이 아닌 사법에 대한 설명이다.

**오답 해설**
① "근대 사법이 원리로 삼는 평등한 개인 간의 자유로운 합의가 실제로는 이루어지지 못하는 실정을 낳았다. 예를 들면, … 계약의 상대나 내용에 대해 선택의 자유를 누리지 못하는 일은 흔하다."라고 했으므로 적절한 설명이다.
③ "현대 사회에 들어서면서는 다소 모호한 법 영역이 등장한다. … 노동법, 경제법, 사회보장법과 같은 법률 분야가 생겨나게 되었다. 따라서 이들 법 영역에는 공·사법 양쪽의 성격이 나타난다."라고 했으므로 적절한 설명이다.
④ 동아시아 전통에서 "사법이 없었다고 말할 수는 없겠지만, 그것은 … 성문법이 아닌 관습법의 영역에 맡겨져 있었다"라고 했으므로 적절한 설명이다.
⑤ "공법과 사법의 구별이 필요 없다는 주장도 있지만, 양자의 성질상 차이를 바탕으로 소송 제도도 별개로 규정되는 등 이 둘의 구분은 여전히 우리 법제의 근간에서 작용한다."라고 했으므로 적절한 설명이다.

## 071  ③
**정답 해설**
전통적 기준은 로마법에서의 기준을 가리키며, 그것을 이익의 관점에서 구분하는 것이라 설명하면서, 성질에 기반한 요즘의 기준과 대비한다. 후자에서는 공법을 "공권력의 고권적 상하 작용을 바탕으로 하는 것"이라 설명한다. 따라서 ③의 내용은 전통적 기준이 아니라 요즘의 기준에 따른 내용이다.

**오답 해설**
① "고대 로마시대에서부터 국가의 공공 이익을 위한 법은 공법 … 이라 분류했었다."라고 했으므로 적절한 설명이다.
② "로마시대에 사법과 공법의 구별 기준은 … 오래된 전통적 기준이기도 했었다."라고 했으므로 적절한 설명이다.
④ "고대 로마시대에서부터 … 시민 각자의 개별 이익을 위하여 존재하는 법은 사법이라 분류했었다."라고 했으므로 적절한 설명이다.
⑤ "좀 더 철학적으로 들여다보면, 공법은 공화국이라는 추상적 실체로서의 공적 조직에 관한, 그리고 그것과 그에 속한 시민들과의 관계를 설정하는 법이라 할 수 있고, 반면에 사법은 구체적인 세상살이를 대상으로 한다고 이해할 수도 있다."라고 했으므로 적절한 설명이다.

## 072  ④
**정답 해설**
이어지는 문장인 "따라서 이들 법 영역에는 공·사법 양쪽의 성격이 나타난다."에 호응해야 하므로 "개별 주체들의 자율에 맡"긴다는 사법적 요소와 "국가의 공권이 개입"한다는 공법적 요소가 함께 나타나는 ④가 가장 적절하다.

**오답 해설**
① 법이 정의에서 유래한다는 것은 공·사법에 관계된 요소를 반영하는 것이라 할 수 없다.
② 공법과 사법의 구별 기준과 별개의 기준으로 분류하는 것이 공·사법에 관계된 요소를 반영하는 것이라 할 수 없다.
③ 완결된 체계로 폭넓게 망라한다는 것이 공·사법에 관계된 요소를 반영하는 것으로 직접 이어지지는 않는다.
⑤ '현실 생활의 전반을 규율'이라는 사법적 요소의 배제는 공·사법에 관계된 요소를 반영하는 것과 어긋난다.

## 073  ③
**정답 해설**
2문단에서 과포화 상태가 유발되면 평형으로 이동하려는 경향에 의해서 용질이 석출된다고 하였다.

**오답 해설**
① 1문단에서 재결정화 기술은 입자의 크기를 조절하는 기술로 입자의 크기 조절뿐 아니라 부가적으로 입자의 순도를 높일 수 있다고 하였다.

② 1문단에서 비교적 적은 에너지와 상온에서 결정화를 진행할 수 있다고 하였다.
④ 4문단에서 반용매의 주입 속도가 증가할수록 결정의 크기는 감소한다고 하였다.
⑤ 2문단에 따르면 과포화는 용해도 이상으로 용질이 녹아 있는 상태이다.

▶ 출처  김유정(2011), 액체 반용매 공정을 이용한 제약 성분의 재결정화, 경북대학교 공학석사학위논문, 경북대학교 대학원.

## 074  ②
### 정답 해설
ㄴ. 4문단에 따르면 과포화도 증가는 결정 크기를 감소시키고 용질의 농도가 높아지면 과포화도가 증가한다고 했으므로, 용질 ⓑ가 녹아있는 양이 적었다면 같은 조건으로 반용매 ⓒ를 주입하였을 때 결정의 크기는 더 커졌을 것이다.

### 오답 해설
ㄱ. 2문단에 따르면 용질 ⓑ는 용매 ⓐ에는 잘 녹고 반용매 ⓒ에는 녹지 않는다.
ㄷ. 2문단에 따르면 반용매를 첨가함으로써 용질의 용해도가 감소한다. 따라서 반용매 ⓒ의 첨가 전후에 용질 ⓑ의 용매 ⓐ에서의 용해도는 감소한다.

## 075  ③
### 정답 해설
㉠: 특정 과포화 상태에서 생성될 수 있는 고체상 결정의 총량은 일정하므로 생성되는 핵의 수가 많아진다는 것으로부터 결정의 크기가 '감소'함을 추론할 수 있다.
㉡: 핵 생성 속도 차수 b가 결정 성장 속도 차수 g보다 크다는 것은 용질이 결정의 크기가 커지는 데 소모되는 것보다 핵 생성에 더 많이 쓰인다는 것을 의미하므로 과포화도가 증가함에 따라 핵 생성속도가 더 빠르게 '증가'하게 된다.
㉢: 따라서 입자의 크기는 '감소'함을 추론할 수 있다.

## 076  ⑤
### 정답 해설
4문단과 5문단에, 전도와 대류의 관계를 나타내는 무차원 수인 비오트 수는 설명되어 있으나 전도와 복사의 관계를 나타내는 무차원 수는 소개되어 있지 않다.

### 오답 해설
① 1문단에 전달 현상의 세부 분야는 물질 전달, 열전달, 유체 역학이라고 설명되어 있다.
② 1문단에 무차원 수의 유용성은 유체의 거동을 전체적으로 파악하는 데 편리하다고 설명되어 있다.
③ 3문단에 따르면 태양열이 지구에 전달될 때 열전달 방식은 복사이다.
④ 2문단에서 힘의 차원이 유도 차원이라는 것을 알 수 있다.

▶ 출처  워렌 리 맥 카베, 줄리안 C. 스미스 외(2017), McCabe의 단위조작, 7판, 한국맥그로힐, p13~14, p251~260.

## 077  ④
### 정답 해설
4문단에 따르면 비오트 수는 물의 대류에 대한 열전달 계수와 구슬의 열전도도를 열이 전도되는 길이로 나눈 값의 비이다. 따라서 열이 전도되는 길이를 알아야 한다.

### 오답 해설
① 2문단에 따르면 길이, 질량, 시간은 기본 차원이고 이것이 결합되어 표시된 차원이 유도 차원이다. 속도는 시간과 길이가 결합된 차원이므로 유도 차원이다.
② 3문단에 따르면 열이 어떤 물질을 통하지 않고 직접 옮아가는 현상이 복사이다.
③ 2문단에 설명되어 있는 가속도의 경우 세 개의 기본 차원으로 구성되어 있다.
⑤ 4문단에 따르면 어떤 물체의 내부 온도가 열이 전달되는 과정 동안 거의 같게 유지되는 상태가 집중(lump)된 상태이다.

## 078  ②
### 정답 해설
5문단에서 비오트 수가 0.1보다 작은 경우에는 고체 내의 열전달이 잘 일어나 고체 내 온도가 같다고 가정해도 된다고 했으므로, 비오트 수가 0.1보다 큰 경우는 고체 내의 열전달이 잘 일어나지 않아 한 덩어리로 간주할 수 없음을 알 수 있다. 따라서 고체에서 전도가 잘 안 일어난다는 것이다. 따라서 (가)는 '보다 크므로', (나)는 '없다'가 적절하다.

## 079 ①
### 정답 해설
윗글은 서술 대상인 철학과 과학의 공통적 특성과 차이점을 설명하고 있다. 제시문의 "철학이든 ~ 같다."와 같은 서술 방식을 보면 철학과 과학의 공통적 특성에 주목하고 있음을 알 수 있다. 또한 "아무리 ~ 사용한다."나 "철학은 ~ 다르다." 등의 서술 방식을 보면, 철학과 과학의 차이점을 드러내는 대조의 방식을 통해 내용을 전개하고 있음을 알 수 있다.

### 오답 해설
② 윗글에서는 서술 대상인 철학과 과학의 공통적 특성과 차이에 주목하여 내용을 전개하고 있지, 두 서술 대상과 관련한 상반된 견해를 제시하는 것은 아니다. 또한 두 상반된 견해와 관련한 절충안을 제시하는 것도 아니다.
③, ④ 윗글에서는 비유적 표현을 찾을 수 없고, 서술 대상의 외양을 객관적으로 묘사하는 서술도 드러나지 않는다.
⑤ 두 서술 대상인 철학과 과학의 공통적 특성과 차이점에 대한 서술은 존재하지만, 두 대상 간의 갈등 관계에 주목하여 두 대상의 역사적 변천 과정을 조명하는 것은 아니다.

▶ 출처  최훈(2020), 『읽기만 하면 내 것이 되는 1페이지 철학 365』, 비에이블.

## 080 ⑤
### 정답 해설
[A]의 "경제학자나 철학자 모두 평등을 묻는다."에서 알 수 있듯이 '경제학자나 철학자' 모두 '평등'과 같은 추상적 개념을 연구 대상으로 삼고 있음을 알 수 있다. 따라서 과학자가 '평등'과 같은 추상적 개념을 연구 대상으로 삼지 않는다는 것은 적절한 이해로 볼 수 없다.

### 오답 해설
① [A]의 "철학자는 사람들이 당연하게 받아들이는 전제를 의심하거나 개념을 분석하는 등의 방법을 사용한다."에서 알 수 있듯이 철학자는 사람들이 '당연하게 받아들이는 전제를 의심하하'는 방법을 통해 자신이 주장하고자 하는 것들을 해명하고 있음을 알 수 있다.
② [A]의 "아무리 이론 물리학자라고 하더라도 그가 세운 이론은 경험적으로 검증돼야 하며 ~"에서 알 수 있듯이 이론 물리학자조차도 그가 과학을 연구하는 학자라면, 자신의 이론은 철학자의 이론과는 달리 경험적으로 검증돼야 한다.
③ [A]의 "가끔 철학과 과학이 같은 문제를 다루기도 한다."에서 알 수 있듯이 과학자나 철학자는 종종 동일한 문제를 다루고 있음을 알 수 있다.
④ [A]의 "아무리 ~ 경제학자는 실증 자료로 ~ 개념을 분석하는 ~"에서 알 수 있듯이 철학자는 과학자와는 달리 자신의 주장을 실증적 자료보다는 개념을 분석하는 방법을 통해 검증하고 있음을 알 수 있다.

## 081 ⑤
### 정답 해설
철학이 과학과 다른 점은 '다른 학문이 당연하게 받아들이는 것을 계속 묻는 학문이라는 것이다. 따라서 청소년 일탈 행위와 복잡한 입시 제도가 밀접한 상관관계가 있다는 교육학계(다른 학문)의 일반화된 주장, 곧 '다른 학문'의 주장에 대해 지속적인 물음을 제기하는 것은 철학의 추상적 성격을 잘 드러내는 것이다.

### 오답 해설
① 윗글에서 "과학자는 ~ 법칙을 찾지만 ~"에서 알 수 있듯이, 다양한 민중 봉기 사건에서 혁명의 원인과 법칙을 찾아내는 것은 과학의 성격을 잘 보여주는 것이다.
②, ③, ④ 윗글에서 "과학자 ~ 인과 관계를 찾는 일이다."에서 알 수 있듯이, 과학자는 어떤 현상의 원인을 찾는 일에 집중한다. 따라서 어떤 현상의 원인을 찾는 것과 관련된 사례는 ㉠의 적절한 사례는 아니다.

## 082 ①
### 정답 해설
윗글에서 "철학자는 ~ 추한지 묻는다."고 서술하고 있다. 즉 철학자는 세상이 '어떻게 되어 있는지'를 탐구하는 과학자와는 구별되는 존재이다. 따라서 전통 민속놀이인 '답청'의 존재 여부에 주목하는 ①은 과학자의 물음과 관계가 있다는 점에서 '철학을 하고 있는 것'과는 거리가 멀다.

### 오답 해설
② '아희들'을 어두운 존재로 형상화한 부분을 '좋은 세상'의 문제와 결부시켜 감상하고 있다는 점에서 '철학을 하는 것'과 관계가 있다.
③ '민중'의 생명력을 '풀'로 형상화하고 있는 것을 '아름다움'과 같은 미적 규범을 묻는 것으로 감상하고 있으므로 '철학을 하는 것'과 관계가 있다.
④ '매 맞는 풀'을 폭력의 문제와 결부시키며 '정의'의 문제를 문제 삼고 있으므로 '철학을 하는 것'과 관계가 있다.
⑤ '밟으면 밟을수록 푸른' 존재로 형상화된 '풀'을 긍정의 세계관과 관련시켜 '좋은' 세계관을 문제 삼고 있으므로 '철학을 하는 것'과 관계가 있다.

## 083 ③

**정답 해설**
'지원 내용'을 통해 개폐식 방범창 설치와 교체 모두 지원받을 수 있다는 것을 알 수 있다.

**오답 해설**
① 신청자가 많을 경우 예산 범위 내에서 침수 우려 반지하 주택 및 안전취약계층을 우선 선정하므로 지원받지 못할 수도 있다.
② 개폐식 방범창 설치에 대한 비용은 전액 지원으로 자부담은 없다.
④ 전자우편 신청은 관할 구청 담당자에게 문의해야 한다.
⑤ 우편으로 접수할 경우 신청 기간 내 해당 구청에 도착해야 한다.

▶ 출처  인천광역시청 홈페이지(incheon.go.kr/IC010101/view?nttNo=2042770&curPage=4)

## 084 ②

**정답 해설**
침수 우려 반지하 주택이 우선 선정되고 중구는 신청 가능하므로 지원받을 확률이 가장 높다.

**오답 해설**
① 서구는 신청이 마감되었으므로 지원받을 수 없다.
③ 침수 우려가 있는 반지하 주택이 우선 선정되고 저소득층은 우선순위에 해당하지 않는다.
④ 전입신고를 한 반지하 주택 거주자만 신청 가능하다.
⑤ 1가구당 1개 창문만 설치를 지원하고 있으므로 2개의 창문에 대해 지원을 받을 수 없다.

## 085 ②

**정답 해설**
[장면2]에서는 박 기자의 보도 내용에 마일리지가 쌓이는 구체적인 금액이 설명되고 있지만, 제시되는 시각화 자료에는 마일리지 적립에 대한 간단한 묘사만이 제시되고 있다. 따라서 '보도 내용보다 자세하게 시각화한 자료를 제시한다'는 진술은 적절하지 않다.

**오답 해설**
① [장면1]에서는 앵커의 보도 내용 중 핵심이 되는 내용인 '대중교통, 이동한 거리, 교통비 할인'을 부각하여 글자의 크기를 크고 두껍게 표현하고 있다.
③ [장면3]에서는 박 기자가 출근길에 실제로 앱을 사용한 영상을 보여줌으로써 알뜰교통카드에 대한 정보 전달의 실재감을 높이고 있다.
④ [장면4]에서는 시민의 인터뷰 발화에서 생략된 내용들을 자막에 괄호 내용으로 보완하여 발화의 의미를 정확하게 전달하고 있다.
⑤ [장면5]에서는 알뜰교통카드에 대한 자세한 내용을 확인할 수 있는 홈페이지 주소와 더불어 QR 코드도 함께 제공해 주고 있어 시청자의 정보 접근성을 높이고 있다.

▶ 출처  KBS(2023.07.03.), KBS뉴스 "심층K"(https://news.kbs.co.kr/news/view.do?ncd=7714045)

## 086 ③

**정답 해설**
시청자3은 알뜰교통카드를 알려주는 뉴스 보도 목적을 강조하며, 과장된 제목을 비판하고 있다. 뉴스 보도의 목적은 정보 전달이기에, 중요한 핵심 정보를 요약한 제목으로 수정하는 것이 타당하다. 따라서 '설득을 목적으로 하는 뉴스 내용과 관련하여 뉴스 제목의 타당성을 점검하였다.'의 진술은 적절하지 않다.

**오답 해설**
① 시청자1은 평소 출퇴근 교통비가 많이 들었지만 알뜰교통카드 마일리지 적립을 통해 절약하고 있는 자신의 긍정적 경험을 예시로 들며, 자신과 비슷한 상황의 사람들에게 뉴스 정보가 유용할 것이라 평가하고 있으므로 적절한 진술이다.
② 시청자2는 카드사별 각기 다른 할인 정보와 월평균 구체적인 할인 금액에 대한 추가 정보를 요청하고 있으므로 적절한 진술이다.
④ 시청자4는 신조어와 줄임말의 사용을 비판하며 공중파 방송에서의 뉴스 언어 사용 자세에 대해 언급하고 있으므로 적절한 진술이다.
⑤ 시청자3과 4는 과장된 뉴스 제목과 '뚜벅이, 영끌'과 같은 특정 단어 사용을 비판하고 있으므로 적절한 진술이다.

## 087 ③

**정답 해설**
과거 시제 선어말 어미 '-았/었-'을 통해 박 기자가 출근길에 앱을 사용한 시점이 과거임을 나타내고 있다. 따라서 앱을 사용한 시점은 보도하는 시점 이전이다.

### 오답 해설

① 연결어미 '-ㄹ수록'은 '앞 절 일의 어떤 정도가 그렇게 더하여 가는 것이, 뒤 절 일의 어떤 정도가 더하거나 덜하게 되는 조건이 됨을 나타내는 연결 어미'이다. 따라서 뒤 절의 내용이 교통비 절감의 조건이 되기에 적절하지 않다.
② 보조 용언 '있다'는 '앞말이 뜻하는 행동이 계속 진행되고 있거나 그 행동의 결과가 지속됨을 나타내는 말'이다. 알뜰교통카드 제도의 시행이 지속적으로 진행됨이 아닌, '다시 화제가 되는 상황'이 진행됨을 나타내는 것이기에 적절하지 않다.
④ '못' 부정문은 주체의 의지가 아닌, 그의 능력상 불가능하거나 또는 외부의 어떤 원인 때문에 그 행위가 일어나지 못하는 것을 표현할 때 주로 쓰인다. 따라서 시민이 마일리지 적립을 의도적으로 받지 않았다는 진술은 적절하지 않다.
⑤ 보조사 '도'는 '이미 어떤 것이 포함되고 그 위에 더함의 뜻을 나타내는 보조사'이다. 기존 앱 기능에 모바일 페이 기능이 더해지는 것을 나타내며, "~ 이용할 수 있게 할 예정이라고 합니다."라고 했으므로 이미 포함된 것이 아니라 포함될 예정이기에 적절하지 않다.

## 088 ④
### 정답 해설
119 안전캠프 운영은 "온열질환(일사병, 열사병 등) 처치요령 등 정보 전달"을 내용으로 하고 있으므로 일사병 증상에 대한 처치 요청을 배울 수 있다.

### 오답 해설
① 하루 최고 체감 온도가 35℃ 이상인 상태가 2일 이상 지속될 것으로 예상될 때는 폭염 경보가 발령된다.
② 폭염 대비·대응 비상 상황실은 2023년 9월 30일까지 운영될 예정이지만 필요시 기간 연장이 가능하다고 명시되어 있다.
③ 119 순회 구급대 재난 예방 순찰은 폭염 대책 추진 기간 중 상시로 실시된다.
⑤ 비대면 예방 교육·홍보 추진은 폭염 대책 기간 중 상시로 이루어진다.

▶ 출처 서울시 송파소방서 재난관리과(문서번호 재난관리과-3944)

## 089 ⑤
### 정답 해설
정전이 발생하면 한국전력과 협업하여 발전차 등 케이블을 연결하고 전력 복구 및 공급을 하는 것이 현장 대응절차이다. 따라서 완전히 복구될 때까지 전기가 공급되지 않는 것은 아니다.

### 오답 해설
① 정전이 신고되면 종합방재센터에서 상황을 접수하고 이 내용을 전파한다.
② 관할 소방서에서 통제단을 가동하고, 발전차를 요청하며, 현장에 출동한다.
③ 소방서는 정전에 신속하게 대응하고 복구하기 위해 한국전력과 협업체계를 구축한다.
④ 동시다발 승강기 갇힘 사고 발생 시, 각 서의 생활 안전대 승강기 분야가 출동한다.

## 090 ③
### 정답 해설
ⓒ의 업무는 "비대면 온열 질환 예방 교육·홍보 추진"이다. 따라서 여름철 감기와는 무관하다.

### 오답 해설
① 기상 특보 확인 방법은 비대면 홍보의 내용으로 제시되어 있으며 유튜브 채널 공개는 비대면 홍보에 해당한다.
② 대피 시설 정보를 전달하는 것은 홍보 내용으로 적절하므로 무더위 쉼터를 지도로 만들어 소방서 대표 홈페이지에 올리는 것은 비대면 홍보에 해당된다.
④ 열사병에 걸렸을 경우 대처법을 안내하는 것은 홍보 내용으로 적절하며 119 안전캠프 홈페이지는 비대면 홍보 매체에 해당된다.
⑤ 외출 자제 및 물병 휴대 당부는 폭염 대비 행동요령으로 적절하며 소방서 유튜브 채널은 비대면 홍보 매체에 해당된다.

## 국어 문화 091번~100번

기출문제집 p.142

| 091 | 092 | 093 | 094 | 095 |
|---|---|---|---|---|
| ① | ① | ④ | ③ | ② |
| 096 | 097 | 098 | 099 | 100 |
| ③ | ① | ④ | ⑤ | ④ |

## 091 ①
### 정답 해설
〈보기〉에서 설명하고 있는 작품은 〈고산구곡가〉이다. 이이(李珥)가 석담에서 고산구곡을 경영하여 은병정사(隱屛精舍)를 짓고 은거하면서 지었다고 한다.

## 091

### 오답 해설

② 〈도산십이곡〉은 조선 명종 때 퇴계 이황이 지은 연시조로, 65세 때의 작품으로 모두 12수로 되어 있으며 전 6곡은 언지(言志), 후 6곡은 언학(言學)이라 하였다.
③ 〈어부사시사〉는 조선 효종 때 윤선도가 지은 연시조로, 강촌에서 자연과 더불어 살아가는 어부의 생활을 노래하였다. 춘, 하, 추, 동 각 10수씩 모두 40수로 되어 있다.
④ 〈장진주사〉는 조선 선조 때 정철이 지은 사설시조로, 인생은 덧없는 것이니 술이나 마시자는 권주가로, 이백의 〈장진주〉에서 영향을 받았다.
⑤ 〈훈민가〉는 조선 시대 송강 정철이 지은 16수의 시조, 작가가 강원도 관찰사로 있을 때 백성을 훈계하기 위하여 지었다.

▶ 출처  한국민족문화대백과

## 092  ①

### 정답 해설

〈보기〉에서 설명하고 있는 김동인의 작품은 〈감자〉이다. 환경에 의해 타락해가는 복녀의 일생을 시종 냉엄한 객관자의 시점으로 조명하고 있고, 특히 결말 부분에서 복녀의 시체를 놓고 왕서방과 한의사와 복녀의 남편 사이의 금전 거래 장면을 냉철하게 부각함으로써 비정한 인심을 객관적으로 잘 드러낸 작품이다.

### 오답 해설

② 〈광화사〉는 김동인이 지은 단편 소설로, 옛 화가 솔거를 주인공으로 하여 낭만주의적인 예술가상을 제시한 작품으로, 작가의 유미주의적 경향을 대표한다.
③ 〈붉은산〉은 김동인이 지은 단편 소설로, '삵'이라는 비도덕적이고 몰염치하게 보이는 인물의 비극적인 죽음을 통하여 식민지 시대 만주 이주민들의 고통스러운 삶과 민족애를 형상화하였다.
④ 〈배따라기〉는 김동인의 단편 소설로, 주인공인 내가 화창한 봄날, 대동강에 나왔다가 그곳에서 영유 배따라기를 부르는 어느 떠돌이를 만나, 그의 의처증으로 인해 일어난 아내와 동생에 얽힌 비극적 사연을 듣는 내용이다.
⑤ 〈광염소나타〉는 김동인의 소설로, 사회에서 거의 용납되기 힘든 극단적인 미의식을 주장한 작품이다. 인간과 사회는 예술을 위해 짓밟혀도 좋다는 K선생의 주장에서 추하거나 부도덕한 것에까지 미를 찾으려고 하였던 김동인의 문학관을 엿볼 수 있다.

▶ 출처  한국민족문화대백과

## 093  ④

### 정답 해설

신경림은 시집 『농무』에서 급속한 산업화 과정에서 소외된 농민들의 삶의 현장을 사실적으로 그려내고 있다. 신경림에게 농촌은 투박하고 거칠지만 진실되고 소박함이 있는 삶의 현장이다. 그러한 농촌의 모습과 농민들의 삶을 있는 그대로 그려내는 언어의 일상성과 진솔함으로 인하여 사실감을 불러일으킨다.

### 오답 해설

① 김소월은 정한(情恨)의 정서를 다룬 시를 주로 썼으며 민족적 현실에 대한 비극적 인식을 담고 있다. 〈진달래꽃〉, 〈가는 길〉 등이 있다.
② 김수영은 현실의 억압과 좌절 속에서 일어서고자 하였던 1960년대의 대표적인 시인의 한 사람이며 현실참여의 목소리를 보여주었다. 〈풀〉, 〈어느 날 고궁을 나오면서〉 등이 있다.
③ 김춘수는 언어와 대상 간의 관계를 고민하고 그 해답을 얻기 위해 고투했던 시인으로 '무의미시'는 우리 시의 새로운 가능성을 보여준 사례로 시문학사에 깊게 각인돼 있다. 〈꽃〉 등이 있다.
⑤ 신동엽은 시를 통해 전통적인 서정성과 역사의식의 결합을 시도한다. 〈껍데기는 가라〉, 〈금강〉 등이 있다.

▶ 출처
- 권영민(2020), 『한국현대문학사』, 민음사.
- 한국민족문화대백과사전

## 094  ③

### 정답 해설

'담임하다'는 문맥상 '담당하다'의 유의어로 '학급 담임을 하다.'의 의미가 아닌 '연출은 연학년 씨가 담당하였다.'의 의미로 읽는다.

### 오답 해설

① 제목에서 "이 일간 희극 대회"라고 하였으며, 본문에서 "오는 이십이 일과 이십삼 일"이라고 하였으므로 이틀간 열림을 알 수 있다.
② 상연하는 연극은 「벙어리 여자와 결혼한 남자」, 「미루마의 일곱 귀신」 두 편이다.
④ "이 주최는 동교의 년중 행사의 하나로"라고 한 것에서 알 수 있다.
⑤ "수입금은 자선 사업에 소비할 것이라 하며"라고 하였고, "관람 료금은 일 원 오십 전, 팔십 전, 사십 전의 세 종류라더라"라고 한 것에서 알 수 있다.

▶ 출처  『중외일보』 1929년 2월 22일

## 095 ②
**정답 해설**

'변통'은 "형편과 경우에 따라서 일을 융통성 있게 잘 처리함."이라는 어휘이다. "연락하거나 기별함. 또는 그런 통지"는 '연통(連通)'의 의미이다.

▶ 출처  장끼전

## 096 ③
**정답 해설**

'제'는 모음으로 끝난 체언인 '저'에 주격 조사가 아닌, 관형격(속격) 조사 'ㅣ'가 결합한 말이다. 중세국어에서는 '내', '네', '제', '쇠' 등처럼 모음으로 끝나는 일부 유정물 체언에 관형격 조사 '이/의' 대신에 'ㅣ'가 결합한다.

**오답 해설**

① '말쏘미'는 자음으로 끝난 체언인 '말씀'에 주격 조사 '이'가 결합한 것인데 모음 조사 앞에서 체언의 말자음이 연음됨에 따라 연철(이어적기)되었다.
② '배'는 모음으로 끝난 체언인 '바'에 주격 조사 'ㅣ'가 결합한 것인데 체언의 말모음 'ㅏ(a)'와 'ㅣ(y)'가 결합하여 이중모음 'ㅐ'를 형성한 것이다.
④ '노미'는 자음으로 끝난 체언인 '놈'에 주격 조사 '이'가 결합한 것인데 모음 조사 앞에서 체언의 말자음이 연음됨에 따라 연철(이어적기)되었다.
⑤ '내'는 모음으로 끝난 체언인 '나'에 주격 조사 'ㅣ'가 결합한 말이다. 체언의 말모음 'ㅏ(a)'와 'ㅣ(y)'가 결합하여 이중모음 'ㅐ'를 형성한 것이다.

▶ 출처  박창원(2005), 『훈민정음』, 신구문화사.

## 097 ①
**정답 해설**

남에서는 어두음이 유성음이고 첫음절의 모음이 'ㅓ, ㅜ'인 색채를 나타내는 형용사 앞에 붙으므로 '멀겋다'에는 '싯-'이 붙을 수 있다. 북에서는 일부 형용사말뿌리에 붙으며, 어두운 모음을 가진 형용사의 앞에 붙으므로 역시 '멀겋다'에 '싯-'이 붙을 수 있다.

**오답 해설**

② 남의 표기는 맞으나, 북의 표기는 '노랗다'의 '노'는 어두운 모음이 아니므로 틀린 표기이다.
③ '허옇다'는 어두음이 유성음이 아니므로 남의 표기가 틀렸다. 남에서는 '시허옇다'라고 써야 맞다.
④ '커멓다'는 어두음이 유성음이 아니므로 남의 표기가 틀렸다. 남에서는 '시커멓다'라고 써야 맞다.
⑤ '퍼렇다'는 어두음이 유성음이 아니므로 남의 표기가 틀렸다. 남에서는 '시퍼렇다'라고 써야 맞다.

▶ 출처  국어사정위원회(2010), 『조선말규범집』, 사회과학원 출판사.

## 098 ④
**정답 해설**

제시된 수형 사진은 '마음이 가라앉아 조용하다'를 의미하는 '차분하다'에 해당한다.

**오답 해설**

① '불쌍하다'는 '울다'를 의미하는 수어와 '사랑'을 의미하는 수어가 결합한 것으로, 오른 주먹의 1·5지를 펴서 끝을 맞대어 오른쪽 눈 밑에서 아래로 내린 다음, 손등이 왼쪽으로 향하게 모로 세운 왼 주먹 위에 오른 손바닥을 대고 오른손만 오른쪽으로 돌린다.
② '어리석다'는 두 주먹의 1지를 펴서 약간 구부려 끝을 양쪽 관자놀이에 댔다가 내리며 손등이 위로 손끝이 아래로 향하게 한다.
③ '영리하다'는 '생각'을 의미하는 수어와 '빠르다/살피다'를 의미하는 수어가 결합한 것으로, 오른 주먹의 1지를 펴서 끝을 오른쪽 관자놀이에 댄 다음, 오른 주먹의 1·2지를 펴서 반쯤 구부려 왼쪽 눈 밑에서 빠르게 오른쪽으로 이동시킨다.
⑤ '시무룩하다'는 오른손의 손가락을 약간 구부려 손바닥이 얼굴로 향하게 하여 약간 내리며 손가락을 좀 더 구부린다.

## 099 ⑤
**정답 해설**

법률에서 말하는 '선의'란 좋은 의도가 아니라 '일정한 사실에 대한 부지(不知)의 심리 상태'를 의미한다. 따라서 '일정한 사실을 알지 못하는'으로 해석하는 것이 가장 적절하다.

## 100 ④
**정답 해설**

세 번째 남자 진행자의 발화에서 광주에 있는 리포터가 내용을 전달할 것임을 알리고 있지만 이는 리포터가 전달할 지역 관련 정보를 미리 요약해 시청자들에게 소개하는 것은 아니다.

**오답 해설**

① 두 번째 남자 진행자의 발화에서 시청자에게 어제의 강수 상황과 앞으로의 강수 예보 등 시의적이고 유용한 정보를 전달하고 있음을 알 수 있다.
② 두 번째 여자 진행자의 발화에서 남자 진행자의 발화 내용을 구체화하고 시청자에게 안전을 위한 유의 사항을 당부하고 있음을 알 수 있다.
③ 크기와 색으로 강조된 자막이 제시되고 앞으로 소개될 내용이 미리 시청자들에게 제시되고 있음을 알 수 있다.
⑤ 리포터가 등장하는 영상에 꿀과 관련된 벌집 이미지가 제시되어 앞으로 소개될 내용이 꿀임을 암시하고 있음을 알 수 있다.

▶ **출처** KBS1(2023.06.28.), 6시 내고향(7818회)

| 2023년 6월 18일 시행 |

# 제73회 KBS한국어능력시험

# 정답과 해설

## 2023년 6월 18일 시행

# 제73회 정답과 해설

## 듣기·말하기    001번~015번

기출문제집 p.149

| 001 | ⑤ | 002 | ⑤ | 003 | ③ | 004 | ③ | 005 | ③ |
| 006 | ④ | 007 | ④ | 008 | ③ | 009 | ③ | 010 | ① |
| 011 | ④ | 012 | ⑤ | 013 | ⑤ | 014 | ③ | 015 | ② |

## 001                                                                ⑤

**듣기 대본**

1번. 먼저 그림에 대한 설명을 들려 드립니다.
에드워드 호퍼는 20세기 유행하던 추상 미술의 흐름을 따르지 않고 미국 사회의 모습을 있는 그대로 그려낸 점에서 높이 평가되고 있는 사실주의 화가입니다. 오늘은 그의 대표작이라고 할 수 있는 '나이트호크'를 살펴보고자 합니다.
나이트호크는 야행성 새의 한 종류를 뜻하며 늦은 시간까지 자지 않고 활동하는 사람들을 가리키는 말이기도 합니다. 그림을 보시지요. 어두운 색채로 채워진 밤거리와 대비를 이루는 식당 내부의 환한 조명은 식당에 앉아 있는 인물에 주목하게 합니다. 식당에는 세 명의 손님이 있습니다. 등을 돌리고 혼자 앉아 있는 남자와 서로 다른 곳을 응시하고 있는 남녀의 모습에서 공허함이 느껴집니다. 그리고 인물에게서 느껴지는 고독한 감정은 냉소적인 도시의 이미지를 떠올리게 하지요. 에드워드 호퍼는 이 그림에 대한 인터뷰에서 "나는 그림을 단순화하고 식당을 크게 그림으로써 무의식적으로 그 도시의 고독을 그리고 있었는지도 모르겠습니다."라고 말한 바 있습니다.

**정답 해설**

그림의 표현 방식에 대한 인터뷰는 평론가가 아니라 에드워드 호퍼의 인터뷰가 언급되어 있다.

**오답 해설**

① "20세기 유행하던 추상 미술의 흐름을 따르지 않고 미국 사회의 모습을 있는 그대로 그려낸 점에서 높이 평가되고 있"다고 하였다.
② "나이트호크는 야행성 새의 한 종류를 뜻하며, 늦은 시간까지 자지 않고 활동하는 사람들을 가리키는 말이기도" 하다고 하였다.
③ "어두운 색으로 채워진 밤거리와 대비를 이루는 식당 내부의 환한 조명은 식당에 앉아 있는 인물에 주목하게" 한다고 하였다.

④ 그림의 "인물에게서 느껴지는 고독한 감정은 냉소적인 도시의 이미지를 떠올리게" 한다고 하였다.

▶ 출처
- 시카고 미술관 홈페이지(https://www.artic.edu/artworks/111628/nighthawks)
- 송민, 대도시의 고독을 그린 화가, 에드워드 호퍼, 중앙일보, 2019.02.09.(https://www.joongang.co.kr/article/23356050)

## 002                                                                ⑤

**듣기 대본**

2번. 이번에는 이야기를 들려 드립니다.
한 소년과 할아버지가 국립 공원으로 지정된 산에 오르고 있었습니다. 국립 공원이 사람들에게 입장료를 받는 것을 보고 소년이 할아버지에게 물었습니다. "할아버지, 산은 우리 모두의 것인데 왜 돈을 내고 들어가야 하나요?" 그러자 할아버지가 한 마을의 공유지 이야기를 들려주었습니다. 그 이야기는 다음과 같습니다. 어떤 마을에 가축의 먹이가 되는 풀이 자라는 땅이 있었습니다. 이 목초지는 모든 주민이 아무런 제한 없이 이용할 수 있는 공유지였습니다. 이 땅을 이용하는 주민들은 자신의 가축에게 최대한 많은 풀을 먹이기 위해 매일 목초지를 이용하였습니다. 이렇게 주민들이 자신의 이익만을 추구한 결과, 목초지에는 어떤 풀도 남지 않게 되었습니다. 결국 공유지는 파괴되었고, 가축을 먹일 풀을 찾지 못한 주민들은 모두 고통받게 될 것입니다.

**정답 해설**

이 이야기는 대가 없이 자원을 공유할 때 개인의 이기심이 자원을 파괴할 수 있다는 것을 보여줌으로써 공유지의 비극을 막기 위해 규제나 관리 시스템이 필요하다는 것을 강조하고 있다.

▶ 출처    김민주(2011), 시장의 흐름이 보이는 경제 법칙 101, 위즈덤하우스.

## 003                                                                ③

**듣기 대본**

3번. 이번에는 강연을 들려 드립니다.
날씨가 더워지기 시작하면서 모기가 다시 나타나고 있는데요. 여러분들은 모기에 대해 얼마나 알고 계신가요? 모기는 말라리아, 뎅기열, 황열, 지카바이러스 감염증 등 여러 감염병을 옮기는 골칫거리 해충입니다. 20세기 중반만 해도 모기 같은 해충은 21세기가 되면 박멸되리라고 사람들은 생각했답니다. '기적의 살충제'라고 불린 DDT가 등장했기 때문이죠. 제2차 세계 대전이 한창일 때 동남아시아의 정글에서 모기 퇴치에 쓰이며 그 가치를 인정받은 DDT는 전쟁이 끝나자 전 세계로 보급됐습니다. 인도에서는 1953년부터 모기 퇴치를 목적으로 DDT를 살포하기 시작했고, 1961년에 이르러 불과 8년 만에 말라리아 환자가 약 93% 감소하기도 했습니다. 하지만 모기가 DDT 같은 살충제에 내성을 갖추게 되면서 말라리아 환자 수는 다시 늘어났습니다. 그러자 화학 회사는 더 센 살충제를 만들었지만 모기는 어김없이 내성을 보였습니다. 모기를 합성 살충제로 퇴치할 수 있으리라고 기대하는 과학자는 이제 아무도 없습니다. 그러면 어떻게 해야 할까요? WHO 등이 안전하고 효과적인 모기 막는 방법으로 꼽는 것은 바로 모기장입니다. 모기장을 설치하면 효과적으로 모기의 접근을 차단할 수 있고, 인체와 환경에도 안전합니다. 오늘날의 여러 문제를 해결하는 데 항상 새로운 과학 기술이 답을 내놓으리라고 흔히들 생각하지만 때론 모기장 같은 오래된 과학 기술이, 골치 아픈 문제를 해결하는 효과적인 방법일 수도 있습니다.

#### 정답 해설
인도에서 DDT의 살포가 시작되고 8년 만에 말라리아 환자가 약 93% 감소했다고 하고 있다. 그러나 모기의 수가 얼마나 줄었는지는 알 수 없다.

#### 오답 해설
① "모기는 말라리아, 뎅기열, 황열, 지카바이러스 감염증 등 여러 감염병을 옮기는 골칫거리 해충"이라고 하고 있으므로 일치하는 내용이다.
② "제2차 세계 대전이 한창일 때 동남아시아의 정글에서 모기 퇴치에 쓰이며 그 가치를 인정받은 DDT는 전쟁이 끝나자 전 세계로 보급"되었다고 했으므로 일치하는 내용이다.
④ "모기를 합성 살충제로 퇴치할 수 있으리라고 기대하는 과학자는 이제 아무도 없습니다."라고 했으므로 일치하는 내용이다.
⑤ "WHO 등이 안전하고 효과적인 모기 막는 방법으로 꼽는 것은 바로 모기장입니다."라고 했으므로 일치하는 내용이다.

▶ 출처 고교 독서평설 2021년 8월호.

## 004 ③
#### 듣기 대본
4번. 이번에는 라디오 방송의 일부를 들려 드립니다.
오늘 소개해 드릴 작품인 〈가재가 노래하는 곳〉은 2018년 미국에서 출간된 소설로 뉴욕타임스 베스트셀러에 181주 동안 올라 있었습니다. 이 소설은 영화로도 제작되어 흥행에 성공했습니다. 이 작품에는 1960년대, 미국의 한 습지에서 성장한 소녀 카야가 등장합니다. 연일 폭력을 휘두르는 아버지 때문에 어머니가 떠나갔고, 언니와 오빠들도 차례로 도망쳤습니다. 아버지마저 사라지자 어린 카야는 홀로 생존해야만 했습니다. 카야는 자연과 함께 살아가고, 자연의 법칙을 따라 생활했습니다. 그러나 다른 사람과의 교류가 전혀 없이 완벽하게 혼자 살아갈 수는 없었습니다. 카야는 떠나간 오빠의 친구 '테이트'에게 글자를 배우고 책을 읽으면서 세상의 많은 것을 알게 됩니다. 카야는 습지의 동식물을 관찰하여 그림을 그리고, 글을 써 책으로 출간했습니다. 습지의 이방인인 카야도 이제 세상과 어느 정도 어울리게 된 것입니다. 그러나 마을 사람들에게 카야는 습지에서 혼자 살아가는 야만인이었습니다. 자신들과는 다른, 낯선 존재. 카야를 그들의 일원으로 받아줄 생각은 전혀 없었습니다. 영화는 습지에서 한 명의 시체가 발견되며 시작합니다. 사람들은 별다른 근거도 없지만 마을의 이방인인 카야가 죽였을 것이라고 생각합니다. 카야는 언제나 차별받고, 이유 없는 공격의 대상이었습니다. 카야가 살아가는 습지는 카야의 고향인 동시에 차별당하는 소수를 의미하는 공간입니다. 어린 카야가 홀로 살아남는 과정은 가혹했지만 그런 과정을 통해 카야는 강해졌습니다. 혹시 영화만 보신 분이 있다면 소설을 꼭 읽어보시기를 권합니다.

#### 정답 해설
"카야는 습지의 동식물을 관찰하여 그림을 그리고, 글을 써 책으로 출간했습니다."라고 하였으므로 적절한 내용이다.

#### 오답 해설
① 카야는 오빠의 친구에게 글을 배웠을 뿐만 아니라 책을 출간하며 세상과 어울리게 되었다고 하였다. 그러나 마을 사람들을 그녀를 외부인 취급을 하였다고 한 내용들을 볼 때 카야는 마을 사람들과 교류하며 지냈음을 알 수 있다.
② "카야가 살아가는 습지는 카야의 고향인 동시에 차별당하는 소수를 의미하는 공간입니다."라고 했으므로 적절하지 않다.
④ "그러나 마을 사람들에게 카야는 습지에서 혼자 살아가는 야만인이었습니다. 자신들과는 다른, 낯선 존재. 카야를 그들의 일원으로 받아줄 생각은 전혀 없었습니다."라고 했으므로 적절하지 않다.
⑤ 소설과 영화 모두 성공을 거두었다고 하였다.

▶ 출처 인문교양, 월간 유레카, 2023년 4월호.

## 005 ③
#### 듣기 대본
5번. 이번에는 시 한 편을 들려 드립니다.

너무도 여러 겹의 마음을 가진
그 복숭아나무 곁으로
나는 왠지 가까이 가고 싶지 않았습니다
흰꽃과 분홍꽃을 나란히 피우고 서 있는 그 나무는 아마
사람이 앉지 못할 그늘을 가졌을 거라고
멀리로 멀리로만 지나쳤을 뿐입니다
흰꽃과 분홍꽃 사이에 수천의 빛깔이 있다는 것을
나는 그 나무를 보고 멀리서 알았습니다
눈부셔 눈부셔서 알았습니다
피우고 싶은 꽃빛이 너무 많은 그 나무는
그래서 외로웠을 것이지만 외로운 줄도 몰랐을 것입니다
그 여러 겹의 마음을 읽는 데 참 오래 걸렸습니다

흩어진 꽃잎들 어디 먼 데 닿았을 무렵
조금은 심심한 얼굴을 하고 있는 그 복숭아나무 그늘에서
가만히 들었습니다 저녁이 오는 소리를

#### 정답 해설

이 시는 화자가 '복숭아나무'를 이해해 가는 과정을 담고 있다. 처음에는 화자가 복숭아나무에 대한 편견으로 복숭아나무를 피했지만 멀리서 바라본 복숭아나무를 통해 그것의 진정한 모습을 깨닫게 되며 복숭아나무의 모습을 진정으로 이해하게 된다. 화자는 자신의 편견 때문에 멀기만 했던 복숭아나무와 가까워지기 위해 나무의 그늘로 들어간다. 그리고 그 그늘 속에서 화자와 복숭아나무는 이해와 조화를 이루게 된다. 따라서 이 시의 주제는 복숭아나무에 대한 이해와 깨달음이며 더 나아가 타인에 대한 편견에서 벗어나 따뜻한 관심과 이해가 필요함을 이야기하고 있다.

#### 오답 해설

① 복숭아나무가 희생하고 있지는 않다.
② 복숭아나무가 타인에게 모범이 되는 삶을 산다고 해석하기는 어렵다.
④ 복숭아나무가 한계를 극복하고 자신을 계발하지는 않는다.
⑤ 복숭아나무를 꿈과 목표로 해석하기는 어렵다.

▶ 출처 나희덕, 「그 복숭아나무 곁으로」

## 006  ④

#### 듣기 대본

이번에는 진행자와 전문가의 대담을 들려 드립니다. 6번은 듣기 문항, 7번은 말하기 문항입니다.

진행자: 안녕하십니까. 오늘은 의사 선생님을 모시고 허리 디스크에 대해 알아보겠습니다. 선생님, 우선 디스크라는 것이 무엇인가요?

의사: 사람의 척추는 경추, 흉추, 요추, 천추로 구분되는데, 모두 25개의 척추뼈가 수직으로 연결되어 몸의 중심을 지지하고 있습니다. 각 척추뼈 사이에는 추간판, 즉 디스크라고 하는 연골이 들어 있어서 척추에 가해지는 충격을 흡수하는 역할을 합니다.

진행자: 그렇군요. 그러면 허리 디스크는 허리 쪽의 추간판에 문제가 생긴 것이군요?

의사: 맞습니다. 허리 디스크는 요추 추간판이 어떤 원인에 의해 손상을 입으면서, 추간판 내부의 젤리 같은 수핵이 탈출해 주변의 신경을 압박하는 질환입니다. 요추 추간판 탈출증이 정확한 명칭이지요.

진행자: 건강보험심사평가원에 따르면 2022년 허리 디스크 환자가 무려 197만여 명이었다고 하는데, 이러한 질환이 생기는 원인은 무엇인가요?

의사: 대부분의 추간판 탈출증은 정상적인 노화 과정 또는 반복적인 외상으로 발생합니다. 어릴 때는 수핵의 수분 함량이 88% 수준이지만 나이가 들어 50세경에 이르면 수분이 70~75% 정도로 줄어들면서 추간판이 탄력을 잃게 되어 충격 흡수 능력이 떨어지게 됩니다. 이러한 상태에서 추간판이 과도한 힘을 받으면 섬유 연골과 섬유 조직인 섬유륜이 찢어지거나 파열되는 것이지요.

진행자: 발병을 일찍 인지할수록 치료도 앞당길 수 있을 텐데요, 주요 증상에는 어떤 것이 있나요?

의사: 탈출된 디스크가 각 분절을 지나가는 감각을 자극하면 통증이나 저린 느낌, 감각이 마비된 느낌을 받을 수 있고, 심할 경우 마비를 유발하기도 합니다.

진행자: 그렇군요. 이 질환은 반드시 수술을 받아야만 하나요?

의사: 수술을 필요로 하는 환자는 전체의 3~5% 정도입니다. 주된 치료는 안정과 휴식을 취하면서 진통제와 소염제를 복용하고 물리 치료를 시행하는 것입니다.

진행자: 네, 오늘 말씀 여기까지 듣겠습니다.

#### 정답 해설

"어릴 때는 수핵의 수분 함량이 88% 수준이지만 나이가 들어 50세경에 이르면 수분이 70~75% 정도로 줄어들면서 추간판이 탄력을 잃게 되어"라고 했으므로, '수핵의 수분 함량이 줄어들수록 추간판의 탄력이 강해진다.'는 설명은 적절하지 않다.

#### 오답 해설

① "사람의 척추는 경추, 흉추, 요추, 천추로 구분되는데"라고 했으므로 적절하다.
② "추간판, 즉 디스크라고 하는 연골이 들어 있어서 척추에 가해지는 충격을 흡수하는 역할을 합니다."라고 했으므로 적절하다.

③ "대부분의 추간판 탈출증은 정상적인 노화 과정 또는 반복적인 외상으로 발생합니다."라고 했으므로 적절하다.
⑤ "탈출된 디스크가 각 분절을 지나가는 감각을 자극하면 통증이나 저린 느낌, 감각이 마비된 느낌을 받을 수 있고, 심할 경우 마비를 유발하기도 합니다."라고 했으므로 적절하다.

▶ 출처
- 추간판탈출증(디스크), 국가건강정보포털 의학정보(https://terms.naver.com/entry.naver?docId=6507469&cid=51004&categoryId=51004)
- 강석봉, 통증 유발하는 허리디스크, 초기 치료가 중요, 스포츠경향, 2023.05.03.(https://sports.khan.co.kr/bizlife/sk_index.html?art_id=202305031335003&sec_id=561801)

## 007   ④

**정답 해설**

"건강보험심사평가원에 따르면 2022년 허리디스크 환자가 무려 197만 여 명이었다고 하는데"와 같이 구체적 통계 자료를 언급했으므로, 이는 적절하다.

**오답 해설**

① "추간판 내부의 젤리 같은 수핵"이라는 비유적인 표현이 활용되기는 하였으나, 이는 의사의 발화이다. 진행자가 비유적인 표현을 활용하여 질문하는 내용은 제시되지 않았다.
② 청취자의 의문점을 전달하는 내용은 제시되지 않았다.
③ 의사의 설명에 대해 반대 의견을 제시하고 있지 않다.
⑤ "네, 오늘 말씀 여기까지 듣겠습니다."라고 마무리하고 있으므로, 의사의 말을 요약하며 방송을 마무리하는 내용은 제시되지 않았다.

## 008   ③

**듣기 대본**

다음은 대화의 일부분을 들려 드립니다. 8번은 듣기 문항, 9번은 말하기 문항입니다.
남자: 부동산 이름이 왜 홈런 부동산이에요?
여자: 저희 아버지가 완전 야구광이시거든요. 또 경기장에서든 사회에서든 홈런은 모든 사람들의 꿈이니까요.
남자: 나 이 동네 처음 와서 집 구하러 다닐 때 홈런 부동산 이름 보고 바로 들어갔어요. 나도 야구 좋아하거든요.
여자: 그래요? 야구 좋아하시는 줄은 또 몰랐네요.
남자: 대한민국 기대 수명이 몇 살인 줄 알아요?
여자: 뜬금없이? 음, 여든 살?
남자: 맞아요. 여자가 여든여섯 정도? 거의 아흔 살이죠. 우리가 올해 서른셋인데, 그게 야구로 치면 3회 초에 해당하잖아요. 야구에서 3회면 뭐, 경기 초반이지. 그 경기가 어디로 흘러가서 어떻게 끝날지는 전혀 가늠할 수 없단 얘기예요. 3회 초는.
여자: 그건 90살까지 살 때나 그렇죠. 내가 쉰까지 살지, 아니면 당장 내일 죽을지. 내 인생이 지금 3회일지, 9회일지 어떻게 알아요?
남자: 9회 말 2아웃에도 역전은 있다. 그런 말도 있죠.
여자: 그런데 갑자기 이런 얘길 왜 하시는 건데요? 3회 초니, 9회 말 역전이니. 제가 어제 공모전에서 떨어졌다는 얘기 듣고 그러시나 본데 너무 위로하지 않으셔도 돼요.
남자: 어, 아닌데? 나한테 하는 말인데. 나도 잠시 깜박했거든요. 내 인생 이제 겨우 3회 초, 경기 초반일 뿐이라는 걸요.
여자: 그런데요. 야구 얘기를 한다고 해서 무슨 위로가 되나요? 인생이랑 야구가 같아요?
남자: 내가 야구를 왜 좋아하는 줄 알아요?
여자: 글쎄요.
남자: 내일도 해서예요. 오늘 져도, 내일 이기면 되지. 내일 지면, 그다음 날은 이기겠지. 기대할 수 있으니까. 이기고 지는 결과보다는 기대하는 마음, 그것 때문에 야구를 좋아해요. 그 정도면 인생이랑 많이 비슷하지 않나요?

**정답 해설**

남자는 야구를 좋아하는 이유가 "내일도 해서"라고 하면서, "이기고 지는 결과보다는 기대하는 마음" 때문이라고 하면서 야구가 인생이랑 비슷하다고 얘기하고 있다. 따라서 야구와 인생의 공통점을 승패의 결과가 중요한 것이라고 생각한다는 내용은 적절하지 않다.

**오답 해설**

① "또 경기장에서든 사회에서든 홈런은 모든 사람들의 꿈이니까요."라는 말을 통해 확인할 수 있다.
② "그건 90살까지 살 때나 그렇죠. 내가 쉰까지 살지, 아니면 당장 내일 죽을지. 내 인생이 지금 3회일지, 9회일지 어떻게 알아요?"라는 말을 통해 확인할 수 있다.
④ "이기고 지는 결과보다는 기대하는 마음, 그것 때문에 야구를 좋아해요. 그 정도면 인생이랑 많이 비슷하지 않나요?"라는 말을 통해 확인할 수 있다.
⑤ "9회 말 2아웃에도 역전은 있다. 그런 말도 있죠."라는 말을 통해 확인할 수 있다.

▶ 출처  KBS 무대(2023.01.07.), 홈런 부동산에서 생긴 일(극본 김오) (https://program.kbs.co.kr/scr/radio/stage/pc/board.html?smenu=d444c1&bbs_loc=R2002-0172-03-672566,list,none,1,0)

## 009  ③

**정답 해설**

남자는 인생을 야구에 빗대어 설명하고 있으므로 이는 적절하다.

**오답 해설**

① 야구와 관련된 격언이 활용되기는 했으나, 그를 활용해 자신의 심리 변화 과정을 설명하지는 않았다.
② 상대방이 언급한 말의 진의를 파악하기 위해 질문하는 내용은 제시되지 않았다.
④ 상대방이 제시한 의견의 장점을 부각하는 내용과 그 내용에 공감을 표시하는 내용은 제시되지 않았다.
⑤ 유추의 방식을 활용하여 문제 상황의 발생 원인을 파악하는 내용은 제시되지 않았다.

## 010  ①

**듣기 대본**

이번에는 강연을 들려 드립니다. 10번은 듣기 문항, 11번은 말하기 문항입니다.

여러분, 혹시 누군가의 감정 쓰레기통이 되면서까지 상대방의 기분을 맞추려고 애쓰고 있지는 않으십니까? 그리고 그러한 인간관계 때문에 마음에 고통을 받고 있지는 않으십니까? 여러분의 마음을 힘들게 하는 인간관계, 지금 당장 단절하셔야 합니다. 유명한 정신 의학자 아들러는 인간의 모든 고민이 인간관계에서 시작된다고 말하였습니다. 덧붙여 지금 가장 필요한 것은 좋은 사람 되기를 그만두는 용기라고 말하였습니다. 관계를 끊기 전에 거쳐야 할 단계로 네 가지가 있습니다. 첫 번째는 경청과 이해입니다. 어떤 갈등이 시작되는 단계로 상대방의 말을 듣다 보면 해결의 실마리가 보이는 경우입니다. 두 번째는 공감과 소통입니다. 갈등의 원인을 이해하고 서로 노력하며 풀어 가는 단계입니다. 세 번째는 수용과 타협입니다. 서로 양보할 것은 양보하고 타협할 것은 타협하며 관계를 유지하는 것입니다. 그리고 네 번째가 포기와 단절입니다. 서로 간에 합의점이 도저히 찾아지지 않으면 관계를 끝내고 각자의 길을 가는 것입니다. 문제는 네 번째 단계로 가지 못하고 어느 한 단계에 머물러서 의미 없는 노력을 이어 가는 것입니다.

끊어 내는 능력은 세상을 살아가는 데 있어 중요한 능력입니다. 관계를 제때 잘 끊어 내기 위해서는 세 가지가 필요합니다. 첫째는 사람을 보는 안목, 둘째는 상황과 맥락을 파악하는 사리 분별, 셋째는 행동으로 옮길 수 있는 결단력입니다. 관계를 끊어 낸다는 것은 좋은 사람을 들이기 위해 내 옆자리를 비우는 것임을 기억하십시오.

**정답 해설**

아들러는 좋은 사람 되기를 그만두는 용기가 필요하다고 언급하고 있으므로, 좋은 사람이 되려는 용기가 필요하다는 진술은 적절하지 않다.

**오답 해설**

② 경청과 이해 단계는 어떤 갈등이 시작되는 단계로 상대방의 말을 듣다 보면 해결의 실마리가 보이는 경우라고 언급하고 있다.
③ 공감과 소통 단계는 갈등의 원인을 이해하고 서로 노력하며 풀어 가는 단계라고 언급하고 있다.
④ 수용과 타협 단계는 서로 양보할 것은 양보하고 타협할 것은 타협하며 관계를 유지하는 것이라고 언급하고 있다.
⑤ 관계를 잘 끊어 내기 위해서 필요한 세 가지 중 마지막이 행동으로 옮길 수 있는 결단력이라고 언급하고 있다.

▶ 출처 인간관계 '손절의 기술, 전미경 정신건강의학과 전문의, 세바시 강연(https://www.youtube.com/watch?v=6DxMGOEESLI)

## 011  ④

**정답 해설**

강연을 시작하는 처음에 "여러분, 혹시 누군가의 감정 쓰레기통이 되면서까지 상대방의 기분을 맞추려고 애쓰고 있지는 않으십니까? 그리고 그러한 인간관계 때문에 마음에 고통을 받고 있지는 않으십니까?"라며 청중이 경험했을 듯한 내용을 환기하며 강연을 시작하고 있다.

**오답 해설**

① 시각 자료를 제시하며 강연하는 내용은 없다.
② 주요 용어에 대해 설명하거나 다른 용어와 비교하여 설명하는 내용은 없다.
③ "~ 기억하십시오."라며 강연을 마무리하고 있으므로 청중에게 질문을 던지며 강연을 마무리하고 있지 않다.
⑤ 전문 기관의 통계 자료를 제시하며 강연하는 내용은 없다.

## 012  ⑤

**듣기 대본**

이번에는 발표를 들려 드립니다. 12번은 듣기 문항, 13번은 말하기 문항입니다.

안녕하세요? 오늘은 동물 실험 문제에 대해 발표하고자 합니다. 매년 4월 24일은 '세계 실험동물의 날'입니다. 세계 실험동물의 날은 1979년 영국 동물 실험 반대 협회에서 제정하여 지금까지 이어 오고 있습니다. 이날은 동물 실험의 잔인함과 불필요성을 알리고 연구와 실험 분야에서 동물 실험을 없애는 것을 목표로 하고 있습니다.

동물 실험의 역사는 꽤 오래되었습니다. 우리가 익히 알고 있는 아리스토텔레스도 동물 실험을 했고, 13세기 아랍 의사였던 이븐 알 나피스도 살아 있는 동물을 해부한 덕에 순환계를 알아냈습니다. 17세기 이후 야생 동물, 농장 동물, 고양이, 개 등을 실험동물로 사용해 온 것이 현재 일반적인 의학 연구의 한 영역으로 자리 잡았으며, 우리가 사용하고 있는 약에서부터 화장품에 이르기까지 동물 실험을 거치지 않은 것을 찾기가 어려울 정도입니다. 이러한 가운데 최근 실험동물의 희생을 최소화하고 동물의 고통을 경감시키기 위하여 동물 실험을 대체하는 기술이 연구되고 있습니다. 줄기세포를 사람의 장기와 유사한 구조로 배양하거나 재조합하여 만드는 오가노이드 대체 실험법이 개발되어 주목받고 있는데 아직 완전히 동물 실험을 대체하고 있지는 않습니다.

동물 실험에 대한 여러 논란 속에 미국 식품의약국(FDA)이 동물 실험 대체법을 내놓았습니다. 의약품 허가 시 필수로 거쳐야 했던 동물 실험을 다른 실험으로 대체할 수 있도록 한 것입니다. 그러나 이번 조치가 시행되더라도 아직 동물 실험을 대체할 기술이 부족한 만큼 당장에 미치는 영향은 적을 것으로 보입니다. 이러한 현실에서 우리는 불필요한 동물 실험을 줄이기 위해 무엇을 할 수 있을까요? 바로 동물 실험을 통해 만들어진 기술과 상품을 보이콧하는 것입니다. 또한 동물 실험을 하지 않거나 동물성 원료를 사용하지 않고 만들어진 제품을 구매하는 것도 우리가 일상에서 실천할 수 있는 일 중의 하나입니다.

**정답 해설**

"동물 실험에 대한 여러 논란 속에 미국 식품의약국(FDA)이 동물 실험 대체법을 내놓았습니다."라고 했으므로 적절하지 않은 내용이다.

**오답 해설**

① "17세기 이후 야생 동물, 농장 동물, 고양이, 개 등을 실험동물로 사용해 온 것이 현재 일반적인 의학 연구의 한 영역으로 자리 잡았으며,"라고 언급하므로 적절한 내용이다.
② "13세기 아랍 의사였던 이븐 알 나피스도 살아 있는 동물을 해부한 덕에 순환계를 알아냈습니다."라고 언급하므로 적절한 내용이다.
③ "줄기세포를 사람의 장기와 유사한 구조로 배양하거나 재조합하여 만드는 오가노이드 대체 실험법이 개발되어 주목받고 있는데 아직 완전히 동물 실험을 대체하고 있지는 않습니다."라고 언급하므로 적절한 내용이다.
④ 세계 실험동물의 날은 "동물 실험의 잔인함과 불필요성을 알리고 연구와 실험 분야에서 동물 실험을 없애는 것을 목표로 하고 있습니다."라고 언급하므로 동물 실험의 잔인함과 불필요성을 알리기 위해 제정한 것이지 동물 실험을 없애기 위해 제정했다고 보기는 어렵다.

## 013 ⑤

**정답 해설**

"동물 실험을 통해 만들어진 기술과 상품을 보이콧하는 것입니다. 또한 동물 실험을 하지 않거나 동물성 원료를 사용하지 않고 만들어진 제품을 구매하는 것도 우리가 일상에서 실천할 수 있는 일 중의 하나입니다."라고 하며, 동물 실험을 대체할 기술이 부족한 현실에서 동물 실험을 막기 위해 일상에서 실천할 수 있는 방법을 언급하고 있다.

**오답 해설**

① 동물 실험에 대한 장단점의 비교 분석은 언급하지 않았다.
② 동물 실험을 반대하는 입장의 내용이므로 동물 실험의 산업적 가치를 부각하고 있지 않다.
③ 동물 실험 반대 협회 관계자의 인터뷰 내용은 언급하지 않았다.
④ 동물 실험의 역사를 언급하고는 있으나 이를 통해 동물 실험의 필요성을 제시한 것은 아니다.

## 014 ③

**듣기 대본**

끝으로 협상의 한 장면을 들려 드립니다. 14번은 듣기 문항, 15번은 말하기 문항입니다.

**강 대표**: 조 팀장님께 다시 한 번 말씀드립니다만, 노조집행부는 올해 임금 인상률 12%를 요구합니다. 작년 기업 생산성이 15%나 향상되었고 경상이익도 사상 초유의 수준입니다. 이 성과는 1차적으로 종업원들이 기여한 결과이며, 경영 부진으로 반납한 제 수당을 올해 급여에 돌려받아도 8%의 인상요인이 발생합니다. 또한, 저희도 12% 향상을 약속받으면 올해 원가 절감 5% 달성을 약속하겠습니다.

**조 팀장**: 강 대표님, 작년의 놀라운 실적은 사실은 구조조정으로 인한 일시적 현상입니다. 지금 세계적으로 경기 침체가 예상되고 있고 우리 경제도 작년에 비해 수출 폭이 매우 감소한 상황입니다. 이런 불확실한 시기에는 원가 압박 요인을 최소화해야 경쟁력을 갖출 수 있습니다. 따라서 12%는 무리한 수치입니다. 회사에서는 7% 인상을 제안합니다. 이 수치도 상당히 어렵게 잡은 수치입니다.

강 대표: 구조조정으로 인한 일시적 현상이라고 하기에는 종업원들이 수당을 반납하고, 경영 측에서도 인정하다시피 생산성이 객관적으로 향상된 부분이 있지 않습니까? 저희도 무리하게 요구하는 것이 아니라 현재 상황을 고려하여 원가 절감 5%를 약속드리는 것입니다.

조 팀장: 물론 원가 절감 5%를 달성하면 12%를 인상할 수도 있습니다. 회사의 지급 여력도 있고요. 하지만 그 수치는 올 연말에나 나올 수 있는 거 아닙니까? 원가 절감에 실패한다는 부담을 회사가 떠안을 수는 없습니다.

(휴지)

강 대표: 계속 노사 양측이 똑같은 주장을 되풀이하고 있는데, 경영 측에 한 가지 묻고 싶습니다. 과연 급여는 왜 인상하는 것일까요?

조 팀장: 글쎄요, 제 생각에는 근로자 실질 임금의 보장과 지난해 기여에 대한 보상이 아닐까요?

강 대표: 저도 동의하는 바입니다. 그렇다면 작년 경영 성과에 대한 성과급을 미리 지급하고 생산성 증가에 따른 보상을 하반기에 추가로 반영하는 것은 어떻습니까? 저희가 약속한 원가 절감을 이루어내지 못하는 경우 급여의 2%를 삭감하도록 하겠습니다.

조 팀장: 저희도 좋습니다. 급여의 50%를 성과급으로 미리 지불하고 기본 급여 인상은 6%로 하되 하반기에 생산성이 증가하면 3%를 추가 지급하는 것으로 합의하지요.

**정답 해설**

강 대표는 작년에 반납한 수당을 올해 급여에 돌려받아도 8%의 인상요인이 발생한다고 하면서, 임금 인상률 12%를 주장하고 있으므로 적절하지 않은 진술이다.

**오답 해설**

① 강 대표는 노조를, 조 팀장은 경영 측의 입장을 대변하여 협상하고 있으므로 맞는 진술이다.
② 강 대표는 현재 경제 상황을 고려하여 원가 절감 5%를 약속하고 있으므로 맞는 진술이다.
④ 조 팀장은 현재 경제 상황을 고려하여 강 대표가 주장한 임금 인상률을 7%로 낮추고자 하므로 맞는 진술이다.
⑤ 조 팀장은 원가 절감이 보장되면 강 대표가 주장하는 급여를 회사가 지급 여력이 있다고 말하고 있으므로 맞는 진술이다.

▶ 출처 김두열(2014), 갈등관리-알고 보면 쉽게 풀 수 있다, 공동체, p.129~p.132.

## 015 ②

**정답 해설**

강 대표의 질문으로 성과급을 미리 지급하고 생산성이 증가하면 보상을 지급하는 것으로 양 측의 입장을 모두 수용하여 합의하고 있으므로 적절한 진술이다.

**오답 해설**

① 갈등 해결을 위해 제3자의 중재를 요청하지 않았으므로 적절하지 않다.
③ 양 측의 갈등으로 발생한 피해 사례를 제시하지 않고 있으므로 적절하지 않다.
④ 입장 정리를 위한 숙려 기간을 갖기로 하지 않았으므로 적절하지 않다.
⑤ 강 대표가 일방적으로 양보하여 갈등 요소를 제거한 것이 아니므로 적절하지 않다.

## 어휘·어법 016번~045번

기출문제집 p.153

| 016 | ③ | 017 | ④ | 018 | ⑤ | 019 | ⑤ | 020 | ④ |
| --- | --- | --- | --- | --- | --- | --- | --- | --- | --- |
| 021 | ④ | 022 | ④ | 023 | ⑤ | 024 | ④ | 025 | ② |
| 026 | ② | 027 | ③ | 028 | ④ | 029 | ④ | 030 | ⑤ |
| 031 | ④ | 032 | ② | 033 | ④ | 034 | ③ | 035 | ① |
| 036 | ② | 037 | ④ | 038 | ③ | 039 | ① | 040 | ⑤ |
| 041 | ④ | 042 | ① | 043 | ④ | 044 | ② | 045 | ② |

## 016 ③

**정답 해설**

"부질없이 짧은 거리를 오락가락 거닐다."라는 뜻의 고유어는 '바장이다'이며, "마음에 걸리는 것이 있어서 머뭇머뭇하다."라는 뜻으로도 사용된다.

**오답 해설**

① '간종이다'는 "흐트러진 일이나 물건을 가닥가닥 가리고 골라서 가지런하게 하다."라는 뜻이다.
② '답삭이다'는 "왈칵 달려들어 냉큼 물거나 움켜잡다."라는 뜻이다.
④ '아작이다'는 "조금 단단한 물건을 깨물어 바스러지는 소리가 나다. 또는 그런 소리를 내다."라는 뜻이다.
⑤ '자박이다'는 "가볍게 발소리를 내면서 가만가만 걷다."라는 뜻이다.

## 017  ④

**정답 해설**

'눌변(訥辯)'은 "더듬거리는 서툰 말솜씨"를 의미한다.

## 018  ⑤

**정답 해설**

'울력'은 "여러 사람이 힘을 합하여 일함. 또는 그런 힘"을 의미하는 고유어이다. "돈이나 물건 따위를 빌려서 씀."은 '차용(借用)'의 의미이다.

## 019  ⑤

**정답 해설**

'공방(攻防)'은 "서로 공격하고 방어함."이라는 의미이므로 일방적으로 '공방'을 당했다는 쓰임은 적절하지 않다.

**오답 해설**

① '사주(使嗾)'는 "남을 부추겨 좋지 않은 일을 시킴."이라는 의미이므로 문맥에 적절하게 사용되었다.
② '영수(領袖)'는 "여러 사람 가운데 우두머리"라는 의미이므로 문맥에 적절하게 사용되었다.
③ '공박(攻駁)'은 "남의 잘못을 몹시 따지고 공격함."의 의미이므로 문맥에 적절하게 사용되었다.
④ '묵계(默契)'는 "말 없는 가운데 뜻이 서로 맞음. 또는 그렇게 하여 성립된 약속"이라는 의미이므로 문맥에 적절하게 사용되었다.

## 020  ④

**정답 해설**

㉠ '균열'은 "거북의 등에 있는 무늬처럼 갈라져 터짐."이라는 뜻으로 한자는 '龜裂'이다.
㉡ '연패'는 "싸움이나 경기에서 계속하여 짐."이라는 뜻으로 한자는 '連敗'이다.
㉢ '유세'는 "자기 의견 또는 자기 소속 정당의 주장을 선전하며 돌아다님."이라는 뜻으로 한자는 '遊說'이다.

## 021  ④

**정답 해설**

'부서'는 '부시다'의 활용형으로 "그릇 따위를 씻어 깨끗하게 하다."라는 의미이다. "단단한 물체를 여러 조각이 나게 두드려 깨뜨리다."라는 의미는 '부수다'이므로 활용형은 '부숴'로 써야 한다.

**오답 해설**

① '금새'는 "물건의 값. 또는 물건값의 비싸고 싼 정도"라는 의미이므로 적절하게 쓰였다.
② '안치다'는 "밥, 떡, 찌개 따위를 만들기 위하여 그 재료를 솥이나 냄비 따위에 넣고 불 위에 올리다."라는 의미이므로 적절하게 쓰였다.
③ '걸치다'는 "음식을 아무렇게나 대충 먹다."라는 의미이므로 적절하게 쓰였다.
⑤ '가름'은 "쪼개거나 나누어 따로따로 되게 하는 일"이라는 의미이므로 적절하게 쓰였다.

## 022  ④

**정답 해설**

①, ②, ③, ⑤는 '일의 한 차례나 한 판을 비유적으로 이르는 말', '단체의 우두머리', '사물의 앞이나 위를 비유적으로 이르는 말', '머리에 난 털' 등의 의미를 가진 '머리1'의 용례들인 반면에, ④는 '덩어리를 이룬 수량의 정도를 나타내는 말'의 의미로, 동음이의어 관계에 있는 '머리2'이다. 따라서 정답은 ④이다.

## 023  ⑤

**정답 해설**

'포유류'는 '포유강 고래목의 동물을 통틀어 이르는 말'이므로 '고래'와 상위어와 하위어 관계에 있다고 할 수 있다.
우리나라에는 5대 국경일이 있는데, 삼일절, 제헌절, 광복절, 개천절, 한글날이다. 따라서 '한글날'은 '국경일'의 하위어로 볼 수 있다.

**오답 해설**

① '봄'과 '여름'은 각각 4계절 중 하나의 계절로 상하 관계가 성립되지 않는다.
② '실수'는 '유리수와 무리수를 통틀어 이르는 말'이며, '허수'는 '복소수 가운데 실수가 아닌 수'이므로 '실수'와 '허수'는 상하 관계가 성립되지 않는다.
③ '강아지'는 '갯과의 포유류'인 '개'의 새끼이고, '고양이'는 '고양잇과의 하나'이므로 '강아지'와 '고양이'는 상하 관계가 성립되지 않는다.

④ '바이올린'은 현악기이며, '피아노'는 건반 악기이므로 '바이올린'과 '피아노'는 상하 관계가 성립되지 않는다.

## 024

④

### 정답 해설

"옻이 오르지 않도록 조심해야 한다."에 사용된 '오르다'는 "병균이나 독 따위가 옮다."라는 의미이므로 "경계나 테두리 따위가 넘어서져 다른 영역으로 진출하게 되다." 또는 "고체가 용액 속에 담가져서 우러내어지다."라는 의미의 '침출되다'와 대응될 수 없다.

### 오답 해설

① "왕위에 올랐다."에 사용된 '오르다'는 "지위나 신분 따위를 얻게 되다."라는 의미이므로 "임금이 될 사람이 예식을 치른 뒤 임금의 자리에 오르다."라는 의미의 '즉위하다'와 대응된다.
② "배에 오르기 전 표를 사야 한다."에 사용된 '오르다'는 "탈것에 타다."라는 의미이므로 "배나 비행기, 차 따위에 올라타다."라는 의미의 '탑승하다'와 대응된다.
③ "사전에 올라 있지 않다."에 사용된 '오르다'는 "기록에 적히다."라는 의미이므로 "서적이나 잡지 따위에 실리다."라는 의미의 '등재되다'와 대응된다.
⑤ "바다를 통해 해안 지역에 오른 특공대"에 사용된 '오르다'는 "물에서 육지로 옮다."라는 의미이므로 "배에서 육지로 오르다."라는 의미의 '상륙하다'와 대응된다.

## 025

②

### 정답 해설

'차지다'는 "반죽이나 밥, 떡 따위가 끈기가 많다."라는 의미이고, 이에 반의 관계에 있는 어휘는 '메지다'로 "밥이나 떡, 반죽 따위가 끈기가 적다."라는 의미이다.

### 오답 해설

① '차다'는 "몸에 닿은 물체나 대기의 온도가 낮다."라는 의미이다.
③ '성기다'는 "물건의 사이가 뜨다."라는 의미이다.
④ '진득하다'는 "잘 끊어지지 아니할 정도로 눅진하고 차지다."라는 의미이다.
⑤ '끈끈하다'는 "끈기가 많아 끈적끈적하다."라는 의미이다.

## 026

②

### 정답 해설

'열흘 붉은 꽃이 없다'는 "부귀영화란 일시적인 것이어서 그 한때가 지나면 그만임을 비유적으로 이르는 말"이므로 겉모양이나 겉치레에 치중하는 것을 경계하는 것과 관계가 없다.

### 오답 해설

① '당나귀 귀 치레'는 "당나귀의 큰 귀에다 여러 가지 치레를 잔뜩 한다는 뜻으로, 당치도 않은 곳에 어울리지 않게 쓸데없는 치레를 하여 오히려 겉모양을 흉하게 만듦을 비유적으로 이르는 말"이다.
③ '속저고리 벗고 은반지'는 "격에 맞지 아니하게 겉치레만 하여 보기 흉하고 웃음거리가 됨을 비유적으로 이르는 말"이다.
④ '더벅머리 댕기 치레하듯'은 "바탕이 좋지 않은 것에 어울리지 않게 지나친 겉치레를 하여 오히려 더 흉하게 된 것을 비유적으로 이르는 말"이다.
⑤ '치장 차리다가 신주 개 물려 보낸다'는 "사당 겉치레만 하며 돌아다니다가 사당에 두는 신주를 개한테 물려 보냈다는 뜻으로, 겉치레만 지나치게 하다가 그만 중요한 것을 잃어버림을 이르는 말"이다.

## 027

③

### 정답 해설

'수불석권(手不釋卷)'은 "손에서 책을 놓지 아니하고 늘 글을 읽음."이라는 의미이므로 문맥에 맞지 않는 쓰임이다.

### 오답 해설

① '각골난망(刻骨難忘)'은 "남에게 입은 은혜가 뼈에 새길 만큼 커서 잊히지 아니함."이라는 의미이므로 문맥에 맞게 사용되었다.
② '부화뇌동(附和雷同)'은 "줏대 없이 남의 의견에 따라 움직임."의 의미이므로 문맥에 맞게 사용되었다.
④ '종두득두(種豆得豆)'는 "콩을 심으면 반드시 콩이 나온다는 뜻으로, 원인에 따라 결과가 생김을 이르는 말"이므로 문맥에 맞게 사용되었다.
⑤ '양두구육(羊頭狗肉)'은 "양의 머리를 걸어 놓고 개고기를 판다는 뜻으로, 겉보기만 그럴듯하게 보이고 속은 변변하지 아니함을 이르는 말"이므로 문맥에 맞게 사용되었다.

## 028 ④

**정답 해설**

'얼굴이 넓다'는 "사귀어 아는 사람이 많다."라는 의미이므로 뻔뻔한 사람을 표현하는 문맥에 사용하기에 적절하지 않다. ④의 문맥에는 "부끄러움을 모르고 염치가 없다."라는 의미의 '얼굴이 두껍다'라는 관용 표현을 쓸 수 있다.

**오답 해설**

① '얼굴에 씌어 있다'는 "감정, 기분 따위가 얼굴에 나타나다."라는 의미이므로 문맥에 맞게 사용되었다.
② '얼굴을 내밀다'는 "모임 따위에 모습을 나타내다."라는 의미이므로 문맥에 맞게 사용되었다.
③ '얼굴을 보다'는 "체면을 고려하다."라는 의미이므로 문맥에 맞게 사용되었다.
⑤ '얼굴을 들다'는 "남을 떳떳이 대하다."라는 의미이므로 문맥에 맞게 사용되었다.

## 029 ④

**정답 해설**

'유기(遺棄)하다'는 "내다 버리다."라는 의미이므로 '떠넘기다'로 순화하는 것은 적절하지 않다.

**오답 해설**

① '익월(翌月)'은 "일정한 달을 기준으로 하여 그달 뒤에 돌아오는 달"이라는 의미이므로 '다음 달'로 순화하는 것은 적절하다.
② '일부인(日附印)'은 "서류 따위에 그날그날의 날짜를 찍게 만든 도장"이라는 의미이므로 '날짜 도장'으로 순화하는 것은 적절하다.
③ '등재(登載)하다'는 "일정한 사항을 장부나 대장에 올리다."라는 의미이므로 '기록하여 올리다.'로 순화하는 것은 적절하다.
⑤ '제반(諸般)'은 "어떤 것과 관련된 모든 것"이라는 의미이므로 '여러 가지'로 순화하는 것은 적절하다.

## 030 ⑤

**정답 해설**

'무라벨(無label)'은 상품 정보나 상표 따위가 표시된 라벨이 없음을 뜻하므로 '무상표'로 다듬어 사용할 수 있다.

**오답 해설**

① '스포티하다(sporty--)'는 '날렵하다', '경쾌하다', '활동적이다' 등으로 다듬어 사용할 수 있다.
② '드라이브스루(drive-through)'는 운전자가 차에 탄 채로 물건을 구매할 수 있는 방식이므로 '승차 구매'로 다듬어 사용할 수 있다.
③ '레시피(recipe)'는 음식의 조리법을 뜻하는 말로 '조리법'으로 다듬어 사용할 수 있다.
④ '리클라이너(recliner)'는 등받이나 발받침의 각도를 조절할 수 있는 안락의자로 '각도 조절 의자'로 다듬어 사용할 수 있다.

## 031 ④

**정답 해설**

'소리가 맑고 또랑또랑하다'의 의미는 '朗朗하다'로 두음법칙에 따라 '낭랑하다'가 옳은 표기이므로 '낭낭한'은 잘못된 표기이다.

**오답 해설**

① '감칠맛이 있게 조금 짜다'의 의미를 갖는 말은 '짭짤하다'가 맞는 표기이다.
② '조금 쓰다'의 의미를 갖는 말은 '씁쓸하다'가 맞는 표기이다.
③ '만만하고 상대하기 쉽다'의 의미를 갖는 말은 '녹록하다'가 맞는 표기이다.
⑤ '여러 번 자꾸'의 의미를 갖는 말은 '屢屢이/累累이'로 발음이 [누:누이]로 나므로 '누누이'가 맞는 표기이다.

## 032 ②

**정답 해설**

'얼룩거리다'와 '얼룩하다'가 성립하지 않으므로 '얼룩얼룩한 점이나 무늬, 또는 그런 점이나 무늬가 있는 짐승이나 물건'을 뜻하는 말은 '얼룩이'가 아니라 '얼루기'로 표기해야 옳다.

**오답 해설**

① '개굴거리다', '개굴하다'가 성립하지 않으므로 '개구리'의 표기가 옳다.
③ '꾀꼴거리다', '꾀꼴하다'가 성립하지 않으므로 '꾀꼬리'의 표기가 옳다.
④ '뻐꾹거리다', '뻐꾹하다'가 성립하지 않으므로 '뻐꾸기'의 표기가 옳다.
⑤ '귀뚤거리다', '귀뚤하다'가 성립하지 않으므로 '귀뚜라미'의 표기가 옳다.

## 033 ⑤
**정답 해설**
간접 인용문에는 '말-'에 명령형 어미 '-라'가 결합한 '말라'가 사용되므로 "말을 바꾸지 말라고"로 써야 한다.

**오답 해설**
①, ② '말다'에 명령형 어미 '-아', '-아라', '-아요' 따위가 결합할 때는 어간 끝의 'ㄹ'이 탈락하기도 하고 탈락하지 않기도 하므로 명령형 어미 '-아', '-아요'가 결합할 때 어간 끝 'ㄹ'이 탈락한 '마', '마요'는 옳은 표기이다.
③, ④ '말다'에 명령형 어미 '-아', '-아라', '-아요' 따위가 결합할 때는 어간 끝의 'ㄹ'이 탈락하기도 하고 탈락하지 않기도 하므로 명령형 어미 '-아요', '-아'가 결합할 때 어간 끝 'ㄹ'이 탈락하지 않은 '말아요', '말아'는 옳은 표기이다.

## 034 ③
**정답 해설**
'~나 마나'의 형식으로 쓰여 '아니 하다'의 뜻을 나타내는 구성이므로 띄어쓰기가 올바르다.

**오답 해설**
① 상대의 물음에 긍정의 뜻을 나타내는 종결 어미는 '-고말고'이므로 띄어쓰기가 옳지 않다.
② 화자가 이미 알고 있는 것을 객관화하여 청자에게 일러 줌을 나타내는 종결 어미는 '-ㄴ답니다'이므로 띄어쓰기가 옳지 않다.
④ 앞말을 지정하여 어떤 사실을 부정하는 뜻을 강조하는 보조사는 '는커녕'이므로 띄어쓰기가 옳지 않다.
⑤ '이라고'는 앞말이 직접 인용 되는 말임을 나타내는 격 조사이므로 띄어쓰기가 옳지 않다.

## 035 ①
**정답 해설**
'파이어'에서 줄어든 '패-'에 '-어'가 결합한 '패어'는 '패'로 줄어들지 않으므로 '패'는 옳지 않고 '패어'가 옳다.

**오답 해설**
② '세-어'는 '세'로 줄어들 수 있으므로 '세'의 표기는 옳다.
③ '떼-어'는 '떼'로 줄어들 수 있으므로 '떼'의 표기는 옳다.
④ '재-어서'는 '재서'로 줄어들 수 있으므로 '재서'의 표기는 옳다.
⑤ '개-어서'는 '개서'로 줄어들 수 있으므로 '개서'의 표기는 옳다.

## 036 ②
**정답 해설**
줄임표는 머뭇거림을 보일 때도 쓸 수 있는데, 점은 가운데에 찍는 대신 아래쪽에 찍을 수 있고, 여섯 점을 찍는 대신 세 점을 찍는 것도 허용된다. 그러나 ②처럼 두 점만 찍는 것은 표기법에 맞지 않는다.

**오답 해설**
① 줄임표는 말이 없음을 나타낼 때 쓰며, 이때는 줄임표만으로 문장의 기능을 하는 것이기 때문에 줄임표 뒤에는 마침표를 찍는 것이 원칙이다. 따라서 옳은 사용이다.
③ 줄임표는 머뭇거림을 보일 때 쓰며, 세 점을 찍는 것도 허용되므로 옳은 사용이다.
④ 줄임표는 할 말을 줄였을 때 쓰며 이때는 줄임표로써 문장이 끝나는 것이므로 줄임표 뒤에는 마침표나 물음표 또는 느낌표를 쓰는 것이 원칙이다. 따라서 옳은 사용이다.
⑤ 줄임표는 문장이나 글의 일부를 생략할 때 쓰며, 이때 줄임표로 표현되는 부분은 문장의 일부분일 수도 있고, 여러 문장일 수도 있으므로 줄임표의 앞뒤에 쉼표나 마침표 따위를 쓰지 않는다. 따라서 옳은 사용이다.

## 037 ④
**정답 해설**
'꺼림직하다'는 '마음에 걸려서 언짢고 싫은 느낌이 있다.'는 뜻의 표준어이다.

**오답 해설**
① '불이 옮아 붙다. 또는 그렇게 하다.'의 뜻을 가진 표준어는 '댕기다'이다.
② '번쩍 들어 올려서 업다.'의 뜻을 가진 표준어는 '둘러업다'이다.
③ '마음이 안타깝거나 쓰라리다.'의 뜻을 가진 표준어는 '애달프다'이다.
⑤ '남이 알아듣지 못하도록 작은 목소리로 자꾸 가만가만 이야기하다.'의 뜻을 가진 표준어는 '소곤거리다'이다.

## 038 ③
**정답 해설**
'따복따복'은 '차곡차곡', '차근차근'을 의미하는 방언이다.

**오답 해설**
① '냄살'은 '냄새'를 의미하는 방언이다.

② '곤쌀'은 '흰쌀'을 의미하는 방언이다.
④ '도새기'는 '돼지'를 의미하는 방언이다.
⑤ '흡뜨다'는 '치뜨다'를 의미하는 방언이다.

## 039  ①
**정답 해설**
'담임'의 표준 발음은 [다밈]이다.

## 040  ⑤
**정답 해설**
'난센스'가 외래어 표기법에 맞고 '넌센스'는 잘못이다.

**오답 해설**
① 어중의 [l]이 모음 앞에 오거나, 모음이 따르지 않는 비음([m], [n]) 앞에 올 때에는 'ㄹㄹ'로 적으므로 '멜론'이 외래어 표기법에 맞고 '메론'은 잘못이다.
② [f]는 'ㅍ'으로 적으므로 '판타지'가 외래어 표기법에 맞고 '환타지'는 잘못이다.
③ [s]는 'ㅅ'으로 적으므로 '마사지'가 외래어 표기법에 맞고 '맛사지'는 잘못이다.
④ [t]는 'ㅌ'으로 적으므로 '센티미터'가 외래어 표기법에 맞고 '센치미터'는 잘못이다.

## 041  ④
**정답 해설**
[설렁탕]으로 발음되므로 'ㄹㄹ'은 'll'로 적는다는 규정에 따라 'seolleongtang'으로 적어야 옳은 표기이다.

**오답 해설**
① [불고기]로 소리 나므로 'bulgogi'로 표기한다.
② [비빔빱]으로 소리 나지만 된소리는 로마자 표기에 반영하지 않으므로 'bibimbap'으로 표기한다.
③ [육깨장]으로 소리 나지만 된소리는 로마자 표기에 반영하지 않으므로 'yukgaejang'으로 표기한다.
⑤ [콩나물꾹]으로 소리 나지만 된소리는 로마자 표기에 반영하지 않으므로 'kongnamulguk'으로 표기한다.

## 042  ①
**정답 해설**
"어린 시절, 친구들과 뛰어놀던 산과 들에는 봄이면 진달래와 철쭉의 세상이었다."에서 밑줄 친 '진달래와 철쭉의 세상이었다'와 호응하는 주어가 필요하다. 따라서 '산과 들은 봄이면 진달래와 철쭉의 세상이었다'로 수정해야 한다.

## 043  ④
**정답 해설**
〈보기〉의 문장에서 목적어는 '손님'이고, '오라셔'에서 존대하는 요소는 주체 높임 선어말 어미 '-시-'뿐이다. 따라서 '오라셔'에는 목적어를 존대하는 요소가 들어 있지 않다.

**오답 해설**
① 선생님께서 슬기가 손님을 모시고 오라고 하신 것이므로 '오다'의 '오-'는 슬기와 관련이 있다.
② '오라셔'는 '오라고 하셔'가 줄어든 말이므로 적절하다.
③ '오라셔'의 '-셔'는 '-시-'와 종결 어미 '-어'가 줄어든 말이므로 오라고 말을 한 주체인 '선생님'을 높이는 주체 높임의 '-시-'가 들어 있다.
⑤ '오라셔'의 '-셔'는 '-시-'와 종결 어미 '-어'가 줄어든 말이므로 문장을 끝맺는 종결 어미가 들어 있다.

## 044  ②
**정답 해설**
'귀여운'은 '동생'만을 수식하고 있으므로 중의적으로 해석되지 않는다.

**오답 해설**
① 어떤 학생들도 오지 않았다는 의미와 전체 학생 중 일부만 왔다는 의미의 중의적 문장이다.
③ 사과와 귤을 각각 1개, 사과 1개 귤 2개, 각각 2개를 주었다는 3가지 의미로 해석이 가능하다.
④ '철수와 영희'를 모두 반갑게 맞이했다는 의미와 '나'가 '철수와 함께' 영희만을 반갑게 맞이했다는 의미가 있다.
⑤ 모자를 쓰고 있는 '동작'과 모자를 쓴 '상태'의 중의적 문장이다.

## 045  ②

**정답 해설**

'오랫동안 과로로 시력이 약해졌다'는 문장은 번역 투 문장이 아니다.

**오답 해설**

① 부자연스운 피동 표현이므로 능동 표현으로 바꾸는 것이 좋다.
③ '~에게 있어서'는 번역 투 문장으로 '있어서'를 생략해도 아무런 문제가 없다.
④ '~을 필요로 하다'는 영어 'need'를 번역하면서 생긴 표현으로 '~이 필요하다'로 바꾸어 쓰는 것이 좋다.
⑤ '~을 가지고 있다'는 'have'를 '가지다'로 직역한 번역 투 문장이므로 이 문장에서는 '피부색이 다르다'로 바꾸어 쓰는 것이 좋다.

## 쓰기  046번~050번

기출문제집 p.161

| 046 | ① | 047 | ④ | 048 | ⑤ | 049 | ④ | 050 | ④ |

## 046  ①

**정답 해설**

ㄱ. 근거의 신뢰성을 높이기 위해 우리나라의 합계출산율, 15~49세의 기혼 여성 평균 출생아 수 등과 관련된 통계 자료의 정확한 수치를 제시하고 있다.
ㄷ. 독자의 주의를 환기하기 위해 해결 방안을 제시할 때 '이러한 저출산 문제를 해결하기 위해서는 어떤 방법이 있을까?'와 같이 문단의 첫 문장을 질문의 방식으로 구성하고 있다.

**오답 해설**

ㄴ. 인터뷰 내용을 인용하여 근거로 활용하고 있지는 않다.
ㄹ. 예상되는 반론을 제시한 후 반론에 대한 반박을 제시하고 있지는 않다.
ㅁ. 저출산 문제와 같은 문제 상황에 대한 긍정적 인식과 부정적 인식을 모두 제시하고 있지는 않다.

▶ 출처  감사보고서(저출산·고령화 대책 성과 분석), 감사원(2021.7.)

## 047  ④

**정답 해설**

(라)는 저출산 예산은 계속 늘어나고 있지만 출산율은 계속 줄어들고 있는 현황을 보여 주므로, 저출산 예산 확충을 통해 출산율을 높일 수 있을 것이라는 전망을 제시하기에 부적절한 자료이다.

**오답 해설**

① (가)는 합계 출산율이 하락하고 있는 것을 인포그래픽으로 보여 주고 있으므로 적절한 내용이다.
② (나)는 기혼 남녀가 결혼 후 자녀 계획이 없어진 이유를 조사한 자료로, 출산을 포기한 이유를 보여 주고 있으므로 적절한 내용이다.
③ (다)는 육아 휴직 제도 활성화에 대한 내용이므로 적절한 내용이다.
⑤ (마)는 ○○시의 출산 장려금에 대한 예시이므로 적절한 내용이다.

## 048  ⑤

**정답 해설**

Ⅲ-3은 Ⅲ의 구체적 내용이므로 Ⅲ의 하위 항목으로 볼 수 있다. 따라서 Ⅲ-3은 Ⅳ의 구체적인 내용이므로 Ⅳ의 하위 항목으로 이동한다는 진술은 적절하지 않다.

**오답 해설**

① 초고 1문단에 따르면, Ⅰ-1과 Ⅰ-2의 순서를 바꾸어 '인구의 정의와 중요성'을 먼저 제시하고 있음을 알 수 있다.
② 초고 1문단과 개요의 '저출산의 정의와 초저출산의 세계적 현황'이라는 상위 항목에 따르면, Ⅰ-3은 상위 항목을 고려하여 '초저출산의 세계적 현황'으로 수정해야 함을 알 수 있다.
③ 초고에 '우리나라의 의료 시설 부족 실태'에 대한 내용은 나오지 않으며, 저출산 현황을 얘기하는 본문의 내용과도 관련이 없으므로 삭제하는 것이 옳다.
④ 초고 2, 3문단과 개요의 Ⅱ, Ⅲ의 상위 항목에 따르면, Ⅲ-4는 상위 항목을 고려하여 Ⅱ의 하위 항목으로 이동해야 함을 알 수 있다.

## 049  ④

**정답 해설**

ⓒ '그리고'는 앞뒤 맥락을 고려할 때, 역접의 관계를 나타내는 '그러나'로 수정해야 한다.

오답 해설

① ㉠ '후퇴하게'는 문맥에 어울리지 않는 단어이므로 '바뀌게'로 수정해야 한다.
② ㉡ '우리나라의 고령 인구수는 2020년부터 매년 급증하고 있다.'는 통일성을 해치는 문장이므로 삭제해야 한다.
③ ㉢ 주어가 '초저출산'이므로 서술어를 목적어가 필요한 타동사 '나타내다가'가 아닌 자동사 '나타나다가'로 수정해야 한다.
⑤ ㉤ 주어가 '우리나라의 저출산 실태'이므로 서술어를 목적어가 필요한 타동사 '우려하는'이 아니라 자동사 '우려되는'으로 수정해야 한다.

## 050 ④

정답 해설

앞뒤 맥락을 고려해 볼 때, 저출산 문제 해결을 위한 노력 촉구와 관련된 내용이 적합하므로, '실효성 있는 다양한 방법을 모색함으로써 저출산 문제를 해결하기 위한 적극적인 노력이 요구된다.'라는 내용은 적절하다.

오답 해설

① 저출산 문제 해결을 위한 노력 촉구와 관련된 내용이 적합하므로, 초저출산 문제가 고령화 사회로의 이행에 영향을 미칠 것이라는 내용은 적절하지 않다.
② 주제를 고려할 때, 저출산 문제를 해결해야 한다는 내용이므로 저출산 문제는 피할 수 없으므로 인구 감소 현상을 받아들이고 이에 적응할 필요가 있다는 내용은 적절하지 않다.
③ 주제와 앞뒤 맥락을 고려할 때, 저출산 문제는 정책적으로 해결할 문제는 아니므로 개인 선택의 문제로 접근할 필요가 있다는 내용은 적절하지 않다.
⑤ 저출산 문제는 인구 구조의 변화뿐만 아니라 경제·사회·문화의 다양한 영역에 영향을 미칠 것으로 보인다는 내용은 이미 앞 문장에서 얘기한 내용이므로 저출산 문제의 해결 촉구 내용으로 적절하지 않다.

## 창안 051번~060번

기출문제집 p.164

| 051 | ② | 052 | ⑤ | 053 | ② | 054 | ③ | 055 | ④ |
| 056 | ③ | 057 | ③ | 058 | ③ | 059 | ⑤ | 060 | ④ |

## 051 ②

정답 해설

물 끓이기를 인간의 동기 부여 과정에 빗대면, '물'은 '인간'에 대응되며, 물이 끓는 과정에서 상승하는 '온도'는 '동기'에 대응된다. 또한 '물이 끓는 온도'는 개인이 동기를 가지고 추구하고자 하는 목표치를 의미하며, 물이 담긴 '냄비나 그릇의 종류'는 인간이 처한 환경 조건에 해당한다. 온도를 높이는 요인인 '열'은 '동기 부여 요인'에 해당하며, 사례로 열정이나 흥미 등을 들 수 있다. 지문에 따르면 거품이 형성될 때 물은 열을 크게 손실하는데, 이를 비유 구조에 따라 해석하면 '거품'은 동기를 저하시키는 요인으로 파악할 수 있다. 따라서 정답은 ②이다.

▶ 출처 장하석(2015), 『장하석의 과학, 철학을 만나다』, 지식플러스.

## 052 ⑤

정답 해설

[A]를 참고하면 열의 상승과 거품 형성이 서로 적당한 수준에서 모두 충족되어야만 열의 평형 상태를 유지할 수 있다는 결론을 도출할 수 있다. '열의 평형' 상태를 '정서적 안정'으로 이해한다면, 정서적 안정을 위해서는 '열의 상승'에 대응하는 긍정적 요인과 '거품 형성'에 대응하는 부정적 요인이 상호 균형을 이루어야 한다는 교훈을 이끌어 낼 수 있다. 이와 가장 유사한 내용은 ⑤이다.

오답 해설

① 인생의 부정적 측면만을 강조한 내용이므로 적절하지 않다.
② 긍정적 측면만 강조한 내용이므로 적절하지 않다.
③ 긍정적 측면의 기능을 부정적 측면보다 크게 강조한 내용이므로 적절하지 않다.
④ 감정에 대한 이해도와는 무관하므로 적절하지 않다.

## 053 ②

정답 해설

'그릇 표면의 성질과 미세한 구조'는 물이 담긴 냄비나 그릇의 특성을 결정하는 요인으로, 흠집과 구멍들이 얼마나 있느냐에 따라 거품 형성의 정도가 달라지며 이는 물의 끓는 온도를 결정하는 요인이 된다. 그릇의 특성에 따라 비커, 샴페인 잔, 머그잔에 담긴 물을 다르게 취급하고 활용해야 하듯 자녀 양육에 있어서도 아이의 특성을 면밀히 이해하고 각자에게 적합한 교육을 제공할 필요가 있다는 지혜를 도출할 수 있다.

#### 오답 해설
① 부모의 모범과 관련된 내용을 도출할 수 없다.
③ 다양한 그릇의 특성과 관련된 본문의 서술을 참고하면 '흠집과 구멍'을 미숙함이라는 부정적 특성으로 이해하고 있지 않음을 알 수 있다.
④ 일관된 교육을 해야 한다는 내용을 도출할 수 없다.
⑤ 부모의 일방적 만족과 관련된 내용을 도출할 수 없다.

## 054 ③
#### 정답 해설
(가)는 한 그릇의 식사이지만, 짬뽕과 짜장면이라는 두 음식이 그릇의 분리면에 따라 명확하게 나뉘어 있으며 서로 섞이지 않는다. 이를 조직 구성에 빗대어 보면 부서나 업무 등 책임 영역이 명확하게 분리되어 있으며 구성원 또한 해당 영역에 고정되어 있어야 하지만 하나의 조직이어야 한다. 이와 가장 유사한 조직은 ③이다.

#### 오답 해설
① 직급과 직책을 교대하여 근무하는 형태는 업무 영역이 구분되어 있으나, 근로자들이 상호 순환하며 섞이므로 (가)와 유사하다고 보기 어렵다.
② 직원의 고정된 소속이 없는 조직은 (가)와 유사하다고 보기 어렵다.
④ (가)는 짬뽕과 짜장면이 서로 독립되어 섞이지 않고 있으므로 구성원의 응집력을 강조하는 조직과 유사하다고 보기 어렵다.
⑤ (가)는 짬뽕과 짜장면의 맛이 모두 유지되고 있는 음식이기에 구성원의 개인적 특성을 최소화하는 조직과 유사하다고 보기 어렵다.

## 055 ④
#### 정답 해설
(가)는 짬뽕과 짜장면이라는 서로 다른 두 음식의 독립적인 특성을 유지하면서 음식을 담는 그릇의 혁신을 통해 소비자의 수요를 충족한 사례이다. 소비자의 수요를 충족하고 제품의 가치를 높인 아이디어는 그릇으로 대표되는 방법의 혁신이므로 구

성 요소를 단순화하거나 생산 비용을 절감하여 제품의 가격을 낮추는 것과는 관련이 없다. 따라서 정답은 ④이다.

#### 오답 해설
① (나)는 밥에 생선회를 얹어 만든 '초밥'의 예로 ㉠은 적절한 분석이다.
② (가)는 짬뽕과 짜장면이라는 두 구성 요소의 독립성을 유지하면서 한 끼 식사를 원하는 소비자의 수요를 충족시킨 '짬짜면'의 예로 ㉡은 적절한 분석이다.
③ (나)는 생선회와 밥을 한입에 먹었을 때 좋은 맛이 나는 어울림을 고려하여 만들어낸 새로운 음식이므로 ㉢은 적절한 분석이다.
⑤ (나)는 생선회와 밥이라는 두 구성 요소를 결합하여 새로운 요리를 창안한 예로 ㉣은 적절한 분석이다.

## 056 ③
#### 정답 해설
(다)는 서로 다른 재료들이 모여 각자의 맛을 유지하면서 새로운 하나의 음식 '김밥'으로 어우러진 사례이다. 이를 다문화 사회에 착안하면 다양한 국적과 문화를 지닌 시민들이 각자의 개성과 고유성을 유지하고 상호 존중하며 어울리는 다원주의 사회를 떠올릴 수 있다. 이와 가장 유사한 관점을 담은 것은 ③이다.

#### 오답 해설
① 이민자에게 한국어 사용을 의무화해야 한다는 입장은 자국민의 언어에 이민자의 언어를 동화시키려는 입장으로 (다)의 관점과 차이가 있다.
② (다)는 재료 간의 분리보다는 어울림을 중시하는 음식이므로, 이민자의 거주 구역을 자국민과 분리시키는 입장과는 차이가 있다.
④ (다)는 재료 간의 차이에 주목하기보다는 다양한 재료의 화합을 중시하는 음식이므로, 특정 전통을 우선적 준거로 삼는 입장과는 차이가 있다.
⑤ (다)는 재료 간의 분리보다는 어울림을 중시하는 음식이므로, 이민자와 자국민의 경제 영역을 분리시키는 입장과는 차이가 있다.

## 057 ③
#### 정답 해설
(다)에서는 긍정 화법을 통해 금연을 독려하고자 하였다. 담배의 위험성을 강조하는 데에서 벗어나, 금연에 대한 결심을 응원하는 것이다. 그러나 '오늘 끊지 않으면 내일은 없습니다'와 같

은 문구는 금연에 대한 결심을 응원하는 것이 아닌, 담배의 위험성을 강조하는 문구라 할 수 있다.

> 오답 해설

① '뇌를 자학하는 행위'라는 표현이나, 뇌에 담배가 꽂혀 있는 그림을 통해 담배가 건강에 해롭다는 점을 강조하고 있으므로 (가)에 부합한다.
② 어른이 내뿜는 담배 연기를 어린이가 들이마시는 그림을 통해 간접흡연의 피해를 알리고 있으므로 (나)에 부합한다.
④ '담배는 노답', '우리는 노담'과 같은 표현을 통해 청소년의 비흡연을 독려하고 있으므로 (라)에 부합한다.
⑤ '괜찮은 담배는 없습니다'라는 표현이나, 전자담배를 피우는 모습의 그림을 통해 신종 담배의 위험성을 알리고 있으므로 (마)에 부합한다.

▶ 출처  보건복지부 홈페이지 『대한민국 금연광고 기록전』(https://2022.nodam.kr/whatIsNodam/adHistory)

## 058  ③

> 정답 해설

(라)는 광고의 대상을 청소년으로 확대한 것이고, (마)는 신종 담배의 위험성을 강조한 것이다. 따라서 선지 중에서 청소년을 대상으로 하되, 신종 담배의 위험성을 알리는 ③이 가장 적절하다.

> 오답 해설

①, ②, ⑤ 청소년을 대상으로 하지 않았으며, 신종 담배의 위험성을 강조하기보다는 금연의 중요성을 강조하는 문구이므로 (라)와 (마)의 시각이 모두 반영되지 않았다.
④ 청소년을 대상으로 하여 (라)의 시각을 반영하고 있지만, 신종 담배의 위험성을 강조하기보다는 금연의 중요성을 강조하는 문구이므로 (마)의 시각은 반영되지 않았다.

## 059  ⑤

> 정답 해설

연민과 공감이라는 일반적인 표현에 대해 지문에서 기술적으로 새로이 규정한 바를 알맞게 적용한 사례를 찾아야 한다. 연민과 공감은 누군가가 타인의 고통과 연루된 순간에 가질 수 있는 감정이라는 점에서 공통된다. 그러나 연민은 타인을 가련하게 여기는 자신의 모습을 확인하는 데서 만족하기 때문에 한갓 감정 표현이나 손쉬운 구호의 행위에 머물도록 만드는 반면, 공감은 인간에 대한 존중과 동류 의식을 바탕으로 타인의 고통을 자신의 것과 마찬가지로 생각하고 고통의 중단을 위해 적극적인 행동에 나설 수 있도록 한다. 그래서 지문은 연민을 "감정의 기술"이라고, 공감을 "삶의 태도"라고 표현하고 있다. 이러한 뜻을 적절하게 드러낸 답지는 ⑤이다.

> 오답 해설

① 연민은 곤경에 처한 타인에 대해 본인이 느끼는 감정에 중점을 두는 것이므로 고통을 관찰하는 데 만족한다고 볼 수 없고, 공감은 타인의 고통 중단을 위해 행동하는 것이므로 인식하는 데 만족한다고 볼 수 없다.
② 공감이 다른 사람의 고통을 해결함으로써 만족을 얻는지는 불분명하며 연민과 공감 모두 그것들이 다시 어떤 만족의 감각을 불러일으키는지는 중요하지 않다.
③ 연민에 대한 설명은 오히려 공감에 어울리는 것이며, 타인이 고통받는 원인을 자기에게 둔다거나 윤리적 반성에 이르게 된다고 하는 공감에 대한 설명은 지문의 내용과 거리가 멀다.
④ 연민에 대한 설명은 타인을 동류로 생각한다는 면에서 연민보다는 공감과 더 가까운 것이지만, 생각에 그치는 것은 공감이라 볼 수 없으며, 타인의 고통을 분석하여 원인을 찾는 객관적 자세는 연민과 공감 모두와 거리가 멀다.

▶ 출처  정여울(2016), 『공부할 권리』, 민음사.

## 060  ④

> 정답 해설

'무딘 감수성'은 미디어에서 비슷비슷하게 노출된 고통의 이미지에 사람들의 감수성이 무디어졌다는 표현이며, 인간의 고통이 화면을 매개로 전시될 때 그것을 대하는 사람들의 태도도 간접화된 방식으로 정형화되었음을 의미한다. 지문에서는 우리가 멈춰야 할 것은 연민이며, 되찾아야 할 것은 공감이라고 했으므로 타인의 고통을 연민하는 것에서 그치는 것이 아니라 타인의 고통과 함께하는 삶의 태도를 가져야 한다고 했다. 따라서 '무딘 감수성'은 미디어에 노출된 고통에는 정형화된 태도를 보이면서 옆에 있는 사람의 고통은 함께하지 않는 것으로 이해할 수 있다. 따라서 이를 적절하게 축약하여 잘 드러낸 답지는 ④이다.

## 읽기  061번~090번

기출문제집 p.169

| | | | | | | | | | |
|---|---|---|---|---|---|---|---|---|---|
| 061 | ① | 062 | ② | 063 | ⑤ | 064 | ④ | 065 | ② |
| 066 | ⑤ | 067 | ② | 068 | ① | 069 | ① | 070 | ⑤ |
| 071 | ③ | 072 | ④ | 073 | ③ | 074 | ① | 075 | ② |
| 076 | ① | 077 | ② | 078 | ⑤ | 079 | ① | 080 | ③ |
| 081 | ① | 082 | ⑤ | 083 | ① | 084 | ① | 085 | ⑤ |
| 086 | ④ | 087 | ③ | 088 | ④ | 089 | ③ | 090 | ④ |

### 061  ①

**정답 해설**

'만난다면', '흐른다면', '닿는다면' 등에서 가정이나 조건의 의미를 지닌 연결어미 '-다면'이 드러나는데, 이러한 시구는 화자의 간절한 소망을 강조하고 있다.

**오답 해설**

② 청자 '그대'가 명시적으로 드러나지만, 화자가 청자를 반어적인 어조로 비판하고 있지 않다.
③ 시각을 촉각화하는 공감각적 심상 표현을 찾을 수 없다.
④ 수미상관의 방식이 사용되지 않았다.
⑤ 감탄형 종결 표현이 사용되지 않았다.

▶ 출처  강은교, 「우리가 물이 되어」

### 062  ②

**정답 해설**

이 시는 물과 불의 대립적 이미지를 활용해 주제를 형상화한다. 〈보기〉의 '삭막하고 메마른 현재의 삶'은 불의 이미지로 표현되며, '생명력이 충만하고 조화로운 합일의 세계'는 물의 이미지로 표현된다. 이에 따라 이 시에서 '물'의 이미지로 대표되는 물, 비, 강물, 바다 등의 시어는 정화, 포용, 생명력이라는 원형적 상징의 의미를 지닌다. ⓒ '강물'은 이에 해당한다. ㉠, ㉢, ㉣, ㉤은 메마르고 황폐한 불의 이미지에 해당하는 시어이다. 따라서 정답은 ②이다.

### 063  ⑤

**정답 해설**

서술자이면서 작중 인물인 '명선'은 친구인 '유리'의 집을 처음 방문하게 된다. 유리의 집은 부자들이 사는 동네에 있기는 하였지만 실상 가난한 집안 형편 탓에 셋방살이도 간신한 모습임이 드러난다. 이는 그간 부자라고만 알고 있었던 것과 극단적으로 대비되는 양상이어서 명선은 짐짓 놀란다. 그러면서도 애초에 유리의 거짓말이 자기의 빈곤한 처지로 인해 구겨진 자존심으로 말미암은 것임을 명선은 짐작하게 되고, 유리를 연민의 감정으로 보듬으며 그와의 유대를 키워간다. 본문은 서술자가 이와 같은 감정의 변화를 겪는 모습을, 그가 유리의 인도를 받아 진입하게 되는 공간상의 이동과 장소 묘사에 따라 순차적으로 제시하고 있다. 따라서 정답은 ⑤이다.

**오답 해설**

① 인물을 희화화하는 부분이 나오지 않으며, 따라서 이를 통해 지배적인 사회 통념의 허점을 비판하지도 않는다.
② 서술자가 친구의 초청을 받아 그의 집에 방문함으로써 그 친구가 그간 거짓된 모습을 보여왔다는 것을 알게 되는 것이 주요 사건이라고 할 수 있을 텐데 이 사건은 오직 단 한 명의 서술자의 진술을 통해서만 전달되고 있다.
③ 제한적으로 이루어지는 장면 전환은 시간의 결락을 드러냄과 동시에 서술자가 본문에서 제시된 사건 뒤에 작심한 바가 어떤 것인지를 보여주는 기능을 한다. 따라서 가치관의 분열에 따른 혼란을 보여 준다는 진술은 적절하지 않다.
④ 유리가 거짓된 모습을 보여왔다는 점이 드러난 이후에도 명선은 유리를 미워하거나 배척하지 않는다. 이 사실로 보아, 이야기에서 어떤 갈등이나 불화도 딱히 두드러지지 않고 있음을 알 수 있다.

▶ 출처  조수경(2016), 「유리」, 『모두가 부서진』, 문학과지성사, 22~25.

### 064  ④

**정답 해설**

유리의 집이 '명선과 유리가 함께 유대를 쌓는 은밀한 공간으로 기능하게 되는 것'은 ㉣ '안쪽'이 언급된 시점 이후이다. 그러나 아직 이것은 ㉢ '그쪽'과 대비되어, ㉡ '안쪽'과 마찬가지로 유리가 부풀렸고 명선이 상상하던 거대하고 화려한 '부잣집'이 아니라 실상 욕실과 화장실을 공동으로 쓸 수밖에 없는 "기다랗고 단순한 구조의 집", 즉 초라하고 협소한 공간을 가리킨다. ④의 진술 내용은 본문의 후반부에 나오는 '아지트'에 대한 진술로 더욱 적합하다.

**오답 해설**

① ㉠은 유리가 친구들에게 자신이 산다고 소개한 부잣집들의 내부를 가리키며, 이 '안쪽'은 친구 중 누구도 본 적도 간 적도 없기에 호기심의 대상이 되는 공간이다.
② ㉡은 "푸른색이 감도는 검은색 대문"과 대조되는 "청동색 쪽문"의 '안쪽'을 가리키며, 이전까지 전해들은 거짓에 근거해

상상해온 거대함이나 화려함이 실체적 공간의 협소함과 초라함으로 대체되기 시작하는 상황과 연관된다.
③ ⓒ은 "청동색 쪽문" 안쪽의 초라하고 협소한 공간과 상반되는 모습을 지녔을 것이라고 상상되고 있으며 위치와 거리상으로도 대조되는 표현인 '그쪽'으로 지시된다.
⑤ ⓜ은 명선이 유리의 진실을 알게 된 이후 유리가 자신의 과거 체험들을 명선에게 솔직하게 털어놓는 반복적 행동을 축약적으로 제시하는 부분에서 제시된 표현이자 사물이다. 이 지점에서 유리는 자기가 집주인 일가로부터 받았던 호의를 자랑삼아 이야기하지만 이마저도 자신의 빈곤함을 드러내고 있기에 '단짝' 명선에게도 부끄러움을 느끼고 "구겨진 치맛단"을 펴려는 무의식적 행동을 반복하는 것으로 묘사된다.

## 065 ②
**정답 해설**

ⓐ 명선은 ⓑ 유리의 초대를 받아 유리의 집에 방문하게 된다. 그리고 그곳에서 유리의 어떤 면이 거짓이었는지를 알게 된다. 이는 결과적으로 유리가 자신에 관한 사실을 스스로 명선에게 알려온 것과 마찬가지인 행동이었고 그만큼 명선을 유리가 특별하게 여기고 있음을 보여준다. 다른 교우관계보다도 유리를 특별한 위치에 두는 점은 명선도 마찬가지여서 명선은 유리의 초대를 받을 때부터 이미 기뻐하였고 심지어 유리의 거짓을 알게 된 이후에도 이를 외부에 폭로하지 않고 오히려 함께 '공모'하며 거짓을 유지함으로써 그들만의 관계를 공고히 한다. ㄱ과 ㄹ은 이러한 점들을 적절하게 진술하고 있으며 이를 선별한 ②가 정답이다.

**오답 해설**

ㄴ. 거짓을 스스로 밝힘으로써 갈등을 겪고 배척될지도 모를 위험을 ⓑ 유리가 감수한 뒤에도 명선과의 친분과 유대가 이어진다는 면을 고려하면 ㄴ의 진술은 옳지 않음을 알 수 있다.
ㄷ. ⓐ 명선은 자신이 알고 있던 바와 ⓑ 유리의 실상이 다르다는 점을 처음 깨닫게 되었을 때 당혹하여 엉거주춤 행동하기도 하지만 이때 유리는 명선의 태도를 탓하고 원망하기보다 본인의 빈곤한 처지와 자기의 거짓말로 인해 친구를 잃을지 모르는 상황 자체에 대해 실의를 느끼는 것으로 보인다. 이 점을 감안하면 ㄷ의 진술은 옳지 않다.

## 066 ⑤
**정답 해설**

'기하학적 건축구조물을 이용하여 감시의 원리를 체화한 자동기계이다.'에서 알 수 있듯이 파놉티콘의 물리적 공간적 구조가 인간의 정신을 지배하고, 그것을 기제로 활용하여 감시를 내면화하기에 이르는지 설명하는 것이 이글의 주된 논지다.

▶ 출처  홍성욱(2002), 『파놉티콘-정보사회 정보감옥』, 책세상, 22-24쪽.

## 067 ②
**정답 해설**

'감시의 환영'은 죄수는 보이지 않는 곳에서 항상 자신을 감시하고 있을 간수의 시선 때문에 실제로 간수가 보이지 않더라도 항상 감시받고 있다는 생각으로 행동하게 된다는 것이므로 '서로에 대한 대칭적인 시선'은 적절하지 않다.

**오답 해설**

① 감시받고 있다는 생각을 하게 하여 스스로 규율을 내면화하게 되는 것이므로 적절한 설명이다.
③ 감시받는 시선을 의식해서 규율에서 벗어나는 행동을 못 하다가 결국 스스로 규율을 내면화하게 되는 것이므로 적절한 설명이다.
④ 간수가 자신을 감시한다고 생각하던 것에서 스스로를 감시하게 되는 것이므로 적절한 설명이다.
⑤ 파놉티콘의 구조상 간수는 죄수를 볼 수 있지만 죄수는 간수를 볼 수 없는 구조에 따라 죄수는 항상 자신이 감시받고 있다고 생각하게 되는 것이므로 적절한 설명이다.

## 068 ①
**정답 해설**

'파놉티콘'은 일방만이 다른 일방을 감시할 수 있는 구조이고, 감시 카메라나 신용카드 정보 수집 역시 한쪽에서만 정보 수집을 할 수 있는 구조이므로 적절한 반응이다.

**오답 해설**

② 과속 단속 카메라의 위치 정보를 공개하는 것은 일방적인 감시에 대한 정보를 공개하는 것이므로 파놉티콘의 은폐와 관련이 없다.
③ 택배 배송을 위해 아파트 공동 현관 비밀번호를 공개하는 것은 파놉티콘의 감시의 속성과 관련이 없다.
④ 파놉티콘은 일방만이 다른 일방을 볼 수 있는 구조이므로 트렌드를 반영하여 특정 세대를 겨냥한 상품 개발과 무관하다.

⑤ 개인 저장 장치는 감시의 도구가 아니므로 파놉티콘의 성격과 관련짓기 어렵다.

## 069  ①
**정답 해설**

조건과 기한을 비교하고, 다시 조건에 속하는 정지조건과 해제조건, 기한에 속하는 시기와 종기를 비교하여 소개하고 있다는 점에서 ①이 옳은 진술이다.

**오답 해설**

② 부관에 속하는 여러 용어들의 등장 배경에 대한 설명은 없다.
③ 부관에 대해 장래에 도입되어야 할 제도에 대한 설명은 없다.
④ 부관이 대처하고자 하는 상황에 대한 설명은 있으나, 그 실효성에 관한 설명은 없다.
⑤ 부관 사용에 대한 찬반양론에 대한 내용은 없다.

▶ 출처  지원림(2023), 『민법강의』, 홍문사.

## 070  ⑤
**정답 해설**

당사자의 합의로 소멸한 계약의 효력을 되살리는 방법에 관한 내용은 지문에 나타나지 않으므로 ⑤가 정답이다.

**오답 해설**

① 2문단에서 "개인 간의 재산 관계는 당사자들의 합의로 자율적으로 형성하는 것이 원칙"이라고 설명한다.
② 2문단에서 "계약의 효력 발생 여부에 대해" "원칙과 다른 내용도 당사자들이 계약으로 정할 수 있다."고 설명하고 있으며, '부관'은 당사자들이 해야 할 내용을 얘기하는 것이 아님을 알 수 있다.
③ 1문단에서 "계약 당시에 예상하지 못했던 사정 변경에 대처"할 수 있다고 했으며, 3문단과 4문단에서 '조건'에 대해 설명하고 있다.
④ 2문단에서 '시기'에 대해 설명하면서 "성립한 계약의 효력 자체는 발생하는 것을 전제로 그 발생 시점을 조절하는 부관"이라고 설명하고 있다.

## 071  ③
**정답 해설**

2문단에서 시기와 종기는 모두 '기한'에 속하고, 기한은 장래에 반드시 일어나는 사건임을 알 수 있다.

**오답 해설**

① "계약의 효력은 성립과 동시에 발생하는 것이 원칙이므로 계약이 성립하면 곧바로 그 내용인 '특정한 행위'를 요구할 수 있는 채권이 발생"한다고 하였으므로 적절한 내용이다.
② "해제 조건은 일단 계약의 효력이 발생하지만, 조건에 해당하는 사실이 발생하면 계약의 효력이 자동으로 소멸"한다고 하였으므로 적절한 내용이다.
④ '조건'은 "장래의 사실 중 발생 여부가 불확실한 사실과 계약의 효력 발생 여부 자체를 연동시킨다."라고 했으므로 적절한 내용이다.
⑤ '시기'는 "성립한 계약의 효력 자체는 발생하는 것을 전제로 그 발생 시점을 조절하는 부관"이라고 하였으며, '정지 조건'은 "조건에 해당하는 사실이 발생해야 계약의 효력을 발생시키기로 하는 부관"이라고 하였으므로 적절한 내용이다.

## 072  ④
**정답 해설**

해제 조건이 실현되면 채무가 소멸하지만, 채무자가 의도적으로 해제 조건을 실현시키면 반대 결과 즉 해제 조건이 실현되지 않은 것으로 간주되고, 그 결과 채무는 확정적으로 유지된다.

**오답 해설**

① 채권자가 의도적으로 정지 조건을 실현시키면 반대 결과 즉 정지 조건이 실현되지 않은 것으로 간주되고, 이로 인해 채권은 발생하지 못한다.
② 채권자가 의도적으로 정지 조건을 실현시키면 반대 결과 즉 정지 조건이 실현되지 않은 것으로 간주되므로 채권자는 정지 조건이 성취될 수 있게 개입하면 안 된다.
③ 채권자가 의도적으로 해제 조건 실현을 방해하면 불리한 결과 즉 해제 조건 실현으로 간주되고, 결국 채권은 소멸한다.
⑤ 채무자가 의도적으로 해제 조건을 실현시키면 채무가 확정적으로 유지되므로 채무자는 해제 조건이 성취될 수 있게 개입하면 안 된다.

## 073  ③
**정답 해설**

"소비는 꿀벌이 분비한 밀랍으로만 이루어져 회백색에 가깝지만 ~ 점차 색깔이 검게 변한다."라고 했으므로 일치하지 않는 내용이다.

### 오답 해설

① "벌집 안에는 수직으로 나란히 늘어진 여러 개의 공간이 만들어지는데 이를 소비라고 한다."라고 했으므로 일치하는 내용이다.
② "꿀벌의 사회 생활체인 개체군을 '봉군'이라고 하는데, ~ 이들은 봉군을 유지하기 위해 분업 체제를 갖추고 있다."라고 했으므로 일치하는 내용이다.
④ "어두운 곳에서 일정한 간격으로 소비를 짓는 습성을 이용하여 인류는 꿀벌을 키워서 꿀을 얻는 양봉이라는 곤충의 가축화에 성공했다."라고 하였으므로 일치하는 내용이다.
⑤ "꿀벌 방은 안으로 들어갈수록 아래쪽으로 약간 기울어져 있어 입구들이 조금 위로 향하도록 만드는데, 이렇게 되면 방 안의 내용물이 흘러내리지 않아 육아나 저장에 유리하다."라고 했으므로 일치하는 내용이다.

▶ 출처  농촌진흥청(2020), 농업기술길잡이015-양봉, 농촌진흥청.(농사로: nongsaro.go.kr)

## 074  ④

### 정답 해설

"여왕벌은 생식 능력이 있는 유일한 암컷으로 알 낳기만 담당하며, 조직의 중심점이 된다.", "여왕벌은 일벌에게는 잘 발달되지 않은 분비샘이 있어서 여왕벌만의 물질을 분비하여 다른 일벌들의 행동을 조절한다."의 내용을 통해 교미와 번식의 조절이 아닌 물질 분비를 통해 통제함을 알 수 있다.

### 오답 해설

① 1문단 마지막에서 "수벌은 여왕벌과 교미를 하는 일 외에 아무것도 하는 일이 없다."라고 했으므로 적절한 설명이다.
② "일벌의 하인두선은 여왕벌에게는 없으며 애벌레의 먹이가 되는 로열 젤리를 분비한다."라고 했으며 "어린 일벌은 ~ 로열 젤리를 만들어 부화 후 3일까지의 애벌레와 여왕벌에게 로열 젤리를 공급한다."라고 했으므로 적절한 설명이다.
③ "일벌은 애벌레에서 탈피한 후 생리적 기능 변화에 따라 여러 가지 종류의 일을 하게 된다."라고 하며, 청소와 알을 돌보는 일, 로열 젤리를 만드는 일, 밀랍을 분비하여 벌집을 짓는 일, 꿀과 화분을 수집하는 일 등을 한다고 언급하고 있으므로 적절한 설명이다.
⑤ "일벌의 하인두선은 여왕벌에게는 없으며 애벌레의 먹이가 되는 로열 젤리를 분비한다. 일벌들은 또한 집을 짓는 데 필요한 밀랍을 분비하는 기관과 냄새를 풍기는 기관을 갖고 있다."라고 했으므로 적절한 설명이다.

## 075  ②

### 정답 해설

"꿀을 저장하는 방은 소비의 위쪽과 구석을 차지하고 그 방의 깊이도 깊어지게 되어 소비의 중심 쪽보다는 많은 꿀을 저장할 수 있게 된다."라는 습성을 이용하여 산란권 위쪽의 소비를 한 층 더 쌓아 공간을 더 두어 꿀 저장 공간을 늘어나도록 만들었다. 격왕판은 여왕벌의 출입을 제한해서 여왕벌의 산란권을 아래층으로 제한하고 위쪽 저장 공간을 늘린다. 따라서 격왕판을 설치하여 여왕벌이 통과하지 못하게 한 이유는 먹이 저장권을 확장하기 위한 것이다.

### 오답 해설

① 육아권의 영역을 넓히기 위해서는 아래층 소비를 추가해야 한다.
③ 수벌의 개체수를 줄이기 위한 방법은 지문에 나오지 않는다.
④ 여왕벌은 통과하지 못하므로 오히려 산란 공간이 줄어드는 셈이다.
⑤ 일벌은 난소 발육이 억제되어 교미와 번식을 할 수 없다.

## 076  ①

### 정답 해설

"목재에 함유된 수분의 양은 함수율로 나타내는데, 목재의 전건 무게에 대한 수분량의 백분율로 표시한다. 전건 무게는 항온기에서 고온으로 가열하여 모든 수분이 빠져나간 상태로 건조된 목재의 무게를 말한다."라고 했으므로 목재의 전체 무게가 아니라 전건 무게 대비 수분량의 비율이다.

### 오답 해설

② "결합수의 비율은 세포벽의 팽창 정도를 결정하므로 목재의 물리적 성질 변화에 크게 영향을 준다. 반면 자유수는 결합수와 달리 목재의 성질에 미치는 영향이 미미하나, 투과성이나 열전도 등에는 상당한 영향을 미친다."라고 했으므로 적절한 내용이다.
③ "이러한 평형 상태는 주위 환경의 습도와 온도에 의해 크게 영향을 받는데, 목재가 주어진 온습도 조건 균형을 이룬 상태일 때의 함수율을 평형 함수율이라 부른다."라고 했으므로 적절한 내용이다.
④ "목재의 수분은 함수율이 높은 부분에서 낮은 부분으로 이동한다."라고 했으며, "수분 이동의 특성으로 인해 젖은 목재 내부와 마른 목재의 표면에 가까운 부분 사이에서 함수율의 차이가 생기는데, 이를 수분 경사라 부른다."라고 했으므로 적절한 내용이다.
⑤ "수분 경사는 표면 쪽과 내부 사이에 포물선 형태가 되며, 건조 초기에는 경사가 급하고 건조 후기에 목재가 평형 함수율

에 근접하게 되면 완만해진다."라고 했으며, "목재가 주어진 온습도 조건 균형을 이룬 상태일 때의 함수율을 평형 함수율이라 부른다."라고 했으므로 평형 함수율이 되면 수분의 이동이 없으므로 경사는 0임을 추론할 수 있다.

▶ 출처  산림청(2011), 산림과 임업기술 (산림청 공개 자료)

## 077  ②

**정답 해설**

"목재의 건조가 시작되면 목재 표면에서 대기로 수분이 증발하고 이는 모세관 힘을 유발시켜 인접한 내층의 자유수를 이동시킨다. 자유수의 이동에 따른 조직 내 수분 함량의 차이로 인해 결합수는 세포벽에서 세포 내강으로 확산한다."라는 내용을 통해 결합수는 '모세관 힘'이 아니라 조직 내 수분 함량의 차이인 '삼투압'에 의해 이동함을 알 수 있다.

**오답 해설**

① "결합수란 물 분자가 수소 결합에 의해 세포벽에 결합된 것을 말하며 자유수는 세포 사이의 미세한 공간인 세포 내강에 액체로 존재하는 것을 말한다."라는 내용을 통해 알 수 있다.
③ "자유수는 결합수에 비해 세포벽과의 결합력이 상대적으로 약해 적은 에너지로도 쉽게 제거된다."라고 했으므로 목내 내부에서의 이동에 결합수가 자유수보다 더 많은 에너지가 필요함을 알 수 있다.
④ "반면 자유수는 결합수와 달리 목재의 성질에 미치는 영향이 미미하나, 투과성이나 열전도도 등에는 상당한 영향을 미친다."라는 내용을 통해 알 수 있다.
⑤ "자유수의 이동에 따른 조직 내 수분 함량의 차이로 인해 결합수는 세포벽에서 세포 내강으로 확산한다. 자유수는 확산에 비해 매우 빠른 속도로 이동한다."라는 내용을 통해 알 수 있다.

## 078  ⑤

**정답 해설**

지문에 따르면 건조의 수축에 따라 심재의 변화(수축) 정도는 작고 변재의 수축 정도는 상대적으로 크다는 것을 알 수 있다. D에서 심재의 수축이 더 크고 섬유 방향으로의 수분 이동이 나무 중심에서 표피 방향의 수분 이동에 비해 12~15배 더 빠르다는 것을 통해 상대적으로 심재에서 변재 쪽 변위가 작게 줄어들어 대각선 길이가 더 긴 상태인 마름모가 됩니다.

**오답 해설**

① "확산 속도는 목재의 투과성과 판재의 두께에 의해 큰 영향을 받는다. 투과성이 좋은 목재일수록 건조 속도가 빠르며," 와 "~ 제재된 판재에서는 수분의 이동 거리가 상대적으로 짧은 두께 방향을 통해 수분 이동이 주로 일어난다."를 통해 두께가 얇은 A의 건조 속도가 빠름을 알 수 있다. 따라서 수분 평형에 빨리 도달한다.
② B는 심재 부분이 작고 심재의 함수율이 낮아 수분 평형에 이르는 함수율의 변화가 작고 그 결과 심재 쪽의 수축이 적다.
③ B와 D는 모두 심재와 변재를 가지고 있으며 수분 경사가 발생하므로 변형이 생긴다.
④ C는 모두 심재이므로 평형 상태에 이르는 함수율 변화량이 가장 작으므로 변형이 가장 적게 일어난다.

## 079  ①

**정답 해설**

2문단에 따르면 우리는 이 귀납의 원리를 받아들이기 때문에 미래에 대한 여러 예측을 할 수 있다고 말한다. 그러나 4문단에서는 그것이 합리적으로 정당화되지 않는다고 말한다.

**오답 해설**

② 4문단에서 귀납의 원리가 정당화되지 않는다고 말하지만, 2문단에 따르면 귀납의 원리를 통해 과거와 같은 미래가 있을 것이라고 예측한다. 따라서 미래에 예상 못 한 상황이 닥칠 것을 주의해야 한다는 것은 흄의 주장이 아니다.
③ 2문단에 따르면 귀납의 원리는 인간이나 동물이나 모두 쓰는 원리라고 말했다. 따라서 귀납의 원리가 합리적인 인간에게는 적용되지 않는다는 것은 흄의 주장이 아니다.
④ 미래에도 과거와 같은 연속이나 공존이 반복될 것이라는 예측이 곧 귀납의 원리이다. 귀납의 원리가 귀납의 원리에 의해서 정당화되어야 한다는 것은 흄이 문제점으로 지적한 것이지 주장한 것은 아니다.
⑤ 귀납의 원리는 연속이나 공존이 과거에 있었으면 미래에도 있었으리라 예측하는 것이다. 따라서 미래에는 그 반복이 보장되지 않으므로 이 원리는 정당화되지 않는다는 것은 흄의 주장이 아니다.

▶ 출처  최훈(2016), 『라플라스의 악마, 철학을 묻다』, 뿌리와이파리.

# 080  ③
**정답 해설**

3문단에서 "지구의 자전을 파괴할 만큼 큰 물체에 지구가 부딪혀 내일 아침에 태양이 떠오르지 않는 상황을 상상하는 것이 전혀 불가능하지 않"다고 말했으므로 개연성이 높은 ㉠마저도 거짓일 수 있다. 하물며 개연성이 없는 ㉡이 거짓일 수 있는 것은 당연하다.

**오답 해설**

① 개연성이 높은 ㉠마저도 합리적으로 정당화되지 않는다는 것이 윗글의 주제이다.
② 3문단에서 ㉠과 같은 지식도 확실성 대신에 개연성을 추구해야 한다고 말한다. 따라서 ㉠은 개연성이 높다. ㉡도 개연성은 있겠지만 아주 낮을 것이다.
④ 2문단에 따르면 귀납의 원리는 어떤 일정한 형식의 연속이나 공존이 이제까지 자주 반복되었다면 미래의 경우에도 이와 같은 연속이나 공존이 반복될 것이라고 예측하게 해 주는 것이라고 말했으므로, 그런 연속이나 공존이 있는 ㉠에는 적용된다. 다만 그것이 정당화되지 않을 뿐이다.
⑤ 2문단에 따르면 ㉠은 연속이나 공존에서 나온 것이다. 1문단에서 말한 것처럼 "태양이 수십억 년 동안 매일 아침 떠올랐기 때문이다." 그러나 ㉡은 그렇지 않으므로 연속이나 공존에서 나온 것이 아니다.

# 081  ①
**정답 해설**

2문단에 따르면 귀납의 원리, 곧 ⓒ를 통해 ⓑ로부터 ⓐ를 이끌어 낸다. 따라서 ⓐ와 ⓑ로부터 ⓒ를 이끌어 낸다는 것은 적절하지 않다.

**오답 해설**

② 2문단에 따르면 귀납의 원리, 곧 ⓒ를 통해 ⓑ로부터 ⓐ를 이끌어 낸다. ⓑ의 참은 ⓐ의 참의 근거가 된다는 것이 곧 귀납의 원리가 말하는 바이다.
③ 4문단에서 ⓒ, 곧 귀납의 원리가 합리적으로 정당화될 수 없다고 말하므로 적절하다.
④ 2문단에 따르면 귀납의 원리, 곧 ⓒ를 통해 ⓑ로부터 ⓐ를 이끌어 낸다. 따라서 ⓒ가 거짓이라면 ⓐ의 참을 확신할 수 없다.
⑤ 2문단에 따르면 귀납의 원리, 곧 ⓒ를 통해 ⓑ로부터 ⓐ를 이끌어 낸다. 따라서 ⓒ를 참이라고 가정하면 ⓑ로부터 ⓐ를 추론할 수 있다.

# 082  ⑤
**정답 해설**

㉢은 선결문제 요구의 오류라는 논리적 오류이다. 증명하려고 하는 바로 그것을 근거로 삼아 증명하는 잘못이다. 선생님 말씀이 진리인지 아닌지는 증명해야 할 대상인데, 바로 그것을 근거로 삼고 있다. 그러므로 이것 역시 선결문제 요구의 오류이다.

**오답 해설**

① 미인이 잠꾸러기라고 해서, 잠꾸러기가 모두 미인인 것은 아니다. 이런 잘못된 추론은 후건 긍정의 오류에 해당한다.
② 이 식품이 해롭다는 증거가 없다고 해서 해롭지 않다고 결론을 내릴 수는 없다. 이것은 무지에 호소하는 오류이다.
③ 아인슈타인의 상대성 이론은 과학에서의 이론인데 그것을 문화에서의 상대성에 적용할 수는 없다. 이것은 부적합한 권위에의 호소이다.
④ 각 선수들은 우수하더라도 집단인 팀은 우수하지 않을 수 있다. 이것은 결합의 오류이다.

# 083  ①
**정답 해설**

수거일 안내에서 수거 시간은 6:00~15:00이고, 수거일은 토요일 14:00 이후이며 일요일·공휴일 제외로 동일하고 동별로 차이가 나지 않는다. 따라서 적절하지 않은 내용이다.

**오답 해설**

② 배출 방법 1번에 따르면 대형 폐기물은 수수료 입금 후 내 집 앞에 배출하여야 하며, 동별 지정 수집 운반 업체로 신청하여야 한다.
③ 배출 방법 1번에 따르면 대형 폐기물 중 가전제품은 무상 방문 수거가 가능하다.
④ 배출 방법 2번에 따르면 이물질이 묻은 비닐류·일회용품은 소각용 종량제 봉투에 배출해야 함을 알 수 있다.
⑤ 배출 방법 3번에 따르면 공동 주택의 경우에는 음식물 쓰레기 종량기 또는 음식물 쓰레기 전용 용기에 배출해야 함을 알 수 있다.

▶ **출처** 분당구청, 고시공고, 생활폐기물 배출방법 안내 공고(http://www.bundang-gu.go.kr/contents/announce.asp?cIdx=27&actionMode=list&searchName=01,02,03,04,05,06)

## 084 ①

**정답 해설**

배출 시간 및 장소 안내에 따르면 모든 쓰레기는 일몰 후에 배출해야 함을 알 수 있다.

**오답 해설**

② 배출 방법 4번에 따르면 불연성 쓰레기인 깨진 그릇은 종량제 봉투가 아니라 불연성 마대를 구입해 배출하여야 한다.
③ 배출 방법 5번에 따르면 재활용품 중 의류는 투명 비닐에 담아 배출하여야 한다.
④ 배출 방법 3번에 따르면 갑각류·조개류의 껍데기는 음식물용 종량제가 아니라 일반 쓰레기 소각용 종량제 봉투에 배출하여야 한다.
⑤ 수거일 안내에 따르면 토요일 14:00 이후와 일요일, 공휴일은 수거하지 않음을 알 수 있다. 따라서 토요일 저녁에 배출된 쓰레기는 평일인 다음 월요일에 수거됨을 알 수 있다.

## 085 ⑤

**정답 해설**

㉤의 내용은 법 시행 이전에 기업이 디지털 유산 서비스를 도입해야 한다는 의견이 있다는 것이지, 입법 내용에 대한 의견이 다양하다는 것은 아니므로 적절하지 않은 내용이다.

**오답 해설**

① SNS에 경치나 자신의 얼굴 등을 찍어 올리는 것이 일상이 된 상황으로 기사를 시작하고 있으므로 적절한 내용이다.
② 디지털 기록을 상속할 수 있는 법안에 대한 내용이 기사의 주제이므로 적절한 내용이다.
③ 우리나라에서는 아직 도입되지 않았지만 해외의 도입 사례를 들어 설명함으로 인해 독자에게 유용한 정보를 전달하므로 적절한 내용이다.
④ "사람은 죽어서 이름을 남긴다."라는 관용 표현을 변형하여 사용하였으며, 그만큼 남겨지는 데이터가 많다는 현실적인 사안을 드러내고 있으므로 적절한 내용이다.

▶ 출처  오승목, [친절한 뉴스K] SNS 사진 상속…'디지털 유산법' 등장, KBS뉴스, 2023.04.26.(https://news.kbs.co.kr/news/view.do?ncd=7661228)

## 086 ④

**정답 해설**

설문 조사는 디지털 자산에 대한 상속 인식이 아직 낮음을 보여주고 있다. 유산처럼 상속할 수 있도록 하는 발의 법안 자체에 대한 대중의 관심은 설문 조사의 내용에 포함되어 있지 않다.

**오답 해설**

① 앵커 멘트에서는 온라인 공간에 보관한 사진이나 동영상은 계정의 주인이 사망한 뒤에는 어떻게 해야 할지 질문을 하면서 기사 내용에 대한 시청자들의 궁금증을 불러일으키고자 함을 알 수 있다.
② 앵커 멘트에서는 유산처럼 상속할 수 있도록 하는 법안이 국회에 발의되었다고 뒤에 이어질 리포트 내용을 소개하고 있다.
③ 기자 리포트에서는 사진을 찍어 SNS에 올리는 게 일상이 된 시청자들의 경험을 언급하며 앵커 멘트에 이어 기사를 전개해 나가기 위한 실마리를 잇고 있다.
⑤ 기자 리포트에서는 디지털 자산의 상속에 대한 상반된 의견을 보여주는 인터뷰를 제시하여 기사가 다루는 디지털 자산의 상속 문제에 대해 객관성과 중립성을 갖추고자 한다.

▶ 출처  국립국어원·MBC(2007), 『TV 뉴스 문장 쓰기』, 시대의창.

## 087 ③

**정답 해설**

서비스 이용자가 사망하면 SNS 회사는 사망자의 계정을 휴면시키고, 이용자가 죽기 전 미리 정한 방식으로 계정 안의 사진과 같은 자료를 처리하게 된다고 했으므로 적절한 내용이다.

**오답 해설**

① 디지털 유산을 상속할 건지, 상속한다면 누구에게 어떻게 할지 등을 미리 약관으로 정해야 한다고 했으므로 적절하지 않다.
②, ④ 상속받은 사람은 고인의 계정에서 새로운 게시물을 작성하거나 유통하진 못하도록 한다고 했으므로 적절하지 않다.
⑤ 서비스 이용자가 사망하면 SNS 회사는 사망자의 계정을 휴면시키고, 이용자가 죽기 전 미리 정한 방식으로 계정 안의 사진과 같은 자료를 처리하게 된다고 했으므로 적절하지 않다.

## 088 ④

**정답 해설**

"신청 방법 및 제출 서류"에 따르면 해당 자치구에 신청자 본인이 직접 제출하는 것으로 안내되어 있으므로 적절한 내용이다.

**오답 해설**

① "지원 금액"에 따르면 일반은 10만 원, 저소득층은 60만 원이 지원된다고 했으므로 지원 금액은 소득 계층과 무관하지 않다.
② "지원 대상"에 따르면 2020년 4월 1일 이전에 설치한 보일러가 대상이므로 2021년 3월에 설치한 보일러는 대상이 되지 않는다.
③ "보조금 지급" 내용에 따르면 보조금 지급 결정 통지일 90일 이내에 친환경 보일러 설치 후 설치 확인서 및 기타 구비 서류를 제출하면 설치 확인서 검토 후 30일 이내에 보조금을 지원한다고 했으므로 보조금을 먼저 받은 후 설치하는 것이 아니라 설치 후 보조금을 받는다.
⑤ "지원 대상"의 내용에 따르면 신청자가 세입자인 경우 주택 소유주의 동의를 받아야 하며, 상호 간 사전 합의 없이 발생한 분쟁의 책임은 신청자인 세입자에게 있다고 했으므로 적절하지 않다.

▶ 출처 서울특별시 「2023년 가정용 친환경 보일러 설치 지원 시행 공고(안)」

## 089 ③

**정답 해설**

보조금 지급을 위해서는 보조금 지급 결정 통지일인 2023년 6월 1일에서 90일 이내에 친환경 보일러를 설치 후 설치 확인서 및 기타 구비 서류를 자치구에 제출해야 한다고 했다. 그러나 2023년 10월 1일 이후는 보조금 지급 결정 통지일에서 90일이 초과된 날짜이므로 적절하지 않다.

**오답 해설**

① 〈보기〉에서 설치 완료된 보일러 사진은 보일러 전체 모습과 시공 표지판 사진이 각각 있어야 한다고 명시되어 있다. 따라서 사진은 2장 이상이 필요하다.
② 본문에서 보조금 지급 대상 보일러는 열량 61,900kcal 미만이라고 했으므로 설치 완료된 보일러의 열량은 61,900kcal 미만이어야 한다.
④ 〈보기〉에 따르면 친환경 보일러 설치 후 증빙 서류로 교체 대상 보일러 사진에서 시공 표지판을 통해 시공 일자를 확인할 수 있어야 한다고 했으므로 시공 표지판이 부착되어 있는지 확인해야 한다.
⑤ 〈보기〉에 따르면 개별난방 전환처럼 교체 대상 보일러가 의미 없는 경우에는 교체 대상 보일러의 사진을 생략할 수 있다. 이는 중앙난방에서 개별난방으로 전환하는 경우에만 가능하므로, 본래 중앙난방을 이용했었던 사람은 새 보일러만 사진 찍으면 된다.

## 090 ④

**정답 해설**

"제출 서류"에 따르면 통장 사본은 신청자 명의의 통장이어야 한다고 했으므로 세입자의 경우라도 주택 소유주가 아니라 세입자 본인의 통장 사본을 준비해야 한다.

**오답 해설**

① 필수 제출 서류에 건물 등기부 등본을 제출하도록 되어 있으므로 건물 등기부 등본을 발급받아야 한다.
② 보일러 설치 견적서를 제출하도록 되어 있으므로, 신청자는 친환경 보일러 설치 견적을 미리 받아야 한다.
③ 저소득층의 경우 소득 증명 서류를 제출하도록 되어 있다. 따라서 신청자가 차상위 계층이라면 소득 증명 서류를 준비해야 한다.
⑤ 세입자의 경우 친환경 보일러 교체에 대한 주택 소유주의 동의서를 받아야 한다. 따라서 주택 소유주와 보일러 교체에 대해 사전에 합의한 후 동의서를 작성하여 제출해야 한다.

## 국어 문화  091번~100번

기출문제집 p.186

| 091 | ② | 092 | ② | 093 | ② | 094 | ③ | 095 | ② |
| 096 | ④ | 097 | ② | 098 | ② | 099 | ⑤ | 100 | ③ |

## 091 ②

**정답 해설**

〈보기〉의 설명은 우화소설에 대한 설명이다. 그러나 「마장전」은 조선후기 박지원이 지은 한문소설로 군자의 사귐을 풍자하고 비판한 작품이다. 특정 동물을 의인화하여 인간 삶의 문제를 비판하는 우화소설이 아니다.

### 오답 해설

① 「두껍전」은 두꺼비를 의인화하여 누가 상석에 앉을지를 경쟁하는 과정 속에서 나타나는 인물들의 행위를 비판하는 우화소설이다.
③ 「토끼전」은 토끼를 주인공으로 의인화한 우화소설로 토끼의 임기응변의 지혜를 보여 주는 동시에 지배계층의 모습을 비판하는 소설이다.
④ 「서대주전」은 쥐를 의인화하여 쥐들 간의 소송 사건을 통해 당대 양반들의 위선과 재판관의 무능함을 비판하는 소설이다.
⑤ 「장끼전」은 장끼와 까투리를 의인화하여 남편인 장끼의 무지함과 당대 여성의 개가 금지 사상을 비판하는 우화소설이다.

▶ 출처  고화정 외(2017), 『깊고 넓게 읽는 고전문학교육론』, 창비교육, p.229-230.

## 092  ②
### 정답 해설

〈보기〉에서 설명하는 작품은 이상의 「날개」라는 소설로 정답은 ②이다.

▶ 출처
• 채호석(2009), 『청소년을 위한 한국현대문학사』, 두리미디어, p.143.
• 천재교육 편집부(2019), 『해법문학 현대소설』, 천재교육, p.88-89.

## 093  ②
### 정답 해설

〈보기〉는 시인 윤동주에 대한 설명이다. 「청포도」는 이육사 시인의 작품이므로 윤동주 시인의 작품이 아니다.

### 오답 해설

① 「자화상」은 우물에 찾아가 우물에 비친 자신을 바라보며 자신을 성찰하는 내용의 시이다.
③ 「서시」는 자신에게 주어진 운명에 대한 부끄러움, 괴로움, 결의를 나타내는 작품이다.
④ 「참회록」은 끊임없이 자신을 반성하고 성찰하는 한 인간의 내면을 보여주는 작품이다.
⑤ 「쉽게 씌어진 시」는 일제강점기 시기에 시를 통해서만 자신을 나타낼 수밖에 없는 억압된 상황에 대해 시로써 저항 의식을 보여 준 작품이다.

▶ 출처  양승준(2020), 『한국 현대시 500선(상)』, 월인, p.246-251.

## 094  ③
### 정답 해설

"죵릭 됴션의 신파 연극은 몃몃 단톄가 잇셔 굿득 수효가 적은 비우가 각 단톄로 난호이는 식듥에 각 단톄에셔는 비우가 딕ᄒ야 부죡ᄒ 념려가 잇던바"라고 하였으며, "일류 비우는 거의 다 모힌 모양인 고로"라고 하였으므로 배우들이 각 단체에 나뉘어 있어 이 배우들을 한 번에 모으기 위한 것이지 신인 배우 모집을 위한 것이 아님을 알 수 있다.

### 오답 해설

① "신파 대합동 연극을 약 일쥬일 동안 흥힝ᄒ기로 결뎡ᄒ얏는딕"를 통해 대합동 연극 기간은 약 일주일 동안이라는 것을 알 수 있다.
② "금 이일부터 단셩샤에셔 신파 대합동 연극을 약 일쥬일 동안 흥힝ᄒ기로 결뎡ᄒ얏는딕"를 통해 단성사에서 대합동 연극을 열기로 하였다는 것을 알 수 있다.
④ "이번에 쳐음으로 대규모의 신파 연극을 한 번 흥힝ᄒ야 보앗스면 좃켓다는 의론이 신파계에 이러나 의론이 합ᄒ얏슴으로"라고 하였으며, "신파 연극이 싱긴 뒤에 쳠 계획이오"라고 하였으므로 신파 연극 단체들이 처음으로 대합동 연극을 열기로 하였음을 알 수 있다.
⑤ "예성좌와 문수성의 단톄에 요샤이 단셩샤에셔 흥힝 즁이던 혁신단 일힝과 합ᄒ야"라고 하였으므로 대합동 연극에 참여하기로 한 단체에는 예성좌, 문수성, 혁신단이 있다는 것을 알 수 있다.

▶ 출처 『매일신보』 1916년 6월 2일자 기사

## 095  ②
### 정답 해설

'날과 갓치'는 '나와 같이', '나처럼'의 의미이다.

### 오답 해설

① '풍편'은 "어떤 말을 누구에게랄 것 없이 간접적으로 들었을 때를 이르는 말"이라는 뜻으로 '바람결'과 같은 의미라고 할 수 있다.
③ '드르미'는 '들으매'의 의미이다.
④ '측량하다'는 '헤아리다'의 의미이므로 '측량치'는 '헤아리지'의 의미이다.
⑤ '존긱'은 '높고 귀한 손님'의 의미이다.

▶ 출처 「명월부인전」(한국학중앙연구원)

## 096 ④

**정답 해설**

초성과 중성을 이어 쓰는 규정을 말하는 것이 아니라 'ㅇ'을 순음 아래에 이어 써 순경음을 표기하는 규정이다.

▶ **출처** 김민수(1957), 『주해훈민정음』, 통문관.

## 097 ②

**정답 해설**

〈 〉의 북한에서의 명칭은 '거듭인용표'이다.

▶ **출처** 국어사정위원회(2010), 『조선말규범집』, 사회과학원 출판사.

## 098 ②

**정답 해설**

'인연'의 '인'과 '연' 모두 'ㅇ'이 첫소리 자리에 쓰이므로 'ㅣ'과 'ㅕ'에 해당하는 약자로만 표기해야 한다. 따라서 ⠊⠕⠡이 옳은 표기이다.

▶ **출처** 국립국어원(2018), 『한글 점자 규정 해설』, 국립국어원.

## 099 ⑤

**정답 해설**

'산입하다'는 추가로 넣는 것이 아니라 '셈하여 넣다. 계산하여 넣다'로 고치는 것이 적절하다.

**오답 해설**

① '환부하다'는 "법원, 행정 기관 따위의 처분으로 압수한 물건을 본디의 소유자, 소지자, 보관자에게 돌려주다."라는 의미이다.
② '분장하다'는 "일이나 임무를 나누어 맡아 처리하다."라는 의미이다.
③ '개진하다'는 "주장이나 사실 따위를 밝히기 위하여 의견이나 내용을 드러내어 말하거나 글로 쓰다."라는 의미이다.
④ '면탈하다'는 "죄 따위를 벗어나다."라는 의미이다.

▶ **출처** 법제처(2021), 『알기 쉬운 법령 정비 기준(10판)』, 부록: 정비 권고 용어.

## 100 ③

**정답 해설**

자막과 음성의 메시지는 대체로 일치하며, 일치하지 않은 화면에서는 내용의 전개를 위한 음성이 이어질 뿐 대조적인 내용이 제시되지는 않는다.

**오답 해설**

① '분리배출', '에너지' 등 노력이 필요한 분야를 나타내는 핵심어를 굵은 글씨로 표현하여 강조하고 있다.
② '쓰다'의 동음어 특성을 활용하여 주제를 흥미롭게 전달하고 있다.
④ '~을 쓰고'의 문장 구조를 반복적으로 제시하며 내용을 전개하고 있다.
⑤ 화자와 청자를 모두 포함하는 '우리'를 활용하여 수용자의 참여를 독려하고 있다.

▶ **출처** 환경부 공익광고(https://youtu.be/FeJYKFoqQ8U)

| 2023년 4월 16일 시행 |

# 제72회
# KBS한국어능력시험

## 정답과 해설

# 제72회 정답과 해설

2023년 4월 16일 시행

## 듣기·말하기 001번~015번

기출문제집 p.193

| 001 | ② | 002 | ⑤ | 003 | ④ | 004 | ① | 005 | ⑤ |
| 006 | ③ | 007 | ④ | 008 | ⑤ | 009 | ④ | 010 | ③ |
| 011 | ⑤ | 012 | ② | 013 | ③ | 014 | ④ | 015 | ④ |

## 001 ②

**듣기 대본**

1번. 먼저 그림에 대한 설명을 들려 드립니다.

안녕하세요. 오늘은 김정호의 업적 가운데 단연 정점에 있는 대동여지도에 대해 이야기하고자 합니다. 대동여지도는 우리나라 전체를 남북 120리 간격으로 구분해 22층으로 나누고, 각 층마다 동서 방향의 지도를 수록했습니다. 각 층의 지도는 1권의 책으로 묶어 동서 80리를 기준으로 접고 펼 수 있도록 만들어 휴대가 간편하고, 보기 쉽게 만들었다고 합니다. 이렇게 제작된 22권의 책을 모두 펼쳐 연결하면 세로 약 6.7m, 가로 약 3.8m 크기의 대형 전국 지도가 됩니다. 놀라운 것은 고을과 도로 등 여러 인문 정보를 상세히 기재했다는 점입니다. 행정 정보를 비롯하여 군사·경제·교통 등 다양한 정보를 수록하여, 국토에 대한 상세하고 풍부한 지리 지식을 제공했습니다. 또한 오늘날의 지도와 같이 다양한 기호를 활용해 11,500여 개에 달하는 많은 지명들을 쉽고 빠르게 인식할 수 있도록 고안했습니다. 그리고 10리 간격으로 점을 찍어 지역과 지역 사이의 거리를 쉽게 계산할 수 있도록 했다고도 합니다. 이는 근대적인 측량 기술로 제작된 지도와 비교할 때에도 손색이 없는 것으로, 우리 민족의 지도 제작 전통이 집대성된 최고의 지도라고 평가할 수 있습니다.

**정답 해설**

〈대동여지도〉는 120리 간격으로 구분해 22층으로 나누고, 각 층마다 동서 방향의 지도를 수록했다고 하였으며, 각 층의 지도는 1권의 책으로 묶어 총 22권의 책으로 구성되었다고 하였다. 또한 오늘날의 지도와 같이 다양한 기호를 활용했다고 하였으므로 적절한 설명이다.

**오답 해설**

① 우리나라 전체를 동서 방향이 아니라 남북 120리 간격으로 구분해 22층으로 나누었다고 하였으므로 적절하지 않다.
③ 접고 펼 수 있도록 만들어 휴대가 간편하고, 보기 쉽게 만들었다고 하였으므로 적절하지 않다.
④ 고을과 도로 등 여러 인문 정보를 상세히 기재했다고 했으므로 적절하지 않다.
⑤ 근대적인 측량 기술로 제작된 지도와 비교할 때에도 손색이 없다고 하였으므로 적절하지 않다.

▶ **출처** 국립중앙 박물관 홈페이지, 제556회 큐레이터와의 대화(2017. 08.30.), 김정호와 《대동여지도大東輿地圖》, 장상훈(https://www.museum.go.kr/site/main/relic/search/view?relicId=4502)

## 002 ⑤

**듣기 대본**

2번. 이번에는 이야기를 들려 드립니다.

외과 의사 아툴 가완디가 의과 대학 졸업을 앞둔 어느 날이었습니다. 칠십 대 할머니가 병원에 찾아 왔습니다. 할머니는 온몸이 쑤시고 종일 피로하시다며 기침을 했지만 체온과 맥박, 혈압은 모두 정상이었습니다. 다만 혈액 검사를 해 보니 백혈구 수치가 높아 폐렴일 가능성이 있어 보였습니다. 4년 차 레지던트 선배 의사는 그 할머니를 아툴이 담당하게 했습니다. 아툴은 매일 두 차례씩 할머니 상태를 점검했습니다. 할머니의 상태는 늘 비슷했기에 그는 할머니가 곧 괜찮아질 것이라고 생각했습니다. 어느 날 아툴은 아침 회진에서 할머니가 밤새 불면증과 오한으로 힘들어하셨다는 이야기를 들었습니다. 그렇지만 여전히 열도 없고 혈압도 정상이었습니다. 선배 의사는 아툴에게 할머니를 주의 깊게 살피라고 당부했습니다. 아툴은 할머니의 병세에 특별한 변화를 느낄 수 없었기에 점심시간쯤 한 번만 둘러봐도 될 일이라고 생각했습니다. 그런데 선배 의사는 바로 그날 오전에 두 차례에 걸쳐 할머니 상태를 직접 확인했습니다. 그날은 그 선배 의사가 주관하는 회의가 있었기에 무척 바쁜 날이었음에도 바쁜 시간을 쪼갰던 것입니다. 선배 의사는 그날 오전 첫 번째 진료에서 할머니의 고열 상태를 확인했고 두 번째 진료에서 저혈압 상태를 확인하면서 폐렴으로 인한 쇼크가 진행되고 있음을 파악했습니다. 물론 때를 놓치지 않은 치료로 할머니는 얼마 후에 무사히 퇴원할 수 있었습니다. 세계적으로 유명한 의사가 된 아툴 가완디는 선배 의사가 할머니를 살릴 수 있었던 이유를 생각하면서 종종 그때의 일을 회상한다고 합니다.

**정답 해설**

이야기에서 회의가 있어 바쁜 중에도 할머니 상태를 직접 확인했고 그 결과 고열과 저혈압을 확인하여 때를 놓치지 않은 치료를 할 수 있었다고 했으므로 이러한 내용을 바탕으로 정성을 다해 최선을 다하는 태도가 중요함을 알 수 있다.

▶ **출처** 이은애 기자, 「성실」, 『좋은 생각』 2022년 5월호.

## 003 ④

**듣기 대본**

3번. 다음은 강연을 들려 드립니다.

여러분은 하루에 커피를 몇 잔 정도 드시나요? 요즘에는 커피를 즐기시는 분들이 많은데요. 2020년 연간 커피 소비량을 보면 한국인은 연간 367잔으로 '하루 커피 한 잔'의 공식이 통계로도 확인되었습니다. 전 세계 평균 161잔의 두 배도 넘는 수치입니다. 커피를 마시면서 주로 카페인에 대해서만 걱정하시지만 커피를 마실 때 사용하는 일회용 컵이 환경뿐만 아니라 건강에도 좋지 않다고 합니다. 일회용 컵에 매일 커피를 마시면 연간 약 2,600개의 미세플라스틱에 노출되는 것으로 조사됐습니다. 일회용기에서 검출되는 미세플라스틱의 양은 다회용기보다 최대 4.5배 많다고 합니다. 소비자원 조사에 따르면 일회용기에서는 적게는 1.0개, 많게는 29.7개의 미세플라스틱이 나왔다고 합니다. 미세플라스틱이 검출된 원재료는 페트 47.5%, 폴리프로필렌 27.9%, 폴리에틸렌 10.2% 순이었습니다. 페트와 폴리프로필렌은 플라스틱 컵과 포장 용기에 주로 쓰이고 폴리에틸렌은 종이컵 코팅에 사용된다고 합니다. 소비자원은 "미세플라스틱의 위해성이 아직 과학적으로 밝혀지지는 않았으나 선제적인 안전 관리가 필요하다."라고 밝혔습니다.

**정답 해설**

미세플라스틱이 검출된 원재료는 페트 47.5%, 폴리프로필렌 27.9%, 폴리에틸렌 10.2% 순으로 많았고 페트와 폴리프로필렌은 플라스틱 컵에 주로 쓰이고 폴리에틸렌은 종이컵 코팅에 사용된다고 하였다. 따라서 페트와 폴리프로필렌이 사용된 플라스틱 컵에 커피를 마실 경우 폴리프로필렌에 노출될 위험이 더 높다고 할 수 있다.

**오답 해설**

① 한국인의 2020년 연간 커피 소비량은 367잔으로 '하루 커피 한 잔'의 공식이 통계로도 확인되었다고 했으므로 일치하는 내용이다.
② 일회용기에서 검출되는 미세플라스틱의 양은 다회용기보다 최대 4.5배 많다고 했으므로 일치하는 내용이다.
③ 미세플라스틱이 검출된 원재료는 페트 47.5%, 폴리프로필렌 27.9%, 폴리에틸렌 10.2% 순이었다고 했으므로 일치하는 내용이다.
⑤ 소비자원은 "미세플라스틱의 위해성이 아직 과학적으로 밝혀지지는 않았으나 선제적인 안전 관리가 필요하다."라고 밝혔다고 했으므로 일치하는 내용이다.

▶ 출처
- 문수정, 일회용 컵에 매일 커피 마시면 미세플라스틱 2600개도 먹는 셈, 국민일보, 2023.02.28.(https://news.kmib.co.kr/article/view.asp?arcid=0018005576&code=61141111&sid1=eco&cp=nv2)
- 주소현, "나쁜 줄만 알았는데" '믹스 커피' 아무도 몰랐던 사실, 헤럴드경제, 2023.2.10.(https://v.daum.net/v/20230210185059326)

## 004 ①

**듣기 대본**

4번. 이번에는 라디오 방송의 일부를 들려 드립니다.

영화 「쇼생크 탈출」은 우리가 오랫동안 두고두고 만나야 할 걸작 중 하나입니다. 흔한 사랑 이야기도 없고, 그렇다고 해서 비현실적인 판타지가 녹아 있지도 않은 이 작품에는 다소 과장된 낭만일지는 몰라도 진지한 자유가 숨 쉬고 있습니다. 앤디라는 프리즘을 통해 들여다본 자유는 결코 거창하지도 않지만 그렇다고 초라하지도 않은 모습입니다. 작업 종료 이틀 전에 옥상에서 마시던 맥주 3병의 달콤함이나, 일생을 감옥에서 보낸 도서관 노인이 출소 후 바깥 세상에 적응하지 못하는 일화는 그들에게 주어진 '자유'를 곱씹어 보게 하고, 이미 많은 자유가 주어진 우리들에게도 진정한 자유의 의미를 묻고 있습니다. 「쇼생크 탈출」의 마지막 장면이 지금까지 아름다운 장면으로 손꼽히는 이유는 주인공들이 만나는 드넓은 백사장과 바다가 구속받지 않는 자유를 나타내는 장소이기 때문입니다. 영화에서 주인공이 죄수들에게 들려주는 모차르트 〈피가로의 결혼 중 저녁 바람이 부드럽게〉는 결과적으로 작품이 말하려는 메시지를 가장 함축적으로 집약시켜 놓은 곡입니다. 곡의 내용과 영화는 비록 직접적인 관련은 없지만, 전혀 다른 세계의 낭만을 경험할 수 있는 이 곡은 회색빛 감옥에서 총천연색 무지개를 띄워 놓은 것과 전혀 다를 바 없습니다.

(모차르트 〈피가로의 결혼 중 저녁 바람이 부드럽게〉 잠시 감상)

하루하루를 소중히 여기고 삶이 헛되지 않았음을 깨달을 수 있다면, 그 깨달음 뒤에 다시 듣는 이 곡은 전혀 새로운 의미로 다가올 것입니다.

**정답 해설**

「쇼생크 탈출」은 진정한 자유의 의미를 묻는 작품이라고 했으며, 모차르트 〈피가로의 결혼 중 저녁 바람이 부드럽게〉는 작품이 말하려는 메시지를 가장 함축적으로 집약시켜 놓은 곡이라고 했으므로 진정한 자유의 의미와 가치에 대한 공감대를 형성하게 한다는 내용이 가장 적절하다고 할 수 있다.

▶ 출처 박신영(2005), 『영화음악-불멸의 사운드트랙 이야기』, 살림출판사.

## 005

⑤

**듣기 대본**

5번. 다음은 시 한 편을 들려 드립니다.
구두 닦는 사람을 보면
그 사람의 손을 보면
구두 끝을 보면
검은 것에서도 빛이 난다.
흰 것만이 빛나는 것은 아니다.

창문 닦는 사람을 보면
그 사람의 손을 보면
창문 끝을 보면
비누 거품 속에서도 빛이 난다.
맑은 것만이 빛나는 것은 아니다.

청소하는 사람을 보면
그 사람의 손을 보면
길 끝을 보면
쓰레기 속에서도 빛이 난다.
깨끗한 것만이 빛나는 것은 아니다.

마음 닦는 사람을 보면
그 사람의 손을 보면
마음 끝을 보면
보이지 않는 것에서도 빛이 난다.
보이는 빛만이 빛은 아니다.
닦는 것은 빛을 내는 일

성자가 된 청소부는
청소를 하면서도 성자이며
성자이면서도 청소를 한다.

**정답 해설**

다양한 사람들의 손을 제재로 하여 1연에서는 구두 닦는 사람, 2연에서는 창문 닦는 사람, 3연에서는 청소하는 사람, 4연에서는 마음 닦는 사람을 제시하고 있다. 이들의 손에서 빛이 난다고 하고, 닦는 행위가 빛을 내는 행위라고 말하고 있다. 특히 마지막 연에서 이들을 대표하여 '청소부'가 거룩한 존재인 '성자'라고 강조하며 자신이 맡은 일을 성실히 수행하고 최선을 다하는 삶의 소중함에 대해 노래하고 있으므로 자신이 맡은 바를 성실히 수행하는 사람들을 긍정하고 있음을 알 수 있다.

**오답 해설**

① 맡은 일을 성실히 수행하는 사람들이므로 현실의 부조리에 저항하는 내용은 유추하기 어렵다.
② 맡은 일을 성실히 하는 것이 성공을 위해 현실을 인내하는 것이라고 보기 어렵다.
③ 시에 등장하는 사람들은 자신이 맡은 일을 성실히 수행하는 것이지 자신을 단련하기 위해 일을 하는 것이 아니다.
④ 시에 등장하는 대상들이 소외된 이웃에게 관심을 보이고 있지는 않다.

▶ **출처** 천양희, 「그 사람의 손을 보면」.

## 006

③

**듣기 대본**

이번에는 진행자와 전문가의 대담을 들려 드립니다. 6번은 듣기 문항, 7번은 말하기 문항입니다.

**진행자**: 선물 받은 초콜릿을 아껴 먹으려 두었다가 하얀 가루가 생겨 먹어도 될지 말지 고민한 경험이 한 번쯤은 있으실 텐데요. 오늘은 초콜릿 위에 생긴 의문의 하얀 가루 등과 같이 생활 속 식품과 관련한 궁금한 이야기를 전문가와 함께 풀어볼까 합니다. 이러한 흰 가루는 무엇인가요? 먹어도 되는 건가요?

**전문가**: 결론부터 말씀드리면 먹어도 됩니다. 이러한 현상은 곰팡이가 아니고 초콜릿 블룸 현상이라고 하는데요, 블룸 현상은 꽃이 핀다는 뜻으로 온도와 습도의 변화에 의해 얼룩이 생겨 나타나는 현상을 말합니다. 보관 온도나 습도에 따라 초콜릿 속 카카오버터가 변하는 팻 블룸 현상이 나타나기도 하고, 설탕이 떠오르는 현상인 슈가 블룸 현상이 나타나기도 합니다. 팻 블룸은 지방 성분인 카카오버터가 고온에 녹아 미세한 지방 결정이 생성되는 것이고요, 슈가 블룸은 설탕이 습기에 의해 녹았다가 다시 결정화되면서 생성되는 것입니다.

**진행자**: 이런 흰 가루는 미세한 지방 결정이나 설탕 결정이라고 보면 되는군요. 그래도 소비자들은 곰팡이인 줄 알고 버릴 수도 있을 것 같은데 제품에 표시가 되어 있나요?

**전문가**: 네, 그렇습니다. 초콜릿 포장지를 잘 보시면 '인체에 무해하니 드셔도 괜찮습니다.'라는 문구가 있기 때문에, 구매하실 때 확인하실 수 있습니다. 다만, 인체에는 무해하지만 초콜릿 본연의 맛이나 식감이 다소 저하될 수는 있으므로 구매 후 초콜릿을 보관하실 때 온도와 습도 변화가 심하지 않은 선선한 실온에 보관하는 것이 좋습니다.

**진행자**: 또 가정에서 마늘을 냉장고에 보관하다 보면 녹색으로 변한 경험 있으실 텐데요, 녹색으로 변한 마늘은 먹어도 되나요?

**전문가**: 네, 인체에는 안전합니다. 이런 녹변 현상은 마늘 속 알리신 성분이 믹서기 날의 철 성분과 결합해서 발생한 것인데요, 마늘이 싹을 틔우기 위해 엽록소를 모으는 과정에서 마늘 조직 속의 효소 작용으로 녹변 현상이 발생하는 것이니 안심하고 드셔도 됩니다.

**진행자**: 오늘 말씀 고맙습니다.

### 정답 해설

팻 블룸은 지방 성분인 카카오버터가 고온에 녹아 미세한 지방 결정이 생성되는 것이라고 했고, 초콜릿을 보관할 때 선선한 실온에 보관하는 것이 좋다고 했으므로 저온이 아니라 고온에 보관하면 카카오버터가 녹을 위험이 높다. 따라서 ③이 일치하지 않는 내용이다.

### 오답 해설

① 초콜릿에 하얀 가루가 무엇인지 묻는 진행자의 물음에 전문가가 블룸 현상이며, 이는 온도와 습도의 변화에 의해 얼룩이 생겨 나타나는 현상이라고 했으므로 일치하는 내용이다.
② 인체에는 무해하지만 초콜릿 본연의 맛이나 식감이 다소 저하될 수는 있다고 하였으므로 맛은 달라진다고 볼 수 있다.
④ 녹변 현상은 마늘 속 알리신 성분이 믹서기 날의 철 성분과 결합해서 발생한 것이라고 했으므로 일치하는 내용이다.
⑤ 녹색으로 변한 마늘을 먹어도 되냐는 진행자의 질문에 전문가는 마늘이 싹을 틔우기 위해 엽록소를 모으는 과정에서 마늘 조직 속의 효소 작용으로 녹변 현상이 발생하는 것이니 안심하고 드셔도 된다고 했으므로 일치하는 내용이다.

▶ 출처 YTN 라디오(2023.03.09), "슬기로운 라디오 생활, 냉장고 속 '녹색으로 변한 마늘, 먹어도 될까'".

## 007 ④

### 정답 해설

용어에 대한 추가 설명을 요청하는 내용은 없으므로 적절하지 않은 설명이다.

### 오답 해설

① "선물 받은 초콜릿을 아껴 먹으려 두었다가 하얀 가루가 생겨 먹어도 될지 말지 고민된 적 한 번쯤은 있으실 텐데요."라며 주제와 관련한 사례로 시작해 청취자들의 흥미를 이끌어내고 있다.
② "이런 흰 가루는 미세한 지방 결정이나 설탕 결정이라고 보면 되는군요."라며 핵심 내용을 다시 언급하여 정리하고 있다.
③ "그래도 소비자들은 곰팡이인 줄 알고 버릴 수도 있을 것 같은데 제품에 표시가 되어 있나요?", "녹색으로 변한 마늘은 먹어도 되나요?"라고 질문을 던지며 답변을 요구하고 있다.
⑤ "또 가정에서 마늘을 냉장고에 보관하다 보면 녹색으로 변한 경험 있으실 텐데요."라며 일상생활의 경험을 언급하며 화제를 전환하고 있다.

## 008 ⑤

### 듣기 대본

다음은 대화의 일부분을 들려 드립니다. 8번은 듣기 문항, 9번은 말하기 문항입니다.

남자: 여보 정말 대단해. 강연 시작한 지 얼마나 됐다고 두 번째라니. 이번에도 진짜 잘하던데?
여자: 아니야, 말만 번지르르하지는 않았는지 너무 민망해. 사람들도 괜히 왔다 그러지 않았을까?
남자: 무슨. 박수가 끊이질 않던데.
여자: 근데 이상해. 박수 소리를 들으면 못했던 말도 막 나온다?
남자: 이 사람, 반 백 살에 진로를 찾았네. 잘됐다, 축하해.
여자: 사람들이 내 얘기를 들어 주는 것도 고마운데 박수를 보내 주잖아? 그럼 정말 내가 괜찮은 사람 같다니까?
남자: 음, 당신은 말을 잘하는 사람은 아닌데, 잘 말하는 사람이거든.
여자: 응? 뭐가 달라?
남자: 달변가는 아니지만, 절실한 사람한테 꼭 필요한 말을 해 주잖아. 당신 말에 진정성이 있으니까 다들 공감하는 걸 거야.
여자: 잘 말하는 사람이라, 근사한데? 자존감이 좀 올라가는 것 같다.
남자: 그래서 하는 말인데… 딸한테는 특별히 더, 더, 잘 좀 말해 줘. 응?
여자: 걔가 요즘 나랑 대화가 되냐고! 아까 학원 앞에서 기다리다 전화했더니 발신자 보고 끊어버리더라. 좋아하는 떡볶이 사 주면서 미안하다고 말하려 했는데.
남자: 아이고, 당신 마음 고생하는 건 내가 알지! 근데 요즘 우리 딸 시험 기간이잖아. 좀 봐 줘.
여자: 아이고, 시험 공부하는 자제분! 그런 상전이 없어요. 그래서 상전한테 잘 보이려 내일 시험 감독 봉사 갑니다! 언젠가는 나아지겠지.
남자: 그럴 거야. 나도 '이 또한 지나가리라.'라고 생각하고 있어. 그런데 그거 알아? 당신 병원에 있는 동안 우리 딸이 레몬청도 담그더라고. 여기 있네. 병에 뭐라고 써 놓은 거야?
여자: 잘 안 보여. 창문 쪽으로 해 봐. 어? '이.수.지?'
남자: 우리 딸이 엄마 주려고 만든 거구나. 엄마랑 대판했으니 내놓지도 못하고. 하여튼 모녀가 성격이 똑같아요.
여자: 그러게, 마음만 앞서고 표현을 못하는 게 똑같네.

### 정답 해설

"아이고, 당신 마음 고생하는 건 내가 알지!", "하여튼 모녀가 성격이 똑같아요."라는 말에서 딸만 갈등 해소를 위해 노력한다고 생각하는 것이 아니라는 것을 알 수 있다.

**오답 해설**
① "말만 번지르르하진 않았는지 너무 민망해. 사람들도 괜히 왔다 그러지 않았을까?"라는 말에서 강연을 제대로 한 것인지 궁금해한다는 것을 알 수 있다.
② "사람들이 내 얘기를 들어 주는 것도 고마운데 박수를 보내 주잖아? 그럼 정말 내가 괜찮은 사람 같다니까?"라는 말에서 청중의 반응을 통해 자존감이 향상되는 것 같다고 생각함을 알 수 있다.
③ "이 사람, 반 백 살에 진로를 찾았네. 잘됐다, 축하해."라는 말에서 알 수 있다.
④ "근데 요즘 우리 딸 시험 기간이잖아. 좀 봐 줘."라는 말에서 알 수 있다.
▶ 출처  KBS 무대, 극본 박경민(2020.05.23.), "꽃피는 봄이 오면".

## 009   ④
**정답 해설**
여자는 상대방의 요구 사항을 확인하기 위한 질문을 하고 있지 않다.

**오답 해설**
① "당신은 말을 잘하는 사람은 아닌데, 잘 말하는 사람이거든.", "달변가는 아니지만, 절실한 사람한테 꼭 필요한 말을 해 주잖아."라고 말하고 있으므로 이는 적절하다.
② "당신 말에 진정성이 있으니까 다들 공감하는 걸 거야.", "그래서 하는 말인데... 딸한테는 특별히 더, 더, 잘 좀 말해 줘. 응?"이라고 말하고 있으므로 이는 적절하다.
③ "그럴 거야. 나도 '이 또한 지나가리라.'라고 생각하고 있어."라고 말하고 있으므로 이는 적절하다.
⑤ "아이고, 시험 공부하는 자제분! 그런 상전이 없어요."라고 말하고 있으므로 이는 적절하다.

## 010   ③
**듣기 대본**
이번에는 강연을 들려 드립니다. 10번은 듣기 문항, 11번은 말하기 문항입니다.
김치는 우리나라 전통 발효 식품으로 항산화, 항암, 고혈압 예방 등 다양한 효능이 있어 해외에서도 많은 관심을 보이고 있습니다. 발효는 미생물에 의해 분해가 일어나는 과정이라는 점에서 부패와 유사한데, 어떤 점에서 부패와 다른 걸까요?
발효는 좁은 의미로는 미생물이 산소 없이 포도당을 분해해 에너지를 얻는 대사 과정을 말하고 넓은 의미로는 미생물이 유용한 물질을 생산하는 과정을 말합니다. 배추김치를 만드는 과정을 생각해 보면, 배추에는 젖산균을 포함한 많은 미생물들이 살고 있고 배추를 소금에 절이는 과정에서 젖산균을 제외한 대부분의 미생물들은 없어집니다. 젖산 발효는 당류를 분해해 젖산과 에너지를 생성하는 대사 과정을 말하는데, 김치는 양념과 배추에 포함된 당을 이용해 젖산과 아세트산, 이산화 탄소 등 다른 부산물들을 만들어 내는 이형 젖산 발효를 합니다. 김치가 적당히 익고 나면, 젖산만 생성하는 동형 젖산 발효를 통해 신 김치가 되는 것입니다. 이 젖산균은 섭취 시 장내에 서식하면서 장이 원활히 기능하도록 돕습니다. 반면 부패는 미생물에 의해 물질이 변질돼 인간에게 해로운 물질이 생성되는 과정으로 화학 반응을 통해 아민, 암모니아, 황화 수소 같은 독성을 갖고 악취를 유발하는 부산물을 만들어 냅니다.

**정답 해설**
이형 젖산 발효는 당을 이용해 젖산과 아세트산, 이산화 탄소 등 다른 부산물들을 만들어내고, 동형 발효는 젖산만 생성한다고 했으므로 적절하지 않다.

**오답 해설**
① 김치는 젖산과 아세트산, 이산화 탄소 등 다른 부산물들을 만들어내는 이형 젖산 발효를 하다가, 김치가 적당히 익고 나면 동형 젖산 발효를 통해 신 김치가 된다고 했으므로 적절하다.
② 발효는 미생물에 의해 분해가 일어나는 과정이라는 점에서 부패와 유사하다고 했으므로 적절하다.
④ 발효는 미생물이 유용한 물질을 생산하는 과정이라 하였고, 부패는 미생물에 의해 물질이 변질돼 인간에게 해로운 물질이 생성되는 과정이라고 했으므로 적절하다.
⑤ 부패는 미생물에 의해 물질이 변질돼 인간에게 해로운 물질이 생성되는 과정으로 아민, 암모니아, 황화 수소 같은 독성을 갖고 악취를 유발하는 부산물을 만들어 낸다고 했으므로 적절하다.

▶ 출처
• 박명윤, 이건순, 박선주(2010), 『파워푸드 슈퍼푸드』, 푸른행복.
• 김민진(2020), '발효≠부패, 세상 까다로운 발효 이야기', 경북대 신문 학술기획.

## 011   ⑤
**정답 해설**
김치의 발효 원리를 설명하면서, 발효와 부패가 미생물에 의해 분해가 일어나는 과정이라는 점에서 공통적이지만, 발효와 달리 부패는 해로운 물질을 생성하는 과정이라는 차이점을 드러내고 있으므로 적절하다.

**오답 해설**

① 해외에서 김치의 효능에 관심을 갖는다는 내용은 나와 있으나, 유래에 관심 갖게 된 과정에 대해 설명하고 있지는 않다.
② 김치가 발효 과정을 통해 만들어진다는 것은 알 수 있으나, 이를 통해 만들 수 있는 다른 음식의 예를 들고 있지는 않다.
③ 김치가 발효되는 과정에 대해 설명하였지, 이를 위한 시간, 온도와 같은 조건을 나열하고 있지는 않다.
④ 젖산 발효로 인한 결과에 대한 내용은 있으나, 젖산 발효의 원인과 그 결과를 시간 순서에 따라 제시하고 있지는 않다.

## 012 ②

**듣기 대본**

이번에는 발표를 들려 드립니다. 12번은 듣기 문항, 13번은 말하기 문항입니다.

안녕하세요. 오늘은 최근 이슈가 되고 있는 대화 전문 인공 지능 챗봇인 챗GPT의 기본 원리에 대해 발표하고자 합니다.

챗GPT는 크게 두 번의 학습을 통해 만들어집니다. 먼저 챗GPT의 본체 격인 GPT에 지식을 학습시키고, 다음에는 GPT에게 질문에 답을 하는 행동을 하도록 학습시키는 것입니다. GPT가 나타내는 'Generative Pre-trained Transformer'의 'Pre-trained'는 바로 질문에 답하기, 번역하기 등 특정한 행동을 학습시키기 전에 미리 지식만 학습시키는 과정을 거쳤다는 뜻입니다. 그리고 이후에 그 GPT에게 대화, 즉 '챗'을 하도록 훈련시켰다는 뜻입니다.

그러면 GPT는 어떻게 지식을 학습할까요? 이것은 '다음 낱말 맞히기 연습'을 무한히 반복한다고 보면 됩니다. 예를 들어 '나는 밥을'이라는 미완성 문장이 있을 때 마지막에 들어갈 단어가 무엇인지 맞히도록 하는 것입니다. 개발자들은 '나는 밥을'로 시작하는 문장 수백만 개를 구해 GPT에게 문제를 냅니다. 문장의 마지막에 들어갈 단어 중 '먹었다'가 가장 자주 정답이 되었을 것이고, '맛있게' 같은 단어도 정답이 되었을 것입니다. 그러면 GPT는 이 문제 풀이를 통해 '밥을' 다음에는 '먹었다', '맛있게'와 같은 단어들이 등장할 가능성이 높다는 것을 학습합니다. 이와 같은 방법으로 '밥'이 '냉장고', '반찬' 등과 관련이 있다는 것도 학습하게 될 것입니다. 이러한 학습을 바탕으로 챗GPT에게 '밥과 관련된 글을 써.'라고 하면 '맛있는 것을 먹고 싶어서 냉장고를 봤는데 밥과 반찬이 있었다.'처럼 서로 관련 있는 단어들을 집어넣은 문장을 만들어 냅니다. 이런 식으로 챗GPT는 특정 제시어와 연관된 내용으로 여러 문단을 써 내려갈 수 있다고 합니다.

**정답 해설**

챗GPT는 크게 두 번의 학습을 통해 만들어지는데, 먼저 챗GPT의 본체 격인 GPT에 지식을 학습시키고, 그다음에 GPT에게 질문에 답을 하는 행동을 하도록 학습시킨다고 언급하고 있으므로 일치하지 않는 설명이다.

**오답 해설**

① 챗GPT의 본체 격인 GPT에 지식을 학습시킨다고 언급하고 있으므로 일치하는 내용이다.
③ 챗GPT는 특정 제시어와 연관된 내용으로 여러 문단을 써 내려갈 수 있다고 언급하고 있으므로 일치하는 내용이다.
④ 챗GPT는 '밥과 관련된 글을 써.'라고 하면 '맛있는 것을 먹고 싶어서 냉장고를 봤는데 밥과 반찬이 있었다.'처럼 서로 관련 있는 단어들을 집어넣은 문장을 만들어 낸다고 언급하고 있으므로 일치하는 내용이다.
⑤ GPT는 '다음 낱말 맞히기 연습'을 무한히 반복하여 지식을 학습한다고 언급하고 있으므로 일치하는 내용이다.

▶ 출처  서영빈(2023.02.27.), 챗GPT란 무엇인가:가장 쉽게 설명해드립니다, 동아일보(https://www.donga.com/news/article/all/20230227/118085105/1)

## 013 ③

**정답 해설**

챗GPT에서 GPT의 지식 학습과 챗GPT가 문장을 만들어 내는 과정을 예를 들어 설명하고 있다.

**오답 해설**

① 챗GPT의 장점과 단점을 비교하는 내용은 언급하고 있지 않다.
② 챗GPT의 기본 원리를 설명하고는 있으나 청중과의 질의응답은 하고 있지 않다.
④ 챗GPT의 유해성도 언급하고 있지 않고, 전문가의 견해도 인용하고 있지 않다.
⑤ 챗GPT의 새 모델을 소개하는 개발자와의 인터뷰는 제시하고 있지 않다.

## 014 ④

**듣기 대본**

끝으로 협상의 한 장면을 들려 드립니다. 14번은 듣기 문항, 15번은 말하기 문항입니다.

김 팀장: 박 팀장님, 이번 설계안도 반려하셨습니까?

박 팀장: 네, 김 팀장님. 죄송하지만 원자재 가격이 폭등하면서 해당 설계안으로 진행 시 예산이 부족할 것 같습니다. 죄송하지만 설계 변경이 필요할 것 같습니다.

김 팀장: 그런 부분은 설계 회의가 진행되는 동안 미리 알려 주셔야 하는 부분이 아닙니까? 이미 설계안이 완성된 이후에 말씀하시면, 설계팀 입장에선 헛수고만 한 셈이지 않습니까?

박 팀장: 어쩔 수 없습니다. 예산과 관련한 부분은 이미 공람해 드리지 않았습니까?

김 팀장: 저희도 전체 예산안을 보고 충분히 고려하여 만든 설계안입니다.

박 팀장: 지난 번 프로젝트 때도 말씀드렸지만, 설계팀은 실제 개발 상황을 고려하지 않는 경우가 너무 많습니다. 매번 이상적인 설계안을 제시하시니 개발팀 입장에서는 현실적으로 불가능하다고 말씀드릴 수밖에 없지 않습니까?

김 팀장: 현실적인 것만 생각해서 어떻게 회사가 발전을 이룰 수 있나요? 현실적으로 조금 어려운 부분도 해결해 내는 것이 개발팀의 역할 아닌가요? 저희가 느끼기에는 개발팀에서 함께 해결하려고 하는 의지보다 안 되는 이유만을 찾고 있는 것으로 보입니다. 아닙니까?

박 팀장: 김 팀장님, 설계팀에서도 개발팀 입장으로만 프로젝트가 진행되는 것을 원하는 것은 아니지 않습니까? 저희가 내는 의견마다 트집 잡는 것으로 받아들이시면 어떻게 일을 함께합니까?

최 부장: 무슨 일입니까? 팀원들이 다 있는 사무실에서 팀장들끼리 이렇게 큰 소리를 내시면 어떻게 합니까? 서로 각자의 입장만 이야기해서 문제가 해결되겠습니까?

김 팀장: 최 부장님, 죄송합니다.

최 부장: 설계팀의 경우 초기 기획 단계부터 협의를 계속하는 것으로 알고 있는데, 박 팀장님, 그 협의에 개발팀이 참여한 적이 있나요?

박 팀장: 아니오. 없습니다.

최 부장: 그럼, 거기서부터 시작하면 되겠네요. 서로 협의에 참여해야 각자의 상황을 이해하고 정보가 공유되지 않겠습니까? 업무 프로세스상 중요한 단계에서 협업 회의를 진행하도록 합시다.

**정답 해설**

김 팀장은 개발팀은 설계안을 실현하기 위해 노력하지 않고 안 되는 이유만을 찾고 있다고 불만을 제시하고 있다. 따라서 개발팀이 설계안을 실현하기 위해 최대한 노력하고 있다고 생각한다는 내용은 김 팀장의 입장이 아니다.

**오답 해설**

① 박 팀장이 원자재 가격이 폭등하면서 해당 설계안으로 진행 시 예산이 부족할 것이라고 말하고 있으므로 맞는 내용이다.
② 김 팀장이 설계팀이 전체 예산안을 보고 충분히 고려하여 만든 설계안이라고 말하고 있으며, 현실적으로 조금 어려운 부분도 해결해 내는 것이 개발팀의 역할이라고 하고 있으므로 맞는 내용이다.
③ 박 팀장이 설계팀은 매번 이상적인 설계안을 제시한다고 말하고 있으므로 맞는 내용이다.
⑤ 박 팀장이 설계팀에서 개발팀의 의견을 트집 잡는 것으로 받아들이시면 어떻게 일을 함께하냐고 말하고 있으므로 맞는 내용이다.

▶ 출처 박효정 외(2022), 개인과 조직을 살리는 갈등관리 언컨플릭, Book Insight.

## 015   ④

**정답 해설**

서로 협의에 참여하여 각자의 상황을 이해하고 정보가 공유되도록 업무 프로세스상 중요한 단계에서 협업 회의를 진행하자고 하였으므로 ④가 정답이다.

**오답 해설**

① 각 팀의 예산안을 조정하자는 의견은 없었으므로 적절하지 않다.
② 각 팀의 협의 과정에 서로가 참여하게 하겠다는 것이지 최 부장 자신이 참여하겠다는 것은 아니므로 적절하지 않다.
③ 두 팀의 의견을 들어보기 위해 최종 결정을 보류하는 것이 아니라 두 팀이 서로 협의할 수 있는 단계를 만들어 주고 있으므로 적절하지 않다.
⑤ 협의 단계를 더 늘리겠다는 것이지 의견 수렴 과정을 최소화하여 신속한 결정을 하고자 하는 것이 아니므로 적절하지 않다.

## 어휘 · 어법    016번~045번

기출문제집 p.197

| 016 | ④ | 017 | ⑤ | 018 | ④ | 019 | ① | 020 | ① |
| --- | --- | --- | --- | --- | --- | --- | --- | --- | --- |
| 021 | ② | 022 | ② | 023 | ① | 024 | ④ | 025 | ② |
| 026 | ④ | 027 | ④ | 028 | ① | 029 | ② | 030 | ③ |
| 031 | ② | 032 | ④ | 033 | ④ | 034 | ⑤ | 035 | ③ |
| 036 | ③ | 037 | ④ | 038 | ② | 039 | ① | 040 | ③ |
| 041 | ⑤ | 042 | ③ | 043 | ⑤ | 044 | ⑤ | 045 | ② |

### 016  ④
**정답 해설**
'이드거니'는 "충분한 분량으로 만족스러운 모양"을 뜻하는 부사이다.

**오답 해설**
① '곰비임비'는 "물건이 거듭 쌓이거나 일이 계속 일어남을 나타내는 말"을 뜻하는 부사이다.
② '다문다문'은 "시간적으로 잦지 아니하고 좀 드문 모양"을 뜻하는 부사이다.
③ '숭굴숭굴'은 "성질이 까다롭지 않고 수더분하며 원만한 모양"을 뜻하는 부사이다.
⑤ '헤실바실'은 "모르는 사이에 흐지부지 없어지는 모양"을 뜻하는 부사이다.

### 017  ⑤
**정답 해설**
'분탕(焚蕩)'은 "집안의 재산을 다 없애 버림." 또는 "아주 야단스럽고 부산하게 소동을 일으킴." 또는 "남의 물건 따위를 약탈하거나 노략질함을 비유적으로 이르는 말"의 의미. "주색잡기에 빠져 행실이 좋지 못함."을 이르는 말은 '방탕(放蕩)'이다.

### 018  ④
**정답 해설**
'푼푼하다'는 "옹졸하지 아니하고 시원스러우며 너그럽다."라는 의미이다. "마음먹은 바를 이루려는 뜻이나 행동이 억척스럽고 세차다."를 의미하는 말은 '억세다'이다.

### 019  ①
**정답 해설**
'아성(牙城)'은 "아기(牙旗)를 세운 성이라는 뜻으로, 주장(主將)이 거처하는 성을 이르던 말"로 "아주 중요한 근거지를 비유적으로 이르는 말"이다. 이 문맥에는 "세상에 널리 퍼져 평판 높은 이름"이라는 의미의 '명성(名聲)'이 쓰이는 것이 적절하다.

**오답 해설**
② '일신(一身)'은 "자기 한 몸" 또는 "몸 전체"를 뜻하는 말로 자신의 몸을 돌보지 않고 일에만 전념한다는 문맥에 적절하게 사용되었다.
③ '각출(各出)'은 "각각 내놓음."이라는 뜻이므로 마을 행사를 위해 비용을 각각 낸다는 문맥에 적절하게 사용되었다.
④ '저간(這間)'은 "바로 얼마 전부터 이제까지의 무렵"이라는 뜻이므로 그동안의 사정이라는 문맥에 적절하게 사용되었다.
⑤ '도탄(塗炭)'은 "진구렁에 빠지고 숯불에 탄다는 뜻으로, 몹시 곤궁하여 고통스러운 지경을 이르는 말"이라는 뜻으로 매우 슬퍼하고 괴로워하는 문맥에 적절하게 사용되었다.

### 020  ①
**정답 해설**
㉠은 "산 따위의 맨 꼭대기"를 뜻하는 말로 '頂上'으로 적는다. ㉡은 "특별한 변동이나 탈이 없이 제대로인 상태"를 뜻하는 말로 '正常'으로 적는다. ㉢은 법률 용어로 "구체적 범죄에서 구체적 책임의 경중에 영향을 미치는 일체의 사정"을 뜻하는 말로 '情狀'으로 적는다. '情狀'은 "있는 그대로의 사정과 형편", "딱하거나 가엾은 상태"라는 뜻으로도 쓰인다.

### 021  ②
**정답 해설**
'맵자하다'는 "모양이 제격에 어울려서 맞다."라는 의미이므로 고추의 매운맛을 표현하는 문맥에 사용하기에 적절하지 않다. 매운맛을 표현하는 문맥에는 "맵고 싸하다."라는 의미의 '맵싸하다'를 사용하는 것이 적절하다.

**오답 해설**
① '멀쑥하다'는 "멋없이 키가 크고 물러 옹골찬 데가 없다."라는 뜻으로 야위고 키가 큰 조카를 표현하는 문맥에 적절하게 사용되었다.
③ '마뜩하다'는 "제법 마음에 들 만하다."라는 뜻으로 마음에 들지 않는다는 표현이 필요한 문맥에 '마뜩하지 않다'로 적절하게 사용되었다.

④ '머쓱하다'는 "무안을 당하거나 흥이 꺾여 어색하고 열없다."라는 뜻으로 마음을 들킨 상황에서 적절하게 사용되었다.
⑤ '낙낙하다'는 "크기, 수효, 부피 따위가 조금 크거나 남음이 있다."라는 뜻으로 옷을 크게 입는다는 의미로 적절하게 사용되었다.

## 022    ②
**정답 해설**
앞에 쓰인 '쓱'은 "슬쩍 문지르거나 비비는 모양"을 뜻하고 뒤에 쓰인 '쓱'은 "슬그머니 내밀거나 들어가는 모양"을 뜻한다. 의미상으로 서로 관련이 있기 때문에 이 둘은 다의어 관계에 있다.

**오답 해설**
① 앞에 쓰인 '뚝'은 "큰 물체나 물방울 따위가 아래로 떨어지는 소리"라는 뜻이고, 뒤에 쓰인 '뚝'은 "계속되던 것이 아주 갑자기 그치는 모양"이라는 뜻이므로 의미상 서로 관련이 멀어 동음이의어 관계이다.
③ 앞에 쓰인 '꼭'은 "야무지게 힘을 주어 누르거나 죄는 모양"이라는 뜻이고, 뒤에 쓰인 '꼭'은 "어떤 일이 있어도 틀림없이"라는 뜻이므로 의미상 서로 관련이 멀어 동음이의어 관계이다.
④ 앞에 쓰인 '맨'은 관형사로 "더할 수 없을 정도나 경지에 있음을 나타내는 말"이고, 뒤에 쓰인 '맨'은 이와 달리 부사로 "다른 것은 섞이지 아니하고 온통"이라는 뜻이다. 의미도 관계가 멀고, 품사도 다르기 때문에 동음이의어 관계이다.
⑤ 앞에 쓰인 '텅'은 "큰 것이 속이 비어 아무것도 없는 모양"이라는 뜻이고, 뒤에 쓰인 '텅'은 "총이나 대포 따위를 쏘는 소리"라는 뜻이므로 의미상으로 서로 관련이 멀어 동음이의어 관계이다.

## 023    ①
**정답 해설**
'물고기'는 "어류의 척추동물을 통틀어 이르는 말"이고, '붕어'는 "잉엇과의 민물고기"이므로 상위어와 하위어의 관계에 있다고 할 수 있다. '생각'은 "사물을 헤아리고 판단하는 작용", "어떤 일에 대한 의견이나 느낌을 가짐. 또는 그 의견이나 느낌", "사리를 분별함. 또는 그런 일" 등의 의미이며, '상식'은 "사람들이 보통 알고 있거나 알아야 하는 지식"으로 "일반적 견문과 함께 이해력, 판단력, 사리 분별 따위가 포함"되므로, 상하 관계가 성립된다고 보기 어렵다.

**오답 해설**
② '수사'는 "말이나 글을 다듬고 꾸며서 보다 아름답고 정연하게 하는 일. 또는 그런 기술"을 뜻하고, '비유'는 "어떤 현상이나 사물을 직접 설명하지 아니하고 다른 비슷한 현상이나 사물에 빗대어서 설명하는 일"을 뜻하므로 상위어와 하위어 관계에 있다고 볼 수 있다.
③ '절기'는 "이십사절기 가운데 양력 매월 상순에 드는 것"으로 "입춘, 경칩, 청명 따위"가 있으므로, '청명'은 '절기'의 하위어로 볼 수 있다.
④ '재난'은 "뜻밖에 일어난 재앙과 고난"이므로, '지진'은 '재난'의 하위어로 볼 수 있다.
⑤ '화폐'의 의미는 "상품 교환 가치의 척도가 되며 그것의 교환을 매개하는 일반화된 수단"으로 "주화, 지폐, 은행권 따위가 있다."라고 풀이되어 있으므로 '화폐'와 '지폐'는 상위어와 하위어 관계에 있다고 볼 수 있다.

## 024    ④
**정답 해설**
'요람(搖籃)'은 "젖먹이를 태우고 흔들어 놀게 하거나 잠재우는 물건"이라는 뜻으로 "주로 작은 채롱처럼 된 것을 이른다."라고 되어 있다. 따라서 "어린아이의 작은 이불. 덮고 깔거나 어린아이를 업을 때 쓴다."라는 의미의 '포대기'로 바꾸어 쓰기에 적절하지 않다. '포대기'는 '강보(襁褓)'의 고유어이다.

**오답 해설**
① '산미(酸味)'는 "식초와 같은 맛"으로 신맛을 뜻한다.
② '기로(岐路)'는 "여러 갈래로 갈린 길"이라는 뜻으로 '갈림길'로 쓸 수 있다.
③ '구역(嘔逆)'은 "토할 듯 메스꺼운 느낌"이라는 뜻으로 '욕지기'로 쓸 수 있다.
⑤ '모공(毛孔)'은 "털이 나는 작은 구멍"이라는 뜻으로 '털구멍'으로 쓸 수 있다.

## 025    ②
**정답 해설**
'누명을 벗었다.'에서 '벗다'는 "누명이나 치욕 따위를 씻다."라는 뜻으로 반의어로는 '입다'가 아니라 "사람이 죄나 누명 따위를 가지거나 입게 되다."라는 뜻의 '쓰다'가 사용된다.

### 오답 해설

① '안경을 벗었다.'에서 '벗다'는 "사람이 자기 몸 또는 몸의 일부에 착용한 물건을 몸에서 떼어 내다."라는 뜻으로 반의어로는 "무엇에 걸려 있도록 꿰거나 꽂다."라는 뜻의 '끼우다' 또는 준말인 '끼다'가 사용된다.
③ '모자를 벗어라'에서 '벗다'는 "사람이 자기 몸 또는 몸의 일부에 착용한 물건을 몸에서 떼어 내다."라는 뜻으로 반의어로는 "모자 따위를 머리에 얹어 덮다."라는 뜻의 '쓰다'가 사용된다.
④ '신발을 벗어라'에서 '벗다'는 "사람이 자기 몸 또는 몸의 일부에 착용한 물건을 몸에서 떼어 내다."라는 뜻으로 반의어로는 "신, 버선, 양말 따위를 발에 꿰다."라는 뜻의 '신다'가 사용된다.
⑤ '시계를 벗고'에서 '벗다'는 "사람이 자기 몸 또는 몸의 일부에 착용한 물건을 몸에서 떼어 내다."라는 뜻으로 반의어로는 "물건을 몸의 한 부분에 달아매거나 끼워서 지니다."라는 뜻의 '차다'가 사용된다.

## 026  ④
### 정답 해설
'비 온 뒤에 땅이 굳어진다'는 비에 젖어 질척거리던 흙도 마르면서 단단하게 굳어진다는 뜻으로, 어떤 시련을 겪은 뒤에 더 강해짐을 이르는 속담이다. 그런데 시련 뒤에 더 큰 시련이 온다는 문맥에서 쓰였으므로 적절하게 사용하지 않은 예이다.

### 오답 해설
① '도둑이 매를 든다'는 잘못한 놈이 도리어 기세를 올리고 나무람을 이르는 속담이므로 적절하게 사용되었다.
② '팥으로 메주를 쑨대도 곧이듣는다'는 지나치게 남의 말을 무조건 믿는 사람을 이르는 속담이므로 적절하게 사용되었다.
③ '감기는 밥상머리에서 물러간다'는 밥만 잘 먹으면 감기 정도는 절로 물러간다는 뜻으로 밥만 잘 먹으면 병은 물러간다는 의미의 속담이므로 적절하게 사용되었다.
⑤ '내리사랑은 있어도 치사랑은 없다'는 윗사람이 아랫사람을 사랑하기는 하여도 아랫사람이 윗사람을 사랑하기는 좀처럼 어려움을 이르는 속담으로 부모가 자식을 사랑하는 만큼 자식은 부모를 사랑하지 못한다는 뜻으로 흔히 쓰이므로 적절하게 사용되었다.

## 027  ④
### 정답 해설
'낭중지추'는 남에게 타격을 줄 수 있는 은밀한 수단을 이르는 말이 아니라 재능이 뛰어난 사람은 숨어 있어도 저절로 사람들에게 알려짐을 이르는 말이다.

## 028  ①
### 정답 해설
'귀가 열리다'는 세상 물정을 알게 된다는 의미이므로 남의 말에 잘 속는다는 문맥에 사용하기에 적절하지 않은 표현이다.

### 오답 해설
② '눈이 높다'는 정도 이상의 좋은 것만 찾는 버릇이 있다는 의미이므로 적절하게 사용되었다.
③ '코가 비뚤어지게'는 "몹시 취할 정도로."라는 의미이므로 적절하게 사용되었다.
④ '입이 천 근 같다'는 매우 입이 무겁다는 의미이므로 적절하게 사용되었다.
⑤ '낯(이) 두껍다'는 부끄러움을 모르고 염치가 없다는 의미이므로 적절하게 사용되었다.

## 029  ②
### 정답 해설
'취부(取付)하다'는 "꽉 달라붙어 떨어지지 않게 함. 기구나 기계 따위를 벽이나 그 밖의 다른 기구 및 시설물에 붙이거나 다는 것"이라는 의미로 '붙이다, 덧붙이다, 부착하다'로 순화하여 쓸 수 있다. 이를 '제작하다'라고 순화하는 것은 의미상 맞지 않다.

### 오답 해설
① '불하(拂下)하다'는 "국가 또는 공공 단체의 재산을 개인에게 팔아넘기다."라는 뜻으로 '팔아 버리다'로 순화하여 사용할 수 있다.
③ '명기(明記)하다'는 "분명히 밝히어 적다."라는 뜻으로 '분명히 기록하다'로 순화하여 사용할 수 있다.
④ '지참(遲參)하다'는 "정하여진 시각보다 늦게 참석하다."라는 뜻으로 '늦게 참석하다'로 순화하여 사용할 수 있다.
⑤ '시건장치(施鍵裝置)'는 "문 따위를 잠그는 장치"라는 뜻으로 '잠금장치'로 순화하여 사용할 수 있다.

## 030  ③
**정답 해설**

'케어 푸드(care food)'는 "노인이나 환자 등 특별한 영양 공급이 필요한 이들에게 각기 필요한 영양분이 들어가도록 한 음식"을 뜻하는 말로 다듬은 말은 '돌봄식' 또는 '돌봄 음식'이다. '저자극식'은 "필수 영양 성분은 함유하면서도 나트륨, 당, 지방 등의 함량을 줄인 식품"을 의미하는 말로 '로 푸드(low food)'의 다듬은 말이다.

**오답 해설**

① '브이로그(vlog)'는 "자신의 일상을 직접 찍은 동영상 콘텐츠로 개인 블로그나 누리소통망, 동영상 실시간 재생 사이트 등에 게시"하는 것을 의미하므로 '영상 일기'로 다듬어 쓴다.
② '오픈마켓(Open Market)'은 "인터넷에서 판매자와 구매자를 직접 연결하여 자유롭게 물건을 사고팔 수 있는 곳"으로 다듬은 말은 '열린 시장' 또는 '열린 장터'이다.
④ '론칭(launching)'의 다듬은 말은 '사업 개시' 또는 '신규 사업 개시'이다.
⑤ '굿즈(goods)'는 "연예인 또는 만화 영화 등 특정 대상을 기념하는 파생 상품"으로 다듬은 말은 '팬 상품'이다.

## 031  ②
**정답 해설**

㉠ '산 너머/넘어 남쪽에'에서 '너머/넘어'는 서술어로 쓰이지 않았으므로 명사 '너머'로 쓰는 것이 올바르다.
㉡ '봄이 왔으매/왔음에'에서는 '-으매'가 'ㄹ'을 제외한 받침 있는 용언의 어간이나 어미 '-었-', '-겠-' 뒤에 붙어 어떤 일에 대한 원인이나 근거를 나타내는 연결 어미이므로 '왔으매'가 올바른 표기이다.
㉢ '산을 너머/넘어'에서는 서술어 '넘다'의 활용형의 표기가 와야 하므로 '넘어'가 올바른 표기이다.

## 032  ④
**정답 해설**

'본의(本義)'에서 '의'는 자음이 초성에 있는 경우가 아니므로 [보늬]로 발음할 수 있다. 또한 단어의 첫 음절 이외의 '의'는 [이]로 발음할 수 있으므로 [보니]도 가능하다. (한글 맞춤법 제9항, 표준 발음법 제5항)

**오답 해설**

① '무늬'에서 자음을 첫소리로 가지고 있는 '의'는 [이]로 발음해야 하므로 [무니]가 옳은 발음이다.
② '닐리리'는 발음은 [닐리리]로 하지만 옳지 않은 표기이고 '늴리리'로 표기해야 옳은 표기이다.
③ '희망(希望)'에서 자음을 첫소리로 가지고 있는 '의'는 [이]로 발음해야 하므로 [히망]이 옳은 발음이다.
⑤ '하늬바람'에서 자음을 첫소리로 가지고 있는 '의'는 [이]로 발음해야 하므로 [하니바람]이 옳은 발음이다.

## 033  ④
**정답 해설**

'이튿날'은 〈한글 맞춤법〉 제29항 끝소리가 'ㄹ'인 말과 딴 말이 어울릴 적에 'ㄹ' 소리가 'ㄷ' 소리로 나는 것은 'ㄷ'으로 적는다는 규정에 따라 'ㄷ'으로 적은 경우이다. '이틀'과 '날'이 결합한 합성어이지만 발음이 'ㄷ'으로 남에 따라 'ㄷ'으로 적은 것이다.

**오답 해설**

①, ②, ③, ⑤ 〈한글 맞춤법〉 제6항 'ㄷ, ㅌ' 받침 뒤에 종속적 관계를 가진 '-이(-)'나 '-히-'가 올 적에는 그 'ㄷ, ㅌ'이 'ㅈ, ㅊ'으로 소리 나더라도 'ㄷ, ㅌ'으로 적는다는 규정에 따라 'ㄷ'으로 적은 경우이다. 각각 [다치다], [등바지], [미다지], [해도지]로 발음하지만 'ㄷ'으로 적는다.

▶ 출처
- 강희숙(2010), 『국어 정서법의 이해』(개정판), 역락.
- 이선웅 외(2015), 『한국어 정서법』, 사회평론.

## 034  ⑤
**정답 해설**

'그 성씨 자체', '그 성씨의 가문이나 문중'의 뜻으로 쓰이는 '씨'는 접미사이므로 앞말에 붙여야 한다. 따라서 '우리나라에서 가장 많은 성씨는 김씨이다.'처럼 붙여서 쓰는 것이 옳다.

**오답 해설**

① '사람의 성이나 성명, 이름 아래에 쓰여 그 사람을 부르거나 이르는 말로 쓰이는 '씨'는 의존 명사이므로 앞말과 띄어 써야 한다.
② '사람의 성이나 성명, 이름 아래에 쓰여 그 사람을 부르거나 이르는 말로 쓰이는 '옹'은 의존 명사이므로 앞말과 띄어 써야 한다.

③ 사람의 성이나 성명, 이름 아래에 쓰이는 관직명은 앞말과 띄어 써야 한다.
④ '사람의 성이나 성명, 이름 아래에 쓰여 그 사람을 부르거나 이르는 말로 쓰이는 '님'은 의존 명사이므로 앞말과 띄어 써야 한다.

▶ 출처
- 강희숙(2010), 『국어 정서법의 이해』(개정판), 역락.
- 이선웅 외(2015), 『한국어 정서법』, 사회평론.

## 035 ③
### 정답 해설
〈보기〉에 제시된 '짓다'는 모음으로 시작하는 어미와 결합할 때 어간의 받침 'ㅅ'이 나타나지 않으며, 소위 ㅅ-불규칙 용언으로 불린다. ③의 '씻다'는 모음으로 시작하는 어미와 결합해도 'ㅅ'이 그대로 나타나기 때문에 여기에 해당하지 않는다.

### 오답 해설
'① 굿다, ② 낫다, ④ 잇다, ⑤ 젓다'는 모두 모음으로 시작하는 어미와 결합할 때 각각 '그어서', '나아서', '이어서', '저어서'처럼 어간의 마지막 'ㅅ'이 나타나지 않으므로 〈보기〉의 '짓다'와 동일한 활용을 한다.

▶ 출처 이선웅 외(2015), 『한국어 정서법』, 사회평론.

## 036 ③
### 정답 해설
대비되는 두 개 이상의 어구를 묶어 나타낼 때 쓰이는 문장 부호는 '빗금'이다. '감/배/사과'처럼 쓸 수 있다.

### 오답 해설
① '3:1(3대1)'처럼 의존 명사 '대'가 쓰일 자리에 사용하며, 이 경우 앞말과 뒷말에 붙여 쓴다.
② '동생: 눈 온다.'와 같이 희곡에서 말하는 사람의 대화를 표시할 때 사용하며, 이 경우 앞말에 붙여 쓰고 뒷말과 띄어 쓴다.
④ '11:10(열한시 십분)'처럼 시와 분의 시간을 구분할 때 사용하며, 이 경우 앞말과 뒷말에 붙여 쓴다.
⑤ '사군자: 매화, 난초…'와 같이 표제 다음의 항목을 나타낼 때 사용하며, 이 경우 앞말에 붙여 쓰고 뒷말과 띄어 쓴다.

## 037 ④
### 정답 해설
'꼭두각시'와 '꼭둑각시' 중 '꼭둑각시'는 표준어가 아니다. 따라서 복수 표준어의 예로 볼 수 없다.

## 038 ②
### 정답 해설
'금요일'은 'ㄴ'이 첨가되지 않고 발음하는 [그묘일]만이 표준 발음이다.

### 오답 해설
①, ③, ④, ⑤ 'ㄴ'이 첨가된 것과 그렇지 않은 것이 모두 표준 발음으로 인정된다. 따라서 '금융'은 [금늉/그뮹], '이죽이죽'은 [이중니죽/이주기죽], '야금야금'은 [야금냐금/야그먀금], '욜랑욜랑'은 [욜랑뇰랑/욜랑욜랑]이 표준 발음이다.

▶ 출처 배주채(2003), 『한국어의 발음』, 삼경문화사.

## 039 ①
### 정답 해설
〈표준 발음법〉 제9항 받침 'ㄲ, ㅋ', 'ㅅ, ㅆ, ㅈ, ㅊ, ㅌ', 'ㅍ'은 어말 또는 자음 앞에서 각각 대표음 [ㄱ, ㄷ, ㅂ]으로 발음한다는 원칙에 따라 '치읓'은 [치읃]으로 발음한다. 또한 〈표준 발음법〉 제16항 "한글 자모의 이름은 그 받침소리를 연음하되, 'ㄷ, ㅈ, ㅊ, ㅋ, ㅌ, ㅍ, ㅎ'의 경우에는 특별히 다음과 같이 발음한다."라고 하여 '치읓이'는 [치으시]로 발음하도록 되어 있다.

### 오답 해설
〈표준 발음법〉 제9항 받침 'ㄲ, ㅋ', 'ㅅ, ㅆ, ㅈ, ㅊ, ㅌ', 'ㅍ'은 어말 또는 자음 앞에서 각각 대표음 [ㄱ, ㄷ, ㅂ]으로 발음한다는 원칙에 따라 ② '디귿', ③ '시옷', ④ '티읕', ⑤ '키읔'은 각각 [디귿], [시읃], [티읃], [키윽]으로 발음한다. 또한 〈표준 발음법〉 제16항 "한글 자모의 이름은 그 받침소리를 연음하되, 'ㄷ, ㅈ, ㅊ, ㅋ, ㅌ, ㅍ, ㅎ'의 경우에는 특별히 다음과 같이 발음한다."라고 하여 ② '디귿을', ③ '시옷이', ④ '티읕이', ⑤ '키읔을'은 각각 [디그슬], [시오시], [티으시], [키으글]로 발음한다.

▶ 출처 배주채(2003), 『한국어의 발음』, 삼경문화사.

## 040 ③
### 정답 해설
'컨닝'은 '커닝'의 잘못이다. '커닝'의 원어는 'cunning'으로 철자에는 'n'이 두 개이지만 실제 원어 발음에서는 한 개만 발음되므로 이를 외래어 표기에 반영하여 '커닝'이라 표기하는 것이 맞다.

## 041  ⑤
**정답 해설**

〈국어의 로마자 표기법〉에 따르면 자음 사이에서 동화 작용이 일어나는 경우는 표기에 반영한다. 따라서 '대관령'은 [대괄령]으로 유음 동화가 반영되어 발음되므로 'Daegwallyeong'으로 적는 것이 올바른 표기이다.

**오답 해설**

① '설악'에서 'ㄹ'은 모음과 모음 사이에서 탄설음으로 소리가 나므로 탄설음은 'r'로 표기해야 한다. 따라서 'Seorak'이 올바른 표기이다.
② '뚝섬'의 'ㄸ'은 'tt'로 표기하며, [뚝썸]으로 소리가 나지만 단어 내 된소리는 표기에 반영하지 않으므로 'Ttukseom'으로 표기해야 한다.
③ '극락전'은 [긍낙쩐]으로 발음하는데 유음의 비음화인 자음 동화는 표기에 반영하고, 된소리는 표기에 반영하지 않으므로 'Geungnakjeon'이 올바른 표기이다.
④ '집현전'과 같이 자음 연쇄가 'ㅂ+ㅎ'인 경우 'ph'로 표기한다. 따라서 'Jiphyeonjeon'으로 표기해야 한다.

## 042  ③
**정답 해설**

ⓒ 문장에서 '…불편의 크기', '…공허함'과 연결되는 서술어가 존재하지 않는다. "내가 겪은 피해와 불편의 크기나 이 익숙한 도시의 공허함을 <u>알아챌 겨를도 없이</u>, 늘 머물던 공간에서 무기력하게 버려지는 일이 순식간에 벌어졌다."와 같이 수정해야 한다.

## 043  ⑤
**정답 해설**

종결 어미 '-구나'는 격식체 중 해라체의 감탄형 종결 어미이므로 격식체에 해당한다.

**오답 해설**

① 종결 어미 '-지'는 비격식체 중 해체의 의문형 종결 어미이다.
② '학교에 가.'의 경우 종결 어미 '-아'가 쓰인 것으로 볼 수 있으며, 종결 어미 '-아'는 비격식체 중 해체의 명령형 종결 어미이다.
③ 종결 어미 '-어요'는 비격식체 중 해요체의 명령형 종결 어미이다.
④ 종결 어미 '-어'는 비격식체 중 해체의 평서형 종결 어미이다.

▶ **출처** 남기심·고영근·유현경·최형용(2019), 『(전면개정판) 표준 국어문법론』, 한국문화사, 443쪽.

## 044  ⑤
**정답 해설**

수정한 문장 '나는 손을 흔들며 웃는 친구를 마중했다.' 역시 '내'가 '손을 흔드는' 의미와 '친구'가 '손을 흔들며 웃는' 두 가지 의미로 해석되어 여전히 중의적이다.

**오답 해설**

① 수정된 문장은 사람들이 일부만 왔다는 의미만으로 해석되어 중의성이 해소된다.
② 동생이 현재 운동화를 신고 있는 동작을 하고 있다는 뜻으로만 해석되어 중의성이 해소된다.
③ 친구의 키가 크다는 뜻으로만 해석되어 중의성이 해소된다.
④ 형이 나를 좋아하는 것보다 동생을 더 좋아한다는 뜻으로만 해석되어 중의성이 해소된다.

## 045  ②
**정답 해설**

"아슬아슬하여 마음이 조마조마하도록 몹시 애달다."를 뜻하는 '손에 땀을 쥐다'라는 관용구가 사용된 자연스러운 우리말 표현이다. 따라서 ②는 번역 투의 표현이 쓰인 문장으로 볼 수 없다.

**오답 해설**

① '-에 있어'는 일본어 '-において'를 직역한 번역 투 표현이다. 이의 자연스러운 우리말 표현은 '-에서'이다.
③ '~ 중에 있다.'는 영어 'in/are going to'의 번역 투 표현이다. 이의 자연스러운 우리말 표현은 '~ 중이다'이다.
④ '-으로 인해'는 영어 'by'의 번역 투 표현이다. 이의 자연스러운 우리말 표현은 '-으로'나 '~ 때문에'이다.
⑤ '-에도 불구하고'는 영어 'although', 'even though' 구문의 번역 투 표현이다. 이의 자연스러운 우리말 표현은 '-에도'나 '-지만'이다.

▶ **출처** 문화관광부 편(1998), 『우리말 바로 알기』, 문화관광부.

## 쓰기 046번~050번

기출문제집 p.205

| 046 | ② | 047 | ⑤ | 048 | ② | 049 | ② | 050 | ③ |

## 046  ②
**정답 해설**

ㄷ. 2문단에서 문제 상황의 원인과 이로 인한 신체적, 정신적 질환에 대해 다양하게 나열하고 있으므로 적절하다.

ㄹ. 1문단에서 이 글의 화제인 소음 공해에 대해 제시할 때 질문을 던지고 답하는 방식을 사용하고 있으므로 적절하다.

**오답 해설**

ㄱ. 의학자 히포크라테스의 말을 직접 인용한 것은 맞지만, 건강은 인체 내부와 외부 자연의 조화로 이루어진다는 말을 통해 개인의 건강이 환경의 영향을 받는다는 점에 신뢰성을 부여한 것이지 소음 공해의 심각성에 신뢰성을 부여한 것은 아니므로 적절하지 않다.

ㄴ. 문제 현상에 대한 내용은 있으나 과거부터 현재까지 일어난 문제 상황을 구체적인 사례로 들고 있지 않으므로 적절하지 않다.

▶ 출처
- 우종민(2015), 소음공해에 따른 정신건강의 영향, 2015년도 제55차 대한직업환경의학회 가을학술대회.
- 블로그 '슬기로운 기계 생활(https://3dplife.tistory.com/627)
- 파르버즈 나심, 김세용(2015), '소음 공해 조절 및 감소를 위한 녹색 공간 건축 기술', 대한건축학회 춘계학술발표대회논문집 제35권 제1호, 대한건축학회.

## 047  ⑤
**정답 해설**

'나'는 기술 발달로 인한 생활 소음에 대한 언급이 없으므로 적절하지 않다.

**오답 해설**

① (가-1)과 '다'에서 환경의 다른 부분보다 소음 공해 부분을 더 나빠진 것으로 인식한다는 점을 알 수 있으므로 이를 활용하여 소음과 같은 환경적 요인에 있어 나쁘다고 인식하는 비율이 높을 것이라는 내용을 뒷받침하는 것은 적절하다.

② 윗글에서 우리 생활 주변에서 소음을 일으키는 주요 원인으로 교통 소음, 건설 현장 작업으로 인한 소음, 동물이 짖는 소음 등을 언급했으므로 (가-2)와 '나'를 활용하여 공동 주택에서의 층간 소음을 추가로 언급하여 보충하는 것은 적절하다.

③ (가-2)에서 갈등을 유발하는 층간 소음의 종류 중 가장 높은 비중을 차지한 것이 '아이들 뛰는 소음'이고, '다'에서 가정에서의 발소리로 인해 스트레스를 받고 있다고 했으므로 이를 활용하여 '소음 방지 매트 등을 깔아 이웃 간 배려하는 자세가 필요하다는 내용'을 추가하는 것은 적절하다.

④ '나'에는 층간 소음으로 인한 갈등이 범죄로 이어진 사례가 나와 있으므로 이를 활용하여 '소음 공해로 인한 불만이 다른 범죄 행위를 일으킨 사례'로 들어 근거를 보충하는 것은 적절하다.

## 048  ②
**정답 해설**

'Ⅱ-3'이 통일성을 해친다고 볼 수는 있으나 윗글에서 '소음 공해와 관련된 법규'에 대해 언급한 것이 아니라 소음 공해로 인한 불만이 다른 범죄 행위로 이어진다는 점에 대해 말하고 있으므로 '소음 공해와 관련된 법규'로 수정하는 것은 적절하지 않다.

**오답 해설**

① 'Ⅰ-1'을 'Ⅱ'의 하위 항목으로 구성하여 원인과 문제점을 말하기 전에 정의를 설명하고 있으므로 적절하다.

③ 'Ⅲ-3'의 '건설 규정을 통한 문제 해결 노력'은 'Ⅲ-2'의 '법률 개선을 통한 문제 해결 노력'과 중복되는 측면이 있으며, 윗글에서 건설 규정에 관한 법률 개선을 언급한 후 가정에서의 문제 해결 노력을 말하고 있으므로 적절하다.

④ 'Ⅲ-4'는 상위 항목과 연관성이 없으며 윗글에서 언급하지 않았으므로 적절하다.

⑤ 윗글에서 주제를 고려하여 '소음공해 문제 개선을 위한 노력 촉구'로 마무리하고 있으므로 적절하다.

## 049  ②
**정답 해설**

ⓒ '정의되어진다'는 불필요한 이중 피동 표현이 사용된 것이므로 '정의된다'로 수정하는 것이 적절하다. '정의한다'는 피동 표현이 아니므로 ②는 적절하지 않은 내용이다.

**오답 해설**

① 문맥상 앞 문장의 내용과 상통하는 내용이 이어지고 있으므로, '어떤 일에 대하여 앞에서 말한 측면과 다른 측면을 말할 때 쓰는 말'인 '한편'을 '상태, 모양, 성질 따위가 이와 같다.'를 의미하는 '이렇듯'으로 수정하는 것은 적절하다.

③ '촉구하다'는 '급하게 재촉하여 요구하다.'는 의미이므로, 문장의 의미를 고려할 때 '일이나 사건 따위를 끌어 일으키다.'를 의미하는 '야기하다'로 수정하는 것은 적절하다.
④ '덮다'의 피동사인 '덮이다'의 활용형이므로 '덮여'로 수정하는 것은 적절하다.
⑤ 문장의 주어가 '우리는'이므로 '개선해 나가야'로 수정하는 것은 적절하다.

## 050 ③
**정답 해설**

처음에 언급한 학자의 말 중 건강은 인체 내부에 있는 자연과 외부 자연과의 조화로 이루어진다는 부분을 활용하였고, 소음 공해 문제 해결을 통해 신체적, 정신적 건강이라는 이점을 얻는다는 점을 언급하였다. 또한 '-ㄹ까'의 의문형 문장으로 종결하였으므로 적절하다.

**오답 해설**

① 우리 내부의 자연과 외부의 자연을 조화롭게 한다는 부분에서 학자의 말을 활용한 부분을 찾을 수 있고 소음 공해 문제 해결을 통해 건강하게 살 수 있다는 점을 언급하였으나, 의문형 문장으로 종결하지 않았으므로 적절하지 않다.
② '부조화'를 극복한다는 점에서 학자의 말 중 일부를 활용했다고 볼 수는 있으나 의문형 문장으로 종결하고 있지 않으며, 소음 공해 문제를 해결하면 환경오염이 없는 세상에서 산다고 볼 수는 없으므로 적절하지 않다.
④ 질병은 부조화로 생긴다는 학자의 말 중 일부를 활용하였고 의문형 문장으로 종결하고 있으나, 소음 공해 문제 해결을 통해 얻는 이점에 대해 언급한 것이 아니므로 적절하지 않다.
⑤ 학자의 말 중 '인체 내부에 있는 자연과 외부 자연과의 조화'를 활용하고 있고 의문형 문장으로 종결하고 있으나, 소음 공해 문제 해결을 통해 얻는 이점을 언급하지 않았으므로 적절하지 않다.

## 창안 051번~060번

기출문제집 p.208

| 051 | ① | 052 | ③ | 053 | ⑤ | 054 | ④ | 055 | ② |
| 056 | ④ | 057 | ③ | 058 | ④ | 059 | ① | 060 | ③ |

## 051 ①
**정답 해설**

2문단을 참고하면 개미는 페로몬이 담고 있는 정보와 의미에 따라 행동하며, 이는 지휘자·명령자·통솔자 등의 개념과 유사하게 표현되고 있다. 페로몬에 입각한 개미의 행동은 결과적으로 개미 무리의 증식에 기여하므로, 이를 기업의 경영 원리에 착안하면 구성원이 공유하고 있는 기업의 경영 목표와 유사하게 파악할 수 있다. 따라서 정답은 ①이다.

**오답 해설**

② 개미의 행위가 민주적 의사 결정의 결과라 해석하기 어렵다.
③ 개미 무리에 새로운 개미를 들이거나 내보내는 등의 설명이 글에 드러나 있지 않으므로 채용과 관련하여 논하는 것은 부적절하다.
④ 개미 무리를 다른 무리와 비교하여 우위를 논하는 내용이 글에 드러나 있지 않으므로 경쟁 기업과 관련하여 논하는 것은 부적절하다.
⑤ 개미는 초유기체로서 무리 전체가 하나의 생명체로서 기능하며, 다른 무리와의 소통 양상은 글에 드러나 있지 않다. 따라서 이를 제3자에게 위탁하는 운영 전략과 유사하게 파악하기 어렵다.

▶ **출처** 블로그 '비바생물원 개미왕국(https://blog.naver.com/biobiba/222625159177)

## 052 ③
**정답 해설**

ⓒ은 사업 초기 단계에 고용된 직원에게 사업자가 가족적이고 희생적인 태도를 보일 필요도 있다는 시사점을 유추할 수 있다. 이는 핵심 인력의 수를 줄여 금전적 여유를 찾는 것과는 거리가 있으므로 적절하지 않다.

**오답 해설**

① 개미의 산란 숫자는 사업의 수익에 빗대어 파악할 수 있으므로, ㉠을 사업 초기 단계의 수익률에 대한 예측으로 파악하는 것은 적절하다.

② 일개미가 태어나기 전 여왕개미는 한정된 에너지를 최대한 효율적으로 활용해야 하는데, 이는 처음 사업을 시작하여 일정 수준으로 성장하기 전까지 고단한 삶을 감내하는 모습과 유사하다.
④ 일개미는 사업자가 업장에 고용한 직원에 비유할 수 있는데, 사업이 일정 수준으로 성장함에 따라 직원의 업무 성과가 사업자의 실제 수익으로 이어질 수 있다는 시사점을 이끌어낼 수 있다.
⑤ 무리가 커짐에 따라 생식 개미, 병정 개미 등 다른 기능을 담당하는 개미를 생산하는 것은 사업이 일정 수익 수준에 도달함에 따라 범위를 넓히는 것에 비유할 수 있다.

## 053 ⑤
**정답 해설**
ⓐ는 소수의 일개미에 의해 발생한 오류가 무리 내의 다른 많은 일개미의 정상적 행위를 통해 수정되는 것을 보여 준다. 이는 집단 내에서 발생하는 사소한 오류가 전체적인 흐름에 의해 자연스레 조정되는 규모적 현상으로, 이를 조직 내 문제 해결과 관련하여 가장 유사하게 진술한 것은 ⑤이다.

**오답 해설**
① ⓐ는 책임 소재의 명확화보다 전체적인 집단 분위기의 올바른 형성에 대해 이야기하고 있으므로 부적절하다.
② ⓐ는 구성원의 자율성에 대해 논하고 있지 않으므로 부적절하다.
③ ⓐ는 다수의 힘에 대해 논하고 있으므로 현명한 소수의 통찰에 비유하는 것은 부적절하다.
④ ⓐ는 해결 방안 도출의 속도에 대해 논하고 있지 않으므로 부적절하다.

## 054 ④
**정답 해설**
ⓔ은 타인의 어려움에 공감과 위로를 표하고, 도움의 손길을 내미는 사람이므로 적절하다.

**오답 해설**
① ⓐ은 사회적 약자에 해당한다.
② ⓑ은 타인의 어려움을 외면하는 사람에 해당한다.
③ ⓒ은 타인의 어려움을 외면하지 않고 도움의 손길을 내미는 사람에 해당한다.
⑤ ⓓ은 ⓒ과 동일한 인물이며 타인에게 선뜻 선행을 베풀 줄 아는 사람에 해당한다.

▶ 출처
- 지식 채널, It's a Beautiful day and I can't see it.
- https://youtu.be/N71ym5-ApQ0 – 프랑스 시인 앙드레브르통의 이야기, 데이비드 오길비의 일화 수정 사용

## 055 ②
**정답 해설**
팻말의 문구를 바꾼 시인의 행동은 자신의 시간을 잠깐 내어 그저 기존의 문장을 비유적인 표현을 바꾸어 주었을 뿐이지만, 이러한 행동이 무관심하던 사람들의 마음을 움직였고 그 결과 도움을 받을 수 있게 되었다. 이러한 상황은 작은 변화나 행동이 다른 누군가의 행동이나 삶에 큰 영향을 줄 수 있다는 것을 의미한다. 이러한 상황에 어울리는 교훈은 '정성이 담긴 작은 행동이 주변의 변화를 이끌 수 있다.'는 진술이다. 따라서 정답은 ②이다.

**오답 해설**
① 직설적인 표현은 시인이 바꾸기 전 팻말의 내용이므로 사람들의 마음을 움직였다고 보기 어렵다.
③ 시인 개인의 작은 행동이 주변 사람들에게 영향력을 미쳐 다수의 사람들의 태도가 변화한 상황이기에 적절하지 않다.
④ 시인의 행동은 자신의 희생이 요구되지 않는 간단한 수준의 선행이었기에 적절하지 않다.
⑤ 시인의 행동은 금전적 지원이 아니라 팻말의 문구를 바꾼 것이었으므로, 문제 해결의 원천이 금전적 지원이라고 볼 수 없다.

## 056 ④
**정답 해설**
'나는 시각장애인입니다'의 직설적인 문장을 〈조건〉에 따라 비유적인 표현으로 바꾸라는 문제이다. ④의 문장에는 '하얀 팝콘처럼'이라는 봄날을 표현하는 직유법이 사용되었고, '저는 그 꽃잎을 볼 수가 없습니다'를 통해 시각장애인의 처지를 나타내고 있으므로 〈조건〉에 적절한 문장이다.

**오답 해설**
① 봄을 볼 수 없는 시각장애인의 처지는 드러나 있으나, 직유법이 사용되지 않았다.
② 봄날을 표현하는 직유법이 사용되어 있으나, 봄을 볼 수 없는 시각장애인의 처지는 드러나 있지 않다.
③ 봄을 볼 수 없는 시각장애인의 처지는 드러나 있으나, 직유법이 사용되지 않았다.

⑤ 봄날을 표현하는 직유법이 사용되어 있으나, 봄을 볼 수 없는 시각장애인의 처지는 드러나 있지 않다.

## 057 ③
**정답 해설**

(다)의 내용은 장애인을 불쌍하고, 힘이 없는 존재로 묘사하는 것이 아니라 특별히 위대한 사람으로 묘사하는 광고가 많았다고 했으므로, 장애인을 '도움을 받아야 할 존재로 묘사하기 위해 타인이 밀어 주어야 하는 '손잡이'를 부각한 광고는 적절하지 않다.

**오답 해설**

① '따뜻한 마음을'이라는 표현을 통해 장애인을 동정을 받아야 하는 대상으로 그리고 있다.
② '장애는 불치병이 아닙니다! 극복할 수 있습니다!'라는 표현을 통해 장애를 극복해야 하는 것으로 인식하고 있다.
④ '다름'을 언급하며 부각시키고 있다.
⑤ '특별한' 존재가 아닌, '같음'을 강조하는 광고이다.

▶ 출처 하민지, [장애인의 날] 한국 광고사 40년은 장애인 차별의 역사였다, AP신문, 2020.04.20.(https://www.apnews.kr/news/articleView.html?idxno=813936)

## 058 ④
**정답 해설**

지문은 장애인을 비장애인과 다른 존재로 여기는 태도를 비판하며, 평범한 이웃으로 대해야 함을 말하고 있다. 이해와 함께함을 다루는 것이 적절하므로 ④가 가장 적절하다.

**오답 해설**

① 장애인을 응원을 받아야 할 대상으로 인식하고 있으므로 적절하지 않다.
② '함께'를 강조하고 있으나 '불편함'을 통해 '다름'을 인지시키고 있다.
③ 장애를 극복해야 할 것으로 대하고 있다.
⑤ 장애인을 사랑과 인정을 나누어야 할 대상으로 인식하고 있다.

## 059 ①
**정답 해설**

변소의 쥐는 사람이 나타나자 어쩔 줄 몰라 허둥대었다. 그러나 토끼는 자신을 잡아먹을 수 있는 호랑이가 나타나도 꾀를 내어 문제를 해결해 내었다. 따라서 토끼는 변소의 쥐에게 어려운 상황이 닥치더라도 허둥대며 도망가기보다는 그것을 지혜롭게 극복할 방법을 생각해보라고 조언할 수 있다.

**오답 해설**

② 다른 상대와 비교하고 있지 않으며, 스스로를 발전시키는 내용도 유추하기 어렵다.
③ 주어진 것에 감사하며 사는 내용은 나오지 않는다.
④ 토끼가 호랑이를 물리친 것은 상황을 객관적으로 바라보고 행동한 것과는 거리가 멀다.
⑤ 마음껏 즐기며 사는 삶을 유추하기 어렵다.

▶ 출처
• 임창순, 임자년의 풀이-쥐, 중앙일보, 1972.01.01.(https://www.joongang.co.kr/article/1310532)
• 신호림, [아침광장] 토끼의 해를 맞이하며, 경북일보, 2023.1.4.(http://www.kyongbuk.co.kr/news/articleView.html?idxno=2121049)

## 060 ③
**정답 해설**

변소 쥐와 창고 쥐의 서로 다른 행동을 통해 환경에 따라 생활 방법과 정신 상태가 달라질 수 있음을 유추해 낼 수 있다.

**오답 해설**

① (가)에서 쥐는 거짓말을 하고 있지 않다.
② 지혜로 상대를 대처하는 것은 (나)의 토끼와 관련된 것이다.
④ 창고 쥐의 물질적 풍요와 마음의 결핍을 연결할 수 있는 내용은 나오지 않는다.
⑤ 경쟁 관계에 대해 언급하고 있지 않다.

## 읽기 061번~090번

| 061 | ⑤ | 062 | ③ | 063 | ⑤ | 064 | ④ | 065 | ③ |
| --- | --- | --- | --- | --- | --- | --- | --- | --- | --- |
| 066 | ⑤ | 067 | ④ | 068 | ③ | 069 | ① | 070 | ③ |
| 071 | ① | 072 | ② | 073 | ⑤ | 074 | ⑤ | 075 | ③ |
| 076 | ⑤ | 077 | ⑤ | 078 | ④ | 079 | ⑤ | 080 | ① |
| 081 | ① | 082 | ③ | 083 | ② | 084 | ② | 085 | ④ |
| 086 | ③ | 087 | ① | 088 | ⑤ | 089 | ③ | 090 | ③ |

### 061 ⑤
**정답 해설**
이 시는 작가가 전국을 돌아다니며 마주한 풍경에 대한 느낌을 표현한 작품으로, 누구나 경험했을 법한 일상적 체험을 바탕으로 자신을 성찰하고 있다.

**오답 해설**
① 의성어를 활용한 공감각적 묘사는 나타나지 않는다.
② 시의 호흡이 빠르지 않으며, 긴장감 있는 전개도 아니다.
③ '많다', '보다', '-ㄹ까' 등 반복은 나타나지만 이를 통해 밝고 명랑한 느낌을 주고 있지는 않다.
④ 반어적인 표현이 나타나지 않으며, 부정적 현실을 강조하고 있지 않다.

▶ 출처  신경림(1990), 『길』, 창작과 비평사.

### 062 ③
**정답 해설**
자신의 강퍅한 마음을 '돌'의 작고 단단한 속성에 빗대어 표현하고 있다.

**오답 해설**
① ㉠은 상대의 사소한 실수를 비유한다.
② ㉡은 상대의 잘못에 대한 확대 해석을 비유한다.
④ ㉣은 옹졸한 자신의 모습과 대조되는 너그러움을 상징한다.
⑤ ㉤은 자기 자신에 대한 엄격한 다스림을 표현한다.

### 063 ⑤
**정답 해설**
지문에서는 '숭보암서라', '하영', '허멩', '허쿠다', '봅서' 등의 사투리를 활용하여 이야기의 갈등 상황을 드러내고 있으므로 적절한 설명이다.

**오답 해설**
① 의인화된 표현을 통해 주제를 부각하는 상황은 제시되지 않으므로 적절하지 않다.
② 인물들(나, 순이 삼촌, 아내, 아이 등)의 외양을 묘사하여 인물을 희화화하는 장면은 드러나지 않으므로 적절하지 않다.
③ 인물(나, 순이 삼촌)의 갈등 상황이 두 사람의 대화를 통해 드러나기는 하지만, 인물의 독백을 통해 암울한 내면이 나타나지는 않으므로 적절하지 않다.
④ 공간적 배경을 묘사하여 시대상의 변화를 드러내는 장면은 보이지 않으므로 적절하지 않다.

▶ 출처  현기영(1995), 「순이 삼촌」, 『한국소설문학대계72』, 동아출판사.

### 064 ④
**정답 해설**
'나'는 '순이 삼촌'과 갈등의 관계도 아니려니와, '아내'는 '순이 삼촌'이 겪은 일을 해결하기 위한 방도를 찾고 있는 것도 아니다. 따라서 ④의 진술은 적절한 이해라고 할 수 없다.

**오답 해설**
① "나는 격앙된 어조로 ~ 질타했던 것이다."라는 표현을 보면, '나'는 '순이 삼촌'이 겪은 일로 인해 분노의 감정을 갖고 있음을 알 수 있다.
② "그건 신혼 ~ 비슷한 것이었다."라는 표현을 미루어 보면, '나'는 고향의 사투리에 대해 무관심한 '아내'에 대해 불만을 갖고 있음을 알 수 있다.
③ "고향 말은 ~ 가르쳐 주었다."라는 표현으로 보아, '나'는 '순이 삼촌'이 겪은 일을 알게 된 이후 고향의 사투리를 '아들'에게 가르치는 등 행동의 변화를 보이게 되므로 적절한 이해라고 볼 수 있다.
⑤ "그래도 내가 ~ 그만 물러갔다."라는 표현을 보면 '순이 삼촌'이 자신의 일을 더 이상 따지지 않고 있음을 알 수 있으므로 적절한 이해로 볼 수 있다.

### 065 ③
**정답 해설**
ㄱ. '나'는 '순이 삼촌'이 당한 모욕적인 사건(밥을 많이 먹는 제주도 식모)을 계기로 하여 '나' 자신이 '가식적'인 '표절 인생'을 산 것임을 자각하게 된다.
ㄹ. '나'는 자신의 고향 말을 이해조차 하지 않으려는 '아내'의 태도를 자신을 무시하는 것으로 인식하고 있다. 이를 통해 '나'가 인간관계와 언어생활을 관련시켜 이해할 만큼 언어생활에 민감하게 반응하고 있음을 알 수 있다.

**오답 해설**

ㄴ. '아내'에게 "전에 없이 치를 떨며 화를 내는 꼴을 보고 놀랐던지 아내는 결혼 후 처음으로 내 앞에서 눈물을 보였다."라는 진술에서 미루어 알 수 있는 것처럼, '아내'는 '나'가 '전에 없이 치를 떨며 화를 내는 꼴을 보고 놀'라서 눈물을 흘린 것이지 자신의 행동을 반성해서 눈물을 흘린 것도 아니며, 전통적인 부부관을 존중하려는 의식에서 나온 '눈물 흘림'은 아니다.

ㄷ. '순이 삼촌'이 '밥을 많이 먹는 제주도 식모'라는 사건을 경험한 것을 '순이 삼촌'이 처한 열악한 현실이라고 볼 수는 있지만, 이러한 사건 이외에 더 다양한 사건이 제시되는 것도 아니고, '순이 삼촌'이 겪은 사건이 '그날 이후'로 서술된 것으로 보아, '순이 삼촌'이 처한 열악한 현실이 시간의 흐름에 따라 서술된 것도 아님을 알 수 있다.

## 066 ⑤
**정답 해설**

2문단에서 과학이 진보하고 영향력이 증대하면 할수록, 과학적 연구가 갖는 삶의 의미에 대한 성찰은 생략한다고 진술한다. 따라서 근대 과학 기술의 발전은 인간 존재에 대한 고민을 증대했다는 진술은 적절하지 않다.

**오답 해설**

① 1문단에서 "수학이란 언어로 자연을 읽어낼 때"라는 진술과 "신이 창조한 자연을 수학 원리로 추론하고자 했다."라는 진술을 통해, 수학은 자연을 이해하는 언어임을 파악할 수 있다.
② 1문단에서 갈릴레오는 "'왜'는 신의 영역에 둔 채 단지 신이 창조한 자연을 수학 원리로 추론하고자 했다."라고 진술한다. 이를 통해 갈릴레오가 신의 존재를 인정했음을 알 수 있다.
③ 4문단에서 "인간보다 바둑을 더 잘 두는 알파고는 지능을 가졌다고 말할 수 있지만"이라고 진술한다. 이를 통해 기계적 사고가 인간의 지능을 능가할 수 있다는 점을 파악할 수 있다.
④ 1문단에서 뉴턴은 "'왜'는 신의 영역에 둔 채 단지 신이 창조한 자연을 수학 원리로 추론하고자 했다. 이는 기독교라는 생활 세계를 살던 이들에게는 당연한 일이었다."라고 진술한다. 이를 통해 뉴턴이 기독교 가치에 따라 세상을 이해했음을 알 수 있다.

▶ **출처** 김기봉(2022), 『역사학 너머의 역사』, 문학과지성사.

## 067 ④
**정답 해설**

1문단에서 '왜'라는 문제는 신앙에 의지해서 풀고, 과학은 자연 현상이 '어떻게' 일어나는지 탐구하면 된다고 생각한다고 진술한다. 2문단에서 '왜'의 문제는 종교가 전담하고 근대 과학은 '어떻게'의 문제만을 탐구 주제로 한다고 진술하며, 과학적 태도는 '왜'라는 물음을 전혀 제기하지 않는다고 진술한다. 4문단에서 '지능'과 '의식'은 다르며, 알파고는 '지능'을 가졌지만 '의식'은 없다고 진술한다. 이를 종합하면 '지능'은 '어떻게'의 물음을 갖고 문제를 풀 수 있는 알고리즘을 만드는 과정이며, '의식'은 '왜'라는 물음으로부터 각성되는 생각이라는 것을 알 수 있다.

## 068 ③
**정답 해설**

3문단에서 "내 과거 데이터로 미래의 내가 어떤 행동을 할지 예측할 수 있다 해도, 그런 식이라면 …… 인간의 자유 의지를 부정하는 세상이 도래할 것이다."라고 진술한다. 따라서 개인의 내적 의지를 긍정하는 견해라는 진술은 적절하지 않다.

**오답 해설**

① 2문단에서 "과학적 태도는 컴퓨터와 인터넷의 발명과 함께 빅데이터가 출현하면서 정점에 도달했다. …… 데이터의 통계 자체가 보여 주는 패턴으로 미래를 예측하고 문제를 해결할 수 있다고 믿는 데이터주의가"라고 진술한다. 따라서 빅데이터를 기반으로 한다는 진술은 적절하다.
② 2문단에서 "여러 데이터의 상관성을 수학적으로 계산하는 방법만이 과학적인 것으로 여겨졌다."라고 진술한다. 따라서 수학적 방법을 경전으로 삼는다는 진술은 적절하다.
④ 3문단에서 "빅데이터는 내가 모르는 나에 대한 정보를 알려 준다."라고 진술한다. 따라서 현존하는 자아에 관한 정보를 제공할 수 있다는 진술은 적절하다.
⑤ 2문단에서 데이터주의는 "거대하게 축적된 데이터의 통계 자체가 보여 주는 패턴으로 미래를 예측하고 문제를 해결할 수 있다고 믿는" 것이라고 진술한다. 따라서 과거 경험을 통해 미래 전망이 가능하다는 입장이라는 진술은 적절하다.

## 069 ①
**정답 해설**

의사표시가 합치하면 법률효과가 발생하고, 이를 법률행위라 한다고 하였으며, 법리상 계약은 양 당사자의 의사가 합치하는 순간에 유효하게 성립하는 것이고, 계약서는 그 증명용인 것이라고 하였으므로 법률행위로 되기 위해서 문서 작성이 필요한 것은 아니다.

**오답 해설**

② 지문에서 계약에 대해 "대립하는 의사표시의 합치로써 법률효과가 발생하므로 법률행위"라 하면서, 법률행위는 "의사표시로써 법률효과를 발생시킬 목적으로 이루어지는 것"이라 하였으므로, 답지의 진술은 타당하다.
③ 지문에서 "거래가 있으면 증명을 위해 문서를 작성해 온 것이 매우 오래되었"다고 하면서 조선의 고문서를 예로 들었으므로 답지의 진술은 타당하다.
④ 지문에서 증서를 "권리나 의무, 사실 따위를 증명하는 문서"라고 하면서 땅문서의 예를 들었으므로, 답지의 진술은 타당하다.
⑤ 지문에서 "조선의 고문서에도 예외 없이", "소를 제기하여 바로 잡을 것"이라는 문구가 상투적으로 들어간다고 하였으므로, 답지의 진술은 타당하다.

▶ 출처  이시윤(2022), 『민사소송법』, 박영사, 506~507쪽.

## 070  ③

**정답 해설**

합의한 바를 이행하겠다는 서약이라는 의사표시를 나타내고 있다면 그것이 꼭 서면에 써야 하는 것이 아니어서 돌에 새겨진 경우라도 문서라 할 수 있으므로, 답지의 진술은 타당하지 않다.

**오답 해설**

① 문서는 문자나 기호, 부호로 되어 있어야 하고 화상이나 음성으로 된 자료는 해당하지 않는다고 하고 있으므로, 답지의 진술은 타당하다.
② 점자는 문자이고, 기호나 부호라 할 수 있는 것이며, 일기는 경험한 사실을 적은 보고문서라 할 수 있으므로, 답지의 진술은 타당하다.
④ 서로 대립하는 의사가 합치할 때 계약은 유효하게 성립하고 계약서는 뒷날의 증명용이라 하였으므로, 답지의 진술은 타당하다.
⑤ 문서는 공무원이 직무상 작성한 문서인 공문서와 그렇지 않은 사문서로 분류할 수 있고, 이는 소송상의 증명책임에서 다른 취급을 받는 데 따른 구분이므로, 답지의 진술은 타당하다.

## 071  ①

**정답 해설**

뒤 문장에서 오해하는 까닭을 달고 있으므로 빈칸에는 오해되는 내용이 들어가야 하고, 그것은 앞 문장의 취지와 다르게 아는 것으로 구성되어야 하는데, 앞 문장의 내용이 계약의 효력 발생에 문서의 작성은 요건이 아니라는 것이므로, 문서가 계약이 요건이라는 취지의 답지는 타당하다.

**오답 해설**

② 서면을 작성하여야 계약이 성립하는 것은 아니라고 하여 뒤 문장의 오해와 상응하지 않는 올바른 내용을 서술하는 답지는 타당하지 않다.
③ 증명을 위해서는 계약서를 만든다고 하여 뒤 문장의 오해와 상응하지 않는 올바른 내용을 서술하는 답지는 타당하지 않다.
④ 문서가 갖추어야 할 요소에 관한 내용으로 문맥에 맞지 않는 내용을 서술하는 답지는 타당하지 않다.
⑤ 계약서의 보관과 계약 내용은 유효성은 상관이 없다고 하여 뒤 문장의 오해와 상응하지 않는 올바른 내용을 서술하는 답지는 타당하지 않다.

## 072  ②

**정답 해설**

갑과 을 사이의 계약서는 사문서라 할 수 있고 그에 대하여는 "그 진정성에 대한 증명책임이 제출자에게 있다."라고 하였으므로, 답지의 진술은 타당하다.

**오답 해설**

① 법률행위를 체화하고 있는 처분문서인 계약서는 진정성이 증명되면 그에 나타난 대로 계약이 있었다는 것이 당연히 인정된다고 하였으므로, 갑이 증명을 해야 한다는 답지의 진술은 타당하지 않다.
③ 계약이 성립하여 서로 계약서까지 작성한 상황이므로, 답지의 진술은 타당하지 않다.
④ 제출된 문서들 중 일기는 당사자 사이에 이루어진 법률행위를 뒷날 증명하기 위해 작성하는 것이라 할 수 없으므로, 답지의 진술은 타당하지 않다.
⑤ 보고문서인 일기는 처분문서가 아니라서 진정성이 인정된다고 해서 당연히 그 내용대로의 사실이 있었다고 인정되지 않으므로, 답지의 진술은 타당하지 않다.

# 073   ⑤

**정답 해설**

1문단에서 죽은 박테리아와 섞인 살아있는 박테리아에서 죽은 박테리아의 형질이 발견되고 자손에게 유전되는 것으로 보아 죽은 박테리아의 어떤 성분이 형질 전환 인자로 작용하고 있음을 알 수 있다.

**오답 해설**

① 1문단에 따르면 그리피스가 발견한 내용으로 죽은 병원성 박테리아를 살아 있는 비병원성 박테리아와 섞었을 때 비병원성 박테리아의 일부가 병원성을 갖게 된다.
② 2문단에 따르면 그리피스의 발견에 근거하여 허시와 체이스가 실험을 수행하였다.
③ 3문단에 따르면 원심 분리하였을 때 상대적으로 무거운 박테리아는 가라앉고, 가벼운 파지는 상층 액에 남으므로 원심 분리기는 박테리아를 무게에 따라 분리할 수 있다.
④ 2문단에 따르면 허시와 체이스의 실험이 진행된 20세기에 서야 DNA가 유전 물질임을 확정하는 실험이 진행되었으므로 그 이전인 19세기에는 DNA가 유전 물질이라는 것을 알지 못하였다.

▶ **출처** 김명원 역(2011), 생명과학 개념과 현상의 이해, 라이프사이언스.


# 074   ③

**정답 해설**

"갑절 또는 몇 배로 늘어나거나 그렇게 늘림."은 '배가'의 뜻풀이이다. '배양'은 "인공적인 환경을 만들어 동식물 세포와 조직의 일부나 미생물 따위를 가꾸어 기름."이라는 뜻이다.


# 075   ③

**정답 해설**

A. 배양 후 새로운 파지에서 유전 현상을 확인할 수 있으므로 아직 배양 전인 ⓐ단계에서는 DNA에 의한 것인지 확정할 수 없다.
B. 3문단의 T2 바이러스 실험 결과에서 알 수 있듯이 단백질과 DNA 중 DNA만 새로운 파지를 만드는 데 관여하므로 유전물질인 파지의 DNA만 박테리아 안으로 삽입되며 단백질은 안으로 들어가지 않는다.
C. 3문단에 따르면 인은 파지의 DNA에만 존재하고 단백질에는 존재하지 않으므로 배양된 파지에서 동일한 DNA가 존재한다면 동일한 인이 관찰된다.


# 076   ⑤

**정답 해설**

불순물 반도체인 p형 반도체와 n형 반도체가 고유 반도체보다 전류가 잘 흐른다는 내용만 기술되어 있고 p형과 n형 반도체 중 어느 것이 전류가 더 잘 흐르는가에 대한 기술은 없다.

**오답 해설**

① 2문단에 따르면 금속은 띠틈이 없고 반도체는 띠틈이 비교적 작은 물질임을 알 수 있다.
② 2문단에 따르면 Si나 Ge처럼 순수한 물질로 이루어진 반도체를 고유 반도체라 하고, 고유 반도체에 다른 물질을 소량 첨가하면 불순물 반도체라고 일컫는다.
③ 1문단에 따르면 전도띠의 자유전자가 자유롭게 이동하여 전류를 형성하므로 원자가띠의 전자가 전도띠로 이동하여야 전류가 흐른다. 하지만 2문단에 따르면 부도체는 띠틈이 매우 커서 전자가 에너지를 받아도 원자가띠에서 전도띠로 이동하지 못하므로 자유전자가 되지 못하여 전류가 흐르지 않는다.
④ 2문단에서 제시한 실리콘과 저마늄의 띠틈 에너지는 각각 $1.22\,eV$, $0.66\,eV$로 실리콘의 띠틈의 에너지가 더 크다.

▶ **출처** William F. Smith, 고진현 역(2017), Smith의 재료과학과 공학 5판, 한국맥그로힐, p711–713.


# 077   ⑤

**정답 해설**

1문단에서 원자가띠와 전도띠 사이 영역의 에너지를 띠틈이라 정의하였고 3문단에서 잉여 전자의 에너지 준위는 전도띠에 매우 가까운 띠틈에 위치한다고 하였고, 이때 잉여 전자가 차지하고 있던 준위가 주개 준위라고 하였다. 4문단에서 원자가띠 위의 어떤 준위에서 홀이 내려오면서 발생하는 에너지 준위인 받개 준위가 형성된다고 하였으므로 적절한 기술이다.

**오답 해설**

① 1문단에 따르면 에너지띠는 여러 원자들이 결합된 물질의 전자들이 갖는 띠 모양의 에너지 영역이다.
② 1문단에 따르면 원자가띠에 있는 전자는 원자에 구속되어 있으나 원자가띠의 전자가 에너지를 흡수하면 전도띠로 이동한다는 사실로부터 원자가띠의 전자가 전도띠의 전자보다 에너지가 작다는 것을 알 수 있다.
③ 2문단에 따르면 원자가띠와 전도띠가 겹쳐 있는 물질은 도체로 띠틈이 없어 전자가 쉽게 이동할 수 있다.
④ 1문단의 파울리의 배타원리에 의하면 어떤 물질에 구속되어 있는 전자는 그 물질 안에 있는 다른 전자와 같은 에너지를 가질 수 없다. 따라서 ⓐ와 ⓑ 모두 같은 에너지를 가질 수 없다.

## 078 ④

**정답 해설**

ㄱ. 3문단에 따르면 최외각 전자가 5개인 원소가 첨가된 반도체를 n형 반도체라고 하고, 4문단에 따르면 최외각 전자가 3개인 원소가 첨가된 반도체를 p형 반도체라고 한다. 그러므로 최외각 전자가 5개인 비소(As)가 첨가된 반도체 (가)는 n형 반도체이고, 최외각 전자가 3개인 알루미늄(Al)이 첨가된 반도체 (나)는 p형 반도체이다. 따라서 적절한 진술이다.

ㄴ. 4문단에 따르면 최외각 전자가 3개인 원소가 첨가된 p형 반도체는 실리콘과 공유 결합할 전자가 하나 모자라기 때문에 그 자리에 결합이 없는 홀이 생기며 (+)전하를 가진다. 이때 실리콘의 전자는 홀 자리로 이동하면서 전류가 흐르게 된다. 따라서 직절한 진술이다.

ㄹ. 3문단에 따르면 원자의 최외각 전자 5개 중 4개는 Si와 반응하고 남는 1개의 전자는 잉여 전자가 발생한다. 따라서 적절한 진술이다.

**오답 해설**

ㄷ. 2문단에 따르면 고유 반도체에 다른 물질을 소량 첨가하여 전류가 흐르기 쉽게 하는 불순물 반도체를 만든다. 또한 3문단과 4문단에 따르면 불순물 반도체는 종류와 무관하게 고유 반도체보다 쉽게 전류가 흐른다. 따라서 부적절한 진술이다.

## 079 ⑤

**정답 해설**

5문단에서 어떤 선택을 해도 좋다고 거꾸로 생각하면 된다고 말하는데, 이는 반대 딜레마도 두 가지 길 중에서 선택하는 상황임을 말하는 것이다.

**오답 해설**

① 2문단에서 딜레마는 좋은 논박 방법이라고 말하고 있으므로, 잘못된 논증 방법이라는 것은 적절하지 않다.
② 2문단에서 스스로 딜레마에 빠지기도 하지만, 상대방을 딜레마에 빠뜨릴 수 있다고 말했고, 1문단에서는 스스로 딜레마에 빠지는 예를 들고 있으므로 상대방을 반박할 때만 쓰인다는 말은 적절하지 않다.
③ 3문단에서 딜레마에서 빠져나오는 방법을 설명하고 있으므로, 딜레마에 빠지면 빠져나올 수 없다는 것은 적절하지 않다.
④ 3문단에서 이쪽 뿔을 피하자니 저쪽 뿔에 찔리고, 저쪽 뿔을 피하자니 이쪽 뿔에 찔린다고 말한다. 이는 두 뿔에 동시에 찔리는 일은 없다는 것이므로 적절하지 않다.

▶ 출처  최훈(2022), 『1페이지 철학 365』, 빅피시.

## 080 ①

**정답 해설**

짜장면과 짬뽕을 절반씩 주는 메뉴를 시키면 짜장면을 먹을지 짬뽕을 먹을지 외에 대안의 선택지를 선택한 것이다. 그러므로 뿔을 꺾은 것이 아니라 뿔 사이를 피한 것이다.

**오답 해설**

② 5문단에 따르면 반대 딜레마는 일종의 역발상을 하는 것인데, 짜장면을 선택해도 좋고 짬뽕을 선택해도 좋다고 하면 반대 딜레마를 만들어 딜레마에서 빠져나오는 것에 해당한다.
③ 신이 악을 막을 뜻이 없다면 그것은 신이 선하지 않다는 것이 딜레마의 한 뿔인데, 신이 선하더라도 인간의 자유 의지를 위해 악을 막지 않는다고 재반박하면 그 뿔을 꺾는 것이다.
④ 신의 정의가 전지전능하고 선하다는 것이므로, 세상에 악이 있다는 것은 신은 무능하거나 선하지 않다는 것이고, 이것이 곧 딜레마가 된다. 그러나 전지전능하고 선하지 않은 신도 있다고 인식되면 이 반박은 실패할 것이다.
⑤ 친환경 발전은 대안이 되는 선택지이므로 두 뿔에서 빠져 나오는 것인데, 그것이 실효성이 없다면 뿔을 빠져 나오지 못할 것이다.

## 081 ①

**정답 해설**

ⓐ는 딜레마에 대해 '두 뿔 사이로 피해 가는 방법'이므로 4문단에서 말한 것처럼 두 선택지 외의 제3의 선택지가 있으면 된다. 〈보기〉에서는 공부를 잘하지도 않고 못하지도 않는 길이 있으면 된다. 그것은 공부를 잘하지도 못하지도 않는 것이다.

**오답 해설**

② 어떤 아이들은 공부를 잘할 때도 있고 못할 때도 있다는 것은 〈보기〉에서 잘하는 아이들과 못하는 아이들로 나누어 이야기하는 것과는 다른 내용이다. 따라서 적절한 뿔 사이로 피하기가 아니다.
③ '잔소리는 쓸데없다'는 내용을 부정하는 것이므로 이것은 '뿔 꺾기'이다.
④ '잔소리는 쓸데없다'는 내용을 부정하는 것이므로 이것은 '뿔 꺾기'이다.
⑤ 상대방의 논증에서 특정 개념이 모호함을 지적하고 있는데, 이는 딜레마 논증에 대한 특별한 비판 방법은 아니다.

## 082　③

**정답 해설**

두 선택지가 모순 관계라면 하나가 옳으면 다른 하나가 그를 수밖에 없다는 진술은 맞다. 그러나 3문단에 따르면 뿔을 꺾는 방법은 "두 가지 중 하나의 선택을 해도 반드시 곤란한 상황에 빠지는 것은 아니라고 주장한다."라고 말했으므로 그 선택지 하나에 대해서만 말하는 것이다. 따라서 모순 관계일 때 "하나가 옳으면 다른 하나가 그를 수밖에 없으니 뿔을 꺾는 방법을 쓸 수 있겠군."이라는 반응은 두 선택지 간의 관계로 오해하고 있으므로 적절하지 않다.

**오답 해설**

① 4문단에서 원자력 발전과 화력 발전 말고 다른 발전이 가능하다고 말했다. 그것은 "화력 발전이 가능하다."와 "원자력 발전이 가능하다."는 반대 관계라는 뜻이다.
② 〈보기〉에서 반대 관계는 둘 다 옳을 수는 없지만, 둘 다 그를 수 있는 관계라고 말했다. 두 선택지가 반대 관계면 둘 다 틀릴 수 있으니 4문단에서 말한 대안이 되는 선택지가 가능할 것이다.
④ "지금 이곳의 날씨는 춥다."와 "지금 이곳의 날씨는 덥다."는 반대 관계이므로, 이것을 두 뿔로 딜레마 논증을 만들면 4문단에서 말한 것처럼 대안이 되는 선택지를 허용한다. 따라서 딜레마 논증으로 성공하지 못한다.
⑤ "지금 이곳에 비가 오고 있다."와 "지금 이곳에 비가 오고 있지 않다."는 모순 관계이므로, 4문단에서 말한 것처럼 대안이 되는 선택지를 허용하지 않는다. 따라서 이것들을 두 뿔로 딜레마 논증을 만들면 두 뿔 사이로 피해 가는 방법은 없고 성공적인 딜레마 논증이 된다.

## 083　②

**정답 해설**

차상위계층은 4순위, 저소득가구는 5순위로 차상위계층이 저소득가구보다 지원 순위가 높다.

**오답 해설**

① 신청 기간은 4월 14일까지이므로 우선순위와 관계없이 4월 14일 이후에는 신청할 수 없다.
③ 신청서는 관할 동주민센터에 제출해야 한다.
④ 지원 품목에서 선풍기는 해당 사항이 없다.
⑤ 지원 대상자는 자부담 없이 전액 국고보조금으로 지원받는다.

▶ 출처　노원구청 홈페이지(https://www.nowon.kr/www/index.do)

## 084　②

**정답 해설**

선풍기 보유 여부는 지원 불가 대상 판단과 무관하다.

**오답 해설**

① 공공임대주택 거주 가구는 지원 불가 가구에 해당한다.
③ 가구에 할당된 전력이 기준에 미달하여 에어컨 사용에 부적합하거나 누전·화재 등 사고 발생 위험이 예상되는 가구는 지원이 불가하다.
④ 냉방지원사업 이후 8년 경과 가구만 재지원 가능하므로 6년 전 냉방지원을 받은 가구는 지원이 불가하다.
⑤ 수선유지급여 대상 가구는 지원 불가 가구에 해당한다.

## 085　④

**정답 해설**

[장면4]에서 전문가의 의견이 제시되지만 그대로 삽입된 것이 아니라 일부 생략되어 있으므로 적절하지 않다. 따라서 답은 ④이다.

**오답 해설**

① [장면1]의 자막에서 "인공지능 작품 시대… 책임·기준은 미비"와 같이 중요 문구를 작은따옴표로 강조한 것을 확인할 수 있다.
② [장면2]에서는 보도에서 소개하고 있는 인공지능 그림을 시각 자료로 제시하고 있다.
③ [장면3]에서 인공지능이 제작한 작품에 대한 두 의견을 시각적으로 대조하고 있음을 확인할 수 있다.
⑤ [장면5]에서 세계적인 이미지 포털 업체의 사례를 소개하여 시청자의 이해를 돕고 있다.

▶ 출처
• KBS(2023.01.23.), "AI가 만든 그림 보고 음악 듣지만…'권리'와 '책임' 논의는 제자리"(https://youtu.be/C5RVujZgjyY)
• SBS(2022.10.14.), "AI가 그려도 저작권 인정…원작자 예술 기여 넓어져"(https://youtu.be/xCuICbWYVOo)

## 086　③

**정답 해설**

시청자2는 뉴스 내용이 찬성 및 반대 입장을 균형 있게 고려하지 못함을 지적하고 있어 공정성 부족에 대한 내용으로 볼 수 있지만, 시청자3은 뉴스 내용의 공정성 부족을 지적하고 있지 않다. 따라서 정답은 ③이다.

오답 해설

① 시청자1은 인공지능이 그림을 그리는 방법에 대해, 시청자3은 다른 국가에서 이루어진 AI 창작물의 저작권 논의에 대해 더 알고 싶어 하며 추가 정보를 탐색하고자 한다.
② 시청자1은 미술 공모전 기사를, 시청자5는 소설 인물 인공지능 그림을 본 경험과 뉴스 내용을 연관 짓고 있다.
④ 시청자3은 AI가 공동 창작자로 인정된 사례를, 시청자4는 우리나라에서 인공지능 작품의 저작권 인정 여부를 기존 정보로 하여 새 정보와 비교하며 듣고 있다.
⑤ 시청자4는 '뉴스를 통해 잘못 알고 있던 정보를 바로잡을 수 있어서 좋았어.'라고 하고, 시청자5는 '이 뉴스가 나에게 많은 도움이 되었어.'라고 하며 뉴스가 유용했다고 평가하고 있다.

## 087 ①
정답 해설

㉠에서 사용된 1인칭 대명사 '우리'는 화자인 앵커와 청자인 시청자를 모두 포함하고 있다. 따라서 정답은 ①이다.

오답 해설

② '몇 초', '여러 개' 등 부정확한 수치의 표현을 사용하고 있는 것은 맞지만, 상황을 과장하고 있다고 보기는 어렵다.
③ 보조 용언 '-고 있다'를 통해 현재 상황이 지속됨을 표현하고 있다.
④ 과거 사건이 아닌 현재 사건을 현재형으로 표현하고 있다.
⑤ 문장에서 주어('AI가')가 생략되어 있으나, 피동 표현이 아닌 능동 표현으로 서술되어 있다.

## 088 ⑤
정답 해설

필수 과목 중 '기록관리학개론'은 시험일 현재 시행 중인 법령을 기준으로 출제한다고 되어 있으므로 적절한 내용이다.

오답 해설

① 기록조직론은 주관식 논술형으로 출제된다고 되어 있으므로, 사지선다형으로 출제된다고 한 답지의 내용은 적절하지 않다.
② 합격 기준은 전 과목 총점의 60% 이상 득점으로 되어 있으므로, 네 과목의 총점 400점에서 60%인 240점 이상이어야 합격할 수 있다. 따라서 200점 이상이어야 합격이라고 한 답지의 내용은 적절하지 않다.
③ 시험 장소 공고일은 2월 1일이고 시험 시행일은 3월 4일이므로, 시험 장소를 시험 시행일의 일주일 전에 알 수 있다고 한 답지의 내용은 적절하지 않다.
④ 필수 과목은 '기록관리학개론', '전자기록관리론'의 2개 과목이고, 선택 과목은 '기록평가·선별론', '기록조직론', '기록보존·기록정보서비스론'의 3개 과목 중에서 2개 과목을 선택하여 치른다고 되어 있으므로 시험에서 치러야 하는 과목 수는 총 4개이다. 따라서 총 3과목을 치러야 한다고 한 답지의 내용은 적절하지 않다.

▶ 출처 행정안전부 홈페이지 '알립니다' 게시판(https://www.mois.go.kr/frt/bbs/type013/commonSelectBoardArticle.do?bbsId=BBSMSTR_000000000006&nttId=97686)

## 089 ③
정답 해설

윗글에서 합격 기준은 각 과목 만점의 50% 이상 득점해야 한다고 되어 있으므로 100점 만점인 각 과목은 50점 이상 득점해야 합격할 수 있다. 따라서 기록보존·기록정보서비스론 과목의 점수가 40점만 넘으면 합격할 수 있다고 한 답지의 내용은 적절하지 않다.

오답 해설

① 윗글에서 기록보존·기록정보서비스론은 2교시 선택 과목으로 지정되어 있고 과목당 7문항이 출제된다고 되어 있으므로, 일곱 문항이 출제된다고 한 답지의 내용은 적절하다.
② 〈보기〉에 따르면 기록정보서비스의 홍보·출판에 대한 내용이 평가 영역에 포함되어 있으므로, 기록정보서비스의 홍보 기획에 대한 내용이 시험에 나올 수 있다고 한 답지의 내용은 적절하다.
④ 윗글에 따르면 기록보존·기록정보서비스론은 주관식의 논술형으로 출제된다고 되어 있으므로, 〈보기〉에 제시된 '기록물의 매체별 특성과 보존 수명'을 공부할 때에는 문제 유형에 맞추어 논술형으로 답안을 적는 연습을 해야겠다고 한 답지의 내용은 적절하다.
⑤ 〈보기〉의 평가 영역에는 기록보존 관련 법과 기록정보서비스 관련 법이 모두 포함되어 있으므로, 두 가지 법을 모두 공부해야겠다고 한 답지의 내용은 적절하다.

## 090

③

**정답 해설**

응시 자격은 기록관리학 석사 학위 이상을 취득한 사람이거나, 기록물관리전문요원 자격증을 취득한 사람이다. 따라서 기록관리학 '학사' 학위 졸업 증명서만으로는 응시 자격을 충족하지 못하므로 응시자의 원서 접수의 준비 행동으로 적절하지 않다.

**오답 해설**

① 원서 접수는 본인 확인을 위한 공공 I-PIN을 발급한 후에 가능하다고 되어 있으므로 미리 공공 I-PIN을 발급받는다고 한 답지의 내용은 적절하다.
② 응시 자격 중 기록물관리전문요원 자격증을 취득한 사람이라는 요건이 있으므로, 기록물관리전문요원 자격증을 준비한다고 한 답지의 내용은 적절하다.
④ 응시 수수료 20,000원의 납부 방법은 계좌 이체라고 되어 있으므로 답지의 내용은 적절하다.
⑤ 응시 원서의 접수 기간은 1월 1일부터 1월 14일까지이며, 접수 방법은 인터넷 온라인 접수 방법만 가능하므로, 응시 원서를 1월 14일까지 온라인으로 제출한다고 한 답지의 내용은 적절하다.

## 국어 문화 091번~100번

기출문제집 p.230

| 091 | ① | 092 | ⑤ | 093 | ① | 094 | ③ | 095 | ② |
| 096 | ④ | 097 | ① | 098 | ② | 099 | ⑤ | 100 | ④ |

## 091

①

**정답 해설**

〈보기〉에서 설명하는 작품은 「상춘곡」이다. 조선 전기에 정극인(丁克仁)이 지은 가사로 작자가 치사 후 태인에 돌아와 자연에 묻혀 살 때 지은 것이다. 속세를 떠나 자연에 몰입하여 봄을 완상하고 인생을 즐기는 지극히 낙천적인 노래이며, 3·4조, 4·4조, 2·3조가 주조를 이룬다.

**오답 해설**

② 조선 선조 때에 송강 정철이 지은 기행 가사이다. 작자가 강원도 관찰사로 부임하여 관동 팔경을 돌아보면서 선정을 베풀고자 하는 심정을 읊은 것으로, 『송강가사』에 그 내용이 전한다.
③ 조선 선조 18년(1585)에 정철이 지은 가사이다. 작가가 관직에서 밀려나 4년 동안 전라남도 창평에서 지내면서 임금에 대한 그리운 정을 간곡하게 읊은 작품으로 모두 126구로 되어 있으며, 『송강가사』에 실려 전한다.
④ 조선 후기에 정학유가 지은 월령체 가사(歌辭)이다. 권농(勸農)을 주제로 하여 농가에서 일 년 동안 할 일을 달의 순서에 따라 읊었다.
⑤ 조선 영조 때에, 김인겸이 지은 장편 기행 가사이다. 영조 39년(1763)에 조엄이 통신사로 일본에 갔을 때 서기로 따라가 보고 느낀 일본의 문물·제도·풍속 따위를 기록한 것으로, 모두 8,000여 구로 되어 있다.

▶ **출처** 한국민족문화대백과사전

## 092

⑤

**정답 해설**

〈보기〉에서 설명하고 있는 채만식의 작품은 〈태평천하〉이다. 민족의 현실이나 사회적 정의의 문제와는 아랑곳없이 가족의 이기적 번성만을 추구하던 윤직원 일가의 몰락과 해체 과정을 보여줌으로써, 1930년대 후반 친일 지주 계층의 반사회적, 반민족적 욕망과 행위를 풍자적인 어조로 비판한 소설이다.

**오답 해설**

① 〈탁류〉는 채만식의 대표작의 하나로, '여인의 일생형'에 속하는 작품이다. 한 여인의 수난사를 줄거리로 하면서 1930년대의 세태와 하층민의 운명을 폭넓게 그리고 있다.
② 〈무녀도〉는 김동리가 지은 단편 소설로, 무녀도라는 그림에 담긴 한 무녀의 사연을 중심으로 무속과 기독교의 대립을 그려 재래의 토속 신앙이 변화하는 세계 앞에 쓰러져 가는 비극적 인간상을 형상화하였다.
③ 〈만무방〉은 김유정이 지은 단편 소설로, 응칠, 응오 두 형제가 부랑(浮浪)하는 삶을 중심으로 식민지 농촌 사회에 가해지는 가혹한 삶을 사실적으로 형상화하였다.
④ 〈사하촌〉은 김정한이 지은 단편 소설로, 가난한 소작인들의 비참한 삶과 생존을 위하여 결집하는 모습을 통하여 1930년대 우리 농민의 고통과 극복 의지를 그렸다.

## 093

①

**정답 해설**

〈보기〉에서 설명하는 작가는 백석이다. 1930년 〈조선일보〉 신년현상문예에 단편소설이 당선되어 장학금으로 일본에 유학, 모더니즘운동에 관심을 갖게 되었고, 1935년 시 〈정주성〉을 발표하면서 등단했다. 이야기 구조를 갖춘 서사지향적인 그의 시는, 새로운 시의 문법을 세움으로써 한국 시의 영역을 넓혔다는 평가를 받는다.

오답 해설
② 이용악은 『신인문학』에 「패배자의 소원」을 발표하며 등단하였고, 그의 초기 시들은 대체로 모더니즘적 경향을 따르고 있다. 월북하기까지 『오랑캐꽃』과 『이용악집』 등 시집을 간행하였고, 대표작으로는 「풀벌레 소리 가득 차 있었다」, 「낡은 집」, 「오랑캐꽃」 등이 있다.
③ 신석정은 낭만주의 시를 많이 썼으며, 작품에 「슬픈 목가(牧歌)」, 「촛불」, 「산의 서곡(序曲)」 따위가 있다.
④ 유치환은 『문예 월간』에 작품 「정적(靜寂)」을 발표하고 등단하였으며, 생명파 시인으로 불린다. 시집에 『청마 시초』, 『생명의 서』, 『울릉도』 따위가 있다.
⑤ 김광균은 신석초, 서정주 등과 『자오선』, 『시인 부락』 따위의 동인지에서 활약하였다. 온건하고 회화적인 시풍을 나타내 1930년대 모더니즘 계열의 대표적 시인으로 평가된다. 시집에 『와사등』, 『기항지』, 『황혼가』, 『임진왜란』 따위가 있다.

▶ 출처  한국민족문화대백과사전

## 094   ③
정답 해설
"지방과 경성의 관객으로 하여금 취미나 교양의 정도의 차이를 구태어 운운하자는 것도 절대로 아니다."라고 했으므로 적절하지 않다.

오답 해설
①, ② "신극이고 흥행극이고 간에 지방으로 순회공연만 나가면 돈을 벌어드려온다. 과거의 청춘좌나 호화선이 ~ 일만원에 오르나리었다는 것만 보드라도 넉넉히 알 수 잇다."를 통해 지방 순회 공연을 다니는 일이 많았으며, 큰돈을 벌 수 있었다는 것을 알 수 있다.
④, ⑤ "단순히 경제적 사실에만 구애되어 연극의 내용과 형식을 부지불식간에 스스로 저하시키고 타락시키는 것은 ~ 연극인으로서는 삼가야 할 줄 안다."를 통해 알 수 있다.

▶ 출처  조선일보 1939.09.07. 기사

## 095   ②
정답 해설
ⓒ의 '무도'는 '말이나 행동이 인간으로서 지켜야 할 도리에서 어긋나서 막됨.'의 뜻이다. ②는 '증오'에 대한 설명이다.

▶ 출처  소대성전(蘇大成傳)

## 096   ④
정답 해설
'놈'은 중세국어에서 '사름(〈사람)'의 동의어로 쓰였다. 현대국어에서처럼 '사람'을 낮추거나 흘하게 이르는 말로 쓰이지 않았다. 따라서 ④는 틀린 내용이다.

오답 해설
① '말씀'은 중세국어에서 '말(생각이나 느낌을 표현하는 음성 따위의 수단)'과 큰 의미 차이 없이 쓰였다. 현대국어에서처럼 자기의 말을 낮추어 이르거나 남의 말을 높여 이르는 말로 쓰이지 않았다.
② '견ᄎ'는 사어화되어 현대국어에서는 더 이상 쓰이지 않는 말로 현대국어의 '까닭'이나 '근거'와 거의 동일한 의미를 갖는다.
③ '바'는 현대국어에서 앞에서 말한 내용 그 자체나 일 따위를 나타내는 의존 명사 '바'와 동일한 의미를 갖는다.
⑤ 'ᄯᄅᆞᆷ'은 현대국어에서 오로지 그것뿐이고 그 이상은 아님을 나타내는 의존 명사 '따름'과 동일한 의미를 갖는다.

▶ 출처  국립국어원 편(2008), 『알기 쉽게 풀어 쓴 훈민정음』, 생각의 나무.

## 097   ①
정답 해설
북에서 '예능'의 경우 '예'로 적는다고 하였으므로 같은 한자가 사용되는 '藝術'도 '예'를 사용하여 '예술'로 적는다는 것을 알 수 있다.

오답 해설
② 〈보기〉에서 '혜택'처럼 '혜'의 경우 'ㅖ'를 인정한다고 했으므로 북에서도 '은혜'로 적는다.
③ 〈보기〉에서 'ㅖ'가 들어 있는 단어의 경우 '계', '례', '예', '혜'만 인정한다고 했으므로 '폐장'은 틀린 표기이고, '페장'으로 적는다.
④ 〈보기〉에서 '계산'처럼 '계'의 경우 'ㅖ'를 인정한다고 했으므로 북에서도 '계획'으로 적는다.
⑤ '예의'의 경우 북에서 '례절'로 적는다는 것을 통해 북의 표기는 '례의'임을 알 수 있다.

▶ 출처  국어사정위원회(2010), 『조선말규범집』, 사회과학원 출판사.

## 098　②

**정답 해설**

〈보기〉는 '두 주먹의 1·5지 끝을 붙여 마주 댔다가 오른손을 밖으로 내민다.'의 수형을 나타내는 사진이다. 이 수어가 나타내는 의미는 '멀다, 멀리'이다.

**오답 해설**

① '길다'는 1·5지 끝을 맞댄 두 주먹을 모로 세워 맞댔다가 양옆으로 벌린다.
③ '빠르다'는 오른 주먹의 1·5지를 펴서 왼쪽으로 빠르게 움직이며 1·5지 끝을 맞댄다.
④ '늘리다'는 두 주먹의 1·5지 끝을 붙여 맞댔다가 양옆으로 벌리며 5지로 1지 안쪽을 스쳐 들인다.
⑤ '가늘다'는 왼손의 1·5지 끝을 맞대어 동그라미를 만들어 놓고 오른손의 1·5지 끝을 맞대어 동그라미를 만들어 왼손의 1·5지 위에 올려놓았다가 위로 높이 올리면서 양손의 손가락 첫째 마디를 붙인다. 또 '가느다랗다, 가냘프다, 가늘다'의 의미는 두 주먹의 4지를 펴서 등이 밖으로 향하게 하여 끝을 상하로 맞댔다가 뗀다.

## 099　⑤

**정답 해설**

'공제(控除)하다'는 "받을 몫에서 일정한 금액이나 수량을 빼다."를 의미하므로 '빼다'나 '떼다' 정도로 바꾸어 쓰는 것이 의미를 이해하기 더 쉽다. '공제하다'를 '합하여 계산하다'로 바꾸어 쓰면 그 의미가 완전히 상반되므로 부적절하다.

**오답 해설**

① '통정(通情)하다'는 "서로 마음을 주고받다."를 의미하는데 법령에서는 주로 '통정한'의 꼴로, 부정적인 문맥에서 쓰인다. 이를 고려하면 '통정한'은 '상대방과 짜고 한' 정도로 바꾸어 쓸 수 있다. 한편 '허위(虛僞)'는 '거짓'을 의미한다. '통정한 허위의'는 '(상대방과) 짜고 거짓으로 한' 정도로 바꾸어 쓰는 것이 더 국어답고 의미를 이해하기도 쉽다.
② '필(畢)하다'는 "일정한 의무나 과정을 마치다."를 의미하므로 '필한'은 '마친'으로 바꾸어 쓰는 것이 더 의미를 이해하기 쉽다.
③ '상당(相當)하다'는 "일정한 액수나 수치, 정도 따위에 이르다."나 "일정한 액수나 수치, 정도 따위에 가깝거나 알맞다."를 의미하는데 법령에서는 문맥상 '상응하다', '적절하다', '타당하다', '해당하다' 등처럼 다양한 의미로 쓰인다. 따라서 문맥을 고려하여 이 가운데 어느 하나로 바꾸어 쓸 수 있다.
④ '부의(附議)하다'는 "회의나 심의, 토의에 부치다."를 의미하므로 문맥에 따라 '회의에 부치다', '심의에 부치다' 등으로 바꾸어 쓸 수 있다.

▶ 출처　법제처(2021), 『알기 쉬운 법령 정비 기준』(제10판).

## 100　④

**정답 해설**

〈보기〉에서 줄임말이나 신조어 표현은 확인하기 어렵다.

**오답 해설**

① '오늘의 첫 문자 만나 보겠습니다', '바다 보면서 생각 정리하고' 등에서 목적격 조사가 생략된 것을 확인할 수 있다.
② '자', '이야', '음' 등 감탄 표현이 빈번하게 사용된 것을 확인할 수 있다.
③ 청취자들의 사연을 소개할 때 '라고', '하고' 등의 인용 표현을 생략한 것을 확인할 수 있다.
⑤ '9999' 님을 통해 청취자를 전화번호 일부로 지칭하는 것을 확인할 수 있다.

▶ 출처
• SBS 파워FM(2020.1.31.), "조정식의 펀펀투데이"
• SBS 파워FM(2023.3.3.), "조정식의 펀펀투데이"

| 2023년 2월 18일 시행 |

# 제71회
# KBS 한국어능력시험

## 정답과 해설

**2023년 2월 18일 시행**

# 제71회 정답과 해설

## 듣기·말하기  001번~015번

기출문제집 p.237

| 001 | ③ | 002 | ⑤ | 003 | ⑤ | 004 | ④ | 005 | ③ |
| 006 | ⑤ | 007 | ⑤ | 008 | ③ | 009 | ⑤ | 010 | ② |
| 011 | ⑤ | 012 | ③ | 013 | ① | 014 | ⑤ | 015 | ⑤ |

## 001  ③

**듣기 대본**

1번. 먼저 그림에 대한 설명을 들려 드립니다.

안녕하세요. 오늘은 ㉠조선 시대의 대표적인 동물 그림인 김두량의 〈삽살개〉에 대해서 말씀드리겠습니다. 도화서 화원인 김두량은 개 그림을 특히 잘 그렸다고 합니다. 이 그림도 ㉡윤곽선으로 형태를 그리지 않고 가는 붓으로 털의 흐름을 한 올 한 올 표현해, 고개를 들고 누군가를 향해 짖으며 당당하게 앞으로 가고 있는 삽살개의 모습을 역동감을 살려 보여 주고 있습니다. ㉢삽살개는 원래 온몸이 긴 털로 덮여 있는데 이 그림에서는 털이 짧고 얼룩무늬가 있는 매우 희귀한 모습입니다. 삽살개 위에는 영조가 직접 써넣은 화제가 있습니다. 화제는 "사립문에서 밤을 지키는 것이 너의 임무이거늘, 어찌하여 길 위에서 대낮에 이렇게 짖고 있느냐"라는 뜻입니다. ㉣왕이 화원의 그림에 어필을 남기는 것은 우리나라에서는 드문 일이었습니다. 날짜도 기록되었는데 영조실록에는 이날에 아무 기록이 없습니다. 이날 영조는 창덕궁에서 그림을 감상하고 이렇게 화제도 쓰면서 하루를 쉬던 것 같습니다. ㉤김두량의 〈삽살개〉는 벨기에인이 50년도 넘게 소장하다가 일본인으로 소유권이 바뀐 후 어렵게 우리나라로 환수된 문화재로 그 의미가 큽니다.

**정답 해설**

㉢에서 삽살개는 원래 온몸이 긴 털로 덮여 있는데 그림에서는 털이 짧고 얼룩무늬가 있는 희귀한 모습을 그리고 있음을 설명하고 있다.

**오답 해설**

① ㉠에서 〈삽살개〉는 도화서 화원인 김두량이 그린 것으로 설명하고 있다.
② ㉡에서 그림은 윤곽선으로 형태를 그리지 않고 가는 붓으로 털의 흐름을 한 올 한 올 표현했음을 설명하고 있다.
④ ㉣에서 왕이 화원의 그림에 어필을 남기는 것이 드문 일이었음을 설명하고 있다.

⑤ ㉤에서 해외에서 소장되었다가 어렵게 우리나라로 환수된 문화재임을 설명하고 있다.

▶ **출처**
- 김두량 '삽살개', 이인숙의 옛 그림 예찬, 매일신문, 2019.07.03.
- 김두량의 '삽살개', 손태호의 옛 그림으로 읽는 불교, 법보신문, 2020.05.18.

## 002  ⑤

**듣기 대본**

2번. 이번에는 이야기를 들려 드립니다.

종달새가 이른 봄, 어린 녹색 밀밭에 둥지를 틀었습니다. 새끼 종달새들은 거의 다 자라 날개를 사용할 수 있게 되었고 깃털도 다 자랐습니다. 이때 밀밭 주인이 익은 곡식을 바라보면서 말했습니다. "이웃들에게 수확을 도와 달라고 부탁할 때가 왔군." 새끼 종달새 중 한 마리가 이 말을 듣고는 어미 종달새에게 와서 안전한 곳으로 피하자고 했습니다. "아직은 이사할 때가 아니란다, 아들아." 엄마가 대답했습니다. "자신의 수확을 도와 달라고 그저 친구들에게 심부름꾼을 보내는 사람은 아직 진정으로 수확할 생각이 없는 거야." 며칠 후 밀밭 주인이 다시 와서는 과도하게 익은 낟알이 떨어지고 있는 밀을 보았습니다. 그는 말했습니다. ㉠"내일 내가 와서 직접 수확해야겠군." 이 말은 들은 종달새는 새끼들에게 말했습니다. "얘들아, 이제 떠날 때가 됐다. 이번에는 주인이 진짜로 수확을 할 거야. 그는 이제 더 이상 친구들을 믿지 않고 밀밭을 직접 추수할 거야."

**정답 해설**

이 이야기에서 어미 종달새는 자신의 일을 다른 사람에게 부탁하는 것보다 자신이 직접 한다고 했을 때 비로소 진짜 일을 할 것이라고 얘기하고 있다. ㉠에서 이웃에게 부탁하려고 생각하는 것이 아니라 본인이 직접 수확한다고 결심했을 때에야 밀밭이 수확될 것이라고 믿고 이사를 준비하는 종달새를 통해 다른 사람에게 의지하지 않고 스스로 하고자 해야 실제 실천할 의지가 있는 것임을 말하고 있다.

▶ **출처**
- 이솝(2013), 『교훈이 있는 이솝우화 100』, 케이트북스.
- 심후섭, 이제는 떠나야 하겠구나 – 이솝 우화 '종달새 이야기, 대구신문, 2014.09.23.

## 003  ⑤

**듣기 대본**

3번. 이번에는 강연을 들려 드립니다.

오늘은 탄소중립의 관점에서 산림 관리에 대해 말씀드리겠습니다. ㉠ 산림은 매우 중요한 이산화 탄소 흡수원입니다. 흡수된 탄소가 나무와 토양에 저장되어 있기에 산림이 파괴되어 온실가스가 배출되지 않도록 산림을 잘 관리하는 것이 중요합니다. ㉡ 우리나라는 1970년대부터 전국적으로 나무 심기가 시작되었고 따라서 현재 국내 산림의 임령은 대부분 40~50년 정도입니다. 문제는 ㉢ 50년 이상의 노령기에 접어드는 숲은 생장량과 탄소 흡수량도 저하되기 마련이고, 현재 우리나라에서는 산림의 고령화로 인한 이산화 탄소 흡수량 저하가 심각한 상황입니다. ㉣ 나무는 자라면서 더 많은 공산이 필요하여 인접 나무 간의 경쟁에서 진 나무는 하층을 이루거나 고사하고, 생존해 상층을 점유하는 나무 수는 점차 줄어들기 때문입니다. 결국 ㉤ 탄소중립을 위해 산림을 관리한다는 것은 나무가 말라 죽지 않도록 밀도를 관리하는 것이고, 솎아베기를 통해 산림의 경쟁을 완화해 생장 촉진과 탄소 흡수량 증진이 이루어지도록 하는 것입니다. 수확된 목재 제품에 저장된 탄소가 배출되지 않도록 목재 제품을 오래 사용하는 것도 탄소중립을 위한 좋은 실천 방법입니다.

**정답 해설**

㉤에서 나무가 말라 죽지 않도록 솎아베기를 통해 산림의 경쟁을 완화해 생장을 촉진하고, 탄소 흡수량이 증진된다고 설명하고 있으므로 솎아베기는 경쟁을 촉진하는 것이 아니라 완화하는 것임을 알 수 있다.

**오답 해설**

① ㉠에서 탄소가 나무와 토양에 저장되어 있음을 설명하고 있다.
② ㉡에서 우리나라 산림은 대부분 1970년대부터 조성되었음을 설명하고 있다.
③ ㉢에서 현재 우리나라에서는 산림의 고령화로 이산화 탄소 흡수량이 저하되고 있음을 설명하고 있다.
④ ㉣에서 나무가 생장하면 더 많은 공간이 필요하고 상층을 점유하는 나무 수가 점차 줄어들고 있음을 설명하고 있다.

▶ 출처  KEI 한국환경연구원(2021), 『대한민국 탄소중립 2050』, 크레파스북.

## 004  ④

**듣기 대본**

4번. 이번에는 라디오 방송의 일부를 들려 드립니다.

베토벤은 피아니스트로서는 많은 활약을 했지만, 바이올린 연주 솜씨는 그리 뛰어난 편이 아니었다고 합니다. 그러나 ㉠ 작곡가로서 베토벤은 세계에서 가장 아름답고도 무게가 있으며, 감동을 주는 〈바이올린 협주곡 D장조〉를 작곡했습니다. ㉡ 협주곡으로서 이 곡은 영원불멸한 가치를 지니고 있습니다. 베토벤의 모든 작품들이 공통적으로 지니고 있는 강력한 휴머니즘을 느낄 수 있기 때문입니다.

(베토벤, 〈바이올린 협주곡 D장조〉 잠시 감상)
https://youtu.be/xpR5SyTl1Y8

㉢ 이 곡은 친구 슈테판에게 바치는 곡으로 알려져 있습니다. 이 곡을 쓸 무렵 베토벤은 인생에서 가장 행복했던 시기로, 창작욕이 왕성하여 예술적으로 뛰어난 작품들이 수없이 만들어지던 무렵이었습니다. 슈테판은 베토벤과 평생을 지속한 깊은 우정을 나눈 친구라고 합니다. 그런 친구를 위하여 가장 행복했던 시절에 만든 작품이니만큼 베토벤 특유의 천재성이 돋보이는 작품입니다. ㉣ 그런 까닭에 이 곡은 브람스, 멘델스존의 바이올린 협주곡과 함께 3대 바이올린 협주곡으로 평가되고 있습니다. 이 곡의 바이올린 독주부는 클레멘트의 조언을 받아 작곡되었습니다. ㉤ 클레멘트는 당시 빈 극장의 악장에 재직하면서 베토벤 〈영웅〉 교향곡의 초연과 그 밖의 연주를 통하여 베토벤과 밀접한 관계를 맺고 있었습니다. ㉥ 1802년 12월, 클레멘트의 독주에 의해 의욕적으로 초연되었으나, 곡이 너무나 깊고도 웅대했기 때문에 청중에게 깊은 감동을 주는 데 실패합니다. 초연에 실패한 대부분의 곡은 그냥 묻혀 버리는 경우가 많던 시절이었습니다. 그러나 반응이 더뎌도 명곡은 명곡입니다. 오랫동안 잊혀져 왔던 이 곡은 1844년 5월 27일 멘델스존의 지휘와 요아힘의 연주로 세상의 뜨거운 주목을 받는 데 드디어 성공합니다.

**정답 해설**

㉥에서 클레멘트의 독주에 의해 의욕적으로 초연되었으나, 곡이 너무나 깊고도 웅대했기 때문에 청중에게 깊은 감동을 주는 데 실패했다고 하고 있으므로 초연부터 청중들의 폭넓은 호응을 얻었다는 설명은 적절하지 않다.

**오답 해설**

① ㉡에서 베토벤의 모든 작품들은 공통적으로 강력한 휴머니즘을 느낄 수 있다고 언급하므로 적절한 설명이다.
② ㉠에서 〈바이올린 협주곡 D장조〉는 세계에서 가장 아름답고도 무게가 있으며, 감동을 준다고 했으므로 적절한 설명이다.
③ ㉤에서 클레멘트는 빈 극장의 악장에 재직하면서 베토벤 〈영웅〉 교향곡의 초연과 그 밖의 연주를 통하여 베토벤과 밀접한 관계를 맺고 있었다고 하였으므로 적절한 설명이다.
⑤ ㉢에서 이 곡은 친구 슈테판에게 바치는 곡이라고 하였으며, ㉣에서 브람스, 멘델스존의 바이올린 협주곡과 함께 3대 바

## 005  ③
**듣기 대본**

5번. 이번에는 시 한 편을 들려 드립니다.
단추를 채워보니 알겠다
세상이 잘 채워지지 않는다는 걸
단추를 채우는 일이
단추만의 일이 아니라는 걸
단추를 채워보니 알겠다
잘못 채운 첫 단추, 첫 연애, 첫 결혼, 첫 실패
누구에겐가 잘못하고
절하는 밤
잘못 채운 단추가
잘못을 깨운다
그래, 그래 산다는 건
옷에 매달린 단추의 구멍 찾기 같은 것이야
단추를 채워보니 알겠다
단추도 잘못 채워지기 쉽다는 걸
옷 한 벌 입기도 힘들다는 걸

**정답 해설**

시에는 '단추를 채워보니 알겠다 / 세상이 잘 채워지지 않는다는 걸'이나 '잘못 채운 첫 단추, 첫 연애, 첫 결혼, 첫 실패', '산다는 건 / 옷에 매달린 단추의 구멍 찾기 같은 것이야'와 같은 표현을 통해 단추를 잘못 채우듯 세상을 산다는 것은 잘못의 연속이라는 점을 표현하고 있다.

▶ 출처  천양희(1998), 「단추를 채우면서」, 『오래된 골목』, 창비.

## 006  ⑤
**듣기 대본**

이번에는 진행자와 전문가의 대담을 들려 드립니다. 6번은 듣기 문항, 7번은 말하기 문항입니다.

진행자: ⓐ 오늘은 패스트무비와 저작권에 대해서 알려 주신다고 하는데요. ⓑ 패스트무비가 어떤 것이죠?

전문가: 요즘 집에서 OTT 또는 유튜브를 통해서 영화를 많이 보시죠? 특히 유튜브에서는 영화 한 편의 대략적인 줄거리와 결말을 10분 정도로 요약해서 만든 영상이 있는데요, 이것을 패스트무비라고 합니다.

진행자: ⓒ 말 그대로 사용자들이 만든 영화 요약본이군요. 그런데 ⓓ 최근에 일본에서는 이런 패스트무비와 관련해서 분쟁이 발생했다고 하던데요?

전문가: 네, 그렇습니다. ㉠ 일본에서 최근 영화 리뷰를 무단 제작해서 공개한 유튜버에게 약 46억 원을 영화사에게 배상하라는 판결을 내리기도 했습니다. 패스트무비가 저작권을 침해할 소지가 있다는 문제가 우리나라에서도 본격화될 것으로 생각됩니다.

진행자: ⓔ 저작권자의 허가를 받지 않고 패스트무비를 유튜브에 올리면 저작권을 위반하는 행위이군요?

전문가: ㉡ 일반적으로 패스트무비는 영화를 바탕으로 요약 영상을 만드는 복제 행위, 그리고 그 영상을 유튜브에 업로드하는 전송 행위로 구성됩니다. ㉢ 이런 복제와 전송은 원칙적으로는 저작권자인 제작사나 배급사의 허락이 없다면 저작권 침해가 됩니다. 그리고 원래 있었던 원저작물을 기반으로 다른 저작물을 만드는 행위이기 때문에, 2차적저작물작성권과도 관련이 있습니다. 2차적 저작물을 만들 경우에도 원저작자의 이용 허락을 받아야 합니다.

진행자: 생각해 보면 영화를 제작할 때 작가나 감독의 제작 의도 같은 것들이 있을 텐데요, 2시간 가까운 영화를 10분으로 요약해 버리면 창작자의 개성이나 제작 의도와 관련해 다른 문제는 없는 걸까요?

전문가: ㉣ 질문 주신 내용은 동일성유지권이라는 저작인격권과 관련이 있습니다. 복제권, 전송권, 2차적저작물작성권 등 저작권자의 재산권만이 아니라 저작물에 깃든 인격적, 정신적 이익도 보호하고 있는 것인데요, 저작자가 창작성을 가지고 제작한 저작물을 10분 정도로 요약하거나 편집할 경우에 원저작자가 의도한 창작 의도와는 다른 내용의 영상이 될 수도 있고 이는 동일성유지권에 대한 침해가 될 수 있습니다.

진행자: ⓕ 저작재산권뿐만이 아니라 저작인격권을 침해하는 행위가 될 수도 있다는 말씀이시군요.

전문가: ㉤ 10분 요약 영상이 마케팅이나 홍보 효과를 줄 수도 있습니다. 다만 분명 저작권법을 위반하는 요소가 있고, 영화사나 배급사가 이러한 행위에 대해서 아무런 이의제기를 하지 않는다고 해서 저작물을 무단으로 사용해도 문제없다는 뜻은 아닐 겁니다.

진행자: 네, 오늘 말씀 감사합니다.

**정답 해설**

㉤에서 10분 요약 영상인 패스트무비가 마케팅이나 홍보 효과를 줄 수 있다는 점을 얘기하지만 영화사나 배급사가 이의를 제기하지 않는다고 해서 저작물을 무단으로 사용해도 문제없다는 뜻은 아니라고 지적하고 있다. 따라서 저작권 침해가 정당화되기도 한다는 진술은 전문가의 설명과 일치하지 않는다.

### 오답 해설

① ㉠에서 영화 리뷰를 무단 제작해 공개한 유튜버에게 배상 판결이 내려진 일본의 사례를 설명하고 있다.
② ㉢에서 원칙적으로 저작권자의 허락 없이 이루어진 복제와 전송은 저작권 침해 행위임을 설명하고 있다.
③ ㉡에서 패스트무비는 영화를 바탕으로 요약 영상을 만드는 복제 행위, 그리고 그 영상을 유튜브에 업로드하는 전송 행위로 구성된다고 설명하고 있다.
④ ㉣에서 원저작자의 창작 의도와 다른 내용의 영상이 될 경우 동일성유지권에 대한 침해가 될 수 있고, 이는 저작인격권과 관련이 있음을 설명하고 있다.

▶ 출처   유튜브에 범람하는 '패스트 영화', 장서희 변호사의 법과 영화 사이, 데일리한국, 2022.02.18.


## 007  ⑤

### 정답 해설
진행자가 방송 주제와 관련된 본인의 경험을 얘기하는 부분은 나오지 않는다.

### 오답 해설
① ⓒ, ⓔ, ⓕ에서 전문가의 설명을 요약하고 있다.
② ⓐ에서 방송의 주제가 패스트무비와 저작권임을 안내하고 있다.
③ ⓑ에서 청취자들에게 낯선 용어인 패스트무비의 개념을 질문하고 있다.
④ ⓓ에서 일본에서 발생한 분쟁에 대해 질문하고 있다.


## 008  ③

### 듣기 대본
다음은 대화의 일부분을 들려 드립니다. 8번은 듣기 문항, 9번은 말하기 문항입니다.

남자: 여보, 다음 주 당신 생일인데, 혹시 받고 싶은 선물 있어?
여자: 아, 딱히 요즘 갖고 싶은 건 없고 그날 분위기 좋은 데서 저녁 식사나 같이 할까? 요즘 우리 서로 바빠서 데이트한 지도 오래됐잖아.
남자: 응. 그것도 괜찮다. 근데 당신 생일에는 마감이라 좀 늦을 거 같은데, 그럼 그 주 주말에 같이 나갈까?
여자: 그날 좀 일찍 오기 힘들어? 뭐, 어쩔 수 없네. 그럼 그날 저녁은 친구들이랑 보낼게. 안 그래도 동창들이 그날 만나자는 얘기 했거든. 친구들이 좋아할 듯. 그럼 당신, 토요일 어때?
남자: 괜찮을 듯. 그럼 내가 좋은 곳 예약해둘게. 근데, 정말 선물 받고 싶은 건 없어?
여자: 나 사실 진짜 받고 싶은 게 있긴 있어.
남자: 어, 그래? 뭔데?
여자: 별거 아니긴 한데, 또 어떻게 생각하면 별거 같기도 하고.
남자: 뜸 들이지 말고 빨리 이야기해 봐. 내가 하기 힘든 일이야?
여자: 그렇게 어려운 건 아닌데…….
남자: 어려운 건 아닌데?
여자: 여보, 나 생일날 아침에 미역국 끓여 주면 안 돼?
남자: 미역국?
여자: 당신이 직접 만들어 준 미역국. 얼마 전 연희가 자기 신랑이 생일날 끓여 줬다고 그러는데 너무 부럽더라고. 나도 당신이 끓여 주는 미역국 먹고 싶어.
남자: 아, 나 요리 못하잖아. 게다가 다음 주는 한창 바쁠 때인데, 출근 시간에 어떻게 만들어.
여자: 생각보다 안 힘들어. 내가 가르쳐 줄게.
남자: 그게 뭐야. 그럼 당신이 끓이는 거랑 뭐가 달라. 그럼 조리된 거 그날 끓여 먹는 건 어때?
여자: 그럴 거면 뭐 하러 당신한테 끓여달라고 그래. 내가 사 먹고 말지.
남자: 그니깐. 요리 안 해 버릇해서 자신도 없고, 아침에 정신없는데 갑자기 미역국이라니……. 내가 다음에 연습해서 다음 생일에 끓여 줄게. 그냥 이번엔 넘어가자.
여자: 하아. 그게 무슨 의미야. 그럴 거면 뭐 하러 물어봐. 그리고 내가 무슨 셰프가 끓여 주는 미역국을 바라는 거야? 정말 당신은 내가 뭘 바라는지 모르는구나.

### 정답 해설
남자는 자신이 요리도 못하고 한창 바쁠 때라 출근 시간에 미역국을 끓일 수 없다고 얘기하고 있으므로 자신이 할 수 없는 것을 여자가 원한다고 생각한다.

### 오답 해설
① 여자는 남자가 끓여 준 미역국을 생일 선물로 받고 싶어 한다.
② 생일에는 남자의 직장에 바쁜 일이 있어 여자와 함께 보내기 힘들기 때문에 차선으로 친구들과 보낼 생각을 하고 있으나 선약을 하지는 않았다.
④ 여자는 남자가 요리를 잘 하지 못하는 것에 불만이 있는 것이 아니라 남자가 자신을 위해 미역국을 끓여 주는 상황을 바라는 것이다.
⑤ 남자는 다음에 연습해서 다음 생일에 끓여 준다고 하고 있으므로 앞으로 요리를 할 생각이 전혀 없는 것은 아니다.

## 009 ⑤

**정답 해설**

여자는 남자가 사 주는 선물이나 맛있는 미역국이 아닌, 단순히 '남자가 끓여 준' 미역국을 원하고 있다. 반면 남자의 경우 원하는 선물을 물어보고, 자신이 요리를 못한다는 것을 들어 연습을 해서 내년에 끓여준다고 하고 있다. 따라서 여자와 남자는 선물의 성의와 질에 대해 서로 다른 시각을 갖고 있기 때문에 갈등이 촉발되었음을 알 수 있다.

## 010 ②

**듣기 대본**

이번에는 강연을 들려 드립니다. 10번은 듣기 문항, 11번은 말하기 문항입니다.

최근 추락한 미국의 지구 관측 위성이 추락 중이던 당시 한반도 상공으로 추락할 것으로 예상되어 경계경보를 발령하였지만, 특별한 피해 없이 한반도 상공을 지나간 것으로 알려졌습니다. 이 위성은 무게는 2,450kg이고 미국이 1984년 10월 5일에 발사해 지구의 열복사 분포를 관측하는 역할을 해 왔습니다.

인공위성은 우리가 평소 인식하지 못하고 있지만 다양한 기능을 수행하고 있습니다. 1994년까지 발사된 인공위성만 해도 대략 6,000여 개에 이르는데, 이들 인공위성은 모두 같은 일을 하는 것은 아닙니다.

먼저 과학 위성은 지구와 지구 주변의 환경을 관측하고 각종 우주 과학 실험을 수행하는 인공위성을 말합니다. 대표적인 예로 1990년에는 허블(Hubble) 우주 망원경이 설치되어 우주 탄생의 비밀을 파헤치는 데 큰 몫을 하고 있습니다.

원격 탐사 위성은 지구 관측 위성으로도 불리고요, 지구 표면과 대기의 관찰, 사진 촬영 등을 목적으로 사용됩니다. 주로 지도를 정교하게 만드는 데에 쓰였고, 각종 지구 환경에 관련된 많은 분야에 사용되고 있습니다.

통신 위성은 실생활에 아주 밀접한 관련이 있는 위성으로, 장애물의 간섭 없이 우주에서 TV 신호나 음성 신호 등을 한 지점에서 다른 지점으로 보내 줍니다.

그 외에도 정찰, 통신, 경보, 항해 등 군사적 목적으로 사용되는 군사 위성, 위치 정보를 담은 전파를 발사하는 항행 위성, 기상 관측을 주목적으로 설계한 기상 위성 등이 있습니다.

**정답 해설**

1994년까지 발사된 인공위성이 대략 6,000개가 넘고 이들 인공위성은 모두 같은 일을 하는 것은 아니라고 했으므로 동일한 용도로 사용된 것이 아님을 알 수 있다.

**오답 해설**

① 최근 추락한 미국의 지구 관측 위성은 1984년에 발사하여 지구의 열복사 분포를 관측해 왔다고 했으므로 강연의 내용과 일치한다.
③ 허블(Hubble) 우주 망원경을 과학 위성의 사례로 제시하며 우주 탄생의 비밀을 파헤치는 데 큰 몫을 하고 있다고 했으므로 강연의 내용과 일치한다.
④ 원격 탐사 위성은 지구 관측 위성으로도 불리며, 주로 지도를 정교하게 만드는 데 사용되어 왔다고 했으므로 강연의 내용과 일치한다.
⑤ 통신 위성은 우주에서 TV신호나 음성 신호 등을 한 지점에서 다른 지점으로 보내 준다고 했으므로 강연의 내용과 일치한다.

▶ 출처
• 항공우주 과학교육 '다양한 인공위성, 한국항공우주연구원(http://www.kari.re.kr/)
• 미국 인공위성 잔해물 한반도 밖에 떨어진 듯, 한겨레, 2023.01.09.

## 011 ⑤

**정답 해설**

인공위성을 사용 목적에 따라 과학 위성, 원격 탐사 위성, 통신 위성 등으로 분류하고, 인공위성 각각의 특징, 활용 분야에 대해 설명하고 있으므로 가장 적절한 설명이다.

**오답 해설**

① 인공위성들을 기능에 따라 분류하여 설명하는 것이지 인공위성의 각 구성 요소를 분석하여 설명한 것은 아니므로 적절하지 않다.
② 인공위성의 발전 과정을 시기에 따라 순차적으로 제시한 것이 아니기 때문에 적절하지 않다.
③ 인공위성에 대한 시사 현안을 소개하며 강연을 시작한 것은 맞지만, 상반된 관점을 비교하여 설명한 것은 아니므로 적절하지 않다.
④ 인공위성의 기능에 대해 평소 인식하지 못하고 있다고 말한 부분은 있으나, 잘못된 통념을 바로잡기 위해 긍정적 기능에 대해 설명했다고 볼 수는 없으므로 적절하지 않다.

## 012 ③

**듣기 대본**

이번에는 발표를 들려 드립니다. 12번은 듣기 문항, 13번은 말하기 문항입니다.

안녕하세요? ㉠ 오늘은 후기 인상주의를 대표하는 화가 중 하나인 세잔에 대해 발표하려고 합니다. 세잔의 그림 중 「생트빅투아르산」이라는 그림이 있는데요, ㉡ 세잔은 모든 사물은 나름의 가치를 가지기 때문에 동등하다는 '등가치적 사고'를 작품 속에 담아내고자 했습니다. 이를 위해 그는 이 작품과 같은 풍경화에서도 대지와 집, 산 등이 어떤 형태로 서로 관계를 맺고 있는지 관찰하여 각각을 조화롭게 표현하려고 했습니다.
그리고 이 그림의 산과 나무는 그 형태가 단순화되어 있습니다. ㉢ 세잔은 빛의 조건에 따른 표면의 색이나 형태가 아니라, 대상의 본질적인 형태를 담아내고자 했는데요, ㉣ 그래서 자연의 모습을 구형, 원통형, 원뿔형과 같은 기하학적 형태로 단순화하여 그렸습니다. 이러한 기하학적 조형 원리를 통해 대상의 본질적인 모습을 담아내기 위한 노력은 당시에는 새로운 시도였습니다. ㉤ 자연의 모습을 작가의 감각으로 재구성하려는 세잔 미술의 특징은, 이후 피카소와 브라크의 미술에 영향을 미치게 되었고, 현대 회화가 추상으로 나아가는 토대가 되었습니다.

### 정답 해설
㉢에서 세잔은 빛의 조건에 따른 표면의 색이나 형태가 아니라, 대상의 본질적인 형태를 담아내고자 했다고 하였으므로 일치하지 않는 설명이다.

### 오답 해설
① ㉠에서 세잔이 후기 인상주의를 대표하는 화가 중 하나라고 했으므로 일치하는 설명이다.
② ㉡에서 세잔은 모든 사물은 나름의 가치를 가지므로 동등하다는 '등가치적 사고'를 작품 속에 담아내고자 했다고 했으므로 일치하는 설명이다.
④ ㉣에서 자연의 모습을 구형, 원통형, 원뿔형과 같은 기하학적 형태로 단순화하여 그렸다고 했으므로 일치하는 설명이다.
⑤ ㉤에서 자연의 모습을 작가의 감각으로 재구성하려는 세잔 미술의 특징은, 이후 피카소와 브라크의 미술에 영향을 미치게 되었다고 했으므로 일치하는 설명이다.

▶ 출처  울리케 베크스 말로르니(2007), 『폴 세잔』, 마로니에북스.

## 013 ①

### 정답 해설
「생트빅투아르산」이라는 세잔의 작품에 나타난 등가치적 사고, 기하학적 조형 원리 등 세잔 미술의 특징을 중심으로 설명하고 있다.

## 014 ⑤
**듣기 대본**

마지막으로 드라마의 한 장면을 들려 드립니다. 14번은 듣기 문항, 15번은 말하기 문항입니다.
김 팀장: 최 사원, 업체 리스트 파일 주세요.
최 사원: 여기 있습니다.
김 팀장: ㉠ 수정할 것 없이 잘했네요. 여기 계약 관련 서류들도 추려서 오타나 잘못 입력된 것 없는지 확인하고, 내일 오전에 우편으로 보낼 수 있게 준비해 줘요.
최 사원: 김 팀장님, ㉡ 이런 일은 실무직 사원이 해야 하는 일이라고 생각합니다. 저는 서류 정리하고 오타 확인하려고 이 회사에 들어온 게 아닙니다.
김 팀장: 우리 팀은 장기간에 걸쳐서 한 가지 아이템을 시장에 맞게 변형시키는 업무를 담당하고 있습니다. ㉢ 만약 최 사원이 우리 팀 담당 업무에 대한 불만으로 팀에서 나가고 싶다면 말리지는 않겠습니다. 하지만 ㉣ 우리 팀은 화려한 언변이나 포장에 능한 사람보다 오랫동안 묵직하게 업무를 지속할 수 있는 기본기를 갖춘 사람이 필요합니다.
최 사원: 팀장님이 저에게 지시한 업무도 기본기를 갖추는 데 필요하다는 말씀이신 거죠? 그렇다면 저는 더더욱 잘못된 대우를 받고 있었네요.
김 팀장: 그게 무슨 말인가요?
최 사원: ㉤ 팀장님이 말씀하신 기본은 제가 이 회사에 입사하기 위해서 학교에 다니고 인턴 생활을 할 때도 충분히 다졌고, 신입 사원 교육 때도 계속했습니다. ㉥ 기본기는 핑계일 뿐이고 제가 싫어서 팀장님이 일부러 그런다고밖에 생각되지 않습니다.
김 팀장: 제가 왜 최 사원을 싫어합니까? 그리고 이건 누가 좋고 싫고의 문제가 아닙니다. 교육에는 배운 걸 확인하는 시간까지 포함된다고 생각합니다.
최 사원: 저는 지금 기본을 배워야 하는 때가 아니라 배운 기본을 써먹어야 하는 때라고 생각합니다.
김 팀장: 기본이 갖추어졌는지 판단하는 건 최 사원의 몫이 아니라고 생각합니다. 지금 하는 행동을 봐도 아직 멀었다고밖에 생각되지 않습니다.

### 정답 해설
최 사원은 ㉥처럼 김 팀장이 자신을 싫어해서 잡무를 시킨다고 생각하므로 적절한 내용이다.

### 오답 해설
① 김 팀장은 ㉠과 같이 최 사원의 업무 처리를 칭찬했으므로 적절한 내용이 아니다.
② 최 사원은 ㉡과 같이 실무직 사원이 아니고, ㉤처럼 이미 인턴 생활을 거쳤으므로 적절한 내용이 아니다.

③ 김 팀장은 ⓒ과 같이 팀에서 나가겠다면 말리지는 않겠다고 하고 있으나 다른 팀으로 옮기기를 권유하는 의도는 아니다.
④ 김 팀장은 ⓔ에서 화려한 언변보다 기본기를 갖추는 것이 팀에서 필요로 하는 역량이라고 말하고 있으므로 적절한 내용이 아니다.

▶ 출처  드라마 〈미생〉(2014), 8화 내용 각색.

## 015  ⑤

**정답 해설**

최 사원은 자신이 기본기를 충분히 갖추었다고 생각하는 반면, 김 팀장은 최 사원이 팀의 업무 수행을 위해서는 배운 기본을 확인하는 과정을 좀 더 거쳐야 한다고 생각한다.

**오답 해설**

① 최 사원이 김 팀장이 지시한 업무에 불만을 표출한 것이지 김 팀장이 팀원들 간 업무를 불공평하게 분장한 것은 아니다.
② 김 팀장이 최 사원을 싫어해서 부당한 업무를 지시한다는 것은 최 사원의 생각이다.
③ 김 팀장이 최 사원에게 서류 정리를 지시한 것은 업무를 잘 못 알아서가 아니라 팀에서 필요한 기본기를 갖추도록 하기 위해서이다.
④ 최 사원은 김 팀장이 업체 리스트 파일 제출을 요구했을 때 바로 제출했다.

## 어휘·어법  016번~045번

기출문제집 p.241

| 016 | ⑤ | 017 | ① | 018 | ④ | 019 | ① | 020 | ③ |
| 021 | ① | 022 | ② | 023 | ④ | 024 | ② | 025 | ③ |
| 026 | ③ | 027 | ⑤ | 028 | ⑤ | 029 | ③ | 030 | ④ |
| 031 | ② | 032 | ① | 033 | ① | 034 | ② | 035 | ② |
| 036 | ③ | 037 | ④ | 038 | ① | 039 | ③ | 040 | ⑤ |
| 041 | ③ | 042 | ③ | 043 | ① | 044 | ② | 045 | ① |

## 016  ⑤

**정답 해설**

고유어 '일렁일렁'은 "1. 크고 긴 물건 따위가 자꾸 이리저리로 크게 흔들리는 모양", "2. 촛불 따위가 이리저리로 자꾸 흔들리는 모양", "3. 자꾸 마음에 동요가 생기는 모양"의 세 가지 뜻이 있다.

**오답 해설**

① '넘실넘실'은 "물결 따위가 부드럽게 자꾸 굽이쳐 움직이는 모양"으로 큰 물건 따위가 크게 흔들리는 모양과는 차이가 있다.
② '달랑달랑'은 "작은 방울이나 매달린 물체 따위가 자꾸 흔들릴 때 나는 소리. 또는 그 모양"을 뜻하는 고유어다. "물품 따위가 거의 다 소비되어 얼마 남아 있지 않은 모양"을 뜻하는 '달랑달랑'도 있다.
③ '알랑알랑'은 "남의 비위를 맞추거나 환심을 사려고 다랍게 자꾸 아첨을 떠는 모양"을 가리키는 말이다.
④ '알록알록'은 "여러 가지 밝은 빛깔의 점이나 줄 따위가 고르게 무늬를 이룬 모양"을 뜻한다.

## 017  ①

**정답 해설**

'두각(頭角)'은 "짐승의 머리에 있는 뿔"이라는 뜻을 지닌 한자어다. '두각을 드러내다'에서처럼 "뛰어난 학식이나 재능을 비유적으로 이르는 말"이라는 뜻으로 쓰인다.

**오답 해설**

② '두찬(杜撰)'은 "전거나 출처가 확실하지 않은 저술"이나 "틀린 곳이 많은 작품"을 가리킬 때 '두찬'이라고 한다.
③ '축(蹴)'은 '차다'는 말이다. '일축(一蹴)'은 "제안이나 부탁 따위를 단번에 거절하거나 물리침." 외에 "소문이나 의혹, 주장 따위를 단호하게 부인하거나 더 이상 거론하지 않음.", "운동 경기 따위에서 상대를 손쉽게 물리침."이라는 뜻으로도 쓰인다.
④ '숙(菽)'은 '콩', '맥(麥)'은 '보리'를 가리킨다. 본래 '숙맥'은 "콩과 보리를 아울러 이르는 말"이나 "사리 분별을 못 하고 세상 물정을 잘 모르는 사람"이란 뜻으로 쓰이는데, 이 뜻은 "콩인지 보리인지를 구별하지 못한다."라는 말인 '숙맥불변(菽麥不辨)'에서 왔다.
⑤ '불초'는 "아버지를 닮지(肖) 않았다(不)는 뜻으로, 못나고 어리석은 사람을 이르는 말"이다.

## 018  ④

**정답 해설**

'물색없이'는 "말이나 행동이 형편이나 조리에 맞는 데가 없이."라는 의미이다. "나타나는 모양이 아주 뜻밖이고 갑작스럽게."는 '느닷없이'의 의미이다.

## 019 ①

**정답 해설**

'질곡(桎梏)'은 "몹시 속박하여 자유를 가질 수 없는 고통의 상태를 비유적으로 이르는 말"로 주로 "질곡의 세월", "질곡에 빠지다."처럼 쓰인다. 고통의 상태를 비유적으로 이르는 말이므로 "질곡을 받았다."처럼 쓰는 것은 잘못된 쓰임이다.

**오답 해설**

② '유례(類例)'는 "같거나 비슷한 예" 또는 "이전부터 있었던 사례"라는 뜻인데 이번 경제난의 여파가 비슷한 사례를 찾기 힘들다는 문맥이므로 적절하게 쓴 예이다.
③ '대미(大尾)'는 "어떤 일의 맨 마지막"이란 뜻으로 '장식하다'와 자주 어울린다. 주인공이 성공하면서 영화가 끝남을 표현한 것이므로 적절하게 쓴 예이다.
④ '유해(遺骸)'는 "주검을 태우고 남은 뼈나 무덤 속에서 나온 뼈"라는 뜻으로, 시간이 많이 흘러 남은 뼈를 수습한다는 문맥이므로 적절하게 쓴 예이다.
⑤ '애환(哀歡)'은 "슬픔과 기쁨을 아울러 이르는 말"이므로 적절하게 쓴 예이다.

## 020 ③

**정답 해설**

'상봉(相逢)하다'는 "서로 만나다."라는 뜻으로 '뜻밖에 또는 우연히' 만난다는 의미는 없다.

**오답 해설**

① '조우(遭遇)하다'는 "우연히 서로 만나다"라는 뜻이므로 ㉠과 바꾸어 쓸 수 있다.
② '봉우(逢遇)하다'는 "우연히 만나다. 또는 마주치다."라는 뜻이므로 ㉠과 바꾸어 쓸 수 있다.
④ '조봉(遭逢)하다'는 "우연히 서로 만나다."라는 뜻이므로 ㉠과 바꾸어 쓸 수 있다.
⑤ '해후(邂逅)하다'는 "오랫동안 헤어졌다가 뜻밖에 다시 만나다."라는 뜻이다. 약속하고 만난 게 아니라 '우연하게' 만나다는 말이므로 ㉠과 바꾸어 쓸 수 있다.

## 021 ①

**정답 해설**

첫 번째 예에 쓰인 '여위다'는 "몸의 살이 빠져 파리하게 되다."라는 뜻이고, 두 번째 예에 쓰인 '여의다'는 "부모나 사랑하는 사람이 죽어서 이별하다."라는 뜻이므로 서로 바꾸어 써야 적절한 쓰임이다.

**오답 해설**

② 첫 번째 예는 "뚫려 있거나 비어 있는 곳이 막히거나 채워지다."라는 뜻이 있는 '메다'를 쓴 예이고, 두 번째 예는 "끈이나 줄 따위를 몸에 두르거나 감아 잘 풀어지지 아니하게 마디를 만들다."라는 뜻이 있는 '매다'를 쓴 예이므로 모두 적절하게 쓰였다.
③ 첫 번째 예의 '붓다'는 "불입금, 이자, 곗돈 따위를 일정한 기간마다 내다."라는 뜻이고, 두 번째 예의 '붇다'는 "분량이나 수효가 많아지다."라는 뜻이므로 모두 적절하게 쓰였다.
④ "어떤 수나 양을 두 번 합한 만큼"이라는 뜻으로는 '갑절'과 '곱절'을 모두 쓸 수 있다. 그리고 '곱절'은 일정한 수나 양이 그만큼 거듭될 때도 쓸 수 있다. 두 번 합한 만큼을 뜻하는 첫 번째 예에서는 '갑절'을 썼고 거듭됨을 뜻하는 두 번째에서는 '곱절'을 썼으므로 모두 적절하게 쓰였다.
⑤ 첫 번째 예는 "남의 물건을 공짜로 달라고 호소하여 얻다."라는 뜻이 있는 '빌다'를 쓴 예이고, 두 번째 예는 "어떤 일을 하기 위해 기회를 이용하다."라는 뜻이 있는 '빌리다'를 쓴 예이므로 모두 적절하게 쓰였다.

## 022 ②

**정답 해설**

'등이 곱은'에 쓰인 '곱다'는 "곧지 아니하고 한쪽으로 약간 급하게 휘다."라는 뜻이고, '곱은 손으로'에 쓰인 '곱다'는 "손가락이나 발가락이 얼어서 감각이 없고 놀리기가 어렵다."라는 뜻으로 이 둘은 발음은 같지만 의미는 다른 동음이의어 관계이다.

**오답 해설**

① '안경의 다리'에 쓰인 '다리'는 "안경의 테에 붙어서 귀에 걸게 된 부분"을 가리키는 말로, 사람이나 동물의 신체 부분을 가리키는 '다리'에 비유하여 생긴 의미이므로 두 '다리'는 의미상 관련이 있는 다의어 관계이다.
③ 먼저 쓰인 '품'은 "윗옷의 겨드랑이 밑의 가슴과 등을 두르는 부분의 넓이"를 뜻하는 말로 "두 팔을 벌려서 안을 때의 가슴"을 뜻하는 말인 뒤의 '품'과 의미상 관련이 있으므로 다의어 관계이다.
④ 피아노를 '치는' 것이나 박수를 '치는' 것은 둘 다 손이나 물건 따위를 부딪쳐 소리 나게 한다는 뜻으로 쓰인 말이다. 같은 의미를 가진 두 예이므로 동의어이다.
⑤ 먼저 쓰인 '채'는 팽이, 공 따위의 대상을 치는 데에 쓰는 기구이고 뒤에 쓰인 '채'는 장구 같은 악기를 치거나 타서 소리를 내게 하는 도구인데 길쭉한 모양의 물건이라는 점에서 의미상 관련이 있으므로 다의어 관계이다.

## 023 ④
### 정답 해설
〈보기〉에서 '물'은 '액체'의 한 종류이므로, '액체'는 '물'의 상위어(상의어)라 할 수 있다. 즉, '액체'와 '물'은 상하 관계에 있는 말이다. 반면 ④의 '찌다'는 "뜨거운 김으로 익히거나 데우다."라는 의미이고, '덖다'는 "물기가 조금 있는 고기나 약재, 곡식 따위를 물을 더하지 않고 타지 않을 정도로 볶아서 익히다."라는 의미이므로 상하 관계가 아니다.

### 오답 해설
① '두릅'은 '나물'의 한 종류이므로 '나물'과 '두릅'은 〈보기〉의 '액체'와 '물'처럼 상하 관계에 있는 말이다.
② '태양'은 '항성'의 한 종류이므로 '항성'과 '태양'은 〈보기〉의 '액체'와 '물'처럼 상하 관계에 있는 말이다.
③ '승용차'는 '자동차'의 한 종류이므로 '자동차'와 '승용차'는 〈보기〉의 '액체'와 '물'처럼 상하 관계에 있는 말이다.
⑤ '데치다'는 "물에 넣어 살짝 익히다."의 의미이고 '익히다'는 "뜨거운 열로 굽거나 삶다."의 의미이므로 '익히다'는 '데치다'의 상위어(상의어)라 할 수 있다. 이를 고려하면 '익히다'와 '데치다'는 〈보기〉의 '액체'와 '물'처럼 상하 관계에 있는 말이다.


## 024 ②
### 정답 해설
②에 쓰인 '고치다'는 고장이 나거나 못 쓰게 된 물건을 손질하여 제대로 되게 한다는 뜻이다. '수정(修訂)하다'는 "글이나 글자의 잘못된 점을 고치다."라는 의미이므로 시계 태엽을 고친다는 의미로 사용할 수 없다. 고장 나거나 허름한 데를 손보아 고친다는 뜻의 '수리(修理)하다'로 바꾸어야 적절하다.

### 오답 해설
①에 쓰인 '고치다'는 이름을 새롭게 바꾸는 문맥에 쓰였으므로 다르게 바꾸어 새롭게 고친다는 뜻을 지닌 '변경(變更)하다'로 바꿀 수 있다.
③에 쓰인 '고치다'는 지붕을 현대식으로 고친다는 문맥에 쓰였으므로 나쁜 점을 보완하여 더 좋게 고친다는 뜻을 지닌 '개량(改良)하다'로 바꿀 수 있다.
④에 쓰인 '고치다'는 잘못 기재한 이름을 바로잡는 문맥에 쓰였으므로 글자나 글 따위의 잘못을 고쳐서 바로잡는다는 뜻인 '정정(訂正)하다'로 바꿀 수 있다.
⑤에 쓰인 '고치다'는 편집자가 교정을 보면서 고치는 문맥에 쓰였으므로 남의 문장 또는 출판물의 잘못된 글자나 글귀 따위를 바르게 고친다는 뜻인 '교정(校訂)하다'로 바꿀 수 있다.


## 025 ③
### 정답 해설
〈보기〉의 '뜨겁다'와 '차갑다'는 중간 항(따뜻하다, 미지근하다, 시원하다 등)이 있는 등급 반의 관계이다. 그러나 '살다-죽다'는 '살다'와 '죽다' 사이에 중간 항이 존재할 수 없는 상보 반의 관계이다. 상보 반의어는 어느 한쪽이 참이면 다른 한쪽은 반드시 거짓이 된다.

### 오답 해설
① '높다'와 '낮다' 사이에는 중간 항이 존재할 수 있으므로 등급 반의 관계라 할 수 있다.
② '크다'와 '작다' 사이에는 중간 항이 존재할 수 있으므로 등급 반의 관계라 할 수 있다.
④ '무겁다'와 '가볍다' 사이에는 중간 항이 존재할 수 있으므로 등급 반의 관계라 할 수 있다.
⑤ '빠르다'와 '느리다' 사이에는 중간 항이 존재할 수 있으므로 등급 반의 관계라 할 수 있다.


## 026 ③
### 정답 해설
'공든 탑도 개미구멍으로 무너진다.'는 "조그마한 실수나 방심으로 큰일을 망쳐 버린다는 말"이다. 즉, 잘못을 저지르지 않도록 각별히 주의해야 하는 상황에 사용하기 적절한 말이다. 따라서 ③은 목표 달성을 위한 노력의 중요성을 강조하기에 적절한 속담으로 볼 수 없다.

### 오답 해설
① '구르는 돌은 이끼가 안 낀다.'는 "부지런하고 꾸준히 노력하는 사람은 침체되지 않고 계속 발전한다는 말"이다.
② '걸음새 뜬 소가 천 리를 간다.'는 "소는 비록 걸음이 뜨기는 하지만 한결같이 꾸준히 걸어가 마침내는 천 리를 간다는 뜻으로, 꾸준히 인내하면 큰 성과를 낼 수 있음을 비유적으로 이르는 말"이다.
④ '열 번 갈아서 안 드는 도끼가 없다.'는 "무슨 일이나 꾸준히 공을 들이면 소기의 성과를 거두게 됨을 이르는 말"이다.
⑤ '쇠붙이도 늘 닦지 않으면 빛을 잃는다.'는 "비록 능력 있고 훌륭한 사람이라고 할지라도 꾸준히 배우고 수양을 쌓지 않으면 뒤떨어지고 잘못될 수 있음을 비유적으로 이르는 말"이다.

## 027　⑤

**정답 해설**

'반면교사(反面敎師)'는 "사람이나 사물 따위의 부정적인 면에서 얻는 깨달음이나 가르침을 주는 대상을 이르는 말"이다. 따라서 ⑤의 '성공 사례'와 같은 본받을 만한 모범적인 것을 대상으로 하는 맥락에 사용하기에는 부적절하다.

**오답 해설**

① '누란지위(累卵之危)'는 "층층이 쌓아 놓은 알의 위태로움이라는 뜻으로, 몹시 아슬아슬한 위기를 비유적으로 이르는 말"이므로 문맥에 맞는 표현이다.
② '화중지병(畫中之餠)'은 관용구 '그림의 떡'에 대응하는 사자성어로 "아무리 마음에 들어도 이용할 수 없거나 차지할 수 없는 경우를 이르는 말"이므로 문맥에 맞는 표현이다.
③ '미사여구(美辭麗句)'는 "아름다운 말로 듣기 좋게 꾸민 글귀"의 의미를 나타내므로 문맥에 맞는 표현이다.
④ '문전성시(門前成市)'는 "찾아오는 사람이 많아 집 문 앞이 시장을 이루다시피 함을 이르는 말"이므로 문맥에 맞는 표현이다.

## 028　⑤

**정답 해설**

'머리가 깨다'는 "뒤떨어진 생각에서 벗어나다."의 의미이므로 암기 과목에 뛰어난 능력을 보였다는 ⑤의 맥락에 사용하기에는 부적절하다. '머리가 깨다'는 "할아버지는 머리가 깬 분이셔서 그 시절에 어머니를 유학까지 보내셨다."처럼 쓸 수 있다.

**오답 해설**

① '머리가 무겁다'는 "기분이 좋지 않거나 골이 띵하다."라는 의미이므로 맥락에 맞게 적절하게 사용되었다.
② '머리(가) 굵다'는 "어른처럼 생각하거나 판단하게 되다."라는 의미이므로 맥락에 맞게 적절하게 사용되었다.
③ '머리를 쥐어짜다'는 "몹시 애를 써서 궁리하다."라는 의미이므로 맥락에 맞게 적절하게 사용되었다.
④ '머리(를) 들다'는 "눌려 있거나 숨어 온 생각, 세력 따위가 겉으로 나타나다."라는 의미이므로 어떤 생각이 난다는 맥락에 맞게 적절하게 사용되었다.

## 029　③

**정답 해설**

'공사다망(公私多忙)'은 "공적, 사적인 일 따위로 매우 바쁨."이라는 의미인데 주로 '공사다망 중에(도)' 꼴로 공식적인 자리나 윗사람에 대하여 쓰인다. 따라서 '공사다망 중에(도)'는 '바쁘신 가운데(도)'로 순화하여 쓸 수 있다. 그러므로 ③의 '공사다망' 대신 쓴 '힘드신'은 적절하게 순화한 표현이 아니다.

**오답 해설**

① '가가호호(家家戶戶)'는 "한 집 한 집마다"를 뜻하는 말로, '집집마다'로 순화해 쓸 수 있다.
② '고수부지(高水敷地)'는 "큰물이 날 때만 물에 잠기는 하천 언저리의 터"를 뜻하는 일본식 한자어로 '강턱', '둔치', '둔치마당' 등으로 순화해 쓸 수 있다.
④ '과당경쟁(過當競爭)'은 "같은 업종의 기업 사이에서 일반적인 자유 경쟁의 범위를 넘어 손해를 보면서까지 지나치게 하는 경쟁"이라는 말로 '지나친 경쟁'으로 순화해 쓸 수 있다.
⑤ '주야장천(晝夜長川)'은 "밤낮으로 쉬지 아니하고 연달아"를 뜻하는 말로, '밤낮없이'로 순화해 쓸 수 있다.

## 030　④

**정답 해설**

'파일럿 프로그램(pilot program)'은 정규 방송으로 편성할 것을 확정하기 전에 시험적으로 만들어 방송하는 프로그램으로 다듬은 말은 '맛보기 프로그램' 또는 '시험 프로그램'이다.

**오답 해설**

① '램프(ramp)'는 입체 교차하는 두 개의 도로를 연결하는 도로의 경사진 부분을 가리키는 말로 다듬은 말은 '연결로'이다. '나들목'은 '인터체인지(interchange)'를 다듬은 말이다.
② '오티티(OTT)'는 인터넷으로 영화, 드라마 등을 제공하는 서비스로 다듬은 말은 '인터넷 동영상 서비스'이다.
③ '스크린 도어(screen door)'는 승강장과 선로 사이를 막는 문으로 닫혀 있다가 전동차가 서면 열린다. 승객이 선로에 떨어지는 사고를 방지할 수 있어 다듬은 말은 '안전문'이다.
⑤ '포토 존(photo zone)'은 사진을 찍을 수 있도록 마련한 자리나 구역으로 다듬은 말은 '사진 촬영 구역, 촬영 구역, 사진 찍는 곳'이다.

## 031　② 

**정답 해설**

㉠ '의심(疑心)'에서 모음 'ㅢ'는 이중 모음으로 발음하므로 표준 발음은 [의심]이다.
㉢ '닁큼'은 '자음을 첫소리로 가지고 있는 음절의 'ㅢ'는 [ㅣ]로 발음한다'는 표준 발음법에 따라 [닝큼]이 표준 발음이다.

**오답 해설**

㉡ '본의(本意)'의 표준 발음은 '단어의 첫음절 이외의 '의'는 [ㅣ]로 발음함도 허용한다'는 표준 발음법에 따라 [보늬/보니]이다. 〈보기〉의 [본이]는 표준 발음이 아니다.
㉣ '무늬'의 표준 발음은 '자음을 첫소리로 가지고 있는 음절의 'ㅢ'는 [ㅣ]로 발음한다'는 표준 발음법에 따라 [무니]이다. 〈보기〉의 [무늬]는 표준 발음이 아니다.

## 032　①

**정답 해설**

동사 '걷다'는 모음으로 시작하는 어미와 결합할 경우 어간의 끝소리 'ㄷ'이 'ㄹ'로 바뀌는 'ㄷ' 불규칙 용언이다. 따라서 '걷다'의 어간 '걷-'에 종결 어미 '-으세'가 결합하여 활용하는 경우 활용형은 '걸으세'가 되어야 한다.

**오답 해설**

② 동사 '맡다'의 어간 '맡-'에 종결 어미 '-으세'가 결합하면 활용형은 '맡으세'가 된다.
③ 동사 '읽다'의 어간 '읽-'에 종결 어미 '-으세'가 결합하면 활용형은 '읽으세'가 된다.
④ 동사 '돕다'는 모음 어미가 결합하면 어간의 끝소리 'ㅂ'이 '우'가 되는 'ㅂ' 불규칙 용언이다. 따라서 '돕다'의 어간 '돕-'에 종결 어미 '-으세'가 결합하면 활용형은 '도우세'가 된다.
⑤ 동사 '듣다'는 모음으로 시작하는 어미와 결합할 경우 어간의 끝소리 'ㄷ'이 'ㄹ'로 바뀌는 'ㄷ' 불규칙 용언이다. 따라서 '듣다'의 어간 '듣-'에 종결 어미 '-으세'가 결합하여 활용하는 경우 활용형은 '들으세'가 된다.

## 033　①

**정답 해설**

'-오-'는 받침 없는 용언 어간에 붙어 서술이나 의문에 공손함을 더하여 주는 어미로 '뵈다'에 '-오-'가 결합하고, '날'을 꾸며 '뵈올 날'이라고 쓸 수 있다.

**오답 해설**

② '뒤치닥거리'는 "뒤에서 일을 보살펴서 도와주는 일"을 뜻하는 '뒤치다꺼리'의 잘못된 표기이므로 '뒤치다꺼리'로 써야 한다.
③ '우기다'는 "억지를 부려 제 의견을 고집스럽게 내세우다."라는 의미이며 해당 문맥에서는 '욱여넣다'의 활용형인 '욱여넣고'를 써야 한다.
④ '되물림'이라는 단어는 존재하지 않으며 해당 의미를 나타내는 단어는 '대물림'이다.
⑤ '쇠다'에 '-려면'이 결합하면 '쇠려면'으로 써야 한다.

## 034　②

**정답 해설**

㉡은 의존 명사를 띄어 쓴다는 내용인데, '이번 만큼'에서 '만큼'은 의존 명사가 아니라 조사로 쓰인 경우라서 '이번만큼'으로 적는 것이 올바르다.

**오답 해설**

① ㉠에서 조사는 그 앞말에 붙여 쓴다고 했으므로 '물조차'에서 조사 '조차'를 붙여 쓴 것은 올바른 띄어쓰기의 예이다.
③ ㉢에서 단위를 나타내는 명사는 띄어 쓴다고 했으므로 '한 줌'에서 단위를 나타내는 '줌'을 띄어 쓴 것은 올바른 띄어쓰기의 예이다.
④ ㉣에서 보조 용언은 붙여 씀도 허용한다고 했으므로 본용언 '막다'와 보조 용언 '내다'를 붙여 쓴 '막아냈다'는 올바른 띄어쓰기의 예이다.
⑤ ㉣은 보조 용언은 띄어 씀을 원칙으로 한다고 했으므로 보조 용언 '척하다'를 띄어 '모르는 척하다'로 쓴 것은 올바른 띄어쓰기의 예이다.

▶ **출처** 강희숙(2010), 『국어 정서법의 이해』(개정판), 역락.

## 035　②

**정답 해설**

'틈틈이'는 "틈이 난 곳마다, 겨를이 있을 때마다"를 가리키는 말로 올바른 표기이다.

**오답 해설**

① '당당이'가 아니라 '당당히'가 올바른 표기이다.
③ '깊숙히'가 아니라 '깊숙이'가 올바른 표기이다.
④ '번번히'가 아니라 '번번이'가 올바른 표기이다.
⑤ '일일히'가 아니라 '일일이'가 올바른 표기이다.

▶ **출처** 이선웅 외(2015), 『한국어 정서법』, 사회평론.

## 036 ③
**정답 해설**

'열거된 항목 중 어느 하나가 자유롭게 선택될 수 있음을 보일 때' 쓰는 것은 소괄호가 아니라 중괄호이다. ③의 설명과 예는 모두 중괄호의 쓰임에 대한 설명과 예이므로 소괄호 용법이 아니다.

▶ 출처  이선웅 외(2015), 『한국어 정서법』, 사회평론.

## 037 ④
**정답 해설**

'웃목'은 '윗목'의 잘못으로 표준어가 아니며, '윗목'은 '아랫목'과 위, 아래의 대립이 있으므로 표준어이다.

**오답 해설**

① '윗옷'은 '아래옷'과 위, 아래의 대립이 있으므로 표준어이다.
② '윗물'은 '아랫물'과 위, 아래의 대립이 있으므로 표준어이다.
③ '윗집'은 '아랫집'과 위, 아래의 대립이 있으므로 표준어이다.
⑤ '웃돈'은 위, 아래의 대립이 없으므로 표준어이다.

▶ 출처  강희숙(2010), 『국어 정서법의 이해』(개정판), 역락.

## 038 ①
**정답 해설**

'까깝하다'는 '답답하다'는 의미의 전라, 경상 방언이므로 '아까워서'로 대응시킨 것은 적절하지 않다.

**오답 해설**

② '데불다'는 '데리다'라는 의미의 경상, 함경, 황해 방언이다.
③ '개완허다'는 '개운하다'라는 의미의 전라, 평안 방언이다.
④ '남싸다'는 '날래다'라는 의미의 전라 방언이다.
⑤ '더우'는 '더위'라는 의미의 전라, 경상, 강원 방언이다.

## 039 ③
**정답 해설**

표준 발음법에 따르면 'ㅎ' 뒤에 모음으로 시작하는 조사가 오면 받침 'ㅎ'을 'ㅅ'으로 발음해야 한다. 따라서 ③이 정답이다.

## 040 ⑤
**정답 해설**

'accessory'는 '액세서리'가 맞는 표기이다. 흔히 많이 쓰는 '악세사리'는 잘못된 표기이다.

**오답 해설**

① 'chocolate'은 외래어 표기법에 따르면 '초콜릿'으로 표기해야 한다.
② 'enquête'는 외래어 표기법에 따르면 '앙케트'로 표기해야 한다.
③ 'rent-a-car'는 외래어 표기법에 따르면 '렌터카'로 표기해야 한다.
④ 'rocket'은 외래어 표기법에 따르면 '로켓'으로 표기해야 한다.

## 041 ③
**정답 해설**

'무의도'에서 모음 'ㅢ'는 로마자 표기법에 따라 'ui'로 표기하므로 'Muuido'로 적는 것이 옳다.

## 042 ③
**정답 해설**

ⓒ에서 주어인 '고래의 경이로운 생명력'과 서술어인 '잃지 않았다'가 서로 호응하지 않는다. 주어를 '고래는'으로 수정해야 한다.

## 043 ①
**정답 해설**

'-시-'는 높임의 대상은 물론 대상과 관여적인 신체의 일부, 소유물 등에도 쓰인다. '모자'는 높임의 대상인 '선생님'과 관여적인 관계에 있으므로 '-시-'가 쓰일 수 있다. 따라서 '크실까'를 '클까'로 수정할 필요가 없다.

**오답 해설**

② 부사어로 나타나는 높임의 대상인 '할머님'과 관련이 있으므로 '진지'로 수정하는 것이 적절하다.
③ 높임의 대상인 '선생님'과 '오라고 하다'의 '하다'가 호응하므로 '하다'에 '-시-'가 들어간 '오라고 하시어(→오라고 하셔→오라셔)'를 써야 한다. 따라서 '오다'에 '-시-'가 들어간 '오시래'를 '오라셔'로 수정하는 것은 적절하다.
④ 부사어로 나타나는 높임의 대상인 '국어 선생님'과 관련이 있는 '묻다'를 '여쭙다'로 수정하는 것은 적절하다.

⑤ 아동복 매장은 '-시-'로 존대할 대상이 아니므로 '이층이십니다.'를 '이층에 있습니다.'로 수정하는 것은 적절하다.

▶ 출처   이익섭·채완(1999), 『국어문법론강의』, 학연사.

## 044 ②
### 정답 해설
연결어미 '-면서'는 두 가지 움직임이나 사태가 동시에 겸하여 있음을 나타내지만, 이 문장에서 '울면서'의 주체는 '동생'으로만 해석되므로 중의성이 없는 문장이다.

### 오답 해설
① '회원 전체가 오지 않은' 경우와 '회원 중 일부가 오지 않은' 경우의 두 가지로 해석될 수 있다.
③ '나와 할머니가 둘이서 함께 삼촌을 만나러 간' 경우와 '나 혼자서 할머니와 삼촌 두 분을 만나러 간' 경우의 두 가지로 해석될 수 있다.
④ '언니의 사진'은 '언니를 찍은 사진'일 수도 있고, '언니가 찍은 사진'일 수도 있다. 또 '언니가 소유한 사진'일 수도 있으므로 세 가지로 해석된다.
⑤ 키가 큰 사람이 '친구'로 해석될 수도 있고 '아내'로 해석될 수도 있으므로 두 가지로 해석된다.

## 045 ①
### 정답 해설
번역 투 '로 인해'는 어떤 사실로 말미암는다는 뜻을 나타내는 표현이므로 어떤 일이나 현상이 일어날 때를 뜻하는 '시'를 활용하여 '공사 시'로 고친 것은 적절하지 않다. '공사를 하고 있어서'로 풀어 쓰거나 또는 '공사 때문에'로 고치는 것이 적절하다.

### 오답 해설
② '의 경우에는'은 번역 투이므로 조사 '는'으로 고친 것은 적절하다.
③ '완수에 있다'의 '에 있다'는 일본어 번역 투이므로 '에 있다'의 표현을 삭제하고 간결하게 '완수이다'로 고친 것은 적절하다.
④ '에 있어서'는 번역 투이므로 문맥에 맞게 조사 '에서'를 붙여 '선거에서'로 고친 것은 적절하다.
⑤ '필요로 하는'은 번역 투이므로 '필요한'으로 간결하게 고친 것은 적절하다.

## 쓰기 046번~050번

기출문제집 p.250

| 046 | ④ | 047 | ④ | 048 | ② | 049 | ③ | 050 | ⑤ |

## 046 ④
### 정답 해설
부정적인 현상으로 보고 있는 과시 소비 현상의 원인이나 문제점을 열거했다고 볼 수는 있으나, 바람직한 소비 태도를 제시, 권장한 것이지 바람직한 현상을 묘사하는 방식으로 글을 전개했다고 볼 수는 없다.

### 오답 해설
① 1문단에서 '과시 소비'와 관련된 사회적 현상을 언급하며 글을 시작하고 있으므로 적절하다.
② 1문단에서 '과시 소비'라는 용어의 유래를 밝히고 있으므로 적절하다.
③ 3문단에서 과시 소비 현상의 문제점에 대해 질문을 던진 후 이에 대해 답하고 있으므로 적절하다.
⑤ 3문단에서 문제점을 지적한 후 4문단에서 주장을 제시하고 있으므로 적절하다.

▶ 출처
• 변현수(2016), 고객의 과시소비에 영향을 미치는 요인 연구, 서비스연구, 제6권 제2호.
• 한가윤 스쿨리포터, [스쿨리포트] "유행 따라 구매"… 청소년 과시 소비, 문제는?, EBS NEWS, 2019.10.10.
• 김화동(2012), 명품 이미지가 브랜드 선호도 및 구매의도에 미치는 영향, 한국심리학회지, 제13권 제3호.
• 사혜지(2022), MZ세대의 과시적 여가소비 유형화 연구, 여가학연구, 제20권 제3호.
• 범상규(2015), 「거울뉴런이 시키는 일 – 인증샷에 열광하고 PPL에 움직이는 심리」, 『멍청한 소비자들』, 매일경제신문사.
• 최민영(2009), 청소년 의류구매행동에서 나타난 과시소비성향과 동조소비성향 분석, 소비자정책 교육연구 6-1, 27-45.
• 유명강, 이보희(2020), 체면민감성이 만족에 미치는 영향에 관한 연구, 경영과 정보 연구 제39권 제1호, 대한경영정보학회.

## 047 ④
### 정답 해설
윗글에서는 과시 소비의 원인으로 타인과의 비교를 통한 자기 평가와 상대적 박탈감, 타인의 인정과 시선을 고려하는 체면 민감성 등을 꼽고 있다. (가-2)의 '모두가 알아보는' 명품을 구매하고 싶어 한다는 점과 '다'의 다른 사람들이 입는 옷을 따라 사고 싶어 한다는 내용을 활용하면 사회적 시선을 고려하는 것이 문제 현상의 원인이 된다는 주장을 강화, 보완하는 것이지 이에 대한 반론을 제기하는 것이 아니므로 적절하지 않다.

> 오답 해설

① 1문단에서 논의의 배경으로 '고가의 제품을 소비하는 계층은 최근 20~30대의 젊은 층으로 크게 확대'되었다고 언급하고 있으므로, 대학생들의 명품 소비 정도를 보여주는 (가-1)을 활용하여 젊은 층의 소비 실태를 제시하는 것은 적절하다.
② 윗글에서 '고가의 제품을 소비하는 계층은 최근 20~30대의 젊은 층으로 크게 확대 ~ 청소년에게까지 영향을 주고 있다'고 밝히고 있다. 이러한 현상에 대한 설명을 보충하기 위해 (가-2)를 활용하여 젊은 층의 명품 소비에 대한 인식이 어떠한지 보여 주는 것은 적절하다.
③ 3문단에서 '과시 소비문화를 겨냥한 기업의 마케팅 전략이' '합리적이지 못한 구매'를 가져온다고 언급되어 있으므로, 인증 사진 마케팅으로 충동구매를 유도한다는 내용의 '나'를 활용하여 그러한 마케팅 전략의 구체적인 예로 제시하는 것은 적절하다.
⑤ 윗글의 3문단에서 '청소년 등이 SNS 인증 사진에 열광하고 ~ 충동구매를 이끈다는 점'이 언급되어 있으나, 구체적인 사례나 근거는 뒷받침되지 않았으므로, 인증 사진 마케팅이 충동구매를 유도하는 효과가 있다는 '나와 중학생이 SNS에 올리기 위해 충동적으로 옷을 구매하는 사례가 담긴 '다'를 활용하여 이를 뒷받침하는 근거로 제시하는 것은 적절하다.

▶ 출처
• 정재훈(2010), 대학생들의 패션명품브랜드 인식에 대한 연구-부산지역을 중심으로, 신문방송학 석사학위논문, 부경대학교 대학원.
• 대학내일20대연구소(2019), 패션 명품 브랜드 인식 및 소비 실태 조사.

## 048  ②

> 정답 해설

ㄴ. 'Ⅰ-3'은 '과시 소비 현상과 개념'이라는 상위 항목에 어울리지 않는 내용이므로 '과시 소비 현상의 문제점'이라는 'Ⅲ'의 하위 항목으로 이동하는 것은 적절하며, 윗글에서도 3문단에 반영되어 있다.
ㄹ. 'Ⅲ-2'는 '윤리적 제품 소비 위축'과 중첩되는 내용으로 볼 수 있으므로 'Ⅲ-1'과 통합하여 언급하는 것은 적절하며 윗글에서도 3문단에서 '친환경 제품'을 '윤리적 제품'의 한 종류로 소개하고 있다.

> 오답 해설

ㄱ. 2문단에서 '디지털 환경에 능숙하고 이를 통해 소통하며 새로운 것을 받아들이는 20~30대'에 대한 언급이 있으나, 윗글에서 과시 소비 현상의 주체로 특정한 것은 아니기 때문에 적절하지 않다.
ㄷ. 'Ⅱ-3'은 '과시 소비 현상의 원인'이라는 상위 항목에 포함되는 내용으로 볼 수 있으며, 윗글의 2문단에서 첫 번째 원인으로 다루었기 때문에 순서만 이동한 것으로 보아 삭제해야겠다는 내용은 적절하지 않다.
ㅁ. '바람직한 소비 태도'는 주제를 고려할 때 적절하며, 윗글의 4문단에서도 바람직한 소비 태도의 필요를 주장하고 있지 제도의 개선에 대해 말하고 있지는 않으므로 '윤리적 소비를 위한 제도 개선'으로 수정하는 것은 적절하지 않다.

## 049  ③

> 정답 해설

'충동하다'는 '어떤 일을 하도록 남을 부추기거나 심하게 마음을 흔들어 놓다.'의 의미이므로 문맥상 적절하게 쓰였다. 따라서 '억눌러 못 하게 하다.'를 의미하는 '억제하다'로 수정하는 것은 적절하지 않다.

> 오답 해설

① '로서', '으로서'는 '지위나 신분 또는 자격'을 나타내는 조사이고, '로써', '으로써'는 '어떤 물건의 재료나 원료', '어떤 일의 수단이나 도구'를 나타내는 조사이므로 ㉠을 '사용함으로써'로 수정하는 것은 적절하다.
② '그러나'는 앞 내용과 뒤 내용을 대립 관계로 연결하는 접속 표현이므로, 과시 소비 현상의 원인을 나열하는 내용에서 '또한'과 같이 나열 관계로 연결하는 접속 표현으로 수정하는 것이 적절하다.
④ 의존 명사는 앞말과 띄어 쓴다. '지'는 '어떤 일이 있었던 때로부터 지금까지의 동안을 나타내는 말'로 의존 명사이므로 '구입한 지'로 수정하는 것은 적절하다.
⑤ '감지하다'는 '느끼어 알다.'를 의미한다. 문장에서 말하고자 한 바는 대중 매체나 타인의 시선에 따라 자신의 소비를 결정하는 태도이기 때문에, '어떤 것을 두드러지게 느끼거나 특별히 염두에 두다.'를 의미하는 '의식하다'로 수정하는 것은 적절하다.

## 050  ⑤

> 정답 해설

윗글에서 과시 소비는 '수동적이고 과도한 충동구매', '타인과의 끊임없는 비교와 잘못된 소비 습관으로 인한 자아 존중감의 하락'을 문제로 꼽고 있으므로, 현명한 소비를 통해 이 문제를 해소할 수 있다는 것은 적절하다.

### 오답 해설

① 합리적 소비가 가져 올 기대 효과에 대한 설명이 아니므로 적절하지 않다.
② 윗글에서 유행을 선도하지 못하고 따르는 것이 문제점이라고 한 것은 아니기 때문에 적절하지 않다.
③ 현명한 소비로 인한 기대 효과에 대한 설명이 아니므로 적절하지 않다.
④ 윗글에서 가계 부채 문제에 대해 말하고 있지 않으므로 적절하지 않다.

## 창안 051번~060번

기출문제집 p.253

| 051 | ⑤ | 052 | ① | 053 | ④ | 054 | ⑤ | 055 | ③ |
| 056 | ④ | 057 | ③ | 058 | ③ | 059 | ① | 060 | ② |

## 051 ⑤

### 정답 해설
레밍은 앞장서 달리는 동료만 보고 속도를 내다가 멈추지 못하고 절벽에 떨어져 죽는 습성이 있다고 하였다. 이렇게 믿지 못할 집단의 리더를 무작정 따르는 행동을 경계하는 말로 "소경이 소경을 인도하면 둘 다 구덩이에 빠진다."는 말이 있다.

### 오답 해설
① 급등한 것은 폭락이 크다는 의미이다.
② 사람이 죽기 직전에 잠시 원기를 되찾는 상태를 비유하는 표현이다.
③ 달걀을 한 바구니에 보관하면 실수로 전부 깨질 수 있는 것처럼 투자할 때에도 분산하는 것이 좋다는 의미로 자주 쓰이는 표현이다.
④ 나뭇잎이 떨어지는 것과 같은 작은 움직임에도 큰 움직임을 감지할 수 있다는 뜻이다.

▶ 출처
• 장경영, "네이버·카카오 전성시대에 사는 나그네쥐", 한경코리아마켓, 2020.08.07.(https://www.hankyung.com/finance/article/2020080750961)
• 역대 가장 많이 오른 주식은? 150배 새롬기술, 뉴시스, 2021.01.24. (https://mobile.newsis.com/view.html?ar_id=NISX20210122_0001315003)

## 052 ①

### 정답 해설
○○기업의 주가는 국내 주식 시장에서 가장 높은 상승률을 보였다가 결국 참담한 손실을 감당해야 했다고 했으므로 (나)에는 주가가 급격하게 올랐다가 급격하게 하락하는 그래프가 오는 것이 적절하므로 ①이 정답이다.

## 053 ④

### 정답 해설
레밍은 앞만 보고 가속도를 내며 달리다가 속도를 줄이지 못하고 절벽에서 떨어져 죽는다. 주식 시장에서 사람들도 무작정 다른 사람들의 매수에 의한 주가 상승 그래프에 눈이 멀어 투자를 하다 보면 손실을 면할 수 없다. 따라서 주가가 하락하는 낭떠러지(㉠)에서 떨어져 손해를 보지 않기 위해서는 적절하게 멈출 수 있는 브레이크(㉡)가 필요하다.

## 054 ⑤

### 정답 해설
붕어빵 틀에 의해 모양과 크기가 같을 수밖에 없는 붕어빵이지만, 서로 다른 속 재료를 통해 다양한 붕어빵을 만들 수 있다는 점에서 착안한 그림 창안이다. (가)의 붕어빵 틀은 붕어빵을 같은 모양과 크기로 만들어주며, 이를 인간 사회에 빗대면 인간 사회를 유지하는 데 필요한 기초적인 사회 규범(틀)이라고 할 수 있다.
(나)의 붕어빵 속 재료는 같은 모양과 크기의 붕어빵이라도 각기 다른 맛을 가진 붕어빵으로 만들어 준다. 이를 인간 사회에 빗대면 사회 구성원 개개인이 가진 개성과 가치(속 재료)라고 할 수 있다. 따라서 ㉤에서 공동체의 결속을 위해 개인의 자유보다 집단적 통제가 필요하다는 것은 (나) 그림이 의미하는 것과 반대이기에 적절하지 않다. 개인의 자유, 가치, 개성이 (나) 그림의 핵심이다.

### 오답 해설
(가)의 그림은 붕어빵 틀로써, ㉡ 붕어빵을 같은 모양과 크기로 만들어 주며, 이를 인간 사회에 빗대면 인간 사회를 유지하는 데 필요한 기초적인 사회 규범(틀)이라고 할 수 있다. 따라서 ㉣의 진술은 올바른 진술이다.
(나)의 그림은 다양한 붕어빵을 만들어 주는 속 재료로써, ㉠ 속 재료가 다양한 붕어빵들이 만들어지며, ㉢ 붕어빵의 속 재료에 따라 맛이 달라진다는 것은 올바른 진술이다.

## 055 ③
**정답 해설**
붕어빵 틀은 조직을 유지하는 데 필요한 기본적인 규칙, 체계에, 다양한 속 재료는 조직 구성원의 자율, 개성, 가치 등에 비유할 수 있다. 이에 따라 (가)와 (나)를 모두 반영하고 있는 평가는 조직과 개인을 모두 담고 있어야 한다. ③은 '시간, 업무 등 지킬 것만 지키면(조직 규범)'과 '다양한 개성을 존중(개인 개성)'의 두 가지 모두를 반영하고 있기에 정답이다.

**오답 해설**
① '불만 없이 참여할 수 있는 회식 문화'는 조직을 유지하는 규칙, 체계인 (가)나 조직 구성원의 자율, 개성, 가치 등인 (나)와 관련이 없으므로 오답이다.
② '철저한 체계와 구조가 잡혀 있는 조직'은 (가)만 반영하고 있으므로 오답이다.
④ '조직의 비전과 추구하는 방향성을 공유'하는 것은 (가), (나)와 관련이 없으므로 오답이다.
⑤ '개인이 조직에 기여한 정도와 능력에 따른 연봉과 성과급'은 (가), (나)와 관련이 없으므로 오답이다.

## 056 ④
**정답 해설**
하향식 의사 결정이란 상위에서 하위로의 지시 전달 위주의 의사 결정 체계로, 'Top down'의 방식이다. 하향식 의사 결정의 장점은 의사 전달 속도가 빠르며 목표의 설정과 달성 측면에서 효율적이라는 점이다. 상향식 의사 결정이란 하위에서 상위로의 의견 개진에 의한 의사 결정 체계로, 'Bottom up'의 방식이다. 상향식 의사 결정의 장점은 다양한 조직원들의 의견 반영이 가능하며, 조직원들의 의견 조절에 따른 목표 설정이 가능하다는 점이다. '의견 개진이 조직의 리더로부터 출발하는 편이다.'의 진술은 지시 전달 위주의 의사 결정 체계인 '하향식 의사 결정'인 (가)에 해당하는 진술이다. 따라서 정답은 ④이다.

**오답 해설**
① 하향식 의사 결정 구조는 상향식 의사 결정 구조보다 위계질서를 중시하기에 수직적 운영 구조라고 할 수 있다.
② 하향식 의사 결정 구조는 상향식 의사 결정 구조보다 지시 전달 위주의 소통이기에 조직 구성원의 재량권이 낮은 편이라고 할 수 있다.
③, ⑤ 상향식 의사 결정 구조는 하향식 의사 결정 구조보다 지시 전달이 아닌 조직원들의 다양한 의견 수렴이 먼저이기에 구성원의 의견 개진이 자유로운 편이며, 의사 결정 과정에서 논의가 활발한 편이다.

## 057 ③
**정답 해설**
그림 (가)와 (나)에서 공통되는 이미지는 '총'이므로 공통되는 이미지의 의미로 가장 적절한 것은 '죽음'이다.

## 058 ③
**정답 해설**
그림 (나)는 키보드 자판이 총이 되어 사람을 겨누고 있다. 자판이 총이 되어 사람을 공격한다는 것은 사람을 공격하는 댓글에 빗댈 수 있으며 '방아쇠를 당긴다'는 표현은 총으로 공격함을 의미하므로 ③이 가장 적절한 표어임을 알 수 있다.

## 059 ①
**정답 해설**
윗글은 구매자와 판매자 간의 정보 불균형 상황에 대해 설명하고 있다. 판매자는 많은 정보를 알고 있는 반면, 구매자는 정보를 잘 알지 못해서 시장의 실패를 가져온다는 것이다. ②~⑤는 모두 구매자가 판매자에 비해 상품에 대한 정보가 적은 사례인 반면, ①은 정보의 불균형과 관계없이 환경을 고려한 교체이므로 ㉠과 관계가 없다.

## 060 ②
**정답 해설**
윗글 마지막 문장에서는 정보 불균형의 결과에 대해 언급하며 '저품질의 재화나 서비스만 거래되도록 만든다는 점에서 시장의 실패를 야기할 수 있다'고 설명하고 있다. 단기적으로는 정보가 더 많은 판매자가 이득을 얻지만, 결국 구매자가 품질이 낮은 제품만 구매하게 되면서 시장의 위축으로 이어질 수 있다는 것이다. 따라서 정보 불균형이 개선되어야 판매자는 장기적인 손실을 피할 수 있으므로 정답은 ②이다.

**오답 해설**
① 윗글에서는 구매자가 판매자보다 정보의 양이 적은 상황을 가정하고 있다.
③ 윗글에서는 저품질의 재화나 서비스만이 거래되는 원인으로 정보의 불균형을 제시하고 있으므로 거래자 간의 신뢰는 관계가 없다.
④ 윗글에서는 국가의 개입 필요성에 대해서는 언급하지 않았으므로 유추할 수 없는 내용이다.

⑤ 윗글에서는 정보의 불균형을 해결해야 고품질의 재화나 서비스가 거래될 수 있다고 주장하므로 선호 관계가 뒤바뀐 진술이다.

## 읽기 061번~090번

기출문제집 p.258

| 061 | ② | 062 | ⑤ | 063 | ② | 064 | ④ | 065 | ④ |
|---|---|---|---|---|---|---|---|---|---|
| 066 | ② | 067 | ① | 068 | ④ | 069 | ③ | 070 | ① |
| 071 | ③ | 072 | ⑤ | 073 | ① | 074 | ② | 075 | ② |
| 076 | ① | 077 | ② | 078 | ③ | 079 | ② | 080 | ⑤ |
| 081 | ③ | 082 | ④ | 083 | ⑤ | 084 | ④ | 085 | ⑤ |
| 086 | ② | 087 | ⑤ | 088 | ④ | 089 | ⑤ | 090 | ⑤ |

## 061   ②

**정답 해설**

'아스팔트에서 고무 탄내가 난다'에서 후각적 심상을, '색색이 종이꽃을 피우고 있고'에서 시각적 심상을, '변기 같은 귓바퀴에 소음 부엉거리는'에서 청각적 심상을 활용하는 등 다양한 심상을 활용하여 '여름밤, 세검정 길'이라는 시적 시·공간을 구체화하고 있으므로 정답은 ②이다.

**오답 해설**

① '여름밤', '세검정 길'과 같이 명사로 행을 마무리하고 있지만, 청유형으로 문장을 종결하고 있지는 않다.
③ '여름밤'과 같이 계절적 배경을 나타내고는 있지만, 계절의 순환은 나타나지 않으며 화자의 의지가 점층적으로 부각되고 있지도 않다.
④ '노란 달'과 같이 색채어가 활용되었지만, 색채어의 대비는 나타나지 않으며 '열대어'라는 시적 대상의 정서 변화도 나타나 있지 않다.
⑤ 현대인을 우의적으로 표현한 '열대어'에 인격을 부여하고 있음을 확인할 수 있지만, 의인화된 대상에게 말을 건네는 방식은 나타나 있지 않다.

▶ 출처  최승호(1990), 『세속 도시의 즐거움』, 세계사.

## 062   ⑤

**정답 해설**

'후리지아꽃'은 '아마존'의 생명력 넘치는 분위기를 나타내는 시어이므로, ⓐ를 의미하는 시어로 볼 수 있다.

**오답 해설**

① '세검정 길'은 도시의 황폐함을 드러내는 공간으로 볼 수 있다.
② '아스팔트'는 도시의 삭막한 이미지를 드러내는 시어로 볼 수 있다.
③ '종이꽃'은 '후리지아 꽃'과 대비되며, 생명력을 상실한 도시의 황폐함을 드러내는 시어로 볼 수 있다.
④ '수족관'은 '열대어'가 목마름을 느끼는 공간으로, 생명력을 회복한 공간인 '아마존 강'과 대비되는 시어로 볼 수 있다.

## 063   ②

**정답 해설**

본문에서 '나'는 "내가 조선 사람임을 밝힌다면 저 아이들이 나를 대할 때 애정 말고 다른 것, 나쁜 의미에서의 호기심이라고나 할까 어쨌든 뭔가 다른 것이 앞서게 되겠지요."라고 말함으로써, 비록 아이들이 천진할지라도 사회적인 편견에서 벗어나기 어렵다는 것을 고려하고 있다는 점을 드러낸다. 불안한 분위기는 오히려 억제되지 않으며 '이 아무개'의 방문으로 인해 불안감은 한껏 팽창하게 된다. 따라서 아이들의 천진함에 대한 서술자의 기대감을 드러낸다는 ②는 적절하지 않다.

**오답 해설**

① 단편 소설의 일부분인 본문은 서술자인 '나'가 자신의 지난 경험과 그에 대한 감정을 드러내는 내적 고백뿐만 아니라 '나'가 방문객 '이 아무개'와 대화를 나누는 것으로도 진술이 이루어지고 있다.
③ '나'의 성(姓)이 조선말로 불리지 않고 일본말로 불려서 결국 그것으로 현재 생활하는 곳에서 굳어졌으며, 또한 '나'는 자신의 출신이 조선이라는 사실이 드러날 때 발생할 위화감과 불편함을 우려하고 있다. 또한 "아이들 중 조선 아이가 있었더라면"이라는 표현 등을 보아서도 일본인이 다수를 구성하는 장소가 이 이야기의 배경이라고 짐작할 수 있다.
④ 南은 한국의 성 가운데 하나인데 일본에도 같은 한자를 쓰는 성이 존재한다. 다만 읽는 법이 한국에서는 '남', 일본에서는 'みなみ(미나미)'로 서로 다르다. 서술자 '나'가 자신의 성을 타인이 부르는 방식에 특별하게 개입하지 않음으로써 사람들이 '나'를 일본인이라 여기게 되고 만 것이 본문에서 주요하게 다루는 사건의 발단이다.

⑤ 본문에서는 '야마다 하루오'라는 소년이 '나'가 조선인이라고 소리쳐 알린 직후 "복도는 물을 뿌린 듯이 조용해졌다. 나도 잠시 동안 당황할 수밖에 없었다."라고 진술한다. 이는 고요한 가운데 불안정한 정서가 가득한 공간을 시청각적으로 묘사하고 있는 것이기도 하다.

▶ **출처** 김사량 지음, 「빛 속으로」, 서은혜 옮김, 최원식·임규찬·진정석·백지연 편, 『20세기 한국소설(12) 김사량·허준·현덕·최정희』, 창비, 2005, pp.208~211. (「光の中に」, 『文藝首都』, 1939.10.)

## 064  ④
**정답 해설**

조선인 청년 '이 아무개'는 '나'에게서 영어, 수학을 배우는 학생 중 한 명이면서도 자동차 조수로 일하고 있다. 그가 '나'를 방문해 별안간 조선말로 말을 걸어온 까닭은, '나'의 출신이 '조선인'일 것이라고 그간 확신해왔는데 정작 '나'의 평소 행색이 일본인 같았으므로 이에 대해 불만을 품었기 때문이다. 이 같은 이해를 정확하게 드러낸 것은 ④이다.

**오답 해설**

① '나'의 해명을 듣기 전부터 '이 아무개'는 감정이 북받친 상태였으며 해명을 들은 이후 그가 어떤 반응을 보이기도 전에 다른 소년의 외침으로 인해 상황이 새롭게 전개되었다.
② '이 아무개'는 '나'에게서 야간에 영어, 수학을 배우고 있고 낮에는 자동차 조수로 일하고 있다.
③ '이 아무개'가 '나'에게 화를 내는 이유는 자기가 조선인임을 이러저러하게 직접적으로 표시하지 않고 그저 일본인인 것처럼 지내고 있다는 인상 때문이지 일본인 아이들과 친밀하게 지내고 있다는 것 때문이 아니다.
⑤ '이 아무개'가 '나'를 찾아와 따져 묻는 것은 어째서 '나'가 스스로 조선인임을 드러내지 않느냐 하는 것이다. '나'의 정체를 다른 사람이 알아야 한다는 것은 이러한 불만과 문제의 층위가 다르다.

## 065  ④
**정답 해설**

처음부터 일본어로 쓰인 이 작품은 인물의 발화를 전후하여 그 발화가 '조선말'로 이뤄지고 있음을 특별히 표시하지 않은 이상 대부분 일본어로 사유와 발화가 이뤄진다고 보는 것이 개연적 판단이라 하겠다. 따라서 조선인 청년 '이 아무개'가 '나'에게 말을 걸어온 순간부터 소년 '야마다 하루오'가 큰 소리로 외치기 직전까지는 "나는 둘만 남게 되었을 때 조용히 조선말로 이야기했다."는 진술의 영향 아래에서 이들의 대화가 조선어로 이어져가고 있었다고 보아야 한다. 한편 〈보기〉의 문장이 담고 있는 내용처럼 두 가지 언어가 차별적인 지위를 부여받는 상황에서 겪는 곤경을 이 소설이 다루고 있는 것은 사실이다. 따라서 ④와 같이 명확히 실존하는 차별적 지위가 존재하지 않은 것처럼 재현함으로써 어떤 '평등'의 당위성에 대해 표현하고 있다고 주장하는 것은 본문에 관한 사실과 부합하지 않는다.

**오답 해설**

① 조선인 청년 '이 아무개'의 방문 직후 '나'는 아이들을 타일러 방 밖으로 내보내는데, 이때 공간적인 분리가 언어상의 분리와 함께 발생한다.
② '이 아무개'는 '나'가 평소에 '조선말'로 자신의 성을 표현하지 않았다는 점을 두고 '나'와 같이 학식을 갖춘 조선의 지식인마저도 차별적인 지배 질서에 굴복하고 마는 태도를 보여 주는 것이라 생각하며 이에 분개하고 있으므로 인물들의 언어에 대한 입장이 지배 질서에 대한 태도와 밀접하게 연관돼 있다는 것을 확인할 수 있다.
③ 소년 '야마다 하루오'의 행동은 '나'와 '이 아무개'의 이야기를 가까이에서 듣고 이를 '해득'한 것이라고 독자가 짐작하게 한다. 그는 '나'가 굳이 알리지 않았던 사실을 알게 되자마자 '나'가 조선인이라는 것을 큰소리로 외친다. 이는 '나'가 평소에 우려했던 것과 같이 조선인에 대한 차별적 태도와 편견으로 인해 아이들과의 관계에서 어떤 불화나 위화감이 발생할지도 모른다는 불안감을 증대시킨다.
⑤ '나'는 자신의 성 南이 일본식으로 불리도록 내버려 두고 있었다. '나'는 자기 성이 조선식으로 불렸을 경우 아이들과 어울리기가 어려울지도 모른다고 염려했다. 즉 '나'는 출신이나 언어에 따른 차별이 작동하고 있음을 의식하고 있었던 것이다.

## 066  ②
**정답 해설**

3문단에서 "목성도 지구와 마찬가지로 그 주위를 도는 위성을 갖고 있었다. 목성이 위성을 갖는다는 사실은 우주의 모든 별이 지구를 중심으로 돈다는 천동설을 반증하는 것이었다."라고 진술한다. 따라서 위성의 존재는 천동설을 부정하는 근거라는 진술은 적절하다.

**오답 해설**

① 4문단에서 한 플라톤주의 철학자가 갈릴레오가 성경을 부정하는 주장을 한다고 비판했다고 진술한다. 따라서 플라톤주의가 성경 내용에 비판적이었다는 진술은 적절하지 않다.

③ 4문단에서 "천동설에 따르면 태양 하나만 따로 움직일 수 없기 때문에"라고 진술한다. 따라서 천동설에 따르면 태양만 개별적으로 움직일 수 있다는 진술은 적절하지 않다.
④ 1문단에서 갈릴레오는 천동설과 지동설의 대립을 종교와 과학 사이의 모순이나 불일치가 아니라고 진술한다. 따라서 갈릴레오는 종교와 과학을 서로 배척하는 존재로 인식했다는 진술은 적절하지 않다.
⑤ 1문단에서 갈릴레오는 천동설과 지동설의 대립을 종교와 과학 사이의 모순이나 불일치가 아니라 학문의 두 방법론의 차이로 이해한다. 즉 지동설은 관측의 결과를 수학과 기하학의 원리로 푸는 것이라고 했지 이를 종교의 방법론으로 사용해야 한다고 주장한 것은 아니다.

▶ 출처  김기봉(2022), 『역사학 너머의 역사』, 문학과지성사, 126-130쪽.

## 067 ①

### 정답 해설
1문단에서 갈릴레오는 관측과 실험을 통해 신의 창조 행위와 우주의 법칙을 설명하려는 태도를 보였다고 진술한다. 2문단에서 천동설의 이론적 근거는 아리스토텔레스 철학이며, 3문단에서 갈릴레오는 천동설의 오류를 지적하는 것은 기독교 신앙을 부정하는 것이 아니라 아리스토텔레스 철학이 틀렸음을 말하는 것이라고 진술한다. 따라서 "그가 부정한 것은 성경(㉠)이 아니라 아리스토텔레스 철학(㉡)이었다."라는 진술을 추론할 수 있다.

## 068 ④

### 정답 해설
4문단에서 갈릴레오는 성경과 자연 모두 신이 쓴 위대한 책이며, 둘은 단지 사용하는 언어가 다를 뿐이라고 진술한다. 따라서 갈릴레오에 따르면 성경과 동일한 표현방식으로 구현된다는 진술은 적절하지 않다.

### 오답 해설
① 2문단에서 아리스토텔레스에 따르면 자연 세계는 운동을 위한 장소라고 진술한다. 따라서 아리스토텔레스에 따르면 움직임이 일어나는 공간이라는 진술은 적절하다.
② 4문단에서 자연 세계는 그런 식의 조정이 필요하지 않기 때문에 지구가 움직이는 현상 그대로 나타난다고 진술하므로 적절하다.
③ 2문단에서 모든 원인을 추적해 올라가면 스스로는 움직이지 않으면서 다른 것을 움직이게 하는 부동의 원동자가 있다고 진술하므로 적절하다.
⑤ 4문단에서 갈릴레오는 관측되는 자연현상을 부정하는 것은 옳지 않다고 했다고 진술한다. 따라서 갈릴레오 입장에서 보면 관측되는 현상으로 인정해야 한다는 진술은 적절하다.

## 069 ③

### 정답 해설
지문에 "나폴레옹 법전은 자유, 평등으로 대변되는 근대 이성이 반영되어 있는 혁신적인 모범 법전으로 받아들여졌다. 곧, 법 앞에서의 평등 원칙 아래, 근대 민법의 3원칙이라 할 계약 자유, 소유권 존중, 과실 책임의 사상이 담겨 있으며"라 하여, 계약 자유와 과실 책임의 원칙은 관습법이나 로마법에서 유래한 역사적 산물이 아니라 이성적 노력의 성과임을 밝히고 있다.

### 오답 해설
① 지문에서 법전은 책으로 아는 일이 많지만 법률로서 이해되어야 한다는 점을 강조한다.
② 세법전, 노동법전 같은 법령집에서는 관련된 형사 법규까지도 들어간다는 것을 지문에서 세법전의 예로 설명한다.
④ 행정법이라는 명칭을 가진 법률은 있지 않다고 지문에서 밝힌다.
⑤ 하나의 완결된 체계로 일정한 법 영역을 규율하기 위하여 폭넓게 망라하여 제정된 법이란 성문법이 아니라 법전에 대한 설명이다.

## 070 ①

### 정답 해설
"마찬가지로 노동법도 노동관계에 관한 법령들을 한데 묶어 이르는 말이다. 따라서 노동법전, 세법전은"에 이어지는 말이므로 지문에서 "법전이라고 하면 법령을 모아 놓은 법령집이나 법규집으로 아는 경우가 많다."라고 할 때의 법령집에 대한 설명이 붙어야 한다는 것은 알 수 있다. 그와 관련하여 "법전은 책이 아니라 법이라는 인식이다."라고 하면서 전환하기 때문에 법령집이나 법규집은 책으로서의 법전을 표현하는 것임을 확인할 수 있다.

### 오답 해설
② 지문에서 근대 법전에 대한 설명은 법으로서의 법전에 관한 것이다.
③ 지문에서 법전은 중요한 법이라 '전'자를 붙인다고 설명한다.
④ 법령집에 대한 설명을 하고 있다.
⑤ 지문에서 『육법전』 또는 『육법전서』는 책으로서의 법전으로 해설된다.

## 071 ③

**정답 해설**

지문에서 "이 법제를 『경국대전』이라는 제목의 책에 실어 반포하였으니, 널리 알리고자 한 것은 바로 그렇게 확정한 조선의 근본 규범인 것이다."라고 하여 책으로서의 경국대전을 '겉'으로 그에 대한 조선의 근본규범을 '실질'로 표현한다는 것을 알 수 있다. 곧, 서적으로서의 법전 자체도 함께 설명되고 있다.

**오답 해설**

① "법 전통과 법제 유산을 총정리한 바탕에서 체계적으로 최종 성립하여 공포"했다고 했으므로 적절한 내용이다.
② 실질은 책이 담고 있는 조선의 근본 규범이라 할 수 있다.
④ 지문에서는 조선왕조가 완결된 법제를 구축하기 위한 통일법으로서 경국대전을 제정하였다고 설명하며, 이어서 "나폴레옹의 법전들 또한 시민 혁명의 정신을 구현하기 위한 새로운 법체계를 성립하기 위한 노력으로 제정된 법이다."라는 말을 붙여 공통점을 확인한다.
⑤ 지문에서 "당시까지의 법 전통과 법제 유산을 총정리한 바탕에서" 경국대전을 제정하였다고 설명한다.

## 072 ⑤

**정답 해설**

지문에서 "육법은 여섯 가지의 법을 가리킬 터인데, 헌법, 민법, 민사소송법, 형법, 형사소송법, 상법이다. 19세기 후반 일본에서 민법전을 비롯한 나폴레옹의 주요 법전들을 번역하고 거기에 새로 등장한 헌법을 추가하면서 붙여진 말이라 한다."라고 하여, 나폴레옹의 법전들에 헌법은 포함되지 않았다는 것을 알 수 있다.

**오답 해설**

① 상법전도 나폴레옹의 법전들에 포함된다.
② 지문에서 나폴레옹의 법전에는 근대 민법의 3원칙이 담겨 있다고 설명하는데 그것이 들어갈 분야는 민사법 영역을 망라하여 총체적 체계를 구축하는 민법전이 된다.
③ 지문에서는 "나폴레옹의 법전들 또한 시민 혁명의 정신을 구현하기" 위한 것이라 하면서 "자유, 평등으로 대변되는 근대 이성이 반영되어" 있다고 설명한다.
④ 지문에 나폴레옹의 법전들에 관하여 "법은 역사적 산물이기도 하기 때문"에 "로마법에서 비롯하는 유럽 법 전통의 유산도 포함될 수밖에 없었다."라고 설명한다.

## 073 ①

**정답 해설**

이 글에서는 특정 성질인 기계적 성질을 하위 개념인 탄성 계수, 0.2% 오프셋 항복 강도, 극한 인장 강도로 구분하고 각각의 의미를 설명하고 있다.

**오답 해설**

② 이 글에는 기계적 성질에 대한 이론들이 나와 있으나 과학적 성과에 대한 언급은 없다.
③ 이 글에는 여러 가지 기계적 성질을 측정하는 개념이 나와 있으나 장단점을 비교하는 내용은 없다.
④ 이 글에는 항복 강도의 개념에 대해 0.2% 오프셋 항복 강도와 0.1% 오프셋 항복 강도의 구분이 나와 있으나 이는 달리 쓰이는 예라 볼 수 없는 원리가 같은 것이며, 이에 대한 문제점 또한 제시되고 있지 않다.
⑤ 이 글에는 질문의 형식으로 기술된 문장이 없다.

▶ 출처 Foundation of Materials Science and Engineering, Smith et. al, 5th Ed, pp 213-215.

## 074 ②

**정답 해설**

2문단에 따르면 영률이 클수록 재료가 견고하므로 같은 힘에서 변형이 잘 일어나지 않으며, 영률은 재료에 가해지는 힘에 대해 재료가 저항하는 정도를 의미한다고 하였으므로 적절한 진술이다.

**오답 해설**

① 2문단에 따르면 응력은 힘을 단면적으로 나눈 압력의 단위를 갖는다고 하였으므로 힘의 단위가 아닌 압력의 단위를 갖는다.
③ 2문단에 따르면 탄성 한계에 이르기 전의 탄성 영역에서는 응력은 변형에 따라 직선의 형태로 나타나고 이때 비례 상수가 영률이라 하였으므로 탄성 한계에 이르기 전까지 영률은 일정한 값이다.
④ 3문단에 따르면 탄성 변형이 끝나고 소성 변형이 시작되면 응력은 증가하나 기울기가 서서히 줄어들며 곡선의 모양의 그래프가 얻어진다고 하였으므로 응력의 최댓값이 탄성 영역에서 나타나지 않는다.
⑤ 3문단에 따르면 재료에 가한 힘을 제거하여도 원래의 길이로 돌아가지 않는 변형을 소성 변형이라 하였다.

## 075 ②

**정답 해설**

〈보기〉에서 점 4와 만나는 점선의 출발점은 점 5이다. 점 5의 가로축값이 0.1%의 변형률을 의미하므로 0.2% 오프셋에 해당하는 변형값은 점 5보다 오른쪽에 위치하게 된다. 3문단에 설명된 바와 같이 탄성 영역의 영률과 같은 기울기로 직선을 그었을 때 곡선과 만나는 점의 응력은 0.1% 오프셋 항복 강도보다 큼을 알 수 있다.

**오답 해설**

① 〈보기〉에서 점 4의 응력이 0.1% 오프셋 항복 강도라 하였고, 2문단에 따르면 변형률은 변화량을 처음의 길이로 나눈 값으로 나타내거나 이를 백분율로 나타낸다고 하였다. 〈보기〉의 가로축은 변화량을 처음의 길이로 나눈 값이므로 0.1%에 해당하는 값은 0.001이다.
③ 4문단에 따르면 변형에 따른 응력값은 오프셋 항복 강도를 넘어 어느 시점을 지나면 감소하며 네킹 현상이 일어나면서 그래프 선의 기울기의 부호가 바뀐다. 〈보기〉의 그래프에서 최대 응력값을 경계로 선의 기울기의 부호가 바뀌므로 적절한 설명이다.
④ 3문단에 따르면 점 5와 점 4를 잇는 선의 기울기는 오프셋 항복 강도를 구하기 위해 탄성 영역의 기울기와 같도록 그은 선이다. 탄성 영역의 기울기는 영률로 이는 원자 간 결합 강도와 연관이 있다.
⑤ 2문단에 따르면 탄성 영역 내에서는 가해준 힘을 제거하면 원래의 길이로 돌아간다고 하였다. 〈보기〉의 점 2의 변형률 이하는 탄성 영역 안에 있으므로 Z 금속은 점 2의 가로축의 변형률보다 작은 변형률로 인장하였다가 힘을 제거하면 길이 L로 돌아간다.

## 076 ①

**정답 해설**

이 글에서는 하나의 원소로 이루어진 결정에 대해서만 다루고 있으며 크기가 다른 두 원소로 이루어진 합금의 결정 구조를 설명하고 있지는 않으므로 ①의 질문의 답을 확인할 수는 없다.

**오답 해설**

② 1문단에 따르면 많은 종류의 금속 결정의 단위정은 정육면체의 형태를 갖는다는 것을 알 수 있다.
③ 2문단에 따르면 금속의 밀도, 기계적 성질 등이 결정 구조의 영향을 받는다는 것을 알 수 있다.
④ 3문단에 따르면 폴로늄의 구조의 안정성이 낮은 이유는 단순 입방 구조가 충진되는 정도가 낮아서 원자 간의 결합이 매우 약하기 때문이라는 것을 알 수 있다.
⑤ 4문단에 따르면 동질이상 변태를 보이는 금속에는 철(Fe)이 있음을 알 수 있다.

▶ **출처** Foundation of Materials Science and Engineering, Smith et. al, 5th Ed, pp 213-215.

## 077 ②

**정답 해설**

4문단에 따르면 철(Fe)은 온도에 따라 다른 결정 구조를 갖는다고 하였으므로 적절한 내용이다.

**오답 해설**

① 3문단에 따르면 조밀하게 충진된 결정 구조일수록 더 낮은 에너지 상태이다.
③ 2문단에 따르면 금속은 단순 입방 구조를 갖지 않으며 많은 경우 체심 입방이나 면심 입방 구조이다.
④ 2문단에 따르면 면심 입방 구조와 단순 입방 구조 모두 단위정은 정육면체 형태이다.
⑤ 2문단에 따르면 단순 입방 구조의 원자 충진율은 0.52이고, 4문단에 따르면 체심 입방 구조의 원자 충진율은 0.68이다. 따라서 단순 입방 구조의 원자 충진율은 체심 입방 구조보다 작다.

## 078 ③

**정답 해설**

ㄱ. 4문단에 따르면 체심 입방 구조의 원자 충진율은 0.68이고 면심 입방 구조의 원자 충진율은 0.74이다. 따라서 면심 입방 구조를 갖는 Cu가 체심 입방 구조를 갖는 텅스텐보다 더 조밀한 구조를 지닌다.
ㄴ. 2문단에 따르면 〈보기〉의 그림은 결정 구조를 나타내는 단위정이라는 반복 단위이며, 〈보기〉의 면심 입방 구조의 단위정 내에는 모서리에 1/8개가 8개, 면에 1/2개가 6개 있으므로 결국 단위정 내에는 4개의 원자가 들어 있다.
ㄹ. 1문단과 2문단에 따르면 단위정이 반복되어 결정을 이루고 배위수는 각 원자가 접촉하고 있는 원자의 수라 하였으므로 〈보기〉의 단위정을 반복하여 구성되는 결정을 생각하면 배위수가 12임을 알 수 있다. 즉, 면심에 있는 원자는 같은 평면상에 4개의 원자와 맞닿아 있으며, 아래층 4개, 위층에 4개의 원자와 맞닿아 있다.

**오답 해설**

ㄷ. 2문단에서 단위정의 모서리의 길이를 격자 상수라 하며 단순 입방 구조의 격자 상수는 원자의 지름과 같다고 하였다.

〈보기〉의 면심 입방 구조의 단위정에서 모서리의 길이는 원자구의 크기에 비례함을 알 수 있고 Cu의 격자 상수가 Al의 격자 상수보다 작으므로 Cu의 원자 반지름이 Al의 원자 반지름보다 더 작다.

## 079 ③

**정답 해설**

부르디외의 논의에서 특기할 부분은 취향이 개인적인 것이 아니라 사회적 성격을 지니고 있다는 주장이다. 이를 본문에서는 "취향이 계급의 지표로서 기능"한다는 진술이나 "취향의 형성 과정에서 계급 요인이 영향력을 절대적으로 발휘"한다는 진술로 드러내고 있다. 다시 말해 취향은 사회적 요인의 영향을 받아 결정되는데 이들 사회적 요인 가운데 특히 중요하게 여겨지는 것이 계급이다. 결국 미에 관한 의식은 계급적 조건과 이를 따르는 교육에 의해 형성된 결과물이며 계급 간의 서로 다른 취향에는 그러한 계급에 따라 가치론적인 위계가 가로 놓이게 된다. 이러한 의미 관계를 잘 요약하여 드러내고 있는 것은 ③이다.

**오답 해설**

① 예술에 정통한 권위를 따라 미의식이 형성되는 것은 상류층 혹은 부르주아 계층에 국한되는 일이다.
② 부르디외는 교육 수준과 사회 계급에 상응하는 세 개의 취향 영역을 구분하고 있으며, 부르디외가 보기에 부르주아 미학은 보편적인 진리를 담고 있는 이론일 수 없다고 진술하고 있으므로 적절하지 않다.
④ 미에 관한 의식이 교육 및 학습 등 사회적 관계에서 완전히 벗어날 수 없다는 것을 드러내고 있기는 하지만 교육과 학습에 구애받지 않도록 개선되어야 한다는 식의 당위적 주장으로 논의가 이어지지는 않는다.
⑤ 미의식이 세계에 관한 총체적인 이해와 맞닿아 있기를 기대하는 일은 있을법하다고 해도 이는 본문에서 부르디외의 견해로 드러나지는 않는다.

▶ 출처 최연희·정준영 공저(2015), 『문화비평과 미학』 322, 한국방송통신대학교출판문화원, 327~329면.

## 080 ⑤

**정답 해설**

"대중들은 부르주아 취향을 대체로 무가치한 것으로 보며 실용적인 것에 더 높은 가치를 부여하는 성향을 보인다. 이때 일상적인 이해(利害)가 판가름의 주된 기준으로 작동한다."는 문장으로 보아 부르주아의 취향은 이른바 '가격 대 성능비'를 잘 따지지 않으며 그만큼 심적인 만족을 우선해서 추구하는 경향이 강하다는 것을 짐작할 수 있다. 이를 잘 표현한 것은 ⑤이다.

**오답 해설**

① 부르디외는 계급에 따라 나뉜 각 부류의 문화가 가치상의 위계를 갖는다고 바라보는 태도가 자연스럽고 타당한 것일 수 없으며 그것이 인위적으로 구성된 것임을 지적하고 있다. 따라서 상류층의 취향이 하류층의 취향보다 우수하거나 탁월하다고 볼 수 있는 근거는 불충분하며, 이렇게 당위적 주장을 하고 있지도 않다.
② 하층 계급은 클래식 음악과 현대 추상 미술을 접할 기회가 드물 것이다. 그가 가진 교육 기회나 학습 조건이 상층 계급의 그것과 다를 수밖에 없기 때문이다.
③ 대중들은 부르주아 취향을 대체로 무가치한 것으로 보며 실용적인 것에 더 높은 가치를 부여하는 성향을 보인다고 하였다. 그러나 이는 계급에 따라 취향이 다르다는 설명을 위한 것이지 이것이 올바르거나 올바르지 않다는 가치 판단을 하고 있지는 않다. 실용적인 측면을 선호하는 대중의 취향을 다른 취향과 비교하여 옳은지 그른지 따지는 일은 오히려 부적절하다고 보아야 한다.
④ 감각의 취향과 반성의 취향, 안이한 쾌락과 순수한 쾌락에 대한 칸트적 이분법을 부르디외는 특정한 계급의 취향을 보편적인 것으로 만든 부르주아 미학의 전형이라 규정하였고 이를 거부하였다.

## 081 ③

**정답 해설**

부르디외가 말하는 취향은 곧 문화자본이기도 하다. 그것은 계급 간의 우열을 미적인 감각으로 치환함으로써 다시 지배를 정당화하는 과정에도 크게 영향을 미친다. 지배 계급으로서는 이같은 격차를 발생시키고 지속적으로 확인하는 일이 중요한데, 결국 각종 사회적이고 문화적인 상징들이 그 수단으로 활용된다. 이처럼 취향들 사이에 계급 구분에 따라 일정한 '위계'가 만들어져 있다고 한다면, 그 같은 위계에 힘입어서 취향이 지배를 둘러싼 사회적 '경쟁'에서 유리한 자리를 가질 수 있도록 돕는 자원, 즉 문화자본으로 작동하게 된다고도 볼 수 있다. 이를 드러내기 위해 보기 중에서 적절하게 단어를 선택한 것은 ③이다.

**오답 해설**

취향은 '사회적 경쟁 내부에서' 도구화되는데, 그렇게 도구화될 수 있는 까닭은 취향이 이미 계급 구분에 따라 우열을 지닌 것으로 '위계를 부여받았기' 때문이다. 취향이 일반적인 '미학' 안에서 도구화된다고 하거나, '위계' 안에서 도구화된다고 하는 것은 이러한 논리적 선후 관계를 정확하게 드러내지 못하며 오히려 어색한 표현이 되고 만다. 따라서 ①, ②는 오답이다. 또한 사회적 경쟁 안에 어떤 취향이 이점을 가져왔다고 한다면 그것은 취향 사이에 위계가 존재한다는 조건 때문이다. 어떤 '미학'이 사회적 '경쟁'에 이점을 주었다고 하거나, 어떤 '위계'가 '미학' 이론의 수립에 이점을 주었다고 하는 진술은 문화자본으로서의 취향에 대해 알맞게 설명하는 말이 될 수는 없다. 따라서 ④, ⑤는 정답이 아니다.

## 082 ④

**정답 해설**

부르디외의 이론은 '미적 감각은 보편적이기 때문에 사람들이 저마다 처한 조건과 무관하게 작동한다'는 통념을 무너뜨렸다. 그는 취향이 역사적 흐름 속에서 인위적으로 구성된 것이기 때문에 그 어떤 취향도 가치상의 우위를 자연히 갖지 않는다는 것을 분명히 드러낸다. 따라서 대중문화가 하층 계급의 미적 감각과 정서에 부합한다는 이유만으로 단지 저급하고 나쁜 것이라 치부할 수 없다. 이러한 측면에서 부르디외의 이론은 대중문화를 새롭게 바라보고 가치 평가를 다시 하도록 만드는 근거가 되어 준다. 따라서 정답은 ④이다.

**오답 해설**

① 고급, 저급으로 문화의 위계가 구분되는 일이 보편적이지 않다고 부르디외는 판단할 것이므로, 대중문화에서 저급 취향을 몰아내고 고급 취향으로 채워야 한다고 주장한다는 것은 적절하지 않다.
② 대중문화 산물의 양이 폭증하였다는 사실만을 제시하는 것이 대중문화 미학을 새로이 구축하게 되는 데 부르디외가 기여한 바라고 보기에 어렵다.
③ 부르디외의 주장은 사회적으로 계급들 간에 경험하는 것이 다른 것에서 취향이 달라졌다는 것이지 하층 계급의 취향이 아름다움 자체에 대한 진지한 고찰이 부재하다는 것은 아니다.
⑤ 부르디외가 대중문화에 대한 재조명에 기여한 바는 취향의 위계가 역사적으로 구성되었다는 사실을 지적한 데서부터 비롯된 것이지 예술 및 문화의 생산자와 소비자가 분리된 상황에서 소비자의 다수를 이루는 사람들의 취향이 대세라는 사실을 얘기하고 있지 않다.

## 083 ⑤

**정답 해설**

'운영 방법'에서 일일 자유 수영은 매일 선착순 발권이라고 했으므로 '일일 자유 수영을 하고 싶다면 당일 선착순으로 발권해야 한다'는 설명은 일치하는 내용이다.

**오답 해설**

① 공놀이는 금지한다고 안내되어 있으므로 '공휴일에는 공놀이가 허용된다'고 한 설명은 적절하지 않다.
② 수영장은 월요일에 열지 않으므로 '월요일에는 자유 수영만 할 수 있다'고 한 설명은 적절하지 않다.
③ 오리발은 목요일, 금요일만 사용 가능하다고 안내되어 있으므로, '오리발 사용은 일주일 중 하루만 가능하다'고 한 설명은 적절하지 않다.
④ 물놀이 물품인 공, 물총, 장난감 등은 반입이 금지된다고 했으므로 '사전에 허가를 받은 장난감은 반입할 수 있다'고 한 설명은 적절하지 않다.

▶ **출처** 부산광역시 누리집 공지사항 "[사직실내수영장] 2023년 1월 수영장 운영안내"(https://www.busan.go.kr/nbnews/1550639?curPage=2&srchBeginDt=2022-01-08&srchEndDt=2023-01-08&srchKey=sj&srchText=%EC%95%88%EB%82%B4)

## 084 ④

**정답 해설**

화요일~토요일 오후의 퇴수 시간은 오후 4시 50분으로 안내되어 있으므로, '오후 5시 30분까지 퇴수해야 한다'고 한 설명은 적절하지 않다.

**오답 해설**

① 자유 수영 회원의 일요일·공휴일의 운영 시간은 새벽 6시부터 오후 6시이므로 '공휴일에는 새벽 6시부터 입장할 수 있다'고 한 설명은 적절하다.
② 화요일~토요일의 마지막 입장 시간은 오후 8시 30분까지이므로 '토요일에는 오후 8시 30분부터 입장이 제한된다'고 한 설명은 적절하다.
③ 화요일~토요일의 새벽 이용 시간은 오전 6시부터 8시까지이며, 퇴장 시간은 오전 8시 30분이므로 '새벽 시간 이용자는 오전 8시 30분까지 퇴장해야 한다'는 설명은 적절하다.
⑤ 화요일~토요일의 오후 이용 시간은 오후 1시부터 5시이며, 입장 시간은 오후 1시부터 4시 30분까지이므로 '수요일 오후에 수영하고 싶다면 늦어도 오후 4시 30분까지 입장해야 한다'는 설명은 적절하다.

## 085

**정답 해설** ⑤

[장면5]의 화면에서는 만 나이로 일원화된다는 소식에 대한 온라인 일각에서의 추측이 정리되어 있다. 김 기자가 보도하는 내용을 자막으로 그대로 담고 있으므로 외국의 사례를 제시하여 시청자가 비교·판단할 수 있도록 돕는다는 내용은 적절하지 않다.

**오답 해설**

① [장면1]을 보면 화면 하단에 "사라지는 한국식 나이… 6월 28일부터 '만 나이'만 사용"이라는 자막을 통해 보도 내용의 요점을 제시하고 있다. 이러한 요약 자막은 시청자의 핵심 내용 파악을 돕는다.
② [장면2]부터 [장면4]까지는 화면 왼쪽 상단에 '법적 나이, 만 나이로 일원화'라는 핵심 어구를 고정 제시하고 있다. 이는 시청자가 뉴스를 중간부터 시청하더라도 내용을 짐작할 수 있도록 돕는다.
③ [장면3]에서는 ㅁㅁ시청 관계자 인터뷰를 통해 관습적으로 쓰는 나이와 민법이 규정하고 있는 법적 나이가 일치하지 않아 발생하는 사례를 제시하고 있다. 이러한 현장 인터뷰는 뉴스의 현장감을 높인다.
④ [장면4]의 화면에서는 세 가지 나이 기준 계산법에 대한 추가 설명을 자막을 통해 설명하고 있다. 이는 내용을 요약하여 제시함으로써 시청자가 기자의 보도 내용을 이해할 수 있도록 돕는다.

▶ 출처
- 尹정부 '만 나이'로 통일…최대 2살씩 어려진다, KBS 뉴스, 2022. 04.12.(https://news.kbs.co.kr/news/view.do?ncd=5438182)
- [이슈체크K] 최대 2살 어려지는 '만 나이' 통일, 내년 시행되면 뭐가 달라지나?, KBS 팩트체크 K, 2022.12.08.(https://news.kbs.co.kr/news/view.do?ncd=5619757)

## 086

**정답 해설** ②

'학생2'는 국민의 긍정적 여론을 근거로 법 시행 시점이 6월이라는 것에 의문을 품은 것이지, 이 법을 왜 시행해야 하는지에 대한 법 시행 자체에 의문을 나타내는 것은 아니므로 적절하지 않다.

**오답 해설**

① '학생1'은 '법 시행 후 일상에서 바뀌는 사항'에 대해 알고 싶었지만 보도 내용에서 구체적인 변화에 대한 자세한 설명이 없어 아쉬워하고 있으므로 적절한 설명이다.
③ 보도 내용에 제시된 ㅁㅁ시청 공고의 분쟁 사례를 연관 지어 개정 법안이 시행되면 ㅁㅁ시청의 공고처럼 만 나이의 표기를 명시하지 않아도 법적 분쟁이 발생하지 않는 효과가 있을 것이라 예상하고 있으므로 적절한 설명이다.
④ '학생4'는 빠른 년생이라 항상 어느 나이로 분류할지 고민이었다는 자신의 경험적 사례를 제시하면서 앞으로를 기대하고 있으므로 적절한 설명이다.
⑤ '학생5'는 인터넷 기사 제목만 보고 만 나이 통일이 되면 '최대 두 살'이 어려지기에 동생의 초등학교 입학 시기가 늦어지는 줄 알았으나 잘못 안 것이었음을 인지하고 있으므로 적절한 설명이다.

## 087

**정답 해설** ⑤

㉤에서 제시되는 주장들은 법적 나이가 만 나이로 일원화된다는 내용에 대한 일각의 반응들을 정리한 것이지 전문가의 자문 내용은 아니다. 일부 사람들이 주로 잘못 알고 있는 내용을 정리하여 사실이 아님을 설명함으로써 시청자들이 올바른 정보를 얻을 수 있도록 하고 있다. 따라서 전문가의 자문 내용을 소개하여 보도 내용의 신뢰성을 높인다는 설명은 적절하지 않다.

## 088

**정답 해설** ④

산불 조심 기간 중 입산 통제 구역 및 등산로 통제 구간을 지정한다고 하였으므로 산불 조심 기간이 변경된다면 입산 통제 기간도 변경될 수 있다고 한 설명은 적절하다.

**오답 해설**

① 입산 통제 기간은 2월 1일부터 5월 15일, 11월 1일부터 12월 15일이므로, 1월 1일부터 입산이 통제된다고 한 설명은 적절하지 않다.
② 등산로는 52개 노선 중 7개 노선만 폐쇄된다고 되어 있으므로, 전체 노선이 폐쇄될 예정이라고 한 설명은 적절하지 않다.
③ 입산 통제 구역은 전체 산림 면적의 29%라고 되어 있으므로, 30%가 넘는다고 한 설명은 적절하지 않다.
⑤ 입산 통제 구역에 입산하고자 할 때에 입산 허가 신청서를 국유림관리소장에게 제출하여야 한다고 되어 있으므로, 관할 경찰서에 사전 신고해야 한다고 한 설명은 적절하지 않다.

▶ 출처 산림청 홈페이지 행정정보 고시문(https://www.forest.go.kr/kfsweb/cop/bbs/selectBoardArticle.do?bbsId=BBSMSTR_1031&mn=NKFS_04_01_01&nttId=3178230)

## 089 ⑤

**정답 해설**

일락산의 등산로 통제 구간은 6.3km, 사랑산의 등산로 통제 구간은 2.2km로 두 산의 등산로 통제 구간은 합하면 8.5km이므로, 10km가 넘는다고 한 반응은 적절하지 않다.

**오답 해설**

① 말티재는 입산 통제 구역과 등산로 통제 구간 모두에 포함되어 있으므로 입산과 등산로 모두가 통제된다고 한 반응은 적절하다.
② 장항골의 통제 구역 면적은 64ha이므로 입산 통제 면적이 60ha가 넘는다고 한 반응은 적절하다.
③ B 관리소의 입산 통제 구역인 구병산은 국립공원이므로 B 관리소가 관리하는 구역 중 국립공원이 포함되어 있다고 한 반응은 적절하다.
④ 입산 통제 구역으로 지정된 곳은 산불 취약지, 국립공원, 자연 휴양림 등이므로 입산 통제 구역을 지정할 때 산불 취약지인지가 고려된다고 한 반응은 적절하다.

## 090 ⑤

**정답 해설**

문화재의 보존과 관리를 위한 경우에 허가 없이 입산할 수 있다고 되어 있으나, 문화재로 지정된 산속 보호수 사진 촬영을 위해 방문하는 경우는 문화재 보존과 관리를 위한 경우가 아니므로 허가 없이 입산할 수 있는 경우로 적절하지 않다.

**오답 해설**

① 성묘를 위한 경우 허가 없이 입산할 수 있다고 되어 있으므로, 부모님 묘지에 성묘하러 가는 경우는 허가 없이 입산할 수 있는 경우로 적절하다.
② 병해충 방제를 위한 경우 허가 없이 입산할 수 있다고 되어 있으므로, 해충을 막기 위해 방제 작업을 맡은 경우는 허가 없이 입산할 수 있는 경우로 적절하다.
③ 벌채 등 산림 사업을 위한 경우 허가 없이 입산할 수 있다고 되어 있으므로, 국유림 조성 사업을 위해 나무를 베는 업무를 맡은 경우는 허가 없이 입산할 수 있는 경우로 적절하다.
④ 군의 훈련 업무 수행을 위한 경우 허가 없이 입산할 수 있다고 되어 있으므로, 군사 훈련을 위한 차폐물 설치 임무를 맡은 경우는 허가 없이 입산할 수 있는 경우로 적절하다.

# 국어 문화 091번~100번

| 091 | ① | 092 | ① | 093 | ④ | 094 | ④ | 095 | ④ |
| 096 | ⑤ | 097 | ⑤ | 098 | ⑤ | 099 | ① | 100 | ⑤ |

## 091 ①

**정답 해설**

'박씨전'은 미모와 도술을 겸비한 박 씨 부인의 활약상을 그린 작품으로 비현실적 서술을 통해 소설 속에서나마 병자호란의 설욕을 극복하고 민족적 자부심을 일깨우고자 하였다.

**오답 해설**

② 「심청전」은 심청의 효행으로 아버지인 심봉사가 눈을 떠 가는 과정을 그린 판소리계 소설이다.
③ 「유충렬전」은 중국을 배경으로 유충렬이 일시적인 고난을 극복하고 가문과 국가의 위기를 구한다는 영웅 소설이다.
④ 「춘향전」은 남원 부사 아들 이몽룡과 기생 딸인 춘향의 신분을 초월한 사랑과 정절을 그린 판소리계 소설이다.
⑤ 「홍길동전」은 국문 소설로 봉건 제도와 적서 차별에 대한 사회적 비판 의식이 반영되어 있다.

▶ **출처** 김명환(1999), 『한국 대표 고전 소설』, 빛샘.

## 092 ①

**정답 해설**

<보기>에서 설명하고 있는 최인훈의 작품은 「광장」이다. 이 시기까지 남북 분단의 주제를 가장 실질적인 차원에서 분석하고 정직하게 비판함으로써, 개인과 시대의 실패한 변증법을 적절히 묘사한 작품이라 평가 받고 있다.

**오답 해설**

② 「탈출기」는 최서해가 지은 단편 소설로, 주인공이 일제 강점기의 간도(間島)에서 비참한 삶을 살아가는 모습을 그린 것으로, 신경향파의 선구적 작품으로 평가받는다.
③ 「천변풍경」은 박태원이 지은 모더니즘 소설로, 작가의 개입을 철저히 차단하고 청계천의 천변을 중심으로 벌어지는 서민들의 다양한 삶의 모습을 에피소드 형식으로 보여 주는 작품이다.
④ 「표본실의 청개구리」는 염상섭이 지은 단편 소설로, 3·1 운동 전후의 젊은 지식인의 좌절한 모습을 광인(狂人) 김창억이란 인물을 통하여 제시하였는데, 우리나라 자연주의 소설의 효시로 평가받는다.

⑤ 「난장이가 쏘아 올린 작은 공」은 조세희가 지은 소설로, 연작 형식으로 발표한 모두 열두 편의 중·단편을 모아 같은 제목의 장편 소설로 출간한 작품이다. 각각의 작품들은 독립된 작품으로서의 독자적인 의미를 지니고 있으면서도 모두 함께 어울려 한 편의 장편을 이루고 있다.

## 093 ④

**정답 해설**

〈보기〉에서 설명하는 작가는 장만영이다. 장만영은 1932년에 「봄노래」로 등단한 후에, 도시의 문명을 떠나 전원적 제재를 현대적 감성으로 읊은 사상파(寫像派) 시인이다. 작품으로는 「마을의 여름밤」, 「병실에서」, 「광화문 빌딩」 따위가 있다.

**오답 해설**

① 김상용은 1935년 창간된 『시원(詩苑)』에 「망향」을 발표하여 등단하였고, 주로 우수(憂愁)와 동양적 체험이 깃든 관조적 경향의 서정시를 발표하였다. 작품으로는 「남으로 창을 내겠소」 등이 있다.
② 백석은 현대시의 기틀 위에서 새로운 시의 문법을 세움으로써 한국 시의 영역을 넓히는 데 기여한 시인이다. 평안 방언을 비롯한 여러 지역의 언어들을 시어로 끌어들이고 고어와 토착어를 빈번하게 사용함으로써 시어의 영역을 넓히고 모국어를 확장시켰다.
③ 이용악은 『신인문학』에 「패배자의 소원」을 발표하며 등단하였고, 그의 초기 시들은 대체로 모더니즘적 경향을 따르고 있다. 월북하기까지 『오랑캐꽃』과 『이용악집』 등 시집을 간행하였고, 대표작으로는 「풀벌레 소리 가득 차 있었다」, 「낡은 집」, 「오랑캐꽃」 등이 있다.
⑤ 정지용은 섬세하고 독특한 언어로 대상을 청신하게 묘사함으로써 한국 현대시의 새로운 국면을 개척하였다. 저서로는 시집 『백록담』, 『정지용 시집』 따위가 있다.

▶ 출처 한국민족문화대백과사전

## 094 ④

**정답 해설**

〈보기〉는 《동아일보》 1928년 1월 4일 자에 수록된 것으로서, 재만 동포 구제(在滿同胞救濟) 음악 연극 대회를 홍보하는 신문 기사이다. ④에서 '음악 연극 대연주회의 수입은 김해에서 만주로 직접 전달한다'고 한 것과 달리, 기사에서는 "경성 재만 동포 옹호 동맹으로 보내여"라고 서술하고 있기 때문에 정답은 ④이다.

**오답 해설**

① "김해군에서는 재만 동포 옹호 문제에 대하야 누누히 대책을 강구하고저 하얏스나"라고 했으므로 김해군에서 재만 동포에 대한 대책을 여러 번 마련하고자 하였음을 알 수 있다.
② "당지(當地) 경찰의 금지로"라고 하였으므로 현지 경찰의 방해로 재만 동포에 대한 지원이 이루어지지 못했음을 알 수 있다.
③ "금번에는 김해 청년 동맹 김해 농민 연맹의 합동 주최와"라고 하였으므로 합동 주최 사실을 알 수 있다.
⑤ "재외 김해 학생 학우회 후원으로 음악 연극 대연주회를 개최하야"라고 하였으므로 음악 연극 대연주회는 재외 김해 학생 학우회가 후원함을 알 수 있다.

▶ 출처 재만동포구제 음악연극대회, 동아일보, 1928.01.04.

## 095 ④

**정답 해설**

'사오ᄂᆞ온'은 '성질이나 행동이 모질고 억세다'라는 뜻의 '사나운'의 옛말이다.

**오답 해설**

① 'ᄉᆞᆯ혀본즉'은 '살펴보다'의 '살펴보-'에 '-ㄴ즉'이 결합한 말이다.
② 'ᄂᆡ념(內念)'은 '마음속의 생각'이라는 뜻이다.
③ '명도(命途)'는 운명과 재수를 아울러 이르는 말이다.
⑤ '맛당이'는 '마땅히'의 옛말이다.

▶ 출처 신해진(2000), 『조선후기 가정소설선』, 월인.

## 096 ⑤

**정답 해설**

'니겨'는 '닉다'에서 파생된 사동사 '니기다'의 어간 '니기-'에 연결 어미 '-어'가 결합한 활용형이므로, '닉다'의 활용형이 아닌 '니기다'의 활용형이며, '닉다'가 아닌 '니기다'에 대응하는 현대 국어가 '익히다'이므로 ⑤는 틀린 내용이다.

**오답 해설**

① '달아'는 '다ᄅᆞ다'의 어간(모음 어미 앞에서는 어간이 '달ㅇ-'로 교체되어 쓰임)에 연결 어미 '-아'가 결합한 활용형이므로 맞는 내용이다.
② '니르고져'는 '니르다'의 어간에 연결 어미 '-고져'가 결합한 활용형이므로 맞는 내용이다.

③ '이셔도'는 '잇다'의 어간(모음 앞에서는 어간이 '이시-'로 교체되어 쓰임)에 연결 어미 '-어도'가 결합한 활용형이므로 맞는 내용이다.
④ '너겨'는 '너기다'의 어간에 연결 어미 '-어'가 결합한 활용형이므로 맞는 내용이다.

## 097 ⑤

**정답 해설**

'어금니가 다 난 뒤 성년기에 맨 안쪽 끝에 새로 나는 작은 어금니'라는 뜻의 단어는 남과 북 모두 '[사랑니]'로 소리가 같지만 남에서는 '사랑니'로 적고 북에서는 '사랑이'로 적는다는 차이가 있다.

▶ **출처** 국어사정위원회(2010), 『조선말규범집』, 사회과학원 출판사.

## 098 ⑤

**정답 해설**

〈보기〉는 한글 점자 규정 제1절 제2항으로, 된소리 글자를 표기하는 방법을 명시한 규정이다. 된소리표 다음에 모음이 오지 않고 자음 'ㄱ, ㄷ, ㅂ, ㅅ, ㅈ'이 이어 나오면 된소리가 되어 'ㄲ, ㄸ, ㅃ, ㅆ, ㅉ'의 된소리 표기가 된다. ⑤에서 '찌개'의 '찌'는 초성 'ㅉ'이 된소리이므로 된소리표를 활용하여 ⠆⠅ 으로 표기해야 하며, '개'의 초성 'ㄱ'은 된소리표 없이 ⠫ 으로 표기해야 한다. 따라서 '찌개'의 올바른 점자 표기는 ⠆⠅⠗⠫ 이다.

**오답 해설**

① '새끼'에서 '새'의 초성 'ㅅ'은 된소리가 아니므로 ⠠로 표기해야 하며, '끼'의 초성 'ㄲ'은 된소리이므로 ⠆⠍로 표기해야 한다.
② '소뼈'에서 '소'의 초성은 'ㅅ'이므로 ⠠로 표기해야 하며, '뼈'의 초성 'ㅃ'은 된소리이므로 ⠆⠕로 표기해야 한다.
③ '아씨'에서 '아'의 초성은 'ㅇ'이므로 표기하지 않으며, '씨'의 초성 'ㅆ'은 된소리이므로 ⠆⠅로 표기해야 한다.
④ '이때'에서 '이'의 초성은 'ㅇ'이므로 표기하지 않으며, '때'의 초성 'ㄸ'은 된소리이므로 ⠆⠳로 표기해야 한다.

## 099 ①

**정답 해설**

'모용(冒用)'은 형법에서 사용하는 말로 국어사전에는 나와 있지 않은 말이다. '모(冒)'는 '거짓으로 대다'라는 뜻이 있고, '용(用)'은 '사용하다'라는 의미이므로 타인의 자격을 '도용'하거나 '사칭'하는 경우를 뜻하는 말이다. 따라서 일상에서 보편적으로 사용하고, 일반 사람들이 두루 아는 '도용하다'로 바꾸어 쓰는 것이 옳다.

**오답 해설**

② '모방(模倣)하다'는 '다른 것을 본뜨거나 본받다.'라는 말이므로 적절하지 않다.
③ '선택(選擇)하다'는 '여럿 가운데서 필요한 것을 골라 뽑다.'라는 말이므로 적절하지 않다.
④ '임차(賃借)하다'는 '돈을 내고 남의 물건을 빌려 쓰다.'라는 말이므로 적절하지 않다.
⑤ '처분(處分)하다'는 '처리하여 치우다'라는 말이므로 적절하지 않다.

▶ **출처** "사전에도 없고 시민들은 모르는데… 법조계 그들만의 용어 '모용(冒用)'", 법률방송뉴스, 2018.11.28.(http://www.ltn.kr/news/articleView.html?idxno=21018)

## 100 ⑤

**정답 해설**

해설자는 '보여지는데요.'라는 이중피동을 사용하고 있으나 이것이 불필요한 이중피동 사용으로 생동감을 높이기 위함은 아니다. 피동문의 사용은 피행위자의 관점에서 기술되므로 행위자의 행동에 의한 것이 아님을 표현하기 위해 주로 사용된다. 따라서 피동 표현이 생동감을 높이지도 않으며, 여기서 사용한 표현은 이중피동이므로 이는 비문이다.

**오답 해설**

① '파워 피처', '피네스 피처' 등 외국어 전문 용어가 사용되고 있다.
② '가장, 바로, 아주, 참' 등 강조를 위한 부사가 사용되고 있다.
③ '머, -구요' 등 구어적인 감탄사와 어미가 사용되고 있다.
④ '말씀하시는 순간' 등 즉각적인 발화가 사용되었다.

▶ **출처** 장소원 외(2021), 『뉴미디어 시대의 미디어 리터러시』, 태학사.

잘 시작하는 것은 중요합니다.
잘 마무리하는 것은 더 중요합니다.

– 조정민, 『사람이 선물이다』, 두란노

**KBS한국어능력시험 1년 6회분을 다 담은 통기출 600제 ❷**

| 발 행 일 | 2024년 8월 30일 초판 |
|---|---|
| 저 자 | KBS한국어진흥원 |
| 펴 낸 이 | 양형남 |
| 개 발 | 정상욱, 김민서, 김성미 |
| 펴 낸 곳 | (주)에듀윌 |
| 등록번호 | 제25100-2002-000052호 |
| 주 소 | 08378 서울특별시 구로구 디지털로34길 55 코오롱싸이언스밸리 2차 3층 |

* 이 책의 무단 인용·전재·복제를 금합니다.

**www.eduwill.net**
대표전화 1600-6700

**여러분의 작은 소리
에듀윌은 크게 듣겠습니다.**

본 교재에 대한 여러분의 목소리를 들려주세요.
공부하시면서 어려웠던 점, 궁금한 점,
칭찬하고 싶은 점, 개선할 점, 어떤 것이라도 좋습니다.

에듀윌은 여러분께서 나누어 주신 의견을
통해 끊임없이 발전하고 있습니다.

**에듀윌 도서몰 book.eduwill.net**
- 부가학습자료 및 정오표: 에듀윌 도서몰 → 도서자료실
- 교재 문의: 에듀윌 도서몰 → 문의하기 → 교재(내용, 출간) / 주문 및 배송

# KBS한국어능력시험 답안란 (ANSWER SHEET)

## 기 록 란 (DATA SHEET)

성 명

수험번호

생년월일

응시일자 : 20    년    월    일

감독관 확인

1. 답안지에는 반드시 연필을 사용하여 표기해야 합니다.
2. 표기란에는 "●"와 같이 바르게 표기해야 합니다. (잘못된 표기 예시 → ⊘ ⊗ ◐)
3. 표기란 수정은 지우개만을 사용하여 안전(깨끗)하게 수정해야 합니다.

※ 수험생이 지켜야 할 일

# 기출을 제대로 끝내는
# 오답 노트

## 활용 예시

### 문제 정리

밑줄 친 고유어의 기본형이 지닌 의미를 바르게 풀이하지 <u>못한</u> 것은?

① 집 안에는 간장을 <u>달이는</u> 구수한 냄새가 가득 차 있었다. → 액체 따위를 끓여서 진하게 만들다.
② 나는 잠자는 시간을 <u>쪼개서라도</u> 반드시 논문을 완성하겠다고 다짐했다. → 시간이나 돈 따위를 아끼다.
③ 해가 넘어가자 할머니는 저녁 준비를 위해 군불을 <u>지피셨다</u>. → 아궁이나 화덕 따위에 땔나무를 넣어 불을 붙이다.
④ 초등학생인 동생은 자기를 <u>제쳐</u> 두고 여행 계획을 짜는 것을 못마땅해 했다. → 받아들이지 아니하고 물리쳐 제외하다.
⑤ 그는 도시에서 가난하게 살고 있으면서도, 고향에 돌아가면 출세했다고 <u>뻐기기</u>에 바빴다. → 얄미울 정도로 매우 우쭐거리며 자랑하다.

**문항 번호**: 16번

**틀린 영역**:
- ☐ 듣기·말하기
- ☐ 창안
- ☑ 어휘·어법
- ☐ 읽기
- ☐ 쓰기
- ☐ 국어 문화

**틀린 유형**: 고유어의 사전적 의미

### 개념 정리

① 달이다: 액체 따위를 끓여서 진하게 만들다.
② 쪼개다: 시간이나 돈 따위를 아끼다.
③ 지피다: 아궁이나 화덕 따위에 땔나무를 넣어 불을 붙이다.
④ 제치다: 「1」거치적거리지 않게 처리하다. 「2」일정한 대상이나 범위에서 빼다. 「3」경쟁 상대보다 우위에 서다. 「4」일을 미루다.
⑤ 뻐기다: 얄미울 정도로 매우 우쭐거리며 자랑하다.

---

하나. KBS한국어능력시험은 문항마다 출제 영역이 고정되어 있습니다. 어느 영역에서 자주 틀리는지 확인하세요!
둘. KBS한국어능력시험은 출제 영역마다 유형이 패턴화되어 있습니다. 자주 틀리는 유형을 확인하세요!
셋. 오답 노트로 틀린 문제 복습과 함께 개념도 정리하세요!
넷. 오답 노트는 틈새시간 복습, 시험 막판 정리에 활용하세요!

# 제    회 기출문제 오답 노트

| 영역 | 오답 개수 | 약점 체크 |
|---|---|---|
| [1~15]<br>듣기 · 말하기 | 15문항 중 ____개 | |
| [16~45]<br>어휘 · 어법 | 30문항 중 ____개 | |
| [46~50]<br>쓰기 | 5문항 중 ____개 | |
| [51~60]<br>창안 | 10문항 중 ____개 | |
| [61~90]<br>읽기 | 30문항 중 ____개 | |
| [91~100]<br>국어 문화 | 10문항 중 ____개 | |

| 문제 정리 | | 문항 번호 | |
|---|---|---|---|
| | | 틀린 영역 | |
| | | ☐ 듣기 · 말하기<br>☐ 어휘 · 어법<br>☐ 쓰기 | ☐ 창안<br>☐ 읽기<br>☐ 국어 문화 |
| | | 틀린 유형 | |
| 개념 정리 | | | |

| 문제정리 | | 문항 번호 | |
| --- | --- | --- | --- |
| | | 틀린 영역 | |
| | | ☐ 듣기·말하기 | ☐ 창안 |
| | | ☐ 어휘·어법 | ☐ 읽기 |
| | | ☐ 쓰기 | ☐ 국어 문화 |
| | | 틀린 유형 | |
| | | | |
| 개념정리 | | | |

| 문제정리 | | 문항 번호 | |
| --- | --- | --- | --- |
| | | 틀린 영역 | |
| | | ☐ 듣기·말하기 | ☐ 창안 |
| | | ☐ 어휘·어법 | ☐ 읽기 |
| | | ☐ 쓰기 | ☐ 국어 문화 |
| | | 틀린 유형 | |
| | | | |
| 개념정리 | | | |

| 문제정리 | | 문항 번호 | |
|---|---|---|---|
| | | 틀린 영역 | |
| | | ☐ 듣기·말하기 | ☐ 창안 |
| | | ☐ 어휘·어법 | ☐ 읽기 |
| | | ☐ 쓰기 | ☐ 국어 문화 |
| | | 틀린 유형 | |

| 개념정리 | |
|---|---|
| | |

---

| 문제정리 | | 문항 번호 | |
|---|---|---|---|
| | | 틀린 영역 | |
| | | ☐ 듣기·말하기 | ☐ 창안 |
| | | ☐ 어휘·어법 | ☐ 읽기 |
| | | ☐ 쓰기 | ☐ 국어 문화 |
| | | 틀린 유형 | |

| 개념정리 | |
|---|---|
| | |

| 문제 정리 | | 문항 번호 | |
|---|---|---|---|
| | | 틀린 영역 | |
| | | ☐ 듣기·말하기 | ☐ 창안 |
| | | ☐ 어휘·어법 | ☐ 읽기 |
| | | ☐ 쓰기 | ☐ 국어 문화 |
| | | 틀린 유형 | |
| 개념 정리 | | | |

| 문제 정리 | | 문항 번호 | |
|---|---|---|---|
| | | 틀린 영역 | |
| | | ☐ 듣기·말하기 | ☐ 창안 |
| | | ☐ 어휘·어법 | ☐ 읽기 |
| | | ☐ 쓰기 | ☐ 국어 문화 |
| | | 틀린 유형 | |
| 개념 정리 | | | |

| 문제정리 | | 문항 번호 | |
|---|---|---|---|
| | | 틀린 영역 | |
| | | ☐ 듣기·말하기 | ☐ 창안 |
| | | ☐ 어휘·어법 | ☐ 읽기 |
| | | ☐ 쓰기 | ☐ 국어 문화 |
| | | 틀린 유형 | |
| 개념정리 | | | |

---

| 문제정리 | | 문항 번호 | |
|---|---|---|---|
| | | 틀린 영역 | |
| | | ☐ 듣기·말하기 | ☐ 창안 |
| | | ☐ 어휘·어법 | ☐ 읽기 |
| | | ☐ 쓰기 | ☐ 국어 문화 |
| | | 틀린 유형 | |
| 개념정리 | | | |

| 문제정리 | | 문항 번호 | |
|---|---|---|---|
| | | 틀린 영역 | |
| | | ☐ 듣기·말하기 | ☐ 창안 |
| | | ☐ 어휘·어법 | ☐ 읽기 |
| | | ☐ 쓰기 | ☐ 국어 문화 |
| | | 틀린 유형 | |
| 개념정리 | | | |

---

| 문제정리 | | 문항 번호 | |
|---|---|---|---|
| | | 틀린 영역 | |
| | | ☐ 듣기·말하기 | ☐ 창안 |
| | | ☐ 어휘·어법 | ☐ 읽기 |
| | | ☐ 쓰기 | ☐ 국어 문화 |
| | | 틀린 유형 | |
| 개념정리 | | | |

| 문제정리 | | 문항 번호 |  |
|---|---|---|---|
| | | 틀린 영역 | |
| | | ☐ 듣기·말하기 ☐ 어휘·어법 ☐ 쓰기 | ☐ 창안 ☐ 읽기 ☐ 국어 문화 |
| | | 틀린 유형 | |
| 개념정리 | | | |

---

| 문제정리 | | 문항 번호 |  |
|---|---|---|---|
| | | 틀린 영역 | |
| | | ☐ 듣기·말하기 ☐ 어휘·어법 ☐ 쓰기 | ☐ 창안 ☐ 읽기 ☐ 국어 문화 |
| | | 틀린 유형 | |
| 개념정리 | | | |

자르는 선

| 문제정리 | | 문항 번호 | |
|---|---|---|---|
| | | 틀린 영역 | |
| | | ☐ 듣기·말하기 | ☐ 창안 |
| | | ☐ 어휘·어법 | ☐ 읽기 |
| | | ☐ 쓰기 | ☐ 국어 문화 |
| | | 틀린 유형 | |
| 개념정리 | | | |

| 문제정리 | | 문항 번호 | |
|---|---|---|---|
| | | 틀린 영역 | |
| | | ☐ 듣기·말하기 | ☐ 창안 |
| | | ☐ 어휘·어법 | ☐ 읽기 |
| | | ☐ 쓰기 | ☐ 국어 문화 |
| | | 틀린 유형 | |
| 개념정리 | | | |

✂ 자르는 선

| 문제정리 | | 문항 번호 | |
|---|---|---|---|
| | | 틀린 영역 | |
| | | ☐ 듣기·말하기<br>☐ 어휘·어법<br>☐ 쓰기 | ☐ 창안<br>☐ 읽기<br>☐ 국어 문화 |
| | | 틀린 유형 | |
| 개념정리 | | | |

---

| 문제정리 | | 문항 번호 | |
|---|---|---|---|
| | | 틀린 영역 | |
| | | ☐ 듣기·말하기<br>☐ 어휘·어법<br>☐ 쓰기 | ☐ 창안<br>☐ 읽기<br>☐ 국어 문화 |
| | | 틀린 유형 | |
| 개념정리 | | | |

| 문제정리 | | 문항 번호 | |
|---|---|---|---|
| | | 틀린 영역 | |
| | | ☐ 듣기·말하기 | ☐ 창안 |
| | | ☐ 어휘·어법 | ☐ 읽기 |
| | | ☐ 쓰기 | ☐ 국어 문화 |
| | | 틀린 유형 | |

| 개념정리 | |
|---|---|
| | |

---

| 문제정리 | | 문항 번호 | |
|---|---|---|---|
| | | 틀린 영역 | |
| | | ☐ 듣기·말하기 | ☐ 창안 |
| | | ☐ 어휘·어법 | ☐ 읽기 |
| | | ☐ 쓰기 | ☐ 국어 문화 |
| | | 틀린 유형 | |

| 개념정리 | |
|---|---|
| | |

자르는 선

| 문제정리 | | 문항 번호 | |
|---|---|---|---|
| | | 틀린 영역 | |
| | | ☐ 듣기·말하기 | ☐ 창안 |
| | | ☐ 어휘·어법 | ☐ 읽기 |
| | | ☐ 쓰기 | ☐ 국어 문화 |
| | | 틀린 유형 | |
| | | | |
| 개념정리 | | | |

| 문제정리 | | 문항 번호 | |
|---|---|---|---|
| | | 틀린 영역 | |
| | | ☐ 듣기·말하기 | ☐ 창안 |
| | | ☐ 어휘·어법 | ☐ 읽기 |
| | | ☐ 쓰기 | ☐ 국어 문화 |
| | | 틀린 유형 | |
| | | | |
| 개념정리 | | | |

# 업계 최초 대통령상 3관왕, 정부기관상 19관왕 달성!

2010 대통령상  2019 대통령상  2019 대통령상

대한민국 브랜드대상 국무총리상 · 국무총리상 · 문화체육관광부 장관상 · 농림축산식품부 장관상 · 과학기술정보통신부 장관상 · 여성가족부장관상

서울특별시장상 · 과학기술부장관상 · 정보통신부장관상 · 산업자원부장관상 · 고용노동부장관상 · 미래창조과학부장관상 · 법무부장관상

**2004**
서울특별시장상 우수벤처기업 대상

**2006**
부총리 겸 과학기술부장관 표창 국가 과학 기술 발전 유공

**2007**
정보통신부장관상 디지털콘텐츠 대상
산업자원부장관 표창 대한민국 e비즈니스대상

**2010**
대통령 표창 대한민국 IT 이노베이션 대상

**2013**
고용노동부장관 표창 일자리 창출 공로

**2014**
미래창조과학부장관 표창 ICT Innovation 대상

**2015**
법무부장관 표창 사회공헌 유공

**2017**
여성가족부장관상 사회공헌 유공
2016 합격자 수 최고 기록 KRI 한국기록원 공식 인증

**2018**
2017 합격자 수 최고 기록 KRI 한국기록원 공식 인증

**2019**
대통령 표창 범죄예방대상
대통령 표창 일자리 창출 유공
과학기술정보통신부장관상 대한민국 ICT 대상

**2020**
국무총리상 대한민국 브랜드대상
2019 합격자 수 최고 기록 KRI 한국기록원 공식 인증

**2021**
고용노동부장관상 일·생활 균형 우수 기업 공모전 대상
문화체육관광부장관 표창 근로자휴가지원사업 우수 참여 기업
농림축산식품부장관상 대한민국 사회공헌 대상
문화체육관광부장관 표창 여가친화기업 인증 우수 기업

**2022**
국무총리 표창 일자리 창출 유공
농림축산식품부장관상 대한민국 ESG 대상

# 에듀윌 KBS한국어능력시험
# 1년 6회분을 다 담은
# 통기출 600제 ❷

## 한 권에 가장 많은 기출을 수록한 KBS 공식 인증 기출문제집!

**1** 많이 풀수록 점수는 UP! 1년 6회분 기출을 통째로 담은 600제 수록
산출근거  YES24 국어 외국어 사전 한국어 능력시험 분야 최다 문항 수록 기출문제집 (2024년 8월 20일 기준)

**2** 기출분석을 토대로 상세한 해설과 오답풀이 제공
상세한 해설을 통해 아는 내용은 반복 확인, 부족한 부분은 추가 학습!

**3** 기출의 모든 것을 분석한 기출 해설 무료특강 제공
출제 경향 및 기출의 핵심포인트를 짚어 주는 제76회~71회 기출 해설 특강 무료 제공
수강경로  에듀윌 도서몰(book.eduwill.net) ▶ 동영상강의실 ▶ KBS 검색

5년 연속 1위  2023, 2022, 2021 대한민국 브랜드만족도 KBS한국어능력시험 교육 1위 (한경비즈니스)
2020, 2019 한국브랜드만족지수 KBS한국어능력시험 교육 1위 (주간동아, G밸리뉴스)

## 고객의 꿈, 직원의 꿈, 지역사회의 꿈을 실현한다

**펴낸곳** (주)에듀윌  **펴낸이** 양형남  **출판총괄** 오용철  **에듀윌 대표번호** 1600-6700
**주소** 서울시 구로구 디지털로 34길 55 코오롱싸이언스밸리 2차 3층  **등록번호** 제25100-2002-000052호
협의 없는 무단 복제는 법으로 금지되어 있습니다.

| 에듀윌 도서몰 book.eduwill.net | • 부가학습자료 및 정오표: 에듀윌 도서몰 > 도서자료실<br>• 교재 문의: 에듀윌 도서몰 > 문의하기 > 교재(내용, 출간) / 주문 및 배송 |